भारतेन्दु-युग और हिन्दी भाषा की विकास-परम्परा

भारतेन्दु-युग और हिन्दी भाषा की विकास-परम्परा

रामविलास शर्मा

राजकमल प्रकाशन

ISBN : 978-81-267-1257-1

मूल्य : ₹ 1195

पहला संस्करण : 1975
छठा संस्करण : 2017
दूसरी आवृत्ति : 2023

प्रकाशक : राजकमल प्रकाशन प्रा. लि.
1-बी, नेताजी सुभाष मार्ग, दरियागंज
नई दिल्ली-110 002

शाखाएँ : अशोक राजपथ, साइंस कॉलेज के सामने, पटना-800 006
पहली मंज़िल, दरबारी बिल्डिंग, महात्मा गांधी मार्ग, प्रयागराज-211 001
वेबसाइट : www.rajkamalprakashan.com
ई-मेल : info@rajkamalprakashan.com

मुद्रक : बी.के. ऑफसेट
नवीन शाहदरा, दिल्ली-110 032

BHARTENDU-YUG AUR HINDI BHASHA
KI VIKAS-PARAMPARA
Literary History by Dr. Ram Bilas Sharma

श्री केदारनाथ अग्रवाल को

प्रथम संस्करण की भूमिका

यह पुस्तक भारतेन्दु-युग का इतिहास नहीं है। उसका एक रेखा-चित्र कहना भी इसको अत्यधिक महत्त्व देना होगा। मैंने उस युग के साहित्य को जो थोड़ा-बहुत पढ़ा है, उससे इतना समझता हूँ कि उसका इतिहास लिखने के लिए ऐसी कई पुस्तकों की आवश्यकता होगी। इस अधूरे रेखाचित्र की सार्थकता इस कारण है कि अभी भारतेन्दु-युग का अलग से कोई इतिहास लिखा नहीं गया। उसके अनेक महारथियों पर अलग-अलग पुस्तकों की गुंजाइश है। जब तक यह सब नहीं होता तब तक हिन्दी साहित्य का विकास-क्रम समझने के लिए इतने ही से सन्तोष करना होगा। भारतेन्दु ने सं. 1925 में 'कविवचनसुधा' का प्रकाशन आरम्भ किया था। सम्वत् 1957 में 'सरस्वती' का प्रकाशन आरम्भ हुआ। इन्हीं तीस-चालीस वर्षों की अवधि में भारतेन्दु-युग सीमित है। इन वर्षों में आधुनिक हिन्दी भाषा और साहित्य की नींव डाली गई। यह स्वाभाविक है कि किसी बीते युग के बारे में लिखते हुए हमारा ध्यान अपने युग और उसकी समस्याओं की ओर भी जाए यदि मुझे भारतेन्दु-युग से आज के युग का एक घनिष्ठ सम्बन्ध न दिखाई देता तो मैं यह पुस्तक अभी न लिखता। यह सोचकर कि आज की समस्याओं को सुलझाने के लिए हमें उस युग से कुछ प्रेरणा मिल सकती है, मैंने इसे लिखना प्रारम्भ किया।

भारतेन्दु-युग की बहुत-सी बहुमूल्य सामग्री पुरानी पत्रिकाओं में बन्द पड़ी है। उस समय की प्रकाशित पुस्तकें कठिनता से काशी नागरी प्रचारिणी सभा के पुस्तकालय में भी मिलती हैं। उस समय के साहित्य का प्रकाशन रिसर्च की दृष्टि से ही नहीं, शुद्ध साहित्यिक दृष्टि से भी, शीघ्र किया जाना चाहिए। हिन्दी साहित्य-सम्मेलन ने 'प्रेमघन-सर्वस्व' नामक कविता-संग्रह छापा है। इसका कागज मोटा और कीमती है। मोटी खद्दर की जिल्द है। मूल्य है 4॥)। प्रेमघनजी की कविताओं का पूरा संग्रह नहीं है, केवल प्रथम भाग है। शायद न पहला भाग बिकेगा और न दूसरा भाग प्रकाशित होगा। ऐसे ही अनेक सज्जनों के दान से भारतेन्दु की कविताओं का एक कीमती संग्रह छपा है। भारतेन्दु-युग के लेखक अपनी पत्र-पत्रिकाओं और पुस्तकों का मूल्य औसत चार आने या आठ आने

रखते थे। प्रतापनारायण मिश्र के प्रसिद्ध पत्र 'ब्राह्मण' का मूल्य दो आना था। उन लोगों ने साधारण जनता में प्रचार के लिए अपना साहित्य रचा था। कीमती सजिल्द पुस्तकों में बन्द करके रखने के लिए नहीं—जिल्द चाहे खद्दर की ही क्यों न हो। उनके साहित्य को साधारण जनता के लिए अप्राप्य मूल्य में प्रकाशित करना पाप है। बंगाल में जैसे बंकिमचन्द्र, मधुसूदन दत्त आदि के ग्रंथ सस्ते मूल्य में सुलभ हैं, वैसे ही ऊपरी तड़क-भड़क का विचार छोड़कर सस्ते मूल्य में उस साहित्य को सबके लिए प्रकाशित कर देना चाहिए। विशेषकर उस समय की गद्य रचनाओं को शीघ्र ही पुस्तक रूप में जनता तक पहुँचाना चाहिए।

व्याकरण और शैली की दृष्टि से भारतेन्दु-युग के गद्य का यथेष्ट विवेचन हो चुका है। इसलिए मैंने उस पर विशेष कुछ नहीं लिखा। मैंने पाठकों का ध्यान उन बातों की ओर अधिक आकर्षित किया है जिन्हें तब के लेखक जनता तक पहुँचाना चाहते थे। द्विवेदी-युग में भाषा का अच्छी तरह से संस्कार हो गया। परन्तु उस काट-छाँट में उसकी सजीवता भी थोड़ी-बहुत छँट गई। आज के लेखकों से अनुरोध है कि वे तब की भाषा का वह भाग छोड़ दें जो अनगढ़ है, वे उसके सवेग प्रवाह को देखें जिसमें व्यंग्य और हास्य की कलकल ध्वनि गूँज रही है। आलोचना, दर्शन, विज्ञान आदि के लिए यह शैली उपयुक्त नहीं है, न तब ही इन विषयों पर लिखते समय उसका प्रयोग किया गया था। जो बातें हम साधारण पाठकों के लिए लिखते हैं, उनमें उस शैली को अपनाना वांछनीय है।

मुझे इस पुस्तक के लिखने में पं. श्रीनारायण चतुर्वेदी तथा अपने मित्र श्री ब्रजकिशोर मिश्र और श्री प्रेमनारायण टंडन से अनेक प्रकार की सहायता एवं प्रेरणा मिली है। इसके लिए मैं उनका कृतज्ञ हूँ।

काशी नागरी-प्रचारिणी-सभा के 'मिसिरजी' का अलग से उल्लेख करना आवश्यक है। पारसाल गर्मी के दिनों में यही मुझे आर्यभाषा पुस्तकालय में विविध पाठ्य-सामग्री खोजकर दिया करते थे। कभी-कभी द्विवेदी जी की अलमारियों में पुस्तकें ढूँढ़ते-ढूँढ़ते उनके माथे पर श्रम-बिन्दु झलकने लगते थे, कभी-कभी पीठ पसीने से तर हो जाती थी। मिसिरजी का काम पुस्तकालय की देखभाल करना और पुस्तकें निकालकर देना था। हिन्दी साहित्य और साहित्यिकों के बारे में उनकी जानकारी अद्‌भुत थी। सुधाकर द्विवेदी के बारे में वह ऐसे बातें करते थे, जैसे जनम से ही उनकी जीवन-कथा सुनते आए हों! पुराने साहित्यिकों के बारे में जानकारी और जानने की उत्सुकता जैसी मैंने मिसिरजी में देखी, वैसी 'विद्वानों' में कम देखी है। आशा है, उन्हें अपने परिश्रम को इस पुस्तक के रूप में देखकर प्रसन्नता होगी।

लखनऊ,
1942

दूसरे संस्करण की भूमिका

भारतेन्दु-युग के इस रेखाचित्र को विकसित करके मैं उस युग का इतिहास लिखूँ, यह इच्छा अपने जीवन की विशेष परिस्थितियों के कारण मैं अभी तक पूरी नहीं कर पाया। इस बीच में भारतेन्दु-युग सम्बन्धी और भी सामग्री मुझे देखने को मिली है जिससे इस पुस्तक की मूल स्थापनाओं को और भी बल मिलता है। मैं अपनी पीढ़ी के लेखकों से सिफारिश करूँगा कि वे और तत्परता से भारतेन्दु-युग के गद्य-साहित्य का अध्ययन करें। हिन्दी सीखने और शैली को निखारने के लिए उन्हें सबसे अच्छे शिक्षक उसी युग में मिलेंगे। हिन्दी आलोचकों से मैं निवेदन करूँगा कि वे भारतेन्दु-युग के लेखकों पर अलग-अलग पुस्तकें लिखने की तरफ ध्यान दें और उनकी अप्रकाशित रचनाओं को प्रकाश में लाने का प्रयत्न करें। इससे भारतीय संस्कृति के इतिहास को समझने में मदद मिलेगी।

पुस्तक के अन्त में भारतेन्दु की रजत-जयन्ती के अवसर पर लिखा हुआ अपना एक लेख मैंने जोड़ दिया है।

—रामविलास शर्मा

आगरा,
26 अप्रैल, 1951

तीसरे संस्करण की भूमिका

भारतेन्दु-युग का अध्ययन करते हुए प्राय: विद्वानों के दो दृष्टिकोण सामने आते हैं। एक दृष्टिकोण के अनुसार इस युग का साहित्य हमारे नये सामाजिक और सांस्कृतिक जागरण का ही परिणाम है, दूसरे दृष्टिकोण के अनुसार इस साहित्य की मूल प्रेरणा अंग्रेज़ों से मिली। यह पुस्तक पहले दृष्टिकोण का समर्थन करती है और दूसरे का खंडन।

भारतेन्दु और उनके सहयोगियों के साहित्य को जो भी ध्यान से देखेगा, उससे यह छिपा न रहेगा कि यद्यपि उसमें जहाँ-तहाँ राजभक्ति का पुट भी है, कहीं-कहीं हिन्दुओं के पक्ष में और मुसलमानों के विपक्ष में ऐसी बातें कही गई हैं जो अनुचित लगती हैं। अनेक रचनाओं में रीतिकालीन काव्य-परम्परा का भी प्रभाव है, फिर भी उसकी मूल धारा राष्ट्रीय और जनवादी है। राष्ट्रीय इसलिए है कि उस युग के लेखक देश की स्वाधीनता चाहते थे और अंग्रेज़ी साम्राज्यवाद की नीति का खंडन करते थे। इसी भावना से प्रेरित होकर भारतेन्दु ने स्वदेशी वस्तुओं के व्यवहार की माँग की थी। इसका प्रमाण यह प्रतिज्ञापत्र है जो भारतेन्दु ने 23 मार्च, 1874 की 'कविवचनसुधा' में प्रकाशित किया था। यह प्रतिज्ञापत्र भारतीय स्वाधीनता के इतिहास में स्वर्णाक्षरों में लिखा जाने योग्य है।

"हम लोग सर्वान्तर्यामी सब स्थल में वर्तमान सर्वद्रष्टा और नित्य सत्य परमेश्वर को साक्षी देकर यह नियम मानते हैं और लिखते हैं कि हम लोग आज के दिन से कोई विलायती कपड़ा न पहिनेंगे और जो कपड़ा कि पहिले से मोल ले चुके हैं और आज की मिती तक हमारे पास हैं, उनको तो उनके जीर्ण हो जाने तक काम में लावेंगे पर नवीन मोल लेकर किसी भाँति का भी विलायती कपड़ा न पहिरेंगे, हिन्दुस्तान ही का बना कपड़ा पहिरेंगे। हम आशा रखते हैं कि इसको बहुत ही क्या, प्राय: सब लोग स्वीकार करेंगे और अपना नाम इस श्रेणी में होने के लिए श्रीयुत बाबू हरिश्चन्द्र को अपनी मनीषा प्रकाशित करेंगे और सब देश हितैषी इस उपाय के वृद्धि में अवश्य उद्योग करेंगे।"

भारतेन्दु-युग का साहित्य जनवादी इस अर्थ में है कि वह भारतीय समाज के पुराने ढाँचे से सन्तुष्ट न होकर उसमें सुधार भी चाहता है। वह केवल राजनीतिक

स्वाधीनता का साहित्य न होकर मनुष्य की एकता, समानता और भाईचारे का भी साहित्य है। भारतेन्दु स्वदेशी आन्दोलन के ही अग्रदूत न थे, वे समाज सुधारकों में भी प्रमुख थे। स्त्री-शिक्षा, विधवा-विवाह, विदेश-यात्रा आदि के वह समर्थक थे। इससे भी बढ़कर महत्त्व की बात यह थी कि भारतीय महाजनों के पुराने पेशे सूदखोरी की उन्होंने कड़ी आलोचना की थी। लिखा था : "सर्वदा से अच्छे लोग ब्याज खाना और चूड़ी पहिरना एक-सा समझते हैं पर अब के आलसियों को इसी का अवलम्ब है, न हाथ हिलाना पड़े न पैर, बैठे-बैठे भुगतान कर लिया"। (कविवचनसुधा, 22 दिसम्बर, 1873)

भारतेन्दु-युग का यह राष्ट्रीय और जनवादी रूप स्वीकार करने में कुछ विद्वानों को कठिनाई है। पहले तो कुछ रूढ़िवादी हैं जो रस और अलंकारों की अपनी निश्चित की हुई सीमाओं से बाहर कोई नई बात सुनते ही सशंक होकर कहते हैं, यह सब नहीं हो सकता, जरूर कहीं न कहीं धोखा है! एक बुजुर्ग ने लिखा था : भारतेन्दु-युग को प्रगतिशील सिद्ध करने की कोशिश वैसे ही है, जैसे लोग लिप्टन की चाय को भारतीय सिद्ध करते हैं।

कुछ दूसरे 'राष्ट्रीयता' और 'जनवाद' शब्दों से चौंककर इन्हें राजनीतिक ही नहीं, कम्युनिस्ट भी घोषित कर देते हैं और दावा करते हैं कि यह सब पुराने साहित्य पर मार्क्सवाद और कम्युनिज्म आरोपित करने की कोशिश है!

ऐसे मित्र न तो मार्क्सवाद समझते हैं, न भारतेन्दु-युग को।

मार्क्सवाद मजदूर वर्ग का क्रान्तिकारी दर्शन है, वह समाज को बदलने का वैज्ञानिक साधन है। उसके अनुसार मजदूर वर्ग समाज का सबसे क्रान्तिकारी वर्ग है और वह दूसरे वर्गों के साथ मिलकर—सबसे पहले किसानों के साथ मिलकर—रसभाव को बदलने की सामर्थ्य रखता है। मजदूर वर्ग की क्रान्तिकारी भूमिका के बिना, समाज के विभिन्न वर्गों की अपनी विशिष्ट भूमिका समझे बिना कोई मार्क्सवादी होने का दावा कैसे कर सकता है? इस एक तथ्य को ही लें तो स्पष्ट हो जाएगा कि भारतेन्दु युग के साहित्य पर मार्क्सवाद का आरोप करने का प्रश्न नहीं उठता। जो लोग अंग्रेज़ी राज के विरोध को ही कम्युनिज्म समझते हैं, वे साम्राज्यवादी प्रचारकों की तरह हैं जो कम्युनिज्म का भय दिखाकर स्वाधीनता-आन्दोलन का ही विरोध करते हैं। इसके सिवा मार्क्सवाद साम्राज्यवाद का सुसंगत विरोधी है। उसके लिए वे असंगतियाँ असम्भव हैं जो भारतेन्दु-युग के साहित्य में मिलती हैं।

रूढ़िवादियों के मित्र कुछ अति-प्रगतिवादी विद्वान् हैं जो भारत में अंग्रेज़ी राज की क्रान्तिकारी भूमिका मानते हैं और इसलिए उसके विरोध को प्रतिक्रियावाद! अंग्रेज़ भारत को लूटने के बदले, इन विद्वानों के लिए, यहाँ एक सामाजिक परिवर्तन और सांस्कृतिक जागरण के दूत बनकर आए थे; इसलिए भारतेन्दु-युग में जो नई चेतना

मिलती है, उसे भी अंग्रेज़ों की देन समझना चाहिए! रूढ़िवादी और अति-प्रगतिवादी दोनों ही तरह के विद्वान् भारतेन्दु-युग की अपनी विरासत अस्वीकार करते हैं, यहाँ की जनता के सांस्कृतिक विकास के प्रति अन्याय करते हैं।

अंग्रेज़ों ने भारत की औद्योगिक उन्नति की या उसे चौपट किया, इस बारे में भारतेन्दु लिखते हैं : "सरकारी पक्ष का कहना है कि हिन्दुस्तान में पहले सब लोग लड़ते-भिड़ते थे और आपस में गमनागमन न हो सकता था, यह सब सरकार की कृपा से हुआ। हिन्दुस्तानियों का कहना है कि उद्योग और व्यापार बाकी न रहा। रेल आदि से भी द्रव्य के बढ़ने की आशा नहीं है। रेलवे कम्पनी वाले ने जो द्रव्य व्यय किया है, उसका ब्याज सरकार को देना पड़ता है और उसे लेने वाले बहुधा विलायत के लोग हैं। कुल मिलाकर 26 करोड़ रुपया बाहर जाता है"। (कविवचनसुधा, 9 मार्च, 1874)

अंग्रेज़ी राज में कारीगरों और किसानों की क्या हालत थी, इस बारे में भारतेन्दु लिखते हैं : "कपड़ा बनाने वाले, सूत निकालने वाले, खेती करने वाले आदि सब भीख माँगते हैं,—खेती करने वालों की यह दशा है कि लँगोटी लगा कर हाथ में तूँबा ले भीख माँगते हैं और जो निरुद्यम हैं उनको तो अन्न की भ्रान्ति है"। (उप.)

अकाल और महामारी की बढ़ती का मुख्य कारण अंग्रेज़ी राज था, इस पर भारतेन्दु ने लिखा था : "अब तो प्रतिवर्ष में कहीं-न-कहीं दुष्काल पड़ा ही रहता है, मुख्य करके अंग्रेज़ी राज में इसका घर है और बहुधा ऐसा सुनने में आया है कि विसूचिका का रोग जो अब सम्पूर्ण भारतखंड में छा रहा है, अंगरेजों के राज के आरम्भ से इसका प्रारम्भ हुआ है"। (कविवचनसुधा, 18 मई, 1874)

अंग्रेज़ किस तरह यहाँ से धन बटोरकर विलायत जाते हैं, इस पर भारतेन्दु ने लिखा था : "जब अंगरेज विलायत से आते हैं, प्राय: कैसे दरिद्र होते हैं और जब हिन्दुस्तान से अपने विलायत को जाते हैं तब कुबेर बनकर जाते हैं...इससे सिद्ध हुआ कि रोग और दुष्काल इन दोनों के मुख्य कारण अंगरेज ही हैं"। (उप.)

अंग्रेज़ी राज की न्यामतों का खंडन करने के लिए भारतेन्दु से ही इतने तर्क मिल जाते हैं कि अपनी ओर से कुछ कहना आवश्यक नहीं। ऊपर के उद्धरणों से भारतेन्दु की सूझ-बूझ का पता चलेगा। आज के अति प्रगतिवादी और रूदिवादी, दोनों ही तरह के विद्वान् उनसे देशभक्ति की शिक्षा ले सकते हैं। कहाँ इन विद्वानों की दृष्टि में अंग्रेज़ी राज की प्रगतिशील भूमिका और कहाँ भारतेन्दु की यह चुनौती : "भाइयो! अब तो सन्नद्ध हो जाओ और ताल ठोक के इनके सामने खड़े तो हो जाओ, देखो भारतवर्ष का धन जिसमें जाने न पावे वह उपाय करो"। (कविवचनसुधा, 8 जून, 84)

भारतेन्दु और उनके साथियों की नीति अंग्रेज़ शासकों की नीति से बिलकुल उल्टी थी। अंग्रेज़ हिन्दी को दबाते थे, भारतेन्दु उसके अधिकारों के लिए लड़े थे। अंग्रेज़ हिन्दुओं और मुसलमानों में फूट डालकर अपना राज कायम रखना चाहते

थे, भारतेन्दु ने इनके एक होने की अपील की थी। अंग्रेज़ भारत को खेतिहर देश बना कर उसे लूटना चाहते थे, भारतेन्दु ने इस लूट का पर्दाफाश किया था और देश में कौशल और मशीन-सम्बन्धी शिक्षा की माँग की थी। भारतेन्दु ने लिखा था : "परन्तु अब अंगरेजी माया छल और घात दृष्टि में आने लगा क्योंकि हम लोगों को केवल अंगरेजी भाषा प्राप्त हुई परन्तु कला-कौशल के विषय में हम लोग भली भाँति अज्ञान सागर में निमग्न हुए हैं, इसमें सन्देह नहीं"। (कविवचनसुधा, 8 फरवरी, 1874) इसलिए भारतेन्दु-युग के सांस्कृतिक जागरण का श्रेय अंग्रेज़ों को देना सत्य का गला घोटना है।

भारतेन्दु-युग का साहित्य हिन्दी-भाषी जनता का जातीय साहित्य है, वह हमारे जातीय नववागरण का साहित्य है। भारतेन्दु-युग की जिन्दादिली, उसके व्यंग्य और हास्य, उसके सरल सरस गद्य, और लोकसंस्कृति से उसकी निकटता से सभी परिचित हैं, ये उसकी जातीय विशेषताएँ हैं। अंग्रेज़ी साम्राज्यवाद और अंग्रेज़ी साहित्य एक ही वस्तु नहीं हैं। भारतेन्दु-युग के साहित्य ने न केवल अंग्रेज़ी साहित्य से वरन् बँगला साहित्य से भी प्रेरणा पाई है। लेकिन उसके साहित्य की जड़ें इसी धरती में हैं और ऊपर बताई हुई उसकी जातीय विशेषताएँ उसकी अपनी हैं, मौलिक हैं। उनके लिए हम किसी के ऋणी नहीं हैं। जो लोग अंग्रेज़ी और बँगला से आज और भी अच्छी तरह परिचित हैं, वे कुछ भारतेन्दु, बालकृष्ण भट्ट, राधाचरण गोस्वामी, बालमुकुन्द गुप्त जैसा लिखकर दिखाएँ तो उनकी बात में अधिक सार होगा।

अस्तु! भारतेन्दु-युग की विरासत के लिए संघर्ष अभी समाप्त नहीं हुआ। यह संघर्ष इसलिए समाप्त नहीं हुआ कि उस युग के साहित्य के अध्ययन से कुछ ऐसे परिणाम निकलते हैं जो इस युग के मेधावियों को पसन्द नहीं हैं। लेकिन हिन्दी साहित्य जितना ही प्रगति करेगा, उतना ही भारतेन्दु-युग का महत्त्व और भी निखरकर हमारे सामने आएगा। इस कार्य में इस पुस्तक के आदरणीय पाठकों ने काफी हाथ बटाया है जिसके लिए मैं उनका हृदय से कृतज्ञ हूँ।

आगरा,
10 जनवरी, 1956

—रामविलास शर्मा

पाँचवें संस्करण की भूमिका

'भारतेन्दु-युग' पुस्तक पहली बार 1943 ई. में युग मन्दिर उन्नाव से प्रकाशित हुई थी। 1950 ई. में भारतेन्दु हरिश्चन्द्र की जन्म शताब्दी धूमधाम से मनाई गई। उस अवसर के लिए मैंने एक निबन्ध लिखा था : 'प्यारे हरीचन्द की कहानी रह जाएगी'। 1951 ई. में विनोद पुस्तक मन्दिर आगरा से प्रकाशित होने वाले दूसरे संस्करण में मैंने यह निबन्ध शामिल कर लिया था।

भारतेन्दु ने कहा था—हिन्दी नई चाल में ढली—1873 ई.। 1973 ई. में आधुनिक हिन्दी साहित्य की एक शताब्दी पूरी हुई। इस अवसर पर मैंने हिन्दी भाषा की विकास-परम्परा पर एक निबन्ध लिखा जिसमें मुख्यत: भारतेन्दु से पहले की हिन्दी पर विचार किया है। इसी सिलसिले के तीन निबन्ध सूरति मिश्र और लल्लूजी लाल, 1873 ई. से पहले गद्य और पद्य में खड़ी बोली का व्यवहार (जिसकी सामग्री हस्तलिखित पुस्तकों में है), तथा भारतेन्दुकालीन हिन्दी लेखकों की उर्दू पर लिखे। इस तरह इन चार नये निबन्धों में लगभग तीन शताब्दियों के भाषा सम्बन्धी विकास का विवेचन है। 'भारतेन्दु-युग' पुस्तक जैसे तत्कालीन साहित्य का रेखाचित्र है, वैसे ही यह विवेचन भी भाषा सम्बन्धी विकास की संक्षिप्त रूपरेखा मात्र है। अन्तिम निबन्ध में मैंने इस समस्या की चर्चा की है कि हरिश्चन्द्र भारत की पूर्ण स्वाधीनता के लक्ष्य से प्रेरित हुए थे या नहीं।

यह सारी नई सामग्री लगभग मूल पुस्तक के बराबर हो गई, सम्भव है, उससे अधिक भी हो गई हो, इसलिए मैंने उसका नाम बदलना उचित समझा। अब यह 'भारतेन्दु-युग और हिन्दी भाषा की विकास-परम्परा' के रूप में आपके सामने है।

नये निबन्धों के लिए सामग्री जुटाने में श्री उदय शंकर शास्त्री ने मेरी बड़ी सहायता की है। कुछ पुस्तकों की फोटो-कापी या अपने लिए की हुई प्रतिलिपि उन्होंने मेरे उपयोग के लिए दी। पुरानी पुस्तकों और हस्तलिखित ग्रंथों के बारे में उनकी जानकारी से मैंने लाभ उठाया है। इसके लिए मैं उनके प्रति हार्दिक आभार प्रकट करता हूँ।

—रामविलास शर्मा

आगरा,
30 मई, 1973

क्रम

परिशिष्ट

भारतेन्दु-युग और हिन्दी भाषा की विकास-परम्परा

भारतेन्दु-युग और जन-साहित्य

आज हमारे सामने बहुत-कुछ वही समस्याएँ फिर आ गई हैं, जो भारतेन्दु-युग के लेखकों के सामने थीं। तब के लेखकों ने उन समस्याओं को सुलझाया था, उस समय की परिस्थितियों का संगठित रूप से सामना किया था और उस संघर्ष में उन्हें सफलता मिली थी। आज की समस्याओं को हम भी अपने ढंग से सुलझा रहे हैं परन्तु बहुत-कुछ असंगठित रूप में; विजय-कामना जितनी बलवती है, उतनी निःस्वार्थ; सेवा और त्याग की भावना नहीं है। भारतेन्दु-युग को हिन्दी का शैशव-काल कहकर हम नहीं टाल सकते, उसकी जिन्दादिली की थोड़ी-सी प्रशंसा करने से उसका मूल्य नहीं आँका जा सकता। सब भाइयों को बुलाकर भारत के लिए रोने के सिवा भी उस युग में बहुत-कुछ है। वास्तव में ऐसा सजीव और चेतन युग हिन्दी में एक ही बार आया है। उस युग के तपस्वियों को जो सफलता मिली, वह तो बड़ी है ही, उससे भी बड़ी उनकी साधना है जो अगली पीढ़ियों को बराबर उत्साहित करती रहेगी।

अब से कुछ दिन पहले उस युग का मूल्य आँकना कठिन भी था। साहित्य में जिस मनोवृत्ति की प्रधानता थी, उसके अनुसार उस युग की क्रियाशीलता उथली-उथली लगती थी; परन्तु अब युग ने फिर पल्टा खाया है और साहित्य की वह मनोवृत्ति एक आडम्बर-मात्र जान पड़ती है। संक्षेप में, आज साहित्य के आगे जनहित की समस्या प्रधान है; उसी हित को देखकर भाषा का रूप भी निश्चित हो रहा है। जनहित को ही ध्यान में रखकर सामाजिक संस्कृति स्थिर हो रही है। द्विवेदी-काल तथा छायावादी युग में यह बात पीछे पड़ गई थी। इसमें कोई सन्देह नहीं कि भारतेन्दु-युग की भाषा में संस्कार की आवश्यकता थी और उसकी संस्कृति समाजहित के साँचे में पूरी-पूरी न ढल पाई थी परन्तु पीछे भाषा-संस्कार और साहित्यिक संस्कृति ने जो रूप धारण किया, वह जनहित की भावना से बहुत-कुछ दूर था। भारतेन्दु-युग को पुनर्जीवित करने की आवश्यकता नहीं है; उस युग की निर्बलताओं को रँग-चुनकर सजाने की भी आवश्यकता नहीं है। हमें केवल इतिहास को क्रमबद्ध करके उससे अपना शृंखला-सम्बन्ध समझ लेना चाहिए।

सन् 1857 के विद्रोह के बाद जब भारत का राज्य कम्पनी बहादुर के हाथ से महारानी विक्टोरिया के हाथ में आ गया तो बहुत लोग समझे कि उस शासन-

परम्परा का—जिसे जॉन ब्राइट ने 'ऐ हंड्रेड ईअर्स ऑव क्राइम' कहा था—अब अन्त हो गया। महारानी के लिए जो घोषणा-पत्र पहले तैयार किया गया था, उसे उन्होंने अस्वीकार कर दिया और उससे अधिक सहृदयतापूर्ण घोषणापत्र तैयार कराया। उसमें भारतवासियों को मधुर-मधुर आश्वासन दिये गए और डलहौजी आदि की नीति को देखते हुए उस समय लोगों को ये आश्वासन और भी मधुर लगे होंगे, इसमें सन्देह नहीं। विद्रोह के पहले अंग्रेज़ जिस प्रकार छोटे-छोटे राज्य हड़प चुके थे तथा विद्रोह में और उसके पश्चात् उन्होंने अपना जो अप्रिय रूप दिखाया था, उसकी याद करके लोगों ने उन सब बातों से इन आश्वासनों की तुलना की और उनका हृदय गद्गद हो गया। कवियों के कंठ से प्रशस्तियाँ फूट पड़ीं और प्रजा ने अपने-आपको महारानी विक्टोरिया की अधीनता में समझकर सुख की साँस ली और अपना भाग्य सराहा। प्रजा के बहुत-से शुभचिन्तकों ने सोचा कि बस, प्रार्थनापत्र भेजने की देर है। सुनवाई हुई नहीं कि सभी क्लेश मिट गए। भारतेन्दु-युग का बहुत-सा साहित्य राजभक्ति के भावों से पूर्ण है, उसका यही रहस्य है। विद्रोह से पहले के कम्पनी-राज्य की तुलना में लोगों ने महारानी विक्टोरिया के शासन को एक भिन्न वस्तु माना और वे समझे कि उन्हें सभी प्रकार की स्वतंत्रता इस शासन में सुलभ है। बहुत-से लोग इस आनन्द में मगन होकर प्राचीन आर्य वीरता के गीत गुनगुनाने लगे परन्तु यह तन्द्रा बहुत काल तक न रही। शीघ्र ही अकाल, महामारी, टैक्स, बेकारी आदि साम्राज्यवाद की विभूतियों ने उन्हें जगा दिया। जैसाकि 'सार सुधानिधि' के सम्पादक को किसी ने पत्र में लिखा था : "टैक्स पर टैक्स, अकाल पर अकाल और मरी पर मरी यहीं देखी जाती है। नित्य नये-नये आईनों से देखा जाता है और नित्य नई स्पीचों से नोन छिड़का जाता है।" भारतेन्दु-युग के साहित्य में यह जागरण भली भाँति व्यक्त हुआ है।

किसानों के लिए विद्रोह के बाद जो 'बन्दोबस्त' हुआ था, उसमें अंग्रेज़ लेखकों के ही अनुसार बहुत बार लगान खूब ऊँचा चढ़ाकर आँका गया था। मध्य प्रदेश में जब यह बन्दोबस्त हुआ तो चार्ल्स इलियट, चार्ल्स ग्रांट, ए. रसेल और कर्नल मैक्लीन आदि अंग्रेज़ों ने ही उसका विरोध किया। बम्बई में जो बन्दोबस्त हुआ, उसकी सर ऑकलैंड कॉल्विन जैसे उत्तम वर्ग के लोगों ने भी निन्दा की। गवर्नर-जनरल की सभा में सर विलियम हंटर ने तो स्पष्ट कह दिया कि सरकार ने लगान इतना बढ़ा दिया है कि किसानों के पास अपना और अपने कुटुम्ब का पेट पालने के लिए कुछ बचता ही नहीं। लगान की विपत्ति के साथ दैवी प्रकोप भी हो गया तो किसान बेमौत मरे। यह समझकर कि बिना लगान कम किए अकाल से मरनेवालों की संख्या कम न होगी, कर्नल बेयर्ड स्मिथ ने प्रस्ताव किया कि बंगाल की भाँति सारे देश में पक्का बन्दोबस्त कर दिया जाए। इस प्रस्ताव को बहुत-से अधिकारियों ने पसन्द किया, सर विलियम मुइर, सर बार्टल

फेयर, सर रिचार्ड टेंपल तथा बंगाल और उत्तर-पश्चिम प्रान्तों के लफ्टेंट गवर्नरों तक ने उसका अनुमोदन किया। आगे चलकर सेक्रेटरी ऑफ स्टेट ने फिर उसका समर्थन किया और पाँच साल बाद एक दूसरे सेक्रेटरी ऑफ स्टेट ने फिर उसका समर्थन किया, परन्तु वह प्रस्ताव इतने समर्थनों और इतने विलम्ब के बाद भी कभी कार्यरूप में परिणत न हुआ।

सन् 1866 ई. में जो अकाल पड़ा, उसमें इतिहास-लेखक पी.ई. रॉबर्ट्स के अनुसार 10 से 20 लाख तक मनुष्यों ने प्राण गँवाये। यह संख्या भी, जो एक ब्रिटिश राज्य के प्रशंसक इतिहास-लेखक तक पहुँची है, किसी भी मनुष्य के हृदय को हिला देनेवाली है। परन्तु सहृदय शासन-तंत्र में कोई परिवर्तन न हुआ। परिवर्तन के चिह्न न देखे गए हों, ऐसा कहना भूल होगी परन्तु जनता को उन चिह्नों से ही सन्तोष करना पड़ा। 1866 ई. में मन्दी का जमाना आया और 1868-69 ई. में अकाल पड़ा। जनता के इन कष्टों को उस युग के लेखकों ने अनुभव किया और उन्हें अपने साहित्य में लिखा ही नहीं, उन्हें लिखकर जनता में एक आन्दोलन के लिए वातावरण भी तैयार किया। एक बार ऐसा ही दुर्भिक्ष पड़ने पर 'हिन्दी प्रदीप' में यह होली छपी थी :

डफ बाज्यो भरत भिखारी को।
केसर रंग गुलाल भूलि गयो,
कोऊ पूछत नहिं पिचकारी को।
बिन धन अन्न लोग सब व्याकुल,
भई कठिन विपत नर नारी को।
चहुँ दिसि काल परयो भारत में,
भय उपज्यो महामारी को। इत्यादि

यद्यपि इस होली के अन्त में प्रथानुसार शासक से कुछ प्रार्थना, कुछ उसकी प्रशंसा है परन्तु ऊपर की पंक्तियों में हमें लोक-साहित्य का एक बहुत सुन्दर उदाहरण मिलता है। उनमें रस, अलंकार दिखाकर उन्हें 'ज्ञातस्वादो विवृतजघनाम्' के बराबर बैठाने की आवश्यकता नहीं है; इतना ही यथेष्ट है कि इन पंक्तियों में वह आग है, जनता के महाकष्ट का वह यथार्थ अनुभव है जो इसके पहले बहुत कम कवियों में आ पाया था। भरत भिखारी के डफ में होली का उल्लास नहीं है; फिर भी, होली के उल्लास से महादुर्भिक्ष के संकट की कैसी व्यंग्यपूर्ण तुलना की गई है। उस डफ के शब्द में एक नवीन क्रान्तिकारी चेतना का आह्वान है।

भारतेन्दु ने स्वयं बहुत-सा लोक-साहित्य रचा था और लेख लिखकर बहुतों को इस ओर प्रोत्साहित भी किया था। वैसे तो वे साहित्य के सभी अंगों की ओर सचेत थे, परन्तु जिन शब्दों में उन्होंने ग्राम-साहित्य अथवा लोक-साहित्य की

आवश्यकता को व्यक्त किया है, वे हमारे लिए आज भी एक मैनिफेस्टो के रूप में काम आ सकते हैं। मई, 1879 ई. की 'कविवचनसुधा' में उन्होंने इस विषय की एक विज्ञप्ति प्रकाशित की थी। विज्ञप्ति लम्बी है, परन्तु उससे भारतेन्दु-युग की मूल प्रवृत्तियों को समझने में सहायता मिलेगी, इसलिए उसका अधिकांश भाग शिवनन्दन सहाय-कृत भारतेन्दु बाबू के जीवन-चरित से यहाँ उद्धृत किया जा रहा है। गाँवों में ग्रामीण भाषा में ही लिखे गए गीतों द्वारा प्रचार का महत्त्व समझाते हुए, भारतेन्दु लिखते हैं :

"भारतवर्ष की उन्नति के जो अनेक उपाय महात्मागण आज-कल सोच रहे हैं उनमें एक और उपाय भी होने की आवश्यकता है। इस विषय के बड़े-बड़े लेख और काव्य प्रकाश होते हैं, किन्तु वे जन-साधारण के दृष्टिगोचर नहीं होते। इसके हेतु मैंने यह सोचा है कि जातीय संगीत की छोटी-छोटी पुस्तकें बनें और वे सारे देश, गाँव-गाँव में साधारण लोगों में प्रचार की जाएँ। यह सब लोग जानते हैं कि जो बात साधारण लोगों में फैलेगी, उसी का प्रचार सार्वदेशिक होगा और यह भी विदित है कि जितना शीघ्र ग्राम-गीत फैलते हैं और जितना काव्य को संगीत द्वारा सुनकर चित्त पर प्रभाव होता है, उतना साधारण शिक्षा से नहीं होता। इससे साधारण लोगों के चित्त पर भी इन बातों का अंकुर जमाने को इस प्रकार से जो संगीत फैलाया जाए तो बहुत-कुछ संस्कार बदल जाने की आशा है। इसी हेतु मेरी इच्छा है कि मैं ऐसे गीतों का संग्रह करूँ और उनको छोटी-छोटी पुस्तकों में मुद्रित करूँ। इस विषय में मैं, जिनको कुछ भी रचना-शक्ति है, उनसे सहायता चाहता हूँ कि वे लोग भी इस विषय पर गीत व छन्द बनाकर स्वतंत्र प्रकाश करें या मेरे पास भेज दें, मैं उनको प्रकाश करूँगा और सब लोग अपनी-अपनी मंडली में गाने वालों को यह पुस्तकें दें।"

इन पंक्तियों में भारतेन्दु का देश-प्रेम छलक रहा है। अनेक देशभक्तों की भाँति उनका 'देश' उच्च वर्गों तक सीमित न था, देश का अर्थ उसका ग्राम-समाज था। वह जानते थे कि बिना इस विशाल जन-समुदाय में आन्दोलन किए देश की उन्नति असम्भव है। इस लोक-साहित्य के साथ वह संगीत में भी एक क्रान्तिकारी परिवर्तन करना चाहते थे। जो लोग पैसा देकर 'पक्का' गाना सुनते थे, उनसे उन्होंने ऐसे ही सीधे गाने सुनने की अपील की थी : "जो लोग धनिक हैं, वह नियम करें कि जो गुणी इन गीतों को गावेगा, उसी का वे लोग गाना सुनेंगे।" यह प्रस्ताव आज मध्य वर्ग के लिए भी क्रान्तिकारी है; उस युग में जब पुराने दरबारों का प्रभाव इतना व्यापक था, यह विचार बहुत-से कलाप्रेमियों को वज्रपात से कम न लगा होगा। भारतेन्दु ने स्त्रियों को भी ऐसे ही गीत सिखाने के लिए कहा था वरन् जिस भाषा में स्त्रियाँ गीत गाती हों, उसी में विशेष रूप से गीत लिखने का आग्रह किया था।

ग्राम-साहित्य के प्रचार और प्रसार की ओर ध्यान दिलाते हुए उन्होंने लिखा था :

"जिन लोगों का ग्रामीणों से सम्बन्ध है, वे गाँव में ऐसी पुस्तक भेज दें। जहाँ कहीं ऐसे गीत सुनें, उनका अभिनन्दन करें। इस हेतु ऐसे गीत बहुत छोटे-छोटे छन्दों में और साधारण भाषा में बनें, वरंच गँवारी भाषाओं में और स्त्रियों की भाषा में विशेष हों। कजली, ठुमरी, खेमटा, कहरवा, श्रद्धा, चैती, होली, साँझी, लम्बे, लावनी, जाँते के गीत, बिरहा, चनैनी, गजल इत्यादि ग्राम-गीतों में इनका प्रचार हो और सब देश की भाषाओं में इसी अनुसार हो—अर्थात् पंजाब में पंजाबी, बुन्देलखंड में बुन्देलखंडी, बिहार में बिहारी—ऐसे देशों में जिस भाषा का साधारण प्रचार हो, उसी भाषा में ये गीत बनें।"

भारतेन्दु का ध्यान किसी एक प्रान्त की ओर नहीं था; हिन्दी से सम्पर्क में आने वाले सभी प्रान्तों में वह इस नवीन आन्दोलन की लहर बहा देना चाहते थे। हिन्दी को राष्ट्रभाषा बनाने के कट्टर पक्षपाती होते हुए भी वह जानते थे कि देश की उन्नति के लिए ग्राम-भाषाओं की उन्नति आवश्यक है और उनमें लोकहितकारी साहित्य रचा जाना चाहिए। उन्होंने यह भी देखा कि ग्रामीण भाषाएँ ही हिन्दी की रीढ़ हैं और उनके विकास से हिन्दी का विकास हो सकेगा। वह जब हिन्दी का समर्थन करते थे, तब उनका ध्यान गाँवों की ओर ही अधिक जाता था; उच्च वर्गों की संस्कृति की ओर उन्होंने कम ध्यान दिया था।

यद्यपि भारतेन्दु एक विशाल आन्दोलन के केन्द्र थे, फिर भी, वह नेता की पोशाक पहनकर लोगों के सामने न आए। वह दूसरों को एक सहकारी की भाँति उत्साहित करते थे और अपना काम हुकुम चलाने तक न सीमित रखकर हरएक के कंधे-से-कंधा मिलाकर छोटे-से-छोटा काम करने तक का साहस रखते थे।

ग्राम-साहित्य के सम्बन्ध में भी उन्होंने लिखा था : "उत्साही लोग इसमें जो बनाने की शक्ति रखते हैं, वे बनावें। जो छपवाने की शक्ति रखते हैं, वे छपवा दें और जो प्रचार की शक्ति रखते हैं, वे प्रचार करें। मुझसे जहाँ तक हो सकेगा, मैं भी करूँगा। जो गीत मेरे पास आवेंगे, उनका मैं यथाशक्ति प्रचार करूँगा। इससे सब लोगों से निवेदन है कि गीतादिक भेजकर मेरी इस विषय में सहायता करें।"

अपने बारे में अति नम्रता से लिखकर उन्होंने दूसरों का मन जान लेने की प्रार्थना की : "और यह विषय प्रचार के योग्य है कि नहीं और इसका प्रचार सुलभ रीति से कैसे हो सकता है, इस विषय में अनुमति प्रकाश करके अनुगृहीत करेंगे।"

इसके बाद उन्होंने वे विषय दिये जिन पर वह ग्रामगीत लिखा जाना आवश्यक समझते थे : बाल-विवाह से हानि, जन्मपत्री मिलाने की अशास्त्रता, बालकों की

शिक्षा, अंग्रेज़ी फैशन से शराब की आदत, भ्रूण-हत्या, फूट और बैर, बहुजातित्व और बहुभक्तित्व, जन्मभूमि, 'इससे स्नेह और इसके सुधारने की आवश्यकता का वर्णन', नशा, अदालत, स्वदेशी—'हिन्दुस्तान की वस्तु हिन्दोस्तानियों को व्यवहार करना—इसकी आवश्यकता, इसके गुण, इसके न होने से हानि का वर्णन', आदि। इस विषय-सूची से ही पता चलेगा कि भारतेन्दु देश के राजनीतिक आन्दोलन की बहुत-सी बातें पहले ही सोच चुके थे। समाज-सुधार से लेकर स्वदेशी आन्दोलन तक उनकी दृष्टि गई थी। वे देश की जनता में एक चेतना जगाना चाहते थे जो प्रत्येक क्षेत्र में उसे सजग रखे; अशिक्षित जनता भी गीतों को सुनकर उन्हें कंठस्थ कर ले और इस प्रकार यह नवयुग की वाणी शिक्षित और अशिक्षित कंठों में समान रूप से गूँज उठे। साथ ही, जनता की मनोवृत्ति पहचानते हुए वे कोरी शिक्षा के विरोधी थे; वे इस ग्राम-साहित्य को नीरस बनाकर जनता का मन न फेर देना चाहते थे, उन्होंने शृंगार और हास्य को भी उसमें स्थान दिया था।

भारतेन्दु चाहते थे कि उच्च कोटि का साहित्य भी ऐसे ही विषयों पर रचा जाए जिससे वह ग्राम-साहित्य के साथ एक सामंजस्य स्थापित कर सके। उन्होंने लिखा था : "यद्यपि यह एक-एक विषय, एक-एक नाटक, उपन्यास व काव्य आदि के ग्रंथ बनाने के योग्य है और इन पर अलग ग्रंथ बने तो बड़ी ही उत्तम बात है, पर यहाँ तो इन विषयों के छोटे-छोटे सरल देश-भाषा में गीत और छन्दों की आवश्यकता है जो पृथक् पुस्तकाकार मुद्रित होकर साधारण जनों में फैलाए जाएँगे।" अन्त में, सब लोगों से सहयोग की प्रार्थना करते हुए उन्होंने इस महत्त्वपूर्ण विज्ञप्ति को समाप्त किया था। किन दरबारी संस्कारों को तोड़कर यह नव चेतना प्रकट हो रही थी, यह इसी बात से जाना जा सकता है कि स्वयं भारतेन्दु ने शतरंज में घोड़ों की चाल पर छन्द लिखकर उन्हें 'कविवचनसुधा' में छापा था। इसीलिए यह चेतना और भी महान् है; आज तो आये-दिन जन-साहित्य की स्कीमें बना करती हैं परन्तु भारतेन्दु की अपील की सिधाई और सचाई कितनी स्कीमों में रहती है?

भारतेन्दु-युग के एक ओर मध्यकालीन दरबारी संस्कृति थी तो दूसरी ओर आम जनता में एक सामाजिक और राजनीतिक आन्दोलन के लिए वातावरण तैयार करना था। साहित्य में देश के एक बढ़ते असन्तोष को प्रकट करना-भर न था, सदियों से चले आते, समाज की हड्डियों में बसे हुए सामन्तों कुसंस्कारों से भी मोर्चा लेना था। यह दूसरा काम कठिन था। जनता के पुराने सस्कारों को छूना उसके धर्म को चुनौती देना था; एक बार हुसकाई जाकर जनता सभी नये विचारों को सन्देह से देखने लगती। परन्तु भारतेन्दु और उनके साथियों ने इसकी चिन्ता न करके दृढ़ता से अपना युद्ध छेड़ दिया; नास्तिक किरिस्तान कहे जाने

पर भी उन्होंने अपना सुधार का मार्ग न छोड़ा। इसके साथ ही उन्हें अपनी भाषा के लिए लड़ना था। वे अपने जन-साहित्य की रचना कचहरियों की भाषा में न कर सकते थे; उसके लिए जनता की भाषा को अपनाना आवश्यक था। कचहरी, सरकार और अन्य विशिष्ट वर्गों के विरोध के होते हुए भी उन्होंने हिन्दी गद्य का एक रूप स्थिर कर दिया। जो लोग सोचते हैं कि हिन्दी तभी मिट जाती तो बड़ा अच्छा होता, उनकी बात दूसरी है; परन्तु जो समझते हैं कि हिन्दी न मिटी तो अच्छा हुआ, उन्हें भारतेन्दु और उस युग के लेखकों का कृतज्ञ होना चाहिए जिन्होंने उसे जीवित रखने के लिए अपने प्राणों की बाजी लगा दी।

राजभक्ति और देशभक्ति

जिस दरबारी वातावरण के बीच राष्ट्र की नवीन चेतना फूट रही थी, उसका उदाहरण स्वयं भारतेन्दु का जीवन है। वह एक मध्यकालीन दरबारी वातावरण में पले थे, वह स्वयं उसका केन्द्र थे। उनका घर एक दरबार था जिसके वह बादशाह थे। उनके पिता बाबू गोपालचन्द्र के विवाह में कुओं में चीनी के बोरे उँडेलकर शरबत घोला गया था और बरातियों की पाँति तीन मील लम्बी थी। बाबू गोपालचन्द्र पक्के वैष्णव थे, जो बिना पाँच भजन बनाए भोजन नहीं करते थे। भारतेन्दु ने वैष्णव धर्म की ऐसी व्याख्या की थी जिससे उन्हें नास्तिक की उपाधि मिली। बाबू गोपालचन्द्र सरकार के कृपापात्र और विश्वासपात्र, दोनों थे। सन् 1857 के विद्रोह में बनारस की रेज़ीडेंसी का बहुत-सा सामान उनके यहाँ रखा गया था। उनके पुत्र थे हिन्दी में नवीन राष्ट्रीय चेतना लाने वाले भारतेन्दु हरिश्चन्द्र।

भारतेन्दु बाबू के मामा और नाना फ़ारसी के विद्वान् थे, गुरु इनके राजा शिवप्रसाद सितारे-हिन्द थे। इस प्रकार, उनकी बाल्यावस्था का वातावरण प्रधानत: अहिन्दी था। उससे लोहा लेने में उनकी यात्राओं ने उन्हें प्रोत्साहित किया। 11 वर्ष की ही अवस्था में उन्होंने चुनार, कानपुर, लखनऊ, सहारनपुर, मंसूरी, हरिद्वार, लाहौर, अमृतसर, दिल्ली, आगरा आदि होते हुए उत्तर भारत की यात्रा की। बैसवाड़ा, बस्ती, मिथिला आदि वह घूमे। भारतेन्दु ने बैसवाड़े के पुरुषों की भीम और अर्जुन से तुलना की तो स्वर्गीय पं. महावीरप्रसाद द्विवेदी को उसमें व्यंग्य की झलक दिखाई दी और उन्होंने अपनी पुस्तक (शिवनन्दन सहाय-कृत, 'भारतेन्दु की जीवनी') में उन उद्धरणों की बगल में पेंसिल से बड़े जोरदार क्रॉस बना दिये।

भारतेन्दु ने सभी प्रकार से देश की यात्रा की थी, कभी रेल के सेकंड क्लास डब्बे में बैठकर तथा कभी बैलगाड़ी में दचके खाकर। बैलगाड़ी की यात्रा में पैर झुनझुनाने से लेकर भूखे रहने तक का अनुभव उन्हें हुआ था। नि:सन्देह आज भी बड़े-बड़े नेताओं के बैलगाड़ियों में जुलूस निकलते हैं परन्तु भारतेन्दु की-सी दशा क्या उनकी भी होती है? :

हिलत डुलत चलत गाड़ी आवै।
झुलत सिर टुटत रीढ़ कमर झोंका खावै॥

भारतेन्दु ने गाड़ी और गाड़ीवान की प्रशंसा करते हुए अपनी यात्रा पर यह पद बनाया था। भारतवर्ष की जो दशा उन्होंने गाँवों में देखी, उससे उन्होंने बैलगाड़ी की चाल को ही देश की उन्नति का प्रतीक बताया। इन यात्राओं में भारतेन्दु को देश-दशा का ज्ञान हुआ, जनता को निकट से देखने का अवसर मिला और वह अपनी और अपने युग की भाषा के विकास के बारे में एक मत निर्धारित कर सके। ग्रामीण बोलियों से उन्हें अतिशय प्रेम था, यहाँ तक कि उनके नाटकों में उनका कहीं-कहीं आवश्यकता से अधिक प्रयोग हो गया है। भाषा के साथ साहित्य और संस्कृति पर गाँवों का जो प्रभाव पड़ रहा था, वह भारतेन्दु की रचनाओं में और उनके सारे युग में झलकता हुआ दिखाई देता है। गाँवों के प्रति पढ़े-लिखे लोगों की उपेक्षा पर टिप्पणी करते हुए 'हिन्दी प्रदीप' ने लिखा था : "ये वे ही खेतिहर हैं जो हमको जिलाते हैं पर गँवार और दिहकानी कह सभ्य समाज वाले जिनसे घिनाते हैं और अपने से अत्यन्त निकृष्ट जिन्हें मानते हैं। बड़ा-बड़ा क्लेश उठाय ये बेचारे यदि अन्न न पैदा करें तो इनकी सभ्यता की हिमाकत सब धरी रह जाए।"

दुर्भिक्ष ने लोगों की आँखें खोल दी थीं; सभ्यता का सच्चा रूप उन पर प्रकट हो गया था। परिस्थितियाँ लेखकों को बरबस उनके जीवन-स्रोत गाँवों की ओर खींच लाई थीं। भारतेन्दु के विचार किस प्रकार कार्यरूप परिणत किए जा रहे थे, इसका उदाहरण वह आल्हा है जो अकाल पर 'हिन्दी प्रदीप' में छपा था :

संबत उनइस सौ तिरपन माँ, पड़ा हिन्द में महा अकाल।
घर घर फाके होने लागे, दर दर प्रानी फिरैं बेहाल।
गेहूँ चावल सावाँ मकरा, सबै अन्न एक भाव बिकाय।
बिना पैसा सब छाती पीटैं, अब तो हाय रहा नहिं जाय॥
कोई पात पेड़न के चाबै, कोई माटी कोई घास चबाय।
कोई बेटवा बिटिया बेचैं, अब तो भूख सही नहिं जाय।
कोई घर घर भीखौ माँगैं, कोई लूट पाट के खाँय।
बहुत लोग जो अन्न देत हैं, राम निहोरे करैं सबाब॥
बहुत लोग देते हैं फाँसी, अरु मलिका से चहैं खिताब।
सी.एस.आई., के.एस.आई., रायबहादुर केर खिताब॥

जनता का यह रोष और व्यंग्य भूषण की कविता में जहाँ-तहाँ छोड़कर हिन्दी-साहित्य में पहले-पहल इस तरह प्रकट हुआ था। गाँवों की दुर्दशा का इसे क्या 'सजीव' वर्णन कहना चाहिए? जिसने पेड़ों के पत्ते और घास चबाते लोगों को नहीं देखा-सुना है, उसे इस वर्णन की सचाई पर सन्देह भी हो सकता है। परन्तु एक ओर पत्ते चबाना, लड़के-लड़कियाँ बेचना, दूसरी ओर लोगों का रायबहादुरी के

खिताब पाना—यही तो वह संस्कृति थी, जो सन् '57 के बाद उच्च वर्गों में बन रही थी और जिसका युग की चेतना विरोध कर रही थी।

दरबारी संस्कृति के साथ राजभक्ति का घनिष्ठ सम्बन्ध था। वास्तव में जितनी राजभक्ति दरबारी नरेशों में थी, उतनी साधारण प्रजा में न थी। विद्रोह में उन्होंने स्वर्णाक्षरों में लिखा जाने वाला काम किया था; केनिंग के अनुसार बिना उनकी सहायता के विद्रोह की प्रलय में ब्रिटिश साम्राज्य बह जाता।

भारतेन्दु दरबारी संस्कृति में पाले-पोसे जाने के साथ राजभक्ति में भी दीक्षित किए गए थे। उनके दरबार में समस्यापूर्ति होती थी : "पूरी अमी की कटोरिया-सी चिर जीवौ सदा विक्टोरिया रानी।" रीति-काल, दरबारी संस्कृति, एवं राजभक्ति—उस समय की सभी प्रतिक्रियात्मक धाराओं का संकेत इस एक पंक्ति में मिलता है। राजभक्ति से ओतप्रोत कविताएँ उस युग में अनेक रची गईं, परन्तु उनमें भी राजभक्ति के साथ देश-दशा की झलक दिखाई देती है। वह राजभक्ति रायबहादुरों वाली न थी कि सब देश सुखी है और ब्रिटिश राज में भारतवर्ष बस नरक से स्वर्ग हो गया है। प्रिंस ऑफ वेल्स के स्वागतपत्र में भारतेन्दु पुलिस और अदालत को नहीं भूले :

पहरू नहिं कोउ लखि परै, होय अदालत बन्द।
ऐसी निरुपद्रव करो, राजकुँअर सुखकन्द॥

इस प्रकार की राजभक्ति वाली कविताओं का सबसे सुन्दर उदाहरण प्रतापनारायण मिश्र की कविता 'ब्रैडला स्वागत' है। भारतेन्दु की राजभक्ति को लोग सन्देह की दृष्टि से देखने लगे थे। ड्यूक ऑफ अल्बनी की मृत्यु पर जब उन्होंने बनारस के टाउनहॉल में शोक-सभा करनी चाही तो पहले मजिस्ट्रेट ने आज्ञा दे दी परन्तु पीछे से मना कर दिया। कुछ लोगों के कहने-सुनने से फिर सभा के लिए हॉल मिल गया, परन्तु सभा में जनता ने राजा शिवप्रसाद को बोलने न दिया। इससे भारतेन्दु और शिवप्रसाद की राजभक्ति का अन्तर समझ में आ सकता है। राजा शिवप्रसाद ने काशी के राजा को अपने अपमान के बारे में सूचित किया तो उन्होंने भारतेन्दु से जवाव तलब किया। भारतेन्दु ने टाउन-हॉल न मिलने पर अपने अपमान की बात का उल्लेख करते हुए कहा कि अब वह काशिराज के दरबार में भी न आवेंगे। इस उदाहरण में काशिराज का दरबार, राजा शिवप्रसाद सितारे-हिन्द और राजभक्ति एक-दूसरे से सम्बन्धित दिखाई देते हैं। भारतेन्दु इन सबसे दूर थे। वास्तव में, अनेक रचनाओं में तो ऐसा लगता है कि जनता में नवचेतना फैलाने के लिए ही राजभक्ति की आड़ ली गई थी। भारतेन्दु अंग्रेज़ों की नीति समझते थे और उस पर सीधी भाषा में टीका कर सकते थे। यह उनके लेखों से मालूम हो जाता है। एक पहेली में उन्होंने लिखा था :

भीतर भीतर सब रस चूसै, बाहर से तन मन धन मूसै।
जाहिर बातन में अति तेज, क्यों सखि, साजन? नहिं अँग्रेज॥

यह पहेली उस ग्राम या लोक-साहित्य का अच्छा उदाहरण है जिसका भारतेन्दु प्रचार करना चाहते थे; उन्होंने एक राजनीतिक तथ्य को सरस और सरल शब्दों में जनता तक पहुँचाने का प्रयत्न किया था। उनकी राजभक्ति का रूप ऐसा ही था। सरकारी कर्मचारियों को सन्देह हुआ हो तो आश्चर्य नहीं। सरकार 'हरिश्चन्द्र-चन्द्रिका', 'कविवचनसुधा' और 'बाल-बोधिनी' की सौ-सौ प्रतियाँ लेती थी, एक दिन ये प्रतियाँ लेना बन्द कर दिया गया।

दुर्भिक्ष और महामारी ने जैसे सरकारी व्यवस्था और शासन पर प्रकाश डाला था, वैसे ही कुछ लड़ाइयों ने सरकार की विदेश-नीति और उसके साम्राज्यवादी ताने-बाने को भी सुलझाकर रख दिया। ब्रिटिश राजदूत का अपमान करने के कारण भूटान की लड़ाई हुई और सरकार ने अपमान के बदले भूटान से वह भूमि ले ली, जहाँ बहुत-से चाय के बाग लगाये जा सकें। बर्मा का बहुत-सा भाग सरकार के अधिकार में आ गया था, पहले अराकान और तनैसरिम, फिर पेगू; परन्तु समुद्री किनारे वाले भाग छिन जाने पर भी बर्मा एक स्वतंत्र राज्य रह गया था। अपने देश का इतना भाग छिन जाने पर भी बर्मा-निवासी अंग्रेज़ों को अपने यहाँ व्यापार की सुविधाएँ देने के लिए तैयार न थे।

इस मूर्खता का उन्हें दंड देना आवश्यक हो गया। पहले ब्रिटिश राजदूत का अपमान हुआ और वह वहाँ से बुला लिया गया। बर्मा के राजा ने फ्रांस, जर्मनी और इटली से व्यापार के सम्बन्ध में कुछ बातचीत करना आरम्भ किया। अब सरकार ने फिर अपना आदमी भेजना जरूरी समझा और इसके लिए बर्मा के राजा पर दबाव डाला। अन्य देशों से व्यापार-सम्बन्धी बातचीत बन्द कर देने के लिए भी कहा। वहाँ के राजा ने ऐसी शर्तों को बिना कुछ हेर-फेर के स्वीकार करना असम्भव बताया। रंगून में फौजें तैयार थी हीं, धावा बोल दिया गया। दस दिन में ही लड़ाई समाप्त हो गई क्योंकि राजा लड़ने के लिए बिलकुल तैयार न था। राजधानी के पास पहुँचते ही उसने आत्मसमर्पण कर दिया। फ्रांस देश से बड़ा यह राज्य सरकार के हाथ में आ गया। इतिहास के लेखकों ने बर्मा के राजा को अत्याचारी और वहाँ के निवासियों को असभ्य सिद्ध करके व्यापारियों के स्वार्थ को सभ्यता और संस्कृति का रूप दिया है। परन्तु बर्मा के असभ्य स्वाधीनचेता निवासियों ने राजा के आत्म-समर्पण कर देने पर भी दो वर्ष तक लड़ाई जारी रखी और सरकार की विजय में इतनी असुविधाएँ पैदा कर दीं कि विलायत में भी सरकारी नीति की कड़ी आलोचना होने लगी। सरकार को बर्मा में छोटे-छोटे तमाम किले बनवाने पड़े; इन्हीं में से निकलकर सरकारी दस्ते विद्रोहियों पर हमला करते थे। बर्मा के राजा की असभ्यता और अत्याचार की कहानी के साथ उस समय के बड़े लाट डफरिन की इस बात का भी मिलान कर लेना चाहिए। उन्होंने लिखा था : "If the French Proceedings should eventuate in any serious attempt to forestall as in Upper Burma, I should not hesitate to annex the country." यानी, "उत्तरी बर्मा में फ्रांस वाले हमसे पहले ही बाजी मार ले जाने की कोशिश करेंगे तो मैं बर्मा को हथिया लेने में संकोच न करूँगा।" इससे प्रकट है कि सरकार अपने फ्रांसीसी भाईबन्दों की सभ्यता से जितनी परेशान थी, उतनी बर्मा-निवासियों की असभ्यता से नहीं।

भारतवासियों से यह सभ्यता-असभ्यता का रहस्य छिपा न रहा। बर्मा में ब्रिटिश साम्राज्य-विस्तार के बारे में 'प्रेमघन' ने लिखा था :

अँग्रेजन के हित चित चाय। ब्रह्मा में बाजे अरराय॥
बेचारे थीबा धरि धाय। कैद किये भारत में लाय॥
करें हाकिमी गोरा जाय। खर्चा भारत सीस बिसाय॥

इसी प्रकार अफगानिस्तान के सम्बन्ध में ब्रिटिश राजदूत से नाटक आरम्भ हुआ और लड़ाई में समाप्त हुआ। अफगान सरकार ने अपने यहाँ ब्रिटिश राजदूत रखना स्वीकार भी कर लिया परन्तु उसने अपने पहले कार्यों के लिए क्षमा-याचना न की, इसलिए अफगान सरकार का उत्तर अपूर्ण समझा गया। वास्तव में, लड़ाई उत्तर मिलने के पहले ही छेड़ दी गई। विलायत में इस लड़ाई की कड़ी आलोचना हुई परन्तु स्वाधीनता-प्रेमी ब्रिटिश व्यापारियों ने अफगानिस्तान में अपनी स्वार्थ-रक्षा करना ही ठीक समझा। रूस के हमले का बराबर डर दिखाया गया था, परन्तु लड़ाई-छिड़ने पर रूसी भालू कहीं पास भी न फटका। अफगान राजा भाग गया और ब्रिटिश सरकार ने वहाँ एक दूसरा राजा बनाकर उससे सन्धि कर ली। परन्तु असभ्य जनता यहाँ भी ब्रिटिश राज के गुण मानने से इनकार करती रही और खुल्लम-खुल्ला विद्रोह कर बैठी। अफगान विद्रोहियों को हराने में सरकारी फौजों को लोहे के चने चबाने पड़े। तलवार के जोर पर व्यापार फैलाने और काले आदमियों को सभ्य बनाने की नीति लोगों की समझ में आ रही थी। 'सार सुधानिधि' और 'भारत-मित्र' पत्रों में इन साम्राज्यवादी युद्धों पर बड़े सुन्दर लेख निकले। 'सार सुधानिधि' का लेख 'उन्नीसवीं शताब्दी और ये सभ्यता!!!' उस समय की राजनीतिक चेतना का प्रमाण है। हिन्दी के लेखकों ने देश के जागरण में कौन-सा भाग लिया, यह जानने के लिए ऐसे लेखों को पढ़ना आवश्यक है। लोगों को कहते हुए हम सुना करते हैं कि गांधी बाबा के पहले तो लोग स्वराज का नाम लेते भी डरते थे, सरकार के विरुद्ध एक शब्द कहने का भी साहस न होता था, ऐसे लोगों को या तो साहित्य की जानकारी नहीं है या जानबूझकर वे झूठा प्रचार करते हैं।

'सार सुधानिधि' के लेख में बात बहुत साफ कही गई है। और जो बात कही गई है, वह आज की राजनीतिक चेतना के अनुसार कितनी ठीक उतरती है, यह भी देखने योग्य है। उस लेख में पुराने असभ्यों का उल्लेख करते हुए आधुनिक

सभ्यों के 'पशुधर्म' का विवेचन किया गया है। दक्षिण अफ्रीका के जुलू-युद्ध में महात्मा गांधी ब्रिटिश सरकार के साथ थे, यद्यपि उन्होंने स्वीकार किया था कि न्याय सरकार के साथ नहीं था। गांधी जी की तब की राजनीतिक चेतना से इस लेख का लेखक कोसों आगे है। उसने स्पष्ट लिखा है कि अंग्रेज़ जुलुओं से सेंट लुइसा का उपसागर चाहते थे, इसीलिए उन्होंने युद्ध छेड़ा है। अंग्रेज़ों की स्वार्थ-लिप्सा की निन्दा करते हुए उसने लिखा था : "ये महासमर यज्ञ अंग्रेज़ों के निज उद्योग से ही हुआ है। इसी को कहते हैं, 'बैठे-बैठे चुल्ल।' देखिए, अंग्रेज़ खासे सुख में बैठे हुए हैं, इनको किसी प्रकार का और किसी विषय का अभाव नहीं है; इनका धन, माल, राज्य इतना है कि उसका अन्त नहीं है; पर तो भी एक जंगली की कुटी के लिए महासंग्राम का क्या प्रयोजन है? जुलू लोग बराबर से अंग्रेज़ों के अनुगत थे। पर इन लोगों का लोभ ऐसा ही प्रबल हो गया है। और प्राधान्य का गर्व हो जाने के कारण औरों की स्वाधीनता और औरों का प्राधान्य इनका चक्षुशूल हो गया है।" उस समय के प्रसिद्ध राजनीतिज्ञों ने सरकारी नीति की कभी ऐसी कड़ी आलोचना न की थी। वरन् वे सरकार का साथ देते थे; राजभक्ति द्वारा देश को स्वाधीन करना चाहते थे या ब्रिटिशराज में रहकर सुख की साँस लेते हुए स्वाधीनता को भूल जाना चाहते थे। सरकार, कचहरी और प्रेस ऐक्ट के मुकाबले में डटकर इन स्वार्थत्यागी लेखकों ने—जिनका इतिहास में नाम भी स्पष्ट नहीं लिखा है—देश में राजनीतिक चेतना फैलाई थी।

जुलू-युद्ध और अफगान-लड़ाई की तुलना करते हुए उसी लेखक ने लिखा था : "इसी चेष्टा से काबुल के अमीर फकीर हुए। जुलू लोगों का भी अपराध यही है कि वे स्वाधीन हैं।...ये तो हम फिर भी कहेंगे कि जुलू इस युद्ध में प्रथम अपराधी नहीं हैं...ये युद्ध और काबुल का युद्ध, दोनों ही इन्हीं लोगों की छेड़छाड़ से हुए।" जुलुओं की तुलना लेखक ने आग की चिनगारियों से की है और ब्रिटिश सेना को राख का ढेर कहा है। जैसे आग पर उससे चौगुनी राख डाल दी जाए तो बहु बुझ जाएगी, वैसे ही ब्रिटिश फौजों ने अपनी बहादुरी से जुलुओं पर विजय पाई। यह राजनीति धर्मनीति है या पापनीति, इस पर उसने लिखा था : "इस महानरमेध का कारण निसन्देह एकमात्र राजलोभ ही है। इस नर-हत्या का क्या पाप नहीं है? यदि पाप है तो किसको पाप होगा?" यद्यपि इतिहास में पहले भी युद्ध हुए हैं परन्तु "आश्चर्य तो यह है कि अब के राजा सभ्यता का गर्व करते हैं!! इसी से क्या निरपराधी मनुष्य-हत्या सभ्यता का पर्याय है?" लेख के अन्त में, एक रूसी समाचार-पत्र से, प्रति मनुष्य को मारने के लिए जितना खर्च होता है, उसके आँकड़े दिये गए हैं। अन्त में लिखा है : "तिस पर भी युद्ध! युद्ध! युद्ध! करके हमारे सभ्य राजा व्यस्त हो रहे हैं। इधर काबुल, उधर जुलू, यही क्या सभ्यता का स्वरूप है?"

'सार सुधानिधि' के इस लेख में सुलझे साफ विचारों को ऐसी मनोरंजक शैली में प्रकट किया गया है कि वे साधारण पाठकों पर भी अपना प्रभाव डालते हैं। राज्य की ओर से लगाई पाबन्दियों को देखते हुए इस लेख के लिए जो भी उत्तरदायी थे, उनके साहस की प्रशंसा करनी पड़ती है। लेख में एक रचना-कौशल है, जो बिना पूरा लेख पढ़े समझ में नहीं आ सकता। पाठक के साथ आत्मीयता से बातचीत करने का यह ढंग आजकल के लेखों में कम मिलता है। उस समय को देखते, जब नेता लोग ब्रिटिश स्वार्थ में सहायक होकर अपना थोड़ा-बहुत हित-साधन उचित समझते थे,. यह लेख क्रान्तिकारी ठहरता है। अपने ढंग का यह लेख अकेला नहीं है, काबुल की लड़ाई पर तो पत्रों में धारावाहिक रूप से लेख निकलते रहे थे।

विदेशी-नीति और लड़ाई से सम्बन्ध रखने वाले साहित्य में गदाधरसिंह की पुस्तक 'चीन में तेरह मास' का विशेष स्थान है। गदाधरसिंह ने इसे चीन की रणभूमि में ही लिखा था, जब यहाँ से सातवीं राजपूत पल्टन बक्सर-विद्रोह का दमन करने भेजी गई थी। यह एक सीधे-सादे सिपाही की लिखी पुस्तक है जिसे हिन्दू धर्म और अंग्रेज़ सरकार की नीति में पूर्ण विश्वास है। इसीलिए उसके वर्णन की सचाई और साहस की प्रशंसा करनी पड़ती है। चीन में विद्रोह का दमन करने के बहाने डटकर लूट हुई और लेखक के अनुसार 'लूट न आवै लै लै भागैं' की मसल भी चरितार्थ की गई। तिनचिन में जब अंग्रेज़ी फौज पहुँची, तो वहाँ अन्य देशों की फौजें पहले ही लूटपाट कर चुकी थीं। परन्तु इससे सरकारी फौजें हताश न हुईं। गदाधरसिंह ने लिखा है : "शहर के सभी लोग भाग गए थे—उजाड़ हो रहा था। बचे-खुचे अपाहिज लोग जो रह गए थे, उनका यत्-किंचित् असबाब बन्दूक के सहारे छीन लाना सिपाहियों का अच्छा गौरव (?) प्रकट करता था! सिपाहियों की पार्टियाँ जाकर अपनी आवश्यकीय चीजें सन्दूक, बक्स, मेज़, कुरसी, कपड़े, पोस्तीन, खच्चर, टट्टू, रिक्शा गाड़ी आदि सभी कुछ लूट लाते थे। घड़ी, छड़ी, छाता, पंखा सभी कुछ लूटकर आता था—कहीं-कहीं चीनियों को धमकाकर और कहीं यमपुरी को भेजकर! किसी चीज की माँग होने पर तनिक भी विलम्ब होने से असहाय चीनी को सशरीर अर्पण होना पड़ता था। अवश्य ही चीज का चाहने वाला केवल चीज ही लेता था—और लोथ को दयापूर्वक कूकुरों के भोजनार्थ दान कर देता था। कहा भी तो है :

दान में दया देय, तीन लोक जीत लेय।

यह दया और वीरता जनता पर खूब प्रकट हो रही थी और लेखक निर्भीक होकर उस पर प्रकाश डाल रहे थे। शैली में अपने-आप सुन्दर व्यंग्य उत्पन्न हो जाता था, प्रवाह तो उस युग की देन था। गदाधरसिंह ने 'लेखक' बनकर इस पुस्तक को नहीं लिखा था, परन्तु उस युग के गुण उनकी रचना में सर्वत्र पाए जाते हैं।

चीन में चारों ओर हत्याकांड के दृश्य ही दिखाई देते थे। युद्ध में मनुष्यता का जैसे नाश हो गया था, अधम बर्बरता ने उसका स्थान ले लिया था। एक चीनी को विदेशियों ने फुटबाल-सा खेलकर मार डाला : "यह सभी खिलाड़ी सभ्य जातियों के थे!!!" पेकिंग की ओर नाव से जाते हुए सिपाहियों को यदि कोई चीनी नदी के किनारे देख पड़ता तो वे उस पर निशाना लगाने लगते। "हमको शोक से देखना पड़ा कि अभागे चीनी लोग खटमलों की तरह कुचले जाते हैं।" विदेशी सिपाही चीनी पुरुषों और बच्चों को मार डालते थे और स्त्रियों के साथ बलात्कार करते थे। विदा होते समय गाँव में आग लगा देते थे। गाँवों के कुएँ अनगिनत स्त्रियों की लोथों से भरे हुए थे। गदाधरसिंह ने देखा कि सिपाहियों के आते ही एक स्त्री खेत में अपना बालक छोड़ नदी में कूद पड़ी।

यह पुस्तक 319 पृष्ठों में समाप्त हुई है। इतिहास की दृष्टि से भी वह महत्त्वपूर्ण है। इसमें लेखक ने साम्राज्यवाद का नंगा चित्र खींच दिया है अथवा यथार्थ वर्णन से वह अपने-आप खिंच गया है। ये सब तिलमिला देने वाली बातें साहित्य में आईं और लेखकों के ऊपर उनका प्रभाव पड़ा।

इस प्रकार का राजनीतिक साहित्य वर्षों तक आगे-पीछे रचा जाता रहा और युग-चेतना को उसने मद्धिम न होने दिया। भारतेन्दु से लेकर, जिनका उद्देश्य ही जन-साहित्य रचना था, गदाधरसिंह तक, जो अपने ठोस अनुभव के कारण लेखकों की श्रेणी में आ मिले—सभी ने उस युग को सँवारा है। कुछ ने जानबूझकर, कुछ ने बिना जाने, सरकार की नीति और देश-विदेश में फैले हुए साम्राज्यवाद की पशुता को लोगों पर प्रकट कर दिया। दरबारी संस्कृति को इन सब बातों से भारी धक्का लगा और साहित्य ने जनता के मन को उधर से हटाकर नये आन्दोलनों की ओर लगाया।

पत्र और पत्रकार

युग की प्रतिभा जनता के निकट अनेक रूप में प्रगट हुई। नाटक, सभा-संस्थाओं में भाषणों, पत्र-पत्रिकाओं में लेखों आदि के द्वारा लेखक जनता तक अपना सन्देश पहुँचा सके। इन सबमें पत्र-पत्रिकाएँ ही अधिक स्थायी और दूर-दूर तक पहुँचने वाला साधन थीं। हिन्दी में पत्र-पत्रिकाओं की कोई जीवित परम्परा न थी, परन्तु एकाएक उत्तर भारत में न जाने कितने नगरों से पत्रों की एक बाढ़-सी आ गई। इसमें बहुत-से कुछ महीने या कुछ वर्ष चलकर ठप हो गए; कुछ दीर्घकाल तक हिन्दी की सेवा करते रहे। लाहौर, बम्बई और कलकत्ता को यदि तीन सीधी रेखाओं से मिला दिया जाए तो जो त्रिकोण बनेगा, उसके भीतर देश का वह भाग आ जाएगा, जहाँ से इस प्रकार के पत्र निकले थे। बम्बई की अपेक्षा कलकत्ते से बड़ी संख्या में और बहुत अच्छे पत्र निकले। बनारस तो पत्रिकाओं का केन्द्र था। प्रयाग से 'हिन्दी प्रदीप' निकलता था जिसने अपने दीर्घ जीवन तथा पठनीय सामग्री से अनेक पत्रों के अभाव की पूर्ति की। राजपूताना से हिन्दी के बहुत से पत्र निकले; दिल्ली, अल्मोड़ा और लाहौर ने भी हिन्दी के पत्र-साहित्य में अपना स्थान स्मरणीय बनाया। इनमें अधिकांश पत्रों की प्रेरक शक्ति काशी में भारतेन्दु थे; उनका सहयोग बहुत-से पत्रों से था।

काशी में 'बनारस अखबार' और 'सुधाकर' पत्रों के बाद 'कविवचनसुधा' निकली, जिससे नये पत्र-साहित्य को विशेष प्रेरणा मिली। पहले यह पुस्तकाकार प्रति मास छपती थी और इसमें नये और पुराने साहित्यिक ग्रंथ प्रकाशित होते थे। कुछ दिन बाद इसे पाक्षिक बना दिया गया और उसमें राजनीतिक तथा सामाजिक विषयों पर लेख निकलने लगे। पीछे से यह साप्ताहिक हो गई। पहले सरकार इसकी 100 प्रतियाँ लेती थी परन्तु भारतेन्दु से असन्तुष्ट होने पर पत्रिका लेना बन्द कर दिया गया। यह पत्र आगे रामशंकर व्यास के हाथ में चला गया और अपने सिद्धान्तों से अलग भी हो गया।

इल्बर्ट बिल सम्बन्धी आन्दोलन में उसने राजा शिवप्रसाद का साथ दिया। भारतेन्दु की मृत्यु पर इसने "एक कालम भी काला न किया"। (राधाकृष्णदास) उनकी मृत्यु के एक वर्ष बाद ही बन्द भी हो गया। 'कविवचनसुधा' ने 1868 ई. में जन्म लिया था; पाक्षिक से साप्ताहिक होकर 1895 में उसका अन्त हुआ।

सन् 1873 ई. में काशी से 'हरिश्चन्द्र मैगज़ीन' निकली। "स्वयं भारतेन्दु बाबू हरिश्चन्द्र जी कहते थे कि जैसे उमंग के जोरदार लेख मेरे और मेरे मित्रों के मैगजीन में लिखे गए और छपे, वैसे फिर न लिख सके"। (राधाकृष्णदास) इसका टाइटिल पेज पहले अंग्रेज़ी में छपता था। पत्रिका का विवरण उसी पृष्ठ पर इस प्रकार है :

"A Monthly journal published in connection with the Kavivachansudha containing articles on literary, scientific, political and religious subjects, antiquities, reviews, dramas, history, novels, poetical selections, gossip, humour and wit."

इस विवरण से स्पष्ट है कि भारतेन्दु हास्य-विनोद से लेकर विज्ञान और पुरातत्त्व तक सभी सामग्री अपनी पत्रिका में देना चाहते थे। उस समय के अनेक पत्रों की यह विशेषता थी कि वे अपने पाठकों को सभी विषयों से थोड़ा-बहुत परिचित कराना चाहते थे।

'हरिश्चन्द्र-मैगजीन' का नाम बदलकर 'हरिश्चन्द्र-चन्द्रिका' रख दिया गया। 1880 में उदयपुर के मोहनलाल विष्णुलाल पंड्या ने इसे ले लिया और 'मोहन-चन्द्रिका' निकाली। 1884 में भारतेन्दु ने इसे 'नवोदिता हरिश्चन्द्र-चन्द्रिका' नाम से फिर निकाला। दो महीने बाद ही भारतेन्दु का स्वर्गवास हो गया। भारतेन्दु के छोटे भाई ने उसका तीसरा अंक प्रकाशित किया परन्तु तब तक पंड्या जी ने उन्हें नोटिस दे दिया कि वे उसे न छापें।

भारतेन्दु की सहायता से काशी नार्मल स्कूल के हेडमास्टर बालेश्वर प्रसाद ने 'काशी पत्रिका' निकाली। वह पहले 'कविवचनसुधा' के ढंग पर निकलती थी और उसमें भारतेन्दु के कई नाटक छपे थे। पीछे वह स्कूली लड़कों के लिए ही निकाली जाने लगी और उसकी भाषा का आदर्श गिर गया। 1884 ई. में रामकृष्ण वर्मा ने काशी से 'भारत-जीवन' नाम का प्रसिद्ध पत्र निकाला। इनके सिवा काशी से 'आर्यमित्र', 'सरस्वती-विलास', 'तिमिर-नाशक' आदि पत्र भी निकले जो अधिक दिन न चल सके। यहीं से अम्बिकादत्त व्यास ने 'वैष्णव पत्रिका' निकाली जो आगे चलकर 'पीयूष-प्रवाह' के नाम से निकलती रही।

काशी एक प्रकार से हिन्दी का केन्द्र था; दूसरे, वह भारतेन्दु का निवास-स्थान था, इसलिए वहाँ से इतने पत्रों का निकलना कोई आश्चर्य की बात न थी। यहाँ के पत्रों को सरकार और ऊँचे वर्गों का सहयोग न मिलने पर अथवा उनके असहयोग करने पर भी जनता की सहानुभूति प्राप्त थी। कलकत्ते के व्यापारिक वातावरण में पत्र निकालना ऐसा सुकर न था। इसलिए जिन लोगों ने वहाँ कार्य किया, वे और भी सराहनीय हैं। इनमें कार्तिकप्रसाद खत्री मुख्य हैं। इनके पिता हकीम थे जिन्हें धन की कमी न थी। हरिश्चन्द्र के पिता के समान ही वह धार्मिक थे। उन्होंने भागवत की 5-7 प्रतियाँ सुन्दर अक्षरों में लिखवाकर बाह्मणों को दान कर दी थीं। कार्तिकप्रसाद उनके इकलौते बेटे थे। जब वह 17 वर्ष के थे तभी पिता का

स्वर्गवास हो गया। बहुत-सी धन-सम्पत्ति, अकेली सन्तान और कलकत्ता नगर, कार्तिकप्रसाद के लिए पतन का मार्ग खुला था। परन्तु उन्हें भारतेन्दु के समान ही हिन्दी से प्रेम था और हिन्दी-सेवा में उन्हीं के समान इन्होंने भी घर फूँककर तमाशा देखा। बचपन से ही वह कुशाग्र-बुद्धि थे और उन्हें बँगला, अंग्रेज़ी और संस्कृत की शिक्षा मिली थी। 14 वर्ष की अवस्था में 'अन्न से मनुष्य की उत्पत्ति' पर उन्होंने निबन्ध पढ़ा था। उन्होंने कलकत्ते में पहले 'प्रेमविलासिनी' पत्रिका निकाली जिसमें कुछ गाने, कविता तथा समाचार आदि रहते थे। कुछ दिन बाद उसे बन्द कर दिया और तब एक साप्ताहिक निकाला। इस पत्र में उन्हें बहुत घाटा हुआ। ग्राहक बनाने में बड़ी कठिनाइयों का सामना करना पड़ता था। कोई कहता था : अखबार पढ़कर सुना जाया कीजिये, कोई कहता दाम ले लीजिये, पिंड छुटे, अखबार भेजिये चाहे न भेजिये। "उस समय को स्मरण कर और आज का दिन देख जो आनन्द होता है वह अकथनीय है"। (राधाकृष्णदास) पत्र बन्द हो जाने पर इन्होंने कलकत्ता छोड़ दिया और कुछ दिन रेलवे में नौकरी की, फिर रीवा राज चले गए। वहाँ एक बार हिन्दी-सम्बन्धी आन्दोलन में इन्होंने दस हजार हस्ताक्षर कराये। रीवा से वह आसाम चले गए। कभी चिकित्सा, कभी अपने अंग्रेज़ी-ज्ञान के बल पर खाते-पीते रहे। आसाम में इन्होंने हिन्दी पत्रों के बहुत-ग्राहक बनवाये। वहाँ इन्होंने पुस्तकों की दुकान खोली, जहाँ पढ़ने-लिखने की चर्चा हुआ करती थी। वहाँ की जंगली जातियों को ईसाई पादरी रोमन लिपि सिखाते थे। इन्होंने उनमें हिन्दी का प्रचार किया। "उनके यहाँ जंगलों में अनेक कष्ट सहकर जाते और धन व्यय कर उनके शिक्षकों से मिल उन्हें अपने पास से पुस्तकें देकर हिन्दी पढ़वाने लगे।"[1] आसाम से यह 'उचित वक्ता', 'हिन्दुस्तान, 'दिनकर-प्रकाश' आदि को लेख भेजते रहे। काशी आकर इन्होंने 'भारत-जीवन' में काम किया और प्रयाग से 'सरस्वती' निकलने पर पाँच सम्पादकों की समिति के वह मंत्री बने। 1904 में इनका स्वर्गवास हो गया। कार्तिकप्रसाद खत्री गृहस्थ थे और उनके कई बच्चे थे। इन सबका भार लिये सम्पत्ति का नाश करके काशी के 'भारत-जीवन' में नौकरी करके साहित्य-सेवा करना बड़ी जीवट का काम था।

कलकत्ता से 'हिन्दी बंगवासी', 'आर्यावर्त', 'उचित वक्ता', 'भारत-मित्र' आदि कई प्रसिद्ध पत्र निकले। छोटूलाल मिश्र और दुर्गाप्रसाद मिश्र ने 'भारत-मित्र' निकाला। बालमुकुन्द गुप्त के अनुसार जब 'भारत-मित्र' निकला था, तब कलकत्ते में हिन्दी की चर्चा भी नहीं थी। कठिनाई से 50 ग्राहक बन सके। कुछ लोग पत्र पढ़ना जानते ही न थे; वे "सब कालमों की भाषा को मिला एक साथ पढ़ते थे।"[2] ऐसे लोगों में अखबार निकालकर हिन्दी का प्रचार करना भैंस को बीन बजाकर

1. बालमुकुन्द वर्मा, कार्तिकप्रसाद खत्री का जीवन-चरित, पृष्ठ 14
2. गुप्त-निबन्धावली, पृष्ठ 152

रिझाने से भी कठिन था। दुर्गाप्रसाद मिश्र पहले ही वर्ष 'भारत-मित्र' से अलग हो गए और उन्होंने 'सार सुधानिधि' निकाला जिसका सम्पादन सदानन्द मिश्र करते थे। भारतेन्दु बाबू को उससे बड़ा स्नेह था। यह पत्र बारह वर्ष तक निकलता रहा और निश्चय उस समय का वह श्रेष्ठ पत्र था।

कालाकाँकर के पत्र 'हिन्दोस्थान' को उस समय के कुछ चोटी के साहित्यिकों का सहयोग अपने सम्पादक-मंडल के रूप में प्राप्त था। बालमुकुन्द गुप्त, महामना मदनमोहन मालवीय तथा प्रतापनारायण मिश्र जैसे प्रतिभाशाली लेखक उसके सम्पादक थे। बालमुकुन्द गुप्त ने उस समय को याद करते हुए बाद में लिखा था : "कभी वह गंगा के किनारे पंडित प्रतापनारायण जी और दूसरे सज्जनों के साथ धीरे-धीरे टहलना, कभी मालवीय जी के साथ चाँदनी में रेती पर घूमना और कितनी ही तरह की अच्छी बातें करना स्मरण आता है। कालाकाँकर भूलने की वस्तु नहीं है। वह छोटा-सा रम्य स्थान सचमुच स्वर्ग का टुकड़ा था।...स्वर्ग में रहकर कोई स्वर्ग का आदर नहीं कर सकता। आज कलकत्ते में वे सब बातें एक-एक करके याद आती हैं।"[1]

यह सुहृद् भाव और सहयोग की भावना उस युग की विशेषता थी। साहित्यिक लड़ाई-झगड़े तब भी होते थे परन्तु उनके पीछे हिन्दी-सेवा की आकांक्षा थी, व्यक्तिगत आक्षेप और ईर्ष्या का प्राय: अभाव था। उसके बाद वाले युग में नि:स्वार्थ सेवा पीछे पड़ गई और नेतागीरी और बड़प्पन की खोज आगे आ गई।

'हिन्दोस्थान' हिन्दी भाषा और उदार विचारों का समर्थक था। प्रतापनारायण मिश्र की प्रसिद्ध कविता 'ब्रैडला स्वागत' इसी में छपी। इसके स्वामी राजा रामपालसिंह थे। पहले यह पत्र अंग्रेज़ी-हिन्दी में इंगलैंड में निकला था, क्योंकि राजा साहब वहीं थे, फिर उसमें कुछ भाग उर्दू का भी रहने लगा। राजा रामपालसिंह स्वयं हिन्दी-उर्दू में लिखते थे। उनके सहकारियों में अमृतलाल, लालबहादुर, शीतलाप्रसाद उपाध्याय आदि अन्य लेखक थे।

लखनऊ से 'दिनकर-प्रकाश' नाम का मासिक पत्र 5-6 साल तक निकलता रहा। वही से 'रसिक-पंच' नामक हास्य रस का मासिक पत्र भी निकला। 'काव्यामृत-वर्षिणी' और 'भारतभानु' लखनऊ के दूसरे मासिक पत्र थे, जो दो-दो, तीन-तीन साल चलने के बाद ठप हो गए। ये दोनों काव्यप्रधान थे। इलाहाबाद से बालकृष्ण भट्ट ने 'हिन्दी-प्रदीप' निकाला, जो दीर्घकाल तक हिन्दी की सेवा करता रहा। यह पत्र स्वाधीन विचारों का समर्थक और अपने समय के श्रेष्ठ पत्रों में था। जिस लगन से अनेक कष्ट सहते हुए वर्षों तक भट्ट जी ने इसे चलाया, उसका मूल्य आँकना कठिन है। उनकी दृढ़ता और अध्यवसाय आदर्श हैं। ऐसे ही दीर्घकाल तक इलाहाबाद से 'प्रयाग-समाचार' निकलता रहा। जब बालमुकुन्द गुप्त ने हिन्दी पत्रों पर अपना निबन्ध लिखा था, तब यह अपने 24वें वर्ष में जीवित था। तब तक इसके जन्मदाता

1. गुप्त-निबन्धावली, पृष्ठ 89

पंडित देवकीनन्दन तिवारी का देहान्त हो चुका था। तिवारी जी ने इस पत्र को संक्षेप में दो पन्नों पर निकाला था। तिवारी जी उस एक पैसे वाले अखबार को स्वयं छापते और कन्धे पर लादकर बेचते थे। "लिखने में वह बड़े स्वतंत्र थे। जी में आता था सो लिखते थे।" इस पत्र की मनोरंजकता का एक प्रमाण यह है कि प्रतापनारायण मिश्र को इससे बड़ा प्रेम था। कालाकाँकर में गुप्त जी के अनुसार वह सबसे पहले उसी को खोलकर पढ़ते थे और उसका कोई-न-कोई समाचार टीका-टिप्पणी सहित 'हिन्दोस्थान' में देते थे। हिन्दी पत्र-साहित्य के इतिहास में ये सब ऐतिहासिक घटनाएँ हैं। खुद लिखना, छापना और बेचना, ऐसी बातें कथा-कहानियों में भले मिल जाएँ, इतिहास में कम मिलती हैं। जो दृढ़ता और उद्दंडता एक ही आदमी के ये सब काम करने में है, वह उसके लेखों में भी अवश्य झलकी होगी। प्रतापनारायण मिश्र-जैसे व्यक्ति ही, जो स्वयं उद्दंड प्रकृति के थे, उसका ठीक-ठीक आदर कर सकते थे और 'प्रयाग-समाचार' जैसे फक्कड़ पत्र से राजा रामपालसिंह और पंडित मदनमोहन मालवीय के पत्र में उद्धरण दे सकते थे।

सम्पादक के व्यक्तित्व की छाप जैसी 'ब्राह्मण' पत्र पर थी, वैसी और किसी पर नहीं। इसे कानपुर से प्रतापनारायण मिश्र ने निकाला था और उनकी नस-नस में जो शरारत और विद्रोह भरा हुआ था, वह उसकी एक-एक लाइन से प्रकट होता था। हास्य के साथ स्वाधीन चेतना फैलाने में यह पत्र सबसे आगे था। इसी से कुछ मिलता-जुलता राधाचरण गोस्वामी का 'भारतेन्दु' था, जिसे उन्होंने वृन्दावन से निकाला था। अलीगढ़, शाहजहाँपुर, फर्रुखाबाद, अल्मोड़ा आदि से भी कई पत्र निकले। अल्मोड़ा-जैसी जगह में दीर्घकाल से 'अल्मोड़ा अखबार' निकालने के लिए बालमुकुन्द गुप्त ने उसके संचालकों आदि की बड़ी प्रशंसा की है। सुदूर बम्बई और लाहौर से भी अनेक पत्र निकले जिनमें लाहौर का 'मित्र-विलास' उल्लेखनीय है। देशी राज्यों में अनेक स्थानों से जो पत्र निकाले गए, उनमें कभी तो राज्याधिकारियों का सहयोग रहता था, कभी सम्पादकों को उनके सन्देह और क्रोध का सामना करना पड़ता था। अजमेर से समर्थदान के पत्र 'राजस्थान-समाचार' ने दीर्घकाल तक जीवित रहकर वहाँ हिन्दी की ओर लोगों की रुचि बढ़ाई। 'मारवाड़ गजट' पर गुप्त जी का नोट रजवाड़ों में हिन्दी-उर्दू समस्या पर प्रकाश डालता है। यह पत्र हिन्दी-उर्दू दोनों में निकलता था : "रियासती प्रजा में उर्दू जानने वाले लोग बहुत अल्प हैं, इसी से उर्दू के साथ-साथ एक कालम हिन्दी का भी रखना पड़ा। अर्थात् उर्दू का कालम अहलकारों के लिए और हिन्दी का प्रजा के लिए हुआ।"

रियासतों के दीर्घजीवी पत्रों में उदयपुर का 'सज्जन-कार्ति-सुधाकर' था जिससे उदयपुर-नरेश महाराज सज्जनसिंह का सहयोग स्पष्ट है। इनकी भारतेन्दु से मैत्री थी और अनेक पत्रों को इनसे सहायता मिली थी। बूँदी का 'सर्वहित' और रीवा का 'भारतभ्राता' नाम से ही उदार विचारों के पत्र जान पड़ते हैं। ग्वालियर से 'ग्वालियर-

गजट' गुप्त जी के अनुसार उनके समय के पत्रों में सबसे पुराना था। जयपुर से 'जयपुर-गजट' अंग्रेज़ी-हिन्दी में निकलता था। देशी राज्यों में प्रेस की स्वाधीनता और भी कम थी; इसलिए वहाँ तो अखबार निकालना ही अपने को दरबार का कोप-भाजन बनाना था। देशी राज्यों में अनेक कठिनाइयों के होते हुए भी इन पत्रों ने देश और भाषा की जो सेवा की, वह अनुपम है। यदि उनके राजनीतिक विचार बहुत पिछड़े हुए लगते हैं तो इनसे यह न समझना चाहिए कि सम्पादक और लेखक भी पिछड़े विचारों के थे। उनके सामने प्रश्न विचार ढूँढ़ने का उतना न था जितना अपने विचारों को किसी-न-किसी रूप में प्रकाशित करने के लिए साधन ढूँढ़ने का था। इसमें उनकी कठिनाइयाँ ब्रिटिश भारत के पत्रकारों से अवश्य ही अधिक थीं।

उस समय साप्ताहिक पत्रों में तो अधिकतर सामाजिक और राजनीतिक विषयों पर लेख रहते थे। परन्तु मासिक पत्रों में विषयों का कोई निश्चित चुनाव न होता था। साहित्य, राजनीति, विज्ञान आदि विषयों के अपने अलग-अलग पत्र न थे। संचालक अपने पाठकों को सभी विषयों की थोड़ी-थोड़ी जानकारी कराना चाहते थे। साहित्य इनमें प्रधान था। परन्तु साहित्य हो चाहे राजनीति, लेखक का ध्येय पाठकों को देश की दशा से परिचित कराना तथा उन्हें सचेत करके पुरानी रूढ़ियों से तोड़ नई विचारधारा की ओर ले आना होता था। प्रत्येक विषय के अलग पत्र न होते हुए भी स्त्री-शिक्षा के लिए दो-तीन पत्र अलग से निकाले गए थे। पतित दरबारी संस्कृति में स्त्रियाँ दासों के समान हैं, उनमें शिक्षा-प्रचार का विचार भी करना साँप के मुँह में उँगली डालने के समान था। स्त्री-शिक्षा में भारतेन्दु की विशेष रुचि थी और उनके घर में इसका प्रचार भी हुआ था। उन्होंने 'बालाबोधिनी' पत्रिका केवल स्त्री-शिक्षा के लिए निकाली थी। स्त्री-शिक्षा के अभाव में स्त्रियों का लेखिका बनना तो स्वप्नवत् था, फिर भी, प्रयाग से एक बैरिस्टर की धर्मपत्नी श्रीहरिदेवी ने 'भारत-भगिनी' नाम की एक पत्रिका निकाली, जो राधाकृष्णदास के हिन्दी पत्रों पर पुस्तक लिखने के समय तक निकल रही थी। श्रीहरिदेवी 'भारतेन्दु' आदि दूसरे पत्रों में भी लिखती थीं और अपने समय की एक सुलेखिका थीं। ऐसे ही लाहौर के प्रसिद्ध हिन्दी-सेवक राय नवीनचन्द्र की पुत्री श्री हेमन्तकुमारी देवी 'सुगृहिणी' पत्र की सम्पादिका थीं। समय को देखते हुए इतना भी बहुत था।

बंगाल, बिहार, युक्तप्रान्त, पंजाब, बम्बई और राजपूताना में जो पत्र निकले उनमें व्यक्तिगत चेष्टा और अध्यवसाय अधिक था, सभा-समितियों अथवा धनी व्यक्तियों का सहयोग कम था। तब के सेठ लोग आज की ही भाँति अथवा आज से भी अधिक भाषा और साहित्य की ओर से उदासीन थे। इसीलिए 'ब्राह्मण' जैसे पत्र को दो आना मूल्य रखते हुए भी ग्राहक बनने के लिए लोगों से अपीलें करनी पड़ती थीं। सरकार के प्रेस-ऐक्ट आदि का भय अलग था। इन सब कठिनाइयों के होते हुए भी उस युग के समर्थ पत्रकारों ने कलकत्ता, लाहौर और बम्बई के

त्रिकोण में हिन्दी-पत्रों का एक जाल-सा बिछा दिया। इनमें बहुत-से पत्र शीघ्र ही निकलकर बन्द हो गए। इसका कारण संचालकों की अक्षमता उतनी न थी, जितनी परिस्थितियों की कठोरता थी। फिर भी, 'हरिश्चन्द्र-चन्द्रिका', 'हिन्दी प्रदीप', 'सार सुधानिधि', 'हिन्दोस्थान' आदि उस समय के श्रेष्ठ पत्र हैं, जो आज भी हमारे लिए अनेक बातों में आदर्श हैं। पत्रों के इस जाल को बिछाने में भारतेन्दु का कितना हाथ था, यह ठीक-ठीक जाँचना कठिन है। उत्साहित वह सभी को करते थे और लेख भी बहुतों को भेजते थे। पत्र-साहित्य की परम्परा न होते हुए भी उसने थोड़े ही वर्षों में जो उन्नति की, उसका एकमात्र कारण लेखकों की धुन थी। परिस्थितियाँ कठोर थीं परन्तु उन्होंने अपने-आपको दृढ़तर सिद्ध किया। कार्तिकप्रसाद खत्री सरीखे धनी व्यक्तियों ने जंगलों की खाक छानी और दूसरों के पत्र में नौकरी करके अपने जीवन का अन्त कर दिया। 'हिन्दी-प्रदीप' का दीर्घ जीवन उसके संचालक-सम्पादक की दीर्घ तपस्या का जीवन था। 'प्रयाग-समाचार' के मुद्रक, प्रकाशक, लेखक, सम्पादक और विक्रेता की कहानी उस युग की भावना की प्रतीक है। यदि उस युग के साहित्यिकों ने यह लगन और फक्कड़पन न प्रकट किया होता, तो निश्चय ही परिस्थितियों के नीचे कुचल दिये गए होते। यह खेद की बात है कि उनके त्याग और परिश्रम से लाभ उठाकर इस युग के पत्र-साहित्य ने वैसी उन्नति नहीं की, जैसी उसे करनी चाहिए थी।

पत्र-साहित्य और प्रगति

'सार सुधानिधि' में 'तुम्हें क्या' नाम के एक लेख में राधाचरण गोस्वामी ने लिखा था : "हम देशीय पत्र सम्पादक हैं, हमारा सत्य कहना बुरा लगा, हमसे खुशामद कराने के लिए प्रेस-ऐक्ट की घुटकी दिखलाई, पर तुम्हें क्या? हम झूठ तो नहीं बोलते, तुम्हारी वृथा खुशामद तो नहीं करते।" पत्रकारों के सामने जो समस्या थी, वह बहुत-कुछ इन वाक्यों में प्रकट हो गई है। या तो झूठ बोलकर खुशामद की जाए या सच कहकर प्रेस ऐक्ट की चपेट में अदालत की या हवालात की हवा खाई जाए। इसलिए सरकार की आलोचना के लिए व्यंग्य और हास्य का अधिक सहारा लिया जाता था। कभी लोग सब-कुछ कह जाने के बाद सरकार की थोड़ी-सी प्रशंसा कर देते थे; कभी खरी-ही-खरी सुनाते थे जिसमें लगी-लिपटी की गुंजाइश ही न होती थी।

'हरिश्चन्द्र-मैगजीन', जैसाकि उसके टाइटिल पेज के विवरण से प्रकट है, बहुत-से विषयों को लेकर चलनेवाली पत्रिका थी। परन्तु उसके पहले ही अंक में एक मनोरंजक प्रश्नावली छपी है : "यूरोपीय के प्रति भारतवर्षीय के प्रश्न।" इसी में एक प्रश्न है : "यदि प्रजा में हैं तो उसे अजा-सी क्यों बलि देते हैं?...यदि जन में हैं तो उसे फाँसी देकर क्यों मारते हैं?" प्रश्नों के साथ कुछ अपनी ओर से समाधान भी हैं, जैसे : "बाहर की सरलता अन्त:करण की कुटिलता, दोनों वर्णन के बाहर हैं। और इससे जान पड़ता है कि न आप पंडित की ओर हैं, न मूर्ख की, जैसे 'धोबी का कुत्ता न घर का न घाट का।'" दूसरे अंक में 'कलिराज की सभा' नाम का मनोरंजक निबन्ध है जिसमें सरकार के पिट्ठुओं की खबर ली गई है। कलियुग के दाहिनी ओर "के.सी.एस.आई., कलियुग के सगे भाई, बड़े अन्यायी, चश्मा लगाये, अंग्रेज़ों की खुशामद में जनम गँवाये, पाप कमाये बैठा है।" गद्य में अनुप्रास के लिए यदि कही स्थान है तो इसी प्रकार के गद्य में। "के.सी.एस.आई. के पास एक लाला प्याला ढारे, चित्रगुप्त के सन्तान, स्वारथ में सुजान, कलियुग के दिवान बैठे हैं।" इस निबन्ध के लेखक मुंशी ज्वालाप्रसाद थे। इसलिए 'लाला-प्याला' वाला व्यंग्य बिलकुल निर्दोष हो जाता है।

'हरिश्चन्द्र मैगज़ीन' में अंग्रेज़ी में भी निबन्ध आदि छपते थे। सातवें अंक में नव-शिक्षित बाबुओं की अंग्रेज़ी की खिल्ली उड़ाई गई है, साथ ही उनकी दयनीय दशा भी प्रकट की गई है। एक कविता का अंश इस प्रकार है :

When I go Sir! Molakat ko, these chaprasis
Trouble me much;
How can I give daily Inam, ever they ask
Me I say such.
Some time they give me gardaniya
And tell bahar niklo tum;
Dena na lena muft ke aye yaha hain
Bare Darbari ki dum.

इसी अंक में 'वसन्तपूजा' नामका एक छोटा प्रहसन है। दो पंडितजन 'कोतवाल', 'थानेदार', 'नाजिर' आदि देवताओं के नाम लेते हैं और उनकी प्रार्थना में कहते हैं : "सलामश्च ते बन्दगी च ते घूसश्च ते चन्दा च ते अड्रेसश्च ते..." इत्यादि। क्षत्रियों के लिए एक उपदेश में कहा गया है : "साहसी भी बड़े हो क्योंकि दीनों को पाते ही पीस डालते हो, परन्तु हट्टे-कट्टे को देख दुम दबाकर घर की राह लेते हो।" इस प्रकार की उक्तियों में व्यंग्य है परन्तु बिलकुल खरा। सीधी बात कहने में इतनी गहरी मार नहीं होती, जितनी इस प्रकार के व्यंग्य में।

नवें अंक से मैगजीन 'हरिश्चन्द्र-चन्द्रिका' हो गई है और ऊपर का विवरण भी हिन्दी में छपा है। दूसरे वर्ष के तीसरे अंक में 'अंग्रेज़ों से हिन्दुस्तानियों का जी क्यों नहीं मिलता' नाम के लेख में हिन्दुस्तानी और अंग्रेज़ों में भक्ष्य और भक्षक का सम्बन्ध बतलाया गया है। इस पत्रिका में भाषा-सम्बन्धी आन्दोलन विशेष होता था। हिन्दी और अंग्रेज़ी, दोनों भाषाओं में ही इस विषय पर लेख होते थे और दूसरे विद्वानों के भी मत उद्धृत किए जाते थे। ब्रजभाषा में लिखी हुई कविता की प्रधानता थी, साथ में संस्कृत-रचनाएँ भी छपा करती थीं। नाटक अधिक छपते थे, उपन्यास कम। विज्ञान और इतिहास पर भी लेख निकलते थे। तोताराम, काशीनाथ, श्रीनिवासदास, हारी चौबे आदि इसके लेखकों में थे। सब बातें देखते हुए इस पत्रिका में पुरानापन काफी था और उच्च कोटि का राजनीतिक या सामाजिक साहित्य कम छपता था। इसका कारण यही था कि यह पत्र-साहित्य में अभी-अभी प्राथमिक प्रयास था।

'हिन्दी-प्रदीप' का प्रधान आकर्षण उसके सम्पादक बालकृष्ण भट्ट के लेख थे। इनमें कुछ तो मनोवैज्ञानिक छानबीन की छाया लिये हुए होते थे, जैसे 'माधुर्य' पर जिसमें ज्वार की रोटी से लेकर साहित्य तक के माधुर्य पर विचार किया गया है। कुछ लेख हास्य-विनोद के होते थे और ये ही अधिक अच्छे होते थे। देश-दशा

की ओर से यह पत्र खूब सचेत है। इसकी जिल्दों को पढ़ने से उस ममय के राजनीतिक, सामाजिक और धार्मिक आन्दोलन आँखों के सामने सजीव हो उठते हैं। भट्ट जी उदार विचारों के लेखक थे। यज्ञ का अर्थ करते थे, कोई महान् कार्य करना। यज्ञ का उदाहरण दिया था, कांग्रेस। ऋषियों की प्रशंसा करते हुए उन्होंने स्वदेशी वस्तुओं के व्यवहार के लिए अपील की थी : "वही सुशिक्षा और सभ्यता का दम भरनेवाले हम हैं कि देशी चीजों के बर्ताव के लिए हजार सिर धुनते हैं और प्रत्यक्ष देख भी रहे हैं कि देश की बनी वस्तुओं को काम में न लाने से दरिद्रता देश में डेरा किए है पर विलायती चीजों के चटकीलेपन और नफासत में ऐसे फँसे हैं कि हमारे हजार बार के लेक्चर का एक भी फल न हुआ"। (जिल्द 31, सं. 4) भारतेन्दु ने स्वदेशी-आन्दोलन का सूत्रपात किया था; भट्ट जी तथा अन्य लेखक उस आन्दोलन को बराबर बढ़ाते रहे थे।

'अमृतबाजार पत्रिका' तथा 'पायनियर' में एक बार विवाद चलने पर उस पर एक लेखक ने जो टीका की थी, उससे उस समय के पत्रकारों की स्थिति पर प्रकाश पड़ता है। जनता को देश-दशा से परिचित कराना या सरकार की आलोचना करना राजद्रोह में शामिल था। इसी पर लिखा था : "अब रहा राजद्रोह, सो यह निश्चय रहे कि देशी पत्र अंग्रेज़ कर्मचारियों पर मारे डर के इसलिए नहीं लिखते कि पिनल कोड तो एक ओर रहे, मजिस्ट्रेट साहब का जरा इशारा काफी है।" इन आपदाओं के होते हुए भी 'हिन्दी-प्रदीप' अपने समय के निर्भीक पत्रों में था। दुर्भिक्ष-सम्बन्धी साहित्य इसमें विशेष छपा था। एक अंक में बेकार की बड़ी सुन्दर नकल छपी है। बेकार लेख लिखकर गुजारा करना चाहता है परन्तु उसके लेखों में आक्षेप और ताने आ ही जाते हैं, इसलिए रूढ़ियों के प्रेमी उसके लेख पसन्द नहीं करते। वह जाड़े की रात में ठिठुरता है, पुआल बिछाता है और वही ओढ़ता है, लैम्प की चिमनी पर हाथ रखकर सेंकता है। आगे चलकर उसकी दशा बदल जाती है जो एक काल्पनिक इच्छापूर्ति के समान है। आधे भाग में बेकारी का सुन्दर चित्रण हुआ है। उस समय के अनेक अच्छे लेखकों का इस पत्र से सहयोग था। भट्ट जी के गद्य में कुछ नागरिकता का पुट है जिससे वह युग की धारा से अलग-सा है। उस समय का प्रतिनिधि गद्य हमें भारतेन्दु, राधाचरण गोस्वामी, प्रतापनारायण मिश्र, सदानन्द मिश्र आदि लेखकों में अधिक मिलता है।

'भारत-मित्र' में राजनीति की प्रधानता थी। यह पहले पाक्षिक निकला था, फिर साप्ताहिक हो गया था। 'बिहार-बन्धु' से एक बार इस पत्र का कुछ भाषा-सम्बन्धी विवाद चल पड़ा था। तब भाषा-सम्बन्धी नीति पर इस पत्र ने जो नोट छापा था, वह ध्यान देने योग्य है। कुछ लोगों ने प्रचार कर रखा है कि हिन्दी के मूल विकास में विदेशी शब्दों का बहिष्कार है और हिन्दी लेखकों ने उन्हें चुन-चुनकर निकाला

तथा हिन्दी का रूप स्थिर किया था। इस नोट में कही बातें सच हैं, उसका प्रमाण उस युग का गद्य है जिसमें यही सिद्धान्त बरते गए हैं और जिसमें तब के लेखकों की भाषा-सम्बन्धी उदारता प्रकट है। 'भारत-मित्र' ने लिखा था : "हम लोगों की हिन्दी भाषा है। यद्यपि ये प्राकृत से उत्पन्न हुई है तथापि संस्कृत का अखंड भंडार इसकी समृद्धि वृद्धि करे है और जो इसमें कहीं-कहीं सूरसैनी, मागधी, माथुरी, फारसी, अरबी और अंग्रेज़ी भी सरल भाव से मिल गई हैं, तो क्या इसको बिगाड़ती हैं? हमारी समझ में तो स्वभाव-सुन्दरी हिन्दी को वरन् अलंकृत करती हैं। परन्तु ऐसा कहने से ये नहीं समझना कि अब हम अरबी, ईरानी, तुर्की और यूनानी आदि से हिन्दी को ढाँक दें और मूल में आघात करें। इन सब भाषाओं के शब्द तो वो ही रखने चाहिए जो सब कि इसमें मिल गए हैं।" यदि इस नोट को हम बाबू सम्पूर्णानन्द के साहित्य-सम्मेलन वाले भाषण से मिलाएँ तो देखेंगे कि हिन्दी लेखकों ने बराबर इस विषय में उदारता ही दिखाई है। प्रचलित शब्दों का उन्होंने विरोध नहीं किया, देशी शब्दों को हटाकर बाहर के अप्रचलित शब्द ठूँसने के वे कभी पक्ष में नहीं रहे। फिर भी, कुछ लोगों ने शुद्ध हिन्दी का एक हौआ खड़ा करके उस पर चाँदमारी का खूब अभ्यास किया है। इस प्रकार वे अपनी भाषा-सम्बन्धी अनुदार नीति पर पर्दा डालना चाहते हैं।

'भारत-मित्र' ने पहले ही अंक में लिखा था : "समाचार-पत्र प्रजा का प्रतिनिधि स्वरूप होता है।" उसने इस सत्य का बहुत-कुछ पालन भी किया था। काबुल की लड़ाई पर इसमें धारावाहिक रूप से टीका होती रही थी। इन लेखों से राजनीतिक समस्याओं की अच्छी जानकारी प्रकट होती है, यद्यपि शैली सरल और मनोरंजक ही रखी गई है। ऐसे ही एक सम्पादकीय लेख से कुछ वाक्य यहाँ दिये जाते हैं जिनसे उस समय के राजनीतिक लेखों की शैली समझ में आ जाएगी : "अंग्रेज़ों ने काबुल के ऊँट को बलवान करने के लिए कई बरस से चारा दिया पर जब उस पर बोझ लादने का विचार किया तब वह दुलत्ती छाँटने लगा। उस पर अंग्रेज़ों ने उसकी नकेल पकड़ के अपनी तरफ जब जोर से खींचा तब तो काटने दौड़ा। तिस पर अंग्रेज़ों ने लाचार होके चाबुक मारने का बन्दोबस्त किया, किसलिए कि 'ढोल गँवार शूद्र पशु नारी, सकल ताड़ना के अधिकारी'। इसलिए अब सीमा पर अंग्रेज़ सेना बादल के समान चारों ओर से इकट्ठी हो रही है और फिर लोग बिजली के समान कड़क रहे हैं।"

एक अंक में 'भारत-मित्र' ने हिन्दुस्तान से विदेश चावल भेजने का विरोध किया था। उस लेख का शीर्षक था : 'अपने को ठाँव नहीं पाँच वीर संग चलें'। अर्थात् भारतवासी स्वयं भूखों मरते हैं, वे बाहर चावल किस बिरते पर भेजें। इस तरह के चटपटे शीर्षक देने से ये राजनीतिक लेख चाव से पढ़े जाते थे। स्पष्टता और गम्भीरता से 'भारत-मित्र' ने यह भी लिखा था : "इस देश में आजकल जैसी

दुर्भिक्ष की बढ़ती है, उसके लिए देशहितैषी समदुखी गणों को यह उचित है जो पहले भारत को उस कष्ट से बचावें, तब उससे और का उपकार करें। जो स्वयं दीन, निराहार और मुट्ठी-भर अन्न के लिए लालायित रहते हैं, उनसे साहाय्य की प्रार्थना करना और बलपूर्वक छीन लेना, दोनों एक ही समान हैं।" इन वाक्यों से मालूम हो जाएगा कि सारी बात हास्य-विनोद में ही न टाल दी जाती थी। लेखकों का ध्येय जनता को सजग करना था, और इसके लिए वे जटिल वाग्जाल में न पड़कर मनोरंजक शैली का ही सहारा लेते थे। यदि अपनी रुदनशील शैली छोड़कर अनेक प्रगतिशील लेखक 'भारत-मित्र' की शैली अपनाएँ तो वे अपनी बात जनता तक अधिक सरलता से पहुँचा सकेंगे।

'सार सुधानिधि' उस समय का एक अत्यन्त सतेज और सचेत पत्र था, यह पहले ही कहा जा चुका है। इसमें राजनीतिक और सामाजिक आन्दोलनों को उभारने वाली कविताएँ और व्यंग्यपूर्ण लेख छपा करते थे। एक अंक में इस प्रकार के कई होली के गीत निकले थे। टैक्स, महँगाई;, दुर्भिक्ष आदि का उल्लेख ऐसे गीतों में बराबर रहता था :

इत अकाल उत टिकस लगायो कर सब पै बरजोरी,
तेज अनाज ठीक कहुँ नाहीं मरत प्रजा सब ठोरी।
भीख माँगत लै झोरी।

गद्य में भी इन बातों की ओर बराबर ध्यान आकर्षित किया जाता था। "टैक्स पर टैक्स, अकाल पर अकाल, और मरी पर मरी यहीं देखी जाती है। नित्य नये आईनों से वेधा जाता है, और नित्य नई स्पीचों से नोन छिड़का जाता है"। (1, 16) 'काबुल-सन्धि' होने पर भी 'सार सुधानिधि' ने सरकार की खरी आलोचना की थी! काल्पनिक भय दिखाकर एक युद्ध छेड़ा गया था और दरिद्र प्रजा को सताकर पैसा वसूल किया गया था। "देशभर में रोदन और हाहाकार के भिन्न कुछ भी नहीं सुनाई देता है"। (1, 22) दुर्भिक्ष दूर करने के लिए जो टैक्स लगाया गया था, वह उन्हीं से वसूल किया गया था, जिनके हित के लिए लगाया गया था। इम्पीरियल लाइसेंस पर टीका करते हुए 'सार सुधानिधि' ने अर्थमंत्री की भी खबर ली थी। उनकी चतुरता ऐसी थी कि "इधर तो तेली-तम्बोली, नाई-धोबी, घसियारे-नालबन्द और हाड़ी-मोची तक कोई न छूटा। पर उधर देखो तो सर जान स्ट्राची साहिब आदि बड़ी-बड़ी तलब और वेतन-भोगी महाभाग्य महाशयों को इस लाइसन की हवा नहीं लगी।" उस समय के राजनीतिक नेताओं की स्पीचों को देखते हुए इस प्रकार के लेख बहुत ही उग्र जान पड़ते हैं।

'सार सुधानिधि' का उस समय खूब प्रचार और आदर था, इसमें सन्देह नहीं। एक मुसलमान सज्जन गुलाब हुसैन वकील ने इस पत्र के लिए चन्दा भेजते हुए

सम्पादक को हिन्दी में एक प्रशंसापूर्ण पत्र लिखा था, जिसे सम्पादकीय स्तम्भ में उद्धृत भी किया गया था। बीच में सम्पादक के बीमार हो जाने से तीन महीने तक पत्र बन्द रहा। पत्र के बन्द होने पर भारतीय पत्रों ने तो सहानुभूति प्रकट ही की थी, अंग्रेज़ी के पत्रों ने भी उस पर टीका करते हुए अपना प्रेम प्रकट किया था। ('इंडियन मिरर', 9 जुलाई, 1880) लार्ड लिटन के भारत छोड़ने पर 'भारत-बन्धु' ने उसकी प्रशंसा में एक लेख लिखा था। 'सार सुधानिधि' ने 'भारत-बन्धु की अदूरदर्शिता' लेख लिखकर उसका तीव्र प्रतिवाद किया। 'भारत-बन्धु' ने लिखा था कि प्रेस ऐक्ट से देश की कोई हानि न हुई थी; इस पर उसको खूब लथेड़ा गया। यह एक लम्बा लेख था और लगभग सात कालमों में समाप्त हुआ था। वैसे भी 'सार सुधानिधि' प्रेस ऐक्ट का बराबर विरोध करता रहा था। इसके सम्पादकीय लेख रोचक और विचारपूर्ण होते थे। बहुत पहले इस पत्र ने 'भारतवर्ष में प्रतिनिधि शासन-प्रणाली की आवश्यकता' की आवाज उठाई थी। (11 जुलाई, 1880 ई.) किसानों की अवस्था पर इसमें अच्छे लेख निकले थे। ब्रिटिश राज्य में ही नहीं, देशी राज्यों में भी स्थायी बन्दोबस्त के लिए इस पत्र ने आंदोलन किया था। 'वैज्ञानिक कृषि की आवश्यकता' पर 4 अक्टूबर, 1880 के अंक में एक सम्पादकीय लेख प्रकाशित हुआ था। हिन्दी-प्रचार का आन्दोलन इसमें बराबर होता था। हैदराबाद में निजाम के शासन में हिन्दी के साथ दुर्व्यवहार पर तब भी लेख निकले थे।

'सार सुधानिधि' में राजनीतिक लेखों के साथ नाटक, उपन्यास, व्यंग्यपूर्ण लेख आदि भी छपते थे। व्यंग्यपूर्ण निबन्धों में राधाचरण गोस्वामी-लिखित 'यमलोक की यात्रा' उस युग की श्रेष्ठ रचना है। इधर-उधर हास्य के छींटे और व्यंग्य का पुट देना उतना कठिन नहीं है, इस प्रकार की लम्बी रचना में हास्य और व्यंग्य को एक ही धरातल पर निबाहे जाना बड़ी ऊँची प्रतिभा का काम है। इस लेख की चर्चा विशेष रूप से आगे की जाएगी। पुस्तकों की आलोचनाएँ इसमें विशेष छपती थीं; खगोल, पदार्थ-विज्ञान, इतिहास, शासन-तंत्र आदि पर भी लेख रहते थे। इसके सम्पादक सदानन्द मिश्र विज्ञान का एक अलग से पत्र निकालना चाहते थे और इसकी उन्होंने सूचना भी प्रकाशित की थी। अन्य लेखकों का सहयोग इस पत्र को प्राप्त था, परन्तु उनमें राधाचरण गोस्वामी या सदानन्द मिश्र की प्रतिभा का कोई न था! ये दोनों अपने युग के श्रेष्ठ गद्य-लेखकों में थे और उनकी रचनाओं को देखते हुए 'सार सुधानिधि' की और सामग्री कभी-कभी फीकी लगती है। सदानन्द मिश्र का नाम हिन्दी लेखकों में प्रसिद्ध नहीं है परन्तु उनका गद्य सुथरा और ओजपूर्ण होता था। दुर्भाग्य से उनके लेख पत्र की पुरानी जिल्दों में बन्द हैं। उनमें एक दृढ़ निर्भीक व्यक्तित्व के दर्शन होते हैं : उस युग की पत्रकार-कला में निःसन्देह वह अन्यतम थे।

उनका पत्र तब के जन-साहित्य का प्रतीक है। 'पीयूष-प्रवाह' की उक्ति यहाँ और भी ठीक उतरती है :

अर्जुनस्य प्रतिज्ञे द्वे न दैन्यं न पलायनम्!

कानपुर के 'ब्राह्मण' पत्र में फक्कड़पन अधिक था। 'निन्दन्तु नीति-निपुणाः' आदि वाक्य उसकी निर्भीकता और फक्कड़पन के द्योतक हैं। दो आने मूल्य का यह एक छोटा-सा पत्र था और अपने सम्पादक के व्यक्तित्व के सहारे ही चलता था। राजनीतिक लेख इसमें कम रहते थे, व्यंग्य और हास्य की प्रधानता लिये इसके लेखों में राजनीतिक चेतना एक दूसरे रूप में प्रकट होती थी। प्रतापनारायण मिश्र के हास्यपूर्ण लेख ही इसमें पठनीय होते थे, और तरह की सामग्री कम होती थी। प्रतापनारायण भी जब गम्भीर विषयों पर लिखते थे तो उनका गद्य शिथिल होता था। इसके विपरीत राधाचरण गोस्वामी के पत्र 'भारतेन्दु' में विविध प्रकार की रोचक सामग्री होती थी। उसका प्रतिज्ञा वाक्य था : 'कार्यं वा साध्येयम् शरीरं वा पातयेयम्'। उस समय के पत्रों के प्रतिज्ञा-वाक्य भी विचित्र हैं। सम्पादक मानो ललकार कर साहित्य-क्षेत्र में उतरते थे और अपने काम में प्राणों की बाजी लगा देते थे। राधाचरण गोस्वामी प्रतापनारायण से अधिक सारगर्भित हास्य लिखते थे। वैसे भी वह अधिक उदार विचारों के थे। 'अलकचन्द्र आख्यान' (३, ९) में उस समय के (और अब के भी) निकम्मे नवयुवकों का सुन्दर चित्र खींचा गया है। कविता में देश का ही राग था :

भारत पर दुख की घोर घटा।
बरसत नयन नीर निसिबासर जल थल सकल पटा।
गरजत-तरजत दुष्ट पुष्ट टिक्कस की बिज्जु छटा।
अम्बर भूमि अधिक अँधियारी लखि-लखि हृदय फटा। इत्यादि

हिन्दी का कट्टर समर्थक होते हुए भी व्यर्थ में उसे क्लिष्ट बनानेवालों की इस पत्र ने आलोचना की थी। स्वामी दयानन्द और आर्यसमाज को लेकर उस समय बड़ा वितंडावाद और गाली-गलौज हुआ था। राधाचरण गोस्वामी स्वयं विरोधियों में थे परन्तु उनकी नीति अत्यन्त उदार थी। अपने मतभेद का उल्लेख करते हुए उन्होंने लिखा था : "स्वामी जी के देशोपकारी होने में जो कोई सन्देह करे, वह नारकी है और आर्यसमाज के देशोन्नति करने में किसी को भ्रम हो तो वह साक्षात् पशु है।" 'यमलोक की यात्रा' में राधाचरण गोस्वामी ने आर्यसमाजियों को भी नरक में स्थान दिया था; उस बात को याद रखने से ऊपर के वाक्य की उदारता का ठीक-ठीक पता चलता है। इसका कारण उन्होंने लिखा था : "अब

यह समय नहीं है कि घर में जूता चले और बाहर के तमाशा देखें।" एकता और देशहित के लिए वह अपने व्यक्तिगत विचारों को दबाकर एक सीमा के भीतर रख सकते थे। हास्यपूर्ण लेखों के साथ इसमें नाटक, उपन्यास, पुस्तकों की आलोचनाएँ आदि भी छपा करती थीं। 'आनन्दकादम्बिनी' एक कविता-प्रधान पत्रिका थी परन्तु इसमें जोरों से स्वदेशी का प्रचार किया जाता था। किसान कष्ट से अन्न पैदा करते हैं परन्तु उसे खाते हैं दूसरे द्वीप के लोग। उसे बेचकर किसान सीप के बटन और मिट्टी के खिलौने-जैसी चीजें पाते हैं। रुपया रहा तब तक नशा रहा; जब न रहा तब : "लोग ताशा-सा पेट बनाते भूख-भूख चिल्ला रहे हैं!"

ऊपर के विवेचन से भारतेन्दु-युग के पत्र-साहित्य की मनोरंजकता और प्रगतिशीलता का थोड़ा-बहुत अन्दाज हो जाएगा। राजनीतिक वातावरण में जो रूढ़िप्रियता, अन्धपरम्परा-प्रियता, शासकों की खुशामद और अपनी सभ्यता के प्रति हीन-भावना फैली हुई थी, उसे देखते हुए हिन्दी पत्रकारों की निर्भीक लेखन-शैली और भी चमक उठती है। उनमें पर्याप्त साहस था और उस साहस का उपयोग वे बेपर की बातें करने में न करते थे, वरन् वे दिन-प्रतिदिन की देश तथा विदेश-सम्बन्धी समस्याओं के विवेचन में उसका उपयोग करते थे। काबुल-युद्ध, जुलू और अंग्रेज़ों की लड़ाई आदि पर जो कुछ तब लिखा गया था, उससे और साफ-सुथरा कुछ लिखना आज के लेखक के लिए भी कठिन है। सबसे बड़ी बात उनकी सरल भाषा और मनोरंजक शैली है। वे जनता के हित का नारा बुलन्द न करके वास्तविक जन-साहित्य की सृष्टि करने में लगे थे। अकाल, महामारी, टैक्स, किसानों की निर्धनता, स्वदेशी आदि पर उन्होंने सीधे सरल ढंग से निबन्ध और कविताएँ लिखीं। कविता उतनी उच्च कोटि की नहीं हो पाई परन्तु उनके निबन्ध साहित्य की अमर सम्पत्ति हैं। सामयिकता को उन्होंने ऐसा मनोरंजक बना दिया है कि प्रत्येक सचेत और प्रगतिशील युग उसकी ओर सहानुभूति से देखेगा।

आज हमारी समस्याएँ अधिक पेचीदा हैं, सामाजिक परिस्थिति उतनी सीधी नहीं है जितनी उस 'विक्टोरियन' युग में। परन्तु इंगलैंड के विक्टोरियन युग की आत्म-तुष्टि, उसकी समझौते की मनोवृत्ति, रूढ़िप्रियता, मानसिक गुलामी आदि बातों का भारतेन्दु-युग में अभाव है। जनता में जागृति फैलाने का प्रधान साधन पत्र थे। पत्र-साहित्य में उस समय की उग्र राजनीतिक चेतना भली भाँति प्रकट हुई है। भाषा और शैली में तब के पत्रकारों ने जो आदर्श अपने सामने रखा, वह हमारे लिए आज भी अनुकरणीय है। हमारी समस्याएँ पेचीदा अवश्य हैं परन्तु उन्हें नीरस शैली से और भी पेचीदा बना देना बुद्धिमानी नहीं है। राजनीतिक, साहित्यिक, सामाजिक और आर्थिक समस्याओं पर गम्भीर लेखों का उस पत्र-

साहित्य में अभाव-सा है। परन्तु ऐसे गम्भीर लेख आज भी साधारण जनता के लिए नहीं लिखे जाते। जो कुछ साधारण जनता के लिए ही लिखा जाए, उसके लिए भारतेन्दु-युग में हमें बहुत अच्छे आदर्श मिल सकते हैं। हमें अपने पत्रों में अधिक प्रचारात्मक साहित्य चाहिए, विश्लेषण-विवेचन थोड़ा कम हो जाए तो बुरा नहीं। बिना इसके हमारा गहन विश्लेषण जनता से बहुत दूर पड़ जाएगा। विश्लेषण से जिन परिणामों तक हम पहुँचते हैं, उन्हें लोकप्रिय बनाने के लिए प्रचारात्मक साहित्य की आवश्यकता होती है। उसी के लिए आज के लेखकों को भारतेन्दु-युग के पत्र-साहित्य से विमुख न होना चाहिए। उसमें उनके सीखने और समझने के लिए बहुत-कुछ है।

सभा-समिति और व्याख्यान

भारतेन्दु-युग राजनीतिक, सामाजिक तथा भाषा-सम्बन्धी आन्दोलनों का युग था। इन आन्दोलनों की छाप उस युग के साहित्य पर है और पत्रिकाओं में उसकी झलक हम देख चुके हैं। इन आन्दोलनों के नेता पत्रिकाओं और पुस्तकों से ही सन्तोष करने वाले जीव न थे; नाटक, सभा, व्याख्यान, जो भी साधन मिलता, उसे काम में लाने में वे न हिचकते थे। नाटकों से भी एक सीधा ढंग जनता के सम्पर्क में आने का व्याख्यानों का है। इस युग में सभाओं और व्याख्यानों की धूम थी। कुछ लोग तो मेरठ के पंडित गौरीदत्त की भाँति नागरी का झंडा लिये ही घूमते थे और नागरी-प्रचार को उन्होंने अपने जीवन का ध्येय बना लिया था। हिन्दी-प्रचार के सम्बन्ध में पंडित गौरीदत्त का त्याग स्मरणीय है। उन्होंने अपनी सारी सम्पत्ति हिन्दी को अर्पित करके संन्यास ले लिया था और मेले-ठेले जहाँ भी जनता का जमाव होता, अपना सन्देश लोगों तक पहुँचाते थे। कचहरियों में हिन्दी-प्रवेश के लिए न जाने कितने आवेदन-पत्र दिये गए और इनमें हस्ताक्षर आदि कराने के लिए न जाने कितने व्याख्यान दिये गए और सभाएँ की गईं। उस समय जितनी सभाएँ स्थापित हुईं, उन सबका वृत्तान्त नहीं मिलता, बहुतों का तो बस कहीं नाम ही देखने को मिल जाता है। इसका कारण यह है कि ये सभाएँ अधिकतर स्थानीय थीं और उनके पीछे नागरी-प्रचारिणी सभा के संगठन का अभाव था। इन सभाओं ने हिन्दी भाषा और साहित्य के प्रचार में कितना महत्त्वपूर्ण कार्य किया, यह जानना कठिन है। फिर भी, देश के दूर बिखरे हुए नगरों में उन्होंने हिन्दी को लोकप्रिय बनाने में हाथ बँटाया, इसमें सन्देह नहीं। उस युग के बड़े-बड़े साहित्यिक इन सभाओं को स्थापित करने वालों में थे, और वे उनमें भाग लेते थे। सम्वत् 1932 में राधाचरण गोस्वामी ने 'कवि-कुल-कौमुदी सभा' स्थापित की थी। अनेक सभाएँ आर्यसमाज की थीं जो हिन्दी-प्रचार में सक्रिय सहयोग देती थीं। कुछ इसी प्रकार की सनातन धर्म तथा जातियों से सम्बन्ध रखने वाली सभाएँ थीं। अधिकतर सभाएँ हिन्दी-प्रचार के लिए बनी थीं। सन् 1884 में प्रयाग में 'हिन्दी-उद्धारिणी सभा' स्थापित हुई जिसने दो वर्ष तक कार्य किया। इसी के अन्तर्गत सम्पादक-समाज भी बना, जो दो वर्ष तक चालू रहा। इसके पहले वहाँ एक 'हिन्दी-वर्द्धिनी सभा' ने भी काम किया था

जिसमें भारतेन्दु ने हिन्दी पर अपना प्रसिद्ध व्याख्यान पढ़ा था। सन् 1870 में भारतेन्दु ने 'कविता-वर्द्धिनी सभा' स्थापित की थी, जो उनके घर पर या रामकटोरा बाग में होती थी। इसमें अनेक पुराने कवि भाग लेते थे, जैसे : सरदार, सेवक, दीनदयाल गिरि आदि। सुन्दर समस्या-पूर्तियों पर इसमें पारितोषिक या प्रशंसापत्र दिये जाते थे। 1873 ई. में 'पेनीरेडिंग क्लब' की स्थापना हुई जिसमें भारतेन्दु ने अपने बहुत-से लेख पढ़े। इसमें कभी-कभी वह अभिनय भी करते थे। इसी वर्ष भारतेन्दु ने 'तदीय समाज : एक धार्मिक संस्था' बनाई जिसका सम्बन्ध स्वदेशी-आन्दोलन से भी हो गया। "उस समाज के बहुत से लोगों से यह भी प्रतिज्ञा कराई थी कि यथासम्भव देशीय पदार्थों का व्यवहार करेंगे। हरिश्चन्द्र आप भी यथासाध्य इस नियम का पालन सदैव करते रहे।"[1] काशी की अन्य सभाओं, जैसे : 'अनाथ-रक्षिणी सभा', 'यंगमैन्स एसोसियेशन, 'ब्रह्मामृत-वर्षिणी' आदि में भी भारतेन्दु का सहयोग था। काशी के सुधाकर द्विवेदी ने 'विज्ञान-प्रचारिणी-सभा' तथा 'तुलसी-स्मारक सभा' स्थापित की थी। कार्तिकप्रसाद खत्री ने सुदूर शिलांग में 'मित्र-समाज' की स्थापना की थी। यद्यपि इस सभा के पास विशेष धन न था, परन्तु उसका उत्साह किसी से कम न था। 'हिन्दोस्थान' पत्र के सम्पादक-संचालक राजा रामपालसिंह को इस सभा ने एक रौप्य पदक देना निश्चय किया और स्वयं कार्तिकप्रसाद खत्री उसे देने के लिए भेजे गए। अलीगढ़ में तोताराम ने 'भाषा-सम्वर्द्धिनी समा' खोली थी। पटना में 'कविसमाज' तथा राँची में 'मातृभाषा-प्रचारिणी सभा' नाम की दो संस्थाएँ बनी थीं। काशी नागरी-प्रचारिणी सभा' के संस्थापकों में कार्तिकप्रसाद खत्री, रामकृष्ण वर्मा, गदाधरसिंह आदि अनेक भारतेन्दु के समसामयिक लेखक थे। इसके खुलने पर इसकी अनेक शाखाएँ विभिन्न नगरों में स्थापित हो गईं।

उस समय के हिन्दी लेखकों में जो प्रसिद्ध वक्ता हुए, उनमें मदनमोहन मालवीय मुख्य हैं। मालवीय जी की भारतवर्ष के ही नहीं, संसार के महत्तम वक्ताओं में गणना है। उनकी यह प्रतिभा अपनी भाषा के साथ अंग्रेज़ी में भी चमकी। वे हमारे युग के साथ इतना अधिक हैं कि हम भारतेन्दु-युग के साथ उनके सम्बन्ध को भूल-सा जाते हैं। अनेक वक्ता आर्यसमाज से हिन्दी में आए, जिनमें श्रद्धाराम फुल्लौरी मुख्य हैं। वह स्वतंत्र विचारक और हिन्दी के सुलेखक थे। उस समय के सामाजिक आन्दोलनों और व्याख्यानों की एक झाँकी हमें सुधाकर द्विवेदी के जीवन-चरित्र में पढ़ने को मिलती है।[2] द्विवेदी जी का जन्म एक निर्धन और पुराण-पंथी ब्राह्मण-परिवार में हुआ था। आठ वर्ष तक इन्हें अक्षर-ज्ञान भी न कराया गया था, 14 वर्ष में विवाह भी हो गया। परन्तु उनकी प्रतिभा बड़ी तीक्ष्ण थी। वह महामहोपाध्याय, गवर्नमेंट संस्कृत कालेज बनारस के गणित के अध्यापक, प्रधान अध्यापक, म्यूनिसिपल कमिश्नर

1. शिवनन्दन सहाय, हरिश्चन्द्र, पृष्ठ 87
2. सुधाकर-चरित्र, लक्ष्मीनारायण त्रिपाठी, भारतजीवन प्रेस, 1911

आदि हुए। कुल मिलाकर उन्होंने 45 के लगभग ग्रंथ लिखे और कुछ का अनुवाद किया। उन्होंने एक गणित का इतिहास भी लिखा था जिसमें भिन्न-भिन्न देशों में पाटीगणित (Arithmetic) के ऐतिहासिक विकास का विवेचन है और अन्त में देश और विदेश के प्रसिद्ध 92 गणितज्ञों के संक्षिप्त जीवन-चरित्र दिये गए हैं।[1] इनकी पुस्तकें पढ़ने से गणित में पारिभाषिक शब्दों की समस्या सरलता से सुलझाई जा सकती है। उनकी रचनाओं से यह भी मालूम होगा कि हिन्दी लेखक इस ओर कब से सतर्क हो गए थे। सुधाकर द्विवेदी ने ही 'विज्ञान-प्रचारिणी सभा' स्थापित की थी। संस्कृत और गणित के प्रकांड पंडित होते हुए भी उन्हें अपनी भाषा हिन्दी से अगाध प्रेम था। वह संस्कृत में ग्रंथ रचने के साथ हिन्दी में भी लिखा करते थे। हिन्दी के लिए उनकी शुभकामना उनकी जीवनी में इन शब्दों में दी हुई है : "मुझे और मेरे मित्रों को ईश्वर ऐसा सम्पन्न करे जिससे हम लोग स्वतंत्र होकर हिन्दी भाषा की उन्नति करें और इसका भंडार सब विषयों से भर दें।"

भारतेन्दु के समय विलायत जाने वालों को लेकर एक प्रबल आन्दोलन चल रहा था। समाज के कट्टरपंथी नेता उन्हें जाति में लेना अस्वीकार करते थे। भारतेन्दु की रचनाओं में इस आन्दोलन की प्रतिक्रिया पाई जाती है। वह इस आन्दोलन के विरोधी थे और विलायत से लौटने वालों को जाति में लेने के पक्ष में तो थे ही, वह विलायत जाकर नई-नई बातें सीखने के लिए सक्रिय आन्दोलन भी करते थे। भारतेन्दु के निधन के पश्चात् सुधाकर द्विवेदी इस आन्दोलन में भाग लेते रहे। जिस व्याख्यान का यहाँ उल्लेख होगा, वह तारीख को देखते हुए भारतेन्दु-युग की सीमा पर या उसके बाहर पड़ता है परन्तु उसकी मनोवृति भारतेन्दु-युग की ही है और वक्ता स्वयं उस युग के प्रतिनिधि थे। बनारस के टाउन-हॉल में विलायत से लौटे हुए लोगों को जाति में लेने के लिए एक सभा 30 अगस्त, 1910 को हुई थी। वृद्ध पंडित सुधाकर द्विवेदी इसके सभापति थे। आयु के साथ उनके विचारों में अधिक उदारता आ गई थी, प्रतिक्रियात्मक वह तनिक भी न थे। आरम्भ में ही जब उन्होंने कहा : 'समयानुकूल धर्मशास्त्र की व्यवस्थाएँ पलटा करती हैं', तब कट्टरपंथियों के हृदय पर वज्र-सा गिरा होगा। धर्मशास्त्र को छोड़कर परम्परा का उदाहरण देते हुए कहा : "प्राचीन समय से विदेश-यात्रा की प्रथा आती है। जब राजा लोग राजसूय यज्ञ करते थे तब दिग्विजय के हेतु सभी देशों में जाना पड़ता था, क्या वे अयोध्या का जल साथ ले जाया करते थे?" विदेशों की यात्रा ही नहीं, विदेश की कुमारियों से विवाह का उल्लेख भी उन्होंने किया : "कहने की आवश्यकता नहीं, भारतीय महाराज विदेशों में जाकर लड़कियाँ ब्याह लाते थे।" जो लोग काँच के गिलास में पानी पीना अधर्म समझते थे, उनको लक्ष्य करके उन्होंने कहा कि स्त्रियाँ काँच की चूड़ियाँ पहनकर भोजन बनाती हैं तो रोटियाँ अशुद्ध क्यों नहीं होतीं?

1. सुधाकर द्विवेदी, गणित का इतिहास, पहला भाग, पृष्ठ 207

खान-पान में जाति-भेद की खिल्ली उड़ाते हुए उन्होंने कहा : "अंगूर काबुल से आते हैं, कौन नहीं खाता? यदि एक चमार ला देवे या छू देवे तो अपवित्र हो जाता है किन्तु जहाँ से आया, वहाँ कौन छूता है, इसका विचार नहीं।" फिर राजा-महाराजा अब भी विदेश घूम आते हैं, उन्हें कोई जाति-बाहर नहीं करता। "क्या बड़ों के लिए और धर्म होता है और छोटों के लिए और?" भोजन और धर्मशास्त्र को अलग करते हुए उन्होंने कहा : "भोजन का शास्त्र से कुछ सम्बन्ध नहीं है, केवल अभक्ष्य छोड़ा गया है।" इससे आगे बढ़कर सहभोज का महत्त्व बताते हुए उन्होंने कहा : "इकट्ठे बैठकर खाना लाभदायक है; हाँ, एक थाली में न खाना चाहिए।"

जाति-प्रथा के सम्बन्ध में उनके विचारों पर आज के पाठकों को ध्यान देना चाहिए। "जन्म से वर्ण नहीं होता। 'जन्मना जाएते शूद्रः'—मैं यह व्यवस्था मानता हूँ। मैं ब्राह्मण उसी को कहूँगा जो लँगोटी बाँधकर और तपस्या करके विद्या ग्रहण करे।" इसके उपरान्त उन्होंने उन ऋषियों और विद्वानों का उल्लेख किया जो जन्म से शूद्र थे, परन्तु अपने तप और विद्या के बल से वन्दनीय हुए। आज भी "जो कौशल सीखकर आवें, उन्हें देवता और ऋषि मैं कहूँगा।" विदेश जाने वालों को जाति में लेने की बात तो दूर, सुधाकर द्विवेदी ने घोषित किया कि जो देशहित के लिए विदेश से विद्या सीखकर आए, उसका ऋषि के समान आदर होना चाहिए। विदेश-यात्रा सम्बन्धी अपनी ही कामनाओं का उल्लेख करते हुए उन्होंने कहा : "मैं तो युवावस्था से ही विचार करता था कि ग्रीनिच की ऑब्ज़र्वेटरी में जाकर नक्षत्रमंडल अपनी आँखों से देखूँ। संस्कृत के गणितशास्त्र में Applied Mathematics नहीं है। मेरा लड़का गणितशास्त्र में मुझमे भी अधिक प्रवीण है क्योंकि उसने Applied Mathematics की शिक्षा प्राप्त की है। सामर्थ्य न होने से मैं उसे भी वहाँ न भेज सका।" आज भी संस्कृत के बहुत कम ऐसे पंडित होंगे जो विचारों में इतने उदार हों, तब तो यह उदारता और भी दुर्लभ थी। सुधाकर द्विवेदी की निर्भीकता, प्रायः उद्दंडता, उस युग की विशेषता है। उसका एक और प्रखर रूप हमें राधाचरण गोस्वामी में देखने को मिलेगा। सुधाकर द्विवेदी जानते थे, उनके विचारों का समाज में कैसा स्वागत होगा। इसी को लक्ष्य करके उन्होंने अन्त में कहा था : "मैं जो कुछ कह रहा हूँ, उसे सुनके पुराने लोग मुझे गालियाँ देंगे, मैं गालियाँ सुनता हूँ और सुनने को प्रस्तुत हूँ। कई त्रुटियाँ मुझमें भी हैं। चोर भी यदि अच्छी बात कहे तो मान लेनी चाहिए क्योंकि उत्तम शिक्षा पर जो चलेगा, अवश्यमेव लाभ उठावेगा।"

अपनी निर्भीकता, उदारता और समाजहित-कामना में यह व्याख्यान युग-भावना का सूचक है। साथ ही विषय-प्रतिपादन की शैली आकर्षक और सरल है। व्याख्यान में भावों और विचारों को जिस ढंग से सजाया गया है, उससे एक सिद्ध वक्ता की कुशलता प्रकट होती है। अवश्य ही, सुधाकर द्विवेदी का यह इस ढंग का अकेला व्याख्यान न रहा होगा, न भारतेन्दु-युग में ऐसे भाषणों की कमी रही होगी।

भारतवर्ष की श्रेष्ठ वक्तृताओं में गिने जाने योग्य भारतेन्दु का वह व्याख्यान है, जो उन्होंने बलिया की सभा में दिया था। बलिया में ददरी का मैला होता था, वहाँ पर भारतेन्दु के 'सत्य हरिश्चन्द्र' और 'नीलदेवी' नाटक खेले गए जिनकी सभी ने प्रशंसा की। नाटक के प्रबन्धकर्ताओं के आग्रह से भारतेन्दु भी वहाँ गए थे, वहाँ उनके सम्मानार्थ एक सभा की गई जिसमें अंग्रेज़ अफसर भी सम्मिलित हुए। वहाँ भारतेन्दु ने स्वदेश पर बहुत ही सुन्दर व्याख्यान दिया। इसकी भाषा बहुत ही सरल है; बीच-बीच में व्याख्यान को रोचक बनाने के लिए इतिहास की कथाएँ, चुटकले आदि भी दे दिये गए हैं। 'चारों ओर दरिद्रता की आग लगी है'—उनके इस एक वाक्य से उस व्याख्यान की ध्वनि समझी जा सकती है। उग्र रोष से उन्होंने कुछ ऐसे शब्द कहे थे जो उनके व्यक्तित्व को ठीक-ठीक प्रकट करते हैं और जो हिन्दी पाठकों के लिए चिरस्मरणीय हैं। उन्होंने कहा था : "अपनी खराबियों के मूल कारणों को खोजो। कोई धर्म की आड़ में, कोई देश की चाल की आड़ में, कोई सुख की आड़ में छिपे हैं। उन चोरों को वहाँ-यहाँ से पकड़-पकड़कर लाओ। उनको बाँध-बाँधकर कैद करो। हम इससे बढ़कर क्या कहें कि जैसे तुम्हारे घर में कोई पुरुष व्यभिचार करने आवे तो जिस क्रोध से उसको पकड़कर मारोगे और जहाँ तक तुम्हारे में शक्ति होगी, उसका सत्यानाश करोगे, उसी तरह इस समय जो-जो बातें तुम्हारे उन्नति-पथ की काँटा हो, उनकी जड़ खोदकर फेंक दो। कुछ मत डरो। जब तक सौ-दो सौ मनुष्य बदनाम न होंगे, जाति से बाहर न निकाल दिये जाएँगे, दरिद्र न हो जाएँगे, कैद न होंगे, वरंच जान से न मारे जाएँगे तब तक कोई देश भी न सुधरेगा।" अपनी मृत्यु से एक वर्ष पूर्व भारतेन्दु ने ये शब्द कहे थे। अपने छोटे-से जीवन में यहाँ कही हुई बातों में से कुछ को उन्होंने स्वयं अनुभव भी किया था। मेवाड़-यात्रा से लौटने पर वह अस्वस्थ रहने लगे थे, परन्तु उनके हृदय की अग्नि जैसे और प्रचंड हो गई थी। देश में राजनीतिक आन्दोलन आरम्भ होने के पूर्व इस प्रतिभाशाली पुरुष ने त्याग और बलिदान के लिए यह माँग की थी। अपनी कही बातों के अनुसार उसने स्वयं आचरण किया था। इसीलिए वह एक युग का निर्माण कर सका और उस युग पर अपनी अमिट छाप छोड़ गया। शब्द कितने सीधे हैं परन्तु उनमें कितनी दृढ़ता है! वे एक प्रतिज्ञा के शब्दों के समान तेजस्वी हैं; यही तेज वृद्ध सुधाकर द्विवेदी के हृदय में उत्साह जिलाये हुए था।

भारतेन्दु ने आवेश में आकर कुछ उग्र शब्द ही न कह दिये थे, उनके व्याख्यान में राजनीतिक विचारों की एक प्रौढ़ता झलकती है, जो सन् 1884 ई. के लिए अनोखी है। हिन्दू-मुस्लिम एकता के लिए उन्होंने सबसे पहले अपील की थी। "घर में आग लगे तब जिठानी-द्यौरानी को आपस की डाह छोड़कर एक साथ वह आग बुझानी चाहिए।" भारतेन्दु स्वयं आर्यवीरता के गीत गाने वालों में

थे, परन्तु उन्होंने हिन्दुओं से हिन्दू शब्द को अधिक व्यापक बनाने की प्रार्थना करते हुए कहा, "इस महामंत्र का जप करो, जो हिन्दुस्तान में रहे, चाहे किसी रंग, किसी जाति का क्यों न हो, वह हिन्दू है। हिन्दू की सहायता करो। बंगाली, मराठा, पंजाबी, मदरासी, वैदिक, जैन, ब्रह्मो, मुसलमान—सब एक का हाथ एक पकड़ो।" भारतेन्दु ने जिस राष्ट्र की कल्पना की थी, यह इन शब्दों से प्रकट हो जाता है। उनके देश में सभी धर्मों तथा मत-मतान्तरों के लिए स्थान था। जो लोग भारतेन्दु-युग के जागरण को हिन्दू-पुनरुत्थान कहकर टाल देते हैं, वे इन शब्दों पर भी ध्यान दें। उस उत्थान में बहुत-सी भावधाराएँ एक-साथ प्रवाहित हो रही थीं परन्तु युग के नेता अपना ठीक प्रकाश-पथ देख रहे थे या नहीं, यह इस व्याख्यान से मालूम पड़ जाएगा।

भारतेन्दु के राजनीतिक विचारों की प्रौढ़ता राष्ट्र की इस उदार कल्पना से समाप्त नहीं होती। बंग-भंग से बहुत पहले, कांग्रेस के स्वदेशी-आन्दोलन से भी पहले, भारतेन्दु ने अपने व्याख्यानों तथा साहित्यिक रचनाओं द्वारा हिन्दुस्तान में स्वदेशी-आन्दोलन का सूत्रपात किया था। प्रतापनारायण मिश्र, राधाचरण गोस्वामी, बालकृष्ण भट्ट आदि लेखकों को हम अपनी रचनाओं में स्वदेशी के लिए आन्दोलन करते हुए पाते हैं। इस आन्दोलन का नेतृत्व अपने जीवन-काल में भारतेन्दु ने किया था। स्वदेशी का महत्त्व उन्होंने इस सरल और मनोरंजक शैली में समझाया था : "जैसे हजार धारा होकर गंगा समुद्र में मिली है, वैसे ही तुम्हारी लक्ष्मी हजार तरह से इंग्लैंड, जर्मनी, अमेरिका को जाती है। दियासलाई ऐसी तुच्छ वस्तु भी वहीं से आती है। जरा अपने ही को देखो। तुम जिस मारकीन की धोती पहने हो, वह अमेरिका की बनी है। जिस लंकलाट का तुम्हारा अंगा है, वह इंग्लैंड का है। फरांस की बनी कंघी से तुम सिर झारते हो और जर्मनी की बनी चरबी की बत्ती तुम्हारे सामने बल रही है।" भारतेन्दु अपने व्याख्यानों में मनोरंजक चुटकले किस प्रकार सजाते थे, इसका उदाहरण आगे ही है : "यह तो वही मसल हुई कि एक बेफिकरे मँगनी का कपड़ा पहिनकर किसी महफिल में गए। कपड़े को पहिचानकर एक ने कहा—अजी यह अंगा तो फलाने का है। दूसरा बोला, अजी टोपी भी फलाने की है; तो उन्होंने हँसकर जवाब दिया कि घर की तो मूँछें-ही-मूँछें हैं। हाय अफसोस, तुम ऐसे हो गए कि अपने निज के काम की वस्तु भी नहीं बना सकते।" अन्त में उन्होंने स्वदेशी और हिन्दी के उल्लेख से अपना भाषण समाप्त किया : "जिसमें तुम्हारी भलाई हो, वैसी ही किताब पढ़ो, वैसे ही खेल खेलो, वैसी ही बातचीत करो, परदेशी वस्तु और परदेशी भाषा का भरोसा मत रक्खो। अपन देश में अपनी भाषा में उन्नति करो।"

यदि उस युग के और भाषण एक बड़ी संख्या में हमें प्राप्त होते, तो भी उसमें इससे बढ़कर भाषण मिलना कठिन होता। अंग्रेज़ कर्मचारियों की उपस्थिति की

चिन्ता न करते हुए, उन्होंने देश-दशा का सच्चा चित्र जनता के सामने खींचा। यह निर्भीकता सराहनीय है परन्तु उनकी उदारता, एक सम्मिलित राष्ट्र की कल्पना, उससे भी बढ़कर है। स्वदेशी के सम्बन्ध में उन्होंने जो कुछ कहा, उससे उनकी दूरदर्शिता और गम्भीर चिन्तन प्रकट है। 'तदीय समाज' के सदस्यों के लिए उन्होंने स्वदेशी वस्तुओं का व्यवहार आवश्यक कर दिया था, यह हम देख चुके हैं। व्याख्यान की शैली बताती है कि भारतेन्दु जनता को अपनी बात समझाने में अत्यन्त कुशल थे। मनोरंजन के साथ चेतावनी और विचारोत्तेजना बहुत कम व्याख्यानों में मिलती है। इस व्याख्यान की सर्वोपरि महत्ता यह है कि उसमें हमें उस स्फूर्ति, उस प्राणशक्ति का परिचय मिलता है, जो युग को बलिदान के लिए एक चुनौती थी, साथ ही अपने युग की संघर्ष-कथा को अप्रकट रूप से उसमें व्यंजित भी कर दिया था। उनकी चुनौती वास्तव में भावी युगों के लिए थी जो कुछ तो पूरी हो चुकी है और शेष अगली पीढ़ियों द्वारा पूरी होगी। स्वयं तो वह प्रतिज्ञा करने के पूर्व अनेक अंशों में उसकी पूर्ति कर चुके थे। इसीलिए वे सीधे वाक्य उनके मुँह से इतने सुन्दर और सजीव लगते हैं।

नाटककार : काशिनाथ और हरिश्चन्द्र

बलिया के मेले में भारतेन्दु के व्याख्यान के पहले वहाँ उनके दो नाटक खेले गए थे। मेलों-ठेलों में नाटक खेलना आज की सभ्यता को अखरता है, परन्तु उस समय नाटक जब प्रधानत: जनता तक अपना सन्देश पहुँचाने का एक साधन था, ऐसे स्थान नाटक खेलने के लिए उचित समझे जाते थे जहाँ काफी भीड़ मिल सके। नाटक खेलने के लिए विशेष संस्थाएँ भी स्थापित हुई थीं; वैसे तो साहित्य और भाषा-सम्बन्धी सभाओं का इस ओर उत्साह स्वाभाविक था। हिन्दी में नाटकों की परम्परा प्राय: थी ही नहीं, विशेषकर उन नाटकों की, जो जनता के बीच खेले जाने के लिए लिखे गए हों। भारतेन्दु ने नाटक लिखने की ही परम्परा को जन्म नहीं दिया, उन्होंने नाटक खेलने की परिपाटी भी आरम्भ की और स्वयं अभिनय करके लोगों के सामने एक आदर्श स्थापित किया।

भारतेन्दु के निधन के चार वर्ष बाद प्रतापनारायण मिश्र ने 'ब्राह्मण' में लिखा था कि बारह वर्ष पहले कानपुर में लोग नाटक का नाम भी न जानते थे। वहाँ पर सबसे पहले रामनारायण त्रिपाठी के उद्योग से भारतेन्दु के दो नाटक 'सत्य हरिश्चन्द्र' और 'वैदिकी हिंसा हिंसा न भवति' खेले गए थे। तब नाटक खेलने का विरोध हुआ था और विरोधियों में प्रतापनारायण मिश्र-जैसे लोग भी थे।

इसी से समझा जा सकता है कि भारतेन्दु को नाटकों की परम्परा चलाने में किन बाधाओं का सामना करना पड़ा होगा। वे बाधाएँ सामने न टिक सकीं, यह तो इसी से सिद्ध है कि प्रतापनारायण मिश्र जो कभी विरोधी थे, स्वयं एक कुशल नाटककार और अभिनेता बन गए। दामोदर शास्त्री सप्रे ने बिहार में एक नाटक-मंडली स्थापित की, जिसमें 'बिहार-बन्धु' नामक पत्र का परिवार सम्मिलित था। इन्हीं ने भारतेन्दु की सम्मति से काशी में भी एक नाटक-मंडली खोला थी।

बहुत-से नाटक उस समय के मासिक, साप्ताहिक आदि पत्रों में छपे थे; अनेक धारावाहिक रूप में छपते-छपते अधूरे भी रह गए। नाटक-परम्परा का प्रभाव युग की रचनाओं पर विशेष दिखाई देता है। निबन्धों में पाठक से वार्तालाप-सा है, प्रत्यक्ष वार्तालाप के रूप में भी बहुत-से लेख लिखे गए थे। 'हरिश्चन्द्र मैगज़ीन' में 'यूरोपीय के प्रति भारतवर्षीय के प्रश्न'—इस प्रकार की रचनाओं का एक उदाहरण

है। उसी पत्रिका में तोताराम का 'कीर्तिकेतु' तथा श्रीनिवासदास का 'तप्तासंवरण' नाटक प्रकाशित हुए थे। कार्तिकप्रसाद खत्री 'रेल का विकट खेल'—इसमें अधूरा ही लिख पाए। पहले अंक में रेलवे-स्टेशन का एक दृश्य है। गाँव के एक सीधे यात्री को पुलिस वाले से लेकर कुली तक सभी ठगते हैं। पात्रों की बातचीत अपने-अपने ढंग की है; पंजाबी साहब यात्री को डाँटते हैं : "किध्र जायगा, गाड़ी खुलने चाहता है", और स्वयं यात्री महोदय बंगाली टिकट बाबू से कहते हैं : "का टिकठ सोना का है जो साढ़े सात रुपैया दाम लागी।" इस एक अंक से ही कार्तिकप्रसाद खत्री की नाटक-रचना में कुशलता प्रकट होती है; खेद है कि उन्होंने नाटक लिखने की अपेक्षा भाषा-सम्बन्धी प्रचार में ही अधिक समय लगा दिया।

मनोरंजक सम्वाद पत्रिकाओं में खूब छपते थे और इनमें 'हरिश्चन्द्र-मैगजीन' में छपे 'वसंत-पूजा' का पहले उल्लेख हो चुका है। उस समय के अनेक नाटक-लेखक अपनी रचनाओं में किसी का अनुकरण न करके कभी-कभी अपनी मौलिकता पर अत्यधिक भरोसा कर बैठते थे। काशिनाथ के नाटक रेडियो के फीचर प्रोग्रामों के अधिक निकट हैं, रंगमंच के अयोग्य-से हैं। वह सम्वाद के साथ कुछ घटनाओं का वर्णन स्वयं भी कर देते हैं, जैसे 'हरिश्चन्द्र-मैगजीन' में छपे 'ग्राम-पाठशाला' नाटक में सम्वाद के बाद "इसी प्रकार रोते-पीटते दो-ढाई महीने बीत गए" इत्यादि। यह शायद नौटंकी का प्रभाव था। इस दोष के होते हुए भी उनके नाटक बहुत मनोरंजक हैं। उनमें देश-दशा का सूक्ष्म दर्शन और यथार्थ ढंग से उसका वर्णन भी है। 'ग्राम-पाठशाला' नाटक में किसानों के लड़के अपने काम में इतना लगे रहते हैं कि पोथी पढ़ने की उन्हें सुविधा कम मिल पाती है। इसी समस्या के विभिन्न पहलुओं पर इस नाटक में प्रकाश डाला गया है। पाँच रुपये पर एक आदमी वहाँ पढ़ाने जाता है; पाजामा उधार माँगकर पहन जाता है। उसे तहसीलदार का आदमी समझकर बनिया अनाज की डलिया ढँक लेता है। अपने पाँच रुपये सार्थक करने के लिए मास्टर को लड़के पकड़ने दौड़ना पड़ता है। जब डिप्टी साहब मुआइना करने आते हैं तो बड़ी कठिनता से वह दस लड़के इकट्ठा कर पाता है, बनिये से उधार लाकर डिप्टी साहब के भोजन का प्रबन्ध करता है। तिस पर भी डिप्टी साहब असन्तुष्ट होकर उस पर दो रुपये जुर्माना कर देते हैं, तरक़्क़ी न करने और बरखास्त कर देने की धमकी अलग से देते हैं। जब वह घोड़े पर चढ़कर वहाँ से चलते हैं तो बेचारा मुदर्रिस उनके घोड़े के पीछे जुर्माना माफ कराने को पीछे-पीछे दौड़ता चलता है। अन्त में वह यही सोचता है कि इस मुदर्रिसी से तो जुलाहे का ही काम भला था :

तुन्तुनी बजाते मियाँ, खाते शक्कर-घी।
इस नौकरी की ऐसी-तैसी, अब के बचे जी॥

इस प्रकार यह छोटा-सा नाटक समाप्त होता है।

जिस समस्या पर 'ग्राम-पाठशाला' में प्रकाश डाला गया है, वह आज भी कुछ-कुछ उसी रूप में वर्तमान है। बहुत-से गाँवों में अब भी लड़के जुटाना मास्टरों के लिए एक समस्या रहती है और मास्टरों का वेतन बहुधा ऐसा होता है कि वे जुलाहों से ईर्ष्या करें। काशिनाथ को सम्वाद लिखने में खूब सफलता मिली है; पात्रों के मुँह से दो बातें सुनते ही उनका कल्पना-चित्र सामने आ जाता है। जब नाटक पुस्तक-रूप में छपा तो उन्होंने लिखा कि उसमें उन पाठशालाओं का चित्र है, जो म्योर साहब लाट ने बैठवायी थीं और जिनके चले जाने पर सैकड़ों मदरसे उठवा दिये गए थे। 'निकृष्ट नौकरी' नाटक में इसी प्रकार कचहरी में काम करने वाले एक बाबू की दुर्दशा का चित्र है। ढंग वही फीचर प्रोग्राम वाला है।

काशिनाथ विधवा-विवाह के प्रबल समर्थक थे और इस विषय पर उन्होंने ईश्वरचन्द्र विद्यासागर की पुस्तक का हिन्दी में अनुवाद भी किया था। अपने 'बालविधवा-सन्ताप' नाटक की भूमिका में उन्होंने लिखा था : "न मेरे पास धन है, न बल, केवल हाथ घिसकर अपने भाइयों का इस ओर ध्यान खींचता हूँ और आशा करता हूँ कि कोई ईश्वर का प्यारा ऐसा उत्पन्न होगा जो इस महा दुःखदायी रीति को देश से उठाकर दिखा देगा।" इन शब्दों में उस युग के लेखकों की सचाई और दृढ़ता झलकती है। बहु नम्र होकर काशिनाथ ने अपने हाथ घिसने का उल्लेख किया है परन्तु इस नम्रता में बड़ी शक्ति है। धन और बल वह सब करके न दिखा सका जो काशिनाथ-जैसे लेखकों ने अपनी लेखनी से कर दिखाया।

काशिनाथ की रचनाओं से पता चलता है कि युग-भावना नाटकों के विकास को किस प्रकार प्रभावित कर रही थी। लेखकों के सामने नाटकों की जो परम्परा थी, वह बंगला-संस्कृत या अंग्रेज़ी की थी। परन्तु इन भाषाओं में यह परिपाटी न थी जिससे युग-भावना मेल खाती। अभी तक यथार्थ के इतना समीप होकर किसी ने नाटक न लिखे थे। हिन्दी में इस परम्परा के विकास का कारण परिस्थितियाँ तथा लेखकों की सचाई थी।

भारतेन्दु के नाटकों में यह युग-प्रभाव और भी स्पष्ट है। वह संस्कृत का आदर्श लेकर चले थे और अनेक संस्कृत-नाटकों का अनुवाद करके उन्होंने उस रीति में अभ्यास कर लिया था। परन्तु 'प्रेमजोगिनी' में सूत्रधार का साथी उससे कहता है : "हाँ-हाँ, वह नाटक खेलो जो तुम उस दिन उद्यान में उनसे सुनते थे। वह उनके और इस घोर काल के बड़ा ही अनुरूप है। उसके खेलने से लोगों को वर्तमान समय का ठीक नमूना दिखाई पड़ेगा और वह नाटक भी नई-पुरानी दोनों रीति मिल के बना है।"

'प्रेमजोगिनी' में भारतेन्दु यथार्थ के अधिक समीप आ गए हैं और वह नई-पुरानी रीतियों को मिलाकर एक ऐसी रचना-शैली की खोज में दिखाई देते हैं, जो युग के अधिक अनुकूल हो। इसके सिवा उस कथन में और भी महत्त्व की बातें हैं। नाटक को लेखक और युग, दोनों के ही अनुकूल होना चाहिए, जब दोनों में सामंजस्य होता

है, तभी सुन्दर रचनाएँ हो सकती हैं। युग में बहुत-सी बातें होती हैं : कुछ जर्जर ध्वस्त होती हुई, कुछ नये आदर्शों को लेकर जन्म लेती हुई। लेखक को निश्चय करना होता है कि वह अपनी सहानुभूति किनसे स्थापित करे। यदि वह पुरानी रूढ़ियों के मोह में पड़ गया तो प्रतिक्रियावादी बनकर रह जाता है। यदि केवल नवीन आदर्शों को लेकर चला तो परम्परा से विलग होकर अपनी शक्ति मौलिक प्रयोगों में ही खो देता है। भारतेन्दु ने केवल प्रयोगों के लिए मौलिकता को नहीं अपनाया, न भारतीय संस्कृति के चक्कर में वह कालिदास और भवभूति के आदर्श पकड़े बैठे रहे। परम्परा से नाता न तोड़ते हुए उन्होंने युग की आवश्यकताओं के अनुसार प्रयोग किए और केवल इसी प्रकार परम्परा और प्रयोग के गठबन्धन से महत्तम कृतियाँ सम्भव होती हैं।

भारतेन्दु के नाटकों में 'सत्य हरिश्चन्द्र' खूब लोकप्रिय हुआ। इसका कारण नाटक में अभिनय के योग्य सम्वाद हैं; भाषा की दृष्टि से भी नाटक अत्यन्त सुघर है। भारतेन्दु ने भूमिका में चंड कौशिक के नाटक का उल्लेख किया है। नाटक का ढाँचा भारतेन्दु का अपना नहीं है परन्तु कविताएँ मौलिक हैं तथा सम्वादों पर भारतेन्दु की अपनी छाप है। एक प्रकार से इस नाटक में करुण रस की अति कर दी गई है, बीभत्स-वर्णन में भी संयम का कुछ अभाव है। फिर भी, विश्वामित्र और हरिश्चन्द्र का चरित्र-चित्रण सुन्दर हुआ है और उनके सम्वाद चरित्र के अनुकूल हैं। हरिश्चन्द्र की दृढ़ता में भारतेन्दु अपने लिए एक आदर्श रच रहे थे, उनकी वेदना को स्मरण करके वह अपने हरिश्चन्द्र नाम के व्यंग्य को समझा रहे थे। राजा हरिश्चन्द्र जहाँ मरघट में निर्जीव कपाल देखकर मानव-जीवन पर विचार करते हैं, वहाँ भारतेन्दु की भाषा सरलता लिये हुए भी सस्तेपन से दूर अपनी व्यंजना में अत्यन्त समर्थ दिखाई देती है : "देखो वही सिर, जिस पर मंत्र से अभिषेक होता था, कभी नवरत्न का मुकुट रखा जाता था, जिसमें इतना अभिमान था कि इन्द्र को भी तुच्छ गिनता था, और जिसमें बड़े-बड़े राज जीतने के मनोरथ भरे थे, आज पिशाचों का गेंद बना है और लोग उसे पैर से छूने में भी घिन करते हैं।" व्यर्थ के वाग्जाल से भारतेन्दु ने प्रभाव उत्पन्न करने की चेष्टा नहीं की; इस प्रकार के कवित्वपूर्ण स्थलों में बहुत कम लेखक ऐसी सरलता निबाह पाते हैं।

'चन्द्रावली' एक काव्य-प्रधान नाटिका है। चन्द्रावली का उन्माद, प्रेम-निवेदन आदि रोचकता की सीमा को लाँघ गए हैं और रंगमंच पर इसका सफल होना कठिन है। इसमें कवित्त-सवैया बहुत-से अच्छे हैं जिससे पढ़ने में जी नहीं ऊबता। 'नीलदेवी' उनका ऐतिहासिक नाटक है परन्तु वह यथार्थ जीवन की ही एक आवश्यकता की पूर्ति के लिए लिखा गया है। भारतेन्दु ने भूमिका में अंग्रेज़ और हिन्दुस्तानी स्त्रियों की तुलना की है और कहा है कि अंग्रेज़ स्त्रियों से उनके अवगुण सीखने की आवश्यकता नहीं; उनमें बहुत-से गुण हैं जिन्हें सीख लेना चाहिए, जिनसे देश का भला होगा। 'नीलदेवी' नाटक उन्होंने यह दिखाने को लिखा था कि भारतीय स्त्रियों की ऐसी दशा

सदा ही नहीं रही। नीलदेवी की निर्भीकता और उसके साहस से भारतीय स्त्रियाँ कुछ सीखें, यही उनका लक्ष्य था। इस नाटक में छोटे-छोटे दस अंक हैं, निर्माण की दृष्टि से यह उनकी रचनाओं में उत्तम है। पीकदानअली और चपरगट्टू की सम्मिलित गजल सुन्दर है और पाँचवें अंक के दो गीत 'सोओ सुखनिंदिया प्यारे ललन' और 'प्यारी बिन कटत न कारी रैन' उनके नाटक-गीतों में सबसे मधुर और उपयुक्त हैं।

नाटक द्वारा समाज-सुधार में रुचि भारतेन्दु के 'वैदिकी हिमा' प्रहसन में ही दिखाई देती है। यह उनके प्रारम्भिक नाटकों में है, इसलिए विचारों में उतनी उदारता नहीं आ पाई, न नाटक-निर्माण में ही प्रौढ़ता है। पात्रों के अनुसार अभी से भारतेन्दु सम्वाद की भाषा में हेर-फेर करते हैं। कहीं-कहीं हास्य का अच्छा पुट है, जैसे ब्राह्मण' को विदूषक के आशीर्वाद में कि उसके मुँह में हंस-सहित सरस्वती वास करें और गले में हंस की पूँछ न अटके। 'पी ले अवधू के मतवाले' में चलते गानों का एक आदर्श है। मदिरा-पान पर दोहों में यथेष्ट हास्य है। साथ ही विभिन्न वर्गों के लोग विभिन्न प्रणालियों के अनुसार मदिरा पीते हैं, इसका भी यथार्थ चित्रण है। जैसे कुछ लोग छिपकर :

वैष्णव लोग कहावहीं, कंठी मुद्रा धारि।
छिप-छिप कै मदिरा पियहिं, यह जिय माँझ बिचारि॥

कुछ लोग होटल में :

होटल में मदिरा पियैं, चोट लगे नहिं लाज।
लोट लए ठाढ़े रहत, टोटल दैवे काज॥

और सम्पन्न लोग बाग-बगीचों में :

राजा राजकुमार मिल, बाबू लीने संग।
बार-बधुन ले बाग मैं, पीअत भरे उमंग॥

यहीं पर हम नये सामाजिक नाटकों का प्राथमिक विकास देख सकते हैं। मन्दिरों में जो व्यभिचार की कथा कही गई है, उससे भारतेन्दु की दृढ़ता और स्पष्टवादिता पर प्रकाश पड़ता है।

'विषस्य विषमौषधम्' में आजकल के राजाओं की दुर्दशा पर खेद प्रकट किया गया है। मल्हारराव के गद्दी से उतारे जाने पर यह नाटक लिखा गया था। आरम्भ रोचक है परन्तु आगे चलकर नाटक शिथिल हो गया है। यह एक भाण है जिसमें एक ही पात्र आदि से अन्त तक बोलता है। अनेक पात्रों के सम्वाद के अभाव में नाटक को रोचक बनाना वैसे भी कठिन था। एक उक्ति उल्लेखनीय है : "कलकत्ते के प्रसिद्ध राजा अपूर्वकृष्ण से किसी ने पूछा था कि आप लोग कैसे राजा हैं, तो उन्होंने उत्तर दिया, जैसे शतरंज के राजा, जहाँ चलाइये वहाँ चलें...। राजा और

देव तो बराबर होते हैं, ये जो करें सो देखते चलो; बोलने की तो जगह ही नहीं।" यही आलोचना श्रीनिवासदास के नाटकों में और प्रखर तथा स्पष्ट होकर आई है।

'भारत-दुर्दशा' से भारतवर्ष को लेकर नाटक लिखने की एक परिपाटी ही चल पड़ी। इस नाटक की ऐतिहासिक महत्ता अधिक है, अपने-आप उतना अच्छा नहीं बन पड़ा। इसमें रोग, आलस्य, भारत-दुर्दशा, भारत-भाग्य आदि पात्र-रूप में आते हैं; इसलिए नाटक में यथार्थ-चित्रण के बदले एक प्रकार की प्रतीक-व्यंजना की प्रधानता है। सम्भव है, राजनीतिक परिस्थितियों के कारण इन्हीं बातों को और स्पष्ट लिखने में कठिनाई होती। उस समय जिस आन्दोलन और दमन का सूत्रपात हुआ था तथा खैरख्वाहों को जो उपाधि आदि दी जाती थी, उस सबकी एक झलक हमें 'भारत-दुर्दशा' के कथन में मिलती है। कहता है : "कुछ पढ़े-लिखे मिलकर देश सुधारा चाहते हैं! हा-हा हाहा! एक चने से भाड़ फोड़ेंगे! ऐसे लोगों को दमन करने को मैं जिले के हाकिमों को न हुक्म दूँगा कि इनको डिसलायल्टी में पकड़ो और ऐसे लोगों को हर तरह से खारिज करके जितना जो बड़ा मेरा मित्र हो, उसको उतना बड़ा मेडल और खिताब दो।" उपाधिधारियों के तो भारतेन्दु पीछे पड़ गए थे और जहाँ कहीं भी अवसर पाते, उनकी खबर लेने से न चूकते थे।

तीसरे अंक में सत्यानाश फौजदार ने प्राय: वही सब बातें कही हैं जिन्हें भारतेन्दु ने अपने ग्राम-साहित्य वाले मैनिफेस्टो में सुधार के लिए बताया था। शैव, शाक्त और वैष्णवों के मत-मतान्तर, नीच-ऊँच का भेद करने वाली अनेक जातियाँ, खान-पान में विवेक, जन्मपत्री मिलाये बिना ब्याह न करना, बाल-विवाह, बहु-विवाह, विधवा-विवाह का विरोध, विलायत जाने पर रोक, बहु-देव-पूजा आदि अनेक सामाजिक दोषों की ओर उन्होंने पाठकों तथा दर्शकों का ध्यान खींचा है। जैसा प्रचार वह ग्राम-साहित्य में करना चाहते थे, उसी का आदर्श उन्होंने अपने नाटक में रखा है। भारतेन्दु जिस वातावरण में पले थे, उसमें पुरानी साहित्यिक रूढ़ियों की प्रधानता थी। काशी-जैसे संस्कृत-साहित्य के केन्द्र में नाटकों के लिए धीर-ललित नायक ही अधिक उपयुक्त समझे जाते थे। वहाँ समाज-सुधार की बात करना नास्तिकता से कम न था। भारतेन्दु को बहुत-से पंडितों ने नास्तिक घोषित किया ही था, परन्तु उदार विचारों के सभी लेखक भारतेन्दु के साथ थे और विरोधियों में किसी में इतनी प्रतिभा न थी कि वह उनका विरोध करके ही अमर हो जाता। भारतेन्दु ने इस ओर जो परिवर्तन किया, वह कितना क्रान्तिकारी था, यह आज के पाठक के लिए समझना कठिन है।

'भारत-दुर्दशा' के पाँचवें अंक में प्रतीक-व्यंजना को प्राय: छोड़कर भारतेन्दु यथार्थ-चित्रण की भूमि पर आ गए हैं। यहाँ एक पुस्तकालय में कुछ पढ़े-लिखे लोग देशोद्धार पर विवाद कर रहे हैं। सभापति 'चक्करदार टोपी पहने, चश्मा लगाये, छड़ी लिये' हैं; शेष सभ्यों में एक बंगाली, एक महाराष्ट्री, एक सम्पादक, एक कवि और दो अन्य व्यक्ति हैं। पात्रों के अनुसार उनकी भाषा में परिवर्तन किया गया है। बंगाली

सभ्य की भाषा वैसी ही है, जैसी आज भी हम जहाँ-तहाँ सुन सकते हैं। इन्हें केवल अखबारों में शोर करने से सफल हो जाने में विश्वास है, जैसाकि उस समय बहुतों को विश्वास था : "ओ हुआँ का अखबार वाला सब एक बार ऐसा शोर करता कि गवर्नमेंट को अलबत्ता सुनना होता।" एक सज्जन पूछते हैं कि इस कमेटी में आने से कमिश्नर साहब दरबार से उनका नाम तो न खारिज कर देंगे? आजकल के रायबहादुर लोग शायद पहले से कुछ अधिक प्रगतिशील हो गए हैं। कमेटी में एक कवि हैं; रुदनशील कवियों पर व्यंग्य करते हुए भारतेन्दु ने उनसे कहलवाया है कि देश की रक्षा वैसे ही करनी चाहिए जैसे नादिरशाह के आने पर भाँड़ों ने कहा कि जमुना-किनारे कनातों के पीछे कुछ लोग चूड़ी पहनकर खड़े रहें; जब फौज पार उतरने लगे तो हाथ निकालकर उँगली चमकाकर कहें, "मुए, इधर न आइयो, इधर जनाने हैं।" हरिश्चन्द्र के सामने कौन-से आदर्श थे, यह इन व्यंग्य-वाक्यों से आप ही प्रकट हो जाता है। 'नीलदेवी' में पागल के मुँह से उन्होंने कहलवाया है : "हमारा देश—हम राजा, हम रानी। हम मंत्री। हम प्रजा। और कौन? मार मार मार। तलवार। तलवार, टूट गई। टूटी से मार। ढेले से मार। हाथ से मार। मुक्का, जूता, लात, लाठी, सोंटा, ईंट, पत्थर पानी—सबसे मार! हम राजा, हमारा देश, हमारा भेष, हमारा पेड़-पत्ता, कपड़ा-लता, छाता-जूता, सब हमारा। ले चला, ले चला। मार मार मार—जाए न, जाए न—सूरज में जाए, चन्द्रमा में जाए, जहाँ जाए तारा में जाए, उतारा में जाए, पारा में जाए, जहाँ जाए वहीं पकड़—मार मार मार!" एक प्रकृतिस्थ व्यक्ति से भारतेन्दु यह सब न कहलवा सकते; उनके पागल बने हुए बसन्त के कथन में उतनी ही लता और सत्यता है जितना पागल बने हुए हैमलेट के कथन में। 'नीलदेवी' एक ऐतिहासिक नाटक है, परन्तु जो सन्देश भारतेन्दु अपने समय के देशवासियों को दे रहे थे, वह यही था कि यह देश तुम्हारा है, इसका पत्ता-पत्ता भी तुम्हारा है। जैसे बने, वैसे शत्रु को परास्त करके, उसे वास्तविक रूप में अपना देश बनाना तुम्हारा कर्त्तव्य है। यही बात उन्होंने अपने बलिया वाले व्याख्यान में कही थी।

'भारत-दुर्दशा' में भारतेन्दु ने उन पत्रकारों का मखौल उड़ाया है जो कुछ अखबार निकालकर ब्रिटिश साम्राज्य को हवा में उड़ा देना चाहते हैं। कवि ने चूड़ी खनकाने का जो अहिंसात्मक प्रस्ताव किया था, उसमें बंगाली सभ्य को शंका हुई : "असभ्यगण आकर जो स्त्री लोगों का विचार न करके सहसा कनात को आक्रमण करेगा तो?" इस शंका में जितना व्यंग्य है, उतना कवि के प्रस्ताव में भी नहीं। तब सम्पादक महोदय ने कहा : "हमने एक दूसरा उपाय सोचा है। एडूकेशन की एक सेना बनाई जाए। कमेटी की फौज। अखबारों के शस्त्र और स्पीचों के गोले मारे जाएँ। आप लोग क्या कहते हैं?" लोगों ने जो कहा सो कहा, डिसलायल्टी के आने पर सभापति महोदय ने जो कुछ कहा, वह अति सुन्दर है : "आप क्यों यहाँ तशरीफ लाये हैं? कुछ हम लोग सरकार के विरुद्ध किसी प्रकार की सम्मति करने को नहीं

एकत्र हुए हैं।" जिस दहशत में लोग मीटिंग करते थे, वह सभापति के शब्दों में ध्वनित है। डिसलायल्टी इंग्लिश पालिसी नामक ऐक्ट की हाकिमेच्छा नामक दफा से उन सबको पकड़ ले जाती है। भारतेन्दु जानते थे कि सरकारी अन्धाधुन्धी में पकड़े जाने के लिए सरकार के विरुद्ध कुछ मंत्रणा करना आवश्यक न था, जैसाकि डिसलायल्टी कहती है। 'कविवचनसुधा' में गवर्नमेंट के विरुद्ध कुछ न होने पर भी यह उसको पकड़ने के लिए भेजी गई है। भारतेन्दु ने शायद अनुभव किया था कि देश-दशा पर नाटक लिखने से ही विशेष कुछ न होगा, इसलिए बंगाली सभ्य से कहलाया है : "हमारा देश में भारत-उद्धार नामक एक नाटक बना है। उसमें अँगरेज़ों को निकाल देने का उपाय लिखा, सोई हम लोग दुर्देव का वास्ते काहे न अवलम्बन करें? ओ लिखता, पाँच जन बंगाली मिल के अँगरेज़ों को निकाल देगा। उसमें एक तो पिसान लेकर स्वेज का नहर पाट देगा। दूसरा बाँस काट-काट के पिवरी नामक जलयंत्र विशेष बनावेगा। तीसरा उस जलयंत्र से अँगरेज़ों की आँख में धूर और पानी डालेगा।" भारतेन्दु ने जिस व्यंग्यपूर्ण शैली से यहाँ काम लिया है, राधाचरण गोस्वामी ने आगे चलकर उसी का विकास किया।

'अंधेर नगरी' में भी एक प्रकार की प्रतीक-व्यंजना है परन्तु अंधेर नगरी और अनबूझ राजा सरल सामाजिक प्रतीक हैं, कथा में किसकी ओर संकेत था, इसे समझने में किसी को कठिनता न होती। 'अंधेर नगरी' में 'टके-सेर भाजी, टके-सेर खाजा' है, पंडित-मूर्ख सब एक ही भाव तौले जाते हैं। 'हरिश्चन्द्र-मैगज़ीन' में यूरोपीय के प्रति भारतवर्षीय के प्रश्नों में भारतेन्दु ने लिखा था : "इससे जान पड़ता है कि न आप पंडित की ओर हैं, न मूर्ख की, जैसे धोबी का कुत्ता घर का न घाट का!" इसी सूत्र को लेकर 'अंधेर नगरी' की रचना हुई है। जन-साहित्य में यह एक आदर्श नाटक है। भारतेन्दु ग्राम-जनता में जिस साहित्य का प्रचार करना चाहते थे, उसी का यह एक उदाहरण है। इसका व्यंग्य और हास्य उन सब लोगों के लिए भी है जो साहित्य के 'मर्म' तक नहीं पहुँच पाते। कुंजड़िन कहती है : "ले हिन्दुस्तान का मेवा फूट और बैर।" चूरनवाले की कविता प्रचार की दृष्टि से सुन्दर है। ग्राम-साहित्य का जो आदर्श रखा था, उसकी कसौटी पर ये पंक्तियाँ खरी उतरती हैं :

चूरन अमले सब जो खावैं, दूनी रिश्वत तुरत पचावैं।
चूरन नाटकवाले खाते, इसकी नकल पचाकर लाते।
चूरन सभी महाजन खाते, जिससे जमा हजम कर जाते।
चूरन खाते लाला लोग, जिनके अकिल अजीरन रोग।
चूरन खावैं एडिटर जात, जिनके पेट पचै नहिं बात।
चूरन साहब लोग जो खाता, सारा हिन्द हजम कर जाता।
चूरन पुलिसवाले खाते, सब कानून हजम कर जाते।
ले चूरन का ढेर, बेचा टके सेर!

इस अंधेर नगरी का अन्त वैसे ही होता है, जैसे होना चाहिए, वैकुंठ जाने की आशा से राजा स्वयं फाँसी पर चढ़ जाता है।

'प्रेमजोगिनी' नाटक अधूरा है। इसका नाम 'प्रेमजोगिनी' क्यों रखा गया, यह स्पष्ट नहीं है। जितने अंक लिखे गए हैं, उनमें न तो प्रेम है, न कोई जोगिनी! इन अंकों की कथा बिखरी-बिखरी-सी है परन्तु चित्रण एकदम यथार्थवादी है। यहाँ हम अपने को काशी के मन्दिरों की चहल-पहल में पाते हैं। मन्दिर के मिसिरजी, झपटिया आदि की बातचीत बड़ी स्वाभाविक है। उनकी बोली में ग्रामीणता का पुट है। पहले ही दृश्य का आरम्भ अत्यन्त नाटकीय है, जैसा उनके और किसी नाटक में नहीं है। झपटिया मन्दिर में सवेरे-सवेरे आकर अपने को अकेला पाकर और किसी के न आने की शिकायत करता है। तब तक आँखें मलते हुए मिश्र जी आते हैं। किसी विशेष पात्र के चरित्र-विकास की चेष्टा यहाँ नहीं है। भारतेन्दु ने एक भीड़ का, एक चहल-पहल का, जिसमें बहुत तरह के लोग और बहुत तरह की बोलियाँ मिल गई हैं, चित्र खींचा है। तीसरे दृश्य में मुगलसराय स्टेशन का चित्र वैसा ही मनोरंजक है। नाटक के निर्माण में भी भारतेन्दु ने परिवर्तन किया है। उसे बड़े या छोटे अंकों में न बाँटकर उन्होंने प्रत्येक अंक को दृश्यों में बाँट दिया है। पहले वह संस्कृत-परिपाटी के अनुसार अंक में दृश्य न रखते थे, अंक वास्तव में एक लम्बा दृश्य-मात्र होता था।

भारतेन्दु के हृदय में जो आदर्श और यथार्थ की दो धाराएँ बह रही थीं, वे 'सत्य हरिश्चन्द्र' और 'प्रेमजोगिनी' के काशी-वर्णन से समझ में आ जाती हैं। 'सत्य हरिश्चन्द्र' में काशी एक आदर्श नगर है। 'नव उज्ज्वल जलधार हार हीरक सी सोहति' आदि वाक्य गंगा की प्रशंसा में कहे गए हैं। यहाँ काशी की प्रशंसा भी की गई है तो व्यंग्य के साथ : "जहाँ श्रीमती चक्रवर्ति निचय पूजित पादपीठा श्रीमती महाराज्ञी विक्टोरिया के शासनानुवर्ती अनेक कमिश्नर, जज, कलेक्टरादि अपने-अपने काम में सावधान प्रजा को हाथ पर लिये रहते हैं और प्रजा उनके विकट दंड के सर्वदा जागने के भरोसे नित्य सुख से सोती है।" जो महोदय काशी की प्रशंसा करते हैं, वह जजमान फँसाने के लिए। परन्तु काशी का सच्चा चित्र 'देखी तुमरी कासी लोगो, देखी तुमरी कासी' में मिलता है। 'नव उज्ज्वल जलधार' के साथ यथार्थ के इस चित्र को मिलाइए :

मैली गली भरी कतवारन सड़ी चमारिन पासी।
नीचे नल से बदबू उबलै मनो नरक चौरासी॥

अमीरों के लिए स्पष्ट लिखा है :

अमीर सब झूठे औ निंदक करें घात बिस्वासी।
सिपारसी डरपुकने सिट्टू बोलें बात अकासी॥

मध्यवर्ग की विलासप्रियता इस प्रकार है :

घर की जोरू लड़के भूखे बने दास औ दासी।
दाल की मंडी रंडी पूजे मानो इनकी मासी॥

यह खेद की बात है कि भारतेन्दु इस सुन्दर और सर्वथा मौलिक नाटक को पूरा न कर पाए। जिस प्रकार यह नाटक चल रहा था, उस प्रकार उसे पूरा करना कठिन भी था। यथार्थ का चित्रण करते हुए भारतेन्दु उसमें ऐसे तन्मय हो गए थे कि कथा गढ़ना वह शायद भूल गए थे।

फिर भी, यह एक महत्त्वपूर्ण प्रयोग था और अन्य लेखकों ने इस क्रम को आगे बढ़ाया। नाटकीय दृष्टि से अनेक लेखकों की रचनाएँ अधिक पूर्ण हैं। परन्तु मनोरंजन के विचार से भारतेन्दु से बाजी मार ले जाना जरा कठिन है। जैसी सरल कविता और गीत उनके नाटकों में हैं, वैसे और किसी के नाटकों में नहीं हैं। राधाचरण गोस्वामी का व्यंग्य अधिक सुथरा और उनके नाटक सुनिर्मित हैं, परन्तु भारतेन्दु जनता को रिझाना जानते थे, रिझाने के साथ सुधार के लिए उसे उत्तेजित करना भी जानते थे। उन्होंने बड़ी-बड़ी मनोवैज्ञानिक उलझनें खड़ी नहीं कीं, उनके चरित्र-चित्रण में अध्ययन करने के लिए मोटी-मोटी गुत्थियाँ नहीं हैं। परन्तु उनके नाटकों में पाठक तब की काशी की गलियों में और मन्दिरों में घूमने लगता है; एक विशाल समुदाय से उसका परिचय हो जाता है जिसकी वाणी बहुत सुधरी हुई नहीं जान पड़ती। कभी-कभी बहुत तरह की होने से उसे समझने में कठिनता भी होती है। इस समुदाय की वाणी में कहीं रुदन है, कहीं हास्य है; उसके बीच नाटककार अपने व्यंग्य का अंकुश लिये उसे प्रगति-पथ पर धकेलता दिखाई देता है। भारतेन्दु की कठिनाई का हम सहज अनुमान कर सकते हैं। उनकी साध बड़ी है, साधन छोटे हैं। कभी वह हताश भी हो जाते हैं परन्तु अधिकतर उनके स्वर में आशा और उत्साह है। वह अपने पाठक में एक सबल प्रेरणा उत्पन्न कर सकते हैं। इस कोलाहल में वह मधुर स्वरों को नहीं भूले। 'नीलदेवी' में सिपाही के गाने की मिठास पर अचरज होता है। चूरनवाले के लटके से लेकर 'सत्य हरिश्चन्द्र' में नरमुंड पर राजा हरिश्चन्द्र के विचार तक अनेक भावों के तार वह झंकृत कर सके हैं। उनमें सफल नाटककार का यह गुण है कि पर्दे पर उनकी अँगुली कभी झूठी नहीं पड़ती। वह प्रत्येक भाव को, प्रत्येक पात्र को वाणी देने में समर्थ हैं। सरस्वती-साधना से अधिक यह उनकी समाजहित-साधना का ही परिणाम है।

नाटककार : श्रीनिवासदास और प्रतापनारायण मिश्र

जहाँ 'भारत-दुर्दशा' में भारतेन्दु ने देश पर दुख प्रकट किया था, वहाँ कुछ ऐसे आशावादी लोग भी थे जिन्हें अंग्रेज़ी शासन में रामराज्य मिल गया था और चारों ओर सुख ही-सुख दिखाई देता था। अम्बिकादत्त व्यास का 'भारत-सौभाग्य' नाटक इसी प्रकार का है। सौभाग्य से ऐसे नाटक और नाटककार अधिक नहीं थे। विक्टोरिया के 50 वर्ष राज्य करने के उपलक्ष्य में यह नाटक लिखा गया था। एक ही प्रकार के प्रतीक कैसे अलग-अलग कथाओं के लिए काम में लाये जा सकते हैं, यह 'भारत-सौभाग्य' और 'भारत-दुर्दशा' की तुलना से मालूम हो जाता है। भारतेन्दु के 'भारत-आलस्य', 'भारत-दुर्दशा' आदि की जगह इसमें भारत-सौभाग्य, विषय-भोग, प्रताप, उत्साह आदि ने ले ली है। इसमें कुल मिलाकर एक अंक है और उस अंक में चार दृश्य हैं। इन चारों दृश्यों में गद्गद गुणगान के सिवा और कुछ नहीं है। 'भारत-सौभाग्य' से तुलना करने पर पता चलता है, 'भारत-दुर्दशा' जनता में कौन-सी नई प्रेरणा जगाने के लिए लिखा गया था।

श्रीनिवासदास का 'तप्ता-संवरण' नाटक पहले 'हरिश्चन्द्र-मैगज़ीन' में छपा था। यह एक पौराणिक नाटक है जिसमें तप्ता और संवरण के प्रेम का वर्णन है। सूर्य, वसिष्ठ आदि पात्र भी इसमें आते हैं। पुस्तक-रूप में छपने पर लेखक ने इसके प्रकाशन के लिए क्षमायाचना-सी की है। उसे पुरानी चाल का छोटा-सा नाटक कहा है; और कथावस्तु लोकोपकारी नहीं, शृंगार-विषयक है, इस पर खेद-सा प्रकट किया है। भारतेन्दु-युग में पौराणिक और ऐतिहासिक नाटक उतने नहीं लिखे गए, जितने यथार्थ से सम्बन्ध रखने वाले। जो ऐतिहासिक नाटक लिखे गए हैं, वे भी बहुधा युग को कोई बात सुझाने या सिखाने के लिए लिखे गए हैं।

'तप्ता-संवरण' से श्रीनिवासदास का 'संयोगिता-स्वयंवर' अधिक सफल हुआ है। इसकी भाषा सरल और रंगमंच के अधिक उपयुक्त है। इसमें तीसरे अंक के पहले दृश्य में कवि चन्द पृथ्वीराज के आगे भूषण का 'इन्द्र जिमि जम्भ पर' आदि कवित्त पढ़ते हैं। नाटक के अन्त में जयचन्द-पृथ्वीराज का मेल भी हो जाता है। श्रीनिवासदास का सबसे अच्छा नाटक 'रणधीर प्रेममोहिनी' है जिसके लिए 'कविवचनसुधा' ने लिखा था कि "एक लोटा ही पास हो तो उसे बेचकर इस

नाटक को खरीदो।" 6 दिसम्बर, 1871 ई. को प्रयाग में आर्य नाट्य सभा द्वारा यह खेला गया था। इसके लिए सूत्रधार, नटी आदि का सम्वाद भारतेन्दु ने लिखा था। इस नाटक पर अंग्रेज़ी नाटकों का प्रभाव अधिक है, संस्कृत-नाटकों का कम। सूत्र-धार आदि के सम्वाद जो भारतेन्दु ने लिखे थे तथा नाटक की रचना जो नये ढंग की है, वे यह बताते हैं कि नाटक का रूप अभी स्थिर न हो पाया था। यह एक दुखान्त नाटक है, इस बात में भी यह संस्कृत-नाटकों की परम्परा के विपरीत है। संस्कृत नाटकों के प्रेमी भारतेन्दु ने 'कविवचनसुधा' में इसकी बड़ी प्रशंसा की थी जिससे उनकी उदारता प्रकट होती है। यह नाटक अर्द्ध-ऐतिहासिक-सा है। सूरत की राजकुमारी प्रेममोहिनी से रणधीर का प्रेम हो जाता है परन्तु सूरत के महाराज उसे साधारण राजपूत जानकर उसके साथ प्रेममोहिनी का विवाह नहीं करना चाहते। इसी पर युद्ध होता है जिसमें रणधीर के प्राण जाते हैं।

इस नाटक में पाँच अंक हैं और संस्कृत-नाटकों के विपरीत प्रत्येक अंक कुछ गर्भांकों या दृश्यों में बँटा हुआ है। इस नाटक का मुख्य दोष यह है कि कहीं-कहीं पात्रों के सम्वाद बहुत लम्बे हो गए हैं और गाने भी छोटे नहीं हैं। ये तथा ऐसे ही कुछ अन्य दोष अभिनय करते समय अवश्य सुधार लिये गए होंगे। वैसे इस नाटक में नव-जागृति का स्वर स्पष्ट है। रणधीर ने सूरत के महाराज से जो कुछ कहा है, उसमें जागीरदारी सभ्यता के लिए नये युग की चुनौती है। रणधीर कहता है : "जैसे आपके ऊँचे-ऊँचे महलों पर सूर्य की धूप पड़ती है, तैसे ही हमारी गरीब झोंपड़ी में सूर्य भगवान् प्रकाश करते हैं। जैसे आपके कलशदार महलों पर घनघोर घटा जल बरसाती है, तैसे हमारी गरीब झोंपड़ी को भी अपनी अपार दया से सूखा नहीं रखती। हमारा-आपका सब संसारी हाल एक सा है और हम तुमको यह झूठा झगड़ा छोड़कर एक दिन अवश्य यहाँ से जाना पड़ेगा, परन्तु आपके मुकुट में अभिमान का तुर्रा और लगा है, यही आपकी बड़ाई है।" यहाँ पर आधुनिक साहित्य में पहली बार एक व्यक्ति ने अपनी झोंपड़ी पर अभिमान प्रकट करते हुए अपने-आपको मनुष्य होने के नाते राजा के बराबर कहा है, उसके राजसी अभिमान को अपनी साधारणता की भूमि से ललकारा है।

रिपुदमन ने जो राजाओं को धिक्कारा है, उस धिक्कारने में युग की चुनौती है : "जो राजा मतवाले होकर आठ पहर रनिवास में बैठे रहते हैं, जो राजा वेश्यागामी होकर उनके पीछे-पीछे फिरते हैं, जो राजा प्रजा के दुख-सुख का विचार नहीं करते, उनके जीवन पर धिक्कार है।" यद्यपि यह नाटक अर्द्धऐतिहासिक है तथापि लेखक की दृष्टि अपने युग के राजाओं की ओर ही अधिक है। इलाहाबाद के 'इंडियन ट्रिब्यून' की सम्मति में, जो पुस्तक के साथ छपी है, राजाओं का ध्यान इसकी ओर आकर्षित किया गया है। परन्तु इसकी आधुनिकता केवल राजाओं के चित्रण में नहीं है, इसमें अनेक पात्र ऐसे हैं जो उस युग के तथा विशेष वनों के प्रतीक हैं। मारवाड़ी

नाथूराम के चित्रण से सम्भवत: हिन्दी नाटकों की उस परम्परा का आरम्भ होता है, जिसमें मारवाड़ी सेठों का बराबर मजाक बनाया जाता रहा है। सुखवासीलाल, निरंजन चौबे आदि का चित्रण भी अत्यन्त सजीव हुआ है।

रणधीर और प्रेममोहिनी की प्रेम-वार्ता पुराने आलंकारिक ढंग की है, परन्तु उसमें एक मर्मस्पर्शी सरलता है। प्रेममोहिनी के अचेत होने पर रणधीर के मुँह से जैसे बरबस ये शब्द निकल पड़ते हैं : "इसकी अचेत दशा भी मेरे मन को चैतन्य करने वाली है।" इस आलंकारिक व्यंजना में एक मनोवैज्ञानिक सत्य है। वैसे ही प्रेममोहिनी की उक्ति करुण है : "हाय! मेरे भाग में क्या ये ही लिखा है कि मैं रत्न उठाने को हाथ डालूँ तो वो मेरा हाथ लगते ही अंगार हो जाए?" रणधीर जब प्रभात की ओर ध्यान दिलाता है, तो उसका वर्णन बिलकुल संस्कृत कवियों जैसा होता है। यहाँ हम संस्कृत-नाटकों का प्रभाव देख सकते हैं। वर्णन आलंकारिक है परन्तु उसकी भाषा वैसी ही सरल है, जैसी भारतेन्दु को छोड़कर बहुत कम लेखक लिख पाते थे। रणधीर आकाश की ओर देखकर कहता है : "हे प्रिये, देखो, सूर्योदय का समय हो गया, दीपक की जोत मन्द पड़ गई, हार के मोती शीतल हो गए, पक्षी चहचहाने लगे और कमल के चिकने-चिकने पत्तों से ओस की बूँदें मोतियों की लड़ी के समान ढलकने लगीं। अब तुम आज्ञा दो तो मैं भी जाकर स्नान करूँ!" रणधीर-प्रेममोहिनी की प्रेम-वार्ता रोमियो-जूलियट की वार्ता जैसी है; सरल कृत्रिमता में भी मधुरता है। शेक्सपियर के नाटक के समान यह दुखान्त है। यहाँ संघर्ष ऊँच-नीच का है, राजा और प्रजा का। रणधीर उच्च कुल का होते हुए भी प्रजा का प्रतिनिधि बनकर बोलता है। इसलिए सूरत के महाराज कहते हैं : "तुम क्षत्री के नाम से हमारी बराबरी के बनते होगे।" और : "क्या मैं सोने के सुहावने दाने को काले मुँह की चिर्मिटी के साथ तौल दूँ?" इसी अभिमान के कारण रणधीर-प्रेममोहिनी के प्रणय का दुखमय अन्त होता है।

उस समय के हिन्दी, बँगला, गुजराती, अंग्रेज़ी के पत्रों में इस नाटक की खूब प्रशंसा छपी थी। लन्दन के 'इंडियन मेल' पत्र ने इसमें अनेक पात्रों की विभिन्न प्रकार की भाषाएँ देखकर लिखा था कि यह भारतवर्ष की आर्यभाषाओं के विद्यार्थियों के लिए अत्यन्त उपयोगी है ("of uncommon interest to the study of modern Aryan Language of India.")। उस समय के अधिकांश नाटककार अपने पात्रों के अनुरूप ही सम्वाद की भाषा रखते थे; इससे उनका यथार्थवाद की ओर झुकाव प्रकट होता है। काशिनाथ ने तीन ऐतिहासिक नाटक लिखे थे। 'सिन्ध देश की राजकुमारियाँ' नाटक में सिन्ध पर पहले मुसलमान-आक्रमण से कथा ली गई है। दोनों राजकुमारियाँ खलीफा के पास भेजी जाती हैं। वे झूठ बोलकर मुहम्मद बिन कासिम को दंड दिलवाती हैं और स्वयं दीवाल में चुनवा दी जाती हैं। कथा नाटकीय और भाषा ओजपूर्ण है। काशिनाथ के अन्य नाटकों की भाँति यह भी एक फीचर-जैसा है।

वह स्टेज पर तब तक नहीं खेला जा सकता, जब तक कोई सूत्रधार के समान अलग से कथा कहने वाला न हो। जैसे दूसरे अंक के आरम्भ में : "खलीफा रात-दिन यही इन्तिजारी करते थे कि कब वह हरामजादा आवे और कब मैं इन दोनों को अपने महलों में लूँ, कि यों ही एक महीना स्वप्न-सा बीत गया।" इस प्रकार की सूचनाओं का आधुनिक पश्चिमी नाटकों में नितान्त अभाव नहीं है। काशिनाथ ने इन सूचनाओं को अभिनय को सफल बनाने के लिए न लिखा था; वे कथा का एक अभिन्न अंग हैं और रंगमंच की दृष्टि से यह उनके नाटकों का मूल दोष है।

'गुन्नौर की रानी' में भी उसी प्रकार की कथा है। रानी मुसलमान सरदार को विषैले वस्त्र पहनाकर मार डालती है और स्वयं नदी में डूबकर प्राण दे देती है। 'लवजी का स्वप्न' कुल चार पृष्ठों का एक बहुत छोटा-सा नाटक है और रघुवंश की एक कथा लेकर रचा गया है।

'ऊषा-हरण' नाम का एक पौराणिक नाटक कार्तिकप्रसाद खत्री ने लिखा था। इसमें उनके यथार्थवादी अधूरे नाटक 'रेल का विकट खेल' की-सी रोचकता नहीं है। भाषा पौराणिक नाटकों की परम्परा के विपरीत बहुत सीधी है। ऊषा और उसकी सखियों की बातचीत गाँव की स्त्रियों-जैसी है। पौराणिक उपाख्यानों में ऊषा की जो कल्पना की गई है, उसे इस ग्रामीणता से धक्का लगता है। ऊषा स्वप्न में देखे हुए अनिरुद्ध को सोचकर कहती है : "हे गौरा मैया, अब मेरे अपराध क्षमा कर! मेरे क्लेश छुड़ाने का जल्दी कुछ उपाय करो, नहीं तो अब यह प्रान जाया चाहे हैं।" नाटक में पौराणिकता कम है परन्तु सजीवता का अभाव नहीं है। कार्तिकप्रसाद यथार्थवादी चित्रण में कुशल थे परन्तु उस ओर उनकी प्रतिभा का पूरा उपयोग नहीं हो पाया।

'ऊषा-हरण' की तरह प्रतापनारायण मिश्र के 'संगीत शाकुन्तल' में कालिदास की नागरिकता का नाम नहीं है। यह ठेठ देहात में दुष्यन्त-शकुन्तला की कथा का अभिनय करने के लिए लिखा गया है। इसका ढाँचा न संस्कृत नाटकों का है, न अंग्रेज़ी-नाटकों का, यह नौटंकी का एक विशुद्ध रूप है। इसमें कुछ स्त्री-पात्रों के गीत ग्राम-गीतों की धुन पर बनाए गए हैं। ग्राम-गीतों के आधार पर गीत रचने की परिपाटी का अधिक लोगों ने अनुसरण नहीं किया। प्रतापनारायण ने जो गीत लिखे हैं, वे इस ओर आदर्श हैं। नाटक में जहाँ-तहाँ प्रतापनारायण मिश्र की मौलिकता यथेष्ट है। चौथे अंक में धीमर का 'चलौ दारू पियन' गाना सुन्दर बन पड़ा है। पाँचवें अंक के पहले दृश्य में कंचुकी का गाना है : 'हाय बुढ़ापा तोरे मारे अब तो हम नकुन्याय गयन।' बैसवाड़ी में लिखा हुआ यह गीत अलग से इतना प्रसिद्ध हुआ है कि लोग भूल गए हैं कि वह नाटक में एक बूढ़े पात्र के लिए लिखा गया था। मूल नाटक के विपरीत प्रतापनारायण ने 'संगीत शाकुन्तल' के अंकों को दृश्यों में बाँटा है। कुछ लेखकों को छोड़ जिनमें भारतेन्दु भी थे, अधिकतर लोगों की प्रवृत्ति अंकों में दृश्यों का समावेश करने की ओर थी।

प्रतापनारायण मिश्र का 'भारत-दुर्दशा' रूपक भारतेन्दु के इसी नाम के नाटक के अनुकरण पर लिखा गया है। भारत, कलियुग, आलस्य, एडिटर आदि पात्र इसमें भी आते हैं। जहाँ-तहाँ प्रतापनारायण के अपने परिहास के पुट अच्छे हैं। भारत की औषधि के लिए जब पंडित जी सेठजी से रुपया माँगते हैं तो वह कहते हैं : "पैसो कठैशै आवेगो? फरंगिया तो सगड़ा धन्धा ले गयो।" महाराष्ट्री सज्जन के प्रस्ताव में, कि विदेश से कल मँगाकर स्वदेशी कपड़ा पहनेंगे, सुन्दर व्यंग्य है। प्रतापनारायण मिश्र ने भी भारतेन्दु की तरह एक बंगाली का उपहास किया है। बाहर से शत्रु की चढ़ाई होने पर उसका गाना 'दीनबन्धु दीनानाथ करिये शहाई हो' मनोरंजक है।

'कलिकौतुकरूप' में कलियुग नाम को ही है; इसमें भारत, कलियुग आदि जैसे काल्पनिक पात्र नहीं हैं। इसकी कथा सामाजिक है और पात्रों का आधार यथार्थ है। नाटक के नाम के साथ उसकी व्याख्या में लिखा है : "जिसमें बड़े-बड़े लोगों की बड़ी-बड़ी लीला विशेषत: नगर-निवासियों के गुप्त चरित्र दिखलाये गए हैं।" प्रतापनारायण मिश्र ने यथार्थ से कथावस्तु ली थी, इसलिए कुछ लोगों के रुष्ट हो जाने की कल्पना करके समर्पण में लिखा था : "हाँ-हाँ, साँच को आँच क्या?" नाटक में प्रदर्शित अनाचार कितना व्यापक है, इसी को लक्ष्य करके समर्पण की प्रारम्भिक पंक्तियों में लिखा था : "क्या यह कौतुक न देखोगे? जिसके अभिनयकर्ता बहुत, पर दर्शक केवल हमीं-तुम हैं। वाह रे खेल! देखने वाले तो आँखें मूँदे बैठे हैं, तुम भी न देखोगे तो यों ही भोर न हो जाएगा।" आरम्भ में धर्म-सम्बन्धी उद्धरण और फिर समर्पण आदि इसलिए थे कि लोग प्रतापनारायण मिश्र के लक्ष्य को समझ सकें। उन्होंने बड़ी निर्भीकता से समाज में फैले हुए अनाचार को चित्रित किया था, इसलिए किसी सम्पादक-आलोचक से घासलेटी की उपाधि पाना उनके लिए असम्भव न होता।

यह एक यथार्थवादी नाटक है और इसके पात्र उस समय के समाज से लिये गए हैं। मुंशी शंकरलाल एक उर्दू-भक्त हैं, बाबू मायादास नई अंग्रेज़ी सभ्यता के गुलाम हैं, प्रेमचन्द्र एक सच्चा देशभक्त है, कैंचासिंह एक कनपुरिया गुंडा है, भुशुंडीदास एक बगुला-भगत है और पंडित चंडीदत्त एक 'बिगड़ैल दिहाती' है। कथा का नायक एक धनवान किशोरीदास है। जैसा वह धनी है, वैसा ही दुश्चरित्र है, और जैसे वह स्वयं दुश्चरित्र है, वैसे ही उसके घर में भी दुश्चरित्रता का वास है। आगे जो नाटकों की एक परम्परा चल पड़ी कि सती-साध्वी पत्नी को छोड़कर धनी नायक किसी वेश्या के प्रेम में पड़ जाता है और फिर पैसा न रहने पर अपनी पत्नी के पुन: शरणागत होता है, उस परम्परा से यह नाटक बिलकुल अलग है। किशोरीदास, भुशुंडीदास आदि का दुखमय अन्त होता है; परन्तु यह नाटक दुखान्त नहीं कहा जा सकता। हिन्दी पत्र-सम्पादक शिवनाथ के शब्दों में शायद प्रतापनारायण मिश्र ने अपनी ही सम्मति दी है : "यद्यपि देशभाइयों का दुख देख के दया आती है, पर ऐसे लोग

जिनसे सर्वसाधारण का अनिष्ट सम्भावित है, अवश्य दंडनीय हैं।" सुखान्त नाटकों से तो यह और भी नहीं मिलता। इसमें एक सामाजिक चित्र खींचा गया है; और फिर यह सुखान्त है कि दुखान्त, इस पर विशेष विचार नहीं किया गया।

पहले ही दृश्य में किशोरीदास की स्त्री स्यामा और उसकी सखी चम्पा की बातचीत अपनी स्वाभाविकता से चकित कर देने वाली है। उसकी भाषा ब्रजभाषा-मिश्रित हिन्दी है; सम्वाद के लिए ग्रामीणता का पुट लिये हुए भाषा का प्रयोग आगे चलकर प्रेमचन्द ने विशेष किया। हिन्दी में आजकल जो नाटक निकलते हैं, उनमें बहुत कम ऐसे होते हैं जिनमें सम्वाद इतना स्वाभाविक और पात्रों के अनुकूल हो। स्यामा और चम्पा दोनों ही दुश्चरित्र हैं और दोनों ही पहले एक-दूसरे से उड़ने की चेष्टा करती हैं परन्तु असफल होती हैं। उच्च-गृहस्थों के यहाँ सदाचार की क्या दशा थी, इस पर लेखक ने निर्भीकता से प्रकाश डाला है। इस व्यभिचार को बढ़ाने वालों में सन्तान देने वाले बाबा लोग, पुजारी, शहर के लफंगे आदि हैं। चम्पा गंगाजी के किनारे टिके हुए बाबाजी के बारे में कहती है : "तू भी बाबाजी को जाने है? भाई बड़े पहुँचे! एक दिन मैं गई सो कहैं क्या हैं कि सन्तान तौ लिखी है पर गिरस्त से नहीं—मैं तो सुन के रह गई!" इस प्रकार के उच्छृंखल संकेत करते हुए इन बाबा लोगों को कोई झिझक न होती थी। इसका कारण स्त्रियों का चंचलपन भी था। शायद उस चंचलपन का कारण पतिदेव की उदासीनता थी। चम्पा अपने पति के बारे में कहती है : "अपने रुजगार, व्यौहार और कचहरी दरबार ही में रहे हैं—रोटी खाने और बारह-एक बजे तक सो रहने के सिवा घर से काम ही नहीं रक्खे हैं—मैं चाहे सो करूँ!" जिस सभ्यता को हम भारतीयता कहने के आदी हैं, उसका एक साधारण प्रतीक यह चम्पा का पति है। पैसा माता-पिता ही नहीं है, यह पत्नी और पुत्र भी है, इसलिए उसका सेवक अपने-आपको पारिवारिक और सामाजिक धर्मों के लिए निकम्मा बना लेता है। चम्पा अपने सन्तानहीन होने पर दुख न प्रकट करके कुल की रीति का उल्लेख करती है : "हमारे तो तीन पीढ़ी से गोद ही लेते आवैं हैं सो देखी जायगी। अभी तो हम आप लड़का हैं।"

रसिकबिहारी एक नागरिक लम्पट है; प्रेम की लच्छेदार बातें करता है और बात-बात में शेर कहता है। स्यामा के गले में हाथ डालकर उसे शेर कहना सिखाता है। इतने ही में किशोरीदास आता है; स्यामा रसिकबिहारी को दूसरी जगह छिपा देती है। तब तक भक्त किशोरीदास गोसाईं जी की यह चौपाई कहते हैं—

राम रमापति करधन लेहू। खैंचहु चाप मिटै सन्देहू॥

स्यामा उनका सन्देह बड़ी सफाई से मिटा देती है। उन्हें रंडी के यहाँ जाना है परन्तु बहाना करते हैं कथा सुनने का; देवी जी को भी अपने प्रिय मित्र से मिलने की जल्दी है परन्तु ऊपर से पति के जाने और अपने अकेले रहने पर बड़ा खेद

प्रकट करती हैं। पत्नी को हार देकर फुसलाते हुए पति देवता जाते हैं और धर्मपत्नी जी अपने प्रेमी के साथ एकान्त का सदुपयोग करने जाती हैं!

दूसरे दृश्य में किशोरीदास ब्रह्मानन्द और गप्पूमल के साथ बैठे हुए धर्मचर्चा करते हैं कि उनके मित्र मायादास एक शेर गुनगुनाते हुए आते हैं। इस पर ब्रह्मानन्द के साथ किशोरीदास भी ऐसे मद्य-सम्बन्धी शेर गुनगुनाने के लिए उनकी निन्दा करते हैं। किशोरीदास बाजार का पान भी नहीं खाते। ब्रह्मानन्द के जाने पर लाला शंकरलाल धोती में बोतल छिपाये आते हैं। धीरे से गप्पूमल भी खिसकते हैं। इतने में लश्करी-जान और नब्बू भी आ जाते हैं और चंडाल-चौकड़ी पूरी हो जाती है। चंडीदत्त कहते हैं : "तो अब विलम्ब केहि काज", और धीरे-धीरे रंग जमना शुरू होता है। कोई शेर कहता है, कोई दोहा; पंडित चंडीदत्त कहते हैं : "जहिले जिउ तहिले पिउ। जब न रही जिउ, तब को ससुरवा कही कि ले पिउ।" और फिर पंडितजी अपने गाँव में सुना हुआ धोबियों का एक प्रिय गीत आरम्भ करते हैं : "बाजै बाजै रे सुपलिया समधिन तोरे अँगना। महुआ पीएँ औ ढरकावें समधिन तोरे अँगना।" अवध के धोबी सूप बजा-बजाकर यह गीत गाते हैं। नाटक में लोग बीच-बीच में शेर, दोहे, ग्राम-गीतों के कुछ टुकड़े आदि भी जोड़ते जाते हैं। इसी प्रकार के गीत गाते और बहकी बातें करते हुए इस दृश्य का अन्त होता है।

तीसरे दृश्य में किशोरीदास के गोद लिये हुए लड़के पदमचन्द की कीर्ति-कथा का चित्रण है। उस्ताद लट्ठासिंह इनके रक्षक हैं। "पचासों लावनीबाज जो उनके चेले हैं मानो हमारे ही गुलाम हैं। जिसकी तरफ हम जा पड़ें कोई भाँग लिये हाजिर है, कोई इमरती लिये खड़ा है, कोई रबड़ी लिये मौजूद है।" और सब सुख होते हुए भी राजा गन्नू के प्रति आकर्षण इन्हें कल से नहीं रहने देता। उस समय और आजकल के भी स्कूली लड़कों की भाषा और भाव का उदाहरण देखिए। उग्र जी से बहुत पहले प्रतापनारायण मिश्र ने पदमचन्द और उसके साथियों के चित्रण द्वारा उस अनाचार पर प्रकाश डाला था जिसका उल्लेखमात्र सभ्य समाज को अखरता है। पदमचन्द कहता है : "पर हाय राजा गन्नू! एक तुम्हीं हमें अब तक बातों में टालते हो! हम घर में जो कुछ चुराते हैं, तुम्हीं को नजर करते हैं। यार लोगों से जो कुछ लाते हैं तुम्हीं को खिलाते हैं। पर तुम नहीं पसीजते! हाय रे तेरे चिकन के कुरते! हाय रे तेरी बाँकी टोपी! हाय रे तेरे गाल का तिल! जी चाहता है, तुझे दम-भर आँखों से दूर न करें! याद रक्खो, तुम्हें राह पर लाके न छोड़ा तो नाम नहीं।" इस प्रेम-कथा का एक दूसरा पहलू भी है। पदमचन्द का प्रेमी बालगोविन्द कहता है : "कल तो हमने तुम्हारे वास्ते मेला-भर छान डाला, पर तुम तो बाबू, ईद के चाँद हो गये!" 'यां चिन्तयामि' का यह चक्र चलता जाता है। इतने में कैंचासिंह गुंडा आकर पदमचन्द को छेड़ता है। अपने से एक और बड़े गुंडे शेरासिंह के आने पर वह वहाँ से टहल जाता है। शेरा पदम से कुछ पैसे वसूल करके अपने लट्ठ को

बधाई देता जाता है : "न हाकिम का खटका, न रैयत का गम। अरे वाह रे लट्ठ और वाह रे हम।" जब कैंचा लौटकर आता है तो देखता है कि भगत भुशुंडीदास पदम को फुसलाये लिये चले जाते हैं; कहता है : "तुम हमारे भी गुरु घंटाल निकले। और कोई होता तो कसम महावीर स्वामी की, खोपड़ी रँग देते, पर नहीं, तुम्हारी बदौलत और बहुत-से पंछी हाथ आते हैं!" इस प्रकार शृंगार रस और भक्ति रस का बीभत्स रस में अन्त होता है।

अगले दृश्य में किशोरीदास का अन्त जेलखाने में और पदम का अन्त नौकर के रूप में रंडी के यहाँ होता है। स्यामा की अपने भाई के यहाँ दुर्दशा है। अन्तिम दृश्य में कुछ नागरिक इन लोगों की कथा की चर्चा करते हैं और उस पर अपने विचार प्रकट करते हैं। लम्पट रसिकबिहारी पहले ही जैसे मजे में हैं! इस प्रकार चार दृश्यों में इस छोटे से नाटक का अन्त होता है।

अन्तिम दृश्य में कुछ उपदेशात्मक सम्वाद अधिक हो गया है; अन्य दृश्यों में सम्वाद अत्यन्त सफल हुए हैं। आरम्भ में नान्दी पाठ के रूप में एक दोहा-भर है; सूत्रधार, नटी आदि का सम्वाद नहीं है। उच्च कोटि के नाटकीय संघर्ष का इसमें अभाव है; परन्तु उसकी कमी सजीव चरित्र-चित्रण और स्वाभाविक सम्वादों से हो जाती है। प्रतापनारायण मिश्र ने बड़े साहस से समाज में फैले अनाचार पर लेखनी उठाई है; यह अनाचार कितना व्यापक है और कब से चला आ रहा है, यह इस नाटक तथा उग्र जीकी रचनाओं का मिलान करने पर स्पष्ट हो जाता है। साथ ही उन्होंने इस अनाचार का सम्बन्ध एक विशेष वर्ग-संस्कृति से जोड़ा है जिसमें पैसे की आराधना मुख्य है। इन पैसा-प्रेमियों की बलहीनता और स्वाभिमान के अभाव की प्रतिक्रिया जैसे गुंडों में प्रकट होती है। समाज के वही सबसे बड़े सूर हैं। अन्तिम दृश्य में पत्र-सम्पादक शिवनाथ के रूप में प्रतापनारायण मिश्र को हम इस सामाजिक पतन से युद्ध करते हुए पाते हैं। 'साँच को आँच क्या' के भरोसे ही उन्होंने यह सब लिखने का दु:साहस किया था।

नाटककार : राधाचरण गोस्वामी और उनके दो प्रहसन

भारतेन्दु-युग के एक अत्यन्त प्रतिभाशाली नाटककार राधाचरण गोस्वामी थे। विचारों की उग्रता और प्रगतिशीलता में यह अपने युग के अन्य सभी लेखकों से सम्भवत: आगे थे। इनका व्यंग्यपूर्ण निबन्ध 'यमलोक की यात्रा', जिसका उल्लेख आगे किया जाएगा, एक उच्च कोटि की रचना है जिससे उनके उग्र और स्वाधीन विचारों का पता लगता है। व्यंग्य के छींटे इधर-उधर अपनी रचनाओं में बहुत लेखक दे सकते हैं परन्तु व्यंग्य, जो शिथिल न हो और हास्य, जिसमें प्रयास न हो, जैसा 'यमलोक की यात्रा' में पाया जाता है, वैसा अन्यत्र कम देखा जाता है। इनके नाटकों में 'तन मन धन श्रीगुसाईंजी के अर्पण' तथा 'बूढ़े मुँह मुहासे' श्रेष्ठ हैं। इन नाटकों में उस नाटक-परम्परा का पूर्ण विकास हमें मिलता है जिसमें व्यंग्य और हास्य के साथ कथावस्तु द्वारा समाज-सुधार की चेष्टा की गई है। वह स्वयं गोस्वामी थे परन्तु पानी में रहकर मगर से बैर की चेतावनी से भय न करके इन्होंने गोसाइयों के विरुद्ध अपना प्रहसन लिखा था। 'बूढ़े मुँह मुहासे' में इन्होंने किसान और जमींदार के संघर्ष को अपनी कथावस्तु बनाया है और उसमें भी मुसलमान और हिन्दू किसानों की एकता दिखाकर गाँवों के वर्ग-युद्ध और हिन्दू-मुस्लिम समस्याओं पर प्रकाश डाला है।

इन्होंने एक छोटा-सा अपना जीवनचरित लिखा था जिससे उनके चारों ओर के पुरानपंथी वातावरण का परिचय मिलता है। इनके पिता "बृन्दावन के श्रीराधारमण जी के मन्दिर के गोस्वामी वैष्णव सम्प्रदाय के आचार्य और बड़े महात्मा थे।" अग्रवाल वैश्यों की गुरुता, सेवा-पूजा आदि इनकी कुल-वृत्ति थी। पिता ऐसे उदार थे कि बेटे पर प्रतिबन्ध लगा रखा था कि वह भारतेन्दु से न मिल सके क्योंकि भारतेन्दु नास्तिक थे! राधाचरण गोस्वामी ने जासूसी उपन्यास के नायक की भाँति रात को एक बजे दरबान को घूस दे, घर से बाहर निकल, भारतेन्दु के यहाँ जाकर उनसे भेंट की। आरम्भ में इनको संस्कृत की शिक्षा मिली। उस शिक्षा में व्याकरण की प्रधानता थी और तीन वर्ष तक इनको 'सारस्वत' घोटना पड़ा। फिर 'सिद्धान्त कौमुदी', 'भागवत' आदि ग्रंथ पढ़ने पड़े। संस्कृत, हिन्दी के साथ इन्हें बँगला, मराठी, गुजराती आदि की भी शिक्षा मिली। 15 साल की अवस्था तक इन्हें अंग्रेज़ी

की शिक्षा न मिली थी परन्तु तब एक अंग्रेज़ी स्कूल में संस्कृत परीक्षा देने जाकर इन्हें अंग्रेज़ी शिक्षा के प्रति आकर्षण हुआ। अपनी बाधाओं का उल्लेख करते हुए इन्होंने लिखा है : "पाठकों को स्मरण रखना चाहिए कि मैं जिस कुल में उत्पन्न हुआ, उसमें अंग्रेज़ी पढ़ना तो दूर है, यदि कोई फारसी अंग्रेज़ी का शब्द भूल से भी मुख से निकल जाए, तो बहुत पश्चात्ताप करना पड़े।" इसलिए इन्होंने छिपकर अंग्रेज़ी पढ़ना आरम्भ किया। कुछ दिन इस तरह पढ़ने पर इन्होंने स्कूल में नाम लिखा लिया परन्तु शीघ्र ही इनका नाम वहाँ से कटवा दिया गया।

'हरिश्चन्द्र-मैगज़ीन' और 'कविवचनसुधा' पढ़ने से देशोपकार की ओर इनका मन खिंचा। इन्होंने 'कविकुल कौमुदी' सभा स्थापित की जिसका उद्देश्य 'हिन्दी की गद्य-पद्य रचना तथा संस्कृत कविता की वृद्धि और व्याख्यान देना था।' सभा स्थापित होने के तीन दिन पहले इनकी स्त्री का देहान्त हो गया परन्तु इन्होंने सभा के कार्य को स्थगित नहीं किया। "सभा हमारे कुल में नई वस्तु थी, इसको अंग्रेज़ी रीति समझकर हमारे भाइयों ने बहुत विरोध किया, परन्तु हम लोगों ने दृढ़ता और अध्यवसाय को नहीं छोड़ा।" इसी वर्ष इनका दूसरा विवाह हुआ जिसके बारे में इन्होंने स्पष्टता से लिखा है : "प्रथम स्त्री के मरने पर मेरा विचार विवाह करने का नहीं था, परन्तु पितृ-पाद की आज्ञा, इन्द्रियों के अदम्य वेग और द्वितीय स्त्री के गुणों ने विवश किया।" अपनी स्त्री को स्वयं ही इन्होंने हिन्दी की शिक्षा दी। स्त्री के गुणों की इन्होंने भूरि-भूरि प्रशंसा की है और लिखा है कि उसके बिना वह संन्यासी हो जाते।

हिन्दू धर्म के साथ इन्होंने ईसाई, ब्राह्म आदि मतों का भी अध्ययन किया। इन्होंने एक भजन में वैदिक धर्म के पुनरुत्थान की चर्चा की थी जिस पर भारतेन्दु ने गुप्त रीति से 'कविवचनसुधा' में उसका उत्तर छपवाया था। इससे इनके धर्मप्रिय साथियों में बड़ी खलबली मची कि यह सनातन धर्म छोड़कर नये मतों की ओर झुक रहे हैं। इन्होंने भारतेन्दु के उत्तर का प्रत्युत्तर उन्हीं की पत्रिका में छपाया। इससे इनका जी खुल गया और यह अधिक स्वाधीनता से लिखने लगे। इन्होंने स्वामी दयानन्द के ग्रंथ पढ़े और अनेक बार उनसे बातचीत भी की। यह उनके व्याख्यान सुनने न जा सकते थे क्योंकि कुलधर्म में किसी के नीचे बैठना मना था! पीछे इन्होंने यह कुलधर्म भी छोड़ दिया। यह विचारों में भारतेन्दु सें अधिक उग्र थे और 'कविवचनसुधा' में उनसे इनका एक विवाद भी चल चुका था परन्तु हिन्दी और देश की सेवा का लक्ष्य दोनों को ही अति निकट खींच लाया। भारतेन्दु में एक महान नेता और युगप्रवर्तक के गुण थे; उनका व्यक्तित्व अत्यन्त प्रभावशाली था। उनकी लगन, देश-प्रेम और त्याग दूसरों को बरबस उनकी ओर खींच लाते थे। ब्राह्मण वातावरण में पोषित राधाचरण गोस्वामी के शब्द इसका प्रमाण हैं। भारतेन्दु के लिए उन्होंने लिखा है : "उनके लिखे ग्रंथ हमको वेद-वाक्यवत् प्रमाण और

मान्य थे, उनको मानो ईश्वर का एकादश अवतार मानते थे। हमारे सब कामों में वह आदर्श थे, उनकी एक-एक बात हमारे लिए उदाहरण थी।"

जीविका के लिए वह गोसाइयों का कार्य करते थे जिसमें उन्हौंने सुधार किए। हिन्दी के प्राय: सभी पत्रों में वह लेख लिखते थे जिससे गोसाई धर्म की नींवें हिल जाती थीं। इनके लेखों की संख्या लगभग 200 तक पहुँची और उन सबकी जिल्द बँधवाकर इन्होंने उन्हें अपने पुस्तकालय में रखा। प्रकाशन के सम्बन्ध में वह सचेत थे। अपनी पुस्तकें स्वयं प्रकाशित करते या प्रकाशक को एक संस्करण का ही अधिकार देते थे। पत्रों का ब्यौरा भी वह सुरक्षित रखते थे। इन्होंने 6,300 के लगभग पत्र लिखे थे। जो मासिक, साप्ताहिक आदि पत्र आते, उनकी फाइल बनाकर रख लेते। 'मंजु' नाम से यह कवित्त लिखते थे परन्तु कविता में श्रृंगार रस की अधिक चर्चा होने से इन्होंने वह सब छोड़ दिया।

सन् 1882 के शिक्षा कमीशन को इन्होंने हिन्दी सम्बन्धी मेमोरियल भेजे जिनमें इन्होंने 21,000 के लगभग हस्ताक्षर कराये। प्रयाग में जो हिन्दी-पत्र-सम्पादकों की सभा स्थापित की गई, उसके वह एक वर्ष तक मंत्री रहे। कलकत्ते की कांग्रेस में यह वृन्दावन की ओर से प्रतिनिधि रूप से भेजे गए थे। विलायत-यात्रा और विधवा-विवाह के समर्थन में इन्होंने दो पुस्तकें लिखीं जिससे समाज में इनका विरोध हुआ परन्तु धीरे-धीरे वह शान्त हो गया। तीन वर्ष तक म्युनिसिपल कमिश्नर रहे और म्युनिसिपैलिटी के खुशामद, ईर्ष्या और स्वार्थ के वातावरण का अनुभव किया। श्रीरंगजी के मन्दिर में एक मेला होता था जिसमें ईसाई पादरी आकर व्याख्यान देते थे। इन्होंने वहाँ जाकर हिन्दू-धर्म पर व्याख्यान देना आरम्भ किया। सम्भवत: इनका हिन्दू धर्म बहुतों को प्रिय नहीं था। इसलिए इनके व्याख्यानों का विरोध भी हुआ यद्यपि पादरियों के व्याख्यानों पर कोई कुछ न कहता था। 5-6 वर्ष तक मथुरा की डिवीजनल कांग्रेस कमेटी के यह सेक्रेटरी भी रहे। जिस मन्दिर में रहते थे, उसी में इन्होंने अपना पुस्तकालय भी बनाया था जिसमें 5,000 के लगभग पुस्तकें थीं। उसे यह एक सार्वजनिक पुस्तकालय का रूप देना चाहते थे, पता नहीं सफल हुए या नहीं।

स्वाधीन चेतना, आत्मनिर्भरता, साहस और निर्भयता उनके विशेष गुण थे, जो उनके जीवन में भली भाँति प्रकट हुए थे। उनके साहित्य में इन गुणों का अभाव नहीं है। यद्यपि वह प्रतिक्रियावादी वातावरण में पले और बढ़े थे परन्तु उनकी नस-नस में प्रगति और उदार भावना की ही लहर दौड़ती थी। 'तन मन धन श्रीगुसाईं जी के अर्पण' आठ दृश्यों का छोटा-सा प्रहसन है। भक्तों के लिए गुसाईं जी को कुछ भी अदेय नहीं है और गुसाईं जी के लिए भक्तों से कुछ भी अग्राह्य नहीं है। गुसाईं जी ने भक्तों की सहायता के लिए एक कुटनी भी नौकर रख छोड़ी है। सुन्दर स्त्रियाँ गुसाईं जी की पूजा करने आती हैं, उनकी सेवाओं के लिए एक विशेष शब्द का

प्रयोग किया जाता है—'समर्पण'! सेठ रूपचन्द एक धनाढ्य व्यक्ति हैं, जो धन के बोझ से धर्म-भीरु हो गए हैं। पाप की कमाई पचाने के लिए गुरु का आशीर्वाद आवश्यक है। इस आशीर्वाद के लिए गुसाईं जी सेठ की बहू के समर्पण की माँग करते हैं। सेठ और सेठानी दोनों गुसाईं जी की आज्ञा मानने के लिए तैयार हो जाते हैं। जिस समाज के वे रत्न हैं, उसमें ऐसी बातों से सम्मान घटने के बदले बढ़ता ही है। गुसाईं जी की मनोकामना पूरी होती और सेठ रूपचन्द को आशीर्वाद भी मिल जाता, यदि सेठजी के पुत्र गोकुल ने बाधा न डाली होती। उसे नई शिक्षा की हवा लग चुकी है और यद्यपि माता-पिता उसे सनातन लीक पर ही चलने का बार-बार आदेश देते हैं, फिर भी, वह अपने नये विचारों पर दृढ़ रहता है। अन्त में सेठ बहू को गुसाईं जी के यहाँ भेज तो देते हैं लेकिन गोकुल की कुशलता से गुसाईं जी को हवालात की हवा खानी पड़ती है।

गुसाईं जी, रामा कुटनी, सेठ रूपचन्द, नवशिक्षित गोकुल आदि की बातचीत ब्रजभाषा का पुट लिये हुए बड़ी स्वाभाविक बन पड़ी है। नाटककार की सहानुभूति नवशिक्षा से प्रभावित नई पीढ़ी के साथ है। पुरानी लकीर के फकीर समाज के बड़े-बूढ़ों से इस नई पीढ़ी ने संग्राम छेड़ दिया था; उसी की एक झलक इस नाटक में दिखाई गई है। वार्तालाप पर सब कहीं हास्य का गहरा रंग चढ़ा हुआ है।

'बूढ़े मुँह मुहासे' में दो अंक हैं और प्रत्येक अंक में दो दृश्य हैं। एक बड़े भगवद्-भक्त जमींदार हैं लाला नारायनदास। उनका एक आसामी है मौला। उसकी स्त्री बड़ी सुन्दर है परन्तु मुसलमानिन होने से लाला नारायनदास बड़े धर्मसंकट में पड़ गए हैं। उनका नौकर कल्लू उसकी प्रशंसा के पुल बाँधकर उनके धर्मसंकट को और भी कंटकमय बना देता है। लाला सोचते हैं, पहले मौला की स्त्री आ तो जाए, फिर भगवान से निपट लिया जाएगा। वह कल्लू को उसे उड़ाने की व्यवस्था करने के लिए कुछ धन देकर विदा करते हैं। इसी समय विद्याधर नाम का एक किसान आता है। उसकी जमीन लाला जी ने अपने बाग में दबा ली है; बदले में उसे कुछ नहीं दिया है। माँ की मृत्यु होने पर वह कामकाज के लिए दो-चार रुपये उधार माँगने आता है। लाला जी के पास उसकी सहायता के लिए एक पाई भी नहीं है। वह अपना-सा मुँह लेकर चला जाता है। उधर मायके आई हुई तेली की लड़की को देखकर लाला के सरस कंठ से कविता फूट पड़ती है :

छुटी न शिशुता की झलक, झलक्यो जोबन अंग।
दीपति देह दुहून की, मनो ताफता रंग॥

लाला जी के मुँह से इस प्रकार के अनेक दोहे कहलाकर लेखक ने यह बात स्पष्ट कर दी है कि साहित्य की वह परम्परा उतनी ही प्रगतिशील है जितने कि स्वयं लाला नारायनदास हैं। राम का नाम लेकर लाला जी प्रतिज्ञा करते हैं, अर्जुन ने 18

दिन में 11 अक्षौहिणी सेना का वध किया था तो क्या लाला नारायनदास एक महीने में एक तेली की लड़की को भी वश में नहीं कर सकेंगे? अवश्य, अवश्य करेंगे!

कल्लू अपनी मौसी को मौला के यहाँ भेजता है। मुसलमान के घर आकर वह बहुत नाक-भौं सिकोड़ती है। तीस बरस से यह कुटनी का काम करती रही है और न जाने कितनी बहू-बेटियों को उसने खराब किया है परन्तु आज का-सा धर्मसंकट उसे पहले कभी नहीं पड़ा। मौला की स्त्री छन्नो को फुसलाने के लिए वह 25 रुपये भेंट करती है जिसमें से चार रुपये अपनी दस्तूरी के काट लेती है। छन्नो बहुत लज्जित होने का अभिनय करती है। कुटनी कहती है : "ऐसी तू कौन-सी बाम्हन-बनिया है जो इतनी डरे है!" यद्यपि लाला जी और उनकी कुटनी की दृष्टि में मुसलमान के लिए इज्जत-आबरू का सवाल नहीं उठता, फिर भी, किसान दूसरों की इज्जत-आबरू को अपनी इज्जत-आबरू के बराबर समझते हैं—चाहे वे हिन्दू हों, चाहे मुसलमान। विद्याधर एक इमली कटाने के लिए मौला को बुलाने आता है। उस समय तक क़ायदेआजम का जन्म न हुआ था और हो गया था तो वे अभी शैशवकाल की तुतली बोली में ही पाकिस्तान की रट लगा रहे थे जिससे मौला ने पाकिस्तान में अपने सब दुख दूर हो जाने के भरोसे न बैठकर विद्याधर से ही अपने घर का भेद बता दिया, किस प्रकार लाला उसकी आबरू लेने पर उतारू थे और किस प्रकार उसकी स्त्री ने पीछा छुड़ाने के लिए कुटनी से हामी भर ली थी। विद्याधर और मौला जमींदार के विरुद्ध एक हो जाते हैं और लाला को अच्छी शिक्षा देने की तरकीब सोच लेते हैं।

दूसरे अंक में लाला नारायनदास के धर्मसंकट पर और प्रकाश पड़ता है। उनका लड़का इलाहाबाद में पढ़ता है। उससे बातचीत करके लाला जी समझते हैं कि आधुनिक शिक्षा से हिन्दू धर्म रसातल को चला जा रहा है। हिन्दू लड़के मुसलमान बावर्चियों के हाथ का खा लेते हैं, इससे अधिक पतन और क्या हो सकता है? उनका नौकर कल्लू उचित ही टिप्पणी करता है : "मुसलमान की रोटी खाने से तो जात जाए वाकी लुगायी रखने से कछू नाय!" खान-पान तथा हिन्दू-मुस्लिम सम्बन्धी भेदभाव के बारे में राधाचरण गोस्वामी की राय क्या थी, इस पर उनका सुन्दर व्यंग्य देखते हुए किसी को सन्देह नहीं हो सकता। सर्वत्र उन्होंने आधुनिक शिक्षा का समर्थन किया है। 'मुँह में राम बगल में छुरी' रखने वाले नारायनदास जैसे लोगों के प्रति उनकी घृणा भी स्पष्ट है। लाला जी अपने धर्मभीरु मन को यह कहकर सन्तोष देते हैं कि "शास्त्र में लिखा है कि यौवन में कुकुरी भी धन्य है।" फिर यह तो दो हाथ-पैर वाली अन्य स्त्रियों की भाँति ही एक स्त्री है। पिता और पुत्र में बातचीत होते-होते मन्दिर में शंख, घंटा आदि की ध्वनि होने लगती है।

लाला जी के मन्दिर में पूजा-वन्दन के लिए जाने पर—मानो पाप के पहले शरीर शुद्ध करने गए हों—उनका नौकर कल्लू थोड़ी देर के लिए उनकी गद्दी का

सुख लूटता है। लाला की नकल करता हुआ वह दूसरे नौकर गणेशी को बुलाता है। गणेशी के आने पर यह उससे चिलम मँगाता है और लाला की गद्दी पर बैठकर एक बार जनम सफल कर लेने में उससे सहायता माँगता है। लाला की फर्शी आने पर कल्लू तकिये का सहारा लेकर उसे गुड़गुड़ाता है और आनन्द को चरम सीमा तक पहुँचा देने के लिए गणेशी से पैर दाबने को कहता है। गणेशी की वर्ग-सहानुभूति यहाँ उसका साथ नहीं देती; सारा मजा कल्लू लूटे और गणेशी केवल पैर दाबता रहे, यह उसे सहन नहीं है। जब कल्लू वादा करता है कि बदले में वह भी गणेशी के पैर दाबेगा, तब गणेशी का हृदय पसीजता है और वह कल्लू के आनन्द को चरम सीमा तक पहुँचाने में सहायक होता है। एक ओर फर्शी गुड़गुड़ाना और दूसरी ओर गद्दों और तकियों पर गणेशी से पैर दबवाना, कल्लू का सुख ब्रह्मानन्द सहोदर को मात कर रहा है कि इसी समय दूर से पूजापाठ से निवृत्त, छन्नो के ध्यान में मग्न, अतर-फुलेल से सजे-बजे लाला का प्रवेश होता है और कल्लू का आनन्द रहस्यात्मक अनुभूति की तरह क्षण में ही उसे छोड़कर कहीं बहुत दूर शून्य में विलीन हो जाता है। एक पुराने मन्दिर में लाला जी का संकेतस्थल है। कल्लू से कहे जाते हैं कि कोई उन्हें पूछने आए तो कह दे कि वह मन्दिर में जप कर रहे हैं! एक घोर यथार्थवादी की भाँति लाला जी इत्र लेना नहीं भूले जिसे छन्नो के मुँह पर प्याज की बदबू आने पर मल देंगे।

मन्दिर के पास मौला और विद्याधर, एक हिन्दू और दूसरा मुसलमान, लेकिन दोनों किसान, जमींदार नारायनदास की बाट जोह रहे हैं। कल्लू की मौसी के साथ छन्नो आती है। प्रथम अभिसार में वह संकोच-नाट्य करती है। मौसी समझाती है कि मुसलमान के न जात न पाँत, छन्नो के बड़े भाग जो वह लाला की नजर में चढ़ी है। लाला जी को गोपाल की बुद्धि पर आश्चर्य होता है जिन्होंने छन्नो को ललाइन न बनाकर मौलाइन बना दिया, सोचते हैं कि काबुल में मेवा बनाई और ब्रज में टेंटीं के फूलों से ही सन्तोष कर लिया, तब छन्नो को मौलाइन बनाने में क्या आश्चर्य? एक पूर्वी गीत गाते हुए वह मन्दिर में जाने की तैयारी करते हैं कि मौला एकाएक आक्रमण कर देता है। विद्याधर भी 'करम गति टारे नाहीं टरी' गाता हुआ आ जाता है। लाला अपनी इज्जत-आबरू छिपाये रखने के लिए मौला और विद्याधर से बहुत गिड़गिड़ाते हैं। उन्हें विद्याधर को उसकी जमीन वापस करने का वचन देना पड़ता है और मौला को दो सौ रुपये की घूस देकर वह उसका मुँह बन्द करते हैं। इस प्रकार, इस नाटक का अन्त होता है।

भारतेन्दु-युग के नाटकों में राधाचरण गोस्वामी की यह रचना श्रेष्ठ है। इसका-सा नपा-तुला व्यंग्य, सधा हुआ शिष्ट हास्य, गठा हुआ कथानक, स्वाभाविक वार्तालाप आदि अन्य नाटकों में भी मिलेंगे परन्तु हिन्दू-मुसलमान किसानों की एकता और जमींदार के प्रति उनकी विद्रोह भावना हिन्दी साहित्य में नई है। 19वीं

सदी के अन्य भाषाओं के साहित्य में भी यह आधुनिक दृष्टिकोण ढूँढ़ने से ही मिलेगा। भारतेन्दु-युग नवीन चिन्तन और नवीन प्रयोगों का युग था। एक ओर उसमें महारानी विक्टोरिया का गुणगान और समस्यापूर्ति है तो दूसरी ओर आर्थिक और राजनीतिक समस्याओं पर क्रान्तिकारी ढंग से प्रकाश भी डाला गया है। कुछ लोगों ने भारतेन्दु-युग के प्रतिक्रियावादी पहलू को इतना महत्त्व दे दिया है कि उसकी अन्य महत्त्वपूर्ण बातें देखने का उन्हें अवसर नहीं मिला। हिन्दु-मुसलमान तथा किसान-जमींदार समस्याओं का जैसा विवेचन युग चेतना ने किया था, वह इस नाटक से स्पष्ट है। राधाचरण गोस्वामी कांग्रेस के एक उत्साही कार्यकर्ता थे परन्तु उनके राजनीतिक और सामाजिक विचार उस समय के साधारण कांग्रेस नेताओं को बहुत पीछे छोड़ चुके थे। भारतेन्दु-युग के पत्र-साहित्य में भी हम देख चुके हैं कि नेता जिस बात को मुँह से कहने में डरते थे, उसे हिन्दी लेखक स्याही से लिखकर छपवा देने में संकोच न करते थे। इस प्रकार राधाचरण गोस्वामी का नाम उन महान साहित्यिकों में लिया जाएगा जो साहित्य में सामाजिक और राजनीतिक आन्दोलनों को प्रतिबिम्बित करके ही नहीं बस करते वरन् साहित्य में वह प्रेरणा भर देते हैं, जो ऐसे आन्दोलनों का सूत्रपात करती है और उन्हें निश्चित लक्ष्य तक पहुँचाने में सहायक होती है।

निबन्ध-रचना : अद्भुत स्वप्न और यमलोक की यात्रा

भारतेन्दु-युग में पत्र-साहित्य ने जो उन्नति की, उससे निबन्ध-रचना को विशेष प्रोत्साहन मिला। निबन्ध का रूप और आकार अभी अस्थिर था परन्तु इसीलिए कहानी से लेकर गम्भीर चिन्तन तक का माध्यम वह बन सका। निबन्ध लिखना हिन्दी में नई चीज थी। बँगला में उपन्यास, कविता, नाटक आदि के लिए आदर्श मिल सकते थे परन्तु प्रतापनारायण मिश्र आदि के से निबन्ध हिन्दी की अपनी उपज थे। राजा शिवप्रसाद सितारेहिन्द का लिखा 'राजा भोज का सपना', भारतेन्दु का 'एक अद्भुत अपूर्व स्वप्न', राधाचरण गोस्वामी की 'यमलोक की यात्रा' और प्रतापनारायण मिश्र का 'आप' निबन्ध रचना-वैचित्र्य भली भाँति प्रकट करते हैं। जितनी सफलता भारतेन्दु-युग के लेखकों को निबन्ध-रचना में मिली, उतनी कविता और नाटक में भी नहीं मिली। इसका एक कारण यह था कि पत्रिकाओं में नित्य प्रति निबन्ध लिखते रहने से उनकी शैली खूब निखर गई थी। दूसरी बात यह कि निबन्ध ही एक ऐसा माध्यम था जिसके द्वारा उस युग के फक्कड़ लेखक बेतकल्लुफी से अपने पाठकों से बात कर सकते थे। जैसे प्रतापनारायण मिश्र का अपने पाठक से कहना 'ले भला बतलाइये तो आप क्या हैं?' निबन्ध को छोड़कर साहित्य के और किसी अंग में सम्भव नहीं था। उस युग के लेखक तटस्थ रहते हुए अपनी बात पाठक से कहकर सन्तोष न कर सकते थे। वे उससे आत्मीयता का सम्बन्ध स्थापित करना चाहते थे और एक मित्र की भाँति उससे घुल-मिलकर उसे अपनी बात समझाना चाहते थे। द्विवेदी-युग में लेखकों और पाठकों, दोनों ही में प्रतिष्ठा की भावना बहुत अधिक आ गई। लेखक का पाठक से पूछना 'ले भला बतलाइये तो आप क्या हैं?' स्वप्न में भी प्राय: असम्भव हो गया। साहित्य की सच्ची सप्राणता उसी शैली में है, जहाँ लेखक और पाठक के बीच कोई दुराव नहीं रह जाता। सहज आत्मीयता के भाव ने भाषा को खूब स्वाभाविक बना दिया। कृत्रिम शैली में लेखक पाठक का आत्मीय बन ही नहीं सकता। इसीलिए भारतेन्दु-युग की गद्य शैली के सबसे चमत्कारपूर्ण निदर्शन निबन्धों में ही मिलते हैं।

उस युग के निबन्धों को एक साथ पढ़ने से एक अत्यन्त उदार और स्वाधीन चेतना की छाप पाठक के हृदय पर रह जाती है। निबन्ध को तब के लेखकों ने

ऐसा रोचक और उपयोगी माध्यम बनाया था, जिसके द्वारा वह देश में एक नवीन मानव धर्म का प्रचार कर सकते थे। मुल्ला, पंडित, वैदिक कर्मकांड, तीर्थ, व्रत, पूजा—सभी पर इन लेखकों ने व्यंग्य किया है। यह उदार चेतना किसी एक लेखक की अपनी नहीं है; यह बड़े-छोटे सभी लेखकों में पाई जाती है। युग-भावना के अत्यन्त शक्तिशाली होने का सबसे बड़ा प्रमाण यह है कि राजा शिवप्रसाद सितारेहिन्द जैसे व्यक्ति भी उसके प्रभाव से बचे न रह सके।

'राजा भोज का सपना' भारतेन्दु-युग की एक उत्कृष्ट रचना है। इसके लेखक सितारेहिन्द थे। चार्ल्स लैंब के कुछ निबन्धों की भाँति इसमें कथा का अंश काफी है परन्तु उसे कथा इसलिए नहीं कहा जा सकता कि उसका गठन एक निबन्ध जैसा है और शैली निबन्धवाली ही है, जैसे : "वह कौन-सा मनुष्य है जिसने महाप्रतापी महाराज भोज का नाम न सुना हो?" लेखक का उद्‌देश्य यह दिखाना है कि सहानुभूति के बिना धर्म-कर्म सब ढोंग है; मानव-प्रेम को अपने जीवन में चरितार्थ करने में ही मनुष्य जीवन की सार्थकता है। राजा भोज ने बड़ा दान-पुण्य किया है परन्तु अपनी कीर्ति के विचार से। स्वप्न में वह देखते हैं कि दान-पुण्य की माया ऊपरी चमक-दमक खोकर अपने नग्न बीभत्स रूप में प्रकट हो जाती है। कीर्ति के लिए ही दान करने से दान के वास्तविक अधिकारी वंचित रह जाते हैं। एक मन्दिर के दर्पण में राजा भोज को अपने राज्य की वास्तविक दशा दिखाई देती है : "कभी तो राजा को वे सब भूखे और नंगे इस आईने में दिखलाई देते जिन्हें राजा खाने-पहनने को दे सकता था, पर न देकर दान का रुपया उन्हीं हट्टे-कट्टे मोटे-मुसंड खाते-पीतों को देता रहा जो उसकी खुशामद करते थे या किसी की सिफारिश ले आते थे।... कभी वे दीन-दुखी दिखलाई देते जिन पर राजा के कारदार जुल्म किया करते थे और उसने कुछ भी उसकी हकीकत और उपाय न दिया।...कभी-कभी उन गाँव और इलाकों को देखता था जिनमें कुएँ, तालाब और किसानों को मदद देने और उन्हें खेती-बारी की नई-नई तरकीबें बतलाने से हजारों गरीबों का भला कर सकता था।"

वास्तविक दान, वास्तविक धर्म, मनुष्य की मनुष्य के प्रति सहानुभूति में है; इसीलिए धर्म का रहस्य पंडितों के पास न होकर मनुष्य के हृदय में है। राजा भोज स्वप्न में अपने अहंकार का अनुभव करके नगर के तीन सर्वश्रेष्ठ पंडितों को बुलाते हैं कि वे उन्हें मुक्ति का मार्ग बता दें परन्तु कोई भी पंडित राजा का शंका-समाधान नहीं कर पाता। पंडितों के साथ आया हुआ एक साधारण परदेसी राजा से कहता है कि वह अपनी राह स्वयं ही ढूँढ़ें, वह उन्हें मिलेगी।

इस निबन्ध में कल्पना का कोई विशेष चमत्कार नहीं है। राजा स्वप्न में अपने राज्य की दशा देखता है और अपने ही भीतर धर्म का रहस्य ढूँढ़ता है। बात बहुत सीधी है और उसका यह सीधापन ही पाठक के हृदय पर अमिट प्रभाव की छाप डाल जाता है। भोज ने जो मन्दिर बनवाया था, उसमें उसने ईश्वर की मूर्ति स्थापित

की थी, सत्य ने उसे दिखाया कि वह प्रस्तर-मूर्ति भोज की ही थी। इस प्रकार की बातें बड़े रोचक और प्रभावपूर्ण ढंग से इस निबन्ध में आई हैं।

भारतेन्दु के 'एक अद्‌भुत अपूर्व स्वप्न' में व्यंग्य और हास्य अधिक निखरा हुआ है और शैली भी अधिक मँजी हुई है। आरम्भ में गम्भीर शैली का आभास है और यह आभास देकर हास्य रस की सृष्टि की गई है। "देखो समय-सागर में एक दिन सब संसार अवश्य मग्न हो जाएगा। कालवश शशि सूर्य भी नष्ट हो जाएँगे", इत्यादि। उसी के बाद पहले जैसी गम्भीरता से ही वह कह जाते हैं : "फिर पड़े-पड़े पुस्तक रचने की सूझी। परन्तु इस विचार में बड़े काँटे निकले। क्योंकि बनाने की देर न होगी कि कीट-क्रिटिक काटकर आधी से अधिक निगल जाएँगे।" इस प्रकार की शैली से हास्य उत्पन्न करना परन्तु उसे ऊपर से गम्भीर बनाए रखना उतना ही कठिन है जितना दूसरों को हँसाते हुए स्वयं मुँह बन्द रखना कठिन है। स्वप्न में जैसे अतिरंजित बातें दिखाई देती हैं, वैसे ही उन्हीं के अनुरूप अतिशयोक्तिपूर्ण इसकी शैली है : "आँख बन्द कर समाधि लगायी तो इकसठ या इक्यावन वर्ष उसी ध्यान में बीत गये। पाठशाला बनाने का विचार करके जब थैली में हाथ डाला तो केवल ग्यारह गाड़ी ही मुहरें निकलीं। इष्ट मित्रों से सहायता ली तो इतना धन एकत्र हो गया कि ईंटों के ठौर मुहर चुनवा देने पर भी दस-पाँच रेल रुपये बच रहते। आधी रात को पाठशाला का उद्‌घाटन हुआ।" उस समय सब इष्ट-मित्रों के सम्मुख उस परमेश्वर को कोटि धन्यवाद दिया, जो संसार को बनाकर क्षण-भर में नष्ट कर देता है, और जिसने विद्या, शील, बल के सिवाय मान, मूर्खता, परद्रोह, परनिंदा आदि परम गुणों से इस संसार को विभूषित किया है। स्वप्न की पाठशाला का उद्‌घाटन करते समय संसार की क्षणभंगुरता को याद करना संकेतपूर्ण है। जो लोग परमात्मा में मानवीय गुणों को ही देखते हैं, उन्हें भारतेन्दु याद दिलाते हैं कि मानवीय दुर्गुण भी परमात्मा के ही बनाए हुए हैं।

विद्यालयों के नाम से जो लोग चन्दा इकट्‌ठा करके अपना पेट भरते हैं, उनका खूब मखौल उड़ाया गया है। पाठशाला बनवाने के लिए इतना द्रव्य आया कि दस-पाँच पीढ़ी तक के लिए प्रबन्ध हो गया। कहीं-कहीं भारतेन्दु ने इतना सुन्दर शब्द-चयन किया है कि कविता के समान वे पँक्तियाँ अमर-सी हो गई हैं : "धन्य है उस परमात्मा को जिसने आज हमारे यश के डहडहे अंकुर फिर हरे किए।" उद्‌घाटन करते समय आज का व्याख्यान भी किसी यथार्थ भाषण की पैरोडी जैसा लगता है। पुलिस, कचहरी आदि पर मौका मिलते ही भारतेन्दु व्यंग्य करना नहीं चूकते। विद्यालय के नीतिशास्त्र के अध्यापक पंडित शीलदावानल नीतिदर्पण की प्रशंसा करते हुए कहते हैं : "इनसे नीति तो बहुत से महात्माओं ने पढ़ी थी, परन्तु वेणु, वाणासुर, रावण, दुर्योधन, शिशुपाल, कंस आदि इनके मुख्य शिष्य थे। और अब भी कोई कठिन काम आकर पड़ता है, तो अंग्रेज़ी न्यायकर्ता भी इनकी अनुमति लेकर आगे बढ़ते हैं।"

सितारेहिन्द की रचना में शिक्षा अधिक है, हास्य कम; भारतेन्दु के 'अद्भुत अपूर्व स्वप्न' में हास्य अधिक है, शिक्षा कम। वह एक मस्ती और मौज की लिखी चीज है जिसमें परिश्रम का कहीं चिह्न नहीं है। अतिशयोक्तियाँ और अतिरंजित चित्र एक सहज गति से एक के बाद एक पाठक के सामने आते-जाते हैं। गम्भीर शैली और हास्य का सामंजस्य स्वप्न की ही भाँति अद्भुत और अपूर्व है। किसी विशेष लक्ष्य को सामने रखकर व्यंग्य-शर नहीं साधे गए। दायें-बायें जो जिधर दिखाई पड़ा, उसी पर कौशल आजमाते हुए भारतेन्दु आगे बढ़ते गए हैं। शैली उनकी सधी हुई है और शब्द-चयन में वैसी सतर्कता है, जैसी कविता में होती है। इस तरह के निबन्धों से पता चलता है कि भारतेन्दु की प्रतिभा का चमत्कार जितना निबन्ध-रचना में प्रकट हुआ है, उतना नाटकों में भी नहीं।

राधाचरण गोस्वामी की 'यमलोक की यात्रा' में भी एक स्वप्न में देखी हुई बातों का विवरण है। यह स्वप्न पहले दो स्वप्नों से लम्बा तो है ही, व्यंग्य और हास्य में भी वह दोनों से बाजी मार ले गया है। 'यमलोक की यात्रा' में उस समय की घटनाओं, आन्दोलनों आदि का बहुतायत से उल्लेख है। इसका व्यंग्य राजनीतिक दमन, सामाजिक दुराचार आदि विशेष लक्ष्यों की ओर प्रेरित है। पच्चीस वर्ष की ही अवस्था में ज्वर से स्वप्नद्रष्टा की मृत्यु होने लगती है और नादिरशाह की सूरत के यमदूत उसे लेने आ जाते हैं। उसे इस बात से विशेष खेद होता है कि विधवा-विवाह को प्रचलित होते अभी नहीं देखा : "न विलायत जाने की रोक उठी : न जाति-पाँति का झगड़ा मिटा!" इन शब्दों से लेखक का सामाजिक ध्येय स्पष्ट है। और "न हमारे जीते जी प्रेस ऐक्ट उठा, न लाइसेंस टैक्स का काला मुँह हुआ।" प्रेस ऐक्ट से राधाचरण गोस्वामी विशेष अप्रसन्न थे, उस पर उन्होंने अनेक स्थलों पर छींटे कसे हैं। काबुल की लड़ाई का परिणाम देखे बिना ही दुनिया से चल देना पड़ा। जब वैतरणी पहुँचे तब यमराज के प्रधान का सामना पड़ा। बाकायदा उनकी कचहरी लगी हुई है। प्रधानजी के सिर पर मारवाड़ी पगड़ी है! माथे पर रामफटाका तिलक लगाये हैं और उनके चारों ओर बड़ी-बड़ी बहियाँ खोले उनके गुमाश्ते लोग बैठे हैं, मानो यमराज के प्रधान की कचहरी न होकर किसी मारवाड़ी सेठ की ही दुकान हो! यानी जब इहलोक में मारवाड़ी सेठ की कोठी देखो तो परलोक में यमराज की कचहरी की कल्पना कर लो।

वैतरणी पार करने के समय प्रधान ने पूछा : गोदान किया है? उत्तर दिया : गोदान लिये हैं परन्तु किया एक भी नहीं। इस पर प्रधानजी ने उन्हें निकाल देने की आज्ञा दी। तब उन्होंने विनती की : "साहब, प्रथम प्रश्न सुन लीजिये; गोदान का कारण क्या है? यदि गौ की पूँछ पकड़कर पार उतर जाते हैं तो क्या बैल से नहीं उतर सकते? जब बैल से उतर सकते हैं, तो कुत्ते ने क्या चोरी की?" बात यह थी कि इन्होंने मजिस्ट्रेट साहब की मेम को एक कुत्ता भेंट किया था। यह सोचकर कि

जब गौ यहाँ आ जाती है तो क्या कुत्ता न आएगा, इन्होंने सीटी बजाई और तुरन्त रतन नाम का कुत्ता कचहरी के लोगों को हटाता हुआ इनके पास आ पहुँचा। प्रधान ने इस पर इन्हें वैतरणी में ढकेल देने की आज्ञा दी। "मैंने जी में सोचा, यहाँ अन्धेर नगरी और हिन्दुस्तानी घिसघिस है, विवेक-विचार कुछ नहीं।" इसलिए रतन कुत्ते को पुकारकर झम् से वैतरणी में कूद पड़े और उसकी पूँछ पकड़े तैरते हुए नदी के पार हो गए।

14 जून, 1880 के 'सार सुधानिधि' में यह यात्रा छपनी शुरू हुई थी। आज से 62 वर्ष पहले इस प्रकार की बातें लिखना दु:साहस मात्र था परन्तु यह यही युग था जिसमें स्वामी दयानन्द ने जन्म लिया था। राधाचरण गोस्वामी स्वामीजी के विरोधियों में थे परन्तु उनका विरोध अन्य सनातनधर्मियों जैसा न था। वह आधुनिक संस्कृति के व्यक्ति थे, इसलिए कट्टरपन से उनका बैर होना स्वाभाविक था। जो व्यक्ति गोसाइयों के परिवार में पलकर वैतरणी को कुत्ते की सहायता से पार करने की बात सोच सकता था, वह वेदों को अपौरुषेय कैसे मान सकता था? फिर भी, स्वामी दयानन्द की मृत्यु के बाद राधाचरण ने उनके अन्धविरोधियों को बड़ी तीखी फटकार बताई थी।

यमपुर का बाजार जयपुर का-सा, गलियाँ बनारस की-सी, इमारतें दिल्ली और आगरे की-सी हैं। भूख लगी थी; हलवाई की दुकान में इमरतियों का थाल देखकर लालच लग आया। सोचा, फिर तो मर सकते नहीं, क्यों न हाथ साफ किया जाए, इमरतियाँ लेकर भागे। एक साधु बैकुंठ गए थे परन्तु वहाँ चिलम-तमाखू न पाकर बहुत निराश हुए। यमपुर में इस सबका प्रबन्ध है। धर्मराज की कचहरी के बाहर तिलंगे सिपाही भाँग-तमाकू को पूछते हैं और उन्हीं में एक बूढ़ा यमपुर का महत्त्व बताते हुए कहता है :

साधु गयल बैकुण्ठ के, मन ही मन पछताय।
इहाँ रह के का करबो, इहाँ चिलम तमाखू नाय॥

कुछ पुरबियों ने, जो 1857 के विद्रोह में काम में आए थे, इन्हें नरक दिखाने के लिए एक आदमी साथ कर दिया। नरक क्या था, चौरासी लाख जीवों का म्यूजियम था।

अलमारियों में जीव थे और बाहर उनका विवरण लिखा था। सबसे मजेदार बात यह कि गोरे-काले का भेद यहाँ भी था। "गोरे जीव के आगे मेज, टेबिल आदि लगी हुई, और चाय, कॉफी, बिस्कुट आदि धरा था। काले के वास्ते टाट और टूटी खाट और पुराना-पुराना हुक्का और कूँड़े में रोटी।"

जनता में जागृति फैलाने के इस तरह के विचित्र साधन भारतेन्दु-युग के लेखकों ने अपनाये थे। ऐसी हास्यप्रधान शैली से प्रचार का अधिक सफल साधन पाना भी

कठिन है। इटली के प्रसिद्ध कवि दान्ते ने अपने शत्रुओं को चुन-चुनकर नरक में स्थान दिया था; राधाचरण गोस्वामी ने भी नरक में विशेष कोटि के प्राणियों को स्थान दिया है। कहते हैं : "हमारे बहुत से राजों, बादशाहों, नवाबों, काजियों, पंडितों की, मय कोतवालों, तहसीलदारों और दूसरे हुक्कामों की कैफियत देखने लायक थी। नीची नार किए बैठे थे और पछताते थे कि हाय, हमने क्यों प्रजा पर जुल्म किया!" इन वाक्यों से राधाचरण गोस्वामी के उग्र विचारों पर यथेष्ट प्रकाश पड़ता है। बीसवीं सदी के प्रगतिशील लेखकों ने संघबद्ध धर्म, उच्च वर्गों के स्वार्थ और शोषक अधिकारियों के प्रति जो आन्दोलन आरम्भ किया है, उसकी एक बहुत तेज झलक राधाचरण गोस्वामी में हमें मिलती है। क्या विचार, क्या विचार-प्रकाशन का ढंग, उन्होंने दोनों में ही प्रौढ़ चिन्तन-शक्ति और तीक्ष्ण रचनात्मक प्रतिभा का परिचय दिया है। कल्पना से उन्होंने अपनी कथा को काफी गढ़ा और सजाया है। वैतरणी में रतन के कूदने और नरक में सरकारी हाकिमों और पुलिस कर्मचारियों को रखने का विचार भारतेन्दु की भी कल्पना के बाहर था।

राधाचरण गोस्वामी अपने युग के सबसे उग्र विचारों के लेखक मालूम पड़ते हैं और अपने उग्र विचारों को प्रकट करने के लिए नये-नये ढंग खोज निकालने की प्रतिभा भी उनमें खूब दिखाई देती है। 'यमलोक की यात्रा' जन-साहित्य का सुन्दर उदाहरण है। भाषा इसकी बोलचाल की है। भारतेन्दु के 'अद्भुत अपूर्व स्वप्न' में एक गम्भीर शैली का आभास दिया गया है। राधाचरण अपनी सरपट शैली में पाठक को छोटी-छोटी बातों पर नुक्ताचीनी करने और वाह-वाह करने का अवसर ही नहीं देते। भारतेन्दु ने यदि कटार से खेल दिखाया है, तो इन्होंने तलवार से भरपूर वार किए हैं जिनके बारे में दुविधा हो ही नहीं सकती। अन्धे से अन्धा पाठक भी देख सकता है कि वार भरपूर बैठा है। उनके व्यंग्य और हास्य पर पाठक मुस्कराकर न रह जाएगा, यह जोर से खिलखिलाकर हँस पड़ेगा क्योंकि उस गुदगुदी से हँसी रोक लेना असम्भव है। हँसी से उनके आक्षेपों की कटुता कम नहीं हो जाती। नरक में गोरे-काले जीवों के लिए मेज, कुर्सी और टूटी खाट का प्रबन्ध करके उन्होंने अपने दिल की आग को थोड़े से शब्दों में भली भाँति प्रकट कर दिया है। जो लोग समझते हैं कि प्रचार के लिए उच्च कोटि का साहित्य नहीं रचा जा सकता, या हिन्दी के लिए प्रगति की परम्परा अनोखी है, या हिन्दी वालों को प्रगतिशील साहित्य लिखने के लिए विदेश का मुँह ताकने के बदले अपने देश में कुछ है ही नहीं, वे एक बार 'यमलोक की यात्रा' पढ़ें तो उनकी सभी शंकाएँ दूर हो जाएँगी।

निबन्ध-रचना : स्वर्ग में केशवचन्द्र सेन और स्वामी दयानन्द

भारतेन्दु का एक रोचक निबन्ध है : 'स्वर्ग में विचार सभा का अधिवेशन'। जिस मानववाद और उदार चेतना की हम अभी बात कर रहे थे, उसकी व्यंजना इस निबन्ध में अच्छी तरह हुई है। भारतेन्दु वर्णाश्रम धर्म को माननेवाले बहुत कुछ पुराने ढंग के हिन्दू थे परन्तु वह नये विचारों को अपनाने में संकोच नहीं करते थे। वह स्वामी दयानन्द के विरोधियों में थे, फिर भी, सनातनधर्मी उनसे प्रसन्न न थे और दयानन्द की भाँति उन्हें भी क्रिस्तान की उपाधि से विभूषित करते थे। इससे उस युग के धर्माधीशों की कट्टरता का पता लगता है। 'स्वर्ग में विचार सभा का अधिवेशन' करवा के उन्होंने स्वामी दयानन्द और केशवचन्द्र सेन के प्रति अपनी धारणा को स्पष्ट शब्दों में प्रकट किया है। राधाचरण गोस्वामी की तरह अनेक बातों में इन दोनों के विरोधी होते हुए भी भारतेन्दु ने उनकी देश-सेवा में सन्देह प्रकट नहीं किया वरन उसकी मुक्त कंठ से प्रशंसा की है।

स्वामी दयानन्द और केशवचन्द्र सेन, दोनों ही स्वर्ग जाते हैं परन्तु अनेक स्वर्गवासी सज्जन, जो इनके नरक जाने से अधिक प्रसन्न होते, इनके स्वर्ग में प्रवेश पाने से बुरी तरह चिढ़ जाते हैं। कुछ लोग इनके पक्ष में भी हैं जिससे स्वर्ग में कंसरवेटिव और लिबरल, दो दल हो जाते हैं। कंसरवेटिव लोगों में वे ऋषि-मुनि हैं जो यज्ञ करके या तपस्या में अपना तन सुखाकर स्वर्ग पहुँचे थे। लिबरल दल में वे लोग हैं जिन्होंने अपनी आत्मा की उन्नति से या भक्ति से या सामाजिक कार्यों से स्वर्ग-लाभ किया था। स्वर्ग के लिबरल और कंसरवेटिव इहलोक के अपने नामराशि दलों की ही प्रतिच्छाया या पैरोडी हैं। वैष्णव लोग पहले उदार दल के थे परन्तु बाद में रेडिकल हो गए और "अब ये लोग 'रेडिकल्स' क्या, महा महा रेडिकल्स हो गए हैं।" भारतेन्दु वास्तव में अपने को इस रेडिकल दल में गिनते थे।

भारतेन्दु कुछ विशेष कारणों से वैष्णव धर्म को उदार और रेडिकल मानते थे। हिन्दू धर्म में कबीर, दादू, नानक आदि जो विद्रोही उत्पन्न हुए हैं, उनको वह 'वैष्णवता' का ही प्रतिनिधि मानते थे। उनके निबन्ध 'वैष्णवता और भारतवर्ष' में इस सुधारक परम्परा का विशेष विवेचन किया गया है। इन सन्तों का हिन्दू समाज पर जो प्रभाव पड़ा है, उसी को लक्ष्य करके उन्होंने लिखा है कि वैष्णव मत "भारतवर्ष

की हड्डी तक में मिल गया है।" वैष्णवता की व्याख्या करते हुए भारतेन्दु ने धर्म को और भी उदार बनाने की आवश्यकता पर जोर दिया है। विलायत जाकर शिक्षा पाने का समर्थन किया है। इस निबन्ध के अन्त में उन्होंने जो कुछ कहा है, उससे उनके युग की नवीन विचारधारा अच्छी तरह समझ में आ जाती है। भगवान की भक्ति में मगन रहकर स्वर्ग पाने की आशा करने वालों से उन्होंने कहा है : "जब पेट-भर खाने को ही न मिलेगा तो धर्म कहाँ बाकी रहेगा। इससे जीव-मात्र को सहज धर्म उदर-पूरण पर अब ध्यान देना चाहिए।" वैष्णवता की यह विचित्र व्याख्या थी जिसका अर्थ बहुतों की समझ में उस समय न आया होगा, विशेषकर उन पंडितों की जो वैष्णवता की बड़ी-बड़ी आध्यात्मिक व्याख्याएँ करते हुए भी अपने जीवन में उसका भोजनवृत्तिवाला अंश ही अधिक चरितार्थ करते थे। भारतेन्दु एक उदार और विकासोन्मुख परम्परा में सारी जनता को संगठित करना चाहते थे। इसलिए उन्होंने लिखा था :

"शैव, शाक्त, सिक्ख, जो हो, सबसे मिलो। उपासना एक हृदय की रत्नवस्तु है। उसको कार्य-क्षेत्र में फैलाने की कोई आवश्यकता नहीं। वैष्णव, शैव, ब्राह्मण, आर्य समाजी—सब अलग-अलग पतली डोरी हो रहे हैं। इसी से ऐश्वर्यरूपी मस्त हाथी उनसे नहीं बँधता। इन सब डोरियों को एक में बाँधकर मोटा रस्सा बनाओ, तब यह हाथी दिग्दिगन्त भागने से रुकेगा। अर्थात् अब वह काल नहीं है कि हम लोग भिन्न-भिन्न अपनी खिचड़ी अलग पकाया करें। अब महाघोर कलिकाल उपस्थित है। चारों ओर आग लगी हुई है। दरिद्रता के मारे देश जला जाता है।...अब सब लोग एकत्र हों। हिन्दू नामधारी वेद से लेकर तंत्र वरंच भाषाग्रंथ मानने वाले तक सब एक होकर अब अपना परम धर्म यह रक्खो कि आर्य जाति में एका हो। इसी में धर्म की रक्षा है। भीतर तुम्हारे चाहे जो भाव और जैसी उपासना हो, ऊपर से सब आर्यमात्र एक रहो। धन सम्बन्धी उपाधियों को छोड़कर प्रकृत धर्म की उन्नति करो।"

वैष्णव मत की जो रूपरेखा भारतेन्दु ने खींची है, वह सही हो चाहे गलत, उनके शब्दों से यह अवश्य सिद्ध होता है कि वह भारतीय मत-मतान्तरों में एक अत्यन्त स्वाधीन और उदार परम्परा के समर्थक थे। इस परम्परा को और आगे बढ़ाकर वह सबको एक सूत्र में गूँथ देना चाहते थे। स्वामी दयानन्द का लक्ष्य भी जन-संगठन था परन्तु उनका आन्दोलन कट्टर और कुछ-कुछ अनुदार था। दूसरों से कुछ लेकर ग्रहण करने की सामर्थ्य उसमें न थी। अपने विरोधियों के प्रति उसमें कटुता थी। यदि आर्य समाज ने भारतेन्दु और उनके साथी लेखकों की उदारता से कुछ भी ग्रहण किया होता तो आज उसका प्रभाव और भी व्यापक होता; वह आन्दोलन कुछ दिन अपनी तेजी दिखाने के बाद आर्य समाज के मन्दिरों में बन्द न हो जाता। भारतेन्दु ने अपने विरोधी के प्रति स्वाभाविक उदारता से काम लिया है, उसकी देश-सेवाओं की मुक्त कंठ से प्रशंसा की है।

स्वर्ग में कंसरवेटिवों का दल प्रबल है और इसका कारण यह है कि वहाँ के जमींदार उस दल के समर्थक हैं। स्वर्ग के जमींदारों को डर था कि उदार दल की बढ़ती से उन्हें बलि के विशेष भाग मिलना बन्द हो जाएँगे। भारतेन्दु ने इन्द्र और उसके साथियों की बंगाल के जमींदारों से तुलना की है। नीचे के वाक्य से प्रकट हो जाएगा कि भारतेन्दु की सहानुभूति किसानों के साथ थी या जमींदारों के। उन्होंने लिखा : "कंसरवेटिवों का दल प्रबल था; इसका मुख्य कारण यह था कि स्वर्ग के जमींदार इन्द्र, गणेश प्रभृति भी उनके साथ योग देते थे, क्योंकि बंगाल के जमींदारों की भाँति उदार लोगों की बढ़ती से उन बेचारों को विविध और सर्वोपरि बलिभाग न मिलने का डर था।" भारतेन्दु ने बड़ी कुशलता से उस समय के अनुदार दलों के प्रति अपना विरोध प्रकट किया है। स्वर्ग में कंसरवेटिव और लिबरल दलों का वाद-विवाद एक धार्मिक प्रश्न पर छिड़ा हुआ है। प्रश्न यह है कि स्वामी दयानन्द और केशवचन्द्र सेन आर्य-धर्म को मानने वाले हैं या उसका खंडन करने वाले? भारतेन्दु का उत्तर है कि उनके कट्टर शत्रु वे कंसरवेटिव लोग हैं, जो जमींदार वर्ग के स्वार्थों की रक्षा करते हैं, अर्थात् प्रत्येक सामाजिक या धार्मिक उदार आन्दोलन से उन्हें धक्का लगता है। इस प्रकार जमींदार और उनके साथी धर्म की आड़ लेकर अपना उल्लू सीधा करते हैं। भारतेन्दु भी स्वामी दयानन्द के विरोधी थे परन्तु उनका विरोध इसलिए था कि आर्य समाज अधिक उदार बने और उसे सामाजिक संगठन में अधिक सफलता मिले। जैसे कांग्रेस के विरोधी बहुत से लोग हैं परन्तु यदि कम्युनिस्ट चाहते हैं कि कांग्रेस और क्रान्तिकारी बने तो महासभा वाले उसे और प्रतिक्रियावादी बनाना चाहते हैं। भारतेन्दु ने बंगाल के जमींदारों और उदार नेताओं के संघर्ष का उल्लेख करके अपनी बात और भी स्पष्ट कर दी है। उनकी सहानुभूति उस उदार आन्दोलन के साथ है जो इस जमींदार वर्ग के विरुद्ध खड़ा हुआ है, फिर चाहे वह वर्ग बंगाल का हो चाहे आगरे और अवध का। हिन्दी में प्रगतिशील आन्दोलन के विरोधी भारतेन्दु के ऊपर उद्धृत किए हुए वाक्य को फिर ध्यान से पढ़ें।

धर्मों की विभिन्नता और उनके निराले स्वर्गों की कल्पना का भारतेन्दु ने मखौल उड़ाया है। एक मुसलमानी स्वर्ग है तो दूसरा जैन स्वर्ग और तीसरा क्रिस्तानी स्वर्ग! स्वामी दयानन्द सम्बन्धी वाद-विवाद में भाग लेने के लिए इन सभी वर्गों से प्रतिनिधि आते हैं! स्वामी दयानन्द और केशवचन्द्र सेन के अन्ध भक्तों पर भी भारतेन्दु ने व्यंग्य किया है। उदार दल में दो मतों के लोग हैं; एक वे, जो स्वामी दयानन्द के अन्ध भक्त हैं और दूसरे वे, जो केशवचन्द्र सेन के अन्ध उपासक हैं। पहले मत के लोग कहते हैं : "धन्य दयानन्द, जिसने...वेद में रेल, तार, कमेटी, कचेहरी दिखाकर आर्यों की कटती हुई नाक बचा ली!" दूसरे मत के लोग कहते हैं : "धन्य

केशव!...तुमने बंगदेश की मनुष्य नदी के उस वेग को जो क्रिश्चिन समुद्र में मिल जाने को उच्छलित हो रही थी, रोक दिया।" इस वाक्य में बँगला के आलंकारिक वाक्य-विन्यास की भी अच्छी पैरोडी की गई है।

दोनों दलों ने मैमोरियल तैयार किए और फिर उन्हें परमात्मा के पास भेजा। परमात्मा ने अलग डाँट बताई : "भूत-प्रेत ताजिया के इतना भी तो हमारा दर्जा नहीं बचा। हमको क्या काम, चाहे बैकुण्ठ में कोई आवे।...चाहे सगुन मानो चाहे निर्गुन, चाहे द्वैत मानो चाहे अद्वैत, हम अब न बोलेंगे। तुम जानो स्वर्ग जाने।" तब डेपुटेशन वालों ने "बड़ा निवेदन सिवेदन किया।" और परमेश्वर ने पिघलकर एक सिलेक्ट कमेटी बिठाई जिसमें विभिन्न मतों तथा विभिन्न स्वर्गों के प्रतिनिधि रखे गए। परमात्मा ने यह भी ताकीद कर दी कि सिलेक्ट कमेटी अपनी रिपोर्ट पहले परमात्मा के पास लाये, तब सम्पादकों को उसकी खबर हो, नहीं तो वे पहले से ही टाँय-टाँय शुरू कर देंगे। सिलेक्ट कमेटी की रिपोर्ट महत्त्वपूर्ण है; उसमें दयानन्द और केशवचन्द्र के सामाजिक कार्यों की महत्ता को स्वीकार किया गया है। यद्यपि कुछ विदेशी मेम्बरों ने रिपोर्ट पर हस्ताक्षर नहीं किये, फिर भी, उसके मत का एक 'ऐतिहासिक' महत्त्व है अर्थात् इतिहास स्वामी दयानन्द और केशवचन्द्र सेन के कार्यों का वही मूल्य आँकेगा जो सिलेक्ट कमेटी ने निर्धारित किया है। बीसवीं शताब्दी में जिन सामाजिक आन्दोलनों ने पुरानी रूढ़ियों को ध्वस्त कर दिया है, उनका आविर्भाव भारतेन्दु-युग में हो चुका था। भारतेन्दु उन आन्दोलनों का सूत्रपात करने वालो में से थे। विधवा-विवाह आदि के वह वैसे ही समर्थक थे, जैसे स्वामी दयानन्द।

सिलेक्ट कमेटी की रिपोर्ट महत्त्वपूर्ण होते हुए भी लम्बी है, इसलिए यहाँ पूरी उद्धृत नहीं की जा सकती। फिर भी, उसके नीचे दिये हुए अंश पढ़ने से उस समय के सामाजिक आन्दोलनों की झलक हमें मिल जाएगी। साहित्य में इन आन्दोलनों की जो प्रतिक्रिया हो रही थी, उसका भी पता चल जाएगा। सिलेक्ट कमेटी का मत था कि "इन दोनों पुरुषों ने प्रभु की मंगलमयी सृष्टि का कुछ विघ्न नहीं किया वरंच उसमें सुख और सन्तति अधिक हो, इसी में परिश्रम किया।" इस प्रकार दोनों को निर्दोष कह देने के बाद कमेटी ने उन कुरीतियों का उल्लेख किया जिनसे स्त्रियाँ "जन्म-भर सुख नहीं भोगने पातीं, लाखों गर्भ नाश होते और लाखों ही बाल-हत्या हो जाती है," और बताया कि इन कुरीतियों को दूर करने का प्रयत्न इन सज्जन ने किया। और भी : "जन्म-पत्री की विधि के अनुग्रह से जब तक स्त्री-पुरूष जिएँ, एक तीर घाट एक मीर घाट रहें, बीच में इस वैमनस्य और असन्तोष के कारण स्त्री व्यभिचारिणी, पुरुष विषयी हो जाएँ, परस्पर नित्य कलह हो, शान्ति स्वप्न में भी न मिले, वंश न चले, ये उपद्रव इन लोगों से नहीं सहे गये।" समाज में फैले अनाचार और धर्म-ध्वजों की उपेक्षा का उल्लेख करते हुए सिलेक्ट कमेटी ने मत प्रकट किया कि "विधवा गर्म गिरावे। पंडितजी या बाबू साहब यह सह लेंगे, वरंच

चुपचाप उपाय भी करा देंगे, पाप को नित्य छिपावेंगे, अन्ततोगत्वा निकल ही जाए तो सन्तोष करेंगे, पर विधवा का विधिपूर्वक विवाह न हो। फूटी सहेंगे आँजी न सहेंगे! इस दोष को इन दोनों ने नि:सन्देह दूर करना चाहा!" विवाह सम्बन्धी कुप्रथाओं के बारे में लिखा : "सवर्ण पात्र न मिलने से कन्या को वर मूर्ख, अन्धा वरंच नपुंसक मिले, तथा वर को काली कर्कशा कन्या मिले जिसके आगे बहुत बुरे परिणाम हों, इस दुराग्रह को इन लोगों ने दूर किया। चाहे पढ़े हों चाहे मूर्ख, सुपात्र हों कि कुपात्र, चाहे प्रत्यक्ष व्यभिचार करें या कोई भी बुरा कर्म करें, पर गुरुजी हैं, पुरोहित जी हैं, इनका दोष मत कहो। कहोगे तो पतित होंगे, इनको दो, इनको राजी रक्खो, इस सत्यानाश संस्कार को इन्होंने दूर किया।" धर्म परिवर्तन के बारे में : "कोई भी दुष्कर्म किया तो छिप के क्यों नहीं किया, इसी अपराध पर हजारों मनुष्य आर्यपंक्ति से हर साल छूटते थे, इसको इन्होंने रोका।" मत-मतान्तरों और अन्धविश्वासों के बारे में लिखा : "सबसे बढ़कर इन्होंने यह कार्य किया, सारा आर्यावर्त जो प्रभु से विमुख हो रहा था, देवता बिचारे तो दूर रहे, भूत-प्रेत-पिशाच, मुरदे, साँप के काटे, बाघ के मारे, आत्महत्या करके मरे, जल में डूबकर मरे लोग, यही नहीं मुसलमानी पीर, पैगम्बर, औलिया, शहीद, वीर, ताजिया, गाजी-मियाँ, जिन्होंने बड़ी-बड़ी मूर्ति तोड़कर और तीर्थ पार कर आर्य धर्म विध्वंस किया, उनको मानने और पूजने लग गये थे।" इस तरह के अन्धविश्वासों को इन लोगों ने दूर किया।

अन्त में रिपोर्ट परमेश्वर के पास भेजी गई। "इसको देखकर इस पर क्या आज्ञा हुई और वे लोग कहाँ भेजे गये, यह जब हम भी वहाँ जाएँगे और फिर लौटकर आ सकेंगे तो पाठक लोगों को बतलावेंगे। या आप लोग कुछ दिन पीछे आप ही जानोगे।"

यह निबन्ध उस समय की हास्य रस में डूबी हुई शैली और उदार भावना का अच्छा उदाहरण है। सामाजिक कुरीतियों पर प्रकाश डालने के लिए भारतेन्दु ने कल्पना का सहारा लेकर एक अच्छी कथा गढ़ डाली है। भारतेन्दु-युग में लघु कथा का विकास न हुआ था परन्तु इस प्रकार के रोचक निबन्धों में हम उसकी रूपरेखा बनते देख सकते हैं। उस समय प्रेस की स्वाधीनता बहुत कम थी; इसलिए लेखकों को बरबस व्यंग्य और हास्य का सहारा लेना पड़ता था। अपनी बात कहने के लिए उन्होंने किस खूबी से उसका प्रयोग किया है, यह हम ऊपर के उदाहरण में देख सकते हैं। सबसे अधिक ध्यान देने की बात अपने विरोधी के प्रति भारतेन्दु की उदारता है। यह उदारता उस युग के प्राय: सभी लेखकों में पाई जाती है। उसी उदारता से प्रभावित होकर राधाचरण गोस्वामी ने लिखा था कि आर्य समाज के देशोन्नति करने में किसी को सन्देह हो, तो वह पशु है। 'हरिश्चन्द्र-चन्द्रिका' के अन्तिम पृष्ठ पर सम्पादकों की नामावली में स्वामी दयानन्द का नाम भी रहता था।

निबन्ध-रचना : प्रतापनारायण मिश्र तथा अन्य निबन्धकार

निबन्ध-रचना का सामयिक पत्रों से घनिष्ठ सम्बन्ध था। भारतेन्दु-युग के सैकड़ों महत्त्वपूर्ण निबन्ध अब भी उस समय के पत्रों की जिल्दों में बन्द पड़े हैं। इनमें भारतेन्दु के निबन्धों का एक संग्रह बहुत जल्द प्रकाशित हो जाना चाहिए। 'हरिश्चन्द्र-चन्द्रिका' में वह अपने और अपने मित्रों के निबन्ध छापा करते थे। ज्वालाप्रसाद की 'कलिराज की सभा' का पहले उल्लेख हो चुका है। बाबू तोताराम का 'एक अद्‌भुत अपूर्व स्वप्न' इसी में छपा था। अनेक विषयों पर गम्भीर लेख भी रहते थे, इसलिए केवल मनोरंजक निबन्धों की उसमें वैसी भरमार नहीं है, जैसी प्रतापनारायण मिश्र के 'ब्राह्मण' में। 'सार सुधानिधि' में सामाजिक और राजनीतिक विषयों पर सुन्दर निबन्ध निकलते थे। 'यमलोक की यात्रा' उसी पत्र में छपी थी। 3 मार्च, 1879 की संख्या में 'मार्जार-मूषक' नाम का एक रोचक निबन्ध छपा है। लेखक का नाम नहीं दिया गया। रूस का भय दिखाकर अंग्रेज़ जिस प्रकार हिन्दुस्तानियों पर आतंक जमाये हुए थे, उसी नीति की इसमें पैरोडी की गई है। चूहों को साँप से भय है। बिल्ली उनकी रक्षा करने आती है और बदले में अन्न माँगती है। चूहों के पास वैसे ही अन्न की कमी है। जो पास है, उसे दे देंगे तो बिना मौत मरेंगे। बिल्ली इस बात पर जोर देती है कि चूहे उसकी रक्षा करने के अधिकार को स्वीकार करें और जब चूहें उसकी संरक्षकता में आने को राजी नहीं होते तो वह उन्हें खा जाने के लिए उन पर आक्रमण कर बैठती है। 1879 के बदले यदि इस व्यंग्य-लेख पर 1942 लिख दिया जाए तो भी उसका सामयिक राजनीति से सम्बन्ध सहज ही समझ लिया जाएगा।

सरयूप्रसाद नाम के एक लेखक के कुछ अच्छे निबन्ध इस पत्र में प्रकाशित हुए थे। राधाचरण गोस्वामी ने इसमें अनेक रचनाएँ भेजी थीं। 'तुम्हें क्या' नाम के निबन्ध में उन्होंने पत्र-सम्पादकों की वकालत की है। 'होली' में टैक्स और अकाल आदि के बारे में लिखा है। नन्दकिशोरदेव शर्मा ने 'शैतान का दरबार' नाम का एक निबन्ध लिखा था जिसमें आधुनिक शिक्षा पर छींटेबाजी की थी।

'आनन्द-कादम्बिनी' में अनेक सुन्दर निबन्ध प्रकाशित हुए थे। इनमें 'हमारी मसहरी' उल्लेखनीय है। मसहरी की अनेक मनोरंजक उपमाएँ दी गई हैं। शैली में

एक प्रकार की साहित्यिकता है जिसका आनन्द साहित्य से अनभिज्ञ व्यक्ति को न आएगा। जैसे लैम्ब के लेखों में अनेक साहित्यिक रचनाओं की ओर संकेत रहता है, वैसे ही यहाँ भी है। 'हमारी दिनचर्या' नाम के लेख में इसी प्रकार की शैली है। नीचे के उद्धृत अंश में कवित्वपूर्ण गद्य का एक सफल उदाहरण हम देख सकते हैं :

"यदि यह जगत गन्धर्वलोक है तो चाँदनी रात्रि में; यदि देवताओं को भी ईर्ष्या करने का समय है तो यही है; कुसुमायुध भी यदि इस लोक में कभी भ्रमण करता है तो इसी समय; यदि लोग दिल आपस में हेर-फेर करते हैं तो इसी समय; यदि ऊषा ने अनिरुद्ध को स्वप्न में देखा होगा तो अवश्य इसी समय; यदि योगिराज श्रीकृष्ण ने अपना अविचल हृदय भी लक्ष्मी के प्रेम से हटा श्रीमती राधिका देवी को सौंपा होगा तो निश्चय ऐसी ही रात्रि में; सीताजी की अश्रुधारा भगवान रामचन्द्र के वियोग में ऐसी ही रात्रि के सुख का स्मरण कर सहस्रधा ही बही होगी; लज्जा को छोड़ तपस्विनी कुमारी शकुन्तला ने भी दुष्यन्त को निज प्रेम की कथा पत्र में लिखना ऐसी ही सुखमयी निशा में निश्चय किया होगा।"

भारतेन्दु को छोड़कर ऐसी सरल और अलंकृत शैली में बहुत कम लेखकों को सफलता मिली है। यह लेख सम्भवत: 'आनन्द-कादम्बिनी' सम्पादक प्रेमघन का लिखा हुआ ही था।

मनोरंजक निबन्ध-रचना को प्रतापनारायण मिश्र ने चरम सीमा तक पहुँचा दिया। उनके निबन्धों में मनोरंजन का बाहुल्य है और शैली में भी सामयिक गद्य के गुण और दुर्गुण बहुमात्रा में विद्यमान हैं। लिखने में लापरवाही उनमें औरों से अधिक है; इसीलिए व्याकरण आदि के दोष उनमें सरलता से मिल जाते हैं। परन्तु भारतेन्दु-युग के अन्य किसी लेखक ने अपनी लेखनी को जीभ की तरह इतना नहीं चलाया; अन्य किसी लेखक ने पाठक से इतनी आत्मीयता से और इतनी ज्यादा बातचीत नहीं की। और कोई भी लेखक अपनी भाषा को इतनी सरपट नहीं दौड़ा सका जितना प्रतापनारायण मिश्र। भारतेन्दु-युग में भी और किसी की हिन्दी ग्रामीण बोलियों के इतना निकट नहीं आ पाई। इस प्रवाह में बहते हुए कहीं-कहीं वह अति कर गए हैं और गाँवों से उन्होंने ऐसी कहावतों आदि को अपना लिया है जिन्हें सभ्य समाज घृणित या त्याज्य समझेगा। जो सजीवता और असभ्यता अंग्रेज़ी के प्रसिद्ध उपन्यासकार फील्डिंग में है, वही प्रतापनारायण मिश्र में भी है। उनमें यदि कहीं-कहीं युवकसुलभ उच्छृंखलता है तो सर्वत्र युवकोचित तेजस्विता भी है। भारतेन्दु की भाँति थोड़ी ही आयु में उनकी मृत्यु हो गई। केवल 38 वर्ष की अवस्था में बाल्यकाल और यौवन बिताकर उन्होंने हिन्दी की प्रशंसनीय और स्मरणीय सेवाएँ समाप्त कीं।

भारतेन्दु-युग का निबन्ध 'इम्पर्सनल' या तटस्थ रचना नहीं है। लेखक के व्यक्तित्व का उसमें महत्त्वपूर्ण स्थान है, फिर भी, लेखक का ध्येय अपने बारे में बात करना नहीं है। उसका मन सामाजिक और राजनीतिक समस्याओं को सुलझाने

में लगा हुआ है, इसलिए निबन्धों का विषय व्यक्तिगत न होकर सामाजिक है। लैम्ब और हैज़लिट की तरह इन लेखकों में अधिकांश की भाषा साहित्यिक संकेतों से लदी नहीं है। जिसने एलिज़ाबीथन नाटककारों, सत्रहवीं शताब्दी के गद्य लेखकों आदि की रचनाएँ न पढ़ी हों, उसके लिए लैम्ब की शैली बहुत कुछ अपना महत्त्व खो देती है। इन लोगों की शैली में अलंकारिता है परन्तु सरल और हास्यपूर्ण।

प्रतापनारायण मिश्र ने 'ब्राह्मण' पत्र होली के दिनों में निकाला था, इसलिए हास्यरस से उसका जन्मजात सम्बन्ध मानते थे। हास्यरस उत्पन्न करने के उनके दो प्रधान साधन हैं : श्लेष और कहावतें। इनके सिवाय दो निराली बातों को एक साथ अप्रत्याशित ढंग से रखना तो सभी हास्य लेखकों में पाया जाता है। क्लिष्ट भाषा का प्रयोग वह बहुतायत से करते थे। हिन्दी भाषा में कुछ ऐसी विशेषताएँ हैं जिनसे श्लेष के लिए दूर की कौड़ी लाने की जरूरत नहीं होती। पग-पग पर श्लेष अपने-आप उनकी लेखनी से निकलते जाते हैं, जैसे फागुन के दिनों में "जब जड़ वृक्ष आम भी बौराते हैं तब आम खास सभी के बौराने की क्या बात है।" ध्यान से पढ़े बिना उनके बहुत से निबन्ध ऐसे लगेंगे जैसे वे केवल विचित्र बातों से पाठकों का मनोरंजन करने के लिए लिखे गए हों। पाठकों का मनोरंजन करना उनका ध्येय अवश्य है परन्तु सामयिक समस्याओं के प्रति उन्हें सचेत करना भी वह नहीं भूले। 'दाँत' या 'भौंह' पर बहुत-सी बहकी बातें करने के बाद वह अपने निबन्ध में देश के लिए भी बहुत कुछ कह जाते हैं। जैसे भौंह के सौन्दर्य-वर्णन के बाद : "यद्यपि हमारा धन, बल, भाषा इत्यादि सभी निर्जीव से हो रहे हैं तो भी यदि हम पराई भौंहें ताकने की लत छोड़ दें, आपस में बात-बात पर भौंहें चढ़ाना छोड़ दें, दृढ़ता से कटिबद्ध होके वीरता से भौंहें तान के देशहित में सन्नद्ध हो जाएँ, अपने देश की बनी वस्तुओं का, अपने धर्म का, अपनी भाषा का, अपने पूर्वपुरुषों का रुजगार और व्यवहार का आदर करें तो परमेश्वर अवश्य हमारे उद्योग का फल दे। उससे सहज भृकुटि-विलास में अनन्त कोटि ब्रह्माण्ड की गति बदल जाती है, भारत की दुर्गति बदल जाना कौन बड़ी बात है।" भौंह के बारे में बातचीत भी न बन्द हुई और देश के लिए कमर कसकर काम करने की बात भी हो गई। कुनैन की गोली पर शक्कर चढ़ाने वाली मसल तो चरितार्थ नहीं होती क्योंकि यहाँ कुनैन से शक्कर की मात्रा बहुत ज्यादा है, फिर भी, इतनी कुनैन भी पाठक तक पहुँचाना उस समय कम सन्तोषप्रद नहीं था।

मनोरंजक निबन्धों के अतिरिक्त उनके ऐसे निबन्ध भी हैं जिनमें कुनैन और शक्कर उचित परिमाण में मिली हुई हैं। 'कांग्रेस की जय' नामक निबन्ध के सिरनामे से ही विषय स्पष्ट हो जाता है। राधाचरण गोस्वामी की भाँति प्रतापनारायण मिश्र भी कांग्रेस के कार्यों में भाग लेते थे। वह इलाहाबाद और मद्रास की कांग्रेस में कानपुर से प्रतिनिधि बनकर गए थे। ऊपर के निबन्ध में इलाहाबाद की कांग्रेस का

वर्णन है। ऐसे ही 'देशी कपड़ा' नाम के निबन्ध में स्वदेशी वस्त्रों के सम्बन्ध में उन्होंने बहुत खरी-खोटी सुनाई है। कांग्रेस ने अभी स्वदेशी आन्दोलन विधिपूर्वक न आरम्भ किया था, न बंगभंग आन्दोलन ने जन्म लिया था। केवल हिन्दी में भारतेन्दु ने स्वदेशी आन्दोलन का सूत्रपात बहुत पहले कर दिया था। 'तदीय समाज' के सदस्यों के लिए स्वदेशी वस्त्रों का व्यवहार उन्होंने अनिवार्य रखा था। 'देशी कपड़ा' नाम के निबन्ध का अन्तिम अंश नीचे उद्धृत किया जाता है। पाठक उससे हिन्दी साहित्यिकों की जागरूकता और देश की समस्याओं के प्रति उनकी सतर्क दृष्टि देख सकेंगे। स्वदेशी के लिए हिन्दी लेखकों के आन्दोलन की ओर संकेत करते हुए प्रतापनारायण ने लिखा था : "हम और हमारे सहयोगी-गण लिखते-लिखते हार गए कि देशोन्नति करो, पर यहाँ वालों का सिद्धान्त है कि अपना भला हो, देश चाहे चूल्हे में जाए, यद्यपि जब देश चूल्हे में जाएगा तो हम बच न रहेंगे। पर समझना तो मुश्किल काम है ना। सो भाइयो, यह तो तुम्हारे ही मतलब की बात है। आखिर कपड़ा पहनोगे ही, एक बेर हमारे कहने से एक-एक जोड़ा देशी कपड़ा बनवा डालो। यदि कुछ सुभीता देख पड़े तो मानना, दाम कुछ दूने न लगेंगे, चलेगा तिगुने से अधिक समय। देशी लक्ष्मी और देशी शिल्प के उद्धार का फल सेंतमेंत। यदि अब भी न चेतो तो तुमसे ज्यादा भकुआ कौन? नहीं-नहीं, हम सबसे अधिक, जो ऐसों को हितोपदेश करने में व्यर्थ जीवन खोते हैं।" इस प्रकार सामयिक समस्याओं पर रोचक ढंग से लिखकर प्रतापनारायण मिश्र ने उस उदार विचारधारा को आगे बढ़ाया जिसे भारतेन्दु ने आरम्भ किया था।

पत्र का नाम ही 'ब्राह्मण' था, जहाँ-तहाँ थोड़ी-बहुत ब्राह्मण-सुलभ कट्टरता भी मिलती है : विदेशी शिक्षा, विलायत-यात्रा आदि के बारे में प्रतापनारायण उतने उदार नहीं हैं जितने भारतेन्दु या राधाचरण गोस्वामी। फिर भी, केवल उनमें यह जीवट था जो कान्यकुब्ज ब्राह्मणों को कलियुग के मुसाहिब बनाकर लिख सकते थे : "इनकी पैदाइश विराट् भगवान के मुख से है, और मुख ऐसा स्थान है जहाँ थूक भरा रहता है। फिर जो थूक के ठौर से जन्मेगा, वह कहाँ तक थुकैलापन न करेगा।" राधाचरण गोस्वामी रतन की पूँछ पकड़कर वैतरणी पार कर सकते थे परन्तु ठेठ शब्दों में कान्यकुब्जों या गोसाइयों की प्रशंसा करना उनके भी बस के बाहर की बात थी। प्रतापनारायण मिश्र में यह उद्दंडता थी। इनके व्यक्तित्व की जो छाप पाठक के हृदय पर पड़ती है, उसमें सजीवता, फक्कड़पन, उद्दंडता आदि गुण मिले हुए हैं। वह हास्यप्रधान लेख लिखते थे, इससे उनके जीवन की विजय-पराजय की झलक पाना पाठक के लिए कठिन है। परन्तु जब वह लिखते हैं : "'ब्राह्मण' को जिस तरह आज तक चलाया है, हमीं जानते हैं," तब वह अपनी आर्थिक कठिनाइयों का रोना नहीं रोते। साहित्य-क्षेत्र में जूझते हुए योद्धा की वह एक आह है जो क्षण-भर विश्राम करते समय उसके मुँह से निकल गई है। 'हिन्दी-प्रदीप' के

सम्पादक के लिए उन्होंने जो कुछ लिखा है, वह उनके बड़प्पन, उनकी सहृदयता और उदारता का साक्षी है। एक ही लक्ष्य के लिए युद्ध करते हुए दो सैनिकों में ही यह भाईपन का भाव पैदा हो सकता है। 'हिन्दी-प्रदीप' और 'ब्राह्मण' की तुलना करते हुए उन्होंने लिखा था : "ब्राह्मण से दूना उसका आकार है, चौगुनी उसकी आयु है, उसके सम्पादक श्री बालकृष्ण भट्ट हैं, वह हमसे भी गयी-बीती दशा में ठहरे। कुटुम्ब बड़ा, खर्च बड़ा, सहायक सगा बाप भी नहीं; स्पष्ट वक्तापन के मारे जबानी दोस्त भी कोई नहीं। ऐसी हालत में सरकार ने 10 रुपये टैक्स के लिये। हम क्यों न कहें, मरे को मारे शाह मदार। वह बिचारे कौन धन्धा करते हैं, जो उन पर टिक्कस। दस रुपये में क्या सरकार का खजाना भर गया? कर्मचारियों की कौन बड़ी नेकनामी हो गई। कौन बड़ी तनख्वाह बढ़ गई, कौन पदवी मिल गई, हाय, क्या जमाना है कि राजा-प्रजा कोई गरीबों की हाय से नहीं डरता। चार बरस हुए, कुछ बदमाशों ने हमारे भट्ट महोदय पर अपनी बदमाशी दरसाई थी, तब सहायता किसी ने न की। आज रुपया चूसने को सब तैयार हो गए।" इत्यादि।

ऊपर के उद्धरण से प्रतापनारायण की उदारता के साथ उस समय के लेखकों और पत्र-सम्पादकों की स्थिति पर भी प्रकाश पड़ता है, किन कठिनाइयों से युद्ध करते हुए उन्हें साहित्य-सेवा करनी पड़ती थी। यह तपस्या नहीं थी तो तपस्या कहकर कोई वस्तु नहीं होती। प्रतापनारायण मिश्र ने सात वर्ष इन कठिनाइयों से लड़ते हुए 'ब्राह्मण' को जीवित रखा। परिस्थितियों का विचार करते हुए उस जीवट को धन्य कहना पड़ता है जिसके बल पर उस युग के लेखक अपने साहित्य में वह मस्ती की छाप छोड़ गए हैं जिससे लगता कि दुनिया में उन्हें किसी बात की फिकर ही न थी। कौन कह सकता है कि सात वर्षों के संघर्ष ने प्रतापनारायण मिश्र की आयु को कितना क्षीण किया और 38 वर्ष की अवस्था में ही उन्हें हिन्दी संसार से विदा लेने के लिए बाध्य किया।

बालकृष्ण भट्ट भारतेन्दु-युग के प्रधान लेखकों में होते हुए भी बहुत-सी बातों में उससे भिन्न हैं। उनके निबन्धों के बारे में कुछ लिखने से पहले 'भारत-मित्र' के सम्पादक बालमुकुन्द गुप्त की गद्य रचनाओं का जिक्र कर देना उचित है। उनके कुछ निबन्ध 'गुप्त निबन्धावली' के नाम से छपे हैं परन्तु उनकी कीर्ति का मूलाधार 'शिवशम्भू का चिट्ठा' है। ये व्यंग्यपूर्ण निबन्ध भारतेन्दु और प्रतापनारायण मिश्र की परम्परा का अनुकरण करके लिखे गए हैं। भँगेड़ी शिवशम्भू के दिवास्वप्नों के बहाने गुप्त जी ने विदेशी शासन पर खूब फब्तियाँ कसी हैं। अनोखी घटनाएँ संघटित करने में वह दक्ष हैं। शिवशम्भू ने जिस समय बूटी चढ़ाई : "ठीक उसी समय लाल डिग्गी पर बड़े लाट मिन्टो ने बंगदेश के भूतपूर्व छोटे लाट उडबर्न की मूर्ति खोली। ठीक एक ही समय कलकत्ते में यह दो आवश्यक काम हुए।" उनकी कल्पना चमत्कारपूर्ण चित्र सजाने में सूक्ष्म है। ओले गिर रहे थे : "पर विचार के

घोड़े को विश्राम न था। वह ओलों की चोटों से बाजुओं को बचाता हुआ परिन्दों की तरह इधर-उधर उड़ रहा था।" इस कवि-सुलभ कल्पना से उनकी व्यंग्य कथा और भी चमक उठी है। शिवशम्भू ने आकाश में एक चील देखी थी; ओले गिरते देखकर सोचते हैं कि चील का क्या हुआ होगा कि उसी समय उन्हें उन अभागों की याद आती है जो बिना झोंपड़ियों के खुले में ही रातों पर रातें बिता देते हैं। देश की दशा ऐसी है कि उसका विचार करते ही हृदय दुख से भर आता है। "भारत! तेरी वर्तमान दशा में हर्ष को अधिक देर स्थिरता कहाँ!" इस दुख से दूर होने के लिए ही शिवशम्भू भाँग का सहारा लेते हैं।

बालमुकुन्द गुप्त का भाषा पर असाधारण अधिकार है। वह हास्य रस से क्षण में ही दूर हटकर शैली को गम्भीर बना सकते हैं। उनकी गम्मीर शैली में एक प्रकार की कविता है जिससे गद्य भी कविता की भाँति सरस हो उठता है : "विचार आया कि काल अनन्त है; जो बात इस समय है, वह सदा न रहेगी। इससे एक समय अच्छा भी आ सकता है। जो बात आज आठ-आठ आँसू रुलाती है, वही किसी दिन बड़ा आनन्द उत्पन्न कर सकती है।" अनन्त काल ही दिखाएगा कि यह आशा झूठी न थी और आठ-आठ आँसू व्यर्थ ही न गिरे थे। शिवशम्भू को यह रात्रि याद आती है, जब संसार के सबसे बड़े कर्मयोगी ने कारागार में जन्म लिया था। "एक दिन ऐसी ही काली रात थी। इससे भी घोर अँधेरी भादों कृष्णा अष्टमी की अर्द्ध रात्रि, चारों ओर घोर अन्धकार—वर्षा होती थी, बिजली कौंदती थी, धन गरजते थे। यमुना उत्ताल तरंगों में बह रही थी। ऐसे समय में एक दृढ़ पुरुष एक सद्य:जात शिशु को गोद में लिये मथुरा के कारागार से बाहर निकल रहा था।" यह बिलकुल आधुनिक गद्य है। बालमुकुन्द गुप्त स्वर्गीय महावीरप्रसाद दिवेदी के समसामयिक तो थे ही परन्तु उनकी निबन्ध-रचना की शैली भारतेन्दु-युग की है। भाषा में पहले से अब परिष्कार हो चुका है। वाक्य-विन्यास एकदम सधा हुआ है; गति और यति का वैसे ही ध्यान रखा गया है, जैसे मुक्त छन्द में। सन् 1920 के आन्दोलन से कारागार कृष्ण-मन्दिर अवश्य बन गया परन्तु बालमुकुन्द गुप्त ने बहुत पहले लिखा था : "वह कारागार भारत सन्तान के लिए तीर्थ हुआ। वहाँ की धूल मस्तक पर चढ़ाने योग्य हुई।"

निबन्ध-रचना : बालकृष्ण भट्ट और हिन्दी आलोचना का जन्म

बालकृष्ण भट्ट का 32 वर्ष तक 'हिन्दी-प्रदीप' चलाना एक ऐतिहासिक घटना है। धुन और लगन का इससे बड़ा उदाहरण हिन्दी-साहित्य के इतिहास में दूसरा नहीं है। उनके पास कार्तिकप्रसाद खत्री के साधन नहीं थे, न वह भारतेन्दु की भाँति सोने के पालने में झुलाये गए थे जो समाज उन्हें हाथों हाथ लेता। वह एक साधारण परिवार में उत्पन्न हुए थे और कुछ दिन के लिए प्रयाग के एक कालेज में संस्कृत के अध्यापक रहे थे। 'हिन्दी-प्रदीप' में किसी का लिखा हुआ उनका थोड़ा-सा जीवन-चरित्र छपा था। उसमें उनके गृह कष्टों का वर्णन है। 'चित्र-दर्शन' नाम के इस निबन्ध में लिखा था : "दो भाइयों में जेठे तो हैं किन्तु स्वार्थ-साधन और पालिसी में अपने भाई से सदा छोटे ही रहे।" भाई और भाभी के कारण इन्हें अनेक कष्ट सहने पड़े। जन्म से ही यह अनाथ से रहे थे। "पिता केवल जन्ममात्र के हेतु हुये", इन शब्दों में उनके बाल्य-जीवन की व्यथा भरी हुई है। पालन-पोषण उनका ननिहाल में हुआ। वह एक अत्यन्त सरल प्रकृति के भावुक व्यक्ति थे। उदारता की उनमें कमी न थी। ऐसे नर-रत्न संसार में हमेशा ठुकराये जाते हैं। 'चित्र-दर्शन' के लेखक ने लिखा था : "मन होता है, 'प्रदीप' के एक कोने में इसकी नोटिस छपा दें कि कोई किसी का विश्वास न करे, नहीं तो वही हाल होगा जैसा हमारे इस चित्रलिखित पूज्यपाद का हुआ।" ईश्वर ने पितृहीन किया, दुनिया ने ठुकराया परन्तु उनमें यह धैर्य था, जो सच्चे हीरे की तरह धन-चोट से नहीं टूटता। उन्होंने सब सहन किया और बत्तीस लम्बे वर्षों तक 'हिन्दी-प्रदीप' चलाकर देश और समाज के लिए अपूर्व साधना का उदाहरण हमारे सामने रखा।

'हिन्दी-प्रदीप' के दीर्घ जीवन की ओर दृष्टिपात करते हुए उन्होंने जो कुछ लिखा था, उसे गर्वोक्ति कहना अपराध है। वास्तव में उनकी विनम्रता के नीचे वस्तुस्थिति दब गई है जिसे बहुत कम लोगों ने पहचाना है। उन्होंने लिखा था : "पाठक! इस बत्तीस साल की जिल्दों में कितने ही उत्तमोत्तम उपन्यास, नाटक तथा अन्यान्य प्रबन्ध भरे पड़े हैं। वे सब यदि पुस्तकाकार छपा दिये जाएँ तो निस्सन्देह हिन्दी-साहित्य के अंग का कुछ-न-कुछ कोना अवश्य भर जाए।" बिना 'हिन्दी-प्रदीप' की फाइलें उल्टे इन शब्दों की यथार्थता आँकना कठिन है।

बालकृष्ण भट्ट संस्कृत के प्रकांड विद्वान थे। आज सन् 1942 में ऐसे पंडितम्मन्य सज्जन जहाँ-तहाँ दिखाई देते हैं, जो हृदय में हिन्दी के प्रति एक द्वेष-भावना रखते हैं। संस्कृत और हिन्दी के आन्तरिक सम्बन्ध और भाषा-विकास के सिद्धान्तों को समझने में उनकी बुद्धि कुंठित हो जाती है। सुधाकर द्विवेदी और बालकृष्ण भट्ट भारतेन्दु-युग के श्रेष्ठ विद्वानों में थे परन्तु संस्कृत-प्रेम ने उनके हिन्दी के प्रति कर्तव्य पर पर्दा न डाल दिया था। हिन्दी की सेवा में बालकृष्ण भट्ट की एक आँख प्राय: जाती रही थी, इसीलिए स्वर्गीय आचार्य रामचन्द्र शुक्ल के छोटे भाई को आँख पर हाथ रखे देखकर उनके मुँह से अपने आप निकल पड़ा था : "भैया! यह आँख बड़ी बला है; इसका आना, जाना, उठना, बैठना सब बुरा है।" सुधाकर द्विवेदी ने हिन्दी में वैज्ञानिक साहित्य रचने के लिए एक सभा स्थापित की थी। यदि ये लोग आज के पंडित-पुंगवों की बातचीत सुनते तो अवश्य संस्कृत छोड़कर उन्हें 'पुंगव' के हिन्दी अपभ्रंश से ही सम्बोधित करते।

बालकृष्ण भट्ट में सैलानीपन और फक्कड़पन का अभाव था। उनके लिए 'रसिक' शब्द का प्रयोग करना अन्याय होगा। वह जब नारी-सौन्दर्य या श्रृंगार रस पर लिखते हैं, तब भी उनमें एक तर्कशास्त्री का स्वर प्रधान रहता है। इसीलिए वह प्रतापनारायण मिश्र से बिलकुल भिन्न कोटि के लेखक हैं। उनके 'खटका' जैसे सफल और रोचक निबन्ध कम हैं जिनमें सहज हास्य रस की छटा दिखाई देती है। 'खटका' में उन्होंने लिखा था : "अजी जीते जी तो खटके से कोई खाली रहता ही नहीं, मरने पर भी फिर जन्म लेने का खटका लगा रहता है।" देखने में यह वाक्य प्रतापनारायण मिश्र का-सा लिखा मालूम होता है परन्तु उसमें एक दार्शनिक की तीखी उक्ति भी है, जो 'ब्राह्मण' सम्पादक की परिधि के बाहर की है। हास्य और व्यंग्य तो भारतेन्दु-युग की विशेषताएँ हैं और भट्ट जी की रचनाओं में उनका अभाव भी नहीं है परन्तु वे उनकी अपनी विशेषताएँ नहीं हैं।

जब वह राजनीतिक और सामाजिक विषयों पर लिखते हैं, तब उनकी शैली में एक ऐसी निपट सत्यवादिता आ जाती है, जो मानो हास-परिहास को त्याज्य समझती है। अकाल, टैक्स आदि पर जितनी कविताएँ 'हिन्दी-प्रदीप' में छपीं, उतनी अन्य किसी पत्र में नहीं। उनकी वास्तविक प्रतिभा एक अध्ययनशील विद्वान और तीक्ष्ण-बुद्धि आलोचक की है। उन्हें आधुनिक हिन्दी आलोचना का जन्मदाता कहना अनुचित न होगा। भारत और यूरुप के साहित्यों की तुलना पहले-पहल उन्होंने ही अपने लेखों में की है। वेदों की कणाद और कपिल के शास्त्रों तथा कालिदास और भवभूति के काव्यों से तुलना करते हुए उन्होंने जो कुछ लिखा है, वह उनकी विद्वत्ता, विचार-स्वाधीनता तथा शब्द-कृपण शैली का बड़ा अच्छा उदाहरण है। नीचे के उद्धृत वाक्य 'साहित्य जनसमूह के हृदय का विकास है' नामक निबन्ध से लिये गए हैं। लेख के नाम से ही भट्ट जी का आधुनिक दृष्टिकोण प्रकट हो जाता है। साहित्य

रसात्मक वाक्य या कवि के अन्त:पुर का लीला-विनोद न होकर जन-समूह के हृदय का विकास है। इस दृष्टिकोण से उन्होंने संस्कृत और हिन्दी साहित्य के विकास पर संक्षेप में अपने विचार प्रकट किए हैं।

उन्होंने लिखा था : "वेद जिन महापुरुषों के हृदय का विकास था, वे लोग मनु और याज्ञवल्क्य के समान समाज के आभ्यन्तरिक भेद, वर्ण विवेक आदि के झगड़ों में पड़ समाज की उन्नति या अवनति की तरह-तरह की चिन्ता में नहीं पड़े थे, कणाद या कपिल के समान अपने-अपने शास्त्र के मूलभूत बीजसूत्रों को आगे कर प्राकृतिक पदार्थों के तत्त्व की छानबीन में दिन-रात नहीं डूबे रहते थे; न कालिदास, भवभूति, श्रीहर्ष आदि कवियों के सम्प्रदाय के अनुसार वे लोग कामिनी के विभ्रम विलास और लावण्य-लीला-लहरी में गोते मार-मार प्रमत्त हुए थे। प्रात:काल उदयोन्मुख सूर्य की प्रतिभा देख उनके सीधे-सादे चित्त ने बिना कुछ विशेष छानबीन किए इसे अज्ञात और अजेय शक्ति समझ लिया। इसके द्वारा वे अनेक प्रकार का लाभ देख कानन-स्थित-विहंग कूजन समान कलकल रव से प्रकृति की प्रभात-वन्दना का साम गाने लगे, जल-भार-नत श्यामला मेघमाला का नवीन सौन्दर्य देखकर पुलकित गात्र हो कृतज्ञता-सूचक उपहार की भाँति स्तोत्र का पाठ करने लगे; वायु जब प्रबल वेग से बहने लगी तो उसे भी एक ईश्वरीय शक्ति समझ उसके शान्त करने को वायु की स्तुति करने लगे। वे ही सब ऋक् और साम की पावन ऋचाएँ हो गईं।"

जिस वातावरण में वैदिक ऋचाओं की सृष्टि हुई थी, उसका लेखक ने बड़ा सुन्दर कल्पना-चित्र तैयार किया है। वैदिक देवताओं की सत्ता पर उसने एकबारगी पानी फेर दिया है और उनके आधुनिक विद्वानों की भाँति देवताओं को प्राकृतिक शक्तियों का प्रतीक-मात्र स्वीकार किया है। जिन विशेषताओं ने वेदों को कणाद, कपिल, कालिदास तथा भवभूति की रचनाओं से भिन्न कोटि में रखा है, उनका भी संक्षेप में उल्लेख कर दिया है।

वेदों के बाद भाषा का विकास होता गया और वह "अधिक, अधिक सरल, कोमल और परिष्कृत होती चली गई।" जो लोग वेदों के उपरान्त भाषा का पतन ही पतन देखते हैं, उनसे बालकृष्ण भट्ट का मत भिन्न है। वह भाषाविज्ञान के विकास-सिद्धान्त को स्वीकार करते हैं। महाभारत के लिए उन्होंने लिखा था कि उस समय "भारतीय सभ्यता क्षतिग्रस्त हो वार्द्धक्य भाव को पहुँच गई थी।" धर्मराज के लिए उनका विचार था : "युधिष्ठिर धर्म के अवतार और सत्यवादी प्रसिद्ध हैं पर उनकी सत्यवादिता निज कार्य साधना के समय खुल गई।" ये सब बातें भारतीय आलोचना के लिए एकदम नई और क्रान्तिकारी थीं।

विक्रमादित्य और कालिदास के युग की उन्होंने उचित ही 'आगस्टन पीरियड' से तुलना की है। इस समय भाषा-परिष्कार अपनी चरम सीमा को पहुँच गया था। पौराणिक साहित्य और संस्कृति का समाज पर घातक प्रभाव बताते हुए उन्होंने

लिखा : "हमारी विद्यमान छिन्न-भिन्न दशा, जिसके कारण हजार-हजार चेष्टा करने पर भी जातीयता हमारे में आती ही नहीं, सब पुराण ही की कृपा है।" बालकृष्ण भट्ट भारतवर्ष के उन इने-गिने विद्वानों में हैं जिन्होंने आधुनिक हिन्दू-धर्म के अवैदिक और अनार्य रूप को समझा था। पुरातत्त्व की खोजों से अब यह बात एक दृढ़ सत्य के रूप में प्रतिष्ठित हो चुकी है। भट्ट जी ने केवल वैदिक और वर्तमान हिन्दू संस्कृति की तुलना से इस बात को समझाकर लिखा था : "अब हम लोगों में जो धर्मशिक्षा, समाजशिक्षा और रीतिनीति प्रचलित है, वह सब शुद्ध वैदिक एक भी नहीं है।" ऐसी बातें स्वामी दयानन्द ने भी कही थीं परन्तु उन्होंने वेदों में एक ऐसे आदर्श संसार की कल्पना की थी, जो अवैज्ञानिक और ऐतिहासिक सत्य के प्रतिकूल है। भट्ट जी में भारतेन्दु-युग की सहज उदारता और विचार-स्वाधीनता थी। वेदों की सरलता, स्वाभाविकता आदि स्वीकार करते हुए उन्होंने एक वैदिक स्वर्ग की कल्पना नहीं कर ली। न पुराणों को जातीयता का विरोधी कहकर एकदम उन्हें टाल ही दिया है। वैदिक आर्यों में भी घृणित प्रथाएँ प्रचलित थीं, ऐसा सोचने और कह सकने का साहस बालकृष्ण भट्ट में ही था। वेद और पुराणों की तुलना करते हुए उन्होंने लिखा था : "पुराणों के साहित्य के प्रचार से एक बड़ा लाभ भी हुआ कि वेद के समय की बहुत-सी घिनौनी रीतियों और रस्मों को जिनके नाम लेने से भी हम घिना उठते हैं और उन सब महाघोर हिंसाओं को, जिनके सबब से अपने अहिंसा धर्म के प्रचार करने में बौद्धों को सुविधा हुई, पुराणकर्ताओं ने उठाकर शुद्ध सात्त्विकी धर्म को विशेष स्थापित किया।" फिर भी पुराणों से जातीयता का ह्रास हुआ और तान्त्रिक मतों के प्रचार से उस पतन को सहायता मिली, यह उन्होंने स्वीकार किया है।

भारतेन्दु-युग में कविता के लिए ब्रजभाषा ही अपनाई गई थी। उसके गुणों का बखान करते हुए काव्यरसिकों का दम फूलने लगता था। उसके बारे में बालकृष्ण भट्ट ने अपनी स्पष्टवादिता की बानगी दिखाते हुए लिखा था : "ब्रजभाषा में यद्यपि कुछ मिठास है पर यह इतनी जनानी बोली है कि इसमें सिवाय शृंगार रस के दूसरा रस आ ही नहीं सकता।" बात बेजा नहीं है। भूषण ने अपनी भाषा को खूब तोड़ा-मरोड़ा है जिसके ब्रजभाषा की विशेषताएँ उसमें कम से कम रह गई हैं। हिन्दी की सर्वश्रेष्ठ रचना 'रामचरितमानम' की भाषा प्रधानत: अवधी है। अवधी का सबसे शुद्ध रूप वह है जो बैसवाड़े में बोला जाता है। इसके लिए भट्ट जी ने लिखा था : "हमें बैसवाड़े की मर्दानी बोली सबसे अधिक भली मालूम होती है।"

'हिन्दी-प्रदीप' में उन्होंने अनेक कविताएँ इसी बोली में छापी थीं। प्रतापनारायण मिश्र की भाषा का चटपटापन अवधी की देन है। नागरिकों की भाषा ग्रामीण बोलियों की नींव पर ही सप्राण रह सकती है, फिर अवधी का पूछना ही क्या जिसमें जायसी और तुलसीदास की रचनाएँ हों। उसका प्रभाव आधुनिक हिन्दी पर जितना ही पड़े,

शुभ है। भारतेन्दु-युग के गद्य पर ग्रामीण बोलियों के प्रभाव के ही कारण इतनी सरसता और रोचकता है, इसी से वह फारस या अरब का लिखा हुआ न मालूम होकर हिन्दुस्तान की धरती पर ही रचा हुआ जान पड़ता है। भट्ट जी का वाक्य हिन्दी और उसके अन्य रूपों के बीच उस सहज मैत्री का द्योतक है, जो उस युग में अत्यन्त सजीव रूप में विद्यमान थी।

भट्ट जी के अन्य साहित्यिक निबन्धों में 'शब्द की आकर्षण-शक्ति' महत्त्वपूर्ण है। उसमें उन्होंने संस्कृत तथा फारसी से 'ऑनोमैटोपिआ' अलंकार के उदाहरण दिये हैं जिसमें शब्द का उच्चारण-सौन्दर्य अर्थ प्रतिपादन में सहायक होता है। आचार्य शुक्ल की भाँति उन्होंने बहुत से मनोवैज्ञानिक और विश्लेषणात्मक निबन्ध भी लिखे थे, जो उनके तीक्ष्ण विवेक का परिचय देते हैं। उदाहरण के लिए 'माधुर्य' और 'आशा' पर उनके निबन्ध पढ़े जा सकते हैं। भट्ट जी में तर्क-शक्ति प्रबल थी और उसने कुछ-कुछ उनकी परिहास-बुद्धि को दबा लिया था। जहाँ-तहाँ दोषों के होते हुए भी उनके मनोवैज्ञानिक निबन्ध उच्च कोटि के हैं, इसमें सन्देह नहीं। आचार्य शुक्ल ने अपने निबन्धों में उन्हीं की परिपाटी को आगे बढ़ाया है। भट्ट जी अपने गम्भीर अध्ययन, आलोचन-प्रतिभा, संयत शैली आदि गुणों के कारण भारतेन्दु-युग से भिन्न बहुत कुछ आज के-से लगते हैं। आज के युग में विश्लेषण और विवेचन का जोर है; भारतेन्दु-युग की प्रतिभा मूलत: रचनात्मक थी।

विचारों की उदारता में वह युग के साथ थे; कहीं-कहीं उससे आगे भी थे। समाज और साहित्य के विकास के बारे में उनकी धारणाएँ उनकी अपनी थीं; आज भी व्यापक रूप से वे समाज द्वारा नहीं अपनाई गईं। उनका 'श्रीशंकराचार्य और गुरु नानकदेव' पर लिखा हुआ निबन्ध मनन करने योग्य है। धर्म और दर्शन को सामाजिक विकास की कसौटी पर कसकर बालकृष्ण भट्ट ने प्रगतिशील आलोचना की नींव डाली थी। उन्होंने लिखा था : "अब देखना चाहिए कि राजनैतिक विषयों और मुल्की मामलों में इन दोनों के उपदेश और शिक्षा का क्या फल हुआ।" शंकर ने बौद्धों को निकालकर चाहा कि "भारत फिर वैसा ही हो जाए जैसा कि वैदिक ऋषियों के समय में था।" परन्तु इतिहास को फिर सैकड़ों वर्ष ठेल ले जाने की सामर्थ्य उनमें भी न थी। ब्राह्मणों को पूरी शक्ति मिली और "अपनी मनमानी करने में उनकी रोक-टोक करने वाला अब कोई न रहा।"

शैवों और वैष्णवों के झगड़े अलग शुरू हो गए। यह ठीक है कि शंकर तथा अन्य धर्माचार्यों ने हिन्दुत्व की रक्षा की परन्तु हिन्दुत्व को जो रूप उन्होंने दिया, यथेष्ट शक्ति से हीन था। इस कथन में कि "शंकर तथा रामानुज न हुए होते तो मुसलमानों को यहाँ कदम जमाने में इतनी सुगमता न होती और न मुल्क में इतनी कमजोरी फैल जाती", अत्युक्ति हो सकती है, परन्तु असत्य नहीं है। शंकराचार्य ने किसी हद तक उस कट्टरपन और सामाजिक शोषण को दृढ़ किया था जिसके

विरुद्ध आगे चलकर गुरु नानक ने विद्रोह करके सिक्खों के संगठित समाज को जन्म दिया। भट्ट जी की सहानुभूति सहज ही गुरु नानक की ओर खिंच गई है।

धर्म, दर्शन, इतिहास, साहित्य आदि के प्रति भट्ट जी के विचारों को देखते हुए कह सकते हैं कि वह अपने युग के सबसे महान विचारक थे। उनमें राधाचरण गोस्वामी की-सी उद्दंडता न थी जो 'यमलोक की यात्रा' लिखकर कट्टरपंथियों की नाक में सुई चुभो देते। उनमें विद्वत्ता के साथ सहज गाम्भीर्य था। पाठक की बुद्धि पर विश्वास करके वह उसे तर्क से प्रभावित करना चाहते थे। साहित्यिक, सामाजिक और मनोवैज्ञानिक समस्याओं पर वह गम्भीरतापूर्वक विचार करते थे और वैसी ही गम्भीरता से वह उन पर अपने सुझाव भी प्रकट करते थे। इसीलिए उनकी शैली बहुधा आचार्य शुक्ल की याद दिलाती है। फिर भी, जब वह लिखते हैं कि यूरुप के वैज्ञानिकों को अपनी कल्पना कार्य रूप में परिणत करते देखकर 'यहाँ वालों को हाथ मल मल पछताना और 'कलपना' पड़ा', तब वह तुरन्त अपने को भारतेन्दु-युग का लेखक घोषित कर देते हैं। शब्दों के प्रयोग में भी वह साहस से काम लेते हैं। जैसे : "वाल्मीकि ने जिन-जिन बातों को अवगुण समझ अपनी कल्पना के प्रधान नायक रामचन्द्र में बरकाया था, वे ही सब व्यास के समय में गुण हो गईं, जिनकी कविता का मुख्य लक्ष्य यही था कि अपना मान, अपना गौरव, अपना प्रभुत्व जहाँ तक हो सके, न जाने पावे। भारत के हर एक प्रसंग का तोड़ अन्त में इसी बात पर है।" इन दो वाक्यों में 'बरकाया' और 'तोड़' शब्दों का प्रयोग बड़ा ही सुन्दर हुआ है। साधारण या ग्रामीण शब्दों का ऐसा सार्थक प्रयोग भारतेन्दु-युग की विशेषता है जिसे बाद के लेखकों ने अपनी उदासीनता से बहुत कुछ खो दिया।

उपन्यास और यथार्थवादी परम्परा

भारतेन्दु ने अपने एक अमृतसर निवासी मित्र पं. सन्तोषसिंह को लिखा था : "जैसे भाषा में अब कुछ नाटक बन गए हैं, अब तक उपन्यास नहीं बने हैं। आप या हमारे पत्र के योग्य सहकारी सम्पादक जैसे बाबू काशिनाथ व गोस्वामी राधाचरण जी कोई भी उपन्यास लिखें तो उत्तम हो।" इससे मालूम होता है कि भारतेन्दु को हिन्दी-साहित्य के विकास की कैसी चिन्ता थी। फिर भी उनकी प्रेरणा से अनुवाद ही अधिक हुए; मौलिक रचनाओं की ओर ध्यान कम गया। खड्ग-विलास प्रेस से 'पूर्णप्रकाश चन्द्रप्रभा' नाम का जो उपन्यास भारतेन्दु के नाम से प्रकाशित हुआ था, वह शिवनन्दन सहाय के अनुसार किसी दूसरे व्यक्ति का अनुवाद किया हुआ है; भारतेन्दु ने उसमें जहाँ-तहाँ संशोधन भर किए थे। 'कविवचनसुधा' में उन्होंने एक कहानी 'कुछ आपबीती, कुछ जगबीती' लिखना शुरू किया था परन्तु उसे पूरा न कर सके। राधाचरण गोस्वामी ने कई उपन्यासों के अनुवाद किए। यह खेद की बात है कि जो प्रतिभा उन्होंने 'यमलोक की यात्रा' में दिखाई, उसे उन्होंने मौलिक उपन्यास रचना में नहीं लगाया।

'कलिराज की सभा', 'एक अद्भुत अपूर्व स्वप्न', 'राजा भोज का सपना', 'स्वर्ग में विचार सभा का अधिवेशन', 'यमलोक की यात्रा' आदि रचनाओं में कहानी के अनेक तत्त्व विद्यमान हैं। इनके लेखक एक काल्पनिक कथावस्तु गढ़कर उसे चरित्र-चित्रण, स्वाभाविक वार्तालाप तथा व्यंग्य और हास्य से सजाना खूब जानते हैं। यदि अपनी प्रतिभा के विकास के लिए निबन्ध जैसा उपयुक्त माध्यम उन्हें न मिला होता, तो वे अवश्य लघु-कथा भी लिखना आरम्भ कर देते, इसमें सन्देह नहीं। उस समय जैसे निबन्ध और नाटक प्रधानत: पत्र-पत्रिकाओं में छपते थे, उसी प्रकार तब की कहानियाँ और उपन्यास भी बहुत करके पत्रों की जिल्दों में ही पढ़ने को मिल सकते हैं। इनमें बहुत कम अलग से प्रकाशित हुए हैं। अनेक उपन्यास अधूरे भी छोड़ दिये गए थे; कुछ छोटे थे, कुछ बड़े, किसी की शैली पुराने आलंकारिक ढंग की थी तो किसी की सरल और आधुनिक ढंग की। अभी इस क्षेत्र में खोज के लिए बहुत काफी सामग्री पड़ी है।

'हरिश्चन्द्र-चन्द्रिका' में 'मालती' नाम का एक उपन्यास छपा था जिसमें ईश्वर-वन्दना और प्रकृति-वर्णन पुराने आलंकारिक ढंग के हैं। चन्द्रगुप्त और उसके भाई में

एक मित्र के कारण तकरार हो जाती है। आपस के इसी भ्रम को लेकर चलने वाले बैर पर कथावस्तु गढ़ी गई है। कथा में कोई विशेषता न होते हुए भी घटना-वैचित्र्य की कमी नहीं है और कहने का ढंग खूब रोचक है।

'पढ़े-लिखे बेकार की नकल' का जिक्र पहले हो चुका है। यह कहानी 'हिन्दी-प्रदीप' में छपी थी। बेकारी पर लिखी शायद यह पहली कहानी है। 'सार सुधानिधि' में प्रकाशित 'तपस्विनी' उपन्यास आलंकारिक शैली के बोझ से दबा हुआ है। कुछ बँगला के कारण, कुछ संस्कृत के प्रभाव के कारण उस समय की पत्रिकाओं में छपे अनेक उपन्यासों की भाषा इस दोष से दूषित है। 'बेकार की नकल' की शैली बहुत कम लोग अपना सके हैं। राधाचरण गोस्वामी के पत्र 'भारतेन्दु' में 'अलकचन्द्र' तथा कुछ अन्य कथाएँ छपी थीं, जो कथा-वस्तु की दृष्टि से महत्त्वपूर्ण नहीं हैं परन्तु हास्यरसपूर्ण शैली के कारण पढ़ने में रोचक हैं।

हिन्दी उपन्यासकारों में पहला महत्त्वपूर्ण नाम श्रीनिवासदास का है। 'परीक्षा-गुरु' ने हिन्दी में एक विशेष प्रकार के कथा-साहित्य को जन्म दिया। इसमें लेखक को उसके नाटकों जैसी सफलता नहीं मिली। कथावस्तु एक अमीर के बिगड़ने और अपने एक सच्चे मित्र की सहायता से सुधरने को लेकर रची गई है। ऐसी ही कथा बालकृष्ण भट्ट के 'सौ अजान और एक सुजान' की है। उपन्यासों में इस ढर्रे का श्रीगणेश करने वाले श्रीनिवासदास थे। सेठों के जीवन से उनका निकट का परिचय था, इसलिए लाला मदनमोहन तथा उनके चाटुकारों का चित्रण अच्छा हुआ है। वर्णन और वार्तालाप की भाषा में स्वाभाविकता है। पुरानी आलंकारिक शैली के स्थान में इस उपन्यास की नई देन है। श्रीनिवासदास का लक्ष्य उतना एक अच्छी कथा गढ़ना नहीं है जितना उसे उपदेशात्मक उद्धरणों से भर देना। इसीलिए उन्होंने महाभारत से लेकर स्पेक्टेटर तक देशी और विदेशी साहित्य से सहायता ली है। यह उपदेश का बोझ 'सौ अजान और एक सुजान' पर भी लदा हुआ है।

बालकृष्ण भट्ट की रचना बहुत कुछ हितोपदेश से मिलती है। कथा के बीच नीतिपूर्ण श्लोकों, दोहों, कहावतों आदि का उद्धृत करना बिलकुल विष्णु शर्मा जैसा है। जहाँ-तहाँ उन्होंने संस्कृत की आलंकारिक शैली भी अपनाई है, विशेषकर प्रकृति-वर्णन में। परन्तु भाषा उनकी संस्कृत-गर्भित नहीं होने पाती, इसीलिए ये कृत्रिम वर्णन पढ़ने में सुन्दर लगते हैं। एक-आध जगह लम्बे उपदेशों से भी पाठक को उबा देने का प्रयत्न किया गया है। इन दोषों के होते हुए भी उपन्यास-कला के विकास में इस कृति का विशेष स्थान है। यथार्थ चित्रण की ओर इसमें काफी झुकाव दिखाई देता है। यह उस युग के नाटकों के प्रभाव के कारण है! भाषा पात्रों के अनुकूल गढ़ी गई है। नौकर, दासी, चौकीदार आदि अवधी में बोलते हैं, पुलिस के आदमी उर्दू में। पढ़े-लिखे बाबू लोगों की भाषा

में अंग्रेज़ी का भी पुट रहता है। "मैं आप लोगों के प्रप्रोजल को सेकिण्ड करता हूँ" इत्यादि। कहीं-कहीं पात्र नाटकों की भाँति स्वत: और प्रकाश, दोनों प्रकार से बातचीत करते हैं।

भट्ट जी ने अपने उपन्यास को देशकाल की सीमाओं में मजबूती से बाँधा है। उन्होंने पृष्ठभूमि के चित्रण के लिए अवध का भौगोलिक वर्णन आवश्यक समझा है। यह उस समय के लिए नई बात थी। प्रकृति-वर्णन में अलंकारिता होते हुए भी यथार्थवाद की ओर रुझान है : "गर्मी के दिन हैं। सारा संसार मौन दिखाई देता है, केवल पुराने खँडहरों पर चील का किकियाना कभी-कभी सुनाई दे जाता है।" दोपहर के समय भिन्न-भिन्न कोटि की स्त्रियों का क्रियाकलाप का भट्ट जी ने बड़ा मनोरंजक वर्णन किया है। कथावस्तु को भली प्रकार गढ़ने की क्षमता के अभाव में इस प्रकार के वर्णनात्मक वाक्य-समूह भारतेन्दु-युग के उपन्यासों में जहाँ-तहाँ बिखरे दिखाई देते हैं और उन्हें रोचक बनाते हैं : "प्रत्येक गृहस्थ के यहाँ घर-घर सब लोग भोजन के उपरान्त विश्राम-सुख का अनुभव कर रहे हैं, नींद आ जाने पर पंखा हाथ से हट गया है, खर्राटे भरने लगे हैं। स्त्रियाँ गृहस्थी के काम-काज से छुटकारा पाय दुधमुँहे बालकों को खिला रही हैं।...कोई-कोई बड़ी जँगरैतिन गृहस्थी का सब काम शेष होते देख जेठ के दीर्घ दोपहर की ऊब दूर करने को सूप की फटकार से अपने पड़ोसी के विश्राम में विक्षेप डाल रही है। हवा के साथ लड़ने वाली कोई कर्कशा न लड़ेगी, तो खाया हुआ अन्न कैसे पचेगा, यह सोच अपने पड़ोसियों पर बाण से तीखे और रूखे वचन की वर्षा कर रही है।...खेलवाड़ी बालक, जिन्हें इस दोपहर में भी खेलने से विश्राम नहीं है, गप्पें हाँकते हुए दूसरे-दूसरे खेल का बन्दोबस्त कर रहे हैं। बँगलों पर साहब लोगों के पदाघात का रसिक पंखाकुली अपने प्रभु के पादपद्य को मानो बार-बार झुक-झुककर प्रणाम करता-सा ऊँघ रहा है, पर पंखे की डोरी हाथ से नहीं छोड़ता।"

यथार्थ चित्रण की यह वही भूमि है जिस पर बाद में प्रेमचन्द ने कथा-साहित्य के विशाल प्रासाद का निर्माण किया। ऊपर के उद्धरण से मालूम होता है कि भट्ट जी कोरे किताबी विद्वान न थे, स्त्रियों के सूप फटकारने और हाथ नचाकर वाग्बाण बरसाने को उन्होंने उतने ही ध्यान से देखा-सुना था, जितने ध्यान से 'मेघदूत' पढ़ा था। पंखाकुली के प्रति सहानुभूति न होती तो वह भारतेन्दु-युग के लेखक न होते। साहब के पदाघात से भयभीत होकर कुली का बार-बार उनके पादपद्य को प्रणाम करना चित्र और चित्रांकन की शैली—दोनों ही दृष्टियों से चमत्कारपूर्ण है।

चरित्र-चित्रण में भट्ट जी आकृति-निदान की ओर आकृष्ट दिखाई देते हैं। कहीं-कहीं पर सामुद्रिक शास्त्र का भी हवाला दे देते हैं। व्यंग्यपूर्ण चित्रण में वह पुन: प्रेमचन्द की याद दिलाते हैं; जैसे बुद्धदास जैन का चित्र : "पानी चार बार

छानकर पीता था, पर दूसरे की थाली समूची निगल जाता था। डकार तक न आती थी।" वैसे ही आकृति और वेशभूषा का वह बड़ा सजीव वर्णन करते थे। जैसे बुद्धदास के ही लिए : "उमर इसकी 40 के ऊपर आ गई थी, दाँत मुँह पर एक भी बाकी न बचे थे, तो भी पोपले और खोड़हे मुँह में पान बीड़ियाँ जमाय, सुरमे की धज्जियों से आँख रंग, केसरिया चन्दन का एक छोटा सा बेंदा माथे पर लगाय, चुननदार बालावर अंगा पहन, लखनऊ के बारीक काम की टोपी या कभी-कभी लट्टूदार पगड़ी बाँध जब बाहर निकलता था, तो मानो ब्रज का कन्हैया ही अपने को समझता था।" एक ही वाक्य में उन्होंने उस युग के पहनावे की झाँकी खड़ी कर दी है, जो अब हमारे लिए बीत चुका है। इससे बालकृष्ण भट्ट का चौकन्नापन और अपने चारों ओर के आदमियों को देखने-समझने की उनकी प्रवृत्ति प्रकट होती है।

उनकी भाषा में जहाँ-तहाँ हास्य के छींटे वैसे ही हैं, जैसे उनके निबन्धों में। सेठ हीराचन्द के देहान्त के बाद उनके लड़के दुर्जनों में पड़ जाते हैं; यानी "अब उन्हें 'बबुआ' से बाबू साहब बनने का शौक बढ़ा।"

'बाबू साहब' और 'बबुआ' शब्दों की संकेत-व्यंजना से उन्होंने अच्छा काम लिया है। उनकी भाषा कहीं-कहीं बड़ी चमत्कारपूर्ण और भावप्रकाशन में अद्‌भुत रूप से समर्थ दिखाई देती है। शिशिर के बाद वसन्त में जैसे प्रत्येक मनुष्य में एक नई तेजी आती है, वैसे ही "कुसुमबाण की गरमी शरीर में पैठते ही नवयुवा और युवतियों के अंग-प्रत्यंग में सलोनापन भीजने लगता है।"

वाक्य का अन्तिम अंश संकेत-व्यंजना में अत्यन्त समर्थ है। जवानी में साधारण वर्ग के युवक भी बिगड़ जाते हैं, फिर जो उच्च वर्गों में उत्पन्न हुए हैं, उनके बिगड़ते कितनी देर लगती है। इसी बात को यों कहा है : "अत्यन्त कटीले और मुरझाए हुए पेड़, जिनकी ओर बाग का माली कभी झाँकता भी नहीं, एक साथ हरे-भरे हो लहलहा उठते हैं। तब उन नये पौधों का क्या कहना, जो नित्य दूध और दाख-रस से सींचकर बढ़ाए गए हैं।"

चाँदी के चम्मच वाले अंग्रेज़ी मुहावरे से अधिक सार्थक व्यंजना दूध और दाख-रस से सींचे हुए नये पौधों में है।

'सौ अजान और एक सुजान' का कथानक बिलकुल सीधा-सादा है। सेठ हीराचन्द के दोनों लड़के पिता की मृत्यु के बाद कुसंगति में पड़ जाते हैं और अन्त में उनका एक सुजान मित्र संकट से उनकी रक्षा करता है। 19वीं सदी के कुछ विदेशी उपन्यासकारों की भाँति भट्ट जी को अपने पाठकों से बातचीत करने का मोह है। कहीं-कहीं उनकी बातचीत में बच्चों जैसी सरलता है, जैसे इस बात में : "इसका रहस्य जानने को कौन न उकताता होगा, किन्तु सहसा किसी रहस्य का उद्‌घाटन उपन्यास लेखकों की रीति के विरुद्ध है, इससे इस प्रस्ताव को

यहीं समाप्त करते हैं।" पाठक की उत्सुकता जागृत करके उसे सन्तुष्ट न करने में उन्हें बाल-सुलभ आनन्द प्राप्त हुआ है। उपदेश देना तो उनका लक्ष्य है ही। संस्कृत से अनेक श्लोक उन्होंने इसीलिए उद्धृत किए हैं। परन्तु कभी-कभी ऐसे दोहे या शेर भी उद्धृत करते हैं जिनमें उपदेश सरस हो जाता है, जैसे :

क्या खूब फँसा क़फ़स में यह पुराना चंडूल।
लगी गुलशन की हवा दुम का हिलाना गया भूल॥

यह शेर पंचानन नाम के एक सज्जन की बातचीत में आता है। इस तरह की बातों से भट्ट जी की विनोदप्रियता प्रकट होती है जिससे उनका उपन्यास शुष्क नहीं होने पाया। उनके उपदेश के बारे में भी दो शब्द कह देना उचित है। उनका लक्ष्य युवकों को ब्रह्मचर्य का उपदेश देना नहीं है। युग की स्वाभाविक उदारता से उन्होंने जीवन का ध्येय पूर्ण मनुष्यत्व का विकास रखा है और यह विकास इसी जीवन में, इसी संसार में होना चाहिए। धर्म, अर्थ और काम का उचित सामंजस्य मनुष्य के विकास के लिए आवश्यक है। मोक्ष को गिनाना वह भूल गए हैं या उन्होंने उसे जान-बूझकर छोड़ दिया है। अपने लक्ष्य का औचित्य सिद्ध करने के लिए उन्होंने संस्कृत की यह उक्ति उद्धृत की है :

धर्मार्थकामा: सममेव सेव्या:
यस्त्वेकसेव्य: स नरो जघन्य:।

धर्म, अर्थ और काम—तीनों को ही जीवन में प्रतिफलित करना उचित है; जो केवल एक की सेवा करता है, वह व्यक्ति जघन्य है। इस प्रकार भट्ट जी धर्मभीरु उपदेशकों से भिन्न हैं। वह किसी हद तक शंकराचार्य के इसीलिए विरोधी थे कि उन्होंने मनुष्य को इसी संसार में पूर्णता पाने के लिए न कहकर उसके सामने वैराग्य और उदासीनता का एकांगी आदर्श रखा था।

राधाकृष्णदास के 'नि:सहाय हिन्दू' में यथार्थवाद का रंग और भी गहरा है। जैसाकि नाम से प्रकट है, इस उपन्यास का सम्बन्ध हिन्दू समाज से विशेष है। परन्तु इसकी विशेषता इस बात में है कि लेखक ने यहाँ सेठ-साहूकारों के लड़कों के बनने-बिगड़ने की कहानी छोड़कर एक ऐसी समस्या को अपनी कथावस्तु बनाया है जिसका सम्बन्ध किसी वर्ग से नहीं वरन पूरे समाज से है। हिन्दुओं के बारे में लिखते हुए वह मुसलमानों को नहीं भूले और उनमें साम्प्रदायिक और देशभक्त, दोनों प्रकार के मुसलमानों का चित्रण किया है। दो मित्र गोवध बन्द करने के लिए एक आन्दोलन करते हैं। उनका साथ एक मुसलमान सज्जन भी देते हैं। अन्य कट्टरपंथी मुसलमान षड्यंत्र करके इन लोगों को मार डालना चाहते हैं और अन्त में दोनों ही ओर के कुछ लोग मारे जाते हैं। यही इसकी कथा है।

'निःसहाय हिन्दू' की दूसरी विशेषता उसके चित्रण में है। आरम्भ में बनारस की गर्मी का वर्णन है। मकान इतना तप गए हैं मानो उनमें से लपट उठना चाहती है। दूसरे परिच्छेद में एक तंग कोठरी और उसके भीगे टाट का वर्णन है। सभा में जब मदन व्याख्यान देने जाता है, तब लेखक ने भीड़ की हलचल दरसाने की पूरी चेष्टा की है। मदन अपने व्याख्यान में भारतवासियों के आलस्य का जिक्र करता है और उन पर टैक्स लगाये जाने पर खेद प्रकट करता है। "टैक्स लगाया गया कि जिससे सारी प्रजा दुःखित हो रही है", परन्तु "ऐसे मूर्खों ही को छोड़ दें तो किससे लें?"

गंगा के किनारे दो बनारसी गुंडों की बातचीत सुनने को मिलती है जो कुछ हेरफेर से वहाँ अब भी सुनी जा सकती है। ऐसे ही उन गलियों का जिक्र किया गया है, जहाँ गर्मी में भी धूप नहीं पहुँचती। हाजी अताउल्लाह, अब्दुल अजीज आदि के घरों का भी सजीव चित्र खींचा गया है। पुस्तकालय में लोग बनारसी लहजे में बातें करते सुनाई पड़ते हैं, जैसे वे आज भी काशी नागरी प्रचारणी सभा के पुस्तकालय में बातें करते देखे जा सकते हैं। इस उपन्यास में सर्वत्र पाठक अपने चारों ओर की वस्तुओं का चित्रण पाता है। गर्मी में छत पर बैठने से जिस भभक का अनुभव होता है, उससे लगाकर पुस्तकालय में एक गोरे के 'पायनियर' अखबार देखने आने से सब लोगों में खलबली मच जाने तक सब कहीं राधा-कृष्णदास की सतर्क दृष्टि और उनके यथार्थ चित्रण के उदाहरण हमें मिलते हैं।

'निःसहाय हिन्दू' में कथानक सुसंगठित नहीं है परन्तु पाठक को यह बोध होता रहता है कि उसके पैर यथार्थ भूमि पर ही टिके हैं। पात्रों की संख्या इसमें आवश्यकता से अधिक है परन्तु वे सभी सजीव हैं। अपने चारों ओर के मानव-समुदाय को चित्रित करने की उत्सुकता में लेखक ने यह नहीं सोचा कि उपन्यास के लिए कितनी सामग्री यथेष्ट होगी। वार्तालाप में यथार्थ चित्रण का आदर्श नाटकों में था ही। पात्रों के अनुरूप उनकी बातचीत भी है। गन्दी गलियों और कोठरी के टाटों के वर्णन की ओर भारतीय उपन्यास साहित्य में यह पहला प्रयत्न था। निःसन्देह राधाकृष्णदास में एक महान उपन्यासकार की प्रतिभा बीज रूप में विद्यमान थी। यदि उसे विकास का अधिक अवसर मिलता तो प्रेमचन्द का मार्ग और भी सरल और परिष्कृत हो जाता।

जिस प्रकार भारतेन्दु-युग में निबन्ध-रचना से हम बहुत-सी बातें सीख सकते हैं, उसी प्रकार उपन्यास से भी सीखने-समझने के लिए बहुत कुछ है। अनेक उपन्यास 'कादम्बरी' के आदर्श के कारण आलंकारिक शैली से दबे हैं। दूसरे उपन्यास बँगला की कृत्रिम कवित्वपूर्ण शैली से प्रभावित हैं। उपन्यास और कहानियों का विकास जल्दी न हुआ, इसका मूल कारण निबन्धों की लोकप्रियता थी। रोचक निबन्धों में कथाएँ भी गढ़कर लेखक अपनी कथा-साहित्य वाली रचनात्मक प्रतिभा का वहीं

उपयोग कर लेते थे। तीसरी कोटि के उपन्यास वे हैं जिन पर उस समय के नाटकों और निबन्धों का प्रभाव है। नाटकों में यथार्थ चित्रण और सामयिक समस्याओं के विवेचन की प्रधानता होती थी। इन सब बातों को उपन्यास-लेखकों ने सहज ही अपना लिया। राधाकृष्णदास, बालकृष्ण भट्ट, श्रीनिवासदास—सभी को पात्रों के सम्वाद में सफलता मिली है।

'सौ अजान और एक सुजान' में नाटकों का प्रभाव अत्यधिक झलकता है। वार्तालाप के साथ पात्रों के आकार, वेशभूषा आदि के चित्रण में भट्ट जी ने मौलिकता का परिचय दिया है।

राधाकृष्णदास ने कथा की पृष्ठभूमि को और भी उभार कर रखा है। नगर के गली-कूचों के चित्रण में उन्होंने एक यथार्थवादी लेखक की-सी रुचि दिखाई है।

इस प्रकार, भारतेन्दु-युग में उपन्यास के अनेक अंगों का विकास हो चुका था। आवश्यकता अब एक ऐसे कलाकार की थी जो कल्पना से अपने अनुभव को कथारूप देकर इन अंगों को सुगठित करके उन्हें एक पूर्ण कलाकृति का रूप दे सके। इसके लिए आवश्यक था कि कविता और नाटकों का युग बीत जाए और गद्य में लोग निबन्धों से बड़ी रचनाएँ पढ़ने के अभ्यस्त हों।

उपन्यास का पूर्ण विकास प्रेमचन्द के समय में हुआ परन्तु बालकृष्ण भट्ट, राधाकृष्णदास आदि की रचनाएँ पढ़ने से मालूम हो जाता है कि प्रेमचन्द की सुधारात्मक यथार्थवादी परम्परा का हिन्दी के उपन्यास-साहित्य में पहले ही बीजारोपण हो चुका था। उसी परम्परा का 'सेवासदन' और 'रंगभूमि' में विकास हुआ।

कविता : भारतेन्दु और प्रतापनारायण मिश्र

भारतेन्दु-युग के काव्य-साहित्य को पढ़ने से एक विचित्र कोलाहल का अनुभव होता है। विभिन्न धाराओं के एक साथ मिलने से पाठक को आकाश-भेदी कलकल ध्वनि सुनाई पड़ती है। कुछ लोग नायिकाओं के नख-शिख-वर्णन में लगे हैं तो दूसरे प्रतिभावान समस्यापूर्ति में चमत्कार दिखा रहे हैं। अन्य कवि महामारी, अकाल, टैक्स पर लोक-गीत रच रहे हैं और कुछ लोग कविता में गद्य की भाषा के प्रयोग भी कर रहे हैं। तात्पर्य यह कि काव्य-साहित्य में व्यवस्था का अभाव है, पुरानी रूढ़ियों पर चलने वाले काफी हैं तो साहस से नये प्रयोग करने वालों की भी कमी नहीं है। ऐसे लोग भी अनेक हैं जो कुछ दिन रूढ़ियों पर चलने के बाद इन नये प्रयोगों की ओर झुक रहे हैं। दरबारी संस्कृति और नवचेतना का संघर्ष कविता में ही सबसे ज्यादा दिखाई देता है। निबन्ध एक नया माध्यम था; इसलिए उसमें रूढ़ि के अनुकरण का प्रश्न उठता न था। कविता में एक महान और बहुविध साहित्य की सृष्टि पहले ही हो चुकी थी, इसलिए उससे तुरन्त मुँह मोड़ लेना एक दैवी चमत्कार से कम न होता।

भारतेन्दु-युग और स्वयं भारतेन्दु के दरबारी संस्कारों का उल्लेख पहले हो चुका है। समस्यापूर्ति करना उस समय का एक लोकप्रिय साहित्यिक दुर्व्यसन था। भारतेन्दु भी उससे नहीं बचे थे। इसके अतिरिक्त भक्ति और शृंगार-रस की परम्पराएँ भारतेन्दु-युग तक बढ़ती चली आई थीं। भारतेन्दु ने सैकड़ों पद पुराने भक्त कवियों की परिपाटी पर बना डाले थे। अधिक महत्त्वपूर्ण इन कवियों की लोक-गीतों के ढंग पर रची हुई कविताएँ हैं जिनमें कहीं-कहीं तो लोक-गीतों जैसे भाव भी हैं और कहीं-कही उनमें नये राजनीतिक और सामाजिक सन्देश हैं। भारतेन्दु-युग के मध्यकाल में, भारतेन्दु के जीवन में ही, खड़ी बोली सम्बन्धी आन्दोलन आरम्भ हो गया था। स्वयं भारतेन्दु ने कविता में गद्य की भाषा के प्रयोग को आवश्यक समझकर उसमें रचना-कार्य आरम्भ कर दिया था। उन्हें इस कार्य में प्रोत्साहन न मिला, इसलिए उन्होंने ढील डाल दी। बाद को ब्रजभाषा-प्रेमियों ने कहा कि जब भारतेन्दु को ही कविता में सफलता न मिली तो और कवि किस गिनती में हैं!

भारतेन्दु की ब्रजभाषा की कविता में एक आत्मीयता और स्वाभाविकता है, जो उनके पहले के कवियों में नहीं मिलती। कविता का विषय शृंगार रहने पर भी

भारतेन्दु रीतिकालीन परम्परा से बहुत कुछ भिन्न हैं। उनके छन्द लक्षण ग्रंथों के आधार पर नहीं बने; उनमें आत्माभिव्यंजना के लिए एक नया प्रयास है। "सीधेन सों सीधे, महा बाँके हम बाँकेन सों, हरीचन्द नगद दमाद अभिमानी के"—यह ब्रजभाषा-कविता में एक नया स्वर था। कवि अभी तक अपने बारे में अधिकतर चुप्पी साधे रहते थे, हरिश्चन्द्र ने उस परम्परा को तोड़कर अपने पाठक से बड़ी आत्मीयता से बातचीत करना आरम्भ किया। ऐसे ही "कहेंगे सबै ही नैन नीर भरि भरि पाछे, प्यारे हरीचन्द की कहानी रह जाएगी"—में आधुनिक लिरिक कविता का नया स्वर हम सुन सकते हैं।

उनकी कविता पढ़ते समय उन पर अनेक पुराने कवियों का प्रभाव हमें स्पष्ट दिखाई देता है। वन्दना और विनती के अनेक पदों में सूरदास की छाप है; कहीं-कहीं तुलसीदास की 'विनय-पत्रिका' की ध्वनि भी सुनाई देती है।

नवल नील मेघबरन, दरसत त्रयताप हरन,
परसत सुखकरन, भक्तसरन, जमुनबारी[1]

या

घोष सीमंतिनी, गान मंगल सबद

आदि पंक्तियों में 'विनय-पत्रिका' का नाद सौन्दर्य है। कुछ पदों में मीराबाई की तन्मयता की झलक है। वैसे ही किन्हीं-किन्हीं छन्दों में रसखान की भी भक्ति है :

धिक देह औ, गेह सबै सजनी
जिहि के बस नेह कौं टूटनो है।

ऐसी पंक्तियाँ 'या लकुटी अरु कामरिया' की याद दिलाती हैं। भारतेन्दु के अधिकांश पद साधारण हैं परन्तु किन्हीं-किन्हीं में उनका उत्कट आत्मनिवेदन देखते ही बनता है।

ससि सूरज ह्वै रैन दिना तुम हियनभ करहु प्रकाश[2]

में आधुनिक कवियों की-सी चित्र-व्यंजना है। ऐसे ही :

नभ ह्वै पूरी मम आँगन मैं पवन होइ तन लागौ[3]

और

श्रवनन पूरौ होई मधुर सुर अंजन ह्वै दोउ नैन

---

1. 'कृष्णचरित्र' में
2. 'विनय प्रेम पचीसी' से
3. वही

आदि पंक्तियों में बंगाल के वैष्णव कवियों का स्वर-माधुर्य है। भक्ति के पदों में हरिश्चन्द्र सूरदास की परम्परा का अनुसरण करते रहे हैं; किन्हीं-किन्हीं शृंगार-रस के पदों में वह सूरदास के इस प्रकार के सर्वश्रेष्ठ पदों से टक्कर लेते हैं :

आजु उठि भोर वृषभानु की नन्दिनी, कुल के महल तें निकसि ठाढ़ी भई।
खसित सुभ सीस तें कलित कुसुमावली मधुप की मंडली मत्त रस ह्वै गई॥

छन्द की विलम्बित गति, शब्दावली का लालित्य और चित्र का सौन्दर्य सभी सूरदास के उत्कृष्ट पदों से होड़ करते हैं। घनाक्षरी में जहाँ-तहाँ भारतेन्दु का शब्द-सौन्दर्य खूब बन पड़ा है :

थाकी गति अंगन की, मति परि गई मन्द,
सूखि झाँझरी सी ह्वै कै देह लागी पियरान।

या

कूकैं लगीं कोइलैं कदम्बन पै बैठि फेर धोए धोए पात हिल-हिल सरसै लगे
आदि छन्दों में उनका शब्द-गठन कवित्त के सर्वोत्कृष्ट रचयिताओं का-सा है।

हरिश्चन्द्र ने नये ढंग के अनेक गीत अपने नाटकों में लिखे थे।

सोओ सुख निंदिया प्यारे ललन

या

प्यारी बिन कटत न कारी रैन

आदि गीतों की बन्दिश पुराने गीतों जैसी नहीं है। 'सत्य हरिश्चन्द्र' के कुछ दोहों में अद्‌भुत ओज है :

बेंचि देह दारा सुवन, होय दास हूँ मंद,
रखिहै निज बच सत्य कर, अभिमानी हरिचंद।

यह उन्हीं के जीवन की प्रतिज्ञा थी जिसे नाटक में उद्‌धृत करते समय सहज ही व्यक्तिगत चरित्र की आभा झलक आई है। चौपाई, छन्द का प्रयोग भी उन्होंने बहुत ही सफल किया है और ऐसे चित्रण के लिए किया है, जो रीतिकालीन कविता के लिए नया था :

भुजबल जे नहिं भुवन समाए, ते लखियत मुख कफन छिपाए।

यह हिन्दी में एक नये ढंग का चिन्तन था! 'नव उज्ज्वल जलधार' आदि छन्दों में गंगा का आलंकारिक वर्णन है; ऐसे ही काशी सम्बन्धी छन्द भी कृत्रिम हैं। पौराणिक नाटक में यथार्थवाद के लिए ज्यादा गुंजाइश भी न थी। काशी का सच्चा

रूप 'प्रेम-योगिनी' में है। काशी-सम्बन्धी कविता तथा सामाजिक ध्येय को लेकर लिखी गई नाटकों की अन्य ऐसी ही व्यंग्य और हास्यपूर्ण रचनाओं का उल्लेख पहले किया जा चुका है। भारतेन्दु ने जन-साहित्य की जो योजना बनाई थी, उसके अनुकूल ही उन्होंने अपनी ये कविताएँ लिखी थीं।

इनके अतिरिक्त उन्होंने खुसरो के अनुकरण पर कुछ पहेलियाँ लिखी थीं। ये पहेलियाँ थोड़े-से शब्दों में अत्यन्त रोचक ढंग से कुछ विशेष विचारों को जनता में फैला देने के लिए बड़ा अच्छा साधन हैं। भारतेन्दु-युग के जन-साहित्य का ठीक उदाहरण 'रोवहु भारत भाई' में नहीं है। उस युग की जिन्दादिली की सभी दाद देते हैं परन्तु उस गीत में इस जिन्दादिली का ही अभाव है। अंग्रेज़ों के सम्बन्ध में भारतेन्दु की एक मुकरी पहले उद्धृत की जा चुकी है।

अंग्रेज़ी सभ्यता पर एक दूसरी मुकरी है :

सब गुरजन को बुरो बतावै, अपनी खिचड़ी आप पकावै।
भीतर तत्व, न झूठी तेजी, क्यों सखि सज्जन नहिं अँगरेज़ी।

शिक्षा और बेकारी पर :

तीन बुलाए तेरह आवैं, निज निज विपदा रोइ सुनावैं।
आँखौ फूटै भरा न पेट, क्यों सखि सज्जन नहिं ग्रैजुएट।

सरकारी अमलों पर :

मतलब ही की बोलै बात, राखै सदा काम की घात।
डोलै पहिने सुन्दर समला क्यों सखि सज्जन, नहिं सखि अमला।

पुलिस, भारतवर्ष की प्रातःस्मरणीय पुलिस, पर :

रूप दिखावत सरबस लूटै, फन्दे में जो पड़े न छूटै।
कपट कटारी हिय में हलिस, क्यों सखि सज्जन, नहिं सखि पूलिस।

इसी तरह कचहरी-कानून, खिताब, विधवा-विवाह, शराब आदि के बारे में भी उन्होंने मुकरियाँ लिखी थीं। इनसे भारतेन्दु और उनके युग की जागृति का पता चलता है।

भारतेन्दु ने अपनी छोटी-सी आयु में दरबारी संस्कृति का स्वप्न देखा, बीते आर्य-गौरव के गीत गाये और अन्त में उन्हें यथार्थ के कटु अनुभव ने यह भी बताया कि शोषण के यंत्र कहाँ और कौन है जिन पर प्रहार करना आर्य-गौरव के गीत गाने से अधिक महत्त्वपूर्ण है। भारतेन्दु-युग के बाद का साहित्य इन्हीं शोषण-यंत्रों को लक्ष्य करके रचा गया है। भारतीय साहित्य में पहले भारतेन्दु ने इस नव प्रगति का निर्देश किया था। 'आनन्द मठ' की भूमिका में बंकिमचन्द्र ने लिखा था कि बंगालियों

की लड़ाई मुसलमानों से है, न कि अंग्रेज़ों से। बंकिमचन्द्र में भावुकता है, पुरातन से प्रेम है परन्तु यह नवचेतना नहीं है। उन्होंने पुलिस और ब्रिटिश साम्राज्यवाद के कानून पर कलम नहीं उठाई। सर सैयद अहमद खाँ का पुलिस और कानून के विरुद्ध लिखना-लिखाना तो दूर, उनकी सबसे बड़ी लालसा यह थी कि मुसलमानों और अंग्रेज़ों में खानपान का व्यवहार होने लगे और मुसलमानों में हिन्दुओं के प्रति शासक वाला भाव कायम रहे। पुलिस, किसान, कानून, टैक्स, महामारी, अकाल आदि से उन्हें कोई खास सरोकार न था। संसार में जैसे किसी भाषा का विरोध नहीं हुआ, वैसा सरकारी अमलों और साम्प्रदायिकों द्वारा विरोध होने पर भी हिन्दी लेखकों ने जन-साहित्य और जन-भाषा के लिए युद्ध किया। उनके हृदय में अकाल, टैक्स, पुलिस के अत्याचार आदि से जो टीस होती थी, उसका प्रमाण यह पुस्तक है। निर्भय होकर उन्होंने ब्रिटेन की साम्राज्यवादी नीति की निन्दा की। भारतीय इतिहास में वे शब्द स्वर्णाक्षरों में लिखे जाने योग्य हैं। आज हम सभी उन बातों को दोहराते हैं परन्तु सर सैयद और सितारेहिन्द के युग में जिन लोगों ने पहले-पहल अपनी वाणी से जनता को सजग किया था, उनमें शहीदों की आनबान थी। भारतेन्दु ने ही कहा था कि जब तक सौ-दो सौ मनुष्य बदनाम न होंगे, दरिद्र न होंगे, कैद न होंगे वरन जान से न मारे जाएँगे, तब तक कोई भी देश न सुधरेगा।

प्रतापनारायण मिश्र के हृदय में स्वदेशी और स्वदेश के प्रति जो प्रेम रहा है, उसे हम उनके निबन्धों में देख चुके हैं। वही प्रेम उनकी कविता में भी प्रकट है। जैसे उनके गद्य की भाषा अवधी की भूमि पर स्थिर है, वैसे ही उनकी कविता की भाषा अवधी ही है या उस पर अवधी की गहरी छाप है। जो हास्यरस उनके निबन्धों में है, वही उनकी पद्य-कृतियों में भी। उनकी 'अरे बुढ़ापा' वाली कविता सभी जानते हैं। उनका वन्दना-गीत 'पितु मातु सहायक स्वामि सखा' भी खूब प्रसिद्ध है और खूब गाया जा चुका है। उनकी एक पुस्तक 'लोकोक्ति शतक' है जिसमें गाँव में प्रचलित कहावतों को लेकर अनेक प्रकार के छन्द लिखे गए हैं। इन छन्दों में व्यंग्य और हास्य के साथ किसी-न-किसी प्रकार का छिपा उपदेश है। देश-सेवा पर लिखा है :

पढ़ि कमाय कीन्हों कहा, हरे न देस कलेस।
जैसे कन्ता घर रहे, तैसे रहे बिदेस॥

बाबू-कल्चर पर :

तन मन सों उद्योग न करहीं, बाबू बनिबे के हित मनहीं।
परदेसिन सेवत अनुरागे, सब फल खाय धतूरन लागे॥

विदेशी शासन के आर्थिक पहलू पर :

सर्वसु लिए जात अँगरेज़, हम केवल लेक्चर के तेज।
श्रम बिन बातें का करती हैं, कहुँ टटकन गाजैं टरती हैं॥

बहुत 'सभ्य' भाषा नहीं है। यह उन लोगों के लिए लिखा गया है जिनके लिए सर्वस्व छिन जाने पर सभ्य होना बहुत कठिन हो गया है।

स्वतंत्रता पर उन्होंने लिखा था :

सब तजि गहौ स्वतंत्रता, नहिं चुप लातै खाव।
राजा कर सो न्याव है, पाँसा परैसो दाँव॥

इसी तरह हिन्दी और स्वदेशी पर :

छोड़ि नागरी सुगुन आगरी उर्दू के रँगराते।
देसी बस्तु बिहाय बिदेसिन सों सर्वस्व ठगाते॥
मूरख हिन्दू कस न लहैं दुख जिनकर यह ढंग दीठा।
घर की खाँड़ खुरखुरी लागे चोरी का गुड़ मीठा॥

इस प्रकार अन्य छन्दों में भी उन्होंने कहावतों का सफल प्रयोग किया है। वास्तव में छन्द उन्होंने कहावतों पर लिखे हैं परन्तु बातें ऐसी कही हैं जिनसे मालूम होता है कि कहावतें यों ही आ गई हैं, कविता उन विशेष बातों के लिए लिखी गई है।

जैसे भारतेन्दु ने काशी के लिए 'देखी तुमरी कासी' कविता लिखी थी, वैसे ही प्रतापनारायण मिश्र ने कानपुर पर एक आल्हा लिखा था। कानपुर के ब्राह्मण-समाज की हठधर्मी और स्वामी दयानन्द के स्वार्थपूर्ण विरोध की इसमें खूब खबर ली गई है। भारतेन्दु की भाँति मिश्र जी भी स्वामीजी के विरोधी थे। परन्तु उन कट्टरपंथियों के वह और भी विरोधी थे, जो अपनी उदरपूर्ति के विचार से समाज में प्रचलित कुरीतियों को बनाए रखने के लिए आर्य समाज का विरोध करते थे। ऐसे लोगों ने स्वामीजी पर कभी गालियों की, कभी ईंटों की वर्षा की। कानपुर में एक ब्राह्मणों की सभा होती है जिसमें कोई वेद मँगवाने को कहता है। स्वामीजी के विरोधी इन स्वार्थी पंडितों के घर वेद का निशान भी नहीं है यद्यपि वे वेदों के पीछे ही स्वामीजी पर ईंटें फेंकने को तैयार थे।

पोथी केहि के घर ते आवें कबहूँ सपन्यौ देखा नाहिं।
रिगबिद जुजबिद साम अथरबन सुनियत आल्हखण्ड के माहिं।

तब किसी ने कहा कि चन्दा करके वेद मँगाये जाएँ, इस पर सब लोगों ने अपने-अपने घरों की राह ली। कवि बेचारा निराश हो गया :

मरत मरत दयानन्द मरिगे हिन्दू रहे आजु लगि सोय।
पूत बियाहैं पाँच बरस को गहने धरत फिरैं घरबार॥
रुपया फेकैं जल्लादन पर धर भरि देयँ पतुरियन क्यार।
बेद मंगैबे के चन्दा को सुनतै नाम सूखि जिउ जाय॥

इस प्रकार यह सभा समाप्त हुई। एक दूसरी सभा गोरक्षा आन्दोलन के लिए होती है। प्रतापनारायण मिश्र ने उस समय के लोगों की वेशभूषा और आचार-व्यवहार का सुन्दर चित्र खींचा है :

गरे जँजीरैं हैं सोने की मानौ बँधुआ कलजुग क्यार।
बाँध अनन्ता कोउ कोउ पहिरे टड़िया मनौ मेहरियन क्यार॥
घड़ी अँगरखनमाँ कोउ खोंसे टिहुना छड़ी धरे कोउ ज्वान।
भरि भरि चुटकी सुँघनी सूँघै कोउ कोउ चर चर चाबैं पान॥

मिश्र जी वेशभूषा में सादगी पसन्द करते थे। सोने की जंजीर पहनकर जो लोग समाज में अपने को बहुत प्रतिष्ठित समझते थे, उन्हें कलयुग का गुलाम कहा है। इसी तरह बाँह में सोने का अनन्ता पहनने वालों की तुलना स्त्रियों से की है। मिश्र जी कुश्ती और कसरत के हिमायती थे। दंगल पर जो आल्हा लिखा है, उसके आरम्भ में उनका एक छप्पय है :

ग्यारह डँड़ नित उठि करै, रोग न रहै सरीर।
दुश्मन दावादार को, डर नहिं आवै तीर॥
डर नहिं आवै तीर, रहे मन मस्त सदाहीं।
लाख बुढ़ापा होय, घटै कबहूँ बल नाहीं॥
कह अक्खड़ अलहैत, छानि कै भंग दुबारा।
भजो सदाशिव शक्ति, करो नित उठि डँड़ ग्यारा॥

कानपुर के रुजगारियों के प्रति उनके मन में बड़ी घृणा है :

सौदा बेचैं नाचै गावैं बैठैं जुलफन का चिकनाय।

कुश्ती और दंगल से इन्हें काम नहीं है; दो तरह की लड़ाई ये लोग अलबत्ता जानते हैं, एक अदालत की और दूसरी नैनों की।

लड़ै अदालत बढ़ि बढ़ि हाँथन हँसि हँसि नैना लेइँ लड़ाय।
फक्कड़ लड़िबो सब जानत हैं, कुस्ती उस्ती कौन बलाय॥

रुपया, अठन्नी और चवन्नी के टिकट लेने वालों का वर्णन भी देखिए :

देइँ रुपैया चेहरे साही उइ कुरसिन पर बैठैं जाय।
और अठन्नी के खरचैया बैठैं तँबुआ के तर जाय॥
जिन्हैं चवन्नी की समरथि है तिनको हाल देउँ बतलाय।
ठाढ़े सूखैं रे घामें माँ बूँदी परतै जायँ हनाय॥

जैसे आज दंगल होते हैं, वैसे ही तब भी होते थे। वैसे ही जुआ और वैसे ही पुलिस का भीड़ पर डंडे बरसाकर उसे शान्त करना। गर्मी के मारे प्राण तालू में लग रहे हैं परन्तु जगह छोड़कर जाने की किसी में हिम्मत नहीं है :

मारे गरमी के जिउ निकरै औ मुँह सूखि सूखि रहि जाय।
उठि कै जैये जों पानी को तौ फिर ठौर मिलन कों नाहिं॥

अन्त में प्रबन्धकों से दंगल का और अच्छा इन्तजाम करने की प्रार्थना के साथ मिश्र जी ने इस आल्हा को समाप्त किया है।

मिश्र जी ने दंगल की भीड़भाड़, पहलवानों के दाँवपेंच, जनता की धूप में परेशानी, बिना टिकट देखने वालों का डंडों से सत्कार आदि बातों का बड़ा रोचक वर्णन किया है। आजकल के बहुत से जुल्फ चिकनाने वाले बाबू लोगों को यह असभ्यता मालूम होगी कि कोई लेखक कुश्ती आदि का वर्णन करे। कुश्ती में तो बदन में मिट्टी लग जाती है और डंड लगाने से दिमाग कमजोर हो जाता है। ऐसी कविता की प्रशंसा करना वे शायद और भी असभ्य समझेंगे। उनसे निवेदन है कि वे ग्रीक सभ्यता का अध्ययन करें, जिस सभ्यता से यूरुप की सभ्यता का जन्म हुआ है। ग्रीक युवकों की शिक्षा में संगीत, वक्तृत्व-कला और कसरत अनिवार्य विषय थे। इसलिए वे प्रत्येक विद्वान का सुडौल और सुगठित होना भी आवश्यक समझते थे। वे लोग अखाड़े में जाकर कुश्ती लड़ते थे और एक हँसिया की तरह की चीज से बदन से मिट्टी काँछते थे। यदि हमारे अर्द्धशिक्षित और असंस्कृत बाबू लोग प्लेटो की पुस्तकें पढ़ें तो उन्हें मालूम होगा कि ग्रीस के सबसे महान विचारक और साहसी पुरुष सुकरात को अखाड़े में जाते किसी प्रकार की लज्जा न होती थी। स्वास्थ्य और व्यायाम में दिलचस्पी होना प्रत्येक जागृत युग का लक्षण है। प्रतापनारायण मिश्र कानपुर के सोने की जंजीर पहनने वाले, जुल्फ चिकनाने वाले व्यापारियों और उनकी संस्कृति से प्रभावित अन्य वर्गों के लोगों में कुश्ती-कसरत के प्रति अवज्ञा देखकर खीजते थे। इसलिए उन्होंने इतने तीखे शब्दों में कहा है कि इन्हें या तो अदालत में लड़ना आता है या नैन लड़ाना आता है।

प्रतापनारायण मिश्र की एक अत्यन्त प्रशंसित कविता है : 'ब्रैडला स्वागत', जिसका अंग्रेज़ी में अनुवाद करके पिनकौट ने उसे इंग्लैंड के एक पत्र में छपाया

था। इसकी शैली अत्यन्त ओजपूर्ण है और देश की गरीबी का इसमें बड़ा करुण वर्णन किया गया है। दुर्भाग्य से मुझे यह पूरी कविता देखने को नहीं मिली। कुछ पंक्तियाँ 'सरस्वती' के एक लेख में उद्धृत की गई थीं जिसे अभ्युदय प्रेस से प्रकाशित प्रतापनारायण मिश्र के निबन्ध-संग्रह 'निबन्ध-नवनीत' की भूमिका के रूप में दिया गया है। इनमें नोन, तेल, लकड़ी और घास पर भी टैक्स लगाने का उल्लेख करके कहा गया है कि देशवासियों के लिए कृषि, शिल्प, वाणिज्य सेवा, किसी में भी कोई तत्त्व नहीं है। इस कविता की कुछ पंक्तियाँ मैंने पं. श्रीनारायण चतुर्वेदी से सुनी थीं, जो इस प्रकार हैं :

बहुतेरे जन द्वार द्वार मंगन बनि डोलहिं।
तनिक नाज हित दीन बचन जेहि तेहि ते बोलहिं।
बहुत लोग परदेस भागि अरु भागि न सकहीं।
चोरी चंडाली करि बन्दीगृह पथ तकहीं।
पेट अधम अनगिनतिन अकरम करम करावत।
दारिद दुरगुन पुंज अमित दुख हिय उपजावत।
यह जिय धरकत यह न होय कहुँ कोउ सुनि लेई।
कछू दोष दै मारहि अरु रोवन नहिं देई।

ये पंक्तियाँ उस कवि की लिखी हैं जिसने देश की निर्धनता को निकट से देखा है, जो जानता है कि गरीबी किस प्रकार मनुष्य के आत्म-सम्मान का गला घोट देती है और उसे नीच से नीच काम करने के लिए प्रेरित करती है। जगदीश्वर के समान दिल्लीश्वर भारत-सम्राट अकबर के शासन-काल में हिन्दी के सर्वश्रेष्ठ कवि तुलसीदास ने जनता की गरीबी को लक्ष्य करके लिखा था :

खेती न किसान को, भिखारी को न भीख बलि,
बनिक को वनिज न चाकर को चाकरी।

महारानी विक्टोरिया के राज्य में जहाँ सूर्य अस्त न होता था, प्रतापनारायण मिश्र ने लिखा था :

जहाँ कृषी, वाणिज्य, शिल्प, सेवा सब माहीं।
देसिन के हित कछू तत्व कहूँ कैसेहु नाहीं।

साम्राज्यवाद की भूख ऐसी ही है। उसके मुँह से गरीब प्रजा के लिए पेट भर अन्न बचना कठिन है। भारतीय प्रजा की जैसी मानसिक दशा सदियों की गुलामी और अत्याचार में रही है, वह इन शब्दों में खूब प्रकट हुई है :

यह जिय धरकत यह न होइ कहुँ कोउ सुनि लेई।
कछू दोष दै मारहि अरु रोवन नहिं देई॥

निबन्ध-लेखक प्रतापनारायण मिश्र के चित्र का यह वह भाग है, जहाँ प्रकाश के बदले गहरी छायाएँ हैं। जो मनुष्य हास्य और व्यंग्य की चुहल से भरे मनोरंजक निबन्ध लिख सकता था, उसके हृदय में ऐसी ही टीस थी। ओठों पर छलकती हँसी के नीचे यह दु:सह व्यवस्था छिपी थी कि :

पेट अधम अनगिनतिन अकरम करम करावत।

हास्य और करुणा का अद्‍भुत सम्मिश्रण 'तृप्यन्ताम' में है। यह एक लम्बी कविता है जिसमें 89 बन्द हैं और अन्त में एक दोहा है। इसका रचनाकाल 1890 है।

'तृप्यन्ताम' में अनेक देवी-देवताओं को स्मरण किया गया है परन्तु तर्पण करते समय कवि को बार-बार देश-दशा की याद हो आती है। वह सोचता है, इन्हीं गुलाम हाथों से तर्पण करूँ? यही गुलाम सिर उन्हें झुकाऊँ? जिस जीभ से शासकों की खुशामद करनी पड़ती है, उसी से उन्हें 'तृप्यन्ताम' कहूँ? कठोर यातना और दु:सह अपमान की भावना से मर्माहत कवि ने लिखा है :

इन हाथन सों देहिं कहा जल जे सेवहिं पर चरन मुदाम।
रहत विश्व पदत्रान-दलित नित तेहि शिर सों किमि करैं प्रणाम॥
जौन जीह निशिदिन सूखति है बकत खुशामद कपट कलाम।
यासों कैसे कहै हहा हम अहो पुलह मुनि तृप्यन्ताम॥

जो देवता अपनी मूर्तियों का ध्वंस देखकर भी तृप्त नहीं हुए, उन्हें कवि ने निर्लज्ज कहा है। वेदों का किसी को ज्ञान नहीं है, तब ब्रह्मा का तर्पण कैसे हो? विष्णु भगवान लक्ष्मी के पति हैं, परन्तु देश में लक्ष्मी का नाम नहीं है। रुद्र शक्ति के देवता हैं परन्तु यहाँ तो 'छुरिहु छुवत डर लाग' वाली दशा है। प्रजापति का कार्य करने वाले लोग अब 'निरबल निरबस निपट निकाम' हैं। छन्द देवता के नाम पर यहाँ के लोग हरिश्चन्द्र के गुणों को भी भूल चले हैं। आचार्यों की विद्या लन्दन में है और कला और संगीत का वास कथकों में रह गया है। नाग देवता को दूध कौन पिलाये, जब महँगी और टैक्स के मारे साग-पात मिलना भी कठिन हो रहा है :

महँगी और टिकस के मारे हमहिं छुधा पीड़ित तन छाम।
साग पात लौं मिलैं न जिय भरि लेबो बृथा दूध को नाम॥
तुमहिं कहा प्यावैं जब हमरो कटत रहत गोवंश तमाम।
केवल सुमुखि-अलक उपमा लहि नाग देवता तृप्यन्ताम॥

महँगी और टैक्स के दिनों में भी सुन्दरी की नागिन जैसी जुल्फों का स्मरण करने वाले कवियों पर भी व्यंग्य किया गया है। यक्षगण अलकापुरी से आए हैं;

अगर वहीं से कुछ लाये हों तो खाने-पीने का प्रबन्ध करें। खाली चार दाने जौ-चावल और पानी से काम चल जाए तो स्वागत!

अलकापुरी त्यागि इत आए बड़ी दया कीन्हीं परनाम।
कछु धनपति ने दियो होय तो भोजन को कीजै इंतजाम॥
तुम्हें समर्पैं कहा, हमारी पूँजी में नहिं एक छदाम।
हाँ यह जल, यह जब, ये तन्दुल लेहु यज्ञगण तृप्यन्ताम॥

इसी प्रकार अन्य देवताओं का स्मरण करते हुए उन्होंने देश की दुर्दशा का चित्रण किया है। कचहरियों में जिस प्रकार न्याय बिकता है, उस पर बड़ी कटुता से लिखा है :

जहँ निज दुखहु न रोय सकत हैं प्रजा खरीदे बिन इस्टाम।
तहँ तब हित हे धर्मराज जू कहाँ नमन्ते तृप्यन्ताम॥

यह सोचकर कि मरे हुओं को तो खाने को मिलता है और जीते हुए भूखों मर रहे हैं, उन्होंने और भी तीखेपन से लिखा है :

मरेहु खाउ तुम खीर खाँड़ हम जियहिं छुधा कृश निपट निकाम।

पिशाच मसानों में नरमुंडों से क्रीड़ा करते हैं परन्तु हाड़ चाम के ढाँचों में रक्त की बूँद का नाम नहीं है :

सुख सों खेलहु खाहु सजहु तन जो कुछ मिलै हाड़ औ चाम।
लहौ जु एकौ बूँद रकत तो बसि पिशाच कुल तृप्यन्ताम॥

शायद यह तीखेपन की हद है। अंग्रेज़ी में स्विफ्ट ने इस प्रकार का व्यंग्य लिखा था। अकाल और महँगाई में किसी देवता का तर्पण सम्भव नहीं है। केवल एक मृत्यु देवता के तृप्त होने के सभी साधन मौजूद हैं। अकाल और महँगाई के विरुद्ध यदि कोई विद्रोह करे तो उसके स्वागत के लिए भरी हुई बन्दूकें तैयार हैं। इसीलिए मृत्यु अतृप्त न रहेगी :

लैसन इनकम चुंगी चन्दा पुलिस अदालत बरसा घाम।
सबके हाथन असन बसन जीवन संसयमय रहत मुदाम॥
जो इनहू ते प्रान बचै तो गोली बोलति आय धड़ाम।
मृत्यु देवता नमस्कार तुम सब प्रकार बस तृप्यन्ताम॥

इस तर्पण में वही कटुता है जो प्रेमचन्द के 'गोदान' में है।

जनता के लिए जन-भाषा में जिन लोगों ने कविता लिखी है, उनमें प्रतापनारायण मिश्र का स्थान अन्यतम है। उनकी उक्तियों में वही सिधाई है जो उनके निबन्धों में है; वह सिधाई जो अति साधारण पाठकों का हृदय भी हिला देती है। उनमें वह बाँकपन भी है जो एक सफल हास्य और व्यंग्य लेखक को ही सुलभ हो सकता है। जो लोग आशिक-माशूकों की अदाओं के बाँकपन में बाँके हो गए हैं, या जो कच-कुच-कटाक्ष की कविता में कट मरे हैं, उन्हें ये रचनाएँ शायद कविता कहलाने की अधिकारी भी न जान पड़ेंगी। परन्तु यदि सहृदयता का अर्थ पीड़ित जन-समुदाय के प्रति निर्दयता नहीं है, यदि रस की सृष्टि केवल मानवता के पतन के लिए नहीं वरन उसके विकास के लिए है, यदि रस कच-कुच-कटाक्षों के वर्णन से उत्पन्न होकर ही ब्रह्मानन्द सहोदर नहीं हो जाता वरन उसकी परिणति त्याग और सेवा की प्रेरणा में भी हो सकती है, तो ये कृतियाँ भी कविता हैं और उस कोटि की कविता हैं जिसकी टक्कर की कम रचनाएँ इस युग के हिन्दी साहित्य में हैं। जन-साहित्य की रचना करते समय हमें बार-बार प्रतापनारायण मिश्र और उनके साथी अन्य कवियों की रचनाएँ अपने सामने रखनी पड़ेंगी।

कविता : प्रेमघन तथा अन्य कवि

राधाचरण गोस्वामी तथा अन्य पत्रकार, जो वास्तव में गद्य-लेखक थे, कभी-कभी पद्य में भी कुछ लिख डालते थे। उनकी रचनाएँ अधिकतर किसी-न-किसी बात के प्रचार के लिए होती थीं। राजनीति या सामाजिक आचार-विचार के सम्बन्ध में जनता को सचेत करने के लिए वे होली, आल्हा या ऐसी ही और चीजें लिखा करते थे जिनके कुछ उदाहरण पहले दिये जा चुके हैं। बालकृष्ण भट्ट भी ऐसे ही कवियों में थे। हिन्दी के प्रचार पर कविताएँ लिखना स्वाभाविक था। प्रयाग की एक सभा में भारतेन्दु ने हिन्दी पर एक व्याख्यान ही पद्यबद्ध करके पढ़ा था। वह इस प्रकार की रचनाओं का अच्छा उदाहरण है। भारतेन्दु अंग्रेज़ी शिक्षा के विरोधी न थे परन्तु चाहते थे कि भाषा सीखते-सीखते आधी आयु न बीत जाए। वह चाहते थे कि अंग्रेज़ी तथा अन्य भाषाओं से हिन्दी में अनुवाद हो, जिससे लोगों को बिना उन सब भाषाओं को सीखे हुए भी उनके साहित्य का, विशेषकर विज्ञान-सम्बन्धी साहित्य का, ज्ञान हो जाए। उन्होंने इस बात को अच्छी तरह समझा था कि ब्रिटिश साम्राज्य का विस्तार विज्ञान की उन्नति से हुआ है। विज्ञान की सहायता से अपने उद्योग-धन्धों का विकास किए बिना हिन्दुस्तान न स्वाधीन हो सकता है, न उन्नति कर सकता है। वह हिन्दी का प्रचार इसलिए न चाहते थे कि स्वर्ग में पितृगण अपनी सन्तान को हिन्दी पढ़ते देखकर प्रसन्न हो जाएँगे वरन इसलिए कि बिना हिन्दी प्रचार के देश में वैज्ञानिक खोज और उद्योग-धन्धों का विकास कभी न हो सकेगा। इस बात को शायद उस समय अन्य किसी विचारक ने इतनी स्पष्टता से न देखा था। भारतेन्दु की इच्छा थी कि वह स्वयं इंग्लैंड, फ्रांस और अमेरिका जाएँ और उन देशों की प्रगति का निकट से अध्ययन करें। उनकी इच्छा थी कि धन एकत्र करके एक हिन्दी की यूनिवर्सिटी खोलें और शिल्पकला के शिक्षण के लिए एक विद्यालय भी स्थापित करें।[1]

दुर्भाग्य से उनकी आयु बहुत थोड़ी थी, इसलिए वे अपने जीवन में उन विचारों को कार्यरूप में परिणत न कर सके।

---

1. विश्वनन्दन सहाय, पृष्ठ 346

हिन्दी पर अपने पद्यबद्ध व्याख्यान में उन्होंने मशीन के प्रयोग द्वारा अंग्रेज़ों के उद्योग-धन्धों के विकास और फलत: उनके व्यापार के प्रसार पर कहा था :

कल के कलबल छलन सों, छले इते के लोग।
नित नित धन सों घटत हैं, बाढ़त हैं दुखसोग॥

हिन्दुस्तान में विदेशी वस्तुओं के व्यवहार पर कहा था :

मारकीन मखमल बिना, चलत कछू नहिं काम।
परदेसी जुलहान के, मानहुँ भये गुलाम॥
वस्त्र काँच कागज कलम, चित्र खिलौने आदि।
आवत सब परदेश सों, नितहिं जहाजन लादि॥
इत की रूई सींग अरु, चरमहिं नित लै जाय।
ताहि स्वच्छ करि वस्तु बहु, भेजत इतहिं बनाय॥
तिनही को हम पाइ कै, साजत निज आमोद।
तिन बिन छिन तृन सकल सुख, स्वाद विनोद प्रमोद॥

हिन्दुस्तानियों को परदेसी जुलाहों का गुलाम कहकर भारतेन्दु ने नवीन साम्राज्यवाद की स्वार्थपरता को स्पष्ट कर दिया है। हम लोग ऐसे मूर्ख हैं कि कच्चा माल विदेश भेजकर बदले में उसी से बना हुआ विलायती माल सौ गुने अधिक दाम देकर खरीद लेते हैं। इन वस्तुओं के व्यवहार से हम अपनी सभ्यता आँकते हैं। जुलाहों का आधिपत्य तभी दूर हो सकता है, जब घर में ही माल तैयार हो और विदेशी साहूकारों का माल खरीदने के लिए एक भी मंडी न रह जाए। यदि हिन्दी में मशीन और वैज्ञानिक आविष्कारों के साहित्य का अनुवाद हो तो देश में इस नई आर्थिक उन्नति का श्रीगणेश हो जाए :

जानि सकै सब कछु सबहि, विविध कला के भेद॥
बनै बस्तु कल की इतै, मिटै दीनता खेद॥

देश में नवशिक्षा के प्रसार से उद्योग-धन्धों की उन्नति का स्वप्न देखते हुए उन्होंने लिखा था :

लखहु उदित पूरब भयो, भारत भानु प्रकास।
उठहु खिलावहु हियकमल, करहु तिमर दुखनास॥

भारतेन्दु-युग में प्रबन्ध काव्यों का प्राय: अभाव है परन्तु प्रेमघन का 'जीर्ण जनपद' बहुत कुछ इस कमी को पूरी कर देता है। गोल्ड्स्मिथ के 'डेजर्टेड विलेज' के ढंग पर श्रीधर पाठक तथा अन्य कवियों की रचनाओं से भिन्न 'जीर्ण जनपद' गोल्ड्स्मिथ से अधिक कवि क्रैब के गाँवों के निकट है। इसमें किसी गाँव का आदर्श चित्र नहीं

खींचा गया वरन गाँव के परिवर्तन का आँखों-देखा चित्र है। अनेक बातों में यह प्रबन्ध-काव्य अपने ढंग की रचनाओं में अनोखा है। प्रेमघन ने अपनी बाल्यावस्था में दत्तापुर नाम के गाँव का पुराना रूप देखा था और महारानी विक्टोरिया के युग में उन्होंने उसका नया रूप देखा। दोनों युगों के आचार-विचार, वेश-भूषा, रहन-सहन आदि के वर्णन के कारण इस काव्य का ऐतिहासिक महत्त्व है। बाल्यकाल के संसर्ग के कारण उस बीते युग से उनका मोह होना स्वाभाविक है परन्तु इस मोह में उन्होंने उस युग को सतयुग का रूप नहीं दिया। कचहरी में मुंशियों के प्रधान का चित्र देखिए :

तिन सबको प्रधान कायथ इक बैठ्यो मोटो।
सेत केस कारौ रंग कछु डीलहु को छोटो॥
रूखे मुख पर रामानुजी तिलक त्रिशूल सम।
दिये ललाट, लगाये चस्मा, घुरकत हरदम॥
पाग मिरजई पहिनि, टेक मसनद परजन पर।
करत कुटिल जब दीठ, लगत वे काँपन थर-थर॥
बाकी लेत चुकाय छनहिं में मालगुजारी।
कहलावत दीवान दया की बानि बिसारी॥

उस समय के राजकर्मचारियों के अत्याचार का वर्णन तो इसमें है ही, रेखाचित्र की खूबी बिलकुल एक नई बात है। नायक-नायिकाओं या काल्पनिक पात्रों के चित्रण को छोड़कर इस तरह के रेखाचित्र पहले के साहित्य में नहीं थे। चित्र में व्यंग्य की चमक भी है :

पूजा करत देर लौं बनत वैष्णव भारी।
पढ़ि रामायन रोवत है पै अति व्यभिचारी॥

मकतब के मौलवी साहब के चित्र में प्रेमघन ने कमाल कर दिया है। हाथ में तसबीह है, आँखों में सुरमा। उनका कुरान पढ़ना देखकर :

कोउ किताब की ओट हँसत, कोउ बन्द किए मुख।
अट्टहास करि कोउ भाजत फेरे तिन सों रुख॥

पंडितजी और मौलवी साहब बैठकर बातचीत करते हैं, तो लगता है :

जनु लोमस ऋषि अरु बाबा आदम की जोरी।
सतयुग की बातन की मानहु खोले झोरी॥

परन्तु कभी-कभी यह दृश्य बदल भी जाता है और एक दूसरा ही समाँ बँध जाता है :

धर्म भेद पर कबहुँ विवाद बढ़ाय प्रबलतर।
झगरत बूढ़ बाघ सम दोऊ गरजि परस्पर॥

पाठशाला का ध्वंस देखकर और अपने बाल्य जीवन की याद करके प्रेमघन ने बड़ी मर्मस्पर्शी पंक्तियाँ लिखी हैं :

मच्यो रहत नित सोर सुभग बालकगन को जहँ।
आज रोर काकन को करकश सुनियत है तहँ॥

सिपाहियों के चन्दन घिसने और सिखरन पीने आदि का वर्णन भी बड़ा मनोरंजक है। नये युग में जनता की गरीबी, बेकारी और शारीरिक तथा मानसिक पतन का करुण चित्र देखिए :

सूखे वे मुखकमल, केश रूखे जिन केरे।
वेश मलीन, छीन तन, छवि-इत जात न हेरे॥
दुर्बल रोगी, नंगधड़ंगे जिनके शिशुगन।
दीन दृश्य दिखराय हृदय पिघलावत पाहन॥

पढ़े-लिखों की दुर्दशा का वर्णन इस प्रकार किया है :

ढूँढ़त फिरत नौकरी जो नहिं कोउ विधि पावत।
खेती हू करि सकत न दुख सों जन्म बितावत॥
चलै कुदारी तिहि कर किमि जो कलम चलायो।
उठै बसूला, घन तिन सों किमि जिन पढ़ि पायो॥

प्रेमघन कंस-वध पर एक महाकाव्य लिख रहे थे परन्तु उसे पूरा नहीं कर सके। इसके एक सर्ग में इन्होंने हरिगीतिका छन्द में कुछ बड़ी सुन्दर वर्णनात्मक कविता लिखी है। 'कलिकाल तर्पण' में इन्होंने भारतवर्ष के इतिहास का सिंहावलोकन किया है। हरिश्चन्द्र की मृत्यु पर लिखे गए छन्दों में इनकी सहृदयता फुट पड़ी है :

मित्र क्यों न रोवै तेरो शत्रु क्यों न होवै तऊ।
पूरो पशु होवे ना तो क्या मजाल रोवै ना॥

'होली की नकल' में इन्होंने टैक्स लगाने पर क्षोभ प्रकट किया है, विशेषकर इसलिए कि जिन पर टैक्स लगाना चाहिए, वे उससे बचे हुए हैं :

रहै विलायत जो हरखाय, भारत सों धन रोज कमाय।
चैन करै जो मजे उड़ाय, तिस का टिक्कस भी छुट जाय॥
यह अचरज देखो तो आय, सोचत बुद्धि बिकल हो जाय॥

इसी में उन्होंने बर्मा-युद्ध का भी उल्लेख किया है।

शृंगार-रस पर इनकी पुराने ढंग की कविता काफी प्रसिद्ध है :

चितै चैत की चाँदनी चाह भरी चरचा चलिवे की चलाइयो ना।

इन्हीं की पंक्ति है। सावन से इन्हें कुछ विशेष प्रेम था। वर्षा ऋतु पर इनके अनेक छन्द हैं और इन्होंने कजरी भी बहुत तरह की लिखी है। भारतेन्दु के मैनिफेस्टो के अनुसार लोक-गीतों में इन्होंने अनमेल-विवाह, बाल-विवाह, देश-दशा आदि पर बहुत कुछ कहा है। अपने युग के अन्य कवियों की अपेक्षा यह कुछ पुरातन-प्रेमी अधिक थे। ब्रिटिश राज के गुण भी इन्होंने कम नहीं गाये। परन्तु जीवन के अन्तिम समय में यह नवयुग के निकट आ गए थे। तब चरखे का नाम लिया जाने लगा था। राष्ट्रीयता के आदर्श पर इन्होंने लिखा था :

हिन्दू मुसलिम जैन पारसी ईसाई सब जात।
सुखी होंय हिय भरे प्रेमघन सकल भारती भ्रात॥

अंग्रेज़ों ने जिस रामराज्य की स्थापना की थी, उसका चित्र यह है :

पी प्रमाद मदिरा अधिकारी लाज सरम सब घोली।
लगे दुसह अन्याय मचावत निरख प्रजा अति भोली॥
देश असेस अन्य धन उद्यम सारी सम्पति ढोली।

प्रतापनारायण ने 'रोवन नहिं देई' कहकर प्रेस ऐक्ट आदि प्रतिबन्धों की ओर जिस प्रकार संकेत किया था, उसी प्रकार इन्होंने लिखा था :

निज दुख व्यथा कथा नहिं कहिवे पावत कोऊ मुँह खोली।

यह भ्रम-निवारण उस युग की विशेषता है। महारानी विक्टोरिया के सम्राज्ञी बनने पर बहुतों को यह आशा हुई कि अब देश के दिन फिरे। शीघ्र ही उनकी आशाओं को ठेस लगी और उन्हें दुर्भिक्ष, टैक्स, प्रेस ऐक्ट आदि का सामना करना पड़ा। इसके प्रतिकार के लिए उन्होंने यह सोचा कि देश में शिक्षा का प्रसार होना चाहिए। उद्योग-धन्धों के विकास और स्वदेशी के व्यवहार से देश की गरीबी बहुत कुछ दूर हो सकेगी, यह सब उन लोगों ने सोचा था और अपनी कविता में लिखा था। उन्हीं का अनुसरण करके देवीप्रसाद 'पूर्ण' आदि ने मशीन की प्रशंसा में कविताएँ लिखीं। गांधीजी की मध्यकालीन मनोवृत्ति से साहित्य में विज्ञान और मशीन से प्रेम कम हो गया है। राजनीतिक चेतना के साथ उन्होंने सामाजिक कुरीतियों पर भी लोक-गीत रचकर समाज-संस्कार में सहायता दी। व्यंग्य और हास्य जैसे उस युग के शेष साहित्य में मिलते हैं, वैसे ही कविता में। खड़ी बोली में उन्होंने प्रयोग आरम्भ कर लिए थे परन्तु ब्रजभाषा गुजरात से लेकर बंगाल तक उत्तर भारत की साहित्यिक भाषा रह चुकी थी। भक्ति और शृंगार का उसमें अनुपम साहित्य रचा जा चुका था। ब्रजभाषा से लगाव तोड़ना उस समय अपनी समग्र भारतीय संस्कृति से नाता तोड़ना जान पड़ता था। इसीलिए कविता में प्रधान रूप से ब्रजभाषा का ही प्रयोग होता रहा है।

कविता : खड़ी बोली और ब्रजभाषा

कविता में खड़ी बोली का प्रयोग हो कि ब्रजभाषा का, यह विवाद भारतेन्दु की मृत्यु के बाद बहुत जोर पकड़ गया। गद्य और पद्य में दो भाषाओं या बोलियों के प्रयोग की अस्वाभाविकता भारतेन्दु को ही खटकने लगी थी। उन्होंने स्वयं खड़ी बोली में प्रयोग के रूप में कुछ कविता लिखी थी और उसे 'भारत-मित्र' में प्रकाशित कराया था। पहली सितम्बर, 1881 के 'भारत-मित्र' में अपने छन्दों के साथ उन्होंने यह पत्र भी छपाया था :

"प्रचलित साधुभाषा में कुछ कविता भेजी है। देखिएगा कि इसमें क्या कसर है और किस उपाय के अवलम्बन करने से इसमें काव्य-सौन्दर्य बन सकता है। इस सम्बन्ध में सर्वसाधारण की सम्मति ज्ञात होने से आगे वैसा परिश्रम किया जाएगा।"

भारतेन्दु ने अपने नये प्रयोग के बारे में बड़ी नम्रता से लिखा था। इसमें सन्देह नहीं कि वे ऐसे प्रयोगों के पक्ष में थे। वह चाहते थे कि अन्य साहित्यिक भी इस पर अपने विचार प्रकट करें, इसलिए लिखा था : "लोग विशेष इच्छा करेंगे तो मैं और भी लिखने का यत्न करूँगा।"

भारतेन्दु कविता बहुत जल्दी लिखते थे और ब्रजभाषा में इसका उन्हें खूब अभ्यास था; नये माध्यम में कठिनाई पड़ना स्वाभाविक था। फिर भी, वह दूसरों की राय जानकर परिश्रम करने के लिए तैयार थे। पहले तीन दोहे लिखे थे :

बरसा सिर पर आ गई, हरी हुई सब भूमि।
बागों में झूले पड़े, रहे भ्रमरगण झूमि॥
करके याद कुटुम्ब की, फिरे विदेसी लोग।
बिछड़े प्रीतमवालियों के सिर छाया सोग॥
खोल खोल छाता चले, लोग सड़क के बीच।
कीचड़ में जूते फँसे, जैसे अघ में नीच॥

इसके बाद एक गीत था :

गरमी के आगम दिखलाये रात लगी घटने।
कुहू कुहू कोयल पेड़ों पर बैठ लगी रटने॥
ठंडा पानी लगा सुहाने आलस फिर आई।
सरस सुगन्ध सिरिस फूलों की कोसों तक छाई॥

उपवन में कचनार, बनों में टेसू हैं फूले।
मदमाते भौंरे फूलों पर फिरते हैं भूले ॥[1]

इस गीत और ऊपर के दोहों में ब्रजभाषा के ढंग पर कविता लिखने की चेष्टा की गई है। भारतेन्दु का प्रयोग भाषा और छन्द को लेकर है; भावों की गहराई तक जाना उनका लक्ष्य न था। जगह-जगह पर उन्हें अटपटा-सा लग रहा है, यह भी हम देख सकते हैं। दूसरी कविता 'कहाँ हो हे हमारे राम प्यारे' काफी लम्बी है और उसमें उन्हें अधिक सफलता मिली है।

भारतेन्दु ने कविता में खड़ी बोली के प्रयोग को केवल अपने शब्दों से खुलासा कर दिया था; प्रयोग वैसे बहुत कुछ अनजाने ही होने लगा था और कवि के सचेत न रहने पर बहुधा खड़ी बोली और ब्रजभाषा, दोनों मिल जाया करती थीं। रीतिकाल में जिस प्रकार की खड़ी बोली के उदाहरण जहाँ-तहाँ मिलते हैं; बहुत कुछ उसी के ढंग पर भारतेन्दु के पिता 'गिरधरदास' ने यह पद रचा था :

चोरी दही मही की करना, घर, घर घूमना हो लाल।
परनारिन सों नेह लगाना, सुन्दर गीत मनोहर गाना,
यमुना तट ग्वालन को लेके घूमना हो लाल।
मटुकी के कर टूक पटकना, अँचरा गहिगाहे हाथ झटकना,
उझकि उझकि कर लाय लाय मुख चूमना हो लाल।
'गिरधरदास' कहै हम जाना, तुमने सुख इसमें ही माना,
निडर होय गोकुल में झुकि झुकि झूमना हो लाल॥[2]

'गिरधरदास' के बाद भारतेन्दु का इस परम्परा को आगे बढ़ाना स्वाभाविक था।

जनवरी, 1875 की 'हरिश्चन्द्र-चन्द्रिका' में अमृतसर के कवि सन्तोषसिंह का एक कवित्त छपा है जिसमें ब्रजभाषा और खड़ी बोली का मिश्रित रूप हम देख सकते हैं। श्रीधर पाठक के समय इस प्रकार की भाषा बहुत लिखी जाने लगी थी :

हौं द्विज विलासी वासी अमृत सरोवर को,
कासी के निकट तट गङ्ग जन्म पाया है।
शास्त्र ही पढ़ाया कर प्रीति पिता पण्डित ने,
पाया कवि पन्थ राम कीनी बड़ी दाया है॥
कहै तोष हरि नाम काव्य में है ठहराया,
जैसा कुछ आया सो प्रबन्ध मैं बनाया है।
प्रेम को बढ़ाया अब सीस को नवाया देखो,
मेरे मन भाया कृष्ण पाँय पै चढ़ाया है॥

1. शिवनन्दन सहाय, पृष्ठ 157
2. ब्रजरत्नदास हरिश्चन्द्र, पृष्ठ 51

भारतेन्दु ने खड़ी बोली में अपनी कविताएँ 1881 में 'भारत-मित्र' को भेजी थीं। उसके बाद वह प्रयोग करते रहे थे यद्यपि इसके लिए उन्हें कोई विशेष प्रोत्साहन मिला हो, ऐसा नहीं जान पड़ता। दिसम्बर, 1884 की 'नवोदिता श्री हरिश्चन्द्र-चन्द्रिका' में उन्होंने खड़ी बोली में लिखे हुए अनेक छन्द प्रकाशित किए थे। ये छन्द उनकी मृत्यु से एक वर्ष पहले लिखे गए थे। सभी में वैराग्य की भावना है। पहला पद है : 'साँझ सबेरे पंछी सब क्या कहते हैं कुछ तेरा है।' दूसरा पद : 'तुझ पर काल अचानक टूटेगा' अधिक ओजपूर्ण शैली में है। तीसरा पद है : 'जग की लात करोरन खाया, मन में अब तो लाज बेहाया।' 'डंका कूच का बज रहा मुसाफिर जागो रे भाई' उनका काफी प्रसिद्ध पद है। इसी तरह के दो-तीन छन्द और प्रकाशित हुए थे। इन्हें देखकर कोई यह नहीं कह सकता कि भारतेन्दु खड़ी बोली में कविता लिखने से हताश हो गए थे। उनके प्रयोग बराबर जारी थे। यहाँ पर बँगला के पयार छन्द में रची हुई उनकी कविता 'मन्द-मन्द आवे देखो प्रात समीरन' का उल्लेख कर देना उचित है। वह अक्तूबर, 1874 की 'हरिश्चन्द्र-चन्द्रिका' में छपी थी। उनकी मृत्यु के उपरान्त खड़ी बोली के विरोधियों ने बार-बार कहा था कि खड़ी बोली में कविता लिखने से भारतेन्दु ने ही हार मान ली थी, तब हम लोग किस गिनती में हैं। यह अनुचित था।

सन् 1887 और 1888 में कालाकाँकर के 'हिन्दोस्थान' में इस विषय पर काफी वाद-विवाद चला। खड़ी बोली का पक्ष करने वाले नये लोग थे जिनमें श्रीधर पाठक और अयोध्याप्रसाद खत्री मुख्य थे। ब्रजभाषा का समर्थन करने वालों में प्रतापनारायण मिश्र और राधाचरण गोस्वामी जैसे लोग थे। 'हिन्दोस्थान' पत्र की सहानुभूति नये लोगों के साथ थी और सम्पादकीय स्तम्भ में वह उनका समर्थन करता था। तीन अप्रैल, 1888 के सम्पादकीय से नये आन्दोलनकारियों की मनोवृत्ति अच्छी तरह समझ में आ जाती है। "गद्य और पद्य की भिन्न-भिन्न भाषा होना हमारे लिए उतना अहंकार का विषय नहीं है जितना लज्जा और उपहास का।" यह एक ऐसी सत्य बात थी जिसका उत्तर विरोधियों के पास नहीं था। इसीलिए वे नये लेखकों के सामने टिक न सके। नये आन्दोलनकारी खुल्लमखुल्ला चुनौती दे रहे थे : जिन छन्दों में जैसी कविता हम लिख सकते हैं या लिख चुके हैं, वैसी कविता तुम ब्रजभाषा में लिख दो तो हम ब्रजभाषा का लोहा मान लें।

भारतेन्दु हरिश्चन्द्र का नाम जिस प्रकार विरोधी अपने पक्ष-समर्थन के लिए ले रहे थे, उससे चिढ़कर अयोध्याप्रसाद ने बड़े जोश से लिखा था : "ब्रजभाषा कविता के पक्षपाती बाबू हरिश्चन्द्र की दुहाई देते हैं, इसलिए, बाबू हरिश्चन्द्र के वचन का खंडन होना आवश्यक है। बाबू हरिश्चन्द्र ईश्वर नहीं थे। उनको शब्दशास्त्र (Philology) का कुछ भी बोध नहीं था। यदि (Philology) का ज्ञान होता तो खड़ी बोली में पद्यरचना नहीं हो सकती है, ऐसा नहीं कहते।"[1]

1. अयोध्याप्रसाद खत्री द्वारा संकलित और भुवनेश्वर मिश्र द्वारा सम्पादित : 'खड़ी बोली आन्दोलन'।

वास्तव में हरिश्चन्द्र का यह मत नहीं था कि खड़ी बोली में कविता नहीं हो सकती। सबसे पहले उन्होंने ही इस बात का अनुभव किया था कि गद्य और पद्य की भाषाओं का भिन्न होना अहंकार का विषय नहीं है जितना लज्जा और उपहास का। इसलिए उन्होंने 'भारत-मित्र' में अपनी कविताएँ छपवाकर उन पर विद्वानों की राय माँगी थी।

कहा जाता है कि 'डंका कूच का बज रहा मुसाफिर' उनका अन्तिम पद है। यह खड़ी बोली में ही लिखा गया है परन्तु ब्रजभाषा के प्रेमी अपने पक्ष-समर्थन के लिए भारतेन्दु के नाम को ढाल बनाए हुए थे। उस पर आक्रमण होना आवश्यक था। यदि भारतेन्दु का वही मत होता, तब भी उसका खंडन आवश्यक था। क्या साहित्य में, क्या समाज में, हम तभी उन्नति कर सकते हैं जब हम बड़े से बड़े लेखक या नेता के बारे में आवश्यकता पड़ने पर यह कह सकें कि वह ईश्वर नहीं है, आगे बढ़ने का मार्ग बन्द नहीं हो गया? खड़ी बोली के लिए आन्दोलन करने वालों में यह साहस था, इसीलिए उनकी जीत हुई।

पुराने लेखकों को खड़ी बोली से विरोध नहीं था क्योंकि वे गद्य में उसका प्रयोग करते थे। जैसाकि प्रतापनारायण मिश्र ने लिखा था : "क्षमा करें! हम खड़ी हिन्दी के विरोधी होते तो हानि पर हानि सहकर 'ब्राह्मण' का सम्पादन क्यों करते?"

मिश्र जी के पक्ष की यही कमजोरी थी। वह यहाँ तक मानने के लिए तैयार थे कि खड़ी बोली में जितनी प्रकार की कविता हो सकती हो, लिखी जाए। वास्तव में, वह केवल कविता में ब्रजभाषा के प्रयोग करते रहने की अनुमति माँग रहे थे। राधाचरण गोस्वामी ने लिखा था कि विद्वानों की एक सभा बुलाकर इस बात का निश्चय किया जाए कि कविता में कौन-सी भाषा का प्रयोग हो। उनके पक्ष की पराजय की यह मानो अग्रसूचना थी। कुछ लोगों को यह भय था कि सरकार को हिन्दी फूटी आँखों नहीं सुहाती; यदि ब्रजभाषा से नाता टूटा तो शायद हिन्दी का नाम-निशान ही मिट जाए। इस पर श्रीधर पाठक ने स्मरणीय शब्द लिखे थे : "हिन्दी के गद्य व पद्य की उन्नति हम लोगों पर निर्भर है, सरकार पर नहीं।" भला ऐसे दृढ़ विश्वास और साहस के आगे कौन टिक सकता था?

अपने 'शकुन्तला नाटक' में प्रतापनारायण मिश्र ने स्वयं अनेक पद्यों में खड़ी बोली का प्रयोग किया था। एक लोक-गीत के ढंग पर अनुसूया गाती है :

प्यारी ने पाया, पिया मन भाया, क्या ही विधाता ने जोग मिलाया।

लावनी लिखने में खड़ी बोली के प्रयोग का पहले ही चलन था। अब पुराने लेखक भी नवयुवकों का साथ देने लगे। अम्बिकादत्त व्यास ने खड़ी बोली में

अनेक कवित्त लिखे। शायद आधुनिक हिन्दी के प्रयोग से भक्ति रस में भी एक विचित्र ओज आ गया :

दाँत तोड़ तोड़ तेरी दोहरी करेगा पीठ,
अमल कमल ऐसी आँखें मुरझावेगा।
कानों की भी ताकत झबूट लेगा झोंकमार
गाल पिचका के धर गर्दन हिलावेगा॥
अम्बादत्त मालिक को भूला क्यों भटकता है,
कौन जाने कब तेरा काल मुँह बायेगा।
जोवन के मद में न भूलना कभी तू यार,
रहना सचेत एक रोज चोर आयेगा॥

पुराने कवियों में खड़ी बोली को अपनाने वालों में प्रेमघन मुख्य थे। अम्बिकादत्त व्यास की तरह और बाद के युग में 'सनेही' और 'हितैषी' की तरह इन्होंने खड़ी बोली में कवित्त लिखे थे। नीचे का कवित्त भारतेन्दु के 'नगद दमाद अभिमानी' वाली भावना का उदाहरण है :

हमें जो हैं चाहते निबाहते हैं प्रेमघन
उन दिलदारों से हो मेल मिला लेते हैं।
दूर दुतकार देते अभिमानी पशुओं को
गुनी सज्जनों की सदा नेह-नाव खेते हैं॥

'आनन्द अरुणोदय', जिसमें भारतवासियों के नव जागरण का वर्णन है, खड़ी बोली में है। इनकी अन्तिम रचना 'मयंक महिमा' भी जो इन्होंने अपने नाती के मनोविनोद के लिए लिखी थी, उसी में है। इसे इन्होंने संवत 1979 में लिखा था, जब भारतेन्दु-युग को पीछे छूटे हुए काफी दिन बीत चुके थे।

तब के लेखकों ने खड़ी बोली में काफी और उच्च कोटि की रचना नहीं की। इसका कारण स्पष्ट है। उनकी भाव-व्यंजना का प्रधान माध्यम ब्रजभाषा थी। यद्यपि उन्होंने इस बात का अनुभव किया था कि गद्य और पद्य में दो भाषाओं या बोलियों का प्रयोग अनुचित है, फिर भी, ब्रजभाषा के विशाल साहित्य, उसके ऐतिहासिक महत्त्व, और उसकी सरसता के कारण वे उससे शीघ्र ही पीछा नहीं छुड़ा सके। भारतेन्दु ने खड़ी बोली में नये प्रयोग करके इस बात का प्रमाण दिया था कि वह कविता को भाषा में परिवर्तन चाहते हैं। खड़ी बोली में तब जो भी कविता लिखी गई है, उसे पढ़ते हुए आज एक विचित्र आनन्द का अनुभव होता है। एक नये माध्यम में महान लेखक अटपटा रहे हैं परन्तु अतिशय सतर्कता के नीचे उन्होंने अपन-आपको दबा नहीं दिया। जो स्वच्छन्दता

उनके गद्य में है, उसकी छाप उनकी कविता पर भी है। उनका महत्त्व इस बात में है कि उन्होंने आँखों पर ब्रजभाषा-प्रेम की पट्टी न बाँधकर गद्य की भाषा में भी प्रयोग किए। उन प्रयोगों से नई पीढ़ी का मार्ग प्रशस्त हुआ। राय देवीप्रसाद 'पूर्ण' आदि ने उन प्रयोगों को एक निश्चित रूप दिया। श्रीधर पाठक की रचनाएँ भी बहुत कुछ प्रयोगात्मक हैं और शायद भाषा-सम्बन्धी प्रयोग करने के लिए ही उन्होंने संस्कृत और अंग्रेज़ी से अनुवाद किए थे। फिर भी, उनकी वाणी में नये युग का स्वर स्पष्ट सुनाई देने लगता है—वह स्वर, जो दिन-पर-दिन पुष्ट होता चला गया :

वन्दनीय वह देश, जहाँ के देशी निज अभिमानी हो।
बाँधवता में बँधे, परस्पर परता के अज्ञानी हों॥
निन्दनीय वह देश, जहाँ के देशी निज अज्ञानी हों।
सब प्रकार परतन्त्र, पराई प्रभुता के अभिमानी हों॥

इसी स्वाधीनता प्रेम को आगे बढ़ाते हुए नवीन कवि ने लिखा था :

जिसको न निज गौरव तथा निज देश का अभिमान है।
वह नर नहीं है, पशु निरा है और मृतक समान है॥

यहाँ पर हम भारतेन्दु-युग से विदा लेकर आधुनिक युग की सीमा-रेखा के पास आ पहुँचते हैं।

भारतेन्दु-युग और उन्नीसवीं शताब्दी का उत्तरार्द्ध

संसार के इतिहास में उन्नीसवीं शताब्दी के उत्तरार्द्ध का महत्त्वपूर्ण स्थान है। कार्ल मार्क्स, डारविन, भारतेन्दु, ईश्वरचन्द्र विद्यासागर, टाल्स्टाय आदि महापुरुषों ने काल के इसी भाग में अपना त्याग और तपस्या का जीवन बिताया था। इन वैज्ञानिकों, समाज-सुधारकों और साहित्यिकों ने मानव-विकास के मार्ग में अड़ी हुई बड़ी-बड़ी शिलाओं को अपने सबल हाथों से ठेलकर एक ओर कर दिया। बाद के लोगों ने आकर उसी मार्ग को पीट-पाटकर बराबर किया और उसको जनसमूह के चलाने योग्य बनाया। उन्नीसवीं शताब्दी के उत्तरार्द्ध से ही आधुनिक युग का आरम्भ होता है, उसकी नींवें इन्हीं महापुरुषों के हाथों डाली गई हैं। इतिहास इस बात का साक्षी है कि उन्हें इस काम में सहायता मिलना तो दूर रहा, उल्टी ईंटों और पत्थरों की बौछार ही सहनी पड़ी। कार्ल मार्क्स इंग्लैंड में ही पूँजी पर अपनी प्रसिद्ध पुस्तक लिख रहे थे परन्तु तब के अंग्रेज़ साहित्यिकों को जैसे इस बात का पता ही नहीं था कि उन्हीं के बीच आधुनिक युग का सबसे बड़ा क्रान्तिकारी काम कर रहा है। विलियम मौरिस ने अवश्य समाजवादी सिद्धान्तों के प्रचार में और मजदूरों के संगठन में भाग लिया परन्तु उनके और सब साथी सोते रहे। ऑस्कर वाइल्ड जैसे लोग जो समाजवादी हो गए, अगर न भी होते तो कुछ बुरा न था।

हिन्दुस्तान में सन् '57 के पहले रीतिकालीन परम्परा का जोर था। यह वह संस्कृति थी, जो समाज को निकम्मा बनाए थी और जिससे फायदा उठाकर अंग्रेज़ दिन-प्रतिदिन अपना राज्य-विस्तार करते चले जा रहे थे। इस परम्परा का मुसलमान राज-दरबारों में ज्यादा जोर होना स्वाभाविक था। जब उस साम्राज्य की नींवें हिलने लगीं, यहाँ तक कि उसकी ईंट से ईंट बजने लगी, तब भी उनके हाथ से वह चैन की बंसी न छूटी। दिल्ली और लखनऊ के दरबारों में रंडियों, भाँडों और शायरों का जमघट लगा रहता था। एक दिन वह महल ढहकर गिर पड़ा, लखनऊ और दिल्ली की बुलबुलें उड़ गईं और अपने लिए दूर-दूर आशियाने खोजने लगीं। लाखों किसानों का रक्त बहा। महारानी विक्टोरिया का साम्राज्याभिषेक हुआ। नवाबी का अन्त हुआ। लोगों ने एक सुख की साँस ली। रामपुर और हैदराबाद में फिर बुलबुलें चहकने लगीं।

हिन्दी लेखकों में एक थे सितारेहिन्द। जब किसी को अपनी लेखनी पर शान चढ़ाना होता, वह उन पर दो-चार वार कर बैठता। भारतेन्दु ब्रिटिश सरकार के कोपभाजन थे। उनकी पत्रिकाएँ खरीदना सरकार ने बन्द कर दिया था। वह एक बड़े अमीर घराने में पैदा हुए थे परन्तु उन्होंने बैलगाड़ी में बैठकर देश की वास्तविक दशा देखी थी। बाढ़-पीड़ितों के लिए उन्होंने हाथ में नारियल लेकर भीख माँगी थी। इसलिए वह युग-साहित्य को जन-साहित्य बनाने में सफल हुए।

जिन परिस्थितियों में भारतेन्दु और उनके साथियों को काम करना पड़ा, वे अनोखी थीं। सबसे पहले उन्हें अपनी भाषा के लिए ही लड़ना था। सरकारी अफसरों के सीखने की भाषा उर्दू निश्चित की गई थी। जब अफसर उर्दू सीखेंगे तो उनके मातहत ही हिन्दी सीखकर क्या करेंगे? कर्नल हौलरायड ने लाहौर में उर्दू मुशायरों के लिए एक सभा स्थापित की थी जिसमें हाली भी कविता पढ़ने जाते थे। ऐसी घटना हिन्दी में कोई नहीं हुई। भारतेन्दु ने 'तदीय समाज' स्थापित की थी जिसमें सदस्यता की एक शर्त स्वदेशी वस्तुओं के व्यवहार की थी। हरिश्चन्द्र को भारतेन्दु की उपाधि हिन्दी-भाषी जनता ने दी और वह नाम ऐसा चला कि सरकारी मुलम्मा होने पर भी 'सितारेहिन्द' की चमक फीकी पड़ गई। भारतेन्दु अपने जीवन के अन्तिम दिनों में मोहताज हो गए थे। उनकी मृत्यु 35 वर्ष में हो गई, फिर भी, उन्होंने आधुनिक हिन्दी की बहुत मजबूत नींव डालकर उस पर जन-साहित्य का एक सुन्दर भवन निर्मित कर दिया।

भारतेन्दु संस्कृत के महान पंडित थे। स्वामी दयानन्द से उन्होंने लोहा लिया था और सहज उदारता से उनकी समाज-सेवा की प्रशंसा भी की थी। ईश्वरचन्द्र विद्यासागर ने जब 'शकुन्तला नाटक' का सम्पादन किया था, तब वह भारतेन्दु के यहाँ ठहरे थे और वहीं 'अभिज्ञानशाकुन्तल' की पुरानी प्रतियाँ देखी थीं। उन्होंने 'शकुन्तला नाटक' का सम्पादन करके उसे भारतेन्दु को समर्पित भी किया था। परन्तु बाद को शायद प्रकाशकों को यह न रुचा; उन्होंने उस समर्पण को निकाल दिया। उनके विशाल पुस्तकालय के लिए भारत सरकार एक लाख रुपया दे रही थी परन्तु उन्होंने अपना पुस्तकालय बेचना उचित न समझा।[1] संस्कृत के पंडित होने और नित्य प्रति पंडितों की संगति होने पर भी उन्होंने अपनी भाषा में पंडिताऊपन नहीं आने दिया। वह जनभाषा और जन-साहित्य की आवश्यकता समझते थे; इसलिए भाषा को उन्होंने वैसा ही रूप दिया। साहित्य सामाजिक विकास का एक साधन है, इस बात को उन्होंने खूब अच्छी तरह समझा था। इसलिए वह साधु हिन्दी में ही जन-साहित्य की रचना से सन्तुष्ट न हुए। उन्होंने हिन्दी लेखकों के सामने इस बात का प्रस्ताव रखा कि वे उत्तर भारत की उप-भाषाओं में भी राजनीतिक और सामाजिक चेतना फैलाने वाला साहित्य रचें। राजनीतिक और सामाजिक ध्येय को लेकर ग्रामीण

1. ब्रजरत्नदास, भारतेन्दु हरिश्चन्द्र, पृष्ठ 143

बोलियों तथा साधु भाषा में साहित्य रचने की बात को सबसे पहले स्पष्ट शब्दों में भारतेन्दु ने ही लिखा था। भारतेन्दु-युग की यही सबसे बड़ी खूबी है, वह जनता का साहित्य है। उनकी भाषा न दरबारों की है, न सरकारी अफ़सरों और कचहरी के मुहर्रिरों की! वह जनता की भाषा है जिसमें अत्यधिक ग्राम-सम्पर्क के चिह्न भले हों, नागरिक बनाव-सिंगार और टीपटाप का अभाव है। उस पर अवधी और ब्रजभाषा की गहरी छाप है और जितनी ही गहरी यह छाप होगी, भाषा उतनी ही सबल होगी। जो लोग कहते हैं कि हिन्दी का जन्म एक शुद्धि और बहिष्कार की इस भावना से हुआ है कि उससे सब विदेशी शब्द निकाल दिये जाएँ और संस्कृत के शब्द ठूँस दिये जाएँ, उनसे निवेदन है कि भारतेन्दु, प्रतापनारायण मिश्र, राधाचरण गोस्वामी आदि लेखकों ने ही हिन्दी को उसका आधुनिक रूप दिया है। एक बार उनकी रचनाओं को पढ़कर देखिए कि उनकी भाषा में विदेशी शब्द अपनाये गए हैं या उनका बहिष्कार किया गया है।

वह कौन-सी वस्तु है जो भाषा को बल देती है और साहित्य को महान बनाती है? जन-सम्पर्क से भाषा सबल होती है और साहित्यिकों के त्याग और साधना से साहित्य महान होता है। भाषा की यह सबलता और साहित्य की यह महत्ता उन लोगों को नहीं भाती, जो समाज में विशेषाधिकारों की गद्दी पर बैठे हैं, जिन्होंने दूसरों की कमाई पर अपनी बनावटी संस्कृति का महल बनाया है, जो साधारण जनता से दूर उसी में अपने-आपको बन्द किए हुए हैं। लक्का कबूतर से ये लोग उनकी मिट्टी से सनी हुई देह पर उँगली उठाते हैं जिनकी बदौलत उनके कपड़े सफेद हैं। ये लोग भी समझते हैं, हम सभ्य हैं! इनके विशेषाधिकारों को ज़रा भी धक्का लगा कि ये संस्कृति और सभ्यता का नारा बुलन्द करने लगते हैं।

बालकृष्ण भट्ट, कार्तिकप्रसाद खत्री, प्रतापनारायण मिश्र आदि ने जिन परिस्थितियों में रहकर साहित्य और समाज की सेवा की, वह ऐसी कहानी है जो निराश और निरुत्साह साहित्यिकों को बल देती है। भारतेन्दु और उनके साथियों ने कलकत्ता, बम्बई और लाहौर के बीच पत्र-पत्रिकाओं का जाल-सा बिछा दिया। इन पत्रों ने जनता तक नई राष्ट्रीय चेतना पहुँचाई। बंग-भंग और कांग्रेस के आन्दोलनों से पहले इन्होंने अपने साहित्य द्वारा स्वदेशी का प्रचार आरम्भ किया। इन लोगों को न तो सरकार से सहायता मिलती थी और न बड़े-बड़े राजा-महाराजा उन्हें मुट्ठी भर-भरकर स्वर्ण-मुद्राएँ देते थे; परन्तु इसका परिणाम यह हुआ कि यह युग भारतीय साहित्य का अत्यन्त सचेत युग सिद्ध हुआ।

इन लोगों को ब्रिटिश शासकों के विरोध का सामना करना था। अपने ही समाज के वे लोग जो सरकार के पिट्ठू थे, उनके लिए शत्रु से अधिक भयंकर थे। मुगल साम्राज्य के अन्त होने पर अपनी एक अलग संस्कृति की रक्षा में लगे हुए कुछ और लोग थे, जो हिन्दी से रुष्ट थे। इन विरोधों से अधिक समाज के अन्ध-विश्वासों

और साहित्य के दरबारी संस्कारों से मोर्चा लेने में कठिनाई थी। लेखक स्वयं इन संस्कारों से बरी न थे परन्तु वे विचारों में स्वाधीन थे; समाजहित उनका लक्ष्य था, इसलिए जिस बात को समाज-विरोधी समझते थे, उसकी निन्दा करने में हिचकते न थे। दरबारी संस्कारों की यह छाप उस समय के अन्य साहित्यों पर और गहरी मिल सकती है परन्तु जो उदार सामाजिक भावना, जो उग्र राजनीतिक चेतना इस साहित्य में मिलती है, वह उस समय के अन्य साहित्यों में दुर्लभ है। यह साहित्य भारतीय जनता के अधिकारों की लड़ाई से जुड़ा हुआ है; इसमें हमारे रोष, हमारे स्नेह, हमारे त्याग की भावनाएँ स्पन्दित हैं। यह उन लोगों का साहित्य है जो तीस-छत्तीस साल की आयु में अपने प्राणों की होली खेलकर चल दिये, जिन्होंने अपने दीर्घ जीवन को कुछ घने वर्षों में केन्द्रित कर दिया। उनकी वह आहुति अग्निशिखा-सी आज भी प्रज्वलित है; हिन्दी भाषा और साहित्य को उससे आज भी जीवन और प्रकाश मिल रहा है।

हिन्दी में भारतेन्दु-युग को फिर से लाने की जरूरत नहीं है। हम ऐसे युग में रह रहे हैं जिसकी समस्याएँ उसी ढंग की होने पर भी अधिक पेचीदा हैं। परन्तु आज की समस्याएँ उसी ढंग की हैं, इसलिए ऐतिहासिक दृष्टि से हमें इस बात को जानना चाहिए कि तब के लोगों ने उन्हें किस तरह सुलझाया था। जनता की भाषा में जनता के लिए साहित्य लिखने की समस्या हमारे सामने आज भी है। उसी समस्या को भारतेन्दु-युग के लेखकों ने बड़ी अच्छी तरह हल किया था। हम उनसे बहुत कुछ सीख सकते हैं। प्रगति तभी सम्भव है, जब हम अतीत की गति समझ लें। जहाँ तक वह बढ़ चुका है, उससे आगे बढ़ने में प्रगति है। भारतेन्दु-युग को फिर लौटाने की आवश्यकता इसीलिए नहीं है; हमें उससे आगे बढ़ना है। कोल्हू का बैल एक ही जगह घूमा करता है और इस तरह कई मील चल लेता है। उसमें गति है परन्तु प्रगति नहीं है। प्रगति के लिए अतीत और अनागत का क्रम बँधा रहना चाहिए। भारतेन्दु-युग का साहित्य पढ़ने और उससे उचित शिक्षा लेने से प्रगति का यह क्रम बना रहेगा।

प्यारे हरीचन्द की कहानी रह जाएगी

आधुनिक हिन्दी साहित्य के पितामह भारतेन्दु हरिश्चन्द्र को विश्वास था कि उनका शरीर न रहने पर लोगों की जबान पर उनकी कहानी रह जाएगी। इसमें सन्देह नहीं कि उनका जीवन एक कहानी था, कहानी की तरह स्वयं अपने में साहित्य था; मस्ती, अनूठापन, कुछ सच, कुछ कल्पना—कहानी की ये सब विशेषताएँ—उसमें थीं। जिसके पिता के ब्याह में कुओं में शक्कर घोलकर शरबत बना हो, जो बाप-दादों की सम्पत्ति को 'बर्बाद करने' की चुनौती दे चुका हो, जिसका घर साहित्यकारों के सम्मेलन का सभाभवन हो, जिसने अपने चारों तरफ बालकृष्ण भट्ट, प्रतापनारायण मिश्र, राधाचरण गोस्वामी, श्रीनिवासदास, काशीनाथ आदि लेखकों का व्यूह रचाया हो, जिसने 'कविवचनसुधा' से लेकर 'सार सुधानिधि' तक पचीसों अखबारों और पत्रों से हिन्दी में नई हलचल मचा दी हो और स्वयं नाटकों, निबन्धों, कविताओं, व्याख्यानों, मुकरियों आदि से अपने युग को चमत्कृत करके 35 साल की अवस्था में ही अपनी जीवन-लीला समाप्त कर दी हो—दरअसल उसका जीवन कहानी न होगा तो किसका होगा?

भारतेन्दु की भविष्यवाणी सही थी : "प्यारे हरीचन्द की कहानी रह जाएगी।"

उनके नाम के साथ 'प्यारे' शब्द देखकर उनकी पुस्तकों के समर्पण याद आ जाते हैं, जैसे 'होली' में :

"प्यारे,

कहाँ चले,? इधर आओ! त्यौहार घर का करो। देखो, हमने होली के कुछ खेल इन पन्नों में लिखे हैं, इनसे जी बहलाओ।"

उनका व्यक्तित्व बहुत ही प्यारा था, इसकी तसदीक उस जमाने के लेखकों ने की थी। इसलिए नहीं कि हरिश्चन्द्र दूध के धोये थे या सबके सामने गऊ बने रहते थे बल्कि इसलिए कि उनकी सिधाई में भी एक बाँकपन था और उनके बाँकपन में भी एक सिधाई थी। कितना अच्छा कहा था, उन्होंने अपने बारे में :

"सीधेन सों सीधे महा बाँके हम बाँकेन सों, हरीचन्द नगद दमाद अभिमानी के।"

अगर हम कहें कि भारतेन्दु का व्यक्तित्व 'महान' था तो यह 'महान' शब्द 'प्यारे हरीचन्द' के व्यक्तित्व के आगे घटिया मालूम होगा! वह 'महान' दिखाना

चाहते तो उनके पास साधनों की कमी नहीं थी; अच्छा-खासा गुरुडम कायम करके वह जमाने पर रोब डाल सकते थे। लेकिन जैसे अपने नाम हरिश्चन्द्र को घिसकर उन्होंने हरीचन्द बना डाला था, वैसे ही रोब और गुरुडम के जितने साधन थे, उन्हें भी घिसकर उन्होंने अपने को जनसाधारण में मिला दिया था। यही कारण है कि अपने जमाने के तमाम लेखकों और साहित्यकारों के लिए वह एक प्रेरणा बन गए। तब से अब तक जितने महान साहित्यकार हिन्दी में हुए हैं, उनमें कोई भी दूसरे लेखकों के हृदय में और पाठकों के भी वह स्थान नहीं बना सका, जो प्यारे हरीचन्द ने 35 साल की मामूली अवस्था में बना लिया था।

भारतेन्दु के जीवन में असंगतियाँ थीं, उसमें अन्तर्विरोध थे। अमीचन्द के घराने की परम्परा से एक नई परम्परा टक्कर ले रही थी। दरबारी संस्कृति और राजभक्ति से देशभक्ति और जनसंस्कृति की नई परम्परा टक्कर ले रही थी। इनका परस्पर-विरोध जैसे भारतेन्दु के जीवन में झलकता है, वैसे ही उनके साहित्य में भी। कहना चाहिए, उस युग की समूची साहित्यिक प्रक्रिया में यह टक्कर मौजूद है।

भारतेन्दु-युग की साहित्यिक प्रक्रिया में कुछ तत्त्व ऐसे थे, जो मरणशील थे और वे नष्ट हो रहे थे; दूसरे तत्त्व ऐसे थे जो विकासोन्मुख थे और विकसित और पल्लवित हो रहे थे। दरबारी परम्परा और राजभक्ति ऐसे ही मरणशील तत्त्व थे।

भारतेन्दु के साहित्य में नायिका-भेद वाली शृंगारी परम्परा काफी जगह घेरे हुए है लेकिन वह पस्त और बेदम है और साहित्य की धारा को प्रशस्त करके आगे बढ़ाने में असमर्थ है। इसका सामाजिक आधार वह सामन्तवर्ग था, जो अब अंग्रेज़ी साम्राज्यवाद का मुख्य स्तम्भ बन चुका था।

इस निपट प्रतिक्रियावादी आधार पर साहित्य की सजीव लता का विकसित और पल्लवित होना असम्भव था। बीसवीं सदी में 'परम्परा' के नाम पर इसके भी समर्थक रहे हैं जो किसी राजा या राजप्रमुख के मनोरंजन के लिए कलम का कमाल दिखाते आए हैं। उनके आश्रयदाताओं की तरह उनकी यह साहित्यिक 'परम्परा' भी मौत की घड़ियाँ गिन रही है। यह धारा सामाजिक और सांस्कृतिक जीवन के इतना विरुद्ध है कि पिछले पचास वर्षों में हर समर्थ लेखक उसका विरोध करता हुआ ही आगे बढ़ा है।

इसी से मिलती-जुलती राजभक्ति वाली परम्परा है जिसका आधार वे वर्ग थे, जो साम्राज्यवादी शोषण में हिस्सा लेकर उससे पाले-पोसे जाते थे। पुराने सामन्तों, नये जमींदारों के अलावा उच्च पूँजीवादी वर्ग से खिताब बगैरह पाने वाले लोग भी इसमें शामिल थे। यह भी एक मरणशील परम्परा थी क्योंकि इसका सामाजिक आधार साम्राज्यवादी शोषण का कायम रहना था जिससे देश की बहुसंख्यक जनता दिन पर दिन तबाह होती जाती थी। यह परम्परा उस जमाने में महारानी विक्टोरिया, प्रिंस ऑफ वेल्स आदि की तारीफ में प्रकट होती थी। यह याद रखना चाहिए कि गदर के बाद अंग्रेज़ों के वादों में कुछ सच्चे देशभक्त भी उनके चकमों में आ गए थे और

समझने लगे थे कि पुराना अध्याय खत्म हुआ और अब वे पश्चिम के ज्ञान-विज्ञान में लाभ उठाकर उन्नति कर सकेंगे। लेकिन जब उन्नीसवीं सदी के उत्तरार्द्ध में एक के बाद एक अकाल में लाखों किसान मरने लगे और बर्मा से लेकर अफ्रीका तक अंग्रेज़ अपने साम्राज्य-विस्तार के लिए युद्ध चलाते रहे तब इन लोगों के भ्रम टूटने लगे और ये अंग्रेज़ी राज और उसके समर्थकों के कट्टर दुश्मन हो गए।

राजभक्ति की 'परम्परा' को बीसवीं सदी में अपनाने वाले लोग वे हैं, जो बर्बर अमरीकी साम्राज्यवादियों को स्वतंत्रता का रक्षक करार देते हैं; जो हिन्दुस्तान का बँटवारा करके कत्ले-आम रचाने वाले अंग्रेज़ों को, मलाया में बम बरसाने वाले अंग्रेज़ों को, आजाद चीन और सोवियत संघ के खिलाफ फौजी साजिशें करने वाले अंग्रेज़ों को, कोरिया की जनता का खून बहाने में अमरीकियों के मददगार अंग्रेज़ों को हिन्दुस्तान का सच्चा दोस्त और जनतंत्र का सच्चा हिमायती कहकर घोषित करते हैं। ये लोग अंग्रेज़ों के पुराने नमकख्वार देशी नरेशों को 'देशभक्त' कहकर उनके गुण गाते हैं और आजादी के तीन वर्षों में 1,782 बार फायरिंग कराने वाले, 6,783 आदमियों की जान लेने वाले और 9,342 को घायल करने वाले पूँजीपतियों के प्रतिनिधियों को हिन्दुस्तान के अहिंसावादी उद्धारक कहकर पेश करते हैं।

यह परम्परा मरणशील है और मर रही है, इसलिए कि अंग्रेज़ी पूँजी, उससे गठबन्धन करके उसके सहारे पनपने वाली बड़े पूँजीपतियों की पूँजी और राजप्रमुख-सम्प्रदाय—यह समूचा सामाजिक आधार मरणशील है और मर रहा है। जिस सामाजिक व्यवस्था में करोड़ों आदमी अकाल और भुखमरी का सामना करें, जिस व्यवस्था ने भारत के करोड़ों नर-नारियों को निरक्षरता के अन्धकार में डालकर उनके सांस्कृतिक विकास का रास्ता बन्द कर रखा हो, वह व्यवस्था कितने दिन टिक सकती है? और इस व्यवस्था को अचल बनाने के लिए साहित्य में कॉमनवेल्थी और कांग्रेसी नेताओं की स्तुति का क्रम कब तक चल सकता है?

साम्राज्यवाद की हिमायत करने वाली परम्परा आज पूरी तरह जनता से अलग होकर अपना जन-विरोधी, राष्ट्र-विरोधी रूप सब पर जाहिर कर रही है।

भारतेन्दु-युग में दरबारी संस्कृति और राजभक्ति की परम्परा एक मरणशील परम्परा थी। सामाजिक विकास के नियमों ने उसे आज दम तोड़ने पर मजबूर कर दिया है।

अगर भारतेन्दु के जीवन में या उनके युग के साहित्य में यह मरणशील परम्परा होती या उसने अपनी विरोधी जनवादी परम्परा को कुचल दिया होता तो हम भारतेन्दु और उनके युग को दूर से ही नमस्कार करते और उस युग से नाता तोड़कर अपना नया रास्ता बनाने में लग जाते।

लेकिन हकीकत यह है कि आज के लेखक जनवादी साहित्य का नया रास्ता बना नहीं सकते अगर वे भारतेन्दु-युग की साम्राज्य-विरोधी साहित्यिक परम्परा से अपरिचित रहें। प्रगतिशील साहित्य का निर्माण हवा में नहीं हो सकता, न यों किसी

देश में उसका निर्माण हुआ है। हममें प्रगतिशील साहित्य रचने की कितनी चाह है, इसकी एक बहुत बड़ी कसौटी यह भी है कि अपने पिछले साहित्य की जनवादी परम्परा को हमने किस हद तक परखा और अपनाया है और उसे आगे बढ़ाया है।

जो लोग पिछले साहित्य की जनवादी परम्परा से बेखबर रहकर नया साहित्य रचने में मशगूल हैं, वे उतना ही सराहनीय काम कर रहे हैं जितना वे लोग जो बिना नींव डाले दीवार खड़ी करने की कोशिश करते हैं।

जो लोग कहते हैं कि भारतेन्दु-युग के साहित्य की कोई जनबादी परम्परा नहीं है, या वह परम्परा घटिया और 'अशाश्वत' है या भारतेन्दु को ठोंकपीट कर प्रगतिशील बनाना कुछ आलोचकों का काम है, वे दरअसल साहित्य में जनतंत्र-विरोधी परम्परा के समर्थक हैं। और उस युग की नवीन साम्राज्य-विरोधी चेतना को इसीलिए अस्वीकार करते हैं कि वह उनके दकियानूसीपन से मेल नहीं खाती।

भारतेन्दु-युग की जनवादी परम्परा उस जमाने की दिन-पर-दिन उग्र होती हुई जनता की साम्राज्य-विरोधी चेतना का दर्पण है। अकाल, भुखमरी और टैक्सों ने जनता को खुद उसके अनुभव से यह सबक. सिखाना शुरू कर दिया था कि अंग्रेज़ी राज का मतलब है, सामाजिक और सांस्कृतिक जीवन की तबाही। बिना इस राज से छुटकारा पाए किसी भी तरह की उन्नति असम्भव है। यह चेतना उच्च वर्गों की नहीं थी, जो साम्राज्य के आसरे उन्नति का सपना देखते थे, यह चेतना समाज के साधारण लोगों, खास कर किसानों में उभर रही थी जिन पर साम्राज्यवादी जुआ सबसे ज्यादा भार डाले था। इसका सबूत भारतेन्दु-युग की साहित्यिक रचनाओं की विषयवस्तु ही नहीं है बल्कि साहित्य के रूप भी हैं, जो आम जनता में लोकप्रिय थे और ग्राम-संस्कृति के आधार पर रचे गए थे। जो लेखक सामयिकता से दूर रहकर 'शाश्वत' साहित्य रचने में लगे हुए हैं, वे इन जन-संस्कृति के रूपों से घृणा करते हैं। इन रूपों की लोकप्रियता उन्हें छिछलेपन का सबूत मालूम पड़ती है।

अगर हम भारतेन्दु-युग के समूचे साहित्य पर नजर डालें तो देखेंगे कि उसका टिकाऊ हिस्सा वह नहीं है जो सामयिकता से दूर है, जो मध्यकालीन विषयवस्तु और रूपों को ही साहित्य की पराकाष्ठा मानता है बल्कि उसका सबसे टिकाऊ और सजीव हिस्सा वह है, जो पुराने रूपों में सामयिकता की नई विषयवस्तु भर रहा था और नई सम्राज्य-विरोधी चेतना के अनुसार साहित्य के नये रूप भी गढ़ रहा था।

कुछ विश्वविद्यालयों के प्रोफेसरान और उनके मातहत काम करने वाले रिसर्च स्कॉलरान का यह मत है कि भारतेन्दु-युग के नये साहित्यिक जागरण का सबब अंग्रेज़ी अमलदारी में अमन की जिन्दगी और अंग्रेज़ी शिक्षा के असर से पैदा होने वाली देशभक्ति थी यानी हिन्दुस्तान के लोगों को देशभक्ति सिखाने का ठेका भी अंग्रेज़ों ने ले रखा था और अंग्रेज़ न आते तो यहाँ के लोग यह भी न जानते कि देशभक्ति किस चिड़िया का नाम है। कहना चाहिए कि ऐसे प्रोफेसरों और रिसर्च स्कॉलरों ने खुद

देशभक्ति अंग्रेज़ी किताबों से सीखी है, इसीलिए वे भारतेन्दु-युग के व्यापक सामाजिक आधार का और इस आधार पर पनपने वाली साम्राज्य-विरोधी साहित्यिक चेतना को देखने में असमर्थ हैं। इन पर भारतेन्दु की यह मुकरी पूरी तरह फिट बैठती है :

सब गुरुजन को बुरो बतावै।
अपनी खिचड़ी अलग पकावै॥
भीतर तत्त्व न झूँठी तेजी।
क्यों सखि सज्जन नहिं अंग्रेज़ी॥

'भीतर तत्त्व न झूँठी तेजी'—यह हाल उस समालोचना का है जो मोटे-मोटे संस्कृत के शब्दों में पाठक को आतंकित करने के लिए लिखी जाती है लेकिन जिसका तत्त्व यही होता है कि भारतेन्दु ने देशभक्ति अंग्रेज़ी शिक्षा से सीखी थी!

विद्यार्थियों के दिमाग में यह कूड़ा-कर्कट भरने वाले गुरु लोग, मौका पड़े, तो एक बार अंग्रेज़ों को भी साम्राज्यवाद का पाठ पढ़ा सकते हैं। मैकॉले ने एक बार कहा होगा तो इन्होंने उसे सौ बार दोहराया : 'मेरा मुझको कुछ नहीं जो कुछ है सो तोर।' ऐसे प्रोफेसरों के लिए भारतेन्दु ने अपने अद्भुत निबन्ध 'एक अद्भुत अपूर्व स्वप्न' में पं. शीलदावानल के 'नीति दर्पण' की प्रशंसा करते हुए लिखा था : "इनसे नीति तो बहुत से महात्माओं ने पढ़ी थी, परन्तु वेणु वाणासुर, रावण, दुर्योधन, शिशुपाल, कंस आदि इनके मुख्य शिष्य थे। और अब भी कोई कठिन काम आकर पड़ता है, तो अंग्रेज़ी न्यायकर्ता भी इनकी अनुमति लेकर आगे बढ़ता है।"

भारतेन्दु को अंग्रेज़ी साहित्य से वैर न था लेकिन वे जानते थे कि अपना राज 'चलाने के लिए साम्राज्यवाद कुछ ऐसे पट्टशिष्य तैयार करता है, जो अंग्रेज़ियत में अंग्रेज़ों से भी आगे हैं। उन्हीं के लिए लिखा है, अंग्रेज़ी न्यायकर्ता भी इनकी अनुमति लेने आया करते थे।

युग-निर्माता भारतेन्दु अपनी जिम्मेदारी महसूस करते हुए साहित्य के नये-पुराने रूपों को टटोलने में लगे हुए थे कि इनमें किन्हें अपनाने से साहित्य उन्नति करेगा। एक तरफ उन्होंने संस्कृत के रूप लेकर 'सत्य हरिश्चन्द्र' नाटक रचा था, दूसरी तरफ 'वैदिकी हिंसा हिंसा न भवति', 'अंधेर नगरी', 'प्रेमजोगिनी' आदि प्रहसनों में नये प्रयोग किए थे। उनके नाटक-साहित्य की इन दोनों धाराओं पर नजर डालते ही पता लग जाएगा कि वे ईशा के साहित्यिक जागरण का आधार किसे बना रहे थे—यहाँ की संस्कृति को या अँगरेज़ियत को?

भारतेन्दु के प्रहसनों में उनके व्यंग्यबाण दो लक्ष्यों पर खास तौर से छोड़े जाते हैं—एक तो राजाओं, पंडे-पुजारियों और धार्मिक अन्धविश्वासों पर और दूसरे, अंग्रेज़ी राज के कायदे कानूनों पर, उसके झूठे दावों पर, साहित्य और संस्कृति की रक्षा के नाम पर, उनके दमन पर।

इन नाटकों में हिन्दी साहित्य की साम्राज्य-विरोधी, सामन्त-विरोधी चेतना व्यंग्य का फन उठाकर बार-बार अंग्रेज़ी राज और उसके आधार सामन्तशाही पर वार करती है।

'भारत-दुर्दशा' में जो लोग देश-दशा पर विचार करने के लिए इकट्ठे होते हैं, उन्हें पुलिस की वर्दी पहने हुए 'डिसलायल्टी' पकड़ ले जाती है और यह पूछने पर कि यह गिरफ्तारी किस कानून के मातहत है, जवाब देते हैं : 'इँगलिश पालिसी नामक ऐक्ट के हाकिमेच्छा नामक दफा से।"

अंग्रेज़ी हुकूमत संस्कृति की उन्नति किस तरह कर रही थी, उसका एक प्रमाण यह है कि 'कविवचनसुधा'—जो कविता-प्रधान पत्रिका थी और जिससे भारतेन्दु का साहित्यिक जीवन प्रकाश में आना शुरू हुआ था—उस पर हुकूमत ने पाबन्दी लगाई थी! भारतेन्दु-युग के आरम्भ से ही साहित्य की जनवादी परम्परा पर अंग्रेज़ों की कृपादृष्टि पड़ने लगी थी।

'भारत-दुर्दशा' में इस घटना का हवाला देते हुए 'डिसलायल्टी' कहती है : "हम क्या करें, गवर्नमेंट की पालिसी यही है। कविवचनसुधा नामक पत्र में गवर्नमेंट के विरुद्ध कौन बात थी? फिर क्यों उसके पकड़ने को हम भेजे गए?"

जनता के साथ लेखक भी अपने अनुभव से सीख रहे थे कि अंग्रेज़ी राज का मतलब है—जनवादी साहित्य और संस्कृति का दमन।

पुलिस, कानून, अंग्रेज़ी राज—भारतेन्दु को जहाँ मौका मिलता, इन पर फबतियाँ कसने से न चूकते थे।

'अन्धेर नगरी' में बड़े कौशल से अतिसाधारण लोगों के चने और चूरन के लटके जैसे रूपों को इस्तेमाल करते हुए भारतेन्दु ने लिखा : "चना हाकिम सब जो खाते, सब पर दूना टिकस लगाते।"

और :

चूरन साहेब लोग जो खाता, सारा हिन्द हजम कर जाता।
चूरन पुलिस वाले खाते, सब कानून हजम कर जाते॥

'प्रेमजोगिनी' में भारतेन्दु ने काशी के पंडे-पुजारियों, गोसाइयों वगैरह, की अच्छी खबर ली है। सामन्ती संस्कृति के सड़े-गले रूपों के ये प्रतिनिधि कौन-सी समाज-सेवा कर रहे थे, इस पर धनदास और बनितादास, जो स्वयं 'पंछियों' की तलाश में निकले हैं, यों बातें करते हैं :

बनिता. : "अरे भाई गोसाँइयन पर तो ससुरी सब आपै भहराई पड़थीं पवित्र हौवै के वास्ते, हमका पहुँचावे।"

घन. : "गुरू, इन सबन का भाग बड़ा तेज है, मालो लूटै मेहररुवौ लूटै।..."

बनिता. : "कुछ कहै की बात नहीं है। भाई मंदिर में रहैं से स्वर्ग में रहै। खाए के अच्छा, पहिरे के परसादी से महाराज कबौं गाढ़ा तो पहिरबै न करिहैं, मलमल

नागपुरी ढाँकै पहिरियें, अतरे फुलेल केसर परसादी बीड़ा चाभो, सब से सेवकी ल्यो, ऊपर से ऊ बात का सुख अलगै है।"

इसी के साथ पढ़िए, राधाचरण गोस्वामी के प्रहसन 'तन मन धन सब गुसाईं जी के अर्पण' को, तो यह स्पष्ट हो जाएगा कि भारतेन्दु-युग की नई चेतना जहाँ साम्राज्य-विरोधी थी, वहाँ वह सामन्त-विरोधी भी थी। वह उस सड़ियल ढाँचे को बदलना चाहती थी जिसने हिन्दुस्तानियों को अंग्रेज़ों का गुलाम बना रखा था।

भारतेन्दु ने एक व्याख्यान में बहुत सही कहा था : "कोई धर्म की आड़ में, कोई देश की चाल की आड़ में, कोई सुख की आड़ में छिपे हैं। उन चोरों को वहाँ-यहाँ से पकड़-पकड़ कर लाओ। उनको बाँध-बाँध कर कैद करो।"

यह किन लोगों को पकड़कर कैद करने की तरफ भारतेन्दु ने इशारा किया है? उन लोगों को जो घर में रहते हुए घरवालों के दुश्मन थे, जो नीच स्वार्थों के लिए साम्राज्यवाद की गुलामी करने को तैयार थे। भारतेन्दु का आदेश इन नमकख्वारों को कैद कर लेने का था।

भारतेन्दु जानते थे, यह काम आसान नहीं है। इसलिए उन्होंने देशभक्तों से बलिदान और त्याग की माँग करते हुए ये स्मरणीय वाक्य कहे थे : "हम इससे बढ़कर क्या कहें कि जैसे तुम्हारे घर में कोई पुरुष व्यभिचार करने आवे तो जिस क्रोध में उसको पकड़ कर मारोगे और जहाँ तक तुम्हारे में शक्ति होगी, उसका सत्यानाश करोगे, उसी तरह इस समय जो-जो बातें तुम्हारे उन्नति पथ की काँटा हों, उनकी जड़ खोद कर फेंक दो। कुछ मति डरो। जब तक सौ-दो सौ मनुष्य बदनाम न होंगे, जाति से बाहर न निकाल दिए जाएँगे, दरिद्र न हो जाएँगे, कैद न होंगे, वरंच जान से ना मारे जाएँगे तब तक कोई देश भी न सुधरेगा।"

भारतेन्दु ने अपने वाक्यों पर खुद आचरण किया था। वह सार्वजनिक सभाओं, मेलों-ठेलों में जाकर नाटक दिखाते थे, भाषण करते थे, जनता को उत्साहित करते थे। समाज के ठेकेदारों ने उन्हें 'क्रिस्तान' घोषित कर दिया था। राधाचरण गोस्वामी को उनके पिता भारतेन्दु से मिलने नहीं देते थे, इसलिए कि भारतेन्दु के साथ बेटा भी क्रिस्तान हो जाएगा। नतीजा यह कि राधाचरण गोस्वामी ने चोरी से भारतेन्दु से मुलाकात की। यह एक ही घटना यह बताने के लिए काफी है कि भारतेन्दु के चुटीले नाटकों से काशी जैसे नगर के प्राचीनतावादी कैसे खीज उठे थे। उधर अंग्रेज़ हुकूमत ने 'कविवचनसुधा' पर अपना क्रोध प्रकट करके अपने साहित्य-प्रेम का अलग परिचय दिया था।

साहित्य जनता की सेवा के लिए है—भारतेन्दु का यह नारा उनकी तमाम रचनाओं में साफ सुना जा सकता है।

साहित्यकार अपने सामाजिक जीवन में भी जनता की सेवा करे—यह नारा उनके आचरण में देखा जा सकता है।

आज जो लोग साहित्य में 'तटस्थता' की बातें करते हैं, संघर्ष से दूर रहकर शाश्वत साहित्य रचने की बातें करते हैं, आल इंडिया रेडियो में हजार रुपये तनख्वाह पाकर अरविन्द-योग द्वारा संस्कृति के उद्धार की बातें करते हैं—उनके पास भारतेन्दु के इन अग्नि-वाक्यों के लिए क्या जवाब है? उनके जीवन के आचरण क्या हैं? वे जनता की सेवा कर रहे हैं या औपनिवेशिक गुलामी को कायम रखने में विदेशी पूँजी की मदद कर रहे हैं? हम उनसे पूछना चाहते हैं कि जब प्राचीन संस्कृति की ऊँची-ऊँची बातें करते हैं, तब आप भारतेन्दु की इन सीधी-सादी बातों को क्यों भूल जाते हैं?

आज जब साम्राज्यवादी आततायियों और उनके देशी चाकरों के खिलाफ समूची एशिया में स्वाधीनता और शान्ति के लिए संघर्ष छिड़ा हुआ है, तब हम भारतेन्दु के उन वाक्यों को गर्व के साथ याद करते हैं और कहते हैं : "आजादी और गुलामी के बीच न साहित्य तटस्थ रह सकता है, न साहित्यकार! आज हमें न सिर्फ नई चेतना के वाहक साहित्य की रचना करनी है बल्कि उस पर अमल भी करना है।"

भारतेन्दु के इन शब्दों का आधार समाज सेवा की भावना थी और यह भावना साम्राज्यवादी जुए के नीचे जनता को पिसते हुए देखकर पैदा हुई थी। देशभक्ति की यह क्रान्तिकारी चेतना अंग्रेज़ी राज्य को न्यामत समझने वाली बुद्धि से न पैदा हुई थी।

यही सबब है कि 'कविवचनसुधा' में उन्होंने सामाजिक जागरण के विषय गिनकर लेखकों का आह्वान किया था कि उन पर ग्रामीण बोलियों में कविताएँ रचकर वे अपढ़ किसानों और स्त्रियों तक जागरण का सन्देश पहुँचाएँ।

उन्होंने साम्राज्यवादी सामन्ती व्यवस्था में जकड़े हुए निरक्षर किसानों को ध्यान में रखते हुए लिखा था :

"यह बात सब लोग जानते हैं कि जो बात साधारण लोगों में फैलेगी, उसी का प्रचार सार्वदेशिक होगा और यह भी विदित है कि जितना ग्राम-गीत शीघ्र फैलते हैं और जितना काव्य को संगीत द्वारा सुनकर चित्त पर प्रभाव होता है, उतना साधारण शिक्षा से नहीं होता। इससे साधारण लोगों के चित्त पर भी इन बातों का अंकुर जमाने को इस प्रकार से जो संगीत फैलाया जाए तो बहुत कुछ संस्कार बदल जाने की आशा है।"

भारतेन्दु के ये विचार हिन्दुस्तान की विशेष सामाजिक परिस्थितियों से पैदा हुए थे। उन्होंने किसी किताब से नकल करके उन्हें 'कविवचनसुधा' में न छाप दिया था। आज भी जब निरक्षरता का राज करीब-करीब ज्यों का त्यों बना हुआ है और किसानों को सामन्ती दासता से मुक्त करने का प्रश्न पहले से और भी तीव्र हो उठा है, तब हिन्दुस्तान के लेखक भारतेन्दु के ग्राम-गीतों वाले सुझाव पर ध्यान दिये और उस पर अमल किए बिना नहीं रह सकते। खास कर ग्राम-कवियों से निकट सम्बन्ध कायम करना, उनकी रचनाओं को प्रकाश में लाना, उन्हें शहर की जनवादी साहित्य-संस्थाओं के साथ संगठित करना यह आज के सभी देशभक्त लेखकों का

कर्त्तव्य है। इससे ग्राम-साहित्य और नगर-साहित्य, दोनों को लाभ होगा, दोनों एक-दूसरे को समृद्ध करेंगे और उनके बीच की दूरी भी खत्म करने में मदद मिलेगी।

भारतेन्दु-युग का सबसे विकसित साहित्यिक रूप निबन्ध थे। निबन्ध रचना का यह कौशल उन कलाकारों का अपना था और पत्रकारिता की भूमि पर वह क्या फूला-फला था। भारतेन्दु-युग के लेखक पत्रकार भी थे और साहित्यकार भी थे। दो-दो, चार-चार आने की पत्रिकाएँ निकालकर वे अपना साहित्य जनता तक पहुँचाते थे और आये-दिन की समस्याओं पर पत्रकारों की तरह लेख आदि भी लिखते थे। नये जमाने में पत्रों पर बड़े पूँजीपतियों के नियंत्रण ने पत्रकारों को मशीन का पुर्जा बना दिया है और उनकी साहित्यिक रचना शक्ति को बराबर कुचल डालने की कोशिश की है। भारतेन्दु के जीवन से हम यह भी सीखते हैं कि प्रतिभाशाली साहित्यकार पत्रकारिता से दूर नहीं रह सकते। पत्रों के ऊपर बड़े पूँजीपतियों का नियंत्रण खत्म होने पर साहित्य और पत्रकारिता के बीच की गहरी खाई भी पट जाएगी और अच्छे लेखक पत्रकार बनना वैसे ही फख्र की बात समझते हैं, जैसे सोवियत लेखक इलिया एरनबुर्ग, फादायेव वगैरह समझते हैं।

भारतेन्दु और उनके युग का सही मूल्यांकन करने में एक बहुत बड़ी बाधा यह है कि उनके सबसे प्रभावशाली और विकसित रूप—निबन्ध साहित्य—के संकलन की तरफ प्रकाशक आदि बेखबर रहे हैं। विश्वविद्यालय या लेखकों की जनवादी संस्थाएँ इस काम को उठाएँ तो पुराने पत्रों की जिल्दों में बन्द हिन्दी के विशाल निबन्ध साहित्य का उद्धार हो सकता है। उससे न सिर्फ साहित्य के इतिहास की एक बहुत ही महत्त्वपूर्ण कड़ी जनता के सामने आएगी बल्कि यह निबन्ध-साहित्य आधुनिक लेखकों के लिए महान प्रेरणा बनेगा।

भारतेन्दु की सबसे सुगठित, कलापूर्ण और प्रभावशाली रचनाएँ ये निबन्ध ही हैं। 'स्वर्ग में विचार सभा का अधिवेशन', 'एक अद्भुत अपूर्व स्वप्न' आदि उनकी अमर कृतियाँ हैं। इनमें हास्य और व्यंग्य की छटा देखते ही बनती है, साथ ही सामाजिक उद्देश्य भी गहराई के साथ इनमें प्रकट होता है। सुनिए, एक साथ ही देवपूजा और जमींदार पूजा पर कैसा व्यंग्य किया है। देवताओं की दो पार्टियों का जिक्र करते हुए लिखते हैं : "कंसरवेटिवों का दल प्रबल था; इसका मुख्य कारण यह था कि स्वर्ग के जमींदार इन्द्र, गणेश प्रभृति भी उनके साथ योग देते थे, क्योंकि बंगाल के जमींदारों की भाँति उदार लोगों की बढ़ती से उन बेचारों को विविध और सर्वोपरि बलिभाग न मिलने का डर था"। ('स्वर्ग में विचार सभा का अधिवेशन')

बलिभाग लेने के लिए लालायित जमींदार, किसान की कमाई खाने वाले आरामतलब प्राचीनतावादी—ये थे भारतेन्दु के व्यंग्य के शिकार! क्या यह स्पष्ट नहीं है कि जो लोग सामन्त-विरोधी संस्कृति रचना चाहते हैं, वे इन निबन्धों से बहुत कुछ सीख सकते हैं और उन्हें प्रकाश में लाना सबसे पहले उनका कर्तव्य है?

भारतेन्दु-युग की जनवादी परम्परा का उद्धार करना, उसकी रक्षा करना, उसे आगे बढ़ाना हिन्दी के सभी जनवादी लेखकों का फर्ज है। भारतेन्दु ने जिस सामाजिक व्यवस्था पर चोट करना शुरू किया था, उसके बन्धन ढीले होने के बदले और कस गए हैं, यहाँ तक कि तनाव ज्यादा न सह सकने पर अब वे टूटने वाले हैं। हिन्दुस्तान की विशाल जनता बाढ़ और दुर्भिक्ष के चंगुल में फँसी हुई है। साम्राज्यवाद ने हिन्दुस्तान को खेतिहर देश बनाकर रखा और अपनी मिल्कियत बनाए रखने के लिए सामन्ती जोंकों से किसानों का शोषण कराया। देश का बँटवारा करके, लाखों नर-नारियों की हत्या करके या उन्हें बेघरवार बनाकर आज साम्राज्यवाद तीसरे युद्ध के लिए यहाँ के पीड़ित-जनों को फिर बलि का बकरा बनाना चाहता है। एशिया के स्वाधीनता-आन्दोलन से भय खाकर साम्राज्यवाद ने पैंतरा बदला और जैसे अमरीकियों ने फिलीपीन को आजाद किया था, उसी तरह अंग्रेज़ों ने गांधीवादी तरीके से न सिर्फ हिन्दुस्तान को, बल्कि पाकिस्तान और बर्मा को भी, उधर डचों ने इन्डोनीशिया को 'आजाद' किया। औपनिवेशिक व्यवस्था ज्यों की त्यों कायम रही और जैसे-जैसे विश्व साम्राज्यवाद संकट में फँसता गया, उसका एशियाई पिछवाड़ा चरमराकर बैठने लगा। जनता अपने भाग्य का निर्माण स्वयं करने लगी। चीन की विशाल जनता ने माओ-त्से तुंग के नेतृत्व में अपने 45 करोड़ कन्धों से सामन्ती और साम्राज्यवादी गुलामी का जुआ उतार फेंका।

हिन्दुस्तान की सामाजिक परिस्थितियों की यह माँग है कि भारतेन्दु की साम्राज्य-विरोधी परम्परा को एक और ऊँचे स्तर पर आगे बढ़ाया जाए। हिन्दी के लेखक निःसन्देह उसे आगे बढ़ाएँगे और अपने साहित्य में जनता की असहनीय अवस्था और उसकी आशाओं और संघर्षों का चित्रण करेंगे। इस तरह भारतेन्दु की पताका लिये हुए साम्राज्य-विरोधी लेखक अपने साहित्य को स्थायी शान्ति, वास्तविक स्वाधीनता, जनता का राज प्राप्त करने के लिए एक जबर्दस्त प्रेरणा का अमोघ अस्त्र बना देंगे। आधुनिक हिन्दी साहित्य के जन्मदाता भारतेन्दु के प्रति आज यही हमारा उत्तरदायित्व है और उसे निबाह कर ही हम अपने को उनका उत्तराधिकारी कहलाने के योग्य साबित कर सकते हैं।

हिन्दी भाषा की विकास-परम्परा और भारतेन्दु-युग

[भारतेन्दु हरिश्चन्द्र ने आधुनिक हिन्दी का प्रारम्भ 1873 ई. से माना था। 1973 में आधुनिक हिन्दी की एक शताब्दी पूरी हुई। इस निबन्ध में मुख्यत: पुरानी हिन्दी पर विचार किया गया है जिससे भारतेन्दु-युग और वर्तमान काल में भाषा सम्बन्धी स्थिति को समझने में सहायता मिले। लेख के विभिन्न खंडों में जिन बातों की चर्चा है, वे इस प्रकार हैं : (1) विशाल हिन्दी-भाषी जाति; उसके पुराने गद्य साहित्य की सुरक्षा और प्रकाशन की समस्या; (2) हिन्दी की साहित्यिक विरासत और उसका भाषायी परिवेश; (3) लल्लूजी लाल और उनसे पहले के लेखकों की रचनाओं में भये, सुनाय, आवता, होय आदि रूपों का प्रयोग; (4) आवै-जावै की जगह आए, जाए की प्रतिष्ठा; लीजे, दीजो, कहियो, कहिये रूपों का व्यवहार; (5) पूर्वकालिक क्रियारूपों में कर और करके का व्यवहार; पुरानी हिन्दी की शब्द-सम्पदा; (6) हिन्दी-उर्दू के विकास में ब्रजभाषा की ऐतिहासिक भूमिका; (7) टकसाली हिन्दी-उर्दू से बहिष्कृत शब्द, आगरे के 'विस' और 'विन'; (8) पुरानी हिन्दी में 'ने' का वैकल्पित प्रयोग, पंजाबी और राजस्थानी का प्रभाव; (9) पुरानी हिन्दी-उर्दू की कुछ शैलीगत विशेषताएँ; (10) लल्लूजी लाल और मीर अम्मन के गद्य की सामान्य विशेषताएँ और भेद; (11) राजा शिवप्रसाद की हिन्दी और 'बैताल पचीसी' की शैली; (12) राजा शिवप्रसाद, हिन्दी-उर्दू का लिपि-भेद और पारिभाषिक शब्दावली की समस्या; (13) उन्नीसवीं शताब्दी की पारिभाषिक शब्दावली, भारत सरकार के 'पारिभाषिक शब्द संग्रह' से उसकी तुलना; (14) नमूने के 500 पारिभाषिक शब्द—लल्लूजी लाल, जॉन शेक्सपियर और फैलन की शब्द-सूचियों और कोश से; (15) मिर्ज़ा खाँ, आर्नो और शिवप्रसाद के व्याकरण—वैकल्पिक और परिनिष्ठित रूप; (16) एदरिंगटन और मदनमोहन के व्याकरण; (17) कोशनिर्माण में गिलक्रिस्ट और उनके अनुयायियों की नीति; (18) फैलन के शब्दकोश का महत्त्व; (19) कोश-निर्माण, जातीय भाषा और बोलियाँ; (20)अपरिनिष्ठित हिन्दी का कलात्मक उपयोग; (21) दिल्ली के कारीगरों की बोली, (22) मुख्य निष्कर्ष।]

[1]

भारतेन्दु हरिश्चन्द्र ने सन् 1873 में 'हरिश्चन्द्र मैगज़ीन' नाम की पत्रिका निकाली। बाद में इसका नाम उन्होंने 'हरिश्चन्द्र चन्द्रिका' कर दिया। शुक्ल जी ने अपने हिन्दी साहित्य के इतिहास में इस पत्रिका के बारे में लिखा है : "हिन्दी गद्य का ठीक परिष्कृत रूप पहले पहल इसी चन्द्रिका में प्रकट हुआ। जिस प्यारी हिन्दी को देश ने अपनी विभूति समझा, जिसको जनता ने उत्कंठापूर्वक दौड़कर अपनाया, उसका दर्शन इसी पत्रिका में हुआ। भारतेन्दु ने नई सुधरी हुई हिन्दी का उदय इसी

समय से माना है। उन्होंने 'काल चक्र' नाम की अपनी पुस्तक में नोट किया है कि 'हिन्दी नई चाल में ढली, सन 1873 ई.'।"

[हिन्दी भाषा और साहित्य के इतिहास में 1873 का वह वर्ष महत्त्वपूर्ण है, जब भारतेन्दु हरिश्चन्द्र ने अपनी पत्रिका निकाली।] हिन्दी भाषा और साहित्य के विकास और प्रसार की राह में जो कठिनाइयाँ उस समय थीं, उन्हें दूर करने के लिए ही भारतेन्दु ने यह पत्रिका निकाली थी। महावीरप्रसाद द्विवेदी की 'सरस्वती' को छोड़कर हिन्दी की और कोई ऐसी पत्रिका नहीं है जिसका इतना गहरा असर हिन्दी भाषा के निखार और साहित्य के विकास पर पड़ा हो। भारतेन्दु ने अपने जीवनकाल में उस पत्रिका की युगान्तरकारी भूमिका देख ली थी। इसीलिए हिन्दी के नई चाल में ढलने की बात उन्होंने उसके प्रकाशन के आरम्भ होने के वर्ष से जोड़ी। तब से अब तक आधुनिक हिन्दी के सौ वर्ष पूरे हुए। इस शताब्दी में देश और समाज की जटिल और विषम परिस्थितियों में हिन्दी भाषा और साहित्य ने जैसी प्रगति की है, वैसी संसार की बहुत कम भाषाओं और उनके साहित्य ने की होगी।

हिन्दी भाषा जितने बड़े क्षेत्र में बोली जाती हैं, उससे बड़े क्षेत्र में केवल अंग्रेज़ी, चीनी और रूसी भाषाएँ बोली जाती हैं। जनसंख्या की दृष्टि से अंग्रेज़ी बोलने वाले अधिक हैं, उनके बाद दूसरा नम्बर हिन्दी का है। लिखने के विचार से चीनी का नम्बर पहला है। भाषा-भिन्नता होते हुए भी सामान्य लिपि द्वारा चीन में करोड़ों आदमियों को जिस तरह एक विशाल भूखंड में संघबद्ध किया गया है, वह विश्व इतिहास में अद्वितीय है। किन्तु जितने लोग सामान्य लिपि का व्यवहार करते हैं, उतने लोग सामान्य भाषा बोलते नहीं हैं। चीन में भिन्न-भिन्न भाषाएँ बोलनेवाली अनेक जातियाँ हैं जिन्हें चीनी कहा जाता है, वे भी वास्तव में एक ही भाषा का व्यवहार नहीं करते। उत्तर और दक्खिन के चीनियों की भाषाओं में वैसा अन्तर नहीं है, जैसा ब्रजभाषा और खड़ी बोली अथवा अवधी और भोजपुरी में है। उनमें वैसा भेद है, जैसा हिन्दी और मराठी अथवा मराठी और तेलगू में है।

चीनी भाषा अथवा चीनी लिपि का व्यवहार करने वाली जाति हिन्दी भाषा और देवनागरी लिपि का व्यवहार करने वाली जाति से संख्या में ज्यादा नहीं है।

अंग्रेज़ी विश्व भाषा है। दक्खिनी अफ्रीका, उत्तरी अमरीका, सुदूर आस्ट्रेलिया और खास ब्रिटेन में अंग्रेज़ी का व्यवहार होता है किन्तु इन सब देशों तथा अन्य प्रदेशों में अंग्रेज़ी का व्यवहार करने वाले लोग एक ही जाति के अन्तर्गत नहीं हैं। जैसे जर्मनी और आस्ट्रिया में एक ही भाषा—जर्मन—बोली जाती है किन्तु वे दो राष्ट्र हैं, वैसे ही संयुक्त राष्ट्र अमरीका और ब्रिटेन में एक ही भाषा—अंग्रेज़ी—बोली

जाती है किन्तु वे दो राष्ट्र हैं। इन दो देशों में रहने वाले लोग एक ही अंग्रेज़ी-भाषी जाति के अंग नहीं हैं।

इस प्रकार जातीयता की दृष्टि से हिन्दी बोलने वालों की संख्या दुनिया में सबसे ज्यादा है। अनेक जातियों के अंग्रेज़ी बोलने वालों को समेट लिया जाए तो उनकी संख्या हिन्दी बोलने वालों से ज्यादा होगी किन्तु संयुक्त राष्ट्र अमरीका, ब्रिटेन या आस्ट्रेलिया किसी एक देश की, एक अंग्रेज़ी-भाषी जाति को लिया जाए तो हिन्दी बोलने वालों की संख्या ही ज्यादा है। इस विशाल हिन्दी-भाषी जनसमूह का जातीय गठन, उसकी जातीय भाषा का विकास, उसका सांस्कृतिक अभ्युत्थान, उसके साहित्य की प्रगति सारे भारत देश की प्रगति की महत्त्वपूर्ण कड़ी है, वह समूची मानवता के सन्दर्भ में भी महत्त्वपूर्ण है। इस हिन्दी-भाषी जनता के आधुनिक जातीय जीवन के सौ वर्ष पूरे हुए हैं, आधुनिक हिन्दी भाषा और साहित्य की प्रगति के सौ वर्ष पूरे हुए हैं। हमारे लिए यह जातीय और राष्ट्रीय महत्त्व की घटना है।

कोई भाषा अचानक किसी वर्ष विशेष में जन्म नहीं लेती, न कोई पुरानी भाषा किसी पत्रिका के प्रकाशन से अकस्मात् किसी वर्ष-विशेष मे नई चाल में ढलती है। 1873 का वर्ष सुविधाजनक काल-रेखा है, हिन्दी के नई चाल में ढलने की प्रक्रिया 1873 से पहले आरम्भ होती है और एक बड़े कालखंड में फैली हुई है। छोटे से कालखंड में किसी भी प्रक्रिया का सीमित न रहना स्वाभाविक है, भाषा की प्रक्रिया का और भी। स्वयं भारतेन्दु हरिश्चन्द्र ने 'हरिश्चन्द्र मैगज़ीन' से पाँच वर्ष पहले 'कविवचनसुधा' निकाली थी। इस पत्रिका में 1873 से पहले और वाद को उन्होंने अनेक सामाजिक और सांस्कृतिक समस्याओं पर बहुत-सा गद्य लिखा था, जो 'हरिश्चन्द्र मैगज़ीन' और 'हरिश्चन्द्र चन्द्रिका' के गद्य से किसी तरह घटकर नहीं, कहीं-कहीं उससे बढ़कर है। हिन्दी के सूत्रधारों में थोड़ी-बहुत जातीय आत्म-सम्मान की भावना होती तो बहुत से अभिनन्दन ग्रंथ निकालने और असंख्य संगोष्ठियों पर निरर्थक पैसा खर्च करने के बदले वे 'कवि-वचन सुधा' से भारतेन्दु के लेख एकत्र करके उनका संग्रह छापते। बीस वर्ष पहले तक 'कविवचनसुधा' की कुछ फटी-पुरानी, धूलि-धूसरित जिल्दें खड्गविलास प्रेस, पटना में सुलभ थीं। पटना के साहित्य-सम्मेलन भवन में हिन्दी विद्वानों की एक सभा से मैंने प्रार्थना की थी कि वे खड्गविलास प्रेस से भारतेन्दुकालीन सारी साहित्य-सामग्री खरीद लें और उसे सम्मेलन-भवन में सुरक्षित करें। मेरी जानकारी में इस प्रस्ताव पर कोई अमल न हुआ। जिस दशा में उस समय मैंने वहाँ 'कविवचनसुधा' तथा और बहुत-सी पुरानी पुस्तिकाएँ देखी थीं, उसे याद करते हुए विश्वास नहीं होता कि वह सामग्री अब तक बची होगी। खड्गविलास प्रेस के अधिकारियों ने मुझे बताया था कि एक विश्वविद्यालय के हिन्दी-प्रेमी विद्वान भारतेन्दु के निबन्धों का संकलन छपाने के लिए 'कविवचनसुधा' की कुछ जिल्दें माँग ले गए थे किन्तु संकलन

छप जाने के बाद उन्होंने वे जिल्दें वापस न कीं। स्वभावत: अपने कार्यालय में भी 'कविवचनसुधा' की जिल्दें मुझे दिखाने में उन अधिकारियों को संकोच हो रहा था। इस घटना से दस वर्ष पूर्व नागरी-प्रचारिणी सभा, काशी के पुस्तकालय में जब मैं अपनी पुस्तक 'भारतेन्दु युग' के लिए सामग्री इकट्ठी कर रहा था, तब वहाँ 'कविवचनसुधा' की जिल्दें नहीं थीं; 'हरिश्चन्द्र मैगज़ीन' और 'चन्द्रिका' की जिल्दों से कुछ लेख हिन्दी-प्रेमी बन्धु ब्लेड से काटकर सदुपयोग के लिए अपने घर ले गए थे। उसके बाद 'निराला की साहित्य-साधना' पुस्तक के लिए सामग्री संग्रह करते हुए जब मैं महावीरप्रसाद द्विवेदी द्वारा सभा को दी हुई पत्र-पुस्तकादि सामग्री देखने गया, तब वहाँ पहले से कुछ अधिक ही अव्यवस्था दिखाई दी। पुस्तकालयों की इस अव्यवस्था से हिन्दी की साहित्यिक निधि को बचाने के लिए एक अध्यापक-शोधकर्ता ने यह तरकीब निकाली कि वह किसी पुस्तकालय के कर्मचारियों को दो-चार रुपये देकर वहाँ से आवश्यक सामग्री पार करा देते थे। आपने कालाकाँकर से प्रकाशित होने वाला 'हिन्दोस्थान' नहीं देखा? इसमें मदनमोहन मालवीय, प्रतापनारायण मिश्र, बालमुकुन्द गुप्त जैसे साहित्यकार लिखते थे। चलिए, आपको कुछ अंक दिखा दूँ। ये अंक मुझे कैसे मिले? अजी, यह न पूछिए। 'हिन्दोस्थान' ही क्या, जिस पुरानी पत्रिका के अंक कहिए, इकट्ठे कर दूँ। किसी कर्मचारी को दो-चार रुपये दिये, पत्रिकाओं की जिल्द अपने कब्जे में।

ये सब बातें भाषा और साहित्य के इतिहास में नहीं लिखी जातीं। बहुत लोग इनकी चर्चा अशोभन और अप्रासंगिक मानेंगे। किन्तु यह चर्चा आवश्यक है। इससे ज्ञात होगा कि सन् 1973 में अधिकांश हिन्दी विद्वानों को सन् 1873 क्यों याद नहीं आता; स्वाधीन भारत के पहले पच्चीस वर्षों में भारतेन्दुयुगीन साहित्य पर क्यों उतना ध्यान नहीं दिया गया जितना आवश्यक था, क्यों अभिनन्दन-ग्रंथों और संगोष्ठियों पर इतना अर्थ व्यय होता है और भारतेन्दु का गद्य—और महावीरप्रसाद द्विवेदी का गद्य, और सूर्यकान्त त्रिपाठी निराला का गद्य—भरेपूरे रूप में क्यों संकलित होकर प्रकाशित नहीं हुआ। हिन्दी में ऐसे विद्वानों की संख्या नगण्य नहीं है जो दूसरों की पुस्तकों से जरूरी माल निकालकर अपनी विद्वत्ता की दुकान सजाते हैं। ऐसे लेखकों और अध्यापकों की संख्या और भी ज्यादा है जिनके लिए हिन्दी लेखन और अध्यापन मूलत: अर्थ-संचय का साधन है। पिछले पच्चीस वर्षों में यहाँ उद्योग धन्धों का वैसा विकास नहीं हुआ, जैसा व्यापार का। व्यापारीकरण की इस अभूतपूर्व प्रगति का असर पाठ्य-समितियों के संयोजकों, सदस्यों, अध्यापकों, विद्वानों—सभी पर पड़ता है। कुछ लोग न पढ़ाते हैं, न साहित्य लिखते हैं, वे केवल संकलन-विशेषज्ञ हैं। वे बड़े हिन्दी-प्रेमी हैं क्योंकि माध्यमिक स्तर से लेकर स्नातकोत्तर परीक्षाओं तक हिन्दी प्रत्याशियों की संख्या ही सबसे अधिक है और ये परीक्षाएँ कश्मीर से लेकर केरल तक और गुजरात से लेकर बंगाल तक होती

हैं। हिन्दी के इस राष्ट्रीय महत्त्व से जो लाभ नहीं उठाता, वह विद्वानों में झगड़ालू, सनकी या मूर्ख समझा जाता है।

तब भारतेन्दुकालीन गद्य की रक्षा कैसे हो? सम्भव है, कुछ राष्ट्रभाषा-प्रेमियों के व्यक्तिगत संग्रहों में 'कविवचनसुधा' की जिल्दें, या वैसी ही और सामग्री सुरक्षित हो। बिहार राष्ट्रभाषा परिषद जैसी किसी संस्था को—जिसके पास प्रकाशन के साधन हों, जिसे इस बात की चिन्ता न हो कि किताबें पाठ्यक्रम में स्वीकृत होंगी या नहीं, स्वीकृत न होने पर साल में उसकी कितनी प्रतियाँ बिकेंगी—विज्ञापित करना चाहिए कि जिस किसी विद्वान के पास पुरानी सामग्री हो, यह हमें सूचित करे, हम उसे अच्छे दामों खरीद लेंगे, वह चाहे तो हम उसे धन्यवाद देंगे, न चाहे तो हम उसका नाम गुप्त रहेंगे।

आगरे की कन्हैयालाल माणिकलाल मुंशी विद्यापीठ के भूतपूर्व निदेशक डॉ. विश्वनाथ प्रसाद ने फोर्ट विलियम कालेज से सम्बद्ध लेखकों की रचनावली सम्पादित की थी। केन्द्रीय शिक्षा-मंत्रालय के सहयोग से इसका प्रकाशन होने वाला था किन्तु विशेषज्ञों ने कहा कि सम्पादन ठीक नहीं हुआ। वह रचनावली दिल्ली में है और उसका प्रकाशन अभी तक नहीं हुआ; बीसवीं शताब्दी के अन्त तक शायद होगा भी नहीं।

भारतेन्दुकालीन गद्य, उससे पहले का उत्तर और दक्खिन में रचा हुआ गद्य-पद्य, अठारहवीं और उन्नीसवीं सदियों में प्रकाशित कोश और व्याकरण, ईसाई पादरियों का हिन्दी-उर्दू में लिखा हुआ साहित्य—यह सब एक जगह इकट्ठा होना चाहिए, जहाँ लोग भाषा के विकास का अध्ययन कर सकें। इसमें जितनी सामग्री संकलित, सम्पादित और पुनर्मुद्रित की जा सके, उतनी उत्तर प्रदेश, बिहार, मध्य प्रदेश, राजस्थान और हरियाणा की हिन्दी-प्रेमी सरकारों को परस्पर सहयोग से करनी चाहिए। इससे नई और पुरानी चाल की हिन्दी के इतिहास का ज्ञान होगा, हिन्दी-भाषी प्रदेश के लोग अपनी जातीय अस्मिता पहचानेंगे।

[2]

सामाजिक-सांस्कृतिक परिवेश के साथ हिन्दी का एक भाषागत परिवेश है। उस परिवेश की कुछ अपनी विशेषताएँ हैं। ये विशेषताएँ भारतेन्दु के समय थीं, उनसे पहले थीं, आज भी हैं। हिन्दी नई चाल में ढली तो यह नई चाल क्या थी? उससे पहले हिन्दी की पुरानी चाल क्या थी? नई चाल में ढलते हुए आज की हिन्दी का रूप क्या बना है?—इन प्रश्नों का उत्तर देने के लिए भाषागत परिवेश की उन विशेषताओं पर ध्यान देना चाहिए।

विशाल हिन्दी-भाषी प्रदेश में बहुत-सी बोलियाँ बोली जाती हैं। मालवे से लेकर मिथिला तक, अवध से लेकर हरियाणा तक इस प्रदेश में अनेक जनपद हैं, उनकी

जुदा-जुदा बोलियाँ हैं। यह परिस्थिति हिन्दी के लिए कुछ अनोखी नहीं है; अनोखापन इस बात में है कि इन बोलियों में बहुत-सा श्रेष्ठ साहित्य रचा गया है जो पहले भी बहुत लोकप्रिय था, आज भी है। आधुनिक फ्रांसीसी भाषा के अभ्युदय और विकास से पहले दक्खिनी फ्रांस की प्रोवांसाल भाषा में बहुत-सा साहित्य रचा गया था। अंग्रेज़ी समेत यूरुप की किसी आधुनिक भाषा को अपने से भिन्न बोली में ऐसी साहित्य-सम्पदा विरासत में नहीं मिली, जैसी फ्रांसीसी भाषा को। [सामन्तकाल में प्रोवांसाल एक स्वतंत्र जनपद की भाषा थी, आधुनिक काल में वह जनपद फ्रांस देश का अंग बना, प्रोवांसाल भाषा आधुनिक फ्रांसीसी भाषा की बोली बनी। इसी तरह ब्रज, अवध आदि जनपद सामन्त-काल में स्वतंत्र भाषायी इकाइयाँ थे; अब वे हिन्दी प्रदेश के अंग हैं। ब्रज, अवधी आदि भाषाएँ जातीय भाषा हिन्दी की तुलना में उसकी बोलियाँ हैं।]

फ्रांसीसी भाषा को केवल एक बोली—प्रोवांसाल—का रिक्थ सुलभ है, हिन्दी को अनेक बोलियों का। इनमें ब्रजभाषा और अवधी मुख्य हैं। सूरदास और तुलसीदास अपने समय में ही केवल ब्रज या अवध के कवि नहीं थे। उनकी रचनाएँ दूर-दूर अन्य जनपदों के गाँवों और कस्बों में पढ़ी जाती थीं; जितने लोग पढ़ते थे, उनसे ज्यादा अनपढ़ लोग उन्हें सुनते और गुनते थे। लोकप्रियता के विचार से यूरुप की किसी आधुनिक भाषा के पास उसकी 'बोली' में रचा हुआ 'रामचरित मानस' जैसा लोकप्रिय काव्य नहीं है। तुलसीदास ब्रज और अवधी, दोनों में कविता करते थे; यह तथ्य जनपदीय अलगाव के दूर होने और जनपदों के जातीय प्रदेश में घुलने-मिलने का सूचक है।

साहित्यिक कृतियों के अलावा हिन्दी की सभी बोलियों के पास अपनी लोक-साहित्य की निधि है। किसी बोली का उपयोग साहित्य में हुआ हो, चाहे न हुआ हो, लोक-साहित्य की निधि उसके पास अवश्य है। जैसे हिन्दी-भाषी प्रदेश में जनपदों की संख्या अधिक है, वैसा ही उस संख्या के अनुरूप लोक-साहित्य की विविधता और समृद्धि है। ऐसी विविधता और समृद्धि बहुत कम जातीय प्रदेशों को सुलभ है। लोक-साहित्य का माध्यम जो बोलियाँ हैं, वे संरचना और शब्द-भंडार की दृष्टि से एक-दूसरे से बहुत मिलती-जुलती हैं। इन्हें बोलने वाले जितनी आसानी से एक-दूसरे की बात समझ लेते हैं, उतनी आसानी से ब्रिटेन, अमरीका या चीन के लोग एक ही भाषा-क्षेत्र की भिन्न बोलियों के माध्यम से एक-दूसरे की बात नहीं समझ पाते। हिन्दी प्रदेश की इन बोलियों में सामान्य तत्त्वों के अलावा उनके व्याकरण और शब्द-भंडार की अपनी विशेषताएँ हैं। यह अन्तर्जनपदीय परिवेश हिन्दी भाषा को प्रभावित करता है और स्वयं भी हिन्दी से प्रभावित होता है।

हिन्दी के भाषागत परिवेश की यह पहली विशेषता है।

दूसरी विशेषता हिन्दी-उर्दू के दो साहित्यिक अथवा शिष्ट रूपों का सह-अस्तित्व है। [आवश्यक नहीं कि यह सह-अस्तित्व सदा शान्तिपूर्ण हो किन्तु वह सह-अस्तित्व तो है ही।] संसार में कहीं भी दो भाषाएँ अथवा एक भाषा के दो साहित्यिक रूप

ऐसे नही हैं जिनके क्रियापद और सर्वनाम बिलकुल एक जैसे हों; जिनके क्रिया रूप—भूत, भविष्य, वर्तमान के 'गया था', 'जाएगा', 'जाता है', आदि रूप—बिलकुल एक से हों, जिनके सर्वनाम एक ही हों; जिनके कारक चिह्न—का, में, से, पर आदि—एक से हों, जिनमें वाक्य-संरचना और व्याकरण की अन्य विशेषताएँ प्राय: एक ही हों, जैसे हमारी बोलचाल की भाषा के दो साहित्यिक या शिष्ट रूप हिन्दी और उर्दू हैं। संरचना और मूल शब्द-भंडार की दृष्टि से दोनों रूप मिलते-जुलते हैं किन्तु विशिष्ट शब्द-भंडार के विचार से हिन्दी-उर्दू उन्हें में उतना फासला है जितना अंग्रेज़ी और लैटिन में नहीं है।

यह स्वाभाविक है कि हिन्दी और उर्दू बोलचाल को जिस भाषा का साहित्यिक रूप हैं, उससे प्रभावित हों। इनका यह मूलाधार—बोलचाल वाला रूप—जड़ और स्थिर नहीं है; वह बहत-ही चेतन, सक्रिय और गतिशील है। वह अन्तर्जनपदीय भाषायी परिवेश से विच्छिन्न नहीं है, हिन्दी-उर्दू के शिष्ट रूपों की तुलना में वह उससे ज्यादा सम्बद्ध है। शिष्ट रूपों पर मूलाधार का यह प्रभाव भारतेन्दु काल में या उससे पहले खत्म नहीं हो गया, वह तब भी सक्रिय था, आज भी है।

यह भी स्वाभाविक है कि जैसे हिन्दी-उर्दू के दो साहित्यिक रूप बोलचाल की भाषा से प्रभावित होते हैं, वैसे ही खुद भी वे एक-दूसरे को प्रभावित करें। इनका सह-अस्तित्व चाहे जितना कलहपूर्ण हो, यह बात अनिवार्य है कि लड़ते-झगड़ते हुए भी वे एक-दूसरे को प्रभावित करते रहें।

जैसे हिन्दी की बोलियों—ब्रज, अवधी आदि—की अपनी साहित्यिक निधि है, वैसे ही हिन्दी और उर्दू—दो विशिष्ट रूपों—की अपनी साहित्यिक निधि है। संसार में अनेक भाषाएँ ऐसी होंगी जिनकी साहित्यिक शैलियाँ एक से अधिक हों किन्तु उनमें वैसा समृद्ध साहित्य भी हो, जैसा हिन्दी और उर्दू में है, यह बात और कहीं नहीं है। उर्दू का साहित्य ईरान, तुर्किस्तान या मिस्र के मुसलमानों का साहित्य नहीं है; वह भारत और पाकिस्तान के हिन्दी-उर्दू-भाषियों का साहित्य है।

हिन्दी-उर्दू का सह-अस्तित्व और परस्पर प्रभाव हिन्दी के भाषायी परिवेश की दूसरी विशेषता है।

भारत में अनेक भाषाएँ बोली जाती हैं, जैसे यूरुप में बोली जाती हैं। किन्तु भारत एक राष्ट्र है, जैसे यूरुप नहीं है। यहाँ अनेक अहिन्दी प्रदेशों में न केवल हिन्दी-भाषी वरन अहिन्दी-भाषी भी हिन्दी में साहित्य रचते रहे हैं। यह हिन्दी कहीं ब्रज है, कहीं खड़ी बोली, कहीं बोलियों का मिला-जुला कोई और रूप, किन्तु है वह हिन्दी। इस तरह इटली, जर्मनी या रूस में अंग्रेज़ी साहित्य रचने वाले न मिलेंगे। भारत में सैकड़ों साल से लोग अपने जनपद या जातीय प्रदेश छोड़कर दूसरे भाषायी क्षेत्रों में जाकर बसते रहे हैं। वहाँ की भाषाएँ और बोलियाँ उनकी बोलचाल को प्रभावित करती रही हैं जिसकी बहुत अच्छी मिसाल हैदराबाद की बोली है। वैसे ही

कलकतिया हिन्दी, बम्बइया हिन्दी है। भारत जैसे बहुजातीय राष्ट्र में ही यह सम्भव है कि भिन्न प्रदेशों में भिन्न भाषाओं से प्रभावित होने वाले हिन्दी के अनेक रूप विकसित हों। रोम, बर्लिन या पेरिस में इतालवी जर्मन या फ्रांसीसी से प्रभावित होने वाली अंग्रेज़ी भाषा के भिन्न रूपों का विकास नहीं हुआ। यूरुप के साझा बाजार और भारत की राष्ट्रीयता में यह अन्तर है।

'स्टैंडर्ड' हिन्दी के अनेक 'सब-स्टैंडर्ड' रूप हैं। एक तरह के रूप वे हैं जो जनपदीय बोलियों के प्रभाव से बनते हैं, जैसे मगही आदि से प्रभावित पटना की हिन्दी, जैसे भोजपुरी से प्रभावित बनारसी हिन्दी; दूसरी तरह के रूप वे हैं, जो हिन्दी-भाषी प्रदेश में अहिन्दी-भाषियों के आने और बस जाने, उनकी बोलचाल से हिन्दी के प्रभावित होने से बनते हैं। इनकी सबसे अच्छी मिसाल पंजाबी-प्रभावित दिल्ली—अथवा नई दिल्ली—की हिन्दी है। तीसरी तरह के रूप वे हैं, जो दूसरे प्रदेशों में हिन्दी-भाषियों के जा बसने से, वहाँ दूसरी भाषाओं के सम्पर्क में आने से बने हैं। इन तीन तरह के रूपों से तीन बातें साबित होती हैं। पहली यह कि मगही या भोजपुरी पर हिन्दी भाषा लादी गई होती तो पटनिया हिन्दी या बनारसी हिन्दी का विकास न होता। दूसरी यह कि बंगाल या महाराष्ट्र पर हिन्दी लादी गई होती तो कलकतिया हिन्दी या बम्बइया हिन्दी का विकास न होता। तीसरी यह कि हिन्दी-भाषी लोग जितना दूसरों से प्रभावित होते हैं, उतना दूसरों को प्रभावित नहीं करते। बम्बई में हिन्दी प्रभावित मराठी का चलन नहीं है, न कलकत्ते में हिन्दी प्रभावित बंगाली का चलन है, दोनों जगह चलन है मराठी-बंगाली-प्रभावित हिन्दी का, फिर उसे बोलने वाले चाहे हिन्दी-भाषी हों, चाहे अहिन्दी-भाषी। खड़ी बोली की राजधानी दिल्ली पर पंजाबी का असर उपर्युक्त तथ्य की पुष्टि करता है।

हिन्दी के भाषागत परिवेश की यह तीसरी विशेषता है।

जो भाषाएँ भारत में बोली नहीं जाती थीं या पहले बोली जाती थीं, अब नहीं बोली जातीं। वे साहित्यकारों के भाषागत परिवेश में बहुत ही जीवन्त और सक्रिय हैं। एक तरफ अरबी और फारसी है, दूसरी तरफ संस्कृत है। इनमें फारसी संस्कृत-परिवार की भाषा है किन्तु अरबी उससे भिन्न शमी कुल की भाषा है। इसी तरह यूरुप वालों के लिए एक तरफ हीब्रू है, दूसरी तरफ लैटिन और ग्रीक हैं। हीब्रू (या अरेमाइक) ईसा मसीह और उनसे पहले के मूसा आदि द्रष्टा-कवियों की भाषा थी। वह अरबी की तरह शमी कुल की भाषा है, ग्रीक और लैटिन संस्कृत की तरह 'आर्य' परिवार की भाषाएँ हैं। यूरुप के नव जागरण-काल में जब वहाँ की नवीन जातीय भाषाओं का विकास हुआ, महान साहित्यिक रचनाओं में उनका प्रयोग हुआ, तब इन नई भाषाओं ने मुख्यत: लैटिन-ग्रीक का प्रभाव ग्रहण किया, हीब्रू का नहीं। ईसाइयों के लिए हीब्रू का वही महत्त्व है, जो मुसलमानों के लिए अरबी का है। किन्तु यूरुप के साहित्यकारों और विद्वानों ने अपनी भाषाओं को

लैटिन-ग्रीक से समृद्ध किया, हीब्रू से नहीं। भारत में उर्दू पर—खास कर उसकी पारिभाषिक शब्दावली पर—अरबी का जितना असर है, उसका शतांश प्रभाव यूरुप की भाषाओं पर हीब्रू का नहीं है। यूरुप और भारत की—हिन्दी और अंग्रेज़ी की—भाषायी परिस्थितियों में यह अन्तर है।

उर्दू के प्रसंग में हम अरबी-फारसी का नाम लेते हैं किन्तु हमारे ध्यान में यह बात हमेशा नहीं रहती कि ये दो भिन्न परिवारों की भाषाएँ हैं। इन दोनों में उतना ही अन्तर है जितना लैटिन और हीब्रू में। यूरुप में लैटिन ने साहित्यकारों की भाषा को ही प्रभावित नहीं किया, वह शताब्दियों तक वहाँ की धर्म-भाषा भी रही। चर्च की भाषा—हीब्रू नहीं, लैटिन।

किसी समय तुर्की भाषा पर अरबी और फारसी वैसे ही छाई हुई थीं, जैसे आजकल यहाँ उर्दू पर छाई हैं। कमाल अतातुर्क की सामाजिक-सांस्कृतिक क्रान्ति के बाद तुर्की ने अरबी-फारसी के गहने उतार फेंके। स्वयं ईरान में फारसी पर अरबी ने किसी समय शासन किया था। आधुनिक युग में ईरान की फारसी ने अपने को इस अरबी प्रभाव से बहुत कुछ मुक्त कर लिया है।

उत्तर प्रदेश के मुसलमानों की समझ में यह नहीं आता कि बँगला देश के मुसलमान उर्दू से प्रेम क्यों नहीं करते या उर्दू की तरह अरबी-फारसी मिश्रित अलग एक मुसलमनिया बँगला का चलन उन्होंने क्यों नहीं किया। उन्हें यह नहीं मालूम कि अंग्रेज़ी राज कायम होने से पहले बँगला भाषा के अधिकांश लेखक मुसलमान थे; बंगाल पर अंग्रेज़ी राज कायम होने के बाद बँगला के मुसलमान लेखकों की संख्या नगण्य हो गई। अंग्रेज़ी राज के खात्मे के बाद पूर्वी बंगाल में नये सिरे से भाषा-प्रेम और जातीय चेतना का अभ्युदय हुआ। पाकिस्तान के पंजाबी मुसलमानों ने इस सारी प्रक्रिया को न समझकर उसे हिंसक ढंग से दबाया। उसका परिणाम है : बँगला देश की स्वाधीनता। अब कराँची में प्रवासी उर्दू-प्रेमियों को वहाँ की जनता का सिन्धी-प्रेम फूटी आँखों नहीं सुहाता। कहते हैं, सिन्ध में वहाँ की जनता की अपनी भाषा—सिन्धी—राजभाषा न बने! सिन्धी-प्रेम को दबाने के लिए घर फूँकना, दुकानें जलाना, दंगे करना, सिन्धियों को मारना, वही सब हथकंडे देखने में आए जो पूर्वी बंगाल में अपनाये गए थे। फिर कहेंगे, यह सब भारत का षड्यंत्र है!

अंग्रेज़ी राज कायम होने से पहले सिन्ध में शाह अब्दुल लतीफ और सचल सरमस्त जैसे महान कवि पैदा हुए। इनके बारे में उर्दू-प्रेमी हिन्दू-मुसलमान उतना ही जानते हैं जितना मलिक मुहम्मद जायसी या हब्बा खातून के बारे में। किन्तु यह सत्य है कि सिन्धी, कश्मीरी और पंजाबी भाषाओं में अंग्रेज़ी राज कायम होने से पहले मुसलमान कवियों ने महान साहित्य रचा। अंग्रेज़ों ने नवाबों, राजाओं और जागीरदारों की सहायता से उनकी भाषाओं को दबाया, उन्हें निरक्षर और अपढ़ बनाकर रखा, उनमें से कुछ चुने हुए ऊपर के लोगों को समझाया—तुम मुसलमान

हो, तुम्हारी भाषा उर्दू है, उर्दू में जितना ही तुम अरबी-फारसी के शब्द भरोगे, उतना ही तुम सच्चे मुसलमान साबित होगे। किन्तु ईरान और तुर्किस्तान के मुसलमानों की तरह सिन्ध और बंगाल के मुसलमान अपनी जातीयता पहचान रहे हैं, उर्दू का भार उतारकर अपनी भाषाओं के विकास और समृद्धि के लिए लड़ रहे हैं, यह बात भारत के उर्दू-प्रेमियों के लिए शिक्षाप्रद है। हिन्दी-उर्दू बोलने वालों की कौम एक है, यह बात उन्हें अपने गले के नीचे उतारनी है।

किसी भारतीय भाषा के लिए अरबी या फारसी का वह महत्त्व नहीं हो सकता जो उसके लिए संस्कृत का है। और अंग्रेज़ी के लिए लैटिन का वह महत्त्व नहीं हो सकता जो हिन्दी के लिए संस्कृत का है। लैटिन कभी ब्रिटेन की भाषा नहीं रही, जैसे संस्कृत हमारे देश की ही नहीं, हमारे प्रदेश की भाषा रह चुकी है। इसलिए यह तर्क व्यर्थ है कि तुम संस्कृत से शब्द लेते हो या उसके आधार पर नये शब्द गढ़ते हो तो हम इसी तरह अरबी को अपनी स्रोत-भाषा बनाएँगे। यदि आप तुर्की को अपनी स्रोत-भाषा बनाते तो कुछ बात भी थी क्योंकि दिल्ली की गद्दी पर तुर्क बैठे थे, अरब या ईरानी नहीं। यह स्वाभाविक है कि भारतीय भाषाएँ अरबी-फारसी अथवा लैटिन-ग्रीक की तुलना में संस्कृत भाषा-तत्त्वों से अपने विकास के लिए आवश्यक सामग्री प्राप्त करें किन्तु हिन्दी तथा अन्य भारतीय भाषाएँ केवल उधार लेने वाली भाषाएँ नहीं हैं। उनमें अपनी सृजनात्मक क्षमता है। संस्कृत से भिन्न स्तर पर ये अपनी इस क्षमता के उपयोग से अपना विकास करती रही हैं। हिन्दी तथा अन्य भारतीय भाषाओं की अपनी जातीय प्रकृति है। इस प्रकृति को न पहचानकर संस्कृत के वास्तविक या कल्पित आधार पर भाषा में अनगढ़ और अपच पारिभाषिक शब्द भर देने से न वह हिन्दी रह जाती है, न संस्कृत। वास्तव में, इस नई गढ़ी हुई सरकारी शब्दावली को पुरानी संस्कृत जानने वाला समझ ही नहीं सकता।

अरबी-फारसी और संस्कृत से उर्दू-हिन्दी का यह सम्बन्ध हमारे भाषागत परिवेश की चौथी विशेषता है।

पाँचवीं और अन्तिम विशेषता हिन्दी तथा अन्य भारतीय भाषाओं पर अंग्रेज़ी का प्रभाव है। प्रभाव का एक रूप है भारतीय भाषाएँ छोड़कर अंग्रेज़ी भाषा में साहित्य रचने का प्रयास, जैसे मुल्कराज आनन्द का कृतित्व। दूसरा रूप है : सांस्कृतिक जीवन में अंग्रेज़ी और हिन्दी का समानान्तर व्यवहार, जैसे एक ही फर्म से दो अखबार निकलें : अंग्रेज़ी में 'हिन्दुस्तान टाइम्स' और हिन्दी में 'हिन्दुस्तान'। या जैसे राष्ट्रीय नेता अखिल भारतीय काम अंग्रेज़ी में करें और चुनाव के समय जनता के सामने देसी बोली बोलें। तीसरा रूप यह है कि आधी अंग्रेज़ी बोलें, आधी हिन्दी, और यह समझ में न आए कि अंग्रेज़ी के साँचे में हिन्दी ढाल रहे हैं या हिन्दी के पैमाने में अंग्रेज़ी छान रहे हैं। चौथा रूप वह है जो खास तौर से हिन्दी लेखकों में पाया जाता है। वह अंग्रेज़ी के मुहावरों, शब्दों और वाक्य-खंडों को हिन्दी में अनुवादित करते

जाते हैं, अधिकतर अनजान में, अपनी समझ में मौलिक चिन्तन करते हुए, यह न जानते हुए कि इस मौलिक चिन्तन के साँचे अंग्रेज़ों और अमरीकियों के बनाए हुए हैं। कभी परेशान होकर कहते हैं—यार, इस चीज को हिन्दी में कैसे 'एक्स्प्रेस' करें।

हिन्दी नई चाल में ढली और पिछले सौ वर्षों में विकसित हुई—इन भाषागत परिस्थितियों में।

[3]

पुरानी चाल की हिन्दी के बाद भारतेन्दु हरिश्चन्द्र ने उसे नई चाल में कैसे ढाला, पुरानी और नई चाल में क्या अन्तर था, इसका संक्षिप्त विवरण शुक्ल जी ने अपने हिन्दी साहित्य के इतिहास में इस प्रकार दिया है : "मुंशी सदासुख की भाषा साधु होते हुए भी पंडिताऊपन लिये थी—लल्लूलाल में ब्रजभाषापन और सदल मिश्र में पूरबीपन था। राजा शिवप्रसाद का उर्दूपन शब्दों तक ही परिमित न था, वाक्य-विन्यास तक में घुसा था। राजा लक्ष्मणसिंह की भाषा विशुद्ध और मधुर तो अवश्य थी, पर आगरे की बोल-चाल का पुट उसमें कम न था। भाषा का निखरा हुआ शिष्ट-सामान्य रूप भारतेन्दु की कला के साथ ही प्रकट हुआ।"

शुक्ल जी ने अपने युग में प्रचलित धारणाएँ यहाँ प्रस्तुत की हैं। उनके बाद ये धारणाएँ अनेक सन्दर्भों में दोहराई गई हैं। ब्रजभाषापन, पूरबीपन, पंडिताऊपन, आगरे की बोलचाल का पुट, उर्दू का वाक्य-विन्यास, भाषा का निखरा हुआ रूप—इन सब बातों का क्या अर्थ है? आधुनिक हिन्दी-उर्दू का विकास ब्रजभाषापन और पूरबीपन से बचकर हुआ है या मेरठ और दिल्ली के गाँवों की बोली से हिन्दी-उर्दू इसी बात में भिन्न हैं कि उनमें ब्रजभाषापन और पूरबीपन है? आगरे की बोलचाल का पुट केवल राजा लक्ष्मणसिंह की भाषा में है या दिल्ली, हैदराबाद और बनारस के लेखकों की भाषा में भी है? उर्दू का वाक्य-विन्यास क्या हिन्दी के वाक्य-विन्यास से मूलतः भिन्न है? और भी महत्त्वपूर्ण प्रश्न यह है कि हिन्दी-उर्दू ने अपना 'टकसाली' रूप एक-दूसरे से जुदा रहते हुए पाया है या दोनों के टकसाली बनने की मूल समस्याएँ एक ही हैं।

पुरानी चाल की हिन्दी से नई चाल की हिन्दी का कितना लगाव है और कितना अलगाव—इस बात का निर्णय हम ऊपर दिये हुए प्रश्नों के उत्तर से ही कर सकते हैं।

'इतनी कथा सुनाय शुकदेव जी कहते भये'—इस तरह के वाक्यों से कथावाचक-शैली की तुरत पहचान हो जाती है। इस वाक्य में 'सुनाय' और 'भये' दो शब्द पंडिताऊ हैं, इनमें 'सुनाय' से भी अधिक कथावाचकों का अपना शब्द है—'भये'। पहले इस 'भये' पर विचार करें।

लल्लूजी लाल की 'प्रेमसागर' में श्रीकृष्ण और बलराम पर्वत पर चढ़ गए और 'उसकी चोटी पर जाए खड़े भये'। (प्रेमसागर, ब्रजरत्नदास द्वारा सम्पादित, काशी,

1922 ई., पृ. 174) श्रीकृष्ण के विरह में गोपियों का रोना सुनकर 'चर अचर भी दुखित भये भारी'। (पृ. 92)

लल्लूजी लाल 'भई' और 'भये' रूपों का प्रयोग करते हैं किन्तु इनके प्रतिरूप 'हुए' और 'हुई' का प्रयोग वह और भी ज्यादा करते हैं : "महाभारत के अन्त में जब श्रीकृष्ण अन्तरध्यान हुए"; (पृ. 1) "जब श्रीकृष्ण जमुना के पास पहुँच रूख तले लाठी टेक खड़े हुए"। (पृ. 65)

लल्लूजी लाल आगरे के थे। उन पर ब्रजभाषा का प्रभाव सहज ही माना जा सकता है और कहा जा सकता है कि 'भये' के व्यवहार का कारण उनकी भाषा पर ब्रज का प्रभाव है। किन्तु 'भये' पर ब्रजमाषा का सर्वाधिकार सुरक्षित नहीं है। बिहार के सदल मिश्र 'नासिकेतोपाख्यान' में इसी 'भये' का प्रयोग करते हैं : "किसी समय में ब्रह्मा के पुत्र ऐसे उद्दालकमुनि भये"। लल्लूजी लाल की तरह वह भी इसके प्रतिरूप से परिचित हैं : "तहाँ कथा का आरंभ इस रीति से हुआ।"

लल्लूजी लाल की पुरानी हिन्दी और भारतेन्दु हरिश्चन्द्र की नई हिन्दी में यह अन्तर नहीं है कि एक ने 'भई' का प्रयोग किया और दूसरे ने 'भई' लिखना छोड़ दिया। 'वैदिकी हिंसा हिंसा न भवति' में पुरोहित कहता है : "और जब देवी की पूजा भई तो मांस-भक्षण आ ही गया।" किन्तु यह पुरोहित की बात है, उसकी भाषा पंडिताऊ मानी जा सकती है। 'सत्य हरिश्चन्द्र' में धर्म कहता है : "चलो घाट पर करो निवास। भए आज से हमरे दास।" ब्रजभाषा के पद में 'भये' का प्रयोग होता ही; चन्द्रावली गाती है :

सखी ये नैना बहुत बुरे।
तब सों भए पराए, हरि सों जब सों जाइ जुरे॥

किन्तु 'प्रेमजोगिनी' का बनारसी झपटिया भी 'भए' के व्यवहार का अभ्यस्त है : "एतनी देर भई अभहीं तोरे गागर लिआवै की बखत नाहीं भई?" 'कविवचनसुधा' में 'भये' रूप का व्यवहार खूब होता था, यथा : "और उस स्थान को देखा जहाँ टाउनहाल बननेवाला है परन्तु प्रसन्न नहीं भये"; (माघ शुद्ध 15, सं. 1927) "यहाँ की महाराणी की पाठशाला में एक बाबू गिरेन्द्रमोहन नामें महाशय ला अर्थात् नीति की शिक्षा देने को नियत भये हैं"। (फालगुण कृष्ण 30, सं. 1927)

शुक्ल जी ने उन्नीसवीं सदी के आरम्भ में हिन्दी में अनुवादित 'गोरा बादल की बात' से जो अंश उद्धृत किया है, उसमें 'भई' का प्रयोग है : "गोरा बादल की कथा गुरु के बस, सरस्वती के मेहरबानगी से, पूरन भई।" अकबर के समकालीन गंग कवि की 'चंद छंद बरनन की महिमा' पुस्तक के शुक्ल जी द्वारा उद्धृत अंश में 'भया' और 'हुआ' एक साथ प्रयुक्त हुए हैं : 'रास बंचना पूरन भया। आमखास बरखास हुआ।' पुराने कवियों में इस क्रिया का प्रयोग बहुतायत से है;

तुलसीदास का यह प्रिय शब्द है : 'अधिक सनेह देह भै भोरी'; 'भये प्रगट कृपाला दीनदयाला'; 'सुनि भए विकल सकल नरनारी'। तुलसीदास इसके प्रतिरूप का प्रयोग अतीत से भिन्न कालों के लिए करते है : 'लोचन ओट राम जनि होही", 'चन्द चुवै बरु अनल कन, सुधा होइ बिष तूल'। हिन्दी की जनपदीय बोलियों में भा, भए रूपों का व्यवहार अतीत के लिए ही होता है, वर्तमान और भविष्य के लिए 'हो' वाले रूप हैं।

मुहम्मद अफ़ज़ल जिला मेरठ के निवासी थे, कवि थे। उन्होंने 'बिकट कहानी—बारहमासा' लिखा, जो भाषा की दृष्टि से बहुत महत्त्वपूर्ण है। डॉ. विद्यासागर और डॉ. मसूद हुसैन खाँ ने इसे सम्पादित करके हैदराबाद से 1967 में प्रकाशित कराया। मुहम्मद अफ़ज़ल अथवा शाह अफ़ज़ल की मृत्यु 1625 में हुई। सम्पादकों ने उनकी रचना को उचित ही 'उत्तरी भारत की खड़ी बोली हिन्दी का सोलहवीं शताब्दी का काव्य' कहा है। इसमें 'भई' के प्रयोग का अनुपात उतना ही है जितना 'प्रेम सागर' में।

जरी पोथी बमन सब मर गए री।
भया कित काग ऊधो कित रहे री। [पृ. 21]
भई मुझ सेज बिन पिउ नागिनी रे।
सतावे दूसरे नित चाँदनी रे। [पृ. 25]

'भया' रूप पुराने हिन्दी कवियों की रचनाओं में है, मुगल बादशाहों की हिन्दी में है। शाह आलम (द्वितीय) का कलाम है :

आज आनन्द भयो सभी के मन शाहे आलम को सब मिल चलो दें असीस।
मुबारक हो तुमको हदिये की शादी सिहरा मोती न बाँधो [मोतियन बाँधो]
अकबर शाह के सीस।

(नादिराते शाही; सम्पादक : इम्तियाज़ अली खाँ अर्शी, रामपुर, 1944 ई., पृ. 90)

'भया' रूप जनपदीय बोलियों में अब भी प्रयुक्त होता है किन्तु उसे पंडिताऊ या गँवारू समझकर हिन्दी की टकसाल से निकाल दिया गया है। पहले उर्दू से निकाला गया, फिर हिन्दी से, किन्तु जनता ने 'भया' को पंडिताऊ समझकर छोड़ा नहीं है। गाँवों में ही नहीं, शहर में, और लखनऊ जैसे शहर की गलियों में, यह 'भया' चहुँ ओर सुनाई देगा और सजग साहित्यकार अपने उपन्यासों में जनता द्वारा उसका यह प्रयोग होता हुआ दिखाएँगे।

"अरे क्या भया बहू?" बहुआ जाड़े में झुरझुराती हुई आई।...
"ऊपर से लाले का लिहाफ बोला—'अड़े क्या भया?'...
"गुबिन्दे की बहू ने बाहर झाँककर पूछा—'चाची, क्या भया?' "

(अमृतलाल नागर : बूँद और समुद्र, अध्याय 6)

निष्कर्ष यह कि लल्लूजी लाल और भारतेन्दु हरिश्चन्द्र की हिन्दी में जो भी अन्तर हो, वह 'भये' के कारण नहीं है। नई चाल की हिन्दी में 'भये' का प्रयोग होता था, पुरानी चाल की हिन्दी में भी 'भये' के साथ 'हुए' का व्यवहार होता था। 'भये' का बहिष्कार आधुनिक उर्दू-हिन्दी की विशेषता है।

अब 'सुनाय' पर विचार किया जाए।

"महाराज, इतनी बात के सुनते ही श्री रुक्मिनी जी भयचक हो भहराय पछाड़ खाय भूमि पर गिरीं और जल बिन मीन की भाँति तड़फड़ाय अचेत हो लगीं उर्द्ध साँस लेने"। (प्रेमसागर, काशी, पृ. 250)

इसी तरह झड़वाय, छिड़कवाय, रिसाय, नशाय, बिलमाय, बिलाय, नवाय, बहाय, सुनाय, पछताय, घबराय आदि के साथ आय, जाय, खोय, खाय, पाय के प्रयोग हैं। हिन्दी-उर्दू में इन सबके पर कतर दिये गए हैं; अब यविहीन रूपों के ही दर्शन होते हैं। लल्लूजी लाल य=विहीन रूपों से अपरिचित नहीं हैं : "इतनी बात के सुनते ही सत्राजीत की स्त्री खिजला कर बोली"। (उप. 214) किन्तु उन्होंने य=वाले रूपों का प्रयोग अधिक किया है। सदल मिश्र भी ऐसे रूपों का व्यवहार करते हैं किन्तु लल्लूजी लाल से कम : "और नाना भूषण पहिराय वेद की विधि से कुलीन वर को जो कन्या देते हैं, सो तो सब सहित सारी पृथ्वी दान किए का फल पाय देवतों के निकट महासुन्दर स्त्रियों से विलसते हैं"। (नासिकेतोपाख्यान) भारतेन्दु में ऐसे प्रयोग जहाँ-तहाँ हैं; उनका नितान्त अभाव नहीं है। 'प्रेमजोगिनी' के बाबू साहब कहते हैं : "तब मंगला के दर्शन करके तब घर में जाय कर सेवा में नहाते हैं।" 'प्रेमजोगिनी' का धनदास बनारसी हिन्दी में कहता है : "तबै न सुरमा घुलाय के आँख पर चरणामृत लगाए हौ जे में पलकबाजी खूब चलै।" 'सौ अजान और एक सुजान' में बालकृष्ण भट्ट : "स्त्रियाँ गृहस्थी के काम-काज से छुटकारा पाय दुधमुँहे बालकों को खिला रही हैं।"

नजीर अकबराबादी जहाँ ब्रजभाषा के रंग में हिन्दी लिखते हैं, वहाँ उसमें इस तरह के प्रयोग काफी हैं, जैसे 'महादेव जी का ब्याह' कविता में :

पहले नावँ गनेश का, लीजे सीस नवाय।
जासे कारज सिद्ध हों, सदा मुहूरत लाय।
और जिसने इस ब्याह की, महिमा कही बनाय।
उसके भी हर हाल में, शिवजी रहें सहाय॥

य-वाले रूप अवधी आदि जनपदीय बोलियों में प्रचलित हैं; अवधी से प्रभावित लखनऊ की खड़ी बोली में उनकी भरमार है।

"ये नन्दो राँड़ का काम होगा—वही तायी से कराय के घर गई है।...

"ए बहुआ, तनी उन्हें उठाय के चउराहे पै धर अउतीं।...

"बीच में कौनौ गैया-वैया आम के खाय जाय तो सबसे अच्छा होय।...

"उठाय देओ तनी, हमका गोमती जान की अबिरिया हुइ रही हैगी।

"चार डबल की जलेबी मँगाय के दोहतन का खिलाई—ऐं! औ हमका अंगूठा दिखाय के चली गईं"। (बूँद और समुद्र, अध्याय 6)

कभी इस तरह के रूप दिल्ली की खड़ी बोली में भी प्रचलित रहे होंगे। 'बिकट कहानी' की भाषा में इनका प्रयोग मिलता है।

बिरह ने आय चारों ओर घेरी।
मुझे काहे जनी थी माय मेरी॥ [पृ. 29]
तुम्हीं टुक कर पकड़ समझाय कहियो।
पगन पर सीस धर कर लाय कहियो॥ [पृ. 31]

'लतायफ़े हिन्दी' की उर्दू में भी इन रूपों का प्रयोग है : "इस खुश खबरी को सुनते ही जितने शहर में शौकीन थे, अपने-अपने परन्दों को उड़ाय लड़ाय बुलाय दौड़ाय तैयार कर बड़े तकल्लुफ से ले गये" (नक्ल 34) और : "कल फ़ज़र हुजूर में हाजिर होय"। (उप.)

आ, जा, खा, ले, दे आदि अब मूल क्रियारूप हैं किन्तु पहले इन सबके साथ एक 'य' अथवा 'व' लगा होता था। इसीलिए आवता, लेय, देय आदि रूप पुरानी हिन्दी-उर्दू में मिलते हैं। 'बिकट कहानी' में :

व इल्ला दर दिलम सूं आवता है।
यही सब आशिकों कूं भावता है॥ [पृ. 28]
चे मी बीनम कि मंगल गावती हैं।
मेरे घर नारियाँ सब आवती हैं॥ [पृ. 47]

इसी तरह 'शरमावती' (पृ. 48) 'रोवत' (पृ. 22) आदि रूप हैं।

'मेह्‌र अफ़्रोज़' (हैदराबाद, 1966) के रचयिता, शाह आलम द्वितीय, के समकालीन, ईस्वी खाँ लिखते थे : "उस चबूतरे के ऊपर जाएके देखते हैं" और "बहुत-सा उन्हों कू ताज्जुब आवता है"; (पृ. 8) "ऊपर जाके पानी पीवते हैं। पीवने से हवास उनके बरजा आवते हैं", (पृ. 9) "रात दिन की खबर जो कुछ होए सो लिखाय जाया करे"; (पृ. 143) "जो कुछ कि जिसकी आरजू होए सो सर अंजाम कर देओ"। (पृ. 4) पुरानी खड़ी बोली के ये रूप ब्रजभाषा ही नहीं, अवधी, भोजपुरी आदि पूरब की बोलियों के अनुरूप थे। आवत है—अवधी; आवता है—खड़ी बोली। अवधी में 'आवत' रूप बना हुआ है; हिन्दी-उर्दू में संक्षिप्त होकर 'आता है' रह गया है। पंजाबी में 'होए' रूप विद्यमान है, हिन्दी-उर्दू में केवल 'हो' है। 'मेह्‌र अफ़्रोज़' में जीवती थी, समझावते,

रोवते गावत; (पृ. 2) आय पड़े (पृ. 163) आदि रूपों की भरमार है। इसी तरह दक्खिनी में—'परहेजगारी सूं रहवे'; (दक्खिनी का पद्य, और गद्य, सम्पादक : श्रीराम शर्मा, हैदराबाद, 1954; पृ. 395) 'दाद देवे', 'इमदाद देवे', 'मुराद देवे'; (पृ. 405) 'महजूज़ होवे'; (उप.) 'वले हैरान होवेंगे'। (पृ. 409)

इसी पद्धति के अनुसार लल्लूजी लाल लिखते थे : "जैसे रति अपने पति के पास आई होय"; (प्रेमसागर, काशी, पृ. 158) "एक नारि हमारे साथ तुम्हारे दरसन की अभिलाषा किए आवती थी"। (पृ. 67) इसी तरह 'नासिकेतोपाख्यान' में सदल मिश्र : "उनके वहाँ आवने का कारण पूछा", "जिसके रूप को देखते जग जीतने वाला कामदेव भी मोहित होय", "मुनियों को हर्षित हो फिर सेवने लगी", "धर्मात्मा लोगों को अमरावती में पहुँचावते हैं।" 'कविवचनसुधा' में "और हमारी सर्वदा यही इच्छा है कि हमारे देश की वृद्धि होय"। (फालगुण शुद्ध 51, सं. 1927)

'होय' की तरह 'होवे' रूप है जिसकी जगह अब केवल 'हो' का चलन है। नज़ीर ने लिखा था :

कि जैसे टूट कर मेवों के होवें ढेर आँधी में (आँधी)।

और ग़ालिब ने :

क़यामत है कि होवे मुद्दई का हमसफ़र ग़ालिब
वह काफ़िर जो ख़ुदा को भी न सौंपा जाय है मुझ से।

क्रिया रूपों के 'य' और 'व' वर्णों को हटाकर हिन्दी-उर्दू ने अपनी रचना-शक्ति में कुछ कमी कर ली है। पहले किसी भी संज्ञा या विशेषण में 'आय' अथवा 'आव' लगाकर क्रियापद गढ़ लेते थे, अब वह सिलसिला टूट गया है। इसके विपरीत जनपदीय बोलियों में मोल से मोलिआये (मोल-तोल करते हुए), काँख से कँखिआये (काँख में दबाये), छाती से छतिआये (छाती पर भार उठाये) आदि रूप प्रचलित हैं। अवधी में अन्धा हो गया कहना आवश्यक नहीं; सीधा क्रिया रूप बनेगा 'अँधर्याय गा'। नज़ीर ने 'सफ़रे आख़िरत की तैयारी' में लिखा :

सर काँपा चाँदी बाल हुए मुहँ पीला पलकें आन झुकीं
कद टेढ़ा कान हुए बहरे और आँखें भी चुँधिआय गईं।

अब इस तरह के प्रयोग जनपदीय बोलियों में ही रह गए हैं। शिष्ट भाषा में बहुत जोर मारा तो कहेंगे 'चुँधिआ गईं'। ऊपर दी हुई क्रियाओं के पूर्वकालिक रूप बनाइए और देखिए य=वाला रूप ज्यादा जानदार है अथवा य=विहीन रूप : मोलिआय के, कँखिआय के, छतिआय के अथवा मोलिआ के, कैंखिआ के, छतिया के। मोटाय गया या मोटा गया? जो भी रूप अच्छा लगे, उसका व्यवहार होना चाहिए; जनपदीय बोलियों में क्रियाएँ रचने की जो शक्ति है, उससे हिन्दी को वंचित न रखना चाहिए।

'होवे', 'होय' की जगह 'हो', 'आवत बरसावत' की जगह 'आता-बरसाता' का व्यवहार हिन्दी-उर्दू के टकसाली रूपों की सामान्य विशेषता है। 'होवे' की जगह केवल 'हो' का व्यवहार ऐसा टकसालीपन है, जो हिन्दी-उर्दू में ग़ालिब के बाद आया है।

इससे मिलता-जुलता 'सिवाय' की जगह य=विहीन 'सिवा' का प्रयोग है। ग़ालिब ने सैयद यूसुफ़ मिर्ज़ा के नाम 28 नवम्बर, 1857 के खत में लिखा था : "मेरा हाल सिवाय मेरे खुदा और खुदावन्द के कोई नहीं जानता"। (ग़ालिब के पत्र; सम्पादक : श्रीराम शर्मा, इलाहाबाद; 1948) भारतेन्दु के 'सत्य हरिश्चन्द्र' में हरिश्चन्द्र कहते हैं : "धन्य हरिश्चन्द्र। तुम्हारे सिवाय और ऐसा कठोर हृदय किसका होगा?"

जैसे होय के 'य' का लोप हुआ, वैसे ही सिवाय के 'य' का। जनपदीय बोलियों में सिवाय या सेवाय का व्यवहार अब भी होता है। पूरब और पच्छिम, दोनों तरफ की जनपदीय बोलियों की जमीन छोड़कर यहाँ भी हिन्दी-उर्दू के टकसालीपन का विकास एक साथ हो रहा है।

[4]

अनेक क्रिया-रूपों में 'य' ने किस तरह 'व' को हटाया, यह बात बहुत ही दिलचस्प है। लल्लूजी लाल लिखते थे : "चलो रंगभूमि की रचना देख आवें"; (प्रेमसागर, काशी, पृ. 128) "यह देह किसी काम की नहीं, जो आपके काम आवै तो इससे उत्तम क्या है"। (पृ. 136)

भारतेन्दु ने 'कासिद' नाम से एक उर्दू पत्र निकालने का विचार किया था। 17 सितम्बर, 1872 की 'कविवचनसुधा' में उसका विज्ञापन छपा था : "कासिद। सातएं दिन आवैगा!!" 'सत्य हरिश्चन्द्र' में हरिश्चन्द्र कहते हैं : "विशेष हम क्या समझावें, जो-जो दैव दिखावे उसे धीरज से देखना।"

ग़ालिब ने लिखा था :

इस नज़ाकत का बुरा हो वह भले हैं तो क्या
हाथ आवें तो उन्हें हाथ लगाये न बने।

नज़ीर अकबराबादी ने 'बचपन के मजे' याद करते हुए लिखा था : "कोई चुसनी मुहँ में देवे कोई झुनझुना लगावे।" 'देय' से 'देये' नहीं,' देव' से 'देवे'। 'कलयुग' में लिखा : "जो आज देवेगा यहां वैसा के वां कल पावेगा। कल देवेगा कल पावेगा कल देगा जो कल पावेगा।" 'देगा' का प्रयोग है, विकल्प से 'देवेगा' का भी।

व-युक्त रूपों का व्यवहार ब्रजभाषापन के कारण नहीं है। ग़ालिब के अलावा, और उनसे पहले, वजही के यहाँ ऐसे रूप हैं : "नायक आशिक पिव के इस बाग में आवे, महज़ूज़ होवे, आराम पावे"। (दक्खिनी का पद्य और गद्य, पृ. 405) इंशाअल्ला

खाँ ने 'रानी केतकी की कहानी' में लिखा : "जिनके माथे हम बाएँ पाँव के अँगूठे से टीका लगावें", "अब जो वह तुझे ले जावे तो कुछ हचर पचर न कीजियो"। यहाँ 'जावे', 'लगावें' पर अवधी का प्रभाव है, यह बात नहीं कही जा सकती।

ब्रजभाषा में 'व' अथवा 'ब' वाले रूप प्रचलित हैं, 'य' वाले भी। कुछ ब्रजवासी मित्रों का कहना है कि गाँवों के ठेठ रूप 'य' वाले हैं, 'व' या 'ब' वाले रूप शहर की बोली में सुने जाते हैं। किन्तु 'ब्रज की लोक कहानियाँ' (सम्पादक : सत्येन्द्र, मथुरा, 1947) पुस्तक में ऐसे रूप लिपिबद्ध किए गए हैं : "लच्छमी चौंर ढोरत आवै"; (पृ. 8) "अब तेरी राजी में आवै सो दै दै"। (पृ. 9) 'आवें' का ही परिवर्तित रूप 'आमें' है, 'आएँ' का नहीं; "मोती कहाँ ते आमें"। (पृ. 8) इसी तरह सूरदास के पदों में : "अचंभौ इन लोगनि को आवै"; और : "अंग शृंगारि सँवारि नागरी सेज रचति हरि आवैंगे।" क्रियापदों में ही नहीं, अन्य वर्गों के शब्दों में भी 'य' और 'व' का विकल्प बहुत पुराना है। इसी के अनुरूप 'इ' और 'उ' का विकल्प है। गऊ और गाय; नव और नया; या और वा (अथवा के अर्थ में)। दोनों तरह के रूप हजारों वर्षों से विभिन्न जनपदों की बोलियों में घुलते-मिलते रहे हैं और यह कहना कठिन है कि 'व' अथवा 'य' वाले रूप किन विशेष जनपदों के हैं। किन्तु यदि गाँवों में बोली जाने वाली खड़ी बोली के रूपों को देखा जाए तो लगेगा, 'व' वाले रूप उत्तरी और पछाहीं बोलियों की विशेषता हैं। गाँवों की खड़ी बोली में 'आवै सै', 'जावै सै' अथवा 'आवै है', 'जावै है' रूप ही प्रचलित हैं, आयै-आए—आय सै-है जैसे रूप नहीं। ग़ालिब और उनसे पहले की उर्दू में, भारतेन्दु और उनसे पहले की हिन्दी में व-वाले रूपों की बहुतायत है यद्यपि य-वाले रूपों का प्रयोग भी काफी है। क्रमश: य-वाले रूप व-वाले रूपों को धकियाते गए और अब हिन्दी-उर्दू में य-वाले रूप ही टकसाली माने जाते हैं।

ब्रजभाषा और खड़ी बोली के ठेठ रूपों में 'व' के साथ 'ऐ' आता है, 'ए' नहीं, 'जावै' या 'जाबै' रूप होगा, 'जावे' या 'जाबे' नहीं। उर्दू में 'वे' वाले रूप हैं, 'वै' वाले रूप नहीं। सम्भव है, पहले दिल्ली में 'वै' वाले रूप बोले जाते रहे हों, बाद को वे-वाले रूपों का चलन हुआ हो। सौदा, मीर, ग़ालिब, शाह आलम, वजही आदि में पावे, जावे आदि रूप गाँवों में बोली जाने वाली खड़ी बोली की देन हैं। 'व'-वाले रूपों को हटाकर 'य' वाले रूपों की प्रतिष्ठा हिन्दी-उर्दू के टकसाली बनने की सामान्य विशेषता है।

'व' के स्थान पर 'य' और 'ऐ' के स्थान पर 'ए' की प्रतिष्ठा होने से 'आये हैं' या 'आय है', 'जाये है' या 'जाए है' जैसे रूपों का व्यवहार होने लगा।

कभी नेकी भी उसके जी में गर आ जाय है मुझ से।
जफायें करके अपनी याद शरमा जाय है मुझ से॥

ग़ालिब के इस शेर में—इस शेर से शुरू होने वाली पूरी ग़ज़ल में—य-वाले रूपों का प्रयोग किया गया है। टकसाली हिन्दी-उर्दू में ये-ए-य का स्थान 'ता'

ने ले लिया है—जाता है, खाता है, करता है, न कि जाय है, खाय है, करे है। हिन्दी-उर्दू के विकास की यह महत्त्वपूर्ण समस्या है कि शहरों की बोली में 'करता है' जैसे रूपों का चलन कब से हुआ और क्यों हुआ। दिल्ली और मेरठ के गाँवों की जो बोली हिन्दी-उर्दू रूपों में विकसित हुई, उसमें 'जाता है', 'करता है' जैसे रूपों का अभाव है।

लल्लूजी लाल ने 'प्रेमसागर' में लिखा : "वह विसे देख नित हँस हँस खेला करै"। (काशी, पृ. 213) इस तरह के प्रयोगों का कारण ब्रजमाषा का प्रभाव नहीं है, ये ठेठ खड़ी बोली के प्रयोग हैं और लल्लूजी लाल से पहले नज़ीर और सौदा जैसे दिल्ली और आगरे के शायरों के यहाँ मिलते हैं। दिवाली पर नज़ीर की कविता में 'कोई करे है उधार, दिवाली पूजे है, कोई कहे है, दाम दे है', जैसे प्रयोग मिलेंगे। सौदा की भाषा में : 'फिरे है शेख यह कहता', 'जो तू दरिया से गुजरे है', 'दिल मारे है जोश', 'बोला मुझे वो घूरे था', 'कौन ऐसा अब कहे है', 'मुझे पसीना जो तेरे मुख पर दिखाई दे है तो सोचता हूँ'।

लल्लूजी लाल की भाषा में एक प्रयोग 'लीजे', 'दीजे', अथवा 'लीजै-दीजै' का है, जो अब हिन्दी-उर्दू से बहिष्कृत-सा है। 'अपने राजा को सुख दीजे, ब्याह बैर औ प्रीति समान से कीजे, हमें बचा लीजो, बलकर पटक न दीजो'। (प्रेमसागर, काशी, पृ. 130) यह प्रयोग बहुत पुराना है। तुलसीदास ने लिखा था : "कीजै कहा जीजी जू सुमित्रा परि पायँ कहै तुलसी सहावैं विधि सोई सहियतु है।" खड़ी बोली में इसका व्यवहार नज़ीर के यहाँ है। 'बरसात की बहारें' कविता में :

कहता है कोई गिरकर ये ऐ ख़ुदाय लीजो।
कोई डगमगा के हरदम कहता है वाये लीजो।

दिल्ली के सौदा ने लिखा था :

जो अमल चाहिए कीजे मेरे दुख देने का।
वह न कीजे कि कहे कोई सज़ावार न था।

'लीजो' का ओकारान्त रूप निश्चय ही ब्रजभाषा के प्रभाव के कारण है। नज़ीर के 'ऐ खुदाय लीजो' को खास आगरे की बोली समझना चाहिए। लल्लूजी लाल 'लीजो, दीजो' की तरह कहियो, रहियो, आइयो आदि रूपों का भी व्यवहार करते हैं : "तू किसू के सोंहीं मत कहियो"; (प्रेमसागर, काशी, पृ. 214) "एक बार तुम मेरे साथ चलो, फिर मिलकर चले आइयो"। (पृ. 139) खड़ी बोली पर ब्रजभाषा का यह रंग सौदा में भी है :

हुई है उम्र कि हम लग रहे हैं दामन से
झटक न दीजियो प्यारे ग़ुबार के मानिन्द।

ग़ालिब दीजे, दीजो, कहियो रूपों का व्यवहार करते हैं :

रहे न जान तो क़ातिल को खूं बहा दीजे
कटे ज़बान तो कंजर को मरहबा कहिये।
वह हल्का हा-ए-जुल्फ कमीं में हैं ऐ खुदा
रख लीजो मेरे दावा-ए-वारस्तगी की शर्म।
तुझसे तो कुछ कलाम नहीं लेकिन ऐ नदीम
मेरा सलाम कहियो अगर नामावर मिले।

ग़ालिब की भाषा में दीजे, लीजो, कहियो रूपों का व्यवहार इस तथ्य की ओर संकेत करता है कि हिन्दी-उर्दू रूपों में खड़ी बोली के विकास पर ब्रजभाषा का गहरा असर है। किसी समय हिन्दी-उर्दू लिखने वालों को जनपदीय रूपों से वैसा परहेज़ न था, जैसा आज दिखाई देता है। इन रूपों को अपनाकर उन्होंने अपनी भाषा में शैली-भेद उत्पन्न किया है; इससे साफ़-सुथरी भाषा में भोंड़ापन नहीं पैदा हुआ, और निखार आया है।

बहुत-से प्रयोग अब पुरानी हिन्दी-उर्दू के गद्य-पद्य में ही पढ़ने को मिलते हैं; बोलचाल से और सामान्य लेखन से उनका चलन उठता जा रहा है। 'चला चाहिए', 'समझा चाहिए' की जगह अब हम 'चलना चाहिए' और 'समझना चाहिए' ही ज्यादा लिखते और बोलते हैं। लल्लूजी लाल ने लिखा था : "भाई, हमें आये बड़ी बेर हुई, डेरों पर चला चाहिए"; (प्रेमसागर, काशी, पृ. 126) "हमने गोपियों को यह वचन दिया है जो सरद ऋतु में तुम्हारे साथ रास करेंगे, सो पूरा किया चाहिए"। (पृ. 82) भारतेन्दु हरिश्चन्द्र ने लिखा था : "मैं पर्वतेश्वर की क्रिया किया चाहता हूँ" (मुद्राराक्षस); सूर्य "परकटे गिद्ध की भाँति अपना सब तेज गँवाकर देखो समुद्र में गिरा चाहता है"। (सत्य हरिश्चन्द्र) ग़ालिब में इस तरह के बहुत खूबसूरत प्रयोग हैं :

मुन्हसिर मरने पै हो जिसकी उमीद
ना उमीदी उसकी देखा चाहिए।

लल्लूजी लाल ने लिखा : "अब अनाथ हो यहाँ रहना भला नहीं इससे अपने पिता के घर चल रहिये सो अच्छा"। (प्रेमसागर, काशी, पृ. 163) रहिये अर्थात् रहें या रहना चाहिए। लल्लूजी लाल के मित्र मजहर अली ने लिखा था : "गरज क्या कहीऐ यिह अंधेर आलम में हुआ कि गोया आफताब छिप गया"। (माधोनल, कलकत्ता, 1805)

प्रतापनारायण मिश्र ने लिखा है : "बड़े-बड़े पोथाधारी तुम्हारी खातिर के मारे अपना धरम करम सब हाथ से गँवा बैठते हैं, तो क्यों न कहिए कि तुम में मोहिनी है"। (प्रतापनारायण ग्रंथावली, खंड 1, नागरी प्रचारिणी सभा, काशी; पृ. 33)

इस तरह के प्रयोग लल्लूजी लाल अपने ब्रजभाषा गद्य में भी खूब करते हैं : "औ बल भये शत्रु कौं न मारियै तौ वा बल कौं लै कहा करियै। अरु विद्या पढ़ि धर्म न जानियै तौ वा विद्या तें कहा लाभ...। अरु बिन विद्या औ धन जो जन साँस लेतु है सो लुहार की धवनि समान जानियै"। (राजनीति, इलाहाबाद, 1854 ई.; पृ. 44) यह साफ दिखाई देता है कि ब्रजभाषा और खड़ी बोली के रूपों में बड़ी समानता है और यह कहना कठिन है कि अमुक प्रयोग खड़ी बोली का ही है, ब्रजभाषा का नहीं है। नज़ीर ने कन्हैयाजी के जन्म वाली कविता में लिखा है :

ये सोच हुआ मन बीच उन्हें पैर इस जल में कैसे धरिये।
है रैन अँधेरी सँग बालक इस बिपता में अब क्या करिये॥

ग़ालिब की प्रसिद्ध पंक्तियाँ हैं :

रहिये अब ऐसी जगह चलकर जहाँ कोई न हो।
हमसुखन कोई न हो और हमजबाँ कोई न हो।
दे दरो दीवार का इक घर बनाया चाहिये
कोई हमसाया न हो और पासबाँ कोई न हो।
पड़िये गर बीमार तो कोई न हो तीमारदार
और अगर मर जाइये तो नौहाख्वां कोई न हो।

ग़ालिब जितनी फारसी जानते थे, उससे बहुत ज्यादा हिन्दी जानते थे। उन्होंने फारसी में जो कुछ कहा है और उर्दू में जो फारसी लाये हैं, उसके टक्कर की और उससे बढ़कर कविता शायद फारसी में मिल जाए किन्तु इस रहिये, पड़िये और मर जाइये का जवाब नहीं है—न हिन्दी में, न उर्दू में!

[5]

'इतनी कथा सुनाय शुकदेवजी कहते भये'—इस वाक्य (या वाक्यांश) में पूर्वकालिक क्रिया सुनाय अधूरी है; पूर्ण रूप होगा—'सुनाय कर' या 'सुनाय के'। तुलसीदास ने लिखा था : 'पावन पायँ पखारि कै नाव चढ़ाइहौं आयसु होत'। सूरदास का पद है : 'यह सुनि कै हलधर तहँ धाए'। ब्रजभाषा, अवधी आदि में कविता लिखते समय लोग कहीं इस 'कै' का प्रयोग करते हैं, कहीं छोड़ देते हैं। लल्लूजी लाल 'प्रेमसागर' में पूर्वकालिक क्रिया के इस कर, कै, या के को अक्सर छोड़ देते हैं किन्तु वह उसके प्रयोग से परिचित हैं। "सत्राजीत की स्त्री खिजला कर बोली"; (प्रेमसागर, काशी, पृ. 214) "श्रीकृष्णचन्द्र घबराकर उठे"। (पृ. 250)

लल्लूजी लाल जब ब्रजभाषा में गद्य लिखते हैं, तब 'प्रेमसागर' की तरह पूर्वकालिक क्रिया के साथ वाला 'कर' या 'कै' बहुधा छोड़ते जाते हैं। 'माधोविलास' (अर्थात् माधव-सुलोचना की कथा) उन्होंने संस्कृत से 'हिन्दी ब्रजभाषा में' उलथा

की। कथा आरम्भ करने के बाद लिखते हैं : "एक दिन वह राजा भोर ही उठि दिसा जाय हाथ मटिआय दंत धावन ते निचिंत होय कंचन की चौकी पर बैठि सुगंध उबटन लगाय निर्मल नीर सों मलमल न्हाय अंग अंगोछि सुथरी गुजराती पीताम्बर काछि उपरौना ओढ़ि रत्नजटित खड़ाऊँ पहरि प्रथम गौ दरशन करि पूजा घर में कुशासन पर जाए बैठ्यो।" यहाँ पूर्वकालिक क्रियाओं की पूरी लड़ी है—उठि, जाय, मटियाय, होय, बैठि, लगाय, न्हाय, अंगोछि, काछि, ओढ़ि, पहरि, करि और इनमें किसी के साथ उन्होंने 'कै' नहीं जोड़ा।

ये ब्रजभाषा के स्वाभाविक रूप नहीं हैं। स्वाभाविक रूप ये हैं : "अब राम परसाद की बहू हात पाम धोइ कैं, नई फरिया ओढ़ि कैं पारी भरिबे गई"; "ठकुरानी ने पोतना लैकें सबरी पोतिकें औरु मूंडु पै माटी धरिकें और ऊपर दीयौ धरिकें कौने में ठाड़ौ कर दीयौ"। (ब्रज की लोक-कहानियाँ, पृ. 49, 51) ब्रजभाषा के ऐसे सहज प्रयोग लल्लूजी लाल के गद्य में भी जहाँ-तहाँ मिल जाते हैं, यथा 'माधो विलास' में : "बासों तिहारौ नाम कुल रूप गुण सुनिकै मेरो मन प्रेम के बस भयौ"। (पृ. 53)

मजहर अली खाँ विला 'माधोनल' में लटकी की अपेक्षा 'कर' का अधिक प्रयोग करते हैं किन्तु जैसे लल्लूजी उसे कहीं-कहीं जोड़ देते हैं, वैसे ही मजहर अली उसे कहीं-कहीं छोड़ देते हैं : "माधो यिह बात सुन राजा की सोचा"; "अच्छी बारीक मलमलों की सारी पहना उन पर बिठलाया और बाह्मन को बुलवा राजा ने नीची नजरें कर कहा"।

सौदा ने लिखा :

दिल-फ़सुर्दों को कहाँ खूं गर्म करता है जुनूं
क्यों मुझे हर साल आ नाहक सताती है बहार।

नज़ीर, उर्दू के सभी कवियों की अपेक्षा, अपनी कविता में 'कर' या 'के' ज्यादा छोड़ते हैं :

चिल्ला खम ठोंक उछलता हो तब देख बहारें जाड़े की।

× × ×

खबीस देव पलीद आ हरेक से लड़ते हैं।

भारतेन्दु हरिश्चन्द्र 'कर' के मामले में सामान्यत: सतर्क रहते हैं। 'मुद्राराक्षस' में : "शकटार की प्रशंसा करते देख अवसर पाकर उसके मुक्त होने की प्रार्थना भी की"। यहाँ 'देखकर' की जगह केवल 'देख' है किन्तु इसी के आगे उसी नाटक में लिखा है : "इसी भावना को याद करके हँसते थे", "राजा ने चमत्कृत होकर पूछा", "राजा ने शकटार को बन्दी से छुड़ा कर राक्षस के नीचे मंत्री बनाकर रखा।"

आधुनिक हिन्दी के लेखक इस मामले में लापरवाह हैं। कहीं तो लिखेंगे देख करके, कहीं केवल देख। कुछ मुहावरों में 'कर' छोड़ना अच्छा लगता है, वह

अलग बात है, जैसे : "तुम्हें छोड़ यह कौन कहेगा?" यहाँ 'तुम्हें छोड़कर यह कौन कहेगा' की व्यंजना दूसरी होगी। किन्तु अनेक हिन्दी लेखक जहाँ 'करके' अपेक्षित होगा, वहाँ केवल 'कर' से काम चलाएँगे। आकाशवाणी के प्रसारणों में व्याकरण-सम्बन्धी कोई विशेष नीति जान पड़ती है, 'करके' बचाते हुए 'कर' का व्यवहार होता है। किन्तु भारतेन्दु लिखते थे : "यह प्रतिज्ञा करके बड़े क्रोध से राजभवन से चला गया" (मुद्राराक्षस), "राजा की अनेक निन्दा करके उसका क्रोध और भी बढ़ाया" (उप.), "विश्वामित्र को पृथ्वी दान करके जितना चित्त प्रसन्न नहीं हुआ"। (सत्य हरिश्चन्द्र) 'सत्य हरिश्चन्द्र' में एक जगह हरिश्चन्द्र कहते हैं : "कोई खोपड़ियों में लहू भर-भर करके पीता है"। होना चाहिए—भर-भर के पीता है। इसे अपवाद समझना चाहिए। यह भी सम्भव है, यह छापे की अशुद्धि हो। कुल मिलाकर वह 'कर' और 'करके' के बारे में सतर्क रहते हैं।

भारतेन्दु से पहले राजा लक्ष्मणसिंह के गद्य में ऐसी ही सतर्कता है। 'शकुन्तला' नाटक में : "शकुन्तला सूरज निकलते ही शिरस्नान करके बैठी है", "जिसे प्यारी क्रीड़ा करके छोड़ गई है", "इधर दीठ करके अपने स्वर्ग तक पहुँचे हुए यश का गौरव देखो"। एकाध जगह अपवाद रूप में 'कर' छूट गया है : "एक मिथ्यावादी के बस में डाल इस दशा को पहुँचाया है"। इसी तरह राजा शिवप्रसाद के लेख 'राजा भोज का सपना' में : "सवा लक्ष ब्राह्मणों को षट रस भोजन कराके तब आप खाने को बैठता", "नीची निगाह करके वह गर्दन खुजलाने लगा", "राजा यह सुनके अत्यन्त प्रसन्न हुआ"। अपवाद रूप में 'कर' का लोप : "निदान सत्य यह कह राजा को इस बड़े मंदिर के ऊँचे दर्वाजे चढ़ा ले गया"।

इस तरह पूर्वकालिक क्रिया का रूप उर्दू-हिन्दी में प्राय: साथ-साथ निश्चित होता है।

एक पुराणा क्रियारूप है—'आन'। इसका प्रयोग दूसरी क्रियाओं के साथ होता है। 'किस्सा मेह्‌र अफ़्रोज़' में : "और बेअक्ल वे कि जब कुछ आफत आन पड़े"। (पृ. 113) 'प्रेमसागर' में : "जब प्रलंब को मार के चले बलराम तभी सोंही से सखाओं समेत आन मिले घनश्याम"। (पृ. 56) 'रानी केतकी की कहानी' में : "रानी केतकी मदनबान का हाथ पकड़े हुए वहाँ आन पहुँची। नज़ीर अकबराबादी में 'आन' की भरमार है : "पल बीच गुरू ने आन उन्हें खुशहाल किया और थाम लिया" (मद्‌ह नानक शाह गुरू), "कंस आन उसे झट मारे था, मन मात पिता का रोता था", "उस मंदिर की अँधियारी में जो और उजाली मान भरी"। (जन्म कन्हैया जी का) ग़ालिब ने भी 'आन' का प्रयोग किया है :

बोझ वह सर से गिरा है कि उठाये न उठे।
काम वह आन पड़ा है कि बनाये न बने॥

'आन' ठेठ हिन्दी का रूप है जिसे परिनिष्ठित हिन्दी ने छोड़ दिया है। अब वह फिल्मी गीतों में ही सुनाई देता है।

हिन्दी के अनेक क्रिया रूप ऐसे हैं कि उनका प्रयोग पुरानी हिन्दी में होता था किन्तु आधुनिक हिन्दी में वे प्रयोग वर्जित हैं। ऐसा एक रूप है 'पहिरना' जिसका स्थानापन्न आधुनिक 'पहनना' है। जनपदीय बोलियों में 'पहिरना' रूप अब भी प्रचलित है किन्तु हिन्दी में उसका प्रवेश निषिद्ध है। लल्लूजी लाल लिखते थे : "मोर मुकुट दिये, बनमाल हिये, पीताम्बर पहरे, पीतपट ओढ़े, रूप सागर, त्रिभुवन उजागर श्री कृष्णचन्द आनन्दकन्द तहाँ विराजते थे"। (प्रेमसागर, काशी, पृ. 249) भारतेन्दु हरिश्चन्द्र निरन्तर 'पहिरना' रूप का प्रयोग करते थे : "तथापि मेरे कहने से आप इनको पहिरें" (मुद्राराक्षस), "बड़े-बड़े बहुमूल्य स्वच्छ मोतियों का उसको कवच पहिराया" (उप.), "और गले में अनेक सुगंध के फूलों की माला पहिराई"। (उप.)

आगरे के नज़ीर रेशमी वस्त्र 'पहराते' हैं : "पहराये बाने रेशम के और ज़र भी बख़शा बहुतेरा"। (जन्म कन्हैयाजी का)

'पहरना' और 'पहनना' में केवल एक वर्ण का अन्तर है; 'पहनना' कहो चाहे 'पहरना,' मूल क्रिया रूप सुरक्षित रहता है। पुरानी हिन्दी—जिसमें भारतेन्दु और लल्लूजी दोनों शामिल हैं—और आधुनिक हिन्दी में अन्तर यह है कि पुरानी हिन्दी में जनपदीय बोलियों के पचीसों क्रियापद रायज हैं किन्तु आधुनिक हिन्दी में वे खारिज हैं। "इनका आना सुन राजा उग्रसेन वसुदेव समेत नगरनिवासी क्या स्त्री क्या पुरुष सब उठ धाये"। (प्रेमसागर, काशी, पृ. 145) अब 'धाये' के स्थान पर 'दौड़े' अचल रूप से प्रतिष्ठित है। "श्रीकृष्णजी बोले—चलो इस गुफा में धसके देखें"। (उप., पृ. 215) अब 'धँसने' की जगह सामान्यत: 'घुसने' का प्रयोग होता है। 'पैठना' क्रिया का प्रयोग कम हो गया है। 'पठाया' के दर्शन नहीं होते। एक क्रियापद है 'बूझना'। हिन्दी जनपदों के अलावा बँगला भाषा में यह क्रिया बहुत काम में आती है किन्तु साधु हिन्दी में 'समझना' अधिक है, 'बूझना' कम। 'समझ-बूझ कर' जैसे रूपों में दोनों को जुदा करना किसी के बस में न था। निरखत, चितवत, हरखत, बरनत, रिसात, उपजत, बिलमत आदि रूप पुराने ब्रजभाषा-अवधी साहित्य में भरे पड़े हैं, खड़ी बोली में लल्लूजी लाल, भारतेन्दु हरिश्चन्द्र आदि साहित्यकार इन क्रियाओं का प्रयोग करते थे। आधुनिक हिन्दी उनसे हाथ धो बैठी है, उर्दू में जहाँ-तहाँ उनका प्रयोग चाहे मिल भी जाए। 'समझ-बूझ' की तरह 'भूले-बिसरे' का जोड़ा है। यहाँ 'भूले' के साथ बिसरे' भी है किन्तु स्वतंत्र क्रिया के रूप में बहुत से हिन्दी लेखक 'बिसरे' भूल गए हैं। नज़ीर अकबराबादी लिखते थे : "भौ मन के भीतर आन भरा और बोल गरब सगरे बिसरे"। (जन्म कन्हैयाजी का) इसी तरह 'ये किस्सा बखानियो'; (सामान दिवाली का) "माँ-बाप उनकी खिदमत सर पर कबूलते थे"; (बचपन के मजे)

"नित हाथ उन्हीं के गहते हैं"; (मद्ह नानकशाह गुरू) "ये बालक जग निस्तारेगा"; (जन्म कन्हैया जी का) "जो चिट्ठी में लिख भेजोगे वो बाँच उसे पछतावेंगे"। (हरि की तारीफ) क्रियापदों के इन प्रयोगों से जाना जा सकता है कि नज़ीर की ज़बान पर ब्रजभाषा का कितना गहरा रंग है और इस रंग में दूसरी जनपदीय बोलियों के क्रिया रूप कितना घुल-मिल गए हैं। नज़ीर पुरानी क्रियाओं का उपयोग ही नहीं करते, बाहर से आए हुए शब्दों के आधार पर जो नये क्रिया रूप गढ़ लिए गए थे, उनका प्रयोग भी करते हैं। 'कबूलते थे' ऐसा ही रूप है। अनेक जनपदीय बोलियों में इस 'कबूलते' का व्यवहार होता है किन्तु हिन्दी-उर्दू में अब 'कबूल करना' तो सम्भव है, 'कबूलना' और 'कबूलते' नहीं। लल्लूजी लाल, भारतेन्दु हरिश्चन्द्र और उस समय के दूसरे लेखक संज्ञा-रूपों का उपयोग किसी 'करना', 'रखना' की सहायता के बिना कर लेते थे किन्तु अब संज्ञा-रूप ऐसे जड़ हो गए हैं कि वे 'करना', 'रखना' की बैसाखी के बिना क्रियाशील होते ही नहीं हैं। श्रीकृष्णचन्द्रजी ने "तब मन में बिचारा" (प्रेमसागर, काशी, पृ. 139), ब्राह्मणों को गायें दीं : "जो श्रीकृष्णजी के जन्म समैं संकल्पी थीं" (पृ. 141), "गिरि ऐसा सुहावना लगता था, जैसे किसी ने गहने कपड़े पहराय नख सिख से सिंगारा होय"। (उप., पृ. 71-72) इस 'शृंगारा' से मराठी कवि एकनाथ का 'शृंगारिलें' मिलाएँ : "नगर शृंगारिलें नृपवरें"। (श्रीमान एकनाथ महाराज कृत श्रीभावार्थरामायण, सम्पादक : रा. रा. भालचन्द्र शंकर देवस्थली, 1917, मुम्बई, पृ. 22) इससे मिलते-जुलते संज्ञा-रूपों की क्रियाशीलता के कुछ नमूने एकनाथ की रामायण में और देखें : "अजन्मा जन्मेला राम राव" (पृ. 17), मंथरा : "कैकेयी भवनीं प्रवेशलीं" (पृ. 108), "कोणे तुज काय अपमानिलें" (पृ. 109), 'आलिंगिली दोहीं हातीं" (पृ. 111), "क्षोभली दारुण" (पृ. 115), "सन्तोषला वानरनाथ"। (पृ. 264) हिन्दी में जन्म लिया, प्रवेश किया, अपमान किया, आलिंगन किया, क्षुब्ध हुई (अथवा क्षोभ किया), संतुष्ट हुए; (अथवा सन्तोष किया) किया, लिया, हुए के बिना संज्ञा-रूप क्रियाशील नहीं होते। रवीन्द्रनाथ ठाकुर की 'दिनशेषे' कविता में इसी तरह 'आँधारिल' का प्रयोग है : "दिन शेष होए एलो आँधारिल धरनी"। (धरणी अन्धकारमय हो गई) तमिल भाषा, समस्त आर्य-द्रविण संघर्ष की कहानियों के बावजूद, संस्कृत के अनेक संज्ञा-रूपों को सीधे क्रिया रूप बना लेती है, हिन्दी वैसा नहीं कर पाती। यथा : 'आरम्भ' से 'आरम्बित्तार' (आरम्भ किया) किन्तु जनपदीय बोलियों में यह निषेध-भावना नहीं है। पुरानी हिन्दी-उर्दू में इस तरह के प्रयोग ज्यादा होते थे।

जनपदीय बोलियों तथा पुरानी हिन्दी की क्रिया-प्रयोग-विधि छोड़ने से हिन्दी समर्थ नहीं, असमर्थ हुई है। हिन्दी की जनपदीय बोलियों की बहुत-सी क्रियाएँ बँगला, पंजाबी, मराठी आदि भाषाओं में प्रयुक्त होती हैं; हिन्दी में वे भदेस मानकर छोड़ दी गई हैं। भारतेन्दु-युग की हिन्दी में बड़ी शक्ति है, इसी भदेसपन के कारण।

बिहार राष्ट्रभाषा की 'परिषद्-पत्रिका' (अप्रैल, 1961) में शिवपूजन सहाय ने एक महत्त्वपूर्ण लेख लिखा था : 'तुलसी प्रयुक्त क्रियाएँ'। इसमें आधुनिक हिन्दी की क्रिया सम्बन्धी स्थिति पर उन्होंने गहरी चिन्ता प्रकट की थी। जनपदीय भाषाओं से हिन्दी की तुलना करते हुए उन्होंने लिखा था : "लोक-भाषाओं की क्रिया शक्ति भी हिन्दी से बढ़ी-चढ़ी दीख पड़ती है। संस्कृत और अँगरेज़ी की तरह उनमें भी संज्ञा एवं विशेषण के शब्दों से क्रिया बना ली जाती है। गोस्वामीजी ने संस्कृत और लोक भाषाओं की इस विलक्षण क्षमता को परखा और भाषा की वैभव-वृद्धि के लिए उसे अपनाया भी। तुलसी-रचित साहित्य में क्रियाओं के जैसे सुन्दर प्रयोग मिलते हैं, वैसे अभी शिष्ट हिन्दी में विशेष प्रचलित नहीं हुए हैं। उन प्रयोगों को आधुनिक गद्य में खपाने की चेष्टा भी अधिकारी विद्वान नहीं करते। इससे भाषा की एक प्रबल शक्ति उपेक्षित रह जाती है।" आधुनिक हिन्दी ने कौन-सी शक्ति खोकर अपना परिनिष्ठित रूप पाया है, यह ऊपर के वाक्यों से स्पष्ट होगा। हिन्दी से जनपदीय बोलियों से विमुख करके संस्कृत की ओर मोड़ने का यही नतीजा होगा। इसी तरह उर्दू को अरबी-फारसी की ओर मोड़ा गया है। यही कारण है कि क्रियापदों की हालत हिन्दी-उर्दू, दोनों में एक-सी है। आधुनिक हिन्दी जनपदीय बोलियों, जनसाधारण की शहरी खड़ी बोली तथा ब्रज-अवधी साहित्य की विरासत छोड़ रही है। परिणाम है—भाषा की एक प्रबल शक्ति की उपेक्षा!

हिन्दी के पुराने गद्य से आधुनिक गद्य की तुलना करते हुए शिवपूजन सहाय ने लिखा है : "हिन्दी के प्राचीन गद्य में ऐसी क्रियाएँ मिलती हैं, जो संज्ञा और विशेषण से बनाई गई हैं। हिन्दी के काव्य-ग्रंथों की टीकाओं में जो पुराना गद्य पाया जाता है, उसमें एकाकी क्रियाओं के प्रयोग प्राय: देखने में आते हैं। पुराने गद्यकारों के अतिरिक्त आधुनिक आंचलिक उपन्यासकारों की भाषा में भी कई ऐसे प्रयोग मिल जाते हैं। अवधी और ब्रजभाषा के गद्य-पद्य में ऐसे प्रयोगों की बहुलता है। यदि आधुनिक हिन्दी-गद्य में भी ऐसे प्रयोग प्रचलित हो सकें, तो भाषा की शक्ति और सम्पत्ति ही बढ़ेगी, सम्भवत: कोई हानि न होगी। सबसे पहले लब्धप्रतिष्ठित साहित्यकारों को ऐसे प्रयोगों की ओर ध्यान देना चाहिए।"

आंचलिक उपन्यासकारों की भाषा में ऐसे प्रयोग मिलते हैं अर्थात् जहाँ अपरिनिष्ठित भाषा का व्यवहार होता है, वहीं हिन्दी क्रिया सम्बन्धी क्षमता का पूर्ण परिचय देती है।

भारतेन्दु-युग की हिन्दी के बारे में लिखा है : "भारतेन्दु-युग के प्रमुख गद्यकार भी 'छमिए, रमिए, सेवते हैं, भावते हैं, छलते हैं, अवगाहते हैं, प्रतिपालते हैं, संकोचते हैं, आचरते हैं, अनुमानते हैं, आदि प्रयोगों को अंगीकृत कर चुके हैं।" किन्तु "हिन्दी जब से 'खड़ी बोली' हुई, तब से उसने पुरानी परम्परा छोड़ दी।" यहाँ खड़ी बोली होने का अर्थ है, भारतेन्दु-युग के बाद हिन्दी का आधुनिक

बनना। वे आगे कहते हैं : "मैं भाषा तत्त्वविद् नही हूँ, पर पुराने कवियों और गद्यकारों में क्रियाओं के सुहावने प्रयोग देखकर ऐसी इच्छा होती है कि आधुनिक हिन्दी-गद्य के प्रभावशाली लेखक यदि इस तरह की क्रियाओं को टकसाली बनाने का प्रयास करने में तत्पर हों, तो हिन्दी का अंग सँवरेगा, कोई सहृदय साहित्यानुरागी उसे दूषेगा नहीं।"

एक अनुभवी हिन्दी लेखक के ये शब्द हम सभी के लिए विचारणीय हैं।

[6]

एक समय था जब उर्दू के लेखक समझते थे कि उर्दू ब्रजभाषा की कोख से जन्मी है। वह बात पूरी तरह सच नहीं है पर उसमें बहुत बड़ी सचाई है। खड़ी बोली का साहित्यिक रूप बाद में विकसित हुआ है, वह रूप चाहे हिन्दी का हो, चाहे उर्दू का। इस प्रदेश की पुरानी साहित्यिक भाषा थी—ब्रजभाषा। उस समय न तो ब्रजभाषा के सभी लिखने वाले ब्रज के थे, न उनका लिखा हुआ साहित्य केवल ब्रज क्षेत्र में पढ़ा और समझा जाता था। जिस समय कश्मीर, सिन्ध और बंगाल के मुसलमान कवि कश्मीरी, सिन्धी और बँगला भाषाओं में अपने ग्रंथ रच रहे थे, उस समय हिन्दी प्रदेश के मुसलमान ब्रज में लिखते थे। अवध और भोजपुरी क्षेत्रों के मुसलमान कवियों ने अवधी में काव्य लिखे। अवधी और ब्रजभाषा, दोनों अपने जनपदों के बाहर पढ़ी और समझी जाती थीं। इन दोनों ने हिन्दी-भाषी जनता—यहाँ के हिन्दुओं और मुसलमानों, दोनों—के जातीय गठन में सहायता की। इनमें ब्रजभाषा का प्रसार अवधी से ज्यादा था; हिन्दी प्रदेश के बाहर अन्य भाषा-क्षेत्रों के कवियों ने उसे अपनाया था। जब आगरा और दिल्ली—इन दो शहरों का बहुत बड़ी व्यापारी मंडियों के रूप में विकास हुआ, दिल्ली से पहले आगरे का विकास हुआ—तब शहरों की भाषा खड़ी बोली बनी और ब्रजभाषा काव्य और संगीत की भाषा रह गई।

आगरा जैसे व्यापार-केन्द्रों में किसी समय विदेशी व्यापारी, राजदूत आदि न केवल यहाँ की जनता से विचारों का आदान-प्रदान करने के लिए वरन आपस में अन्तर्राष्ट्रीय सम्पर्क-भाषा के रूप में हिन्दुस्तानी का व्यवहार करते थे। विलियम बटर-वर्थ वेली ने 1802 में अपने अनुभव के आधार पर कहा था : "It is moreover the general medium by which many persons of various foreign nations settled in Hindoostan communicate there wants and ideas to each other. Of the truth of this indeed we ourselves are an evidence, as are the Portugese, Dutch, French, Danes, Arabs, Turks, Greeks, Armenians, Georgians, Persians, Moguls and Chinese"। (आर्नो द्वारा हिन्दुस्तानी भाषा के व्याकरण में उद्धृत, पृ. 104; इस पुस्तक की चर्चा आगे होगी)

उस समय अंग्रेज़ी विश्व भाषा न बनी थी। पुर्तगाल, हालैंड, यूनान, फ्रांस, डेनमार्क आदि अन्य देशों की तरह ब्रिटेन के व्यापारी भी यहाँ का माल खरीदकर अपने यहाँ बेचने के उद्‌देश्य से भारत आए थे। अरबों, तुर्कों, चीनियों की तरह वह भी यहीं की भाषा का व्यवहार करते थे। एशिया और यूरुप की इन जातियों की सम्पर्क-भाषा—कम-से-कम आगरा जैसे शहरों में—हिन्दी, उर्दू या हिन्दुस्तानी थी। उस समय कोई यह न कहता था कि इसमें पारिभाषिक शब्दावली नहीं है; व्यापार और राजनीति के क्षेत्रों में इसका व्यवहार कैसे हो? बेली का कहना था कि इस भाषा में गद्य-रचना कम हुई है और विज्ञान पर पुस्तकें कम लिखी गई हैं किन्तु उसमें बहुत-सा सुन्दर काव्य और बहुत-सी खूबसूरत कथाएँ सुलभ हैं। "How universally are commercial and military concerns, and even political correspondence of the highest consequence, connected with it and carried on in it"! (आर्नो. पृ. 105) व्यापारी, सैनिक और राजनीतिक क्षेत्रों में सारा काम इस भाषा के माध्यम से होता था। अठारहवीं सदी के अन्त में सौ वर्ष पहले के वैभव की झलक अभी बनी हुई थी। इस झलक में अभी इतनी तेजी थी कि बेली जैसे अंग्रेज़ भारत में अंग्रेज़ी को राजकाज की भाषा बनाने की बात सोच ही न सकते थे। उन्होंने अपने निबन्ध में लिखा था कि किसी देश की लोक प्रचलित भाषा में वैज्ञानिक पुस्तकों की कमी भले हो, राजकाज, व्यापार, सेना और न्यायालयों की कार्यवाही के लिए वही भाषा सबसे ज्यादा उपयुक्त है : "That language is the most proper and necessary for conducting the affairs of civil government and commerce, of military as well as judicial concerns"। (आर्नो. पृ. 105) उन्होंने ब्रिटेन की मिसाल दी, जहाँ कुछ शताब्दियों पहले धर्म, कानून और ज्ञान की पुस्तकें विदेशी भाषा में थीं, वही पढ़ाई-लिखाई का माध्यम थी किन्तु अन्त में अंग्रेज़ी ने उसका स्थान ले लिया। (उप.) इसी तरह भारत में ज्ञान-विज्ञान का माध्यम यहाँ की भाषा होगी।

आगरा शहर ब्रज प्रदेश में बसा हुआ है। उसका जनपदीय परिवेश ब्रजभाषा का है। दिल्ली शहर के एक ओर राजस्थान की बोलियाँ हैं, दूसरी ओर पंजाब की, तीसरी और चौथी ओर बाँगरू आदि खड़ी बोली के जनपदीय रूप। खड़ी बोली के ये जनपदीय रूप जितना राजस्थानी और पंजाबी से प्रभावित हैं अथवा उनके भाषा-रूपों से जितना मिलते-जुलते हैं उतना ब्रजभाषा के रूपों से नहीं, उतना वे ब्रजभाषा से प्रभावित नहीं हैं। यथा बाँगरू में ळकार, णकार, वाले शब्द—माळा, बाळक, सोळह, सैंताळीस, गाड़ी-आळा, देणा, बालकपणा, अपगापण, चुगणा, निणाण्वैं; खान्दा, सोन्दा, रहन्दा जैसे रूप; संज्ञा के आं वाले, बहुबचन रूप—संत्र्या (संतरे), ताउआं (अनेक ताऊ), ब्रह्मणां (अनेक ब्राह्मण), नाइयां, घरां आदि; कर्म और अपादान कारकों के लिए ने अथवा नै का प्रयोग—मन्नै, तन्नै, (मुझे,

तुझे), घोड़े नै 'स्कूल' को 'सकूल' कहने की प्रवृत्ति, 'सफेद-पोश' के 'स' को स्वरहीन करके 'स्पेदपोस' बोलने का रुझान; ड़कार की बहुलता—चमरोड़ (चमारवृन्द), पेडड़ी (छोटा पेड़), कोठड़ी (कोठरी), गामड़ा (गाँव), काटड़ा (भैंस का लैरा); संयुक्त व्यंजनों का प्रयोग—बेलन के लिए बेल्लण—ये सब रूप डॉ. जगदेव सिंह की बांगरू-सम्बन्धी पुस्तक में प्राप्त हैं। (A Descriptive Grammar of Bangru, कुरुक्षेत्र विश्वविद्यालय, 1970) इन रूपों वाली खड़ी बोली दिल्ली को घेरे हुए है। आज भी यह स्थिति है, सोलहवीं सदी में भी थी। इस जनपदीय परिवेश से घेरे हुए दिल्ली शहर में आधुनिक हिन्दी-उर्दू का रूप कैसे विकसत हो सकता था?

हिन्दी-उर्दू का यह रूप विकसित हुआ आगरे में; आगरे की ब्रज-प्रभावित खड़ी बोली पहुँची दिल्ली। आगरे में खड़ी बोली आई उत्तर-पश्चिम के व्यापारियों के साथ—अपने जनपदीय रूपों में। ('राउल वेल' और 'कुतुब शतक' में ग्यारहवीं और सत्रहवीं सदियों की बोलचाल की भाषाएँ सुरक्षित हैं, इसमें सन्देह है। किन्तु उस समस्या का विस्तृत विवेचन यहाँ सम्भव नहीं है।)

आज के आगरे में बहुत तरह की 'बोलियाँ' सुनी जा सकती हैं। ये ज्यादातर खड़ी बोली के ब्रज-प्रभावित रूप अथवा खड़ी बोली-प्रभावित ब्रज के रूप हैं। गोकुलपुरा निवासी हिन्दी-लेखक राजनाथ शर्मा का कहना है कि आगरे का ऐसा कोई मोहल्ला नहीं है जिसे पूरी तरह ब्रजभाषा बोलने वाला मोहल्ला कहा जा सके, इसके विपरीत मथुरा में ऐसे मोहल्ले हैं। यह बात सही जान पड़ती है। मथुरा का विकास व्यापारी मंडी के रूप में नहीं हुआ, इसलिए सारे भारत के तीर्थ-यात्रियों का जमाव होने पर भी आगरे को देखते मथुरा-वृन्दावन में ब्रजभाषा ज्यादा बोली जाती है।

आगरे के जनपदीय परिवेश ने शहरी बोली—खड़ी बोली—को हिन्दी-उर्दू रूप में ढाला। दिल्ली का जनपदीय क्षेत्र खड़ी बोली का मूल क्षेत्र है। किन्तु उस क्षेत्र की बोली में और हिन्दी-उर्दू की उच्चारण-पद्धति में बड़ा अन्तर है, खास कर उर्दू में आणा, पाणी, माणस, अपणा के झणत्कार की गुंजाइश नहीं है और कुरुक्षेत्र में इनके बिना काम नहीं चल सकता। बात केवल उच्चारण-पद्धति की नहीं है, हिन्दी-उर्दू के प्रचलित व्याकरण-सम्मत रूप 'आता है', 'जाता है', दिल्ली-जनपद के लिए अनचीन्हे हैं। शहरी खड़ी बोली का विकास कई जनपदीय बोलियों के आपसी प्रभाव का फल है; इन बोलियों में सबसे ज्यादा महत्त्व ब्रजभाषा का है। एक-दूसरे को प्रभावित करने का यह काम आगरे में हुआ, यहाँ से नये साँचों में ढलकर खड़ी बोली दिल्ली पहुँची। भाषा के विकास की पेचीदा प्रक्रिया न समझकर लोगों ने उसे दिल्ली के उर्दू बाजार से जोड़ दिया, हिन्दी को उर्दू से अलग किया और दोनों को जनपदीय बोलियों से बहुत दूर खींच ले गए।

दिल्ली के सबसे बड़े शायर मीर और ग़ालिब वहाँ आगरे से जाकर बसे थे। उन्होंने आगरे की गलियों में वही बोली सुनी थी जिसे नज़ीर उनसे पहले अपनी कृतियों में अमर कर गए थे। यह बात भी स्वाभाविक है कि सौदा और शाह आलम उर्दू के सिवा ब्रजभाषा में भी कविता करते थे। इनकी रचनाओं को ब्रजभाषा की दूसरी कविताओं में मिला दिया जाए तो यह पता लगाना आसान न होगा कि इनके लिखने वाले दिल्ली में रहते थे। उन दिनों की दिल्ली ब्रजभाषा के प्रभाव-क्षेत्र में थी, जैसे इधर आगरा खड़ी बोली का केन्द्र था। दिल्ली के कवि ब्रजभाषा काव्य और हिन्दुस्तानी संगीत-परम्पराओं के अनुसार ही ब्रजभाषा में कवित्त-सवैया और पद रचते थे; धार्मिक अवसरों पर गाये जाने के लिए भी—खास मुसलमानों के लिए—वे ब्रजभाषा में कविता लिखते थे। 'ब्रजभाषा और उर्दू' नाम के निबन्ध में बालमुकुन्द गुप्त ने सौदा का यह मर्सिया उद्धृत किया है :

कासन कहिये बात कौन अब मन की बूझै।
रोवत हैं दिन रात हुसैना रन में जूझै।
नैनन बरसत रक्तधार उमगत है छाती।
प्यासे माते हाय नबी के ऐसे नाती।
गेरू से कपड़े रँगे मुख पर मले भभूत।
पूछै बीबी फातमा कित गयो मेरो पूत।

जैसे सूरदास और मीरा के पद ब्रजभूमि से बाहर दूर-दूर तक हिन्दी जनपदों में गाये जाते थे, वैसे ही ब्रजभाषा में रचे हुए मर्सिये दिल्ली से दूर मलिक मुहम्मद जायसी के इलाके में गाये जाते थे। रायबरेली के प्रोफेसर नजमुद्दीन नकवी आगरे में मेरे पड़ोसी थे। उन दिनों (1945-46 में) वह आगरा कालेज में उर्दू पढ़ाते थे और मुझ से अक्सर अवधी में बातें करते थे और बड़ी सुरीली आवाज में, बड़े दर्द से, ब्रजभाषा में रचे हुए मर्सिये गाते थे। जब वह रामपुर चले गए, तब मुझे उन मर्सियों की याद आती रही और आखिर अभी चार-पाँच साल पहले जब वह आगरे आए तो मैंने उनसे फिर वे मर्सिये सुने और इस बार लिख लिये। सौदा के किसी भाईबन्द का रचा हुआ वह मर्सिया रायबरेली के गाँवों में मुसलमान गाते रहे जिसे नजमुद्दीन नक़वी ने बचपन में सुना था। उसकी बानगी यह है :

जब जूझन को गयो कासिम जू घमसान कियो 'रन मां डट कै।
समसाम[1] से मार गिराय दियो पग पाछे घरों न जरा हट कै॥
तलवारन से तन चूर भयो और पाग के पेच गिरे कट कै।
मुख पर बिखरे लहरावत हैं सब लोग कहैं सेहरा लटके॥

1. समसाम—नंगी तलवार

ब्रजभाषा, अवधी और खड़ी बोली—तीनों में मुसलमान कवियों ने रचनाएँ कीं, बाद में यह धारणा फैलाई गई कि उन्होंने केवल खड़ी बोली को अपनाया था और खड़ी बोली में भी उस रूप को, जिसे उर्दू कहते हैं। तुर्क हमलावरों की भाषा तुर्की थी; उनकी जबान से भारतीय भाषाओं के मेल-जोल से यदि कोई मुश्तर्का ज़बान बनती तो उसमें तुर्की के शब्द ज्यादा होते, न कि अरबी और फारसी के। तुर्की ने इस मुश्तर्का ज़बान को जो शब्द दिये हैं, वे उँगलियों पर गिने जा सकते हैं। वास्तविकता यह है कि जैसे कश्मीर, सिन्ध, पंजाब और बंगाल के मुसलमानों ने वहाँ की भाषाओं में काव्य रचा, वैसे ही हिन्दी प्रदेश के मुसलमानों ने यहाँ की बोलियों में साहित्य लिखा। इनमें तीन मुख्य हैं : ब्रज, अवधी और खड़ी बोली। इन तीनों में ब्रजभाषा की भूमिका भुला देने से खड़ी बोली का विकास—साहित्यिक खड़ी बोली और बोलचाल की शहरी खड़ी बोली, हिन्दी-उर्दू और दिल्ली-आगरे की बोलचाल की भाषा का इतिहास—समझ में न आएगा।

सांवरो रंग सुहावनो लागत गावत आवत राग नयो है।
बन्सी बजाय कछू मुस्काय लला मन मेरो लुभाय लियो है।
नीकी भली चली जात हती सुध जात रही यह कैसो भयो है।
देखत ही मन मोहन को सखी मो तन को सब चैन गयो है।

यह शाह आलम हैं। इनकी रचनाओं में जहाँ-तहाँ खड़ी बोली और ब्रजभाषा के रूप मिल जाते हों तो यह स्वाभाविक है :

या हजरत ख्वाजा कुतुब साहब मेरी सुनके नेक नजर कीजे।
शाहे आलम खादिम तुम्हरो तुम सूं मांगे माल मुल्क दिला दीजे।

सोलहवीं सदी के उत्तरार्द्ध और सत्रहवीं के पूर्वार्द्ध में ब्रजभाषा दिल्ली की खड़ी बोली को कैसे प्रभावित कर रही थी, इसका प्रमाण शाह अफ़ज़ल की भाषा है। उन्होंने ब्रजभाषा के काव्य रूपों के अलावा उसके सर्वनामों का प्रयोग भी किया है। औरों ने तो 'तैं' से बस की, इन्होंने 'हौं' को भी अपनाया है :

सखी यह बात सुन शादी भई रे।
पिया की बाट देखन हौं गई रे। [पृ. 47]

'तैं' का प्रयोग तो यह करते ही हैं :

दिया परदेस में तैं गैर कूं राज।
भुलाया घर नहीं तुझ नैन मूं लाज। [पृ. 23]

दक्खिनी (और अवधी) के 'लग' और खड़ी बोली के 'तक' के साथ यह ब्रजभाषा के 'लौं' का प्रयोग करते हैं :

अरे ऐ जोषियो तुम सांच बोलो।
मिले मोसूं बदेसी स्याम कौलौं। [पृ. 26]

'मोसूं' की तरह ब्रजभाषा के 'मोरी' रूप का व्यवहार करते हैं :

सखी मुझ सी नही बौरी दिवानी।
सुनो दिन रैन की मोरी कहानी। [पृ. 32]

ब्रज में सौगन्ध के लिए 'सौं' रूप का प्रयोग होता है। तेई सौं अर्थात् तेरी सौगन्ध। शाह अफ़ज़ल की नायिका खुदा की सौगन्ध खाती है, 'खुदा की सौं' रूप में :

अगर मैं जानती यह बेवफाई।
खुदा की सौं न करती आशनाई। [पृ. 42]

खड़ी बोली, फारसी और ब्रजभाषा के मिश्रण की अद्‌भुत मिसाल इस शेर में है। 'खुदा की सौं' के जोड़ का 'पैयां पड़ूं' प्रयोग है :

अरे जालिम तेरे पैयां पड़ूं रे।
दिलोजां तुझ उपर कुर्बां करूं रे। [पृ. 39]

'पैयां' के साथ 'पगन' का व्यवहार भी करते हैं

तुम्हीं टुक कर पकड़ समझाय कहियो।
पगन पर सीस धर कर लाय कहियो। [पृ. 31]

दीजो, लीजो रूप हैं ही। इसके साथ हसन खेलन की सुध, करत हो, धरत हो, करत हैं, भरत हैं, रोवत, निकसत, लाय, जाय, समझाय आदि रूप हैं।

कित, टुक, कूं, काहे, कन, सेती, तई आदि रूपों में ब्रजभाषा और खड़ी बोली का गहरा आपसी सम्बन्ध दिखाई देता है। "कहूं ढोलक, कहूं मिरदंग (पृ. 38)—यहाँ ब्रज का विशुद्ध 'कहूं' प्रयुक्त हुआ है। "बिरह की फौज ने कीन्हीं चढ़ाई" (पृ. 19)—यहाँ कीन्हीं ब्रजभाषा का क्रिया रूप है। "पपीहा पीउ पीउ निस दिन पुकारे" (पृ. 19)—ऐसी पंक्तियों में शाह अफ़ज़ल जनपदीय बोलियों के शब्दों का ही प्रयोग नहीं करते, वह सोलहवीं सदी की खड़ी बोली में लोक संस्कृति का रस घोल देते हैं। "मुझे छांड़ों" (पृ. 34), "निस यूं बिहानी" (उप.), "याद से हमकूं बिसारा" (पृ. 38), "करी तुमने हमन सूं बेवफाई" (पृ. 42)—यहाँ शाह अफ़ज़ल ने उन क्रियाओं और क्रियारूपों का प्रयोग किया है, जो बाद की

हिन्दी-उर्दू में परित्यक्त हैं। 'बिकट कहानी' का लेखक ऊधो-गोपी सम्वाद से जरूर परिचित रहा होगा। कई जगह ऊधो को सम्बोधित कराके कवि ने बारहमासा की लोक-गीत परम्परा को सूरदास से जोड़ दिया है :

अरे ऊधो सुनो यह दुख हमन सूं।
कहो टुक जाए परदेसी सजन सूं। [पृ. 36]
अरे ऊधो कहां लग दुख कहूं रे।
ऐसे मूरख सेती कां लग बकूं रे। [पृ. 39]
सखी ऊधो को सगरा दुख सुनाया।
निपट समझाय कर दूखड़ा जताया। [उप.]

ऊधो से ऐसा गहरा नाता होने के कारण शाह अफ़ज़ल की खड़ी बोली पर ब्रजभाषा का प्रभाव होना स्वाभाविक है।

अन्तिम मुगल बादशाह बहादुर शाह ज़फर की ब्रज-मिश्रित खड़ी बोली का नमूना यह है :

जिन गलियन में पहले देखीं लोगन की रंगरलियां थीं।
फिर देखा तो उन लोगन बिन सूनी पड़ीं वो गलियां थीं।
ऐसी अँखियां मीचे पड़े हैं करवट भी नहीं ले सकते।
जिनकी चालें अलबेली और चलने में छलबलियां थीं।

इसी तरह आगरे के बिन ताज के बादशाह नज़ीर की ब्रजभाषा-मिली खड़ी बोली इस तरह की थी :

पहले नावँ गनेश का, लीजे सीस नवाय।
जासे कारज सिद्ध हों, सदा महूरत लाय।
बोल बचन आनन्द के, प्रेम पीत और चाह।
सुन लो यारो ध्यान धर, महादेव का ब्याह।
जोगी जंगम से सुना, वो भी किया बयान।
और कथा में जो सुना, उसका भी परमान।
सुनने वाले भी रहें, हँसी-खुशी दिन रैन।
और पढ़े जो याद कर, उनको भी सुख चैन।
और जिसने इस ब्याह की, महिमा कही बनाय।
उसके भी हर हाल में, शिवजी रहें सहाय।
खुशी रहे दिन रात वो कभी न हो दिलगीर।
महिमा उसकी भी रहे जिसका नाम नज़ीर।

आगरे के हिन्दुओं और मुसलमानों के बीच जिस लोक-भाषा का रूप निखर रहा था, उसका नमूना नज़ीर के इन दोहों में है।

और जब लखनऊ के इंशाअल्ला खाँ ने 'रानी केतकी की कहानी' लिखते समय खड़ी बोली में प्रतिज्ञा की :

यह वह कहानी है कि जिसमें हिंदी छुट
और न किसी बोली का मेल है न पुट,

तब 'हचर पचर न कीजियो' और 'साथ हो लीजियो' के ब्रज-बोली रूपों के अलावा उन्होंने खड़ी बोली गद्य के बीच ब्रजभाषा दो पत्र भी डाल दिये।

जब छांडि के करील कुञ्ज कान्ह द्वारिका मां जाय छिपे।
कुलधूत धाम बनाय घने महराजन के महराज बने।
मोर मुकुट और कामरिया कछु और हि नाते जोड़ लिये।
धरे रूप नए किए नेह नए और गइया चरावन भूल गए।

हिन्दी-उर्दू पहले एक-दूसरे के बहुत पास थीं, इसका एक प्रमाण दोनों के गद्य में ब्रजभाषा के पद्य—खास कर दोहे—उद्धृत करने की रीति थी। 'लतायफे हिन्दी' में अपने गद्य के बीच लल्लूजी 'शागिर्द' से यह दोहा पढ़वाते हैं :

जहाँ न जाको गुन लहै तहाँ न ताको ठाँव।
धोबी बैठ कहा करै दीगंबर के गाँव। [नक्ल—36]

इसी तरह जॉन शेक्सपियर की हिन्दुस्तानी जहाँ उर्दू है : "एक सर्राफ अशरफियों का तोड़ा लिये जाता था", "इस मा बैन में कोई एक आद्मी आ गए उन्होंने उस्की मुशकें बान्ध लीं"—वहाँ उसके साथ ब्रजभाषा का दोहा भी है :

मक्खी बैठी शहद पर पंख गए लिपटाए।
हाथ मले और सिर धुने लालच बुरी बलाए। [नक्ल—13]

वजही ने 'सबरस' में फारसी और खड़ी बोली के पद्य के साथ ब्रजभाषा के दोहों को जगह दी :

सात सहेली एक पिव, चहुँ घर पिउ पिउ होय।
जिस पर पिव का प्यार है, सो धन बिरली कोय॥

[दक्खिनी हिन्दी का पद्य और गद्य, पृ. 413]

सत्रहवीं सदी में मिर्ज़ा खाँ इब्न फखरुद्दीन मुहम्मद ने फारसी में ब्रजभाषा का व्याकरण लिखा। इसकी भूमिका में डॉ. सुनीतिकुमार चटर्जी ने लिखा है कि यह

किसी भी 'मौडर्न इन्डो-एर्यन वर्नाक्युलर' का सबसे पुराना व्याकरण मालूम होता है। (ज़िआउद्दीन द्वारा सम्पादित 'ए ग्रामर ऑफ दि ब्रजभाषा' बाई मिर्ज़ा खाँ—1676 ई., विश्वभारती, शान्ति निकेतन द्वारा 1935 में प्रकाशित) मिर्ज़ा खाँ ने किसी मुश्तर्का ज़बान का व्याकरण नहीं लिखा; ब्रजभाषा का व्याकरण लिखा क्योंकि उत्तर भारत में यह काव्य और संगीत की भाषा थी और उसे लिखने-पढ़ने-समझने वाले गुजरात और महाराष्ट्र से लेकर बंगाल और असम तक, तथा पंजाब से लेकर बीजापुर, गोलकुंडा और तंजौर तक थे। मिर्ज़ा खाँ ने फारसी पढ़ने वाले शरीफ़ज़ादों को ब्रजभाषा का पिंगल, अलंकार शास्त्र, नायिका भेद, संगीत शास्त्र और कोकशास्त्र आदि कई शास्त्र समझाये; हिन्दी के तीन हजार शब्दों की सूची बनाई और हिन्दी शब्दों के फारसी पर्यायवाची दिये; कुछ व्याकरण के रहस्य खोले और डॉ. सुनीतिकुमार चटर्जी के अनुसार बड़ी मेहनत से समझाया कि ब्रजमाषा की सही ध्वनियाँ कौन-सी हैं और उन्हें कैसे बोलना और लिखना चाहिए। मिर्ज़ा खाँ का ध्यान ब्रजभाषा पद्य पर है, गद्य पर नहीं। उनका उद्देश्य है, फारसी जानने वाले रसिक ब्रजभाषा की शृंगारी काव्य-संगीत परम्परा से परिचित हों।

1811 में फोर्ट विलियम कालेज के भाखामुंशी लल्लूजी लाल कवि का ब्रजभाषा व्याकरण प्रकाशित हुआ। पुस्तक फोर्ट विलियम कालेज में हिन्दुस्तानी के प्रोफेसर कैप्टेन जॉन टेलर को समर्पित है और अंग्रेज़ी में लिखी गई है। उद्देश्य हिन्दुस्तानी सीखने वाले छात्रों को ब्रजभाषा का ज्ञान कराना है ("Composed for the use of the Hindoostanee students"; पुस्तक का नाम है : "General Principles of Inflection and Conjugation in the Bruj Bhakha"; क.मु. हिन्दी विद्यापीठ ने इसे पुनर्मुद्रित करके प्रकाशित किया है)। 'लालचन्द्रिका' में लल्लूजी ने अपने बारे में जो कुछ लिखा है, उससे ज्ञात होता है कि उन्हें अंग्रेज़ी न आती थी, आती थी तो बहुत मामूली। अंग्रेज़ी में व्याकरण लिखने के लिए कोई उनका सहायक अवश्य रहा होगा। ब्रजमाषा की गद्य-पुस्तक 'राजनीति' उन्होंने 1802 में जॉन गिलक्रिस्ट के कहने से लिखी थी और 1808 में जॉन टेलर के कहने से फोर्ट विलियम कॉलेज के अंग्रेज़ छात्रों के पढ़ने के लिए छपवाई थी। पुस्तक आरम्भ करते हुए लल्लूजी ने लिखा है :

"अरु सम्वत 1865 मांहिं श्री महाराजानि के राजा सकल गुन निधान ज्ञानवान जगत उजागर दयासागर प्रजापालक गिलबर्ट लार्ड मिन्टो तेजस्वी के राज मध्य अरु श्री निपट गुनज्ञाता महादाता उपकारी हितकारी कप्तान् विल्यम् टेलर नक्षत्री की आज्ञा सों औ श्रीवान धीवान दयायुत डाक्तर विल्यम् हंटर सहायक की सहायता तें अरु श्री बुद्धिवान सुखदान लिपटेन एब्रहाम् लाकट् रतीवंत् के कहे सों वाही कवि नें राजनीति ग्रंथ छपवायौ पाठशाला के विद्यार्थी साहिबनि के पढ़बे कौं।" यह पुस्तक अंग्रेज़ों को ब्रजभाषा सिखाने के लिए लिखी गई थी, ब्रजभाषा की काव्य-परम्परा से परिचित कराने के लिए नहीं।

दूसरे संस्करण की भूमिका में फिट्ज जेराल्ड एडवर्ड हाल ने लल्लूजी की अनेक खामियाँ बताने के बाद उन्हें ब्रजभाषा गद्य-लेखकों में सर्वश्रेष्ठ कहा और यह भी सूचना दी कि इस तरह के ब्रजभाषा गद्य-लेखक बहुत-से हैं "On comparison of his present with a large number of prose compositions in the Braj Bhāshā, I make no hesitation in giving it a decided preference to any and all of them." ब्रजभाषा गद्य लिखने वाले बहुत से लोग थे, उनमें एक थे लल्लूजी लाल।

यह महत्त्वपूर्ण बात है कि लल्लूजी के समय में और उनसे पहले ब्रजभाषा गद्य लिखने वाले बहुत थे। यह स्वाभाविक है कि इस ब्रजभाषा गद्य का प्रभाव खड़ी बोली गद्य पर पड़े अथवा ब्रज और खड़ी बोली की गद्य-परम्पराएँ आपस में एक-दूसरे को प्रभावित करें। हिन्दी-उर्दू के गद्य के विकास की जानकारी के लिए इस पुराने ब्रजभाषा-गद्य की पहचान बहुत जरूरी है। किन्तु हम लोग साहित्य के नाम पर अभी कविता की दुनिया में रहते हैं, उसी को साहित्य की मूल—प्राय: एकमात्र विधा—मानते हैं भी और कविता भी ऐसी जिसका यथार्थ जीवन से सम्बन्ध बहुत ढीला हो। यदि खड़ी बोली के गद्य का विकास साहित्य और भाषाविज्ञान के विद्वानों के लिए महत्त्वपूर्ण हो, तो ब्रजभाषा के पुराने गद्य का संग्रह और प्रकाशन उस विद्यापीठ का उद्देश्य होना चाहिए जिसके पास इस कार्य के लिए पर्याप्त साधन हों।

[7]

ब्रजभाषा और खड़ी बोली के बहुत से रूप गद्य और पद्य में घुलमिल जाते हैं, उनकी अनेक शैलीगत विशेषताएँ मिलती-जुलती हैं। इन विशेषताओं पर आगे विचार करेंगे। पहले यह देखें कि ब्रजभाषा के कौन-से रूप खड़ी बोली में घुलमिल जाते हैं, कौन-से रूप अलग से पहचान में आते हैं, कौन-से रूपों के लिए कहना कठिन है कि वे मूलत: खड़ी बोली के हैं या ब्रज के। लल्लूजी लाल ने 'प्रेमसागर' में लिखा : "इससे आपकी आज्ञा ले प्रसेन और मणिके ढूंढ़न को जाते हैं"। (खेमराज श्रीकृष्णदास वाला संस्करण, पृ. 188; काशी नागरी प्रचारिणी सभा वाले संस्करण में इसे 'शुद्ध' करके 'ढूंढ़ने' कर दिया गया है, पृ 215) यह 'ढूँढ़न' रूप अलग से पहचाना जाता है और खड़ी बोली में घुलमिल नहीं पाया। ऐसे रूप नज़ीर की खड़ी बोली में हैं : "इक आन न निकसन पावें ये फिर उन सबको ये हुक्म दिया"। (जन्म कन्हैया जी का) लल्लूजी लाल कई जगह 'होय' या 'होकर' की जगह 'ह्वै' लिखते हैं : "आज्ञा पाते ही कामधेनु और इन्द्र बिदा ह्वै दंडवत कर इन्द्रलोक को गये" (प्रेमसागर, बम्बई संस्करण; पृ. 69; काशी संस्करण में 'ह्वै' को 'होय' कर दिया गया है।) "तुम पुरखा ह्वै ऐसी अनीति क्यों करते हो"। (उप., पृ. 142) ये रूप भी खड़ी बोली में खपे नहीं। लल्लूजी कई जगह 'कुछ

की' जगह 'कछु' लिखते हैं और 'ही' की महाप्राणता का लोप करके उसे 'ई' बना देते हैं। "यह इन्द्र पूजा की रीति हमारे यहाँ पुरुषाओं के आगे से चली आती है। कछु आजई नई नहीं निकली" (पृ. 61, काशी संस्करण में 'ई' को 'ही' किया गया है।) यहाँ भी ब्रजभाषा का प्रभाव अलग झलकता है। 'ही' की महाप्राणता का लोप जहाँ-तहाँ भारतेन्दु के गद्य में भी है : "मेरे यहाँ अमात्य राक्षस का कुटुम्ब हई नहीं है, पर जो होता तो भी मैं न देता"। (मुद्राराक्षस) लल्लूजी लाल 'नहाने' की जगह ब्रजभाषा रूप 'न्हाने' लिखते हैं; ऐसे ही 'कौन की' जगह 'को' का प्रयोग है; "सो तुम से अति बली और बड़ा राजा त्रिभुवन में को है सो कहो"। (प्रेमसागर, बम्बई, पृ. 219, काशी संस्करण में 'कौन') "हम बनवासी हैं, हमारे राजा वेई है" (उप., पृ. 62)—यहाँ 'वेई' ब्रजभाषा का रूप है। (कुछ लोग कह सकते हैं, 'वेई' नहीं, 'बेई' होना चाहिए)

लल्लूजी लाल का एक प्रिय मुहावरा है : 'कितनी एक'। 'बहुत दूर' के लिए लिखेंगे, 'कितनी एक दूर'। "इसमें कितनी एक दूर जाय देखें तो क्या है, कि कंस के धोबी धोये कपड़ों की लादियां लादे" चले आते हैं। (प्रेमसागर, बम्बई पृ. 108) इससे मिलते-जुलते रूप किसी समय दिल्ली में बोले जाते थे। ईस्वी खाँ बहादुर दिल्ली के रहने वाले थे। 'मेहर अफ़्रोज़' में लिखा है : "केतई दिनों में खुदा का फजल हुआ उसके ऊपर"। (पृ. 3) "कितेक दिनों में साअते नेक में बादशाह के बेटा हुआ"। (पृ. 4) 'कितेक' और 'केतई' से तुलनीय है शाह अफ़ज़ल का 'एता' :

दग़ाबाज़ी मुसाफिर सूं न कीजे।
एता दुखड़ा ग़रीबों कूं न दीजे। [बिकट कहानी, पृ. 33]

अवधी में 'यत्ता', 'केत्ता' (इतना, कितना) रूपों का चलन है, 'कितेक' विशुद्ध बुन्देलखंडी रूप है, ब्रज का भी। लल्लूजी ब्रजभाषा में लिखते हैं : "महाजन कहनि लाग्यौ कि कोऊ कितेक उपाय करि [करै] मेरी फल विधाता के हाथ है"। (राजनीति, पृ. 45) इसी तरह 'इतेक'—"इतेक बातें जब दमनक नें कहीं"। (उप., पृ. 53) इसी प्रकार 'केते' का प्रयोग है : "अरु हाथी स्थान बांध्यौ केते जतन उपाय करि घने आदर सों अहार कौ ग्रास लेय"। (उप., पृ. 49) केतई, कितेक, केते—इन्हीं से मिलते-जुलते रूप हैं 'कीती' और 'किते'। 'मेहर अफ़्रोज़' में : "किती ही आफतें यकबारगी ही आन पड़े"। (पृ. 113) दक्खिनी हिन्दी का 'केतक' 'किते' और 'कितेक' का जोड़ीदार है। "बाजे केतक चीज है सो वो समजना वाजिब है"। (दक्खिनी हिन्दी का पद्य और गद्य, पृ. 395)

इतेक-कितेक से मिलता-जुलता रूप है 'दसबीसक' अर्थात् लगभग दस-बीस। "दशवीसक सखा श्रीकृष्ण बलराम जी के साथ रहे"। (प्रेमसागर, बम्बई, पृ. 122; काशी संस्करण में 'दस बीसेक' है, पृ. 138) अनेक जनपदीय बोलियों में ऐसे

रूप प्रचलित हैं। तुलनीय है बिहारी का प्रयोग : "इत आवत चलि जाति उत चली छ सातक हाथ।"

लल्लूजी लाल 'साम्हने' रूप का व्यवहार करते हैं, 'सन्मुख' का भी। "सांदीपन ऋषि स्त्री सहित बाहर आय श्रीकृष्ण बलदेव जी के सन्मुख कर जोड़ दीनता कर बोले"। (प्रेमसागर, बम्बई, पृ. 126) 'बैताल पचीसी' में : "अरे राक्षस पापी मेरे साम्हने तू स्त्री को हाथ मत लगा"; (ग्यारहवीं कहानी) "वह भी चिता के पास गया और सूर्य के साम्हने हाथ जोड़कर कहने लगा"। (सोलहवीं कहानी) 'साम्हने' रूप भारतेन्दु हरिश्चन्द्र और राजा शिवप्रसाद की रचनाओं में भी है : "राक्षस मंत्री के साम्हने मैं सांप खेलना चाहता हूं"; (मुद्राराक्षस) "साम्हने बाग जिसमें नहर और फव्वारे जारी सर्व के दरख्त दुतरफा लगे हुए"। (शिवप्रसाद : 'भूगोल हस्तामलक', कलकत्ता, 1959, पृ. 125) और 'माधोनल' में मजहर अली खाँ विला : "निहायत बनाव सिंगार से राजा के साम्हने वह जाय रही थी"।

इसी तरह जॉन शेक्सपियर की हिन्दुस्तानी में : "मैं तेरे साम्हने क्यूं खड़ा रहता"। (नक्ल 7) हिन्दी के जिन अनेक पुराने रूपों का हकार परिनिष्ठित हिन्दी में लुप्त हो गया है, उन्हीं में 'साम्हने' है। तुम्हारा का 'तुम्ह' अब केवल 'तुम' है; 'उन्हों के', 'उन्हों से' की जगह 'उनके', 'उनसे' रूप हैं। ईस्वी खाँ लिखते थे : "दिल उन्होंका न होता था कि किसी और जग्गा जाए"; (मेह्र अफ़्रोज़, पृ. 1) और फलों के जो दरख्त हैं : "इस कदर सघन हैं जो आफ्ताब उन्हों के तले से नहीं मालूम होता"। (उप., पृ. 9) इसी के अनुरूप 'किन्हों' का प्रयोग है : "और जिन किन्होंने न किया होगा"। (उप., पृ. 163) अब हिन्दी' में 'जिन्होंने' स्वीकृत है, 'किन्होंने' नहीं।

'साम्हने' के समानान्तर लल्लूजी लाल 'सोंहीं' का प्रयोग करते हैं : "वे आय इनके सोंहीं खड़े हूए"। (प्रेमसागर, काशी, पृ. 165) 'सोहीं' से मिलता-जुलता प्रयोग 'तौलौं' का है : "और जो ग्वालबाल बन में गायें चराते थे, वे भी असुर मारा सुन गायें छोड़ उधर देखने को गये, तौलौं इधर गायें चरती-चरती डाभ कांस से निकल मुंजबन में बड़ गईं'। (उप.) ऐसा ही एक पुराना रूप 'सेती' है। शाह आलम इसका प्रयोग अक्सर करते हैं :

इस ज़ोरों सितम सेती तेरा नाम न होगा
मुझ जैसे के मारे सेती कुछ काम न होगा।

इसी तरह 'बिकट कहानी' में :

भई बैरी बिरह बैराग सेती।
जरे जिवडा मेरा नित आग सेती। [पृ. 12]

मिर्ज़ा असदुल्ला बेग 'ग़ालिब' ने सैयद गुलाम हुसनेन 'क़द्र' बिलगिरामी को लिखा : "तईं का लफ़्ज मतरूक और मरदूद, क़बीह, और गैर फसीह। ये पंजाब की बोली है। मुझे याद है के मेरे लड़कपन में एक असील हमारे हां नौकर रही थी। वो तईं बोलती थी तो बीबियाँ और लौंडियाँ सब उस पर हँसती थीं।"

शाह आलम पंजाबी नहीं थे और 'तईं' का बार-बार प्रयोग करते थे :

नहीं दोस्ती का मेरी उसके तईं यकीं कुछ
क्या कहिये बदगुमानी उस यारे बदगुमां की।

नज़ीर की रचनाओं में 'तईं' की भरमार है :

झपट के अन्धे बटेरों के तईं पकड़ते हैं (दुनियाँ भी क्या तमाशा है)
चमगादड़ों के तईं रतजगा मनाती है (उप.)
गधा लड़ाई में हाथी के तईं लताड़े है
शुतर के घर के तईं लोमडी उजाड़े है (उप.)

साबित हुआ कि 'तईं' आगरे और दिल्ली की खड़ी बोली का अपना शब्द था; उसका पंजाब से ऐसा विशेष सम्बन्ध न था कि बीबियाँ उस पर हँसती। दिल्ली-आगरे से दूर बनारस के राजा शिवप्रसाद उसका प्रयोग अपनी भाषा में करते थे : "तूने अपने तईं निरा निष्पाप समझ रखा है, पर यह तो बतला कि तूने पुण्य कर्म कौन से किए हैं"। (राजा भोज का सपना) 'तईं' से तुलनीय है पुरानी हिन्दी में बुन्देलखंडी 'कने' या 'कन' (अर्थात् पास) का प्रयोग। 'बिकट कहानी' में :

नहीं इस दर्द की दारू किसी कन।
भए हैरां सभी हुकुमाए जूफ़न॥ [पृ. 11]

बालमुकुन्द गुप्त ने 'ब्रजभाषा और उर्दू' शीर्षक निबन्ध में लिखा : "होवें, देवे, करे, कहे यह सब क्रियाओं का ढंग पुराना है। दिल्ली आगरे के हिन्दुओं के घरों में यह शब्द बोले जाते हैं। पर मुसलमान कम बोलते हैं और लिखने में अब गँवारी समझे जाते हैं। अब होता है, देता है, कहता है इत्यादि बोलते हैं। पंडित श्रीधर पाठक जी ने 'एकान्तवासी योगी' में इन क्रियाओं का प्रयोग किया है। जैसे : 'करके कृपा बता दे मुझको कहाँ जलै है वह आगी।' किन्तु अब प्रचलित उर्दू तो क्या प्रचलित हिन्दी में भी ऐसा नहीं बोलते। अब 'जलै है' की जगह 'जलती है', लिखना पड़ता है।" इस तरह भाषा को टकसाली बनाने का सिलसिला उर्दू और हिन्दी में समानान्तर चल रहा था।

अनस्थिरता वाले विवाद के दौरान बालमुकन्द गुप्त ने महावीरप्रसाद द्विवेदी के कुछ प्रयोगों के बारे में लिखा था : 'हमें', 'जिन्हें', 'सकै', 'करै' आदि द्विवेदी जी

बहुत लिखते हैं और हम देखते हैं कि, जो लोग उनकी 'सरस्वती' में इन शब्दों का शुद्ध उच्चारण अर्थात् 'हमें', 'जिन्हें', 'सकें', 'करें' लिखते हैं, उनकी भी आप इसलाह कर डालते हैं। इसको पढ़े-लिखे आदमी अन्याय ही नहीं, असभ्यता भी समझते हैं। जिस ढंग से इन शब्दों को द्विवेदी जी लिखते हैं, उस ढंग से कोई नहीं बोलता, शायद उनके देश में बोलते होंगे। लेकिन इसके लिए सारा हिन्दुस्थान अपनी ज़बान खराब नहीं करेगा। पंजाब, युक्तप्रदेश, अवध, दिल्ली, आगरा, काशी, पटना इत्यादि जहाँ-जहाँ अच्छी हिन्दी-उर्दू लिखने-बोलने वाले हैं, वह सब निर्विवाद रीति से 'हमें', 'करे' आदि लिखते और बोलते हैं। यह 'करैं', 'सकैं' की देहाती चाल खाली द्विवेदी जी चलाते हैं और दूसरों को भी इसकी ओर घसीटने की चेष्टा करते हैं। (गुप्त निबन्धावली, प्रथम भाग, पृ. 483-4) जैसे ग़ालिब के लिए 'तईं' गँवारी था, वैसे ही बालमुकुन्द गुप्त के लिए 'करैं', 'सकैं' दिहाती हैं।

लल्लूजी लाल, हमें, तुम्हैं के साथ फटै, करें, चित्त दै, कहैंगे, बचैंगे, जन्मैंगे, खैंचते थे, भी लिखते थे। हमैं, तुम्हैं, फटै, कटै आदि में 'ऐ' के स्थान पर 'ए' जम गया है किन्तु 'खैंचते' 'हिन्दी में 'खींचते' हो गया है, उर्दू में 'खैंचते' का चलन अब भी है। मिलै, लगै, चलै, भोगै, आवैगा आदि रूप भारतेन्दु के यहाँ हैं। जहाँ अब 'ए' है, वहाँ यदि पहले 'ऐ' था तो यह द्विवेदी जी के देश की विशेषता न थी। आवै-जावै वाले रूप गुप्त जी के 'देश' में भी बोले जाते थे, और वहीं उनका चलन ज्यादा था।

'ऐ' की जगह जैसे 'ए' का व्यवहार होने लगा, वैसे ही 'औ' को बहुत जगह 'ओ' ने हटाया। लल्लूजी और लक्ष्मणसिंह दोनों 'तौ' लिखते थे, अब 'तो' का चलन है। लल्लूजी कभी-कभी 'हौ' लिखते हैं : "तुम्हीं जगत् के कर्त्ता दुःख हर्त्ता हौ।" (प्रेमसागर बम्बई, पृ. 70); काशी संस्करण में 'ही' की जगह 'हो' है। (पृ. 81)

एक प्यारा शब्द है—'काहे'। कुछ लोग इसके प्रयोग से बचते हैं, शायद यह सोचकर कि यह अवधी का शब्द है। किन्तु ग़ालिब ने मुंशी हरगोपाल तफ़्ता को लिखा था : "मुझ में तुम में नामानिगारी काहे को है, मुकालमा है"। (17 सितम्बर, 1858 का पत्र) सौदा ने लिखा था :

नज़र आ जाय है जैसी कि हिन्दुस्तान में सूरत।
कभू काहे को ख़ल्क़ ऐसी हुई कनआन में सूरत।

नज़ीर कहते हैं :

उसका तो दिल ठिकाने नहीं भाव क्या बताये।
जब हो फटा दुपट्टा तो काहे से मुहँ छिपाये।

भारतेन्दु की 'अन्धेर नगरी' का राजा कहता है : "बाबाजी! बोलो। काहे को आप फाँसी चढ़ते हैं?"

पुरानी उर्दू में 'कभू' का प्रयोग खूब था। 'कबहू'—उससे 'कभू'; इस रूप पर ब्रज के 'हू' की छाप है।

ज्यूं गुंचा तू चमन में बन्दे क़बा के खोले।
फिर गुल से ऐ पियारे बुलबुल कभू न बोले। [सौदा]

अब 'कभू' की जगह केवल 'कभी' का प्रयोग होता है। लल्लूजी ब्रजभाषा और खड़ी बोली, दोनों के गद्य में जद और तद—जब और तब के लिए—लिखते हैं। ब्रजवासियों का कहना है, जद और तद ब्रज के रूप नहीं हैं; राजस्थान और हरियाणा की बोलियों में इनका चलन है। दिल्ली के लोग—या दिल्ली में कुछ लोग—कभी ऐसे रूपों का व्यवहार करते थे। 'मेह्र अफ़्रोज़' में ऐसे प्रयोग हैं : "और इस शहर के बीच में कद है ईद और शादी, न मालूम होती थी"; (पृ. 1) "और जद तेरे बेटा होए तब तू शहर में दाखिल हो जो"; (पृ. 4) "और अक़साम अक़साम तरह के ऐसे फूल हैं कि उन्होंने कबहू नहीं देखे थे"। (पृ. 9) 'कदहू' को देखने से 'कभू' के निर्माण का हाल मालूम हो जाएगा। 'जद' का प्रयोग दक्किनी में भी होता था : "तूं उसमें एक हो जाता के जद अमर हता उस थे"; (दक्खिनी हिन्दी गद्य और पद्य; पृ. 400) "एता जद जो धरते हैं, लोगां बाग जो करते हैं"। (उप., पृ. 405) दक्खिनी में 'कभू' का जोड़ीदार 'कधैं' भी है : "कुछ कहा गया के शायद कधैं कोई आशिक फिरे, टुक तलमले, टुक चले फिरे"। (उप., पृ. 405)

शाह अफ़ज़ल की भाषा में ब्रजभाषा के 'हू' का प्रयोग दर्शनीय है :

अहंदकर कर गए अजहूं न आए।
अरी किन सौत ने टोने चलाए। [बिकट कहानी, पृ. 33]

जैसे 'कबहूँ' से 'कभू' बना, वैसे ही 'अजहूं' से 'अझूं' या 'अझौं'।

दुहल रहलत का भादों ने बजाया।
अझूं लग सांवरा परदेस छाया। [बिकट कहानी, पृ. 21]

इसी तरह दक्खिनी में : "ऐसे खुश बास के फूलां अझौं किसी बाग में नहीं खिले। ऐसे फूला अझौं किसे नई मिले"। (दक्खिनी हिन्दी का पद्य और गद्य, पृ. 406)

पुरानी हिन्दी-उर्दू में बहुत जगह 'कूं' का प्रयोग होता था। 'बिकट कहानी' में :

गया आसोज कातिक मास आया।
सलोने श्याम कूं परदेस भाया॥ [पृ. 25]

इसी तरह 'मेहर् अफ़्रोज़' में : "जो फूल झड़ते थे तिन्हों कूं भी जानते थे"। (पृ. 3) दक्खिनी में : "अक्ल अछे तो अपस कूं होर दूसरे कूं पछाने"। (दक्खिनी पद्य

और गद्य, पृ. 409) साहित्यिक ब्रजभाषा में 'कूं' का व्यवहार कम, 'कौ' का अधिक है। लल्लूजी लाल 'राजनीति' में 'कौं' का व्यवहार करते हैं : "अयोग्य कौं विद्या न दीजियै" (पृ. 6), "तांतें कुपात्र कौं न पढ़ाइयै"। (पृ. 7) बोलचाल की ब्रजभाषा में 'कूं' रूप का भी चलन है। हिन्दी-उर्दू दोनों ने 'कूं' और 'कौं' की जगह 'को' रूप ही स्वीकार किया है।

'कूं' से मिलता-झुलता 'सूं' है जिसका प्रयोग पुरानी हिन्दी में है, यथा 'बिकट कहानी' में :

सखी यह दर्द-गम कासूं कहूं जाय।
न निकसत जिउ मरूं बिस! खाय रे हाय॥ [पृ. 25]

और दक्खिनी में है : "यूं, कहे तो उसके दिसने वज़ा सूं यां बी दिसता है"। (दक्खिनी का पद्य और गद्य, पृ. 409) यह सीधा ब्रजभाषा के 'सौं' का प्रतिरूप है यथा सूरदास के पद में :

कहा कहौं हरि के गुन तो सौं।
सुनहु महरि अब हीं मेरैं घर जे रँग कीन्हे मो सौं॥

हिन्दी-उर्दू ने 'स्' और 'सौं', दोनों रूपों को अमान्य ठहराया और 'से' रूप स्वीकार किया।

पुरानी हिन्दी में 'जहाँ' के साथ 'तहाँ' का प्रयोग होता था; अब 'वहाँ' रूप ही मान्य है। 'मेहर् अफ़्रोज़' में : "और जहाँ के लाला के फूल चाहिए तहाँ याकूत हैं"। (पृ. 9) लल्लूजी 'प्रेमसागर' में तहाँ और वहाँ, दोनों रूपों का व्यवहार करते हैं। जैसे 'तहाँ' की जगह अब 'वहाँ' है, वैसे ही पुराने 'तिस' की जगह अब 'उस' है। लल्लूजी तिस समय, तिसी काल, तिस से लिखते थे। 'मेह्र अफ़्रोज़' में : "अक़लीम हिन्दुस्तान के में एक शहर था कि तिसका नांव इश्क़-आबाद था। तिसमें हुक्मरवा उस जग्गा का आदिलशाह बादशाह था"। (पृ. 1) लल्लूजी 'तिन में' भी लिखते थे, अब उसकी जगह केवल 'उनमें' है। 'तिन' और 'तिस' वाले रूपों का चलन हमारी जनपदीय बोलियों में बना हुआ है। ऐसे ही पुरानी हिन्दी के 'तैसे' की जगह अब 'वैसे' है किन्तु 'जैसे के तैसे' में 'तैसे' रूप अडिग है, वैसे ही 'जहाँ-तहाँ' में 'तहाँ'।

'उस' की जगह 'विस' और 'उन' की जगह 'विन' का प्रयोग आगरे की खड़ी बोली की विशेषता है। लल्लूजी ने 'प्रेमसागर' में ऐसे रूपों का प्रयोग किया है। भागवत के दशम स्कंध की कथा को चतुर्भुज मिश्र ने ब्रजभाषा किया, और लल्लूजी लाल कवि आगरे वारे ने : "विसका सार ले, यामनी भाषा छोड़, दिल्ली आगरे की खड़ी बोली में कह, नाम प्रेमसागर धरा"; (भूमिका, काशी संस्करण) "विन्हें देख परीक्षित मन में कहने लगा"। (पृ. 2; बम्बई संस्करण में 'विन्हें' को शुद्ध करके 'उन्हें' रूप

में छापा गया है) 'लतायफे हिन्दी' में भी ऐसे रूपों का प्रयोग है : "इसलिये कि शहरि बादशाही है इसमें जाकर कमावे और कुछ विस में से आप खा हमें खिलावे"; (नक्ल 30) "कोई बनियां बटोही बाट भूल के ऐक वन में जा निकला—विसे वहाँ और तो कोई न नज़र आया पर एक जोगी दिखाई दिया"। (नक्ल 31) इनसे तुलनीय हैं उनके ब्रजभाषा के प्रयोग : "जैसे बृद्ध पुरुष कौं तरुन स्त्री न चाहै तैसें विन्हैं लक्ष्मी हू"; (राजनीति, पृ. 44) "विन पै रंग रंग की थैलियां चढ़ी लटक रही है"। (माधो विलास, पृ. 50) (ब्रजभाषा व्याकरण में वह जहाँ खड़ी बोली के रूपों पर विचार करते हैं, वहाँ उसे, उसका, तिसका आदि रूप देते हैं, विस, विन वाले रूप नहीं। ब्रजभाषा के रूपों में 'विन कौ', 'विन्हें', 'विननि' आदि रूप हैं, 'विस' वाले रूप नहीं)।

आगरे की खड़ी बोली के प्रसार का प्रमाण सदल मिश्र के 'नासिकेतोपाख्यान' में 'विस' का प्रयोग है : "और वेद की आज्ञा से संतान के लिए पत्नी सों भोग करना उचित है, नहीं तो विस विन क्या कभी क्रिया सिद्ध होती है"। 'विस' के साथ 'विन' का प्रयोग : "और जिस जिस के लाने को धर्मराज विन को बरजते है"। सदल मिश्र 'विस' के प्रतिरूप—'उस' के मूल रूप—'वुस' का व्यवहार भी करते हैं, यथा 'रामचरित अथवा अध्यात्म रामायण' में—"देषते ही भक्तवत्सल रघुनाथ ने तुरत उठा के वुस को गरे लगा लिया"। (सदल मिश्र ग्रंथावली, पटना, 1960, पृ. 69)

सैंड फोर्ड आर्नो (अथवा आर्नौट) ने हिन्दुस्तानी भाषा के व्याकरण में 'उस' का वैकल्पिक रूप 'विस' तथा 'उन', 'उन्ह' और 'उन्हों' के वैकल्पिक रूप 'विन' और 'विन्ह' दिये हैं। (A Grammar of the Hindustani Tongue by Sandford Arnot to which is added A Selection of Easy Extracts for Reading by Duncan. Forbes, लन्दन, 1844, पृ. 36) इस व्याकरण में अभ्यास के लिए जो हिन्दी-पाठ दिये गए हैं, उनमें इस तरह के प्रयोग हैं : "उसने कहा, कि जिस के बेटे ने लुढ़ाई है विसी से जाके कहो"; (पृ. 3) "विन की कुछ चिन्ता हो तो मुझ से टीप लिखवा लो"; (पृ. 4) "एक पहर के पीछे इसने घबरा के विसे पुकारा"; (पृ. 5) "विन में से हर किसी ने हाथ बांध बांध कर कहा"। (पृ. 6) पादरी एदरिंगटन ने 'भाषा-भास्कर' व्याकरण (1871) में 'विन' को वैकल्पिक रूप माना है। राजा लक्ष्मणसिंह के समकालीन आगरे के मदनमोहन ने 'भाषा व्याकरण' में 'विसने', 'विन ने' को 'उसने' और 'उन्होंने' के बराबर मान्यता दी है यद्यपि वह स्वयं इनके प्रयोग से बचते हैं। इन रूपों को फैलन ने अपने शब्द-कोश में स्थान दिया है (इसकी विशेष चर्चा आगे है)। राजा शिवप्रसाद ने अपने 'गुटका' में 'प्रेमसागर' में प्रयुक्त कुछ शब्दों को 'लल्लूजी की बोली' के अन्तर्गत माना है और उन्हें 'हम लोगों की बोली' से अलग किया है : इनमें 'विन' और 'विन्हों' रूप हैं।

'विस' और 'विन' पुराने हिन्दी के अनेक रूपों की तरह बहिष्कृत हुए किन्तु किसी समय उनका व्यवहार दूर-दूर तक होता था, इसमें सन्देह नहीं। आगरे में

ब्रजभाषा से प्रभावित होकर खड़ी बोली के नया रूप धारण करने और दूर-दूर तक लोगों के व्यवहार में आने का प्रमाण हैं 'विस' और 'विन'। आगरे में उनका चलन अब भी है। लल्लूजी बहुत जगह 'तै' का प्रयोग करते थे। 'तैं' रूप भारतेन्दु के गद्य में है : "अरे दुष्ट! तैं भूल गया; कल पृथ्वी किसको दान दी थी"? (सत्य हरिश्चन्द्र) "मैंने तो पहिले ही कहा था कि ऐसे नगर में रहना ठीक नहीं, तैंने मेरा कहना नहीं सुना"। (अंधेर नगरी) सौदा ने लिखा था :

सौदा से ग़म गुसार का था दिल ये तैं लिया,
उसके एवज़ भला कोई ग़मख़्वार भेज दे।

'मैं' के वज़न पर 'तैं' अच्छा था लेकिन 'तू' ने उसे निकाल दिया। बोलचाल की ब्रजभाषा में वह प्रतिष्ठित है।

एक पुराना छोटा-सा शब्द था : 'विन'; लोग गद्य और पद्य, दोनों में इसे इस्तेमाल करते थे। 'बिना' और 'बिला' ने अब इसका भाव गिरा दिया है। "महाराज, मुझ पर दया कर इसे छोड़ दीजे, नहीं तो इसके साथ मुझे बध कीजे, क्यों कि स्वामी बिन स्त्री को मरना ही भला है"। (प्रेमसागर, काशी, पृ. 51) "मंत्री और जड़ी बिन मदारी और आंकुस बिन मतवाले हाथी का हाथीवान, वैसे ही नये अधिकार के संग्राम विजयी राजा के सेवक—ये तीनों अवश्य नष्ट होते हैं"। (मुद्राराक्षस)

मैं बुलाता तो हूं उसको मगर ऐ जज़्ब-ए-दिल
उस पै बन जाए कुछ ऐसी कि बिन आये न बने। [ग़ालिब]

पुराने हिन्दी-उर्दू-काव्य में 'बिन' का ही साम्राज्य है।

राजा लक्ष्मणसिंह लिखते थे : "यह तो मेरे कंठ को पकड़े ईख की नाईं ऐंठे डालता है"। (शकुन्तला नाटक) राजा शिवप्रसाद लिखते थे : "हमने इस ग्रंथ में कवियों की नाईं बढ़ावा अथवा अत्युक्त अरु वाक्य बाहुल्य कहीं नहीं किया"। [भूगोल हस्तामलक, उपोद्घात] 'नाईं' को 'तईं' की तरह गँवारू समझकर निकाल दिया गया है।

(8)

हिन्दी-उर्दू सीखने में एक कठिनाई 'ने' के व्यवहार है। यह कठिनाई अहिन्दी भाषियों को ही नहीं होती, हिन्दी-भाषियों को भी होती है, विशेष रूप से पूर्वी जनपदों के लोगों को। भारत के भूतपूर्व राष्ट्रपति राजेन्द्र प्रसाद ने एक बार प्रस्ताव किया था कि हिन्दी से 'ने' का व्यवहार उठा दिया जाए। पुरानी हिन्दी और उर्दू, दोनों में अक्सर 'ने' का लोप दिखाई देता है। हिन्दी-उर्दू के टकसाली रूप कैसे समानांतर ढलते गए, इसका प्रमाण यह 'ने' का प्रयोग भी है।

लल्लूजी ने 'प्रेमसागर' में लिखा था : "तब प्रसेन के साथ जो लोग गए थे वे आकर सभाजीत से कहे"; (प्रेमसागर, बम्बई, पृ. 187, काशी संस्करण में—"तिन्होंन आ सत्राजीत से कहा," पृ. 213) "तब जितने उसके साथी औ टहलुये थे सब के सब पोटें मोटे लादियाँ छोड़ अपना जीव ले भागे औ कंस के पास जाय पुकारे"। (काशी संस्करण, पृ. 213) लल्लूजी सम्भवत : 'मैं नहिं माखन खायो' वाली 'ने' वर्जित ब्रजभाषा बोलते थे। अपनी खड़ी बोली में कहीं-कहीं, जहाँ 'ने' अनावश्यक है, उन्होंने उसे लगा दिया है। "इतनी बात के सुनते ही सत्राजित ने खाना-पीना छोड़ अति उदास हो चिंता कर मन ही मन कहने लगा" (बम्बई संस्करण, पृ. 187; काशी संस्करण में 'ने' हटा दिया गया है।)—सत्राजित ने कहने लगा। "उसने गुफा में उजाला देख उठ धाया और चला चला सिंह के पास आया" (बम्बई, पृ. 187; काशी संस्करण में 'ने' नहीं है।)—उसने धाया और आया। ऐसा भर्ती का 'ने' 'बिकट कहानी' में है

गया पूस ऐ सखी अब माह आया।
पिया ने जाय कर परदेस छाया॥ [पृ. 33]

शायद आगरा ही नहीं, दिल्ली और मेरठ वालों को भी 'ने' के व्यवहार में कठिनाई होती थी। वे सत्राजित से कहे, नगर निवासी जा पुकारे—इस तरह के प्रयोगों से तुलनीय है लल्लूजी की ब्रजभाषा में 'ने ' का अभाव और उसका व्यवहार। "मृग कही यह क्षुद्र बुद्धि नाम स्यार है"; (राजनीति, पृ. 18) "काग कही हितू बेग परदेसी अनजान सों प्रीति न कीजियै"; (उप.) "वाकौं देखि वे छौंना पुकारे"; (उप.) "पुनि राजा हंस कही आगै कैसी भई"; (उप., पृ. 91) "तब बगुला कहनि लाग्यौ महाराज उनि दूत बिदा कियौ है"। (उप.) उनि कियौ है—यहाँ 'ने' का अभाव पूर्वी जनपदीय बोलियों की प्रकृति के अनुकूल है; अवधी में कहेंगे : "उन बिदा कीन है" किन्तु खड़ी बोली में : "उन्होंने बिदा किया है"। लल्लूजी का ब्रजभाषा गद्य 'ने' के प्रयोग से वंचित नहीं है। 'पंडित नें' वाकौ नाम हितोपदेश धर्यौ; श्री लल्लू जी लाल कवि 'आगरेवारे नें' नाम राजनीति राख्यौ; 'वाही कवि नें राजनीति ग्रंथ छपवायौ'। (उप., पृ. 2, 3)

'मेह्‌र अफ़्रोज़' के लेखक 'ने' के बिना भी काम चलाते हैं—"बात बादशाह कू पसन्द आयी और कबूल किया और फरमाया कि इस जंगल में जग्गा दुरुस्त करो"; (पृ. 3) "बादशाह बहुत खुश होते हैं और फरमाया कि तीन कोस इस जग्गा से शहर है"। (पृ. 4) बादशाह ने बात कबूल की, बादशाह ने फरमाया। यही ढब दक्खिनी हिन्दी का है। मल्लन नवाज जंग वाली कहानी में : "खाब में कोई हजामत नहीं किया"; (दक्खिनी हिन्दी का पद्य और गद्य, पृ. 460) "सरकार उनसे पूछे"; (पृ. 462) "आप मुझ पे जम्मेदारी सौंपे थे"; (पृ. 463) "और एक भूमय्या दोस्त था जो अपनी

जिंदगी में 'थापी' भी नहीं देखा था"; (उप.) "सरकार गुस्से में आके मल्लन नवाज जंग कूं बुलाए"; (पृ. 464) "मैं माकूल इन्तजाम किया हूँ"। (उप.) इस कहानी की रचना से बहुत पहले चौदहवीं-पन्द्रहवीं सदी की दक्खिनी का यही हाल है। "अल्ला ताला कुरान में फरमाया है"; (बंदानवाज, उप., पृ. 394) "होर जे फ़ेल अल्ला मना किया है वही फ़ेल करता"। (उप., पृ. 395) सत्रहवीं सदी के अब्दुस्समद लिखते हैं : "इस तफ़सीर का नाम तफ़सीरे वहाबी रखा हूं" (उप., पृ. 418) अर्थात् मैंने रखा है; "आलम को फायदा होने के वास्ते दखनी ज़बान से बनाया हूं" (उप.)—मैंने बनाया है; "जो लोग सूद खाये हैं"; "जो लोग यह नसीहत सुने हैं", "हजरत मक्के से मदीने मुनव्वरा को तशरीफ फरमाये" (उप.)—ये लेखक 'ने' का प्रयोग करते हैं किन्तु विकल्प रूप में उसे छोड़ते भी हैं।

दक्खिनी हिन्दी के स्वभाव के अनुकूल शाह अफ़ज़ल अक्सर भूतकालीन सकर्मक क्रिया को 'ने' के संसर्ग से मुक्त कर देते हैं। "सखी मैं पूछ देखी सब सियाने" ('बिकट कहानी,' पृ. 30), "न माना उन कहो क्या जत्न कीजे"। (उप., पृ. 31)

इसी तरह शाह आलम : "ना सिह का कोई पूछे कि मैं क्या लिया है हाय।" और सौदा :

फिरे है शैख यह कहता कि मैं दुनिया से मुँह मोड़ा..
पूछा पयामबर से जो मैं यार का जवाब...

और मीर :

तमाम उम्र मैं नाकामियों से काम लिया...
जाने है खुदा उसको मैं तुझको खुदा जाना...

अब तेरे-मेरे की जगह तुझ-मुझ का प्रयोग देखें।
ग़ालिब ने लिखा था :

जब कि तुझ बिन कोई नहीं मौजूद
फिर ये हंगामा ऐ खुदा क्या है।

सौदा ने लिखा था :

तुझ क़ैद से दिल होकर आज़ाद बहुत रोया
लज़्ज़त को असीरी की कर याद बहुत रोया।

और मीर :

तुझ बिन ऐ नौबहार के मानिन्द
चाक है दिल अनार के मानिन्द।

इसी तरह 'बिकट कहानी' में :

तुम्हारा मुझ उपर अहसान होगा।
गोया मुर्दे के तइँ जिवदान होगा।

ऐसे सन्दर्भों में अब 'तुझ' की जगह 'तेरा'-'तेरी' का ही व्यवहार होता है। इससे मिलते-जुलते 'इस सिवा', 'इस बात सिवा' के प्रयोग नज़ीर में हैं। 'इस' और 'सिवा' के बीच में 'के' जरूरी नहीं समझा गया।

और इस सिवा जो ग़ौर से देखा तो जाबजा
सौ-सौ तरह के नाच दिखाती हैं रोटियाँ ['रोटियां'];
फिर कंस को वाँ इस बात सिवा कुछ और न मारग बन आया।
['जन्म कन्हैयाजी का']

'इतनी कथा सुनाय' की तरह पंडितों का 'जो है सो' भी प्रसिद्ध है। यह 'सो' बहरुपिया है, देखने में एक है, वास्तव में उसके एक से अधिक रूप हैं अथवा यों कहें, रूप एक है, अर्थ जुदा-जुदा हैं। "कहा है जो बड़े हैं सो आप पराये काज दुःख सहा करते हैं"। (प्रेमसागर, बम्बई, पृ. 93) 'सो' अर्थात् 'वे'।

करती हैं मेरे दिल पर जो कुछ जफ़ा सो आँखें
तकसीर नहीं किसू की जो है बला सो आँखें। *[शाह आलम]*

मेरे दिल पर जो कुछ जफ़ा करती हैं, वह आँखें करती हैं। 'सो' अर्थात् 'वह'। "उन्होंने देखा सो अपने अपने घर जाय कहा"। (प्रेमसागर, बम्बई, पृ. 69) "वह मुक्त कैसे हुई? सो मुझे समझाय के कहो"। (उप., पृ. 72) 'वह' और 'वे' अर्थ वाले 'सो' रूप का प्रयोग अब कम होता है। अब इससे भिन्न प्रयोग देखें।

ऐसे ही जाऊं जाऊं करते हो तो सिधारो
इस दिल पै कल जो होनी सो आज ही वो हो ले। [सौदा]
दुनिया में पादशाह है सो है वह भी आदमी
और मुफलिसो गदा है सो है वो भी आदमी। [नजीर]

यह 'तो' के जोड़ वाला 'सो' है। ग़ालिब 'तो' का प्रयोग खूब करते हैं, 'सो' से उतना ही बचते हैं। भारतेन्दु के समय तक 'जो' और 'सो' की मैत्री काफी गाढ़ी हो गई थी। 'अन्धेर नगरी' में महन्त का चेला नारायणदास कहता है : "गुरूजी महाराज, नगर तो नारायण के आसरे से बहुत ही सुन्दर है जो है सो, पर भिच्छा सुंदर मिलै तो बड़ा आनन्द होय।"

पुरानी हिन्दी-उर्दू को देखने से लगता है कि बहुत से रूप, बहुत से प्रयोग आपस में टकरा रहे हैं और भाषा की भागीरथी में बहते-टकराते अपना रूप सँवारते जाते हैं। जिनने-जिन्होंने, विसने-उसने, विनने-उन्होंने, उन्होंके-उनका, तिसका-उसका, तिससे-उससे, तैसे-वैसे, तहाँ-वहाँ, तैंने-तूने, उसको-वुसकूं, मैं कहा—मैंने कहा, तुझ बिन-तेरे बिना, आवै-आवे-आये, रिसाय-रिसा-रिसाकर, स्तुतिकरी-स्तुतिकी, कहियो-कहना, दीजो-देना, कीजे-कीजिये, किसू-किसे, कभू-कभी, अजहूं-अझों, जद-जब, तद-तब, सोंही-सामने, बोल्या-बोला, कहाते हैं—कहलाते हैं, आवता है—आता है, करूं हूं-करता हूं, निहारत हैं—निहारते हैं, जाए बैठा-जा बैठा, भया-हुआ आदि अनेक रूपों वाली यह गैर टकसाली ब्रज-प्रवाहित हिन्दी-उर्दू बड़ी जानदार है। जनपदीय बोलियों से अपना लगाव कायम किए हुए अपनी पुरानी साहित्यिक निधि के प्रति सचेत आगरा, दिल्ली, हैदराबाद, बनारस और कलकत्ता जैसे शहरों की हाट-बाट में वह पनपती और फूलती-फलती है। कभी हिन्दी प्रदेश के भाषा-प्रेमी अपनी जातीयता पहचानेंगे तो वे इस पुरानी चाल की हिन्दी पर और ज्यादा ध्यान देंगे, हिन्दी-उर्दू-ब्रजभाषा के उस सूत्र को फिर सुलझाने बैठेंगे जो अंग्रेज़ों के आने—और उनके जाने के—बाद खूब उलझाया गया है।

किन्तु पुरानी हिन्दी-उर्दू पर ब्रजभाषा का ही प्रभाव नहीं है, और बोलियों का भी है। ब्रजमाषा और अवधी के बहुत से रूप मिलते-जुलते हैं, इसलिए ब्रजभाषा से अलग अवधी के असर को पहचानना आसान नहीं है किन्तु राजस्थानी और पंजाबी के अनेक रूप ब्रजमाषा और खड़ी बोली के रूपों से अलग हैं। उन्हें पहचानना मुश्किल नहीं है। ये रूप दक्खिनी और दिल्ली की पुरानी हिन्दी-उर्दू में ज्यादा मिलते हैं, आगरे की खड़ी बोली में कम। इनमें सबसे सामान्य है संज्ञा का बहुवचन रूप, जैसे वजही के गद्य में आशिकां, किताबां, बातां, लोकां, फूलां, गुरां, चातरां इत्यादि। (दक्खिनी का पद्य और गद्य, पृ. 403-406) शाह अफ़ज़ल इसी तरह 'धूपां पड़ें', 'लूवां चलत हैं'; (पृ. 44) 'तुझे भाया बदेसां'; (पृ. 33, विदेश के आदि वर्ण में 'इ' का लोप भी पंजाबी प्रभाव प्रकट करता है) 'हजारा बर्स' (पृ. 38) 'करें सैरा पिया संग' (पृ. 41) आदि लिखते हैं। इन रूपों के व्यवहार का कारण पंजाबी प्रभाव हो सकता है, राजस्थानी भी किन्तु 'कीता' जैसा रूप विशुद्ध पंजाबी है : बदेसी श्याम ने फेरा न कीता। (पृ. 28) ऐसा ही 'नाल' का प्रयोग है : बजावें दफ़ पिया के नाल सारी। (पृ. 38)

सम्भव है, इन शब्दों और रूपों का चलन न रहा हो और उनका प्रयोग शाह अफ़ज़ल ने शैली-चमत्कार के लिए किया हो। किन्तु पंजाबी से प्रभावित कुछ रूप शाह अफ़ज़ल ही नहीं, अन्य लेखकों की रचनाओं में भी हैं; इसलिए यह धारणा पुष्ट होती है कि दिल्ली में उस समय भी काफी पंजाबी थे और वे खड़ी बोली

को प्रभावित कर रहे थे। लोकां, बातां की तरह करतियां जैसे रूप हैं, जो शाह अफ़ज़ल के अतिरिक्त इंशाअल्ला ख़ाँ की कहानी में हैं। शाह अफ़ज़ल लिखते हैं :

धमाला करतियाँ घर-घर फिरत हैं [पृ. 38]

इंशाअल्ला ख़ाँ के गद्य में ऐसे ही रूप हैं : "आतियां जातियां जो सांसें हैं, उसके बिन ध्यान यह सब फांसें हैं"; "मदनबान ने सब बातें खोलियां"। इन रूपों की लोकप्रियता का प्रमाण सौदा की कविता में उनका प्रयोग है :

वे सूरतें इलाही किस मुल्क बस्तियां हैं।
अब जिनके देखने को आँखें तरसतियाँ हैं।

इसी तरह उस ग़ज़ल में आगे घटाएँ बरसतियाँ हैं और निगाहें सस्तियाँ हैं। आगरे के मियाँ नज़ीर भी कभी-कभी इन रूपों से खेलते हैं। ककड़ियों का वर्णन करते हुए कहते हैं :

क्या प्यारी प्यारी मीठी और पतली-पतलियाँ हैं।

उसी कविता में आगे :

मशहूर जैसी हर जा याँ की जमालियाँ हैं।
वैसी ही ककड़ी ने भी धूमें ये डालियाँ हैं।

इन रूपों के प्रसार और लोकप्रियता का प्रमाण मजहर अली के गद्य में भी मिलता है। शैली भेद और चमत्कार के लिए वह जब-तब इन रूपों की झलक दिखाते हैं : "और कंबल की पत्तीआँ हर एक के बदन से चिपक गईआं", गद्य के बीच उद्धृत किए हुए शेर में :

निगाहों से निगाहें साम्हने होते ही जब लड़ीआं।
यकायक खुल गईं दोनों तरफ से दिलकी गुल छड़ीआं।

शाह अफ़ज़ल ने एक जगह राजस्थानी रूप 'थारे' का प्रयोग किया है :

सखी धन भाग हैं धन भाग थारे।
सदा तुम पास हैं साजन हमारे।

[9]

'सत्य हरिश्चन्द्र' में नारद कहते हैं : "आप देवराज हैं और आपके संग की तो बड़े-बड़े ऋषि-मुनि इच्छा करते हैं, फिर आपको सत्संग कौन दुर्लभ है?" यहाँ 'कौन दुर्लभ है'—यह प्रयोग ठेठ अवधी और भोजपुरी का है जिससे टकसाली

हिन्दी खराब नहीं हुई, प्राणवन्त हुई है। बालमुकुन्द गुप्त ने बड़े लाट कर्जन के स्वागत में एक कविता लिखी थी : 'वर्षा बीती सर्दी आई, टेसूजी की पड़ी अवाई'। (गुप्त निबन्धावली, पृ. 708)

यह 'अवाई' शब्द जनपदीय बोलियों में रह गया है, टकसाली हिन्दी में उसका व्यवहार नहीं होता। एक व्यंग्य कविता में : "जाने सो ही बखाने" लिखा है (उप., पृ. 722), सो ही अर्थात् वही; "कुछ जाने थे नाना" (उप., पृ. 723)—कुछ नाना जानते थे : "अपनी आप गाय के महिमा" (उप.)—महिमा गाके। पुराने रूपों का प्रयोग करके बालमुकुन्द गुप्त अपनी शैली में नये रंग भरते हैं।

भारतेन्दु ने लिखा था : "और उपाय आछत अपने हाथ अपने प्यारे बच्चों की जान लेंगे"; (भारत दुर्दशा) "राजा के आछत और कौन बैकुंठ जा सकता है।" (अंधेर नगरी); "नाथ! हमारे आछत आप मत बिकिए"। (सत्य हरिश्चन्द्र) 'आछत' अब सामान्य बोलचाल का शब्द नहीं है किन्तु पुरानी शब्द-सम्पदा का अंश है। भारतेन्दु उसके व्यवहार से शैली में नया अन्दाज पैदा करते हैं। तुलसीदास 'अछत' का प्रयोग यों करते थे :

सुनि समुझहिं जन मुदित मन मज्जहिं अति अनुराग।
लहहिं चारि फल अछत तनु साधु समाज प्रयाग।

और 'लाल' कवि के पद्य में : "आछत पती विभूति लगाई। कहौ कहां की रीति चलाई" (प्रेमसागर, बम्बई, पृ. 136, काशी संस्करण में 'अच्छत' रूप है)

मजहर अली खाँ ने 'माधोनल' में लिखा : "सुनिए महाराज राजन के राजा तुमने सब तरह से रैयत को नवाजा।" 'नवाजा' क्रिया सामान्य बोलचाल में प्रयुक्त नहीं होती किन्तु भारतेन्दु के 'आछत' की तरह इसका सम्बन्ध भी तुलसीदास से—उनके गरीब-नेवाज से—है।

हिन्दी में 'यदि' के अर्थ में 'जो' का प्रयोग भी होता है, कभी-कभी लोग 'जो' और अगर दोनों का एक साथ प्रयोग करते हैं। इस तरह 'मेह्‌र अफ़्रोज़' में : "अगर जो पैदा करने वाले की राह पर दे तो उसका सवाब मिट जाए"। (पृ. 163) शैली को जोरदार बनाने के लिए कहीं लोग दो पर्यायवाची शब्दों का व्यवहार करते हैं, कहीं एकवचन को बहुवचन में बदल देते हैं। 'प्रेमसागर' में : "उससे ऐसे खेलते रहे जैसे बछड़ों के साथ बालकपनों में खेलते थे"। (बम्बई, पृ. 115, काशी—'बालकपन में', पृ. 129) 'बालकपन' मानो काफी न हो। नज़ीर लिख गए हैं : "हर चार तरफ आनन्दें थीं वां घर में नन्द जसोदा के"। (जन्म कन्हैया जी का)

आगरे में इस तरह की भाववाचक संज्ञाओं के बहुवचन रूप अब भी सुनने को मिल जाते हैं। जनपदीय बोलियों में भाववाचक संज्ञा 'खुशी' विशेषण 'खुश' के अर्थ में प्रयुक्त होती है। पैर छूने पर बड़े-बूढ़े आशीर्वाद देंगे, खुसी रहौ। 'खुशी'

का ऐसा प्रयोग करके नज़ीर ने अपनी शैली पर हिन्दीपन की छाप लगा दी है : "थे मिलते-जुलते हर इकसे और लोग थे उन से बहुत खुशी"। (हरि की तारीफ)

'हवाल' और 'अहवाल' शब्दों का प्रयोग लोकगीतों और लोक-कथाओं में प्रसंग बदलने के लिए होता है। आल्हा का 'अब आगे का सुनो हवाल' प्रसिद्ध है। 'बैताल पचीसी' में 'वृत्तान्त' और 'अहवाल', दोनों शब्दों का व्यवहार है; "उसके आगे सब वृत्तान्त कहा" (कहानी-9), और : "उससे तमाम अहवाल बयान किया"। (उप.) पर्यायवाची शब्दों के व्यवहार से यहाँ शैली-भेद उत्पन्न किया गया है। इसी तरह वक्त और समय (या समै) के साथ लल्लूजी 'बिरियाँ' का प्रयोग करते हैं और वह भी 'बैताल पचीसी' की उर्दू में। "एक दिन में [मैं] भोजन की बिरियां घर में न थी"। (कहानी-11) 'प्रेमसागर' की हिन्दी ही नहीं, 'बैताल पचीसी' की उर्दू भी ब्रजभाषा से प्रभावित है। 'प्रेमसागर' की हिन्दी में वह लिखते थे : "मेरे सोंही से भाग जा" (बम्बई, पृ. 145) और 'लतायफे हिन्दी' में : "तब उसके शागिर्द ने यिह दोहा उसके सोंही पढ़ा"। (नक्ल 36) दोहे उनकी हिन्दी में हैं, उर्दू में हैं; दोनों जगह इनकी भाषा ब्रज है।

'सत्य हरिश्चन्द्र' में शैव्या कहती हैं : "क्या उस सुकुँआर बच्चे ही पर बल दिखाना था?" और : "अरे, तेरे सुकुँआर अंगों पर भी काल को तनिक दया न आई।" यह सुकुँआर उन तद्भव रूपों में है जिन्हें टकसाली हिन्दी के तत्सम रूपों ने निकाल बाहर किया है। पुरानी हिन्दी में 'नाव' का चलन था : "बादशाह के एक वज़ीर था जिसका नाँव था जहांदानिश"। (मेह् र अफ्रोज़, पृ. 6) "पहले नाँव गनेश का लीजे सीस नवाय"। (नज़ीर) 'नाम' के साथ 'नाँव' का व्यवहार भी होना चाहिए। शैली-भेद के लिए। "इसी तरह कै कोस ताईं चला गया" (मेह्र अफ्रोज़, पृ. 7) जनपदीय बोलियों का 'कै'—कितने कोस। इससे भाषा में भोंडापन नहीं आया, शैली में नई विशेषता पैदा हुई है। इस्वी खाँ जुर्माने की जगह 'जरीमाना' लिखते हैं : "और जो कोई बग़ैर लिखाये बेचे या मोल ले तो जरीमाना दे"। (उप., पृ. 143) 90 फीसदी आदमी जरीमाना ही बोलते हैं।

शाह आलम ने लिखा था :

चाहे वह माह हमको टुक मेहरबानगी से
ऐ आफताब हमने अक्सर ये बात चाही।

जनपदीय बोलियों में मेहरबानगी (अवध में मेहरबानगी) रूप प्रचलित है।

कुछ लोगों के लिए 'है' और 'गा' अकेले काफी नहीं होते, जोर देने के लिए 'हैगा' बोलते हैं। लाला जी घर पर हैं? हाँ जी, हैंगे। नज़ीर ने लिखा था : "क्या उम्र है अजीजो और क्या ये वक्त हैगा"। (बचपन के मजे) और शाह आलम :

जों माहे-ईद उस पर हैगी नज़र जहाँ की
तारीफ़ हो सके नहीं कुछ तेरे अबरुवाँ की।

'प्रेमसागर' पढ़ने पर सुनाय, कहाय, बतराय के बाद जो सबसे बड़ी विशेषता अपनी छाप मन पर डालती है, वह गद्य के टुकड़ों में तुकबन्दी है। सुनाय, कहाय, बतराय जैसे प्रयोगों से इस तुकबन्दी में सहायता मिलती है। तुक—अन्त्यानुप्रास के साथ—लल्लूजी अन्य अनुप्रासों का प्रयोग भी करते हैं :

हे मूरखकन्त, जिनके पलट ओट भये छाती फटे,
कहो बिन बिन दिन कैसे कटे।
जब उन्होंने तुमसे बिछुड़ने को कहा,
तब तुम्हरा हिया कैसे रहा। [काशी, पृ. 140]

लल्लूजी लिखते थे :

उनके तो तुम्हीं हो प्रान
निस दिन करते हैं वे तुम्हारा ही ध्यान—
ओ ऐसी देखी गोपियों की प्रीति,
जैसी होती है पूरन भजन की रीति।
आपका कहा जोग का उपदेश जा सुनाया,
पर मैंने भजन का भेद उनही से पाया। [उप., पृ. 157]
औ मीच से बच कैसे होये सयाने,
यह दुख बड़ा है हम क्या बखानें।
जों हरनी झुंड से बिछुड़ करती है त्रास,
तो मैं भी सदा रहती हूँ उदास। [उप. पृ. 161]

लल्लूजी लाल अवश्य जानते होंगे कि इस तरह की पद-रचना विशेष अवसरों को छोड़कर न उनकी बोलचाल में होती थी, न औरों की। यह शैली की विशेषता है जिसका उपयोग वह ब्रजभाषा गद्य में प्राय: नहीं करते। 'लतायफे हिन्दी' की पद-रचना में भी वह ढूँढ़ने से मिलती है। यह समझना भूल है कि पुरानी चाल की हिन्दी में इसी तरह की पद-रचना होती थी और उसे हटाकर भारतेन्दु ने हिन्दी को नई चाल में ढाला।

वह शैली फोर्ट विलियम कालेज में बहुत लोकप्रिय रही होगी; तभी लल्लूजी के साथी और सहयोगी मज़हर अली ने 'माधोनल' में विशेष स्थलों पर इसका प्रयोग किया है : "उसके शहर में एक जुहरा जबीन कामकन्दला नाम कंचनी थी निहायत हसीन बड़ी चतरा और परबीन आँखें नरगिस की सी। चितवन मृग की सी। जुल्फ मिस्लि ज़ंजीर पलकें नावक का तीर। अबरू मानिन्दि हिलाल बीनी अलिफ की मिसाल। आरिज़ गुल से भी नाज़ुकतर। लब रश्कि बरगि गुलितर। दाँत मोतियों की सी लड़ी तिस पर मिस्सी की धड़ी शीरीं गुफ्तार कब्क रफ्तार माह तलअत

मिहर सूरत ऐसी साहिबि जमाल जिसके देखे दिल का दूर हो मलाल ग़ैरति हूर ओ परी। सरासर इशवा ओ नाज़ से भरी। हर एक उसके शेफ्ता दिल से फिरेफ्ता।"

इस शैली का चलन आगरे और कलकत्ते से दूर दक्खिन में भी था। वजही लिखते थे : "होर समजे के इन आंशिक कामिल ने क्या बोल्या है, किस जागा पर कैसे कैसे भेंदां खोल्या है, हम गुलाब में आबलोच घोल्या है, हम माणिक मोती रोल्वा है"; (दक्खिनी का पद्य और गद्य, पृ. 405) "भोतीच लज़ीज़ आशिकां के लिए गले का ताबीज़। यो किताब सब किताबां का सरताज, सब बातों का राज़, हर बात में सौ-सौ मेराज, इसका सवाद समजे न कोई आशिक बाज, इस किताब लज्जत पाने आलम सब मोहताज"। (उप., पृ. 406) इस शैली का अनुकरण 'रानी केतकी की कहानी' में इंशा अल्ला ने किया है : "वह दोनों नैनों की खचावट और पुतलियों में लाज की समावट और नुकीली पलकों की रुँधावट हँसी की लगावट और दन्तरियों में मिस्सी की ऊदाहट और इतनी सी बात पर रुकावट है।" अपने खतों में कभी-कभी ग़ालिब इस ढंग का गद्य लिखते हैं : "नये सिरे से रूह क़ालिब में आई। अजल ने मेरी सख्त जानी की क़स्म खाई। अब अगरचे तन्दुरुस्त हूँ, लेकिन नातवां और सुस्त हूं। हवास खो बैठा। हाफ़िज़े को रो बैठा।" राजा शिवप्रसाद के गद्य में जहाँ-तहाँ इस शैली की झलक है। 'भूगोलहस्तामलक' में ताजमहल का वर्णन करते हुए लिखते हैं : "फरंगिस्तान वालों ने सारी दुनियाँ छान डाली, पर इस साथ की इमारत कहीं नहीं पाई, इसके देखने को यदि लोग रूम और चीन से भी पैदल दौड़ते हुए आवें तो निश्चय है कि उसे आँख भर कर देखने ही में अपनी सारी मिहनत भर पावें"; (पृ. 125) ऐसे ही 'राजा भोज का सपना' लेख में : "उसके दान ने राजा कर्ण को लोगों के जी से भुलाया और उसके न्याय ने विक्रम को भी लजाया।"

सड़कों और गलियों में फेरी वाले, छोटे-मोटे दुकानदार अपने माल के विज्ञापन के लिए इस शैली का प्रयोग अब भी करते हैं। भारतेन्दु ने बड़ी सूझ-बूझ से 'अन्धेर नगरी' के हलवाई से कहलाया है : "मोयनदार कचौड़ी कचाका हलुआ नरम चभाका। घी में गरक चीनी में तरातर चासनी में चभाचभ। ले भूरे का लड्डू। जो खाय सो भी पछताय। जो न खाय सो भी पछताय। रेवड़ी कड़ाका पापड़ पड़ाका। ऐसी जात हलवाई। जिसके छत्तिस कौम हैं भाई। जैसे कलकत्ते के विलसन मंदिर के भितरिए, वैसे अन्धेर नगरी के हम। सब सामान ताजा। खाजा ले खाजा। टके सेर खाजा।"

गद्य में जब यथार्थवादी साहित्य का विकास हो रहा हो, तब इस तरह की शैली हास्य-व्यंग्य के काम ही आ सकती है।

प्रतापनारायण मिश्र ऐसे ही अवसरों पर उसकी छटा दिखाते हैं : "खुशामद वह चीज है कि पत्थर को मोम बनाती है। बैल को दुह के दूध निकालती है...जिसे

यह चतुराक्षरी मंत्र न आया, उसकी चतुरता पर छार है, विद्या पर धिक्कार है और गुणों पर फिटकार है"। (प्रतापनारायण ग्रंथावली, प्रथम खंड, पृ. 229) हास्य-व्यंग्य के अलावा हिन्दी-उर्दू, दोनों में अब इस शैली का चलन नहीं है।

लल्लूजी की शैली की एक विशेषता यह है कि संयुक्त क्रिया-पदों में उनका स्वाभाविक क्रम बदल देते हैं। जैसे बोलचाल में कहते हैं—अब तुम लगे हमीं से बातें बनाने; वैसे ही : "दसों दिसा के दिगपाल लगे थर थर काँपने, औ सब देवता मारे डरके भागने; पृथ्वी न्यारी ही बोझ से लगी छात सी हिलने"; (प्रेमसागर, काशी, पृ. 164) कलाकार लल्लूजी को शैली के जो दाँवपेंच भा जाते हैं, उन्हें वे बार-बार आज़माते हैं। जब श्री रुक्मिनी जी भयचक हो भहराय, पछाड़ खाय भूमि पर गिरीं, तब "जल बिन मीन की भांति तड़फड़ाय अचेत हो लगीं उर्द्ध सांस लेने"। (उप., पृ. 250) शोक की यह व्यंजना उनकी शैली के कारण शोक-जनक से अधिक मनोरंजक हो जाती है। किन्तु यह शैलीगत विशेषता है, वाक्य-विन्यास में मौलिक परिवर्तन नहीं।

इससे दूसरी तरह की वाक्य-रचना वह है जो अरबी से प्रभावित फारसी के वाक्य-विन्यास का अनुसरण करती है। यह शैली की विशेषता है और वाक्य-विन्यास में परिवर्तन भी। "और बसबब वजह न मालूम होने के जी घबराएगा"—यह वाक्य-रचना अरबी भाषा की ही प्रकृति के अनुकूल है, फारसी की मूल प्रकृति के नहीं। फारसी के वाक्य-विन्यास की मूल पद्धति वही है जो संस्कृत की है। उपर्युक्त वाक्यांश ग़ालिब का है। (1 सितंबर, 1858 का खत, मुंशी हर गोपाल तफ़्ता के नाम) "वो मुझको लिखते थे के ये 'दस्तम्बू' पहले इससे के तुम भेजो"। (तफ़्ता के नाम, 27 नवम्बर, 1858) "वो तो बनिस्बत मेरे बहुत बड़े आदमी हैं"। (तफ़्ता के नाम, 18 फरवरी, 1858) "मैं बाद आपके जाने के दिल्ली से रामपुर आया"। (सैयद गुलाम हुसनेन 'क़द्र' बिल-गिरामी के नाम ग़ालिब का पत्र, 1860 ई.)

इस तरह का वाक्य-विन्यास उर्दू का नियम नहीं है। साधारण व्यवहार में उर्दू-प्रेमी सज्जन ऐसी वाक्य-रचना करें तो लोग उन पर हँसें। हिन्दी-प्रेमी जन उर्दू को हिन्दी की शैली कहते हैं। वास्तव में उर्दू में कई शैलियाँ हैं और हिन्दी में भी कई शैलियों हैं और इन शैलियों में कुछ एक दूसरे से बिलकुल मिलती-जुलती हैं यानी वहाँ हिन्दी-उर्दू की वाक्य-रचना में कोई भेद नहीं रह जाता।

चन्द तस्वीरे बुतां चन्द हसीनों के ख़ुतूत
बाद मरने के मेरे घर से ये सामां निकला [ग़ालिब]

यहाँ 'मरने के' पहले 'बाद' का आना अरबी वाक्य-विन्यास के अनुरूप है।

घर जब बना लिया तेरे दर पर कहे बग़ैर
जानेगा अब भी तू न मेरा घर कहे बग़ैर [ग़ालिब]

यहाँ 'बगैर' अरबी है, उसका प्रयोग हिन्दी ढंग मे हुआ है।

मौत से पहले आदमी ग़म से नजात पाये क्यों [ग़ालिब]

यहाँ 'मौत से पहले' ऊपर 'पहले इससे के तुम भेजो' की पद्धति के विपरीत है।

मैं बुलाता तो हूं उसको मगर ऐ जज्ब-ए-दिल
उस पै बन जाय कुछ ऐसी कि बिन आये न बने [ग़ालिब]

यहाँ 'बिन आये' हिन्दी की मूल प्रकृति के अनुकूल नहीं है।
लेकिन :

यह ज़िद कि आज न आवे और आये बिन न रहे
क़ज़ा से शिकवा हमें किस क़दर है क्या कहिये। [ग़ालिब]

यहाँ 'आये बिन' ठेठ हिन्दी की प्रकृति के अनुकूल है। ग़ालिब का 'बिन आये' तुलसीदास के "जे बिनु काज दाहिने बाएँ" की तरह है। हिन्दी में दोनों रूपों का चलन है—बिन आये और आये बिन, बिनु काज और काज बिनु। सम्भवत: अरबी-प्रभावित फारसी वाक्य-विन्यास की यही विशेषता है जो हिन्दी में स्वीकृत है। भारतेन्दु के 'सत्य हरिश्चन्द्र' में इन्द्र कहता है : "इन्हीं बातों से तो नारदजी बिना बात ही अप्रसन्न हुए।"

लल्लूजी लाल किसी दृश्य का वर्णन करते हुए अधूरी क्रिया अथवा विशेषणों से काम लेते हुए चित्रमयता उत्पन्न करते हैं। "औ बड़े बड़े निर्मल जल भरे सरोवर हैं, उनमें कँवल खिले हुए, जिन पर भौरों के झुंड के झुंड गूंज रहे, औ तीर में हंस सारस आदि पक्षी कलोलें कर रहे। सीतल सुगंध सनी मंद पौन बह रही, औ बड़ी बड़ी बाड़ियों की बाड़ी पर पनवाड़ियां लगी हुईं। बीच बीच बरन बरन के फूलों की क्यारियां कोसों तक फूली हुईं, ठौर ठौर इँदारों बावड़ियों पर रहट परोहे चल रहे, माली मीठे सुरों से गाय गाय जल सींच रहे"। (प्रेमसागर, काशी, पृ. 120-21) निस्सन्देह लल्लूजी लाल कलाकार थे और अपनी गद्य शैली में नये-नये प्रयोग करते थे। इनमें अनेक प्रयोग पहले से भी प्रचलित थे, कुछ का चलन भारतेन्दु के समय में और भारतेन्दु के बाद भी रहा।

लल्लूजी को क्रिया-हीन वाक्य-रचना अच्छी लगती हैं। पहले वन-उपवन का वर्णन करते हुए अपनी इस शैली का कमाल दिखाते हैं, फिर दो पंक्तियों बाद उसी शैली में मथुरा का वर्णन करते हैं : "वह पुरी कैसी है कि जिसके चहूँ ओर ताँबे का कोट, औ पक्की चुआन चौड़ी खाई, स्फटक के चार फाटक, तिनमें अष्टधाती किवाड़ कंचन खचित लगे हुए, औ नगर में बरन बरन के राते पीले हरे धौले पँचखने सतखने मंदिर ऊंचे ऐसे कि घटा से बातें कर रहे, जिसके सोने के कलस कलसियों

की जोति, बिजली सी चमक रही, ध्वजा पताका फहराय रही, जाली झरोखों मोखों से धूप की सुगंध आय रही, द्वार द्वार पर केले के खंभ औ सुबरन कलस से पल्लव भरे धरे हुए, तोरन बंदनवार बँधी हुईं, घर घर बाजन बाज रहे, औ एक ओर भांति भांति के मनिमय कंचन के मंदिर राचा के न्यारे ही जगमगाय रहे"। (उप., पृ. 121) इससे मिलती-जुलती वाक्य-रचना कहीं-कहीं उनकी ब्रजभाषा में है : "ताकि तीर चारों ओर रंग रंग के पाथरन सों सुन्दर स्वच्छ घाट बने हुए। तिन पर स्नान करन वारे न्हाय न्हाय भीने चीर नीर में ठाढ़े संध्या जप तर्पण कर रहे।" (माधो विलास, पृ. 51)

लल्लूजी लाल और निराला के समय, स्वभाव और गद्य-शैली में बड़ा अन्तर है किन्तु 'काले कारनामे' के आरम्भ में निराला ने गाँव का वर्णन यों किया है मानो 'प्रेमसागर' के शैलीकार से होड़ कर रहे हों : "बगले की जात वाली अनेक प्रकार की चिड़ियां, तालाब के किनारे के ऊंचे पीपल और इमली के पेड़ पर बसेरा लिए हुए। ताल पर सिंघाड़े की बेल फैलती हुई। लड़के अखाड़ा कूदते हुए। औरतें काम काज से घर और बाहर आती जाती हुईं। गाँव में चहल पहल। हिंडोले पड़े हुए। लड़कियाँ झूलती हुई। कजली सावन, बारहमासी गाती हुईं। मर्द रात को रोज होते हुए आल्हे की कड़ियाँ गाते कन्धे पर लठ्ठ रखे तम्बाकू ठोंकते हुए आते जाते हुए। गलियारे में पानी भरा हुआ। मेड़ के ऊपर से लोगों की निकली हुई पगडंडी वह भी पानी बरस जाने से बिछलहर कुएं पर पनिहारिनों का जमघट।"

इसे पढ़कर लगता है कि लल्लूजी की पुरानी हिन्दी अभी बहुत पुरानी नहीं हुई। अपने ब्रजभाषा गद्य में भी वह कभी-कभी खूबसूरती पैदा करने के लिए क्रियापद उड़ा जाते हैं : "मगध देस में सुभदत्त नाम कायथ"; (पृ. 47) "महाराज उज्जैन नगरी की गैल में एक बड़ी पीपल कौ रूख"; (पृ. 89) "मगध देस में फुल्लोत्पल नाम सरोवर"; (पृ. 113) "उत्तर दिसा की गैल में कावेरी नदी के तीर गंध मादन पर्वत पै एक रूख। तापर एक बगुला रहै। वाके नीचे बांबी। तामें कारौ नाग"। (पृ. 115) ये तीनों उदाहरण एक ही ढंग के हैं और उनमें वाक्य-रचना एक ही ढंग की है। यह ढंग ब्रज की लोक-कथाओं की गद्य-शैली से मिलता-जुलता है। कभी कहानी के आरम्भ में, कभी क्रिया-युक्त पद-रचना के बाद इस तरह के वाक्य ब्रज लोक-कथाओं में मिलेंगे। "एक ऊंट और गीदड़ की यारई।" (ब्रज की लोक कहानियाँ, पृ. 109)—यहाँ कहानी की शुरुआत क्रियाहीन वाक्य से होती है। "चलत चलत गैल में एक बगीची आई। बगीची के पास एक प्याऊ और कूआ। पेड़न की सीरक। बड़े भारी आराम ब्वा जगह पै"। (उप., पृ. 9) ये वाक्य कहानी के बीच में आते हैं, क्रियायुक्त पद-रचना के बाद।

इस शैली का प्रयोग 'प्रेमसागर' के ब्रजभाषा-प्रभावित गद्य में ही नहीं है, उसकी छटा 'बैताल पचीसी' की 'उर्दू' में भी है : "बैताल बोला ऐ राजावीर विक्रमाजीत

चूडापुर नाम एक नगर है तहां का चूड़ामन नाम राजा था जिसके गुरू का नाम देव स्वामी और उसके बेटे का नाम हरिस्वामी वह कामदेव के समान सुंदर और शास्त्र में बृहस्पति की बराबर और धन उसके कुबेर का सा"। (बारहवीं कहानी)

ग़ालिब के ख़तों में जहाँ-तहाँ इस तरह के क्रियाहीन वाक्य मिल जाएँगे। "अशआर सब मेरे पसन्द, बे सुक़्म, बे ऐब"। (तफ़्ता के नाम, 24 मई, 1858) "वो आमद ख़तूत की मौक़ूफ़, सिर्फ तुम तीन साहबों के ख़त के आने की तवक़्क़ो। उसमें वो दोनों साहब गाह गाह"; (उप., 11 जून, 1858) "ग़रज के तक्ती और शुमारे सुतूर और कापी का हुस्ने ख़त और अल्फाज़ की सेहत, सब मेरे पसन्द"। (उप., 7 सितम्बर, 1858)

कैसे कहें कि हिन्दी-उर्दू के वाक्य-विन्यास अलग-अलग हैं? उर्दू यदि हिन्दी की शैली है तो यह शैली हिन्दी से मिलती है, हिन्दी और उर्दू, इन दोनों की शैली ब्रजभाषा से मिलती है।

[10]

हिन्दी में 'बोली' शब्द अनादर-सूचक माना जाता है। कुछ दिन पहले तक अंग्रेज़ी में 'डायलेक्ट' शब्द का यही हाल था। भला हो आधुनिक भाषा-विज्ञानियों का, उन्होंने 'डायलेक्ट' को नया अर्थ-गौरव प्रदान किया है। अब लगता है, लोग जिसे बोलते हैं, वह 'डायलेक्ट' ही है, 'भाषा' व्याकरण लिखने वालों के लिए सुविधाजनक कल्पना मात्र है। हिन्दी में हम अपनी जनपदीय बोलियों के लिए 'बोली' शब्द का व्यवहार करते हैं, हिन्दी को भाषा कहते हैं। यह भेद आवश्यक और उचित है किन्तु बोली शब्द का प्रयोग इससे भिन्न अर्थ में भी हो सकता है। बेगमात की बोली—इसका यह अर्थ नहीं कि बेगमें नवाबों से अलग किसी दूसरे जनपद में रहती थीं।

कोई दो बोलियाँ न्यारी हैं तो इसका अर्थ यह है कि उनकी उच्चारण पद्धति में भेद है, शब्दों और मुहावरों के प्रयोग में भेद है, व्याकरण में भी जहाँ-तहाँ भेद है। इस दृष्टि से विचार करें तो बेगमों और नवाबों की बोली में उतना भेद नहीं था जितना उर्दू और हिन्दी में है। शब्द-भंडार का भेद स्पष्ट है : एक तरफ अरबी-फारसी, दूसरी तरफ संस्कृत। उच्चारण में भेद : उर्दू में ण, क्ष आदि वर्जित। व्याकरण में भेद : इज़ाफ़त (शाहेजहां), संज्ञारूपों के बहुवचन (बेगमात, मकानात), वाक्य-विन्यास में—वाद मुद्दत के—जहाँ-तहाँ भेद। इस तरह उर्दू को हिन्दी की शैली न कहकर उसकी बोली कहा जाए तो अधिक संगत होगा।

शैली और बोली के बीच बहुत ज्यादा फासला नहीं है। दो-चार फारसी के शब्द हिन्दी वाक्यों में डाल दीजिए, थोड़ा-सा शैली-भेद पैदा होगा; ऐसे शब्दों की भरमार कीजिए, वह 'शैली' समझ में न आएगी। पुरानी हिन्दी-उर्दू को देखने

से यह समझ में आता है कि शैली धीरे-धीरे बदलकर कैसे बोली बनती गई है। थोड़े अरबी-फारसी के शब्द आए, लोगों ने कहा—यह रेख्ता है। ज्यादा शब्द आए, लोगों ने कहा—उर्दू है। ये सब शैलियाँ साहित्य में एक साथ रायज थीं और उनका अन्तर देखते हुए भी लोग उन्हें अलग भाषाएँ न मानते थे। ग़ालिब, मीर, सौदा आदि कवियों की रचनाओं में सैकड़ों वाक्य ऐसे हैं जिनमें अरबी-फारसी के शब्द प्राय: नहीं हैं, जिनकी वाक्य-रचना वैसी है जैसी हिन्दी की होती है या होनी चाहिए। दूसरी तरफ लल्लूजी लाल, भारतेन्दु हरिश्चन्द्र, प्रतापनारायण मिश्र, राजा शिवप्रसाद दोनों तरह की शैलियों का उपयोग करते थे और बहुत जगह कहना कठिन है, कहाँ उर्दू है, कहाँ हिन्दी, और कहाँ इनसे अलग और कुछ।

ग्रियर्सन का कहना था कि गिलक्रिस्ट की प्रेरणा से लल्लूजी ने 'प्रेमसागर' के माध्यम से हिन्दुओं को गद्य की भाषा दी। वह यह भी कह सकते थे कि गिलक्रिस्ट की प्रेरणा से लल्लूजी ने 'राजनीति' के माध्यम से ब्रजवासियों को ब्रजभाषा दी और 'बैताल पचीसी' के माध्यम से मुसलमानों को उर्दू-गद्य दिया। और तीनों के लेखक लल्लूजी! यदि मज़हर अली 'बैताल पचीसी' लिखने में लल्लूजी की मदद कर रहे थे तो कभी-कभी वह जरूर गैरहाजिर रहे होंगे क्योंकि बहुत जगह 'बैताल पचीसी' की शैली हिन्दी की सामान्य शैली से मिलती-जुलती है। उदाहरण के लिए बैताल की आठवीं कहानी का कुछ अंश सुनें :

"तब बैताल ने कहा ऐ राजा! मिथलावती नाम एक नगरी है. वहाँ का राजा गुणाधिप. उसकी सेवा करने को, दूर देस से एक चिरमदेव नाम राजपुत्र आया. रोज़ उस राजा के दरशन को जाया करता. लेकिन मुलाक़ात न होती थी. और जितना धन वह लाया था, सो बरस रोज़ के अरसे में सब बैठकर यहाँ खाया; और वहाँ घर उसका वैरान हो गया. एक दिन की बात है कि राजा शिकार को सवार हुआ. और चिरमदेव भी उसकी सवारी के साथ हो लिया. इत्तिफ़ाक़न, राजा एक वन में जाकर फ़ौज से जुदा हो गया. और लोग सवारी के एक और जंगल में भटक गए. लेकिन एक चिरमदेव ही राजा के पीछे था. निदान उसने ही पुकार कर कहा महाराज! लोग सवारी के पीछे रह गए हैं; और मैं आपके घोड़े के साथ घोड़ा मारे चला आता हूँ. राजा ने यह सुनने घोड़े को रोका, कि इसमें यह बराबर आया. राजा ने उसे देखके पूछा तू किस वास्ते इतना दुर्बल हो रहा है. तब यह बोला जिस स्वामी के पास रहिये, और वह ऐसा हो, कि हज़ारों को पालता हो और अपनी ख़बर न ले, तो इसमें उसको कुछ दोष नहीं. मगर अपने करम का दोष है. जैसे दिन को सारा जहान देखता है, मगर उल्लू को नज़र नहीं आता. इसमें गुनाह सूरज का क्या है. हैरत है मुझको, कि जिन्ने मा के पेट में रोजी पहुंचाई थी; जबकि हम पैदा हुए और दुनिया की ग़िज़ाओं के लाइक, अब वह ख़बर नहीं लेता! नहीं मअलूम कि सोता है, या मर गया और अपने नज़दीक

माल औ दौलत चाहनी किसी बड़े आदमी से कि देते वक़्त वह मुँह बनावे, और नाक-भौं चढ़ावे. इससे ज़हरि हलाहल खाकर मर जाना बिहतर है. और ये छह बातें आदमी को हलका करती हैं; एक तो खोटे नर की प्रीति, दूसरे बिना कारन की हंसी, तीसरे स्त्री से बिबाद करना, चौथे असज्जन स्वामी की सेवा, पांचवे गधे की सवारी, छटे बिना संस्कृत की भाषा, और ये पांच चीज़ विधाता मनुष्य के कर्म में पैदा होते ही लिख देता है, एक तो आरबल, दूसरे करम, तीसरे धन, चौथे विद्या, पांचवे यश. महाराज! जब तक आदमी का पुन्य होता है, सब उसके दास बने रहते हैं. और जब पुन्य घट जाता है, तो बंधु बैरी हो जाते हैं"। (डंव्रन फोर्ब्स द्वारा सम्पादित वैताल पचीसी, लन्दन, 1857 ई.)

गिलक्रिस्ट ने अपने यहाँ उर्दू और भाखा के मुंशियों से कहा था कि जब हिन्दी लिखो, तब उसमें अरबी-फारसी के शब्द न आने दो। जब उर्दू लिखो तब उसमें संस्कृत के शब्द न आने दो। फिर भी गिलक्रिस्ट का आदेश भूलकर ये लोग दोनों शैलियों को मिला देते थे। लल्लूजी लाल ने 'लालचन्द्रिका' नाम से बिहारी सतसई की टीका लिखी थी। उसकी भूमिका में ग्रियर्सन ने लिखा है कि गिलक्रिस्ट ने भूल से यह समझ लिया था कि उर्दू यहाँ के लोगों की जातीय भाषा है; इसलिए अरबी-फारसी के शब्द निकाल कर, उनके विचार से उसका जो मूल रूप था, उसे उन्होंने फिर प्रतिष्ठित किया :

"Gilchrist made the initial mistake of supposing that it was a national language, and he attempted to restore it to what he imagined must have been its original Hindu form, by turning out all the Arabic and Persian words, and substituting Hindu ones"। (ग्रियर्सन द्वारा सम्पादित 'दि सतसैया आव बिहारी विद ए कमेंट्री एनटाइटिल्ड लालचन्द्रिका', कलकत्ता, 1896 ई., भूमिका, पृ. 13)

गिलक्रिस्ट ने यह सब भूल से न किया था, न उनका विचार था कि उर्दू से अरबी-फारसी शब्द छाँटकर ठेठ रूप में उसका चलन किया जाए। उनका विचार था कि हिन्दुओं की भाषा अरबी-फारसी हीन होगी और मुसलमानों की संस्कृत विहीन। 1798 में उन्होंने 'दि ओरियंटल लिंग्विस्ट' (कलकत्ता) में एक लेख लिखा और उसमें बताया कि यहाँ की भाषा को लोग हिन्दी कहते हैं। हिन्दी, हिन्दू, हिन्दुई शब्दों से भ्रम होता है; इसलिए इन नामों की जगह 'हिन्दुस्तानी' शब्द का व्यवहार करना चाहिए। इस तरह हिन्दी शब्द के व्यापक चलन का विरोध करने का श्रेय गिलक्रिस्ट को है। आगे लिखा कि हिन्दुओं और मुसलमानों की दो शैलियाँ हैं; "हिन्दवी को मैंने शुद्ध हिन्दुओं की चीज माना है" और "हिन्दू स्वभावत: हिन्दवी की तरफ झुकेंगे और मुसलमान अरबी-फारसी के प्रति आसक्ति दिखाएँगे। इससे दो शैलियाँ पैदा होती हैं : एक तो उच्च शैली (कोर्ट ऑर हाई स्टाइल) और दूसरी,

ग्रामीण या प्राचीन शैली।" अभी दो शैलियाँ हैं, दो भाषाएँ नहीं। गिलक्रिस्ट ने यह भी माना है कि इन दोनों के बीच की लोकप्रिय शैली ही श्रेष्ठ है। उनके अनुयायियों ने इस बीच की शैली को घटिया मानकर संस्कृत-गर्भित हिन्दी और अरबी-फारसी-गर्भित उर्दू को प्रतिष्ठा दी। ग्रियर्सन ने हिन्दू गद्य और मुसलमान गद्य की धारणाओं का प्रचार किया।

'प्रेमसागर' और 'बैताल पचीसी' की शैलियों में यह अन्तर है कि एक में रिसाय, रिझाय, आय आदि रूप अधिक हैं, दूसरे में कम हैं। एक में समझावते, बरसावते आदि रुप हैं, दूसरे में प्राय: नहीं हैं। गद्य में जिस तरह की तुकबन्दी 'प्रेमसागर' की विशेषता है, 'बैताल पचीसी' में उसका अभाव-सा है। शैली के इन अलंकारों को हटा कर ही हम उस समय की बोलचाल का वास्तविक रूप पहचान सकते हैं और उस विकास-परम्परा को ध्यान में रखते हुए भारतेन्दु हुरिश्चन्द्र तथा परवर्ती गद्यकारों का ऐतिहासिक महत्त्व समझ सकते हैं।

'बैताल पचीसी' की भाषा से तुलनीय है मीर अम्मन के 'बाग़ो बहार' की भाषा। 'बैताल पचीसी' की तरह यह भी उर्दू में लिखी गई थी और पाठ्य-पुस्तक के रूप में इसका व्यवहार होता था। मीर अम्मन के समय तक खड़ी बोली पर दिल्ली के लोग अपना सिक्का जमा चुके थे। मीर अम्मन को ज़ौक़ की तरह अपने दिल्ली निवासी होने पर बड़ा गर्व था और वह समझते थे कि दिल्ली में बहुत दिन रहने और भले लोगों की सोहबत करने से ही सही ढंग से उर्दू लिखना और बोलना आता है। उन्होंने 'बाग़ो बहार' में दिल्ली की बोलचाल को अपना आधार बनाया। 'बाग़ो बहार' की भाषा उर्दू है, 'प्रेमसागर' की भाषा हिन्दी दै इसलिए हिन्दी भाषा के विकास का सम्बन्ध 'प्रेमसागर' से जोड़ा जाता है, 'बाग़ो बहार' को इस विकास-परम्परा से अलग रखा जाता है, यह नीति सही नहीं है। जैसे बोलचाल की हिन्दी 'बैताल पचीसी' के रूपों में ज्यादा निखरी है, वैसे ही 'प्रेमसागर' की भाषा की तुलना में 'बाग़ो बहार' की भाषा बोलचाल की हिन्दी के अनुरूप अधिक है। उसमें 'कूं' ओर 'कौ' या 'कौं' की जगह 'को' है; पूर्व कालिक क्रिया-रूपों में यकार नहीं है; 'कर' या 'के' का प्रयोग सामान्यत: दुरुस्त है। क्रियाओं और मुहावरों के कुछ प्रयोग जो सौदा मीर या ग़ालिब की रचनाओं में मिलते हैं, वे यहाँ भी हैं। दो-चार जगह कुछ कठिन अरबी-फारसी के शब्द आए हैं; कुल मिलाकर भाषा ऐसी है जिसे दिल्ली-आगरे और उत्तर भारत के दूसरे शहरों के हिन्दू-मुसलमान आसानी से समझ सकते हैं।

पुरानी हिन्दी-उर्दू, 'प्रेमसागर' की हिन्दी और 'बाग़ो बहार' की उर्दू, में कुछ बातें सामान्य हैं, जिन पर ध्यान देना आवश्यक है। मीर अम्मन को ग़ालिब की तरह 'तईं' पर हँसी नहीं आती। वह लल्लूजी की तरह निधड़क 'तईं' का व्यवहार करते हैं : "और उस मकान में हर रोज हर बख़्त फजिर से शाम तक मुहताज़ों और बेकसों

के तईं रुपये अशरफियाँ देता"। (दर मतबअ चश्मे फैज् में सन् 1840 ई. में मेरठ से प्रकाशित, पृ. 65) जो शेर कहते हैं, या उद्धृत करते हैं उसमें 'तईं' से परहेज नहीं करते :

जो कुछ कि पेश आई है शिद्दत मेरे तईं।
उस्का बयान करता हूं तुम सर बसर सुनो। [पृ. 14]

जहाँ-तहाँ लल्लूजी की तरह यह भी वकार युक्त क्रिया-रूपों का व्यवहार करते हैं : "जो मरद निखट्टू होता है और घर सेवता है उस्को दुनियाँ के लोग ताना महेना देते हैं"। (पृ. 18) 'जो' के साथ 'सो' का प्रयोग लल्लूजी की तरह : "जो कुछ मेरे पेट में समाया सो मैंने खाया"। (पृ. 69) मीर अम्मन 'सिवा' की जगह 'सिवाय' लिखते हैं : "सिवाय बसरे की बादशाहज़ादी के कोई सखी देखने में न आया"। (पृ. 67) 'टुक' और 'निपट' इन्हें वैसे ही प्रिय हैं, जैसे सौदा और मीर को।

ऐ यारो इस फकीर का टुक माजरा सुनो।
मैं इबतदा से कहता हूं ता इन्तहा सुनो। [पृ. 60]

"और निपट शीरीं ज़बान से कहने लगा"। (पृ. 68) तिस पर, उन्ने, लीजो, दीजो, तलक, किसू आदि रूप उनके गद्य में वैसे ही प्रकट हुए हैं, जैसे पुरानी हिन्दी-उर्दू में। उनके 'धरना' क्रिया के प्रयोग पर अब शायद उर्दू दां ही नहीं, हिन्दी प्रेमी भी हँसे—कहानी शुरू करते हुए कहते हैं : "अब आगाज किस्से का करता हूँ ज़रा कान धर कर सुनो"; (पृ. 3) "साहब ने क्या खाया खाना तौ सब अमानत धरा है"। (पृ. 69) मीर अम्मन के उर्दू-प्रेमी कानों में 'धरा' के देहातीपन की भनक अभी नहीं पड़ी। आवें-पावें रूपों का व्यवहार भी उन्नीसवीं सदी की पद्धति के अनुसार करते हैं।

'बैताल पचीसी' के लेखक की तरह जहाँ-तहाँ पूर्वकालिक रूपों में 'कर' छोड़ देते हैं, खास कर जब ऐसे दो रूप एक साथ आए हों : "फिर मैंने गेरुवा वस्त्र पहन फकीरी भेस कर अकेले राह बसरे की ली"; (पृ. 67) "वहां ले जा कर जर्राह सरकार का बुला मेरे और मेरे कुत्ते के इलाज की खातिर बहुत ताक़ीद की"। (पृ. 143) 'ने' का प्रयोग सही करते हैं लेकिन कभी-कभी 'ने' लिखना जरूरी नहीं समझते। "तब तौ मैं डरा और कहा" (पृ. 66)—मैं डरा के बाद मैंने कहा लिखना उन्होंने जरूरी नहीं समझा।

औ शाहो बादशाह का अब माजरा सुनो।
जो कुछ कि मैंने देखा है और मैं सुना सुनो। [पृ. 103]

यहाँ 'मैं सुना' सौदा के अन्दाज़ में है।

"अब यह आर्जू हुई किसू सूरत से बसरे चलकर उस्को देखा चाहिए" (पृ. 67)—यहाँ क्रिया का प्रयोग ग़ालिब और उनसे पहले के लेखकों की परम्परा के अनुकूल है। इसी तरह : "और तुम जो जाया चाहते हो"। (पृ. 70) उनका 'इस पास' पुरानी हिन्दी के प्रयोगों की याद दिलाता है :

खुदा इस पास यह ढूंढ़े जंगल में।
ढुंढेरा शहर में लड़का बगल में। [पृ. 8]

उनके 'दोस्तां' को देखकर शाह अफ़ज़ल और वजही याद आते हैं :

अहवाल इस फकीर का ऐ दोस्तां सुनो।
यानी जो मुझ पै बीती है वह दास्तां सुनो। [पृ. 176]

यहाँ अहवाल हिन्दी परम्परा के अनुसार एक वचन है। इसी तरह : "अगर उस्के मा बाप न देखेंगे उनका क्या अहवाल होगा"। (पृ. 227)

एक ठेठ प्रयोग 'हैगा' का है :

जिस्का इलाज कर नहीं सक्ता कोई हकीम।
है गा हमारा दर्द निपट ला दवा सुनो। [पृ. 60]

उनका 'तत्ता पानी' उतना ही खूबसूरत है जितना शाह अफ़ज़ल का 'खुदा की सौं' : "एक दिन गुसल करने के लिए मैंने खवास को कहा कि थोड़ा पानी गरम करदे तौ नहाऊं मलिक : मुस्करा कर बोली किस बिरते पर तत्ता पानी"। (पृ. 41)

मीर अम्मन तुकबन्दी वाले अनुप्रासों से अपने वाक्य प्रायः नहीं सजाते, फिर भी कहीं-कहीं उस शैली की झलक आ ही जाती है : "जो कोई मुसाफिर फकीर या दुनियांदार इस शहर में आवें मेरे घर के कंदमरंज : फरमायें सिवाय एक मकान के यहां और बिदेसी के रहने की जगह नहीं है आप तशरीफ ले चलिये और उस मुकाम को जीनत बखशिये और मुझे सर्फ़राज़ कीजिये"। (पृ. 68) मीर अम्मन ग़ालिब की तरह वाक्य-रचना में हिन्दी-उर्दू के 'पोस्ट पोज़ीशन' को 'प्रिपोज़ीशन' बना देते हैं : "और अलावे यह फकीर वास्ते सैर के निकला है"; (पृ. 70) "बाद एक साल के वह काफला फिर आया"। (पृ. 124) इस तरह की उलटवांसी वह वाक्य-रचना में अक्सर करते हैं लेकिन अपने उर्दू गद्य के बीच वह ब्रजभाषा के दोहे, कवित्त और सवैया भी उद्धृत करते जाते हैं।

चलती चक्की देख कर दिया कबीरा रो (य)।
दो पाटन के बीच आ साबत गया न को (य)। [पृ. 11]

उस समय तक ब्रजभाषा के ऐसे दोहे जो लोक-संस्कृति में घुल-मिल गए थे, उर्दू की सांस्कृतिक परम्परा से अलग न किए गए थे।

"नख बिन कटा देखे सीस भारी जटा देखे"—इत्यादि; (पृ. 72) "रूठे क्यों न राजा बातें कछु नाहीं काजा एक तोसे महाराजा और कौन को सराहिये"। (पृ. 124) एक जगह सवैया के ऊपर 'कवित्त' लिखकर पेश करते हैं :

जब दांत न थे तब दूध दयो जब दांत दिये कहा अन्न न देहैं।
जो जल में थल में पच्छी पशु की सुध लेत हैं तेरी हू लेहैं।
काहे को सोच करे मन मूरख सोच करे कछु हाथ न ऐहैं।
जान को देत अजान को देत जहान को देत सो तोको हूँ देहैं। [पृ. 81]

मीर अम्मन उसी शहर के रहने वाले थे जहाँ सौदा ने ब्रजभाषा में मर्सिये लिखे थे। गिलक्रिस्ट ने चाहे जितना प्रयत्न किया हो, अभी हिन्दी-उर्दू की परम्पराएँ एक-दूसरे से टूट कर पूरी तरह अलग नहीं हुईं। ग़ालिब के खतों की उर्दू एक अलग बोली बन गई है, पर मीर अम्मन के 'बाग़ो बहार' की भाषा एक शैली है, बोलचाल की भाषा से अलग हट कर वह उच्चवर्ग की बोली नहीं बनी। 'बैताल पचीसी' की तुलना में, मीर अम्मन के 'बाग़ो बहार' में हिन्दी शब्द कम हैं, फारसी के ज्यादा, फिर भी उनकी भाषा की कुछ विशेषताएँ न केवल 'बैताल पचीसी' की, वरन् 'प्रेमसागर' की भाषा की विशेषताओं से भी मिलती-जुलती हैं।

[11]

लल्लूजी लाल और भारतेन्दु हरिश्चन्द्र के बीच की महत्त्वपूर्ण कड़ी हैं राजा शिवप्रसाद। वह भारतेन्दु हरिश्चन्द्र के गुरु थे; सुयोग्य शिष्य ने 'मुद्रा राक्षस' उन्हीं को समर्पित किया था। लल्लूजी लाल 'श्रीयुत महाराजाधिराज मारक्विस वलिस्ली गवर्नर् जनरल् महाबली' के गुन गाते थे, वैसे ही राजा शिवप्रसाद अंग्रेज़ों के परम प्रशंसक और अनुयायी थे। दोनों में अन्तर यह था कि लल्लूजी अंग्रेज़ों के गुन गाने के बाद 'प्रेमसागर' और 'बैताल पचीसी' की दुनिया में लौट आते थे; राजा शिवप्रसाद अंग्रेज़ी शासन के यथार्थ जगत् की मिट्टी मज़बूती से पकड़े हुए थे। वह अंग्रेज़ों की कूटनीति पहचानते थे और शिक्षा-संसार में अपने ढंग से उसे लागू करने में कमाल दिखा रहे थे। इसीलिए वह बाबू शिवप्रसाद से राजा शिवप्रसाद हुए, उन्हें सितारेहिन्द का खिताब मिला। स्वभावत: भारतेन्दु के आगे सितारेहिन्द की रंगत फीकी पड़ गई किन्तु इस कारण इस तथ्य को भुलाया नहीं जा सकता कि राजा शिवप्रसाद हिन्दी लेखक भी थे और उनकी हिन्दी उतनी ही हिन्दी है जितनी भारतेन्दु की। भाषा की दृष्टि से यह कहना ठीक न होगा कि हिन्दी नई चाल में ढली सन् 1873 में; यह ढलाई का काम सन् 1873 से बहुत पहले सम्पन्न हो चुका था।

'बाबू शिवप्रसाद' ने 'श्री मन्महाराजाधिराज पश्चिम देशाधिकारी श्रीयुत लेफ्टिनंट गवर्नर बहादुर की आज्ञानुसार' 'भूगोल हस्तामलक' पुस्तक बनाई। इसका दूसरा

संस्करण मुझे देखने को मिला है; उसका प्रकाशन सन् 1859 में हुआ था। उन्नीसवीं सदी के मध्य में हिन्दी-उर्दू का अलगाव बढ़ता जा रहा था। दिल्ली पर दूसरी बार अंग्रेज़ी झंडा फहराने के बाद 5 दिसम्बर, 1857 को ग़ालिब मुंशी हरगोपाल को लिख रहे थे : "वल्लाह! ढूंढ़ने को मुसलमान इस शहर में नहीं मिलता! क्या अमीर क्या गरीब, क्या अहले हिर्फ़ा। अगर कुछ हैं तो बाहर के हैं। हनूद अलबत्ता कुछ आबाद हो गए हैं। अब पूछो के तू क्योंकर मसकनेक़दीम में बैठा रहा। साहबे बन्दा, मैं हकीम मुहम्मद हसन खां मरहूम के मकान में नौ दस बरस से किराये को रहता हूं और यहां करीब क्या बल्के दीवार ब दीवार हैं घर हकीमों के, और वो नौकर हैं राजा नरेन्द्रसिंघ बहादुर वाली-ए-पटियाला के। राजा ने साहबाने आलीशान से अहद ले लिया था के बर-वक्त ग़ारते देहली ये लोग बच रहें। चुनावे बादे फतह राजा के सिपाही आ बैठे और ये कूचा महफूज कहा, वरना मैं कहाँ और ये शहर कहाँ? मुबालिग़ा न जानना, अमीर-गरीब सब निकाले गए। जो रह रहे थे, वो निकाले गए। जागीरदार, पिन्सनदार, दौलतमन्द, अहले हिर्फ़ा कोई भी नहीं है। मुफ़स्सल हाल लिखते हुए डरता हूं। मुलाज़िमाने क़िला पर शिद्दत है और बाज़पुर्स दारोगीर में मुब्तिला हैं; मगर वो नौकर जो इस हंगामे में नौकर हुए हैं और हंगामे में शरीक रहे हैं, मैं ग़रीब शायर दस बरस से तारीख़ लिखने और शेर की इसलाह देने पर मुतालिक हुआ हूँ। ख़ाही उसको नोकरी समझो ख़ाही मजदूरी जानो। इस फ़ितना व अशोब में किसी मसलिहत में मैंने दख़ल नहीं दिया। सिर्फ़ अशार की ख़िदमत बजा लाता रहा और नज़र अपनी बेगुनाही पर।"

यह बोली जनपदीय बोलियों से बहुत दूर जा पड़ी है। यह ईस्वी खाँ, वजही और मज़हर अली विला की भाषा से अलग हटकर अपना रूप सँवार रही है। यह उस वर्ग की बोली है जो दूर-दूर तक जनपदों में फैले हुए किसानों से ही बिछुड़ नहीं गया है, दिल्ली शहर की सामान्य जनता से कटा हुआ लाल किले में और कुछ ऊँची हवेलियों वाले मोहल्लों में बन्द हो गया है। इस वर्ग के भाई-बन्द लखनऊ की नवाबी में थे और ये भी अपनी शराफत का सबूत देने के लिए दिल्ली के शरीफज़ादों की बोली के समताल पर लखनऊ में अपनी बोली बोल रहे थे। इसकी प्रतिक्रिया होना स्वाभाविक था। इंशा अल्ला खाँ से किसी गिलक्रिस्ट ने न कहा था कि ठेठ हिन्दी में अपनी कहानी लिखो। आगे चलकर लखनऊ में ख़ालिस उर्दू का जो आन्दोलन चला, वह अपनी भाषा को अरबी-फारसी के दबाव से बचाने का प्रयत्न था।

'बाबू शिवप्रसाद' ने 'भूगोल हस्तामलक' के 'उपोद्घात' में बताया कि उन्होंने इसकी भाषा 'बैताल पचीसी' की चाल पर रखी : "कितने मित्रों की सम्मति थी, कि यह पुस्तक छुट हिन्दी बोली में लिखी जावे, पारसी का कुछ भी पुट न आने पावे, परंतु हमने जहां तक बन पड़ा बैताल पचीसी की चाल पर रखा, और इससे

यह लाभ देखा, कि पारसी शब्दों के जानने से लड़कों की बोलचाल सुधर जावेगी, और उर्दू भी जो अब इस देश की मुख्य भाषा है सीखनी सगम (सुगम) पड़ेगी।"

यहाँ लल्लूजी लाल और शिवप्रसाद के गद्य की कड़ियाँ मिल जाती हैं। 'भूगोल हस्तामलक' की भाषा का आदर्श 'बैताल पचीसी' है। इस भाषा को शिवप्रसाद उर्दू नहीं कहते, उससे उर्दू सीखना सुगम होगा; इतना ही। 'बैताल पचीसी' की भाषा को यदि उर्दू मान लिया जाता, उर्दू-प्रेमी विद्वान यदि उस तरह की भाषा लिखते, उसमें हिन्दी-संस्कृत के सरल शब्द वैसे ही आने देते, जैसे लल्लूजी ने या मजहर अली ने आने दिये थे, तो हिन्दी-उर्दू का अलगाव दूर हो गया होता। 'भूगोल हस्तामलक' की भाषा 'बैताल पचीसी' की चाल पर कहाँ तक बन पड़ी है, यह आगे देखेंगे; पहले उसका उपोद्‌घात पढ़ें जिसे शिवप्रसाद ने लगभग उसी समय लिखा था जिस समय ग़ालिब ने मुंशी हरगोपाल को ऊपर उद्धृत किया हुआ ख़त भेजा था।

"प्रगट हो कि जब हमने इस ग्रंथ को आरंभ करने के लिये लेखनी उठाई तो मन का यह संकल्प था कि एक छोटी सी पुस्तक ऐसी रखें, जिससे बालकों को यह सारा भूगोल हस्तामलक हो जाए; पर होते होते विस्तार बहुत बढ़ गया, चार सौ पृष्ट की इतनी बड़ी पुस्तक में भी परा (पूरा) न पड़ा, और केवल एशिया का वर्णन होने पाया. यदि शरीर वर्तमान है, और ईश्वरेच्छा अनुकूल, तो दूसरा भाग भी शीघ्र बनकर छप जाएगा, और फरंगिस्तान अफ़रीका अमरिका और टापुओं का जो शेष रह गए हैं उसमें वर्णन होगा. यदि बालक भिन्न युवा और वृद्ध भी इस ग्रंथ को पढ़ेंगे तो निश्चय है कि उनका परिश्रम व्यर्थ न जाएगा; बरन हमारे देश के राजा बाबू और महाजनों को, जो हिन्दी छोड़कर और कुछ भी नहीं जानते, और न उनकी ऐसी अवस्था है कि पाठशाला में जाके अब अंगरेजी और पारसी सीखें, यह ग्रंथ बड़ा ही उपकारी होगा; परन्तु जहां कहीं इसमें कोई बात लड़कपन की देखने में आवे तो ग्रंथकर्त्ता को न हंसें, क्योंकि वास्तव में यह पुस्तक लड़कों ही के लिये लिखी गई. हमने इस ग्रंथ में कवियों की नाईं बढ़ावा अथवा अत्युक्ति अरु वाक्य बाहुल्य कहीं नहीं किया, जैसी भी बात है वैसा ही लिख दिया. इहां तक कि जो कहीं लिखा देखो कि ऐसी जगह सारे संसार में नहीं है तो निश्चय जानना कि दूसरी नहीं है, अत्युक्ति और बढ़ावा कभी मत समझना. मानचित्रों में हमने उतने ही नाम लिखे जो ग्रंथ में हैं, अधिक नहीं लिखे, परन्तु ग्रंथ में जितने नाम हैं, वह मानचित्र में सब आ गए कुछ भी शेष नहीं छोड़े; ऐसा न होने से पुस्तक के लिखे हुए नाम चित्रों मे ढूंढ़ने के समय बड़ा कष्ट पड़ता है. ग्रंथ के अंत में वर्णमाला के क्रम से भी सब नाम लिख दिए हैं, और जिस जिस पृष्ठ मे उनका वर्णन आया है उसका अंक भी लिख दिया है; जिस नाम के पहले दो लकीरें खिंची हैं जानो कि उस स्थान को हमने अपनी आंखों से देखा है जिस पृष्ठांक के पीछे दो लकीरें

लिखी हैं जानो कि उस पृष्ठ में उस नाम का पूरा वर्णन है और दूसरी पृष्ठों में केवल किसी कारण से नाम मात्र आ गया है; जिस नदी पहाड़ झील नगर गांव घर राजा इत्यादि का कुछ विवरण देखना हो, कोश की रीति वर्णमाला के क्रम से इस अनुक्रमणिका में उसका नाम निकालकर उसके साम्हने लिखे हुए पृष्ठांकों के अनुसार समुदित वृत्तांत देख लो. लड़कों की परीक्षा लेने में परीक्षकों को इस अनुक्रमणिका से बड़ा सुभीता पड़ेगा."

राजा शिवप्रसाद के समय से अब तक हिन्दी गद्य में कितना कम परिवर्तन हुआ है! 'साम्हने' और 'जानो' जैसे दो-एक रूपों और प्रयोगों को छोड़कर आधुनिक हिन्दी लेखक शायद ही इसमें कोई तबदीली करे। यह वैसी साफ़ सुथरी खड़ी बोली है जैसी रामचन्द्र शुक्ल को प्रिय थी। ग़ालिब के ख़त की ज़बान की तरह यह भाषा जनपदीय बोलियों से बहुत फासले पर नहीं है। राजा शिवप्रसाद यह पुस्तक उन लोगों के लिए लिख रहे थे जो हिन्दी छोड़ और कोई भाषा न जानते थे। वह हिन्दी चाहे इन उपोद्घात की हिन्दी हो, चाहे 'बैताल पचीसी' की चाल पर लिखी हुई राजा शिवप्रसाद की शेष पुस्तक की हो, वह अपने टकसाली रूप में भारतेन्दु हरिश्चन्द्र से पहले प्रतिष्ठित हो चुकी थी।

अब 'बैताल पचीसी' की चाल पर लिखी हुई हिन्दी का नमूना देखें :

"आगरा मैनपुरी के पश्चिम। बादशाही वक़्त में उस्के आस पास के ज़िले उसी नाम के सूबे में दाख़िल थे। शहर आगरे का, जिसे सिकंदर लोदी ने बसाकर बादलगढ़ नाम रखा था और फिर अकबर बादशाह के वक़्त से जब वह हिन्दुस्तान की दारुस्सल्तनत हुआ अकबराबाद कहलाया, इलाहाबाद से 285 मील वायुकोन जमना के दहने किनारे पर बसा है। आगे की सी आबादी तो कहां पर फिर भी 125000 आदमी उस्मे बस्ते हैं। हिन्दू इस जगह को परशुराम का जन्मस्थान कहते हैं। शाहजहां बादशाद की बेगम मुमताज़ महल का मकबरा, जिसे लोग ताजगंज अथवा ताजबीबी का रौजा कहते हैं, इस शहर में एक निहायत उमदा मकान बना है। फरंगिस्तानवालों ने सारी दुनिया छान डाली, पर इस साथ की इमारत कहीं नहीं पाई, इसके देखने को यदि लोग रूम और चीन से भी पैदल दौड़ते हुए आवें, तो निश्चय है कि उसे आंख भरकर देखने ही मे अपनी सारी मिहनत भर पावें। न उस्मे जाकर फिर उस्से बाहर आने को जी चाहे, न उसे देखकर फिर उस पर आंख उठाने को मन माने। दर्वाज़े के अन्दर जाते ही उसकी सीतल मंद सुगंध समीर से मनकी कली मानो फूल सी खिल जाती है, साम्हने बाग़ जिस्मे नहर और फ़व्वारे जारी सर्व के दरख़्त दुतरफा लगे हुए उनके बीच से रौज़े का गुम्बज और उनके चारों कोने के चारों मीनार साम्हने देख पड़ते हैं, ऐसे ऊंचे की मानो आस्मान से बातें करते हैं। इस गुम्बज का कलस आढ़ाई सौ फुट से कम कदापि ऊंचा नहीं है, और व्यास अर्थात् चौड़ान उस गुम्बज की 70 फुट है। वह सारा मकान संगमर्मर

का बना है, और उस्पर लाजवर्द अफ़ीक़ सुलैमानी गोरी तामड़ा यशम बिलौर फीरोज़ा इत्यादि सैकड़ों क़िस्म के क़ीमती पत्थर जड़कर ऐसे बेलबूटे फूलफल और जानवर बनाए हैं, कि मानो किसी चितेरे ने हाथीदांत पर अभी तसवीरें खीच दी हैं। तसवीर भी कैसी, कि यह न मालूम हो कि तसवीरें खीची हैं? या सचमुच किसी ने बाग़ से फूल फल तोड़कर उस पर ला रखे हैं। बारीकी का यह हाल है, अठन्नी बराबर एक फूल मे सत्तर टुकड़े पत्थर के, और फिर भी नाख़ून घिराने से उस पर न अटक पत्तियों मे हल्के भारी रंग का होना, रगरेशों का जुदा जुदा दिखलाई देना, यही मन मे लाता है कि इसका बनाने वाला कारीगर यहां होता तो उस्के हाथ चूमते, पर कहते हैं कि शाहजहां ने उसके हाथ कटवा डाले थे, जिस्से फिर दूसरा मकान ऐसा न बना सके।"

बहुत से कवि ताजमहल देखकर शाहजहाँ-मुमताजमहल की प्रेम-कहानी में डूब जाते हैं, उसे बनाने वाले कारीगर उन्हें याद नहीं रहते। शिवप्रसाद को कारीगर याद रहे। बादशाह की कलाप्रियता का प्रमाण यह था कि उसने कारीगरों के हाथ कटवा दिये कि वे दूसरा ताजमहल न बना डाले; कम-से-कम जनता ने शाहजहाँ और कारीगरों के सम्बन्ध को इसी ढंग से याद रखा। भूगोल की पाठ्य पुस्तकों में अब इस तरह के गद्य-लेखन का फैशन नहीं पर शायद यह माना जाए कि हिन्दी में ताजमहल का ऐसा वर्णन कम लोगों ने किया है। इसमें कई जगह वाक्य-विन्यास में थोड़ी बहुत उलटवांसी है पर कुल मिलाकर यह भाषा बोलचाल की हिन्दी है। भारतेन्दु हरिश्चन्द्र को यह हिन्दी भी विरासत में मिली थी।

इस तरह की हिन्दी का चलन भारतेन्दु से पहले कितना अधिक था, इसकी जानकारी जॉन शेक्सपियर की पुस्तक में दिये हुए हिन्दुस्तानी पाठों से होती है। यह हिन्दुस्तानी कहीं सरल उर्दू है, कहीं सरल हिन्दी। जहाँ सरल हिन्दी है, वहाँ राजा शिवप्रसाद और भारतेन्दु की हिन्दी से बहुत मिलती है।

"एक दिन अक्बर बाद्शाह ने बीर्बल से कहा तू मुझे चार मनुष ला दे सुर्बीर कायर लज्जावान और निलज्ज बीर्बल दूसरे दिन भोर ही एक रंडी को साथ अपने बाद्शाह के सोंहीं ले गया शाह ने पूछा लाया बोला महाराज उपस्थित है यह कह बीर्बल ने उस रंडी को बादशाह के साम्हने ले जा खड़ा किया बादशाह ने कहा अबे मैंने चार जना बुलवाये थे तू एक को लाया और तीन कहां हैं निबेदन किया महाराज इसमें चारों के गुन हैं आज्ञा की बखान कर बोला कि जिस काल यह अपने सुस्राल में रहती है मारे लाज के अच्छी भांति गला खोल् कर बोल्ती भी नहीं और जिस बिरियां कहीं ब्याह में गालियां गाती है तो बाप भाई स्वामी ससुर और सब कुटुम के लोग बैठे सुना कर्ते हैं पर यह किसी की कान नहीं कर्ती और जब अपने स्वामी के पास बैठ्ती है तो रात को अकेली घर के कोठे में भी नहीं जाती और कहती है मुझे जाते डर लगता है फिर जिस समय किसी से इसकी आंख लग्ती

है तो निधड़क चली जाती है और चोर ग़बार भूत परेत से नहीं डर्ती यह बात सुन बादशाह ने प्रसन्न हो बीर्बल को पारितोषिक दिया और कहा तू सच कहता है"। (नक़्ल-18। यहाँ 'रंडी' शब्द 'स्त्री' के अर्थ में प्रयुक्त है)

हिन्दी भाषा थी; उसका व्यापक चलन भी था। कमी यह थी कि देश और समाज की नई परिस्थितियों के अनुकूल उसमें नये साहित्य की रचना न हुई थी। यह काम न लल्लूजी लाल के किए हो सकता था, न राजा शिवप्रसाद के। इसे किया भारतेन्दु हरिश्चन्द्र ने। हिन्दी नई चाल में ढली 1873 ई. में—अर्थात् हिन्दी में नये चाल की साहित्य-रचना आरम्भ हुई 1873 ई. में।

[12]

राजा शिवप्रसाद ने जहाँ हिन्दी में उर्दू शब्द मिला दिये हैं—खड़ी बोली में अरबी-फारसी के प्रचलित या अप्रचलित शब्द आने दिये हैं—वहाँ सदा अंग्रेज़ों की कूटनीति का चमत्कार न देखना चाहिए। 1857 ई. के बाद हिन्दी-भाषी प्रदेश में नया मध्यवर्ग तेज़ी से पनप रहा था। इसे साक्षर बनाने और उसकी शिक्षा को व्यवस्थित करने की अनेक समस्याएँ थीं। राजा शिवप्रसाद आधुनिक ज्ञान-विज्ञान में उसे परिचित कराना चाहते थे; परम्परागत दर्शन और साहित्य की पढ़ाई से उन्हें सन्तोष न था। इस मामले में भारतेन्दु हरिश्चन्द्र और उनके दृष्टिकोण में कोई अन्तर न था। 23 अगस्त, 1873 की 'कविवचनसुधा में भारतेन्दु ने लिखा था : "बहुत से लोग बिना समझे-बूझे दाढ़ी हिला-हिलाकर कहा करते थे कि हिन्दी में वैज्ञानिक ग्रंथ (Scientific Works) नहीं लिखे जा सकते और भाषा में इतने शब्द नहीं कि वैज्ञानिक भावना प्रकाश की जाए पर हम लोग यह जल्पने वाले लोगों को सचेत करते हैं कि वे इस निद्रा से जागें और टुक आँख खोलकर देखें कि अब हिन्दी भाषा की उन्नति चाहने वाले लोग जो कहते थे सो कर दिखाते हैं।"

राजा शिवप्रसाद के सामने समस्या यह थी कि हिन्दू और मुसलमान लड़के हिन्दी-उर्दू में विज्ञान अलग अलग पढ़ें या एक ही कक्षा में साथ-साथ पढ़ें। उन्होंने प्रयत्न किया कि पारिभाषिक शब्दावली में थोड़ा-बहुत अन्तर हिन्दी-उर्दू में कर दिया जाए पर और सब इबारत एक-सी रहे। राजा लक्ष्मणसिंह मानते थे कि हिन्दी हिन्दुओं की भाषा है, उर्दू मुसलमानों की। राजा लक्ष्मणसिंह और राजा शिवप्रसाद, दोनों राजा थे, दोनों अंग्रेज़ शासक के कृपापात्र थे। राजा लक्ष्मणसिंह कवि और सहृदय साहित्यकार थे; राजा शिवप्रसाद शिक्षा-जगत् की बहुत-सी प्रशासनिक समस्याओं से उलझने वाले, जब-तब अवकाश के समय कला की सेवा करने वाले साहित्य-प्रेमी बुद्धिजीवी थे। वह हिन्दी-उर्दू को दो अलग भाषाएँ मानने के विरोधी थे; उन दोनों को नज़दीक लाने के लिए और जनता की एक सामान्य भाषा के विकास के लिए उनका प्रयत्न सराहनीय माना जाएगा।

उनकी एक पुस्तक है 'बिद्यांकुर'। अंग्रेज़ी में लिखी हुई इसकी भूमिका में उन्होंने बताया है कि शिमला में विलियम एडवर्ड्स के मातहत काम करते हुए चेम्बर की 'रूडीमेंट्स ऑफ नॉलेज' पुस्तक के आधार पर और 'इंट्रोडक्शन दु दि साइंसेज' के प्रारम्भिक अंश से सहायता लेते हुए उन्होंने नागरी में पहाड़ी रियासतों के स्कूलों के लिए 'मालूमात' और 'भूगोल' नाम से दो छोटी किताबें लिखीं। उत्तर पश्चिमी प्रान्त के तत्कालीन लेफ्टिनेंट गवर्नर टॉमसन को वे किताबें बहुत पसन्द आईं और उन्होंने उन्हें स्टीवार्ट रीड (डायरेक्टर ऑफ पब्लिक इंस्ट्रक्शन) के हवाले किया कि गाँवों के मदरसों में उन्हें लगा दें। उन्होंने उन्हें अपने पंडितों और मुंशियों को दिया जिन्होंने हिन्दी संस्करण से सारे फारसी शब्द छानकर निकाल दिये और उनकी जगह संस्कृत के शब्द रखे; उसी तरह उर्दू संस्करण के लिए संस्कृत के तमाम शब्द निकालकर उन्होंने उनकी जगह अरबी-फारसी के शब्द रखे। बोलचाल की भाषा के दो रूपों के बीच का फासला बढ़ाते जाने की यह नीति तीस-बत्तीस साल तक चली। 1876 ई. में सरकारी निर्देश से पंडितों और मुंशियों के उस कठमुल्लेपन को खत्म किया गया और सामान्य भाषा को उसकी पुरानी जगह देने के लिए फिर एक लहर आई। राजा शिवप्रसाद कहते हैं—इसमें कोई सन्देह नहीं कि भाषा में इन दोनों रूपों की झलक अभी युगों तक रहेगी। पंडित लोग नागरी लिपि वाली भाषा में यथाशक्ति संस्कृत भरेंगे और मुंशियों को जितनी फारसी-अरबी आती होगी, उसे वे फारसी लिपि वाली भाषा में भरेंगे। हिन्दू कवि ब्रजभाषा लिखेंगे; कविता के लिए इससे ज्यादा सरस भाषा उन्हें कहाँ मिलेगी? देहाती लोग एकाएक अपनी बोलियाँ भूल जाएँगे। हिन्दुस्तान में कहावत है कि हर कोस पर बोली बदलती है। अच्छा है कि बदलती है पर न भी बदलती, तो भी बोलने वालों की संख्या चाहे जितनी हो, गाँव की बोली हमें अंगीकार नहीं हो सकती। राज्य के लिए राज भाषा चाहिए जिसे ज्यादा से ज्यादा लोग समझते हों, पर वह ऐसी न हो कि पढ़े-लिखे शरीफ आदमी उसे सुनकर हँसे। बहुत शाइस्ता न हो तो उसमें रोज़मर्रा की ज़िन्दगी का भोंडापन भी न हो; हिन्दू या मुसलमान उसकी तारीफ न करें तो उससे बिदकें भी नहीं। मेरा आशय उस भाषा से है जिसे ईसाई पादरी रोमन लिपि में 'वर्नाक्यूलर' लिखते हुए इस्तेमाल करते हैं हालाँकि यही लोग नागरी लिपि में कुछ लिखते हैं तो फारसी शब्दों के खिलाफ जिहाद बोल देते हैं मानो रोमन में तो फारसी शब्द लिखे जा सकते हों, नागरी में उन्हें लिखना बहुत कठिन हो।

("He [H. Stewart Reid] made them over to his Pandits and Munshis, who, for the Hindi edition, weeded out all the Persian words, giving their place to Sanskrit, and for the Urdu edition in the same way weeded out all the Sanskrit words, and substituted Persian and Arabic. This practice of widening the gulf between one form of the spoken language and the other, or creating two distinct languages for our vernacular, lasted about one third of a century. The Government order No. 15 A., dated 13th June, 1876, has put a stop to such pedantries of Pandits and Munshis, and a reaction has commenced for the restoration of the common language. There is no doubt that the different shades will remain in the language for ages yet to come. Maulvis and Munshis will write as many Persian and Arabic words as they know in Persian characters, and Panditjis will persist in introducing as many Sanskrit words, pure and uncorrupted, as they can in their Nagari. Hindu poets will compose in the Braj Bhasha for where can they find a Sweeter Language? And rustics cannot forget at once their different local dialects. There is a saying in India that the language differs every two miles! It is fortunate that it differs so much; but even had it not differed, the patois of the masses, no matter what may be their number, cannot be adopted. The state must have a state language, understood by the greatest number possible, yet not derided by well educated men of fashion and polished society. If not very elegant, it must be free from the coarseness of vulgar life : and if not admired by either Hindus or Muhammadans, it must not be shunned or detested by any; —I mean the language which many missionaries adopt when writing the vernacular in Roman characters, although the same gentlemen when writing in Nagari proclaim a crusade against Persian words, as if Nagari were less adapted for them than the Roman.")

भारतेन्दु के अभ्युदयकाल में भाषा सम्बन्धी स्थिति राजा शिवप्रसाद की भूमिका से स्पष्ट हो जाती है। एक राजभाषा की आवश्यकता थी। यद्यपि इस आवश्यकता का अनुभव विदेशी शासन में हो रहा था और भारत की सभी भाषाओं के ऊपर अंग्रेज़ी अपना आसन जमाये हुए थी, फिर भी राजकाज के कुछ दायरे ऐसे थे जहाँ देस-भाषा के बिना काम न चलता था। इन दायरों में एक राजभाषा चले या दो? भाषा एक हो, लिपियाँ दो हों, या दोनों लिपियों के साथ भाषाएँ भी दो हों? उत्तर भारत में छह सौ साल से फारसी के राजभाषा बने रहने से, हिन्दू धर्म और इस्लाम का सम्बन्ध संस्कृत और अरबी से जुड़े रहने से, और हिन्दी प्रदेश की जातीय भाषा के गठन और विकास में हिन्दू मुस्लिम सामन्तों की असफलता से भारत के उदीयमान पूँजीवादी वर्ग और शिक्षित मध्यवर्ग के सामने वह पेचीदा समस्या आ खड़ी हुई थी जिसका विवरण राजा शिवप्रसाद ने अपनी भूमिका में दिया है।

भाषा के क्षेत्र में अंग्रेज़ों ने यहाँ जो कुछ किया, उसके साथ यह भी स्मरण रखना चाहिए कि यहाँ के सामन्तों ने क्या किया। भारत के मुगल शासन में हिन्दू सामन्तों

की साझेदारी थी। फारसी को राजभाषा बनाने में टोडरमल का बहुत बड़ा हाथ था। उससे पहले भी फारसी राजभाषा रह चुकी थी किन्तु चक्रवर्ती पद उसे राजा टोडरमल से मिला। औरंगजेब ने सूफियों पर अत्याचार किए। यही लोग मलिक मुहम्मद जायसी और रसखान की परम्परा जिलाये हुए थे। औरंगजेब ने हिन्दुओं और सिखों पर अत्याचार करके धार्मिक भेदभाव को बढ़ावा दिया और मुल्ला मौलवियों की बन आई। फारसी का गहरा प्रभाव भारतीय साहित्य पर औरंगजेब के शासनकाल में पड़ना शुरू हुआ। समूगढ़ में दारा की पराजय भारतीय इतिहास में बहुत बड़े परिवर्तन की शुरुआत थी। इस युद्ध में बहुसंख्यक हिन्दू सामन्तों ने औरंगजेब का साथ दिया और उदार, सूफीभक्त, उपनिषद-प्रेमी दारा को हराकर औरंगजेब की धार्मिक कट्टरता वाली नीति का रास्ता साफ किया। इसके बाद जब अंग्रेज़ों ने यहाँ अपने पैर फैलाए तो कुछ अपवाद छोड़कर भारत के अधिकांश सामन्तों ने अंग्रेज़ों का साथ दिया। 1857 में पुन: कुछ अपवादों को छोड़कर, इन भारतीय सामन्तों की क्रान्ति-विरोधी भूमिका और भी स्पष्ट हो गई! 1857 के बाद अंग्रेज़ों ने अपनी कठपुतलियाँ बनाकर उन्हें पाला, साम्प्रदायिकता को बढ़ावा दिया और विभाजन की नीति से पहले अपना सीधा शासन, बाद में अपना आर्थिक-राजनीतिक प्रभाव यहाँ बनाए रखने का प्रयत्न किया।

चाहे भाषा का क्षेत्र हो, चाहे राजनीति का, यह बात स्पष्ट थी कि अंग्रेज़ी राज और उसके सामन्ती सहायकों का प्रभाव खत्म किए बिना भारत प्रगति न कर सकता था। राजा शिवप्रसाद अंग्रेज़ी राज और उसका सारा तामझाम कायम रखते हुए भाषा-समस्या हल करना चाहते थे। भारतेन्दु हरिश्चन्द्र अपने अनेक अन्तर्विरोधों के बावजूद अंग्रेज़ी राज के खरे आलोचक थे और इस बात का प्रचार करते थे कि ब्रिटिश नीति का सक्रिय विरोध किए बिना इस देश की प्रगति असम्भव है। सितारे हिन्द शिवप्रसाद और भारतेन्दु हरिश्चन्द्र में यह अन्तर था।

किन्तु जब भी कोई हिन्दीभाषी प्रदेश में जातीय भाषा के विकास के प्रश्न पर विचार करेगा, तो उसके सामने वे समस्याएँ आएँगी जो शिवप्रसाद के सामने थीं। और मूल समस्या फारसी-संस्कृत शब्दावली की नहीं है; मूल समस्या यह है कि ज़बान बहुत शाइस्ता न हो तो उसमें रोज़मर्रा की ज़िन्दगी का भोंडापन न हो। शिवप्रसाद ने जिसे 'वल्गर लाइफ' कहा है, उसका अर्थ गाली-गलौज वाली ज़िन्दगी नहीं है। यह 'वल्गर लाइफ' यूरुप की उस 'बल्गर टंग'—रोज़मर्रा की ज़बान—की तरह है जो लैटिन के मुकाबले उठ खडी हुई थी। राजा शिवप्रसाद की यह समस्या नहीं है कि हिन्दू और मुसलमान लिखी हुई भाषा कैसे समझेंगे; उनकी समस्या यह है कि उसे सुनकर शरीफ लोग—फैशन और पॉलिश्ड सोसायटी के एजूकेटेड आदमी—उस पर हँसेंगे तो नहीं (जैसे ग़ालिब के घर की लौंडियाँ 'तईं' पर हँसती थीं)। दरार आम जनता में नहीं थी, दरार थी उच्च वर्गों में। फिर उन्हीं उच्च वर्गों का सहारा लेकर भाषा-समस्या कैसे हल होती? उच्च वर्गों का यह दृष्टिकोण भाषा के

परिष्कार के नाम पर उसे जनपदीय बोलियों से, और शहरी बोलचाल से, दूर ठेल रहा था और यह सिलसिला अंग्रेज़ी राज खत्म होने के पच्चीस साल बाद भी जारी है। भारतेन्दु हरिश्चन्द्र का यह युगान्तरकारी महत्त्व है कि वह जो भाषा लिखते थे, वह जनपदीय बोलियों तथा शहरी बोलचाल के बहुत पास थी।

राजा शिवप्रसाद की पुस्तक का नाम नागरी लिपि वाली प्रति में 'विद्यांकुर' और फारसी लिपि वाली में 'हकाइकुल मौज़ूदात' रखा गया। उन्होंने दोनों किताबों को एक ही भाषा में फिर लिखा और जो पारिभाषिक शब्द दोनों लिपियों में अलग रखे गए थे, उन्हें रेखांकित किया। उन्हें एक अच्छी 'स्टैंडर्ड वर्नाक्युलर डिक्शनरी' का अभाव खल रहा था। जहाँ एक मिली-जुली जातीय भाषा साहित्य और शिष्ट जनों की भाषा न थी, वहाँ उस भाषा का शब्दकोश कहाँ से होता? लेकिन राजा शिवप्रसाद ने प्रण किया था कि हिन्दू-मुसलमान बच्चों के लिए एक ही भाषा में किताब लिखेंगे। जहाँ सामान्य पारिभाषिक शब्द न मिलेंगे, वहीं भिन्न शब्दावली का प्रयोग करेंगे। समस्या यह थी कि किस सिद्धान्त के आधार पर कुछ शब्दों को लें और दूसरे शब्दों को छोड़ें। अपनी भूमिका में उन्होंने इस समस्या की चर्चा की है। अपनी कठिनाई समझाने के लिए कुछ शब्दों की मिसाल दी है।

गुरू के लिए उस्ताद—हिन्दू-मुसलमान दोनों उस्ताद का व्यवहार करते हैं, किन्तु गुरू शब्द का व्यवहार केवल हिन्दू कर सकते हैं।

पाठशाला या मकतब के लिए मदरसा—उत्तर भारत में मदरसा अब घर-घर बोला जाता है। किन्तु पाठशाला शब्द का मुसलमान और मकतब शब्द का पंडित व्यवहार नहीं कर सकते।

चेला, शिष्य या विद्यार्थी के लिए शागिर्द—शागिर्द का व्यवहार हिन्दू-मुसलमान दोनों करते हैं; चेला, शिष्य और विद्यार्थी का व्यवहार केवल हिन्दू कर सकते हैं। चेला और शिष्य किसी गोसाईं के भक्त को कहते हैं। शिष्य और विद्यार्थी लिखने और बोलने में कठिन हैं। चेला गुलाम को भी कहते हैं। कुल मिलाकर गुरू और चेला के मुकाबले में उस्ताद और शागिर्द सुनने में ज्यादा सम्मानप्रद (रिस्पेक्टेबल) जान पड़ते हैं।

इत्यादि या आदि के लिए वगैरह-वगैरह बेशक कठिन शब्द है और प्रचलित नहीं है। फिर भी मुसलमान—और जरूरत पड़ने पर हिन्दू—उसका व्यवहार करते हैं। इत्यादि और आदि को कम लोग जानते हैं और फारसी लिपि में इन्हें मुसलमान न कभी लिखेंगे, न समझेंगे। उसके लिए दूसरा शब्द मालूम नहीं; उसके बिना काम भी नहीं चलता।

अलग़रज के लिए निदान—इनमें निदान आसान है और पहले के मुसलमान लेखक इसका व्यवहार करते थे और आजकल के हिन्दू करते हैं।

अजज़ा के लिए अंग—अजज़ा को लिखना और बोलना बहुत ही कठिन है (रोमन में उसे उच्व—Uzv—लिखा है और उसका चलन भी नहीं है। साथ ही अंग लिखने पर मौलवी आपत्ति कर सकते हैं; फिर भी 'अँगरखा' तो बोलते हैं

और उन्हें मालूम होना चाहिए कि 'अंग' और 'रक्खा' से 'अंगरखा' बना है। यहाँ तक राजा शिवप्रसाद की बात।

पहले के मुसलमान लेखक 'निदान' लिखते थे, शिवप्रसाद के ज़माने में नहीं लिखते थे—यह बात ध्यान देने योग्य है। मुगल शासन के पतनकाल और नवाबों की बरबादी के ज़माने में सैकड़ों ऐसे शब्द मतरूक हो रहे थे जो बोले जाते थे लेकिन अभिजात वर्ग के कानों में खटकते थे। उनसे पहले के मुसलमान लेखक जिन सैकड़ों शब्दों का व्यवहार कर चुके थे, उन्हें ये छोड़ रहे थे और उनकी जगह अरबी-फारसी के शब्दों को ज्यादा 'रिस्पेक्टेबल' समझकर इस्तेमाल करते थे। वही मसल थी कि घर में नहीं हैं दाने, खाला चलीं भुनाने। अंग्रेज़ों से अपना राज बचाये रखने का दम न था; भाषा में शाइस्तगी के झंडे गाड़ रहे थे। राजा शिवप्रसाद हिन्दी प्रदेश से बाहर आँख उठाकर देखते तो जान लेते कि जिन शब्दों को लेकर उनके मन में इतना असमंजस था, उनका व्यवहार बंगाल, सिंध, पंजाब, कश्मीर आदि प्रदेशों के मुसलमान कवि कर चुके थे और वहाँ की जनता उन्हें बोलती और समझती थी। अवध और ब्रज के मुसलमान तो उन्हें बोलते और समझते थे ही।

सुमिरौं आदि एक करतारू। जेहि जिउ दीन्ह कीन्ह संसारू।

राजा शिवप्रसाद का विचार था कि मुसलमान 'आदि' शब्द से परिचित नहीं हैं और उसे फारसी लिपि में लिख नहीं सकते। मलिक मुहम्मद जायसी के सामने यह समस्या न थी।

कहौं सो ज्ञान ककहरा सब आखर महँ लेखि।
पंडित पढ़ अखरावटी टूटा जोरेहु देखि॥

उनका काम तो ककहरा से चल गया था। किन्तु उनके जिन अनुयायियों ने 'पद्मावत' और 'अखरावट' को फारसी लिपि में लिखा, उन्हें भी परेशानी न थी कि फारसी लिपि में लिखे हुए 'आदि' को लोग समझेंगे या नहीं।

फारसी लिपि में क्या लिखें, क्या न लिखें—यह समस्या शहरों के थोड़े से पढ़े-लिखे मुसलमानों और उर्दू-प्रेमियों की थी; सामान्य मुसलमान जनता के लिए साक्षर होने का मतलब था, देवनागरी लिपि में जो लिखा जाए, उसे पढ़ लेना, उसमें कुछ लिख लेना। मुसलमानों की भाषा उर्दू है, वे केवल फारसी लिपि जानते हैं, उसी में लिख-पढ़ सकते हैं, इस राजनीतिक झूठ का इतना प्रचार किया गया है कि वास्तविक स्थिति लोगों की आँखों से ओझल हो गई है।

इस सन्दर्भ में अपनी पुस्तक 'भाषा और समाज' से मैं यहाँ एक अंश उद्धृत करता हूँ :

"1928 ई. में ख़्वाजा हसन निज़ामी ने 'कुर्आन मजीद' का हिन्दी अनुवाद प्रकाशित किया था। इस पवित्र ग्रंथ को हिन्दी भाषा में अनुवादित करने और देवनागरी

लिपि में प्रकाशित करने के उन्होंने जो कारण बताये हैं, वे बहुत दिलचस्प हैं। उन दिनों शुद्धि-आन्दोलन का ज़ोर था। बहुत से मुसलमान अपना धर्म-परिवर्तन कर रहे थे। ख़्वाजा हसन निज़ामी ने इसके विरुद्ध इस्लाम की रक्षा का आन्दोलन चलाया। उन्होंने यह अनुभव किया कि उर्दू लिपि में प्रचार करने से बहुत थोड़े मुसलमान उससे लाभ उठा सकते हैं। अपने प्रचार-कार्य से आम मुसलमानों को प्रभावित करना है, तो नागरी लिपि से ही यह सम्भव होगा। इसलिए उन्होंने अपने पवित्र धर्म ग्रंथ का अनुवाद देवनागरी लिपि में प्रकाशित किया—हिन्दुओं को इस्लाम में दीक्षित करने के लिए नहीं वरन् मुसलमानों को अपने धर्म से परिचित कराने के लिए।

"जो लोग समझते हैं कि उर्दू लिपि के बिना न उर्दू भाषा रह सकती है, न इस्लाम सुरक्षित रह सकता है, उन्हें ख़्वाजा हसन निज़ामी के इन शब्दों पर खूब ग़ौर फरमाना चाहिए। अनुवाद की भूमिका में उन्होंने लिखा है : 'इसी तहकीकात के सिलसिले में मुझको यह भी मालूम हुआ था कि हिन्दुस्तान में एक करोड़ मुसलमान ऐसे हैं, जो अरबी और फारसी हुरूफ़ नहीं पढ़ सकते। अगर्चे उनकी बोलचाल तो उर्दू है, मगर लिखना-पढ़ना उनका हिन्दी हुरूफ़ में है। और चूँकि इस्लामी अंजुमनें और मुसलमान मुबल्लिग सिर्फ उर्दू हुरूफ़ के ज़रिये तबलीग करते हैं, इसलिए उनको कामयाबी नहीं होती या पूरी तरह कामयाब नतीजा नहीं निकलता।' इस्लाम धर्म के प्रचार के लिए—सबसे पहले आम मुसलमानों में उसे सुरक्षित रखने के लिए—देवनागरी लिपि अपनाना आवश्यक है, इस सत्य को धर्म-प्रचारक ख़्वाजा हसन निज़ामी ने अच्छी तरह पहचान लिया था"। (भाषा और समाज, दिल्ली, 1961 ई.; पृ. 353-54)

राजा शिवप्रसाद ने यह वास्तविक स्थिति न देखी थी कि आम मुसलमान जनता में थोड़ा-बहुत पढ़ने-लिखने वाले लोग देवनागरी लिपि ही जानते हैं। अंग्रेज़ों के उपनिवेश भारत में वैसे ही निरक्षरता का राज्य था, फिर हिन्दी-भाषी प्रदेश निरक्षरता में औरों से आगे था। ऐसे प्रदेश में हिन्दी में लिख-पढ़ सकने वाले मुसलमानों का होना बहुत बड़ी बात थी। यदि एक लिपि का चलन रहता तो अरबी-फारसी-संस्कृत के शब्दों के आपस में टकराने और छँटते जाने का क्रम चलता रहता। यह छँटाई का काम सामान्य लिपि का व्यवहार करने वाली हिन्दू-मुस्लिम जनता करती। राजा शिवप्रसाद की आँखों के सामने शहरों के थोड़े से शरीफ मुसलमान थे जो गाँवों की मुसलमान जनता से जितना ही दूर रहे, उतना ही उनकी शराफत में चार चाँद लग गए थे।

हसन निज़ामी के समय में जितने मुसलमान फारसी लिपि जानते थे, उनसे कम राजा शिवप्रसाद के समय में जानते थे; राजा शिवप्रसाद के समय में जितने मुसलमान फारसी लिपि जानते थे, उनसे कम लल्लूजी के समय, उनसे कम ईसवी खाँ के समय, उनसे कम मलिक मुहम्मद जायसी के समय। इसके विपरीत सामान्य मुस्लिम जनता में जितने पढ़े-लिखे लोग हसन निज़ामी के समय में देवनागरी लिपि जानते थे, उनसे ज्यादा शिवप्रसाद, लल्लूजी लाल, ईस्वी खाँ और मलिक मुहम्मद जायसी

के समय में जानते थे। हसन निज़ामी से पहले देवनागरी जानने वाले मुसलमानों का अनुपात फारसी लिपि जानने वालों से कहीं ज्यादा था। इसीलिए देवनागरी लिपि का प्रचार हमारी जातीय भाषा के विकास के लिए आवश्यक था। उन्नीसवीं सदी में बहुत से हिन्दी प्रचारक वास्तव में नागरी लिपि के प्रचारक थे। नागरी प्रचारिणी सभाएँ कायम करने की प्रेरणा यही नागरी लिपि की रक्षा का भाव था।

[13]

राजा शिवप्रसाद ने अपनी पाठ्य-पुस्तक में एक इबारत रखते हुए भी पारिभाषिक शब्द अलग किए। हिन्दी लिपिवाली 'विद्यांकुर' पुस्तक में उन्होंने ऐसे शब्दों के नीचे रेखा खींची, पारसी लिपिवाली 'हकाइकुल मौज़ूदात' में रेखा ऐसे शब्दों के ऊपर खींची। इन शब्दों के लिए अंग्रेज़ी की 'अन्तरराष्ट्रीय' टर्मिनोलौजी ले लेने का सुगम मार्ग उन्हें नहीं सूझा, इसके लिए उनकी प्रशंसा करनी चाहिए। हिन्दी में जो पारिभाषिक शब्दावली वह काम में लाये, उसमें इसी तरह के शब्द हैं : तत्त्व, जरायुज, पिंडज, अंडज, अदिन, आकरज, आमाशय, चतुर्भुज, भुज, समद्विबाहु, जात्यायत, परिधि, केन्द्र, व्यास, वृत्त, धरातल, आकर्षण शक्ति, विषवत रेखा, ध्रुवमत्स्य, रसायन, अनुमिति, इत्यादि।

हिन्दी की पाँचवीं किताब जिसे श्रीयुत डैरेक्टर साहिब बहादुर सरिश्तै तालीम के हुक्म से रामशंकर मिश्र एम.ए. आफीशियेटिंग मजिस्ट्रेट व कलेक्टर बस्ती ने बनाया था—दिहाती मदरसों की तीसरी सफ़ के लिए—बनारस से छपी थी पाँचवाँ संस्करण 1897 ई. में निकला था। इसके आखिरी पन्ने पर रायबहादुर पंडित लक्ष्मीशंकर मिश्र की बनाई किताबों का विज्ञापन है। इनमें 'सरल त्रिकोण मिति की उपक्रमणिका', 'स्थिति विद्या', 'गतिविद्या', 'वायुमंडल विज्ञान', 'प्राकृतिक भूगोल चन्द्रिका', 'पदार्थ विज्ञान बिटप' आदि हैं। इनके नाम देखने से ही ज्ञात होगा, हिन्दी भाषा के माध्यम से स्कूली लड़कों को सामान्य विज्ञान की शिक्षा देने का प्रयत्न किया जा रहा था। सम्भवत: इन्हीं लक्ष्मीशंकर मिश्र के लिए भारतेन्दु ने 23 अगस्त, 1873 की 'कविवचनसुधा' में लिखा था : "काशिम्य राजकीय पाठशाला के गणित विद्या के मुख्य अध्यापक पंडित लक्ष्मीशंकर मिश्र एम.ए. ने हिन्दी भाषा में गणित विद्या की पूरी श्रेणी (Mathematical Series) बनाने का संकल्प किया है तथा उक्त महाशय ने सरल त्रिकोणमिति (Plane Trignometry) हिन्दी भाषा में प्रस्तुत कर ली।"

1873 से 1973 तक—पिछले सौ वर्षों में विज्ञान ने बड़ी उन्नति की है। भारत द्वारा स्वाधीनता-प्राप्ति के समय भी विज्ञान ने इतनी प्रगति कर ली थी कि संविधान बनाने वालों को यह सोचकर दुख हुआ कि भारत राष्ट्र तो स्वाधीन हो गया किन्तु राष्ट्रभाषा हिन्दी अविकसित ही रह गई। इसलिए हिन्दी पर दया करके उन्होंने उसे विकसित करने के लिए पन्द्रह वर्षों की अवधि निश्चित की। संसार की किसी भाषा

के लिए उस समय तक जो बात संवैधानिक रूप से न कही गई थी, वह हिन्दी के लिए कही गई : यह भाषा अविकसित है, इसे विकसित होने के लिए पन्द्रह साल का मौका दिया जाता है। इस मौके से भारत के विद्वानों ने लाभ उठाया। भाषा को विकसित करने का भार केन्द्रीय सरकार ने उठाया। टी.ए., डी.ए. बिलों का काम बरसों तक चलता रहा, निदेशालय के निदेशक, शोध सहायक, विशेषज्ञ आदि बरसों तक खासी तनखाहें पाते हुए या भत्ता बनाते हुए इस राष्ट्रीय महत्त्व के कार्य में दत्तचित्त रहे। आखिर 1962 ई. में भारत सरकार के अन्तर्गत शिक्षा मंत्रालय और शिक्षा मंत्रालय के अन्तर्गत केन्द्रीय हिन्दी निदेशालय ने 'पारिभाषिक शब्द-संग्रह' प्रकाशित किया। भारत सरकार ने सांस्कृतिक क्षेत्र में अब तक जो कुछ गोड़ा और बोया है, उसकी श्रेष्ठ उपज है—पारिभाषिक शब्द-संग्रह'। विकास का यह अद्वितीय कार्य सम्पन्न करने के बाद भी हिन्दी भारत की राजभाषा न बनी, इसके लिए भारत सरकार को दोष नहीं दिया जा सकता। उसने अपनी ओर से हिन्दी को विकसित करने में कुछ उठा नहीं रखा। अब हिन्दी-प्रेमियों के अनुचित उत्साह-प्रदर्शन के कारण कुछ अहिन्दी-भाषी भड़क उठे तो इसके लिए भारत सरकार को कैसे दोष दिया जा सकता है?

'पारिभाषिक शब्द-संग्रह' की भूमिका में शिक्षा मंत्रालय की ओर से श्री आर.पी. नायक ने गर्व के साथ घोषित किया : "It brings together practically all the terms that have been evolved under its auspices during a period of more than one decade and thus marks the latest stage in its work pertaining to the evolution of terminology." दस वर्ष तक पारिभाषिक शब्दावली का निरन्तर विकास करते रहने के बाद जो उपलब्धि हुई, वह इस ग्रंथ द्वारा प्रस्तुत की गई। भारत सरकार को पता था कि अन्य संस्थाएँ और विद्वान भी इस पुण्य कार्य में लगे हुए हैं लेकिन इनका कार्य उचित पारिभाषिक दृष्टि के अभाव में सन्तोषजनक नहीं था। श्री नायक के शब्दों में : "Scholars and institutions have engaged themselves in coining fresh Indian equivalents for English and other terms often in pursuance of preconceived ideology and almost always in isolation. It was but natural that these efforts should have resulted, by and large, in creating a maze of words through which the authors and the common man try to labour their way in vain." अंग्रेज़ी के पारिभाषिक शब्दों को आधार बनाकर अनेक संस्थाओं और विद्वानों ने नये शब्द गढ़े किन्तु वे अलग-अलग रहकर काम करते थे, इसलिए स्वभावत: शब्दों का ऐसा व्यूह तैयार हो गया कि लेखक और सामान्य जन उसमें अपना रास्ता खोजते ही रह गए। सरकार को विद्वान और 'कॉमन मैन', दोनों का ध्यान था। उसने अन्तर्राष्ट्रीयता का ध्यान रखते हुए अन्तर्राष्ट्रीय पारिभाषिक शब्दावली को अपनाने की सिफारिश की; जहाँ यह न मिले, वहाँ भारतीय भाषाओं

से शब्द लेने की सिफारिश की। उसने राष्ट्रीयता और अन्तर्राष्ट्रीयता, दोनों को साधा। इस तरह श्री नायक के विचार से भारत को विद्या की दुनिया में अकेले पड़ जाने से बचाया गया, पारिभाषिक शब्दावली को अराजकता से बचाया गया। सारे भारत के विद्वानों ने वर्षों तक कठिन परिश्रम किया और उसका फल हुआ यह ग्रंथ ("The present work is an outcome of the hard labour and effort of scholars and experts from all over the country over a long period of time")। 1961 ई. तक जो शब्द गढ़े गए थे, उनकी संख्या तीन लाख हो गई थी ("The temrs coined came to nearly 3 lakhs")। विभिन्न विषयों में बहुत से शब्द सामान्य हैं, इसलिए इन तीन लाख शब्दों में हजारों ऐसे थे जो विद्वानों द्वारा अलग-अलग अनेक बार गढ़े गए थे। गढ़ाई के बाद छँटाई हुई, तब यह महाकोश प्रकाशित हुआ। कितने छाँटे गए और अन्त में कितने बच रहे, इसकी गिनती नहीं की गई, की गई हो तो प्रकाशित नहीं हुई, प्रकाशित हुई हो तो मैंने उसे देखा नहीं। अन्य संस्थाएँ तो अराजकतावादी ढंग से काम कर रही थीं। भारत सरकार द्वारा संयोजित समितियाँ राजकीय ढंग से एक ही शब्द के लिए अलग-अलग पर्यायवाची गढ़कर शब्द-समूहों के ढेर लगा रही थीं!

हिन्दी की अपनी पारिभाषिक शब्दावली है, उसका चलन बहुत पहले से है, इस शब्दावली के सैकड़ों शब्द भारत की अनेक भाषाओं में प्रचलित हैं, यह एक ऐसी बेबुनियाद बात मालूम होती थी कि उसकी तरफ ध्यान देने को किसी के पास समय न था। स्वयं हिन्दी के विद्वान अपनी भाषा की शब्द-सम्पदा से अपरिचित, सरकारी-गैरसरकारी स्रोतों से पैसा बटोरते हुए कोष बनाने में एक दूसरे से होड़ कर रहे थे। जब सरकार ने कोश-निर्माण का काम अपने हाथ में लिया, तब इस कार्य की व्यर्थता दिखाना इन विद्वानों के लिए सम्भव न था। हिन्दी पुस्तकों और पत्रिकाओं को आधार बनाकर पारिभाषिक शब्द इकट्ठे किए जाएँ, पुराने कोशों से सामग्री संग्रह की जाए, अंग्रेज़ी शब्दों के हिन्दी प्रतिरूप न गढ़कर पहले हिन्दी शब्दों के अंग्रेज़ी पर्याय ढूँढ़ लिए जाएँ, यह बात उनके लिए कल्पनातीत थी।

मैं यहाँ 500 पारिभाषिक शब्दों की सूची देता हूँ जिनके हिन्दी प्रतिरूप 1873 से पहले हिन्दी भाषा में व्यवहृत होते थे। ये सारे 500 शब्द भारत सरकार द्वारा प्रकाशित 'पारिभाषिक शब्द-संग्रह' में हैं। इनमें 320 शब्द जॉन शेक्सपियर की पुस्तक (1845 ई.), 100 शब्द फैलन के कोश (1879 ई.) और 100 शब्द लल्लूजी लाल की शब्द-सूची (1810 ई.) से लिये गए हैं। इससे यह स्पष्ट होगा कि जिन अंग्रेज़ी अथवा अन्तर्राष्ट्रीय शब्दों के लिए भारत सरकार के प्रयत्न से विद्वान नये शब्द गढ़ रहे थे, उनके हिन्दी प्रतिरूप यहाँ कम-से-कम एक शताब्दी पहले से प्रचलित थे। फैलन का शब्दकोश 1879 ई. में प्रकाशित हुआ। उसे तैयार करने में बहुत समय लगा था। उसमें एकत्र शब्द-सम्पदा 1873 ई. से पहले की

मानी जानी चाहिए। सैकड़ों पुराने हिन्दी शब्द ऐसे हैं जो 'पारिभाषिक शब्द-संग्रह' में ज्यों-के-त्यों (अथवा थोड़ा-सा भेस बदलकर) शामिल हो गए हैं। इससे निष्कर्ष यह निकला कि शब्द गढ़ने का जो ढिंढोरा पीटा गया है, वह जनता को बहकाने के लिए है। शब्द पुराने हैं, पुरानी पुस्तकों में मौजूद हैं किन्तु हवा यह बाँधी गई कि हिन्दी निदेशालय हजारों नये शब्द गढ़ने में लगा है। शब्द गढ़ना और बात है, शब्द संग्रह करना और बात। नवीन कोशकारों को शब्द-संग्रह का काम टुच्चा मालूम होता था; पुराने काव्यशास्त्री जैसे पहले लक्षण, फिर उदाहरण के लिए अपनी कविता प्रस्तुत करते थे, वैसे ही इन कोशकारों ने अंग्रेज़ी पारिभाषिक शब्दों को लक्षण माना; फिर उनके अनुसार हिन्दी में नये शब्द गढ़ने लगे। अब इसमें उनका दोष नहीं यदि उनकी रचना में हजारों वही पुराने शब्द सिमट आए हों जो पहले से हिन्दी में प्रचलित थे। यदि सन् 1932 में प्रकाशित सुखसंपति राय भंडारी के कोश को भी देखा जाए तो पता लगेगा कि 'पारिभाषिक शब्द-संग्रह' का बहुत बड़ा भाग सुखसंपति राय के कोश की आवृत्ति है। जो शब्द नये-नये गढ़े गए हैं, वे एक फीसदी से ज्यादा नहीं हैं, और इन नये गढ़े हुओं में 95 फीसदी अनगढ़ हैं ('नर्वस सिस्टम' के लिए 'तंत्रिका तंत्र' की तरह) यानी विद्वानों ने शब्द वहीं नहीं गढ़े जहाँ उनके हिन्दी प्रतिरूप सुलभ न थे; उन्होंने वहाँ भी गढ़े हैं—और अधिकतर वहीं गढ़े हैं—जहाँ हिन्दी प्रतिरूप सुलभ थे किन्तु किसी कारणवश हिन्दी निदेशालय के सूत्रधारों को वे पसन्द न थे।

जॉन शेक्सपियर कोशकार नहीं थे; हिन्दी को भारत की राष्ट्रभाषा बनाने के लिए उन्होंने 'ऐन इंट्रोडक्शन टु दि हिन्दुस्तानी लैंग्वेज' न बनाई थी। पुस्तक की विज्ञापिका ('Advertisement') में उन्होंने बताया था कि हिन्दुस्तानी भाषा का सामान्य ज्ञान हो जाने से 'इंडियन सर्विस' के उम्मीदवारों को सुविधा होगी। इस उद्देश्य की सिद्धि के लिए उन्होंने व्याकरण और भाषा के उदाहरणों के साथ शब्द-सूची भी दी थी। इस सूची में उन्होंने विभिन्न विषयों की शब्दावली दी जिसे वह भारत जाने वाले अधिकारियों के लिए आवश्यक समझते थे। उनकी इस शब्द-सूची से इस बात का अनुमान नहीं हो सकता कि विद्वानों में जिस पारिभाषिक शब्दावली का चलन था, उसकी पूरी शब्द-संख्या क्या थी। इतना ज्ञात हो जाएगा कि भूगर्भ-शास्त्र वनस्पतिशास्त्र आदि अनेक विज्ञानों के सैकड़ों शब्द उस समय भी प्रचलित थे जिनमें से कुछ जॉन शेक्सपियर की सूची में हैं। दर्शनशास्त्र जैसे विषय के लिए जो विद्वान अंग्रेज़ी शब्दों के हिन्दी पर्याय गढ़ते हैं, उनकी बुद्धि की जितनी प्रशंसा की जाए, थोड़ी है।

फैलन ने अपना कोश हिन्दी-उर्दू के साधारण जानकारों के लिए बनाया था। इसकी भूमिका में उन्होंने कहा है कि हिन्दी-उर्दू में जिन पारिभाषिक शब्दों का चलन है, उनकी सूची—अरबी और संस्कृत प्रतिरूपों के साथ—वह कोश के परिशिष्ट

रूप में फिर प्रकाशित कराएँगे। लिखा था : "The popular scientific terms just referred to, with their Arabic and Sanskrit equivalents, will be given like wise in a Supplement to this work in the alphabetical order of the English words, as in the following specimen :

English	Hindustani	Arabic	Sanskrit
Undulatory motion	लहर चाल (Wave motion)	हरकतें मौजिया	तरंग गति
Pendulum	लटकन (what hangs)	शाक़ुले मोतहर्रिक	चलायमान लम्बक
Accelerated velocity	बढ़ती चाल	मोतज़ादे मिक़दारे हरकत	बर्धित गति प्रमानु
Valve	खुलमुँदनी (That which opens and shuts)		
Forces in equilibrium	तुले हुए ज़ोर (balanced forces)	मुयूले मोतादिलह्	तुलायमान शक्ति
Rotatory motion	चक्कर चाल (wheel motion)	हरकते वज़ई	चक्रगति
Perpendicular line	खड़ी लकीर (standing line)	अमूद	लम्बक
Porportion	बराबर निस्बत (equal ratios)	तनासुब	परस्पर सम्बन्ध
Right angle	खड़ा कोना (staning angle)	ज़ावियाए क़ाइमह्	सम्‌कोन equal angle
Acute angle	सुकड़ा कोना (contracted angle)	ज़ावियाए हाद्‌दह्	न्यूनकोन less angle
Obtuse angle	फैला कोना (extended angle)	ज़ावियाए मुन् फ़रेजह	अधिक कोन great angle
Parallel lines	बीच बराबर लकीर (equidistant lines)	ख़ुतूते मोतबाज़ी	समानान्तर रेखा
Diagonal	अघकाट (half cutter)	क़ुत्र	भुजकर्न
Sine	सामने की नाप (front measure abbreviation, सन)	जैब (Pocket)	भुजज्या (chord, an arm)
Cosine	साथ कोने की नाप (measure of the complementary angle abbreviation, सासन	जैबे मुस्तवी	कोटिज्या

Tangent	छूटी नाप (touching line measure) abbreviation, छन or मोमास	ज़िल (a shadow)	स्पर्श रेखा
Secant	काटती नाप (the cutting line measure) abbreviation,	सह्म (an arrow) कन	छेदन रेखा

इस छोटी-सी शब्द-सूची से ज्ञात होगा कि हिन्दी-भाषी प्रदेश में पाठ्य-पुस्तकों के लिए ऐसी शब्द-सूची तैयार करना जो हिन्दी-उर्दू प्रेमियों को स्वीकार हो, कितना कठिन काम था। पारिभाषिक शब्दों की समस्या भारत के स्वाधीन होने पर अकस्मात् प्रकट न हो गई थी, उसके समाधान के लिए देशी-विदेशी विद्वानों द्वारा जो प्रयत्न किए जा चुके थे, उनके अध्ययन से ही इस दिशा में कोई नया काम किया जा सकता था। फैलन ने अरबी-संस्कृत के आधार पर आगे जो भी शब्द-सूची बनाई हो, वह मेरे देखने में नहीं आई। नहीं मालूम कि कोश के जिस परिशिष्ट के प्रकाशन की बात उन्होंने कही थी, वह आगे चलकर प्रकाशित हुआ या नहीं। एक बात निश्चित है कि उन्नीसवीं सदी में हिन्दी-उर्दू के माध्यम से विज्ञान की शिक्षा देना एक व्यावहारिक समस्या थी और न अंग्रेज़ों ने, न भारतवासियों ने यह मान लिया था कि केवल अंग्रेज़ी भाषा शिक्षा का माध्यम हो सकती है।

फैलन ने अपने कोश में वे सब पारिभाषिक शब्द नहीं दिये जो वे दे सकते थे और आगे चलकर देना चाहते थे। इसलिए उनके कोश से उस समय की पारिभाषिक शब्द-सम्पदा का पता नहीं चलता। फिर भी उन्होंने वे शब्द दिये हैं जिनका चलन उस समय स्कूलों में था। उन्हें ये शब्द उन लोगों से प्राप्त हुए थे, जो स्वयं अध्यापक थे और इन शब्दों का व्यवहार करते थे। इनमें पटना नार्मल स्कूल के हेड मास्टर राय सोहनलाल ने उनकी विशेष सहायता की थी। इनका उल्लेख कोश की भूमिका में इस प्रकार है : "It is to Rae Sohan Lal, the very able Head Master of Patna Normal School, that the compiler is indebted for the large collection of popular Hindustani scientific terms which will appear in this Dictionary—terms in pure Mathematics, Physics, Electricity, Astonomy; Physiology, Botany, Philosophy, etc. And it is to his popular science treatises, readers, and other literary pieces in popular Hindustani, or Hindi, that the compiler is able to point, among modern compositions, for evidences of the force, copiousness, and expressiveness of spoken Hindi."

जो पारिभाषिक शब्द उन्होंने दिये हैं, वे चालू हिन्दुस्तानी हैं। ये गणित, भौतिक, विद्युत्, ज्योतिष, वनस्पति शास्त्रों के हैं, दर्शन के हैं। ये शब्द पाठय-पुस्तकों में कोशों से नहीं आए; पाठ्य-पुस्तकों से कोशों में आए हैं। विज्ञान शिक्षा को लोकप्रिय बनाने के लिए पुस्तकें लिखी जा रही थीं और इन्हें देखकर ही फैलन को ज्ञात हुआ था कि बोलचाल की हिन्दी में कितनी शक्ति, कितनी बड़ी शब्द-सम्पदा और कैसी अभिव्यंजना-शक्ति है।

फैलन ने अपना जीवन भाषा के अध्ययन में लगा दिया था। उन्हें ऐसे विद्वानों का सहयोग मिला था जिन्होंने बड़ी सूझबूझ से सामान्य शिक्षित जनों के लिए हिन्दी भाषा की प्रकृति के अनुकूल पारिभाषिक शब्दावली रची अथवा संकलित की थी। न फैलन ने यह सपना देखा था, न राय सोहनलाल ने, कि भारत के स्वाधीन होने पर कोई आई. सी.एस.अफसर अपने सरकारी ओहदे के कारण कोश विज्ञान का भी विशेषज्ञ बन जाएगा और यह फतवा देगा कि हिन्दी में या तो पारिभाषिक शब्दावली है नहीं, और है तो उसमें अराजकता है और स्वाधीन भारत के विद्वान लाखों रुपये खर्च करके जो कोश बनाएँगे, उसमें हजारों शब्द वही होंगे जो उन्नीसवीं सदी में यहाँ प्रचलित थे।

लल्लूजी लाल ने साढ़े तीन हजार से ऊपर हिन्दी शब्दों की सूची बनाई थी और उनके फारसी और अंग्रेज़ी प्रतिरूप दिये थे। यह भी कोई पारिभाषिक शब्दकोश न था, इसका उद्‌देश्य हिन्दी जानने वालों को अंग्रेज़ी और फारसी से परिचित कराना था, अंग्रेज़ी से हिन्दी में पाठ्य-पुस्तकें अनुवादित करने में सहायता देना नहीं। "संवत 1867 के बीच और श्री गवरनर जनरल लार्ड मिन्टो बहादुर के राज मध्य कलकत्ते में श्री लल्लूजी लाल कवि ब्राह्मन गुजराती सहस्त्र अवदीच आगरेवाले ने श्री तारनीचरन मित्र की सहायता से 3600 बोली अंग्रेज़ी और 3600 हिन्दी और 3600 फारसी बोली की एक पोथी बनाय छपवाई शास्त्री अक्षरों में इसलिये कि यहाँ के लोगौं को बिन अंगरेजी पारसी पड़े इस पोथी के पढ़ने से अंगरेजी पारसी बोलने समझने का ज्ञान होय।"

ऐसी शब्द-सूची के भी सैकड़ों शब्द यदि 'पारिभाषिक शब्द-संग्रह' में विद्यमान हैं तो इसके दो कारण हैं : (1) 'पारिभाषिक शब्द-संग्रह' में ऐसे बहुत से शब्द हैं जो सामान्य भाषा में बोले और लिखे जाते हैं। सामान्य व्यवहार में आने से उनका पारिभाषिकत्व समाप्त नहीं हो जाता किन्तु 'ट्री' के लिए 'पेड़', 'रिवर' के लिए 'नदी' लिख कर असाधारण विद्वान ही दावा कर सकते हैं कि वे हिन्दी में नवीन शब्द-रचना कर रहे हैं अथवा पारिभाषिक शब्दावली की अराजकता दूर कर रहे हैं। (2) नित्य प्रति के व्यवहार में न आने वाले हजारों शब्द उस समय भी थे जो पारिभाषिक थे और जिनकी जानकारी न होने से राजनीतिज्ञों ने इसे स्वयं सिद्ध सत्य मान लिया कि हिन्दी में पारिभाषिक शब्दावली का अभाव है।

इन तीनों शब्द-सूचियों के बारे में यह भी स्मरण रखना चाहिए कि ये उस समय संकलित की गई थीं जिस समय फारसी का राजभाषा वाला रुतबा बना हुआ था। फैलन का शब्दकोश फारसी वर्णमाला के क्रम से व्यवस्थित किया गया है। उन्होंने जिन शब्दों को हिन्दी माना है, उन्हें फारसी और देवनागरी, दोनों लिपियों में लिखा है, जिन्हें केवल अरबी या फारसी का माना है, उन्हें देवनागरी में नहीं लिखा, अरबी या फारसी लिपि में ही लिखा है। रोमन लिपि में दोनों तरह के शब्द लिखे हैं और मूल शब्दों से बनने वाले पदबन्ध या उनके भिन्न रूप कभी-कभी केवल रोमन लिपि में दिये हैं। इससे विदित होगा कि जिस तरह के हिन्दी शब्दकोशों का चलन बाद में हुआ, वैसा हिन्दी कोश यह नहीं है। इसी तरह जॉन शेक्सपियर अपनी पुस्तक में रोमन और फारसी लिपियों का व्यवहार करते हैं, उनकी शब्द-सूची इन्हीं दोनों लिपियों में है, केवल पुस्तक के अन्त में दी हुई 'नक़्लों' के लिए उन्होंने देवनागरी और फारसी, दोनों लिपियों का व्यवहार किया है (अन्तिम तीन नक़्लें—18, 19, 20—केवल देवनागरी में है, शायद इसलिए कि इनकी भाषा हिन्दुस्तानी या उर्दू न होकर हिन्दुस्तानी या हिन्दी है)। फिर भी इस शब्द-सूची में सैकड़ों ऐसे शब्द हैं जो भारत सरकार के 'पारिभाषिक शब्द-सग्रह' में भी संकलित हैं।

जैसे फैलन के सामने तीन तरह के पारिभाषिक शब्द थे—अरबी, संस्कृत और हिन्दुस्तानी—वैसे ही जॉन शेक्सपियर ने कहीं अरबी, कहीं संस्कृत, कहीं हिन्दुस्तानी, कहीं इनमें से दो, कहीं तीनों के रूप दिये हैं। जैसे 'god' या 'deity' के लिए उन्होंने 'देव', 'सुर' और 'देवता'—केवल ये तीन शब्द दिये हैं, और ये तीनों हिन्दी-संस्कृत के हैं। 'space' के लिए 'अधर' और 'आकाश'—केवल दो शब्द दिये हैं और ये दोनों भी हिन्दी के हैं। 'Thing' के लिए 'चीज', 'शै', 'बस्त', 'दर्द'—चार शब्द भिन्न भाषा-परिवारों के दिये हैं। इसे शब्दावली-सम्बन्धी अराजकता कहा जा सकता है। किन्तु भिन्न भाषा परिवारों के ऐसे समानार्थी शब्दों का व्यवहार हमारे प्रदेश की विशेष ऐतिहासिक परिस्थितियों का परिणाम है। अन्य भाषाओं में ऐसे समानार्थी पारिभाषिक शब्दों का अभाव नहीं है। अंग्रेज़ी में अक्सर एक शब्द ऐंग्लो सैक्सन खानदान का मिलेगा और दूसरा उसी का प्रतिरूप लैटिन का। अंग्रेज़ी में लैटिन के तत्सम रूपों की जो गरिमा है, वह हिन्दी में संस्कृत रूपों की भी नहीं है। ग्रीक शब्दों के आधार पर तो नये शब्द भी गढ़ लेंगे जो देखने में अंग्रेज़ी के लगेंगे किन्तु लैटिन के आधार पर वह सीधे उस भाषा से तत्सम रूप उठा लेंगे। वनस्पति शास्त्र में इन तत्समों की आवभगत ज्यादा हुई है। हिन्दुस्तान में एक फल होता है जिसका नाम है इमली। अरबों ने जब पहले पहल इमली चखी तो उन्हें वह बहुत स्वादिष्ट मालूम हुई और उन्होंने समझा कि भारतवर्ष के सब फलों में

श्रेष्ठ इमली है। इसलिए उन्होंने उसका नाम रखा तमरे-हिन्द अर्थात् भारत का फल। यद्यपि अरबों ने जब भारत की इमली चखी, तब रोमन साम्राज्य का पतन हो चुका था और लैटिन किसी भी प्रदेश में बोलचाल की भाषा न थी, फिर भी उसका रोबदाब बना हुआ था और 'तमरे-हिन्द' लैटिन में 'तमरिन्द' हो गया। फिर अंग्रेज़ों ने दन्त्य व्यंजन हटा कर—लैटिन शब्द को अंग्रेज़ी ढंग से बोलते हुए—उसे सुसंस्कृत रूप दिया—टैमेरिंडस। अब मानो इस 'टैमेरिंड' में 'हिन्द' का प्रतिरूप 'इंड' पहले से विद्यमान न हो, उन्होंने उसमें 'इंडिका' और जोड़ा और पारिभाषिक शब्द-रचना हुई—'टैमेरिंडस इंडिका'। भारत के विद्वानों ने कहा—यह अन्तरराष्ट्रीय वैज्ञानिक शब्दावली है, इसे हिन्दी में ज्यों का त्यों स्वीकार कर लेना चाहिए। फलत: 'पारिभाषिक शब्द-संग्रह' में पहले रोमन अक्षरों में छापा—Tamarindus Indica; फिर उसे देवनागरी में लिखा—'टमेरिन्डस इन्डिका'। देवनागरी में उसे लिखने से उन्होंने सिद्ध किया, यह शब्द-रचना अन्तरराष्ट्रीय है और इसे पाठ्य-पुस्तकों में ज्यों का त्यों स्वीकार कर लेना चाहिए। इस 'टमेरिन्डस इन्डिका' का सम्बन्ध चिर-परिचित इमली से भी है, यह दिखाने के लिए उन्होंने ब्रैकेट में लिख दिया—इमली!

एक पेड़ का नाम है दलबेर्गिआ सिस्सो। कोश में उसका अर्थ छपा—'डलबर्जिया सिस्सो' (लैटिन में जकार नहीं है किन्तु अंग्रेज़ी की उच्चारण पद्धति अपनाते हुए रूप बनाया—डलबर्जिया), ब्रैकेट में लिखा (शीशम)। भारतीय शब्द केवल पाठक और लेखक की सहायता के लिए है, स्वीकृत शब्द केवल लैटिन वाला है। बहुत जगह कोशकारों ने ब्रैकेट में हिन्दी शब्द लिखने का कष्ट नहीं किया : 'natron' माने 'नेट्रॉन'! जॉन शेक्सपियर ने उसका भारतीय प्रतिरूप दिया—सज्जी। 'Capparis' माने 'कैपारिस', जॉन शेक्सपियर में—बरुन, बरना। कौन से शब्द ब्रैकेट में दिये जाएँ, कौन से नहीं, इस सम्बन्ध में 'पारिभाषिक शब्द-संग्रह' की कोई निश्चित नीति नहीं है। 'मेलिया एज़ेडरैक' के साथ 'बकायन' तथा 'मेलिया एजाडिरैक्टा' के साथ 'नीम'—ब्रैकेट लगाये बिना ही।

एक शब्द है port। इसके आगे हिन्दी के पारिभाषिक शब्द दिये हैं : 'पोर्ट, डाबा, वाया, पत्तन, बन्दरगाह'। अंग्रेज़ी शब्द शायद अन्तरराष्ट्रीय है, इसलिए उसे देवनागरी में लिखा : 'पोर्ट'; फिर चार हिन्दुस्तानी पर्याय भी दिये; जो शब्द पसन्द आए, लिखें। अराजकता दूर करने का यह भी एक ढंग है! और 'पोर्ट' शब्द रसायन-शास्त्र में भी व्यवहृत है, इसलिए, 'पोर्ट, डाबा' आदि के आगे लिखा : 'Chem.' (Glass) ईंधन द्वार, 'पोर्ट'। इसी तरह खेती के लिए शब्द लिया : tamarind; वनस्पति शास्त्र के लिए : 'Tamarindus Indica'। इस तरह न जाने कितने शब्दों और शब्दार्थों की आवृत्ति से इस शब्द-संग्रह को वृहदाकार बनाया गया है। एक पारिभाषिक शब्द है : 'following'। प्रशासन के

लिए इसका अर्थ है : 'निम्नलिखित'। इसके बाद किसी विषय के लिए लिखा है : 'Const.' और उसी following का पुन: अर्थ दिया है : 'निम्नलिखित'! कोश के आरम्भ में जहाँ संक्षिप्त संकेत शब्द दिये हैं, वहाँ यह 'Const.' नहीं है किन्तु कोश में अनेक शब्दों के आगे यह 'Const.' प्रस्थापित है। सम्भवत: वह संविधान (Constitution) के लिए है किन्तु कोश में जहाँ स्वयं Constitution दिया हुआ है, वहाँ उसके आगे कानून (Law), राजनीति (Pol. Sc.) का उल्लेख तो है, Const. का नहीं!

अंग्रेज़ी से एक शब्द लिया : 'fireclay'। रसायन शास्त्र के लिए लिखा : अग्नि-मिट्टी, अग्निसह मिट्टी। फिर इंजीनियरिंग के लिए उसी शब्द का अर्थ लिखा : आगरोक मिट्टी, तापसह मिट्टी। फिर भूगर्भ शास्त्र के लिए : अग्निसह मृत्तिका! अंग्रेज़ी में जहाँ एक शब्द से काम चलता था, वहाँ हिन्दी में तीन विषयों के लिए तीन तरह के शब्द गढ़े। और एक विषय के लिए अग्निसह 'मिट्टी' ठीक है, दूसरे के लिए अग्निसह 'मृत्तिका'! किसी शब्द को किसी विषय के अन्तर्गत क्यों रखा गया है, या उसी विषय तक क्यों सीमित रखा गया है, यह जानना कठिन है। 'कल्चर' शब्द वनस्पति, रसायन, औषध, जीवशास्त्र, इतिहास 'Const.' के अन्तर्गत है; किन्तु 'कल्चरल' केवल कृषि, इतिहास और 'Const.' के लिए सीमित है। gross earning केवल कानून में प्रयुक्त होगा; gross income केवल अर्थशास्त्र में।

यद्यपि 'पारिभाषिक शब्द-संग्रह' का प्रकाशन वैज्ञानिक लेखन में अराजकता से बचने के लिए किया गया है, किन्तु जितने पर्यायवाची शब्द यहाँ दिये गए हैं, उतने इस तरह के कोशों में कम मिलेंगे। जैसे एक शब्द है : 'soot'। इसके आगे किसी विषय का नाम नहीं लिखा—पर हिन्दी के चार प्रतिरूप दिये हैं—कज्जल, काजल, कजली, कालिख! तत्सम और तद्भव दोनों, पुल्लिंग और स्त्रीलिंग रूप, इनसे स्वतंत्र कालिख!

फैलन या जॉन शेक्सपियर के मन पर अंग्रेज़ी का वह आतंक नहीं है जो 'पारिभाषिक शब्द-संग्रह' के संकलनकर्ताओं और सम्पादकों पर है। वे अंग्रेज़ी और लैटिन शब्दों के हिन्दुस्तानी प्रतिरूप ही देते हैं, अपवाद रूप में ही जहाँ-तहाँ अंग्रेज़ी शब्द देते हैं, वहाँ भी हिन्दी उच्चारण के अनुसार। Steward के लिए 'पारिभाषिक शब्द-संग्रह' में 'स्ट्यूअर्ड' है, जॉन शेक्सपियर में है : 'इस्तूर या इस्तोर'। 'पारिभाषिक शब्द-संग्रह' न केवल लैटिन वरन् अंग्रेज़ी शब्दों को देवनागरी में ज्यों का त्यों स्वीकार कर लेता है किन्तु लल्लूजी लाल, शेक्सपियर और फैलन जैसे हिन्दी के साथ उर्दू रूप भी देते हैं, उस नीति से अधिकतर वह बचता है क्योंकि अब हिन्दी हिन्दी है, उर्दू उर्दू। फिर भी उसमें उर्दू के काफी शब्द हैं और कहीं-कहीं हिन्दी प्रतिरूप न मिलने पर केवल उर्दू का शब्द दे दिया गया है, जैसे

'फायरवर्क्स' के लिए 'आतिशबाज़ी'। अच्छा किया जो आतिशबाज़ी के लिए नया शब्द न गढ़ा किन्तु उन्होंने हिन्दी के सैकड़ों सुन्दर शब्द छोड़ दिये हैं जो पुराने कोश या शब्द सूचियाँ देखने से उन्हें मिल जाते या ज़रा ध्यान देने से उन्हें याद आ जाते। 'स्ट्यूअर्ड' के लिए लल्लूजी की सूची में शब्द है : 'भंडारी'। 'ईथर' के लिए सरकारी कोशकारों ने लिखा केवल 'ईथर' ; शेक्सपियर ने हिन्दी शब्द दिया : 'आकास'। twilight के लिए इन्होंने 'संध्या', 'संध्यालोक' और 'सांध्य प्रकाश' लिखा; जॉन शेक्सपियर को ही याद रहा 'गोधूलि', और गोधूलि के साथ 'मुँह अँधेरा'। ऐसे ठेठ हिन्दी-शब्द 'पारिभाषिक शब्द-संग्रह' के विद्वानों को कम याद आते हैं। inundation के लिए संमज्जन, आप्लावन और आप्लाव तीन रूप दिये; प्रचलित रूप 'सैलाब' नहीं दिया। जॉन शेक्सपियर ने उसे दिया है। 'ड्राई लैंड' के लिए शुष्क, भूमि, सूखा प्रदेश, शुष्क प्रदेश; इनके मुकाबले देखिए जॉन शेक्सपियर में अपना परिचित शब्द 'खुश्की'! 'पिग आइरन' के लिए जॉन शेक्सपियर के 'कचलोही' और 'मड' के लिए 'चहला' जवाब नहीं, फैलन के अविनासी, अभिषेक, अभ्यागत, आपा, अटक, उजागर आदि रूप अंग्रेज़ी पारिभाषिक शब्दों के समकक्ष हो सकते हैं, बहुतों को अब याद नहीं माता। 'स्कंधास्थि' के मुकाबले लल्लूजी का 'मोढा', 'शीत ज्वर' के मुकाबले उनका 'जूरी' (जूड़ी), 'गुंठन' के मुकाबले 'घूँघटपट, 'लटकन' (पेंडेंट) के मुकाबले उनका 'लोलक', 'बैकर' और 'महाजन' के बदले उनका 'रोकड़िया'—ऐसा लगता है, जैसे-जैसे पारिभाषिक शब्दों की संख्या बढ़ती है, हम हिन्दी शब्द भूलते जाते हैं।

उल्लेखनीय है कि जॉन शेक्सपियर की शब्द-सूची में और फैलन के शब्दकोश में सैकड़ों ऐसे शब्द हैं जो पारिभाषिक शब्द-संग्रह में होने चाहिए, पर नहीं हैं। इस शब्दकोश में एक काम यह भी किया गया है कि मूल शब्द अक्सर छोड़ दिया गया है, उसके साथ बनने वाले संयुक्त पद दिये हुए हैं। 'गेस्ट' शब्द नहीं है, 'गेस्ट हाउस' है! यह भी स्पष्ट कर देना उचित है कि यहाँ लगभग 500 शब्द केवल नमूने के तौर पर दिये गए हैं। पुराने कोशों और शब्द सूचियों में हिन्दी शब्दों के प्रतिरूप जो अंग्रेज़ी शब्द दिये गए हैं और जो 'पारिभाषिक शब्द-संग्रह' के लिए आधार माने गए हैं, उनकी संख्या बहुत बड़ी है। न केवल इनकी संख्या हमारी शब्द-सम्पदा का प्रमाण है वरन् उन रूपों में जितना हिन्दीपन है, उतना नये गढ़े हुए शब्दों में नहीं है। सन्तोष की बात इतनी है कि वे बहुत से पुराने शब्द इस 'पारिभाषिक शब्द-संग्रह' में दोहराये गए हैं।

निम्नलिखित सूची में अंग्रेज़ी शब्दों के वे सभी पर्याय जो कोशों और शब्द सूचियों में है, यहाँ उद्धृत नहीं किए गए। नमूने के तौर पर कहीं एक, कहीं एक से अधिक शब्द छाँट लिये गए हैं। दस-पाँच हजार शब्दों की आवृत्ति भी हो गई है।

शब्द सूची-1 (जॉन शेक्सपियर)

अंग्रेज़ी	हिन्दुस्तानी	पारिभाषिक शब्द-संग्रह
1. Heaven	स्वर्ग, आसमान,	आकाश
2. Atmosphere	आकास आसमान	वायुमंडल, वातावरण ऐटमासफियर
3. Sky	आकास, आसमान	आकाश, आसमान, नभ
4. Demon	असुर, देव	दानव
5. Mode	ढब, तौर	ढंग, प्रकार, रीति
6. Species	जिन्स, क़िस्म, जात	स्पिशीज, जाति, जात
7. Whole	जुमला, जमा, सब	पूर्ण, सम्पूर्ण
8. Part	हिस्सा, अंस, काण्ड, खण्ड, जुज़	अंश, अंग, भाग
9. Cause	सबब, मूजिव, कारन, बाइस	वाद, मामला, मुकदमा, केस, कारण
10. Nature	जात, प्रकृत, भाव	प्रकृति, स्वभाव, निसर्ग, स्वरूप
11. Essence	ज़ात, सत, जौहर	सत, सार, तत्त्व
12. Element	तत, ठिकाना	तत्त्व, अवयव
13. Destiny	लिखा, तकदीर, क़िस्मत	नियति, भवितव्यता
14. End	अन्त, आखिर, इन्तिहा	ध्येय, प्रान्त, अन्त, उद्देश्य, साध्य
15. Time	समय, काल, वक़्त	समय, काल
16. Space	अधर, आकास	देश, जगत, आकाश, अवकाश
17. Order	तदबीर, ढब, तरतीब	पद्धति, क्रम, व्यवस्था, आर्डर, श्रेणी, गण, आदेश
18. Number	संख्या, अदद, तादाद	संख्या
19. Form	सूरत, शक्ल	प्रपत्र, कार्य, रूप, आकृति
20. Matter	जौहर, माद्दा	विषय, द्रव्य, मामला, उपादान, विषयवस्तु
21. Body	जिस्म, बदन, काठी, देह	निकाय, पिंड, शरीर, देह
22. World	संसार, आलम, जहान, दुनियाँ	संसार, दुनियाँ, भूमंडल, विश्व
23. East	पूरब, मशरिक	पूरब, पूर्व, पूर्वदिशा, प्राची
24. West	पच्छम, मगरब	पश्चिम, प्रतीची
25. North	उत्तर	उत्तर
26. South	दखन, दक्खन	दक्षिण, दक्खिन
27. Spirit	रूह, नफ़्स, जान	सुरा, स्पिरिट, भावना
28. Life	हयात, जान, प्रान या परान	जीवन, प्राण, जान
29. Light	उजाला, नूर, जोत, रोशनाई [रोशनी]	प्रकाश, हलका, बत्ती

30. Darkness	अंधेरा	अंधकार
31. Heat	हरारत, तपन, गर्मी	मंद, ऊष्मा
32. Cold	ठंड, सर्दी, जाड़ा	ठंडक, सर्दी, शीत
33. Ether	आकास या अकास, असीर	ईथर
34. Fire	आग, आतश	फायर, गोलाबारी, आग
35. Air	हवा, पवन या पौन, बाओ	वायु, हुवा, वात
36. Earth	ज़मीन, मिट्टी, ख़ाक, भूम	भू, पृथ्वी, मिट्टी, मृत्तिका
37. Sun	सूरज, आफ़ताब	सूर्य
38. Moon	चाँद, माह, चन्दर	चन्द्र, चाँद, चन्द्रमा
39. New Moon	बालाचाँद, नया चाँद, हिलाल	अमावस्या, नवचन्द्र, प्रतिपदा चन्द्र, प्रतिपद् चन्द्र
40. Full Moon	पूनिम [पूनम], पूरनमासी	पूर्णिमा, पूर्णमासी, पूर्णचन्द्र, पूरा चाँद
41. Star	तारा, सितारा, नज़्म	तारक, तारा
42. Constellation	अख़्तर, कौकब	राशि, तारा मंडल
43. Planet	सैयारा	ग्रह
44. Saturn	सनीचर	शनि
45. Jupiter	ब्रिहस्पत, मुश्तरी	बृहस्पति, गुरु
46. Mars	मंगल	मंगल
47. Venus	सुक्र, सूक ज़ुहरा	शुक्र, वीनस
48. Mercury	बुध	पारा, बुधग्रह
49. Comet	झाड़ू, केत, दुम का तारा	धूमकेतु, पुच्छल तारा
50. Meteor	शिहाब	उल्का
51. Zodiac	रास चक्र	राशिचक्र
52. Sign of Zodiac	रास, बुर्ज	राशि
53. Aries	मेख	मेष
54. Gemini	मिथुन	मिथुन
55. Taurus	ब्रिख	बृषभ
56. Cancer	कर्क	कर्क, कर्कट, कैंसर
57. Leo	सिंघ	सिंह
58. Virgo	कनिया	कन्या
59. Libra	तुला	तुला
60. Scorpio	बिच्छू	वृश्चिक
61. Sagittarius	धन या धुन	धनु
62. Capricornus	मकर	मकर
63. Aquarius	कुम्भ	कुम्भ
64. Pisces	मीन	मीन

65.	Galaxy	कहकशां	मन्दाकिनी, आकाशगंगा
66.	Zenith	सम्तुर्रास, सन्तुन्नजर	खमध्य, शिरोबिन्दु
67.	Nadir	नजीरुस्सम्त	पादबिन्दु अधोबिन्दु
68.	Eclipse	गहन	ग्रहण
69.	Rainbow	क़ौसेकुजह, बोरो	इन्द्रधनुष
70.	Cloud	बादल, मेघ, अब्र	मेघ, बादल
71.	Rain	मेंह, बारिश	वर्षा
72.	Shower	झड़ी, दौंगड़ा	बौछार, फुहारा
73.	Mist	कोहरा, कुहासा	कुहासा, कोहरा, पन्नता, धुआँ
74.	Fog	कोहरा, कुहासा	कुहरा
75.	Vapour	गुबार, बुखार, भाप, बाफ	वाष्प
76.	Lightning	बिजली, बर्क	—
	Lightning-Conductor	—	तड़ित-संवाहक
77.	Thunder	गर्ज	गरज, मेघगर्जन
78.	Dawn	पोह (पौ), तड़का, भोर, अरुन, सुबह	उषाकाल
79.	Twilight	गोधूलि, शफक़, मुहँ अँधेरा	संध्या, संध्यालोक, सांध्य प्रकाश
80.	Flame	शुअला (शोला), आँच	शोला, ज्वाला
81.	Flash	लहक, भभक, चमक	कौंध, चमक, दमक
82.	Spark	चिनगारी, चिनगी	स्फुलिंग, चिनगारी
83.	Smoke	धुआँ, धूम	धूम, धुआँ
84.	Soot	सँवरा, कालिख	कज्जल, काजल, कजली कालिख
85.	Ashes	राख, छार, भसम	—
	Ash	—	भस्म, राख
86.	Cinders	कोयला, अंगारा	—
	Cinder	—	सिंडर, जला कोयला, अंगार
87.	Embers	भूभल, अंगारा	—
	Ember	—	अंगार
88.	Fireworks	आतशबाज़ी	आतिशबाज़ी
89.	Firewood	ईंधन	ईंधन
90.	Coal	कोयला	कोयला
91.	Charcoal	कोयला	काठकोयला, कोयला, लकड़ी का कोयला
92.	Wind	बाओ, बाद, हवा	पवन, वात, हवा, वायु
93.	Gale	आँधी, तूफान, झक्कड़	झंझा, झक्कड़
94.	Storm	आँधी, तूफान, झक्कड़	तूफान, प्रवात, झंझावात

95. Squall	आँधी, तूफान, झक्कड़	प्रचंडवात, वाताहति, झक्कड़
96. Hurricane	आँधी, तूफान, झक्कड़	प्रभंजन, हरीकेन
97. Whirlind	गर्दबाद, बगूला, बवंडर [बगूला]	वात्या, वातावर्त, बबूला]
98. Gust	झकोरा, झोका, फूँक	झोंका, निर्घात
99. Blast	झकोरा, झोका, फूँक	झकोरा, झोंका
100. Breeze	झकोरा, झोका, फूँक	समीर केरी, झड़प
101. Drop	बूँद, खतरा, टपका	बूँद, पात
102. Bubble	बुलबुला, बुल्ला, हुबाब	बुलबुला, बुद्‌बुदा, बुद्‌बुद
103. Foam	फेन, कफ	फेन, झाग
104. Froth	फेन, कफ	झाग
105. Scum	फेन, कफ	मैली, मली, खादी, छादन
106. Dew	ओस, शबनम, सीत	ओस
107. Frost	पाला, ठार	तुषार, पाला
108. Hoar frost	पाला, ठार	तन्तु-तुषार
109. Snow	बर्फ, पाला, ठार	हिम, बर्फ
110. Hail	ओला	ओला, उपल
111. Ice	बर्फ	बर्फ, हिम
112. Wave	मौज, लहर	तरंग, रेला, लहर, आवेग
113. Ocean	समुन्दर, समुद्र	महासागर
114. Sea	समुन्दर, सागर	सागर, समुद्र
115. Lake	झील, सरवर, तालाब, पोखर	झील, सरोवर
116. Bay	कोल, बहर, ख़लीज	खाड़ी
117. Gulf	कोल, बहर, खलीज	खाड़ी, खलीज, आखात
118. Creek	कोल	निवेषिका, गदर, सकरी साड़ी
119. Cove	कोल	कोव, लघुनिवेषिका
120. Abyss	क़अर, गिरदाब, लुज्ज	वितल
121. River	नद्दी, दरया, रूद, सरता	नदी
122. Canal	नहर, नाला	कुल्या, नहर, नाल
123. Brook	नहर, नाला	सोता, नाली
124. Rivulet	नहर, नाला	अल्पनदी, अल्पस्त्रोत, नाला, उपनदी
125. Pool	कुन्ड, तालाब	निकाय, कुल, ताल, पूल
126. Pond	कुन्ड, तालाब	ताल, तलैया
127. Inundation	सैलाब	संमज्जन, आप्लावन, आप्लाव
128. Vortex	भँवर, गिरदाब	भ्रमिल, आवर्त्त
129. Whirl pool	भँवर, गिरदाब	भँवर

130. Eddy	भँवर, गिरदाब	भँवर, भँवर धारा, जलघुमर
131. Harbour	बन्दर	टिकने का स्थान, बन्दरगाह
132. Port	बन्दर	डाबा, पोर्ट, बाया, पत्तन, बन्दरगाह
133. Tank	तालाब, सरवर, हौज़	टैंक, टंकी, हौज़, कुंड
134. Quagmire	दलदल, पाँक, धसन	दलदल
135. Bog	पांक, दलदल	दलदल, पंक
136. Fen	झाबर, मड़ू	दलदल
137. Marsh	झाबर, मड़ू	दलदल
138. Spring	चश्मा, सोता, कुन्ड	स्प्रिंग, सोता, चश्मा
139. Well	कूआ, चाह, इन्दरा, बाओली	कूप, कुआँ
140. Pit	चाह	गढ़ा, गर्त
141. Ditch	खाई, खन्दक	खाई
142. Moat	खाई, खन्दक	खाई, परिखा
143. Shore	तीर, किनारा, लब, साहिल	तीर, तट
144. Coast	तीर, किनारा, लब, साहिल	समुद्र तट
145. Bank	तीर, किनारा, लब, साहिल	बैंक, तट, किनारा, कूल
146. Land	भूम, मिट्टी या मट्ठी, ज़मीन, बूम	भूमि, भू, ज़मीन, स्थल, प्रदेश
147. Ground	भूम, मिट्टी या मट्टी, जमीन, बूम	थल, भू, भूमि, जमीन
148. Soil	भूम, मिट्टी या मट्टी, जमीन, बूम	मिट्टी, मृद, भूमि
149. Dry land	खुश्की (in opposition to तरी, water)	शुष्क भूमि, सूखा प्रदेश, शुष्क प्रदेश
150. Island	टापू, दीप, जज़ीरा	द्वीप
151. Peninsula	जज़ीरा, दीप	प्रायद्वीप
152. Plain	मैदान, मुसत्तह	निर्दोष, मैदान, भूमि
153. Level	मैदान, मुसत्तह	सपाट, समपृष्ठ, समतल, चौरस
154. Field	खेत, मैदान	खेत, क्षेत्र, मैदान
155. Park	रमना, शिकारगाह	पार्क, पार्क करना, खड़ी करना
156. Mountain	पहाड़, पर्वत	पर्वत, पहाड़
157. Hill	टीला, पहाड़ी	पहाड़ी
158. Hillock	टीला, टेकड़ा, टेकरी	उपागिरि
159. Rock	सिल, पहाड़, कोह	चट्टान, शैल
160. Stone	पत्थर, संग, फत्तर	पत्थर, पाषाण, प्रस्तर
161. Pebble	संगरेज़ा, गोल संगरेज़ा	गुटिका, गिट्टी, बटिया, कंकड़, बज़री
162. Gravel	पत्थरी, कंकर	कंकड़, बजरी
163. Grit	पत्थरी-कंकर	कंकरी, गिट्टी
164. Sand	रेत, बालू, रेग, रम्ल	रेत, बालू, सिकता

165. Loam	मिट्टी या मट्टी	दुमट
166. Clay	गिल, चिकनी मिट्टी	मटियार, चिकनी मिट्टी, मृत्तिका
167. Chalk	खड़ी या खड़ी मिट्टी, छुई	चाक, खड़िया
168. Mud	कीचर, कीच, चहला या चिहला, पाँक	गारां, पंक
169. Dust	धूल, धूर, गर्द	धूल, धूलि, बुकनी, चूर्ण
170. Clod	ढेला, डला, पिंडा	ढेला
171. Metal	धात	धातु
172. Mineral	धात	खनिज
173. Gold	सोना, जर, कंचन	सोना, स्वर्ण
174. Silver	रूपा, चाँदनी	रजत, चाँदी
175. Tin	कलई, राँगा	टीन, वंग, त्रपु, कलई
176. Copper	ताँबा	ताँबा, ताम्र
177. Brass	पीतल	पीतल
178. Pewter	जस्त, रूप जस्त, राँगा	प्यूटर
179. Lead	सीसा	सीस, सीसा
180. White lead	सफेदा	सफेदा
181. Red lead	सेंदूर, ईंगुर	रक्त सिंदूर, सिंदूर
182. Black lead	काली मिट्टी	ग्रेफाइट, लिखिज
183. Iron	लोहा, आहन	लोह, लोहा
184. Untempered	कचलोही	—
iron	—	—
Pigi ron	—	कच्चा लोहा
185. Steel	फूलाद या फौलाद	इस्पात, फौलाद
186. Zinc	दस्ता	जस्ता, यशद, जस्त
187. Lapis lazuli	लाजवर्द	लाजवर्द, लाजवर्त
188. Mercury	पारा	पारा, पारद
189. Salt	लोन, नमक, लोन	लवण, नमक
190. Saltpetre	शोरा	सुवर्चल, शोरा
Nitre	शोरा	कोरा, नाइटर, यवक्षार
192. Brimstone	गोगिर्द, किब्रीत	गंधकाश्म
193. Sulphur	गोगिर्द, किब्रीत	गंधक
194. Alum	फिटकरी	फिटकरी
195. Amber	कहरुबा[1]	ऐम्बर, तृण-मणि
196. Lime	चूना	चूना

1. पारिभाषिक शब्द संग्रह में 'कहरुया' को amethyst का पर्याय माना गया है।

197. Marble	मर्मर, संगमर्मर	संगमरमर, मारबल
198. Alabaster	रुख़ाम	सिलखड़ी, अलाबास्टर
199. Porphyry	संगेसुमाक़	पोरफाइरी
200. Ochre	पीली मिट्टी, गेरू	गेरू, गैरिक
201. Magnet	चुम्बक	चुम्बक
202. Loadstone	चुम्बक	चुम्बक पत्थर
203. Gem	रतन, मन	रत्न, मणि
204. Ruby	मानिक	माणिक, लाल
205. Garnet	याकूत	रक्तमणि, गार्नेट, तामड़ा
206. Carbuncle	शबे चिराग़	—
207. Emerald	पन्ना	पन्ना, मरकत
208. Sapphire	नीलम, नीलमनि	नीलमणि, नीलम
209. Topaz	पुखराज़	पुखराज, पुष्पराज
210. Turquoize	फीरोज़ा	फीरोज़ा
211. Beryl	फीरोज़ा	वैदूर्य, बेरिल
212. Amethyst	जुबलकूम	अमेथिस्ट
213. Agate	संगेसुलेमानी	ऐगेट, गोमेद, अक़ीक
214. Onyx	संगेसुलेमानी	सुलेमानी, अलेमीनी, जेजपाती
215. Jasper	संगेयश्म	जैस्पर, सूर्यकान्त
216. Opal	दूधिया पत्थर (?)[1]	उपल, दूधिया पत्थर, ओपल
217. Cornelian	अक़ीक	—[2]
218. Corundum	कुरड	कुरु बिन्दु, कोरंडम
219. Crystal	बिल्लौर, फटक	मणिभ, क्रिस्टल, स्फटिक
220. Glass	शीशा, काँच	कांच, शीशा
221. Talc	तल्क, भूड़ल, होड़ल	टैल्क, तालक, सेलखड़ी
222. Arsenic	ज़रनीख़, मम्मुलफ़ार	आर्सेनिक, संखिया
223. Orpiment	हरताल	हरताल
224. Cinnabar	शंगर्फ, दर्दर	सिंगरफ, हिंगुल
225. Vermilion	शंगर्फ, दर्दर	सिंदूर
226. { Vitriol	—	कासीस
Blue vitriol	तूतिया	
227. Naphtha	नफ़्त या निफ़्त	नैफ्था
228. Natron	सज्जी	नेट्रॉन

1. प्रश्नवाचक चिह्न जॉन शैक्सपियर ने ही लगाया है।
2. 'पारिभाषिक शब्द संग्रह' में 'अक़ीक' agate का पर्याय है।

229.	Tree	दरख़्त, पेड़, गाछ, झाड़	वृक्ष, पेड़
230.	Shrub	झाड़, झाड़ी, बूटा	झाड़ी, क्षुप
231.	Herb	नबात	शाल, बूटी, हर्ब
232.	Oak	बलूत	बांज, शाह बलूत, बंजु
233.	Chestnut	शाह बलूत	पांगर, चेस्टनट
234.	Cedar	सर्व	सीडार, देवदारु
235.	Cypress	सर्व	सरु
236.	Fir	सनोवर	—
237.	Pine	सनोवर	चीड़
238.	Willow	वेद	—
239.	Poplar	चनार	पहाड़ी पीपल
240.	Teak	सागौन, सागवान	टीक, सागौन
241.	Bassia latifolia	महुआ	—
242.	Mesua ferrea	नाग केसर	—
243.	Nauclea orientalis	कदम या कदम्ब	—
244.	Xanthyocymus pictorius	तमाल	—
245.	Dalbergia sisso	सीसू	डल्बर्जिया सिस्सो (शीशम)
246.	Lagerstroemia regina या flos regina	जारल	
247.	Mango	आम, आँव	आम, अम्ब
248.	Embryopteris glutinifera	गाब	—
249.	Melia azedirachta	नीम, नींब	मेलिया एजाडिरैक्टा, नीम
250.	Melia sempervirens	बकायन	—
251.	Melia azedarach	—	मेलिया एजेडरैक, बकायन
252.	Michelia champaca	चम्पक	माइकेलिया चम्पका (चम्पा)
253.	Crataeva tapia या capparis trifoliata	बरुन, बरना	—
	Capparis		कैंपारिस
254.	Narcissus	नर्गिस	नारसिसस, नरगिस
255.	Amyris agallocha	गूगल	—
256.	Mimosa arabica	बबूल	—
257.	Mimosa natans	रूठनी, लजालू	—

258.	Mimosa Pudica	लजालू	माइमोसा प्यूडिका, लज्यावती, छुई मुई
259.	Mimosa scandens	गेला	—
260.	Mimosa scris	सिरिस	—
261.	Mimosa suma	समी	—
262.	Dillenia indica	चलता	—
263.	Echyttes carophyllata	मालती	—
264.	Shorea robusta	साल, शाल	—
265.	Ficus glomerata	उदुम्बर	फाइकस ग्लोमीरेटा (गूलर)
266.	Ocimum sanctum	तुलसी, बृन्दा	ओसिमम सैंक्टम (तुलसी)
267.	Ficus indica	बट, वड़	—
	Ficus benghalensis		फाइकस बंगालेन्सिस (बट)
268.	Neriumodorum	कनेर	नीरियम ओडोरम
269.	Ficus religiosa	पीपल	फाइकसरिलीजियोसा (पीपल)
270.	Ficus venosa या infectoria	पाकड़	पाइकस इन्फेक्टोरिया (पाकर)
271.	Zizyphus jujuba	बेरी	ज़िज़िफस जुजूबा (बेरी)
272.	Laurus cassia, cassia या Wild cinnamon	तज [तेजपात]	—
	Cinnamomum tamala	—	सिन्नामोममतमाला (तेजपात)
273.	Nelumbium speciosum	पदम, कमल	नीलम्बियम स्पीसीओसम (पंकज, कमल)
274.	Prow	माथा सिर, माँग	—
275.	Stern	दबूसा, पिच्छिल	ढबूसा, पिच्छल
276.	Poop	छतरी	वराम, पूप
277.	Deck	तख्ता, मंजिल, तूतक	डेक, तूतक, अर्श
278.	Mast	दोल, मस्तूल	मस्तूल, डोल
279.	Afore	आगिल, आगल	—
280.	Aft	पिच्छिल, पिछवारा	पीछे, पिछला
281.	Astern	पिच्छिल, पिछवारा	पिछाड़ी, पीछे
282.	Amidships	बीचोबीच, बीच में	पोत-मध्य
283.	Anchor	लंगर, नंगर	लंगर
284.	Ballast	नीरम, लीलम, निलाम	नीरम
285.	Shoal	चर, ख़राबा	बालूचरा

286.	Boatswain	बोसमान, सरहंग	बोसुन, डेक-सेरांग
287.	Cable	हमार (पुर्तगाली 'अमर्र' से)	केबल, तार, ज़ंजीर
288.	Cargo	बोझाई, भर्ती, बार	नौभार, माल
289.	Colours	बावटा, निशान	—
290.	Cook	भंडारी, बावर्ची	
	Cook-cum-bearer	—	रसोइया-बैरा
291.	Sentry	संत्री	सन्तरी
292.	Compass	हुक्का, कम्पास	दिक्सूचक, कुतुबनुमा, कम्पास
293.	Crew	लस्कर	कर्मीदल, कार्मिक टोली
294.	Dock	गोदी	गोदी, डाक
195.	Formast	त्रिकत (या तिरकत) दोल	अगला मस्तूल, तिरकट डोल
296.	Foresail	त्रिकत	तिरकट, अगला पाल
297.	Quarter gallery	कन्दील	—
268.	Gunnel	मेज़ या मेंच	गनेल
299.	Hoy	मछवा	—
300.	Hell	मुंडा जहाज़, लुंडा मुंडा जहाज	हल, खोखु, खोल, बारद
301.	Keel	पथान, एराब	पठाण, गुंजक, कील
302.	Quay	दंका, बांधेला घाट, पक्काघाट	घाट, धक्का, की
303.	Larboard	दावा बूर्दू	—
304.	Light house	कन्दीलिया, बत्ती का मूनारा	जलदीप, दीपघर, प्रकाश स्तम्भ
305.	Mallet	मोगरी, मोंगरी	घन, मूगरी, मोगरी, मोगरा
306.	Paddle	हाथ हलेसा, चमचा	पैडल, छोटा चप्पू
307.	Pitch	दामर, पिछ	डामर
308.	Quick send	चोर बालू, दलदल ज़मीन	बलुआदलदल, चोर रेत
309.	Raft	परांचा, त्रापा	बेड़ा, तरापा
310.	Shipwright	जहाज का मिस्त्री	पोतकार, पोतशिल्पी
311.	Slack water	नरम पानी	नरम पानी
312.	Steward	इस्तूर या इस्तोर	स्ट्यूअर्ड
313.	Starboard	जमना बुर्दू, ऊजा बुर्दू	जमना
314.	Stowage	ख़माल, समाल	नौभाड़ा, नौभरण
315.	Strait	गाला, खुच	जल सन्धि
316.	Tide	धार, पानी का तान	ज्वार
317.	Tiller	बकरा	पतवार, कर्णदंड
318.	Wharf	घाट, धका	घाट
319.	Windlass	चीनाई दौड़, धीगली	बेलन चर्खी
320.	Wreck	खोखरा, खाखेरा, टूटेला, जहाज़	नष्ट पोता, नष्टि

शब्द-सूची-2 (फैलन)

हिन्दी	अंग्रेज़ी	पारिभाषिक शब्द संग्रह
1. अबिध	Irregular	अनियमित, असमाकृति
2. अविद्या	Ignorance	अनभिज्ञता
3. अबरक, अभ्रक, अबीर	Mica	अभ्रक
4. अबिनासी	Immoral	—
—	Immortality	अविनाशिता, अमरता
5. आबनूस	Ebony	—
	Ebony Edge	आबनूसी धार
6 उभार	Swelling	—
	Swell	उभार
7. अभाओ	Annihilation	सत्यानाश
8. अभिप्राय	Intention	अभिप्राय, आशय
9. अभिधान	Dictionary	—
10. अभिषेक	Initiation	दीक्षा
11. अभिलाषा		
अभिलाषा	Desire	इच्छा, कामना
12. अभिमान	Pride	गर्व
13. अभिन्न	Integer	पूर्ण संख्या
14. अभ्यास	Practice	व्यवहार, अभ्यास
15. अभ्यागत	Guest	
	Guest house	अतिथि गृह
16. अबीज	Seed that will not germinate	—
	Seedlessness	अबीजधारिता
17. आपरूप	Rare	विरल
18. आपा	Self	स्व-, आत्मा, स्वत:
19. अपादान	Ablative	
	Ablation	अपादान
20. उपास	Fast	उपवास
21. उपासना	Worship	उपासना, पूजा

22. उपज	Produce	उपज, माल, उत्पत्ति
23. उपजाऊ	Fertile	उर्वर, उपजाऊ
24. अपरस	Leprosy	महाकुष्ठ, कोढ़
25. उत्तरा	North wind	उत्तरी हवा
26. उत्तरायण	Summer solstice	उत्तरायणान्त, कर्क संक्रान्ति
27. अतिसार	Dysentry	पेचिश, प्रवाहिका
28. अटक	Obstruction	अड़ंगा, रुकावट
29. अटकल	Estimate	प्राक्कलन, अनुमान, अन्दाज़ा,
30. अटल	Immovable	अचल, स्थावर
31. जाति	Race	जाति, रेस
32. उजागर	Luminous	ज्योतिष्मान
33. अजगुत	Precocity	अकाल प्रौढ़ता
34. अजोत	Wasteland	विलक्षणता
35. उच्चारण	Articulation	उच्चारण
36. अचर	Stationary	अचल, स्थावर
37. अच्छर, अक्षर	Letter	
	Lettering	अक्षर लेखन
38. अछरौटी	Orthography	—
	Orthographic projection	लम्बरेखी प्रक्षेप
39. उद्यम	Labour	श्रम
40. अदोख, अदोष	Innocent	निर्दोष, निष्पाप
41. अधर	Interval; the space between earth and sky	अन्तराल, मध्यावकाश, इंटरवल
42. अधिराज	Sovereign	सम्पूर्ण प्रभुत्व सम्पन्न, अधिराट्
43. अधिकार	Right	अधिकार
44. अधिमास	An intercalary month formed of the aggregate days omitted in reckoning the lunar year	—
	Intercalry	मध्यनिविष्ट
45. आरी	Saw	आरा, आरी
46. अरंड, अंडी, रेंड, एरण्ड	Castor	एरंड, अंडी, रेंडी

47. अरदास	Petition	याचिका, अर्जी
48. असत	False	मिथ्या, कूट, नकली
49. अस्थापन, थापन, स्थापन	Establishment	स्थापन
50. आसन	Posture	आसन
51. आपद्	Disaster	विनाश, घोर विपत्ति
52. आक	Calotropis gigantia	कैलोट्रोपिस जाइगैन्शिया (बड़ा मदार, बड़ा आक)
53. अकरा	Vicia sativa	विशिया सैटाइवा
54. आकृति	Figure	आकृति
55. अखंड	Indivisible	—
	Indivisibility	अविभाज्यता
56. अगस्ति	Canopus	अगस्त्य, कैनोपस
57. अगोचर	Imperceptible	दुग्राह्य
58. आलाप	Modulation	मूर्च्छना
59. अवाती	Approach	पहुँच
60. आँत	Intestine	आंत्र, आँत
61. इन्द्री	Sense	इन्द्रिय
62. अण्डकोश	Scrotum	अण्डकोश
63. अंगारा	Cinder	अंगार
64. आनन्द	Bliss	आनन्द
65. ओप	Bright	कान्ति, द्युति, दीप्ति
66. अवस्था	Condition	स्थिति, अवस्था
67. एलवा	Aloe	एलो
68. मुसब्बर	Aloes	मुसब्बर
69. परमार्थ (मुक्ति)	Salvation	निस्तार, परित्राण
70. प्रमाण	Proof	प्रमाण
71. परिवाह	Inundation	आप्लावन
72. पगुराना	Chew	—
	Chewing	चर्वण
73. पल	Moment	क्षण, पल
74. पलातक	Fugitive	भगोड़ा, फरार

75.	पिंजर, पंजर	Skeleton	ढाँचा, अस्थिपंजर
76.	पोनी	Skein	लच्छी
77.	फिटकरी	Alum	फिटकरी
78.	फेफड़ा	Lung	फुफ्फुस, फेफड़ा
79.	ताप	Fewer	ज्वर, बुखार
80.	ताड़	Palmyra palm	पनई, ताड़
81.	तालमखाना	Solanum indicum	सोलैनम इंडिकम (बड़ी कटेरी)
82.	तालू	Palate	तालु
83.	तृष्णा	Desire	इच्छा, कामना
84.	तुसार	Frost	तुषार, पाला
85.	संकल्प	Vow	व्रत
86.	संकेत	Gesture	इंगित
87.	सन्धि	Conjunction	योग[1]
88.	सिवैयाँ	Vermicelli	सिंवई
89.	शासन	Punishment	दंड, सज़ा
90.	शिरा	Vein	शिरा
91.	शिष्टाचार	Etiquette	शिष्टाचार
92.	कांड	Chapter	अध्याय
93.	कर, खिराज	Tribute	कर
94.	कर, खिराज	Impost	महसूल
95.	मलीन, मलिन	Dull	मन्द, मलिन
96.	कोटिस्पर्द्धिनी (साथ छूती लकीर)	Cotangent	कोटिस्पर्शज्या
97.	छूतीलकीर	Tangent	स्पर्श रेखा
98.	हुन्डी	Draft	धनादेश, ड्राफ्ट
99.	कपाल	Skull	कपाल
100.	कनेर	Nerium odorum	नीरियम ओडोरम[2]

1. 'पारिभाषिक शब्द-संग्रह' में सन्धि Conjunction के लिए नहीं है; juncture शब्द दिया नहीं गया; junction का अर्थ है—जंकशन, संगम, मेल; पर thermo-electric junction का हिन्दी पर्याय है—ताप वैद्युत सन्धि और vacuo-junction का शून्यक-सन्धि।
2. कनेर nerium oleander के साथ है।

शब्द-सूची-3 (लल्लूजी लाल)

हिन्दी	अंग्रेज़ी	पारिभाषिक शब्द संग्रह
1. प्रारब्ध	Destiny	नियति
2. सृष्टि	Creation	सृजन, सृष्टि
3. मंडल	Halo	प्रभामंडल
4. ग्रह	Planet	ग्रह
5. मंगल	Mars	मंगल
6. राहु	Ascending Node	राहु
7. केतु	Descending Node	केतु
8. विषुपद	Vernal equinox	वसन्तु-विषुव
9. हरिपद	Autumnal equinox	शरद्-विषुव
10. रास	Sign	राशि
11. भौचाल	Earthquake	भूचाल
12. परमानु	Atom	परमाणु, ऐटम
13. थाह	Ford	पाँवतार, पाँझ, घाट
14. घाट	Ferry	घाट
15. तराई	Marsh	दलदल
16. ताप	Heat	ऊष्मा
17. गोद लेना	Adoption	गोद लेना
18. कुपूत	Bastard	जारज
19. जार	Paramour	जार
20. सुरैत	Concubine	उपपत्नी, रखैल
21. नस	Nerve	तंत्रिका
22. नारी	Pulse	नाड़ी
23. भेजा	Brain	मस्तिष्क, मगज, दिमाग़
24. मोंढ़ा	Shoulder blade	स्कंधास्थि
25. टूंडी	Navel	नाभि
26. पेडू	Abdomen	उदर, पेट
27. चड्डा	Grain	चड्डा
28. पोरुआ	Knuckle	उंगली की गाँठ, टोला
29. कोठा	Stomach	जठर, आमाशय

30. कलेजा	Liver	यकृत, जिगर
31. तिल्ली	Spleen	प्लीहा, तिल्ली
32. पित्ता	Gall bladder	पित्ताशय
33. गर्भस्थान	Womb	गर्भाशय
34. पित्त	Bile	पित्त
35. हकला	Stammering	स्खलित उच्चारण, हकलाना
36. चुप्पी	Silence	ख़ामोशी, नीरवता
37. पचाव	Digestion	पाचन
38. ज्ञान	Sense	ज्ञान
39. स्तम्भ	Apoplexy	रक्त मूर्च्छा
40. नाली	Fistula	—
	Fistular	नलिकाकार
41. प्रमेह	Gonorrhoea	गोनोमेह, सुज़ाक
42. अर्द्धांग	Palay	संस्तम्भ, फालिज़
43. बात	Gout	गाउट
44. कमला	Jaundice	कामला, पीलिया
45. संग्रहनी	Diarrhea	अतिसार, दस्त की बीमारी
46. सीतला (चेचक)	Small pox	चेचक
47. ताप	Fever	ज्वर, बुखार
48. जूरी	Ague	शीतज्वर
49. मरी	Plague	प्लेग, ताऊन
50. वमन	Emetic	वमनकारी
51. फंकी	पाउडर	पाउडर, चूर्ण
52. मात्रा	Dose	मात्रा, खुराक
53. चंगा	Cure	रोग मुक्ति; चिकित्सा
54. चतुष्पद	Quadruped	चतुष्पाद
55. घेंटा	Pig	सुअर
56. खच्चर	Mule	खच्चर
57. पाठा पठिया	Kid	मेमना
58. छिपकली	Lizard	गोधिका, छिपकली
59. सेई	Porcupine	सेह
60. गिरगिट	Chameleon	कैमीलियन, कृकलास

61. कलगी	Comb	कलगी, छत्ता
62. मछली की काँप	Fin	पंखड़ा, पख (पंख?) वाज
63. कांसा	Bell-metal	घंटा-धातु
64. पौलाद	Steel	इस्पात, फौलाद
65. पारा	Quick silver	पारा, पारद
66. कसौटी	Touch stone	कसौटी, निकष
67. चूनी	Ruby	माणिक्य, लाल
68. मानिक	Amethyst	अमेथिस्ट
69. पन्ना	Emerald	पन्ना, मरकत
70. पुखराज	Topaz	पुखराज, पुष्पराज
71. नीलम	Sapphire	नीलमणि, नीलम
72. पीरोजा	Turquoise	फीरोज़ा, टरकोइज़
73. मूँगा	Coral	प्रवाल, मूँगा
74. पाट	Silk	रेशम, पट्ट
75. घूंघट पट	Veil	गुंठन
76. पटका	Girdle	मेखला, रशना
77. लोलक	Pendant	लटकन
78. हाजरी	Breakfast	नाश्ता, प्रातराश, कलेवा
79. कलेऊ	Tiffin }	—
	Tiffin room }	टिफिन कमरा, जलपान कमरा
80. भूसी	Bran	चोकर, भूसी
81. मलाई	Cream	क्रीम, मलाई
82. छाछ	Butter milk	छाछ, तक्र, मट्ठा
83. तन्दूर	Oven	भट्ठी, चूल्हा, तंदूर
84. घुड़साल	Stable	अस्तबल
85. भंडारी	Steward	स्ट्यूअर्ड
86. टूसी	Bud	कली, कलिका, मुकुल
87. सुहागा	Borax	बोरेक्स, सुहागा
88. पलटा	Barter	वस्तु-विनिमय
89. निकासी	Export	निर्यात
90. अवाई	Import	आयात
91. रोकड़िया	Banker	बैंकर, महाजन

92. हार	Pasture	चरागाह
93. बुवाई	Sowing	बोना, बुवाई
94. भाड़ा	Rent	भाड़ा, लगान
95. सिल्प	Manufacture	निर्माण, विनिर्माण
96. सिल्पी	Manufacturer	विनिर्माता
97. समसूत्र	Parallel	समान्तर
98. समकोण	Square	वर्ग
19. पंचास्त्र	Pentagon	पंचभुज
100. परिनाह	Latitude	अक्षांश, अक्षान्तर

[15]

मिर्ज़ा खाँ ने अपने ब्रजभाषा व्याकरण में अधिकतर पारिभाषिक शब्द ब्रजभाषा या हिन्दी के दिये हैं। क्रिया उनकी पुस्तक में 'कर्तब' है, संज्ञा—सम्पादन; कर्म—'किर्त' (अर्थात् कृत)। पूर्णभूत के लिए वह 'किर्या' (अर्थात् क्रिया) का प्रयोग करते हैं। 'कर्ता', 'भूत', 'वर्तमान', 'भविक्ख (भविष्य) आदि रूप वैसे ही हैं, जैसे आज की हिन्दी में। इनके साथ 'सम्भाव किर्या', 'असम्भाव किर्या, 'भाव किर्या', 'अनभाव किर्या' आदि पारिभाषिक शब्दों का व्यवहार करते हैं। स्वीकारात्मक क्रिया 'भाव' है, अस्वीकारात्मक 'अनभाव'। स्वीकारात्मक भूत 'संभाव, है, अस्वीकारात्मक भूत 'असंभाव'। कर्ता 'स्वाधीन' होता है, 'पराधीन' भी। तीन लिंग होते हैं—'पुलिंग', 'अस्त्री लिंग' और 'निपुन्सक लिंग'। वाक्य को 'पद-बिर्त' (पदवृत्त) कहते हैं। बीच-बीच में कुछ अरबी-फारसी के पारिभाषिक शब्द देकर वह फारसी जानने वालों के लिए अपनी व्याकरण-चर्चा सुगम बनाते हैं। (मूल पुस्तक फारसी में है; इसलिए हिन्दी के पारिभाषिक शब्दों का प्रयोग और भी प्रशंसनीय है।)

लल्लूजी लाल का ब्रजभाषा व्याकरण अंग्रेज़ी में है। इसमें पारिभाषिक शब्द अंग्रेज़ी के हैं या अरबी-फारसी के : इस्मिफाइल, इस्मिमफऊल, माज़ी करीब, माज़ी बईद, हालिमुतशक्की, माज़ी मुतशक्की, इत्यादि। जिन अरबी शब्दों की खपत फारसी में लिखे हुए व्याकरण में न थी, वे अंग्रेज़ी में लिखे हुए व्याकरण में प्रकाशित हुए। अपनी शब्द-सूची के अन्त में लल्लूजी ने फारसी-अंग्रेज़ी-हिन्दी का संक्षिप्त व्याकरण लिखा। इसमें उन्होंने अरबी-अंग्रेज़ी के साथ हिन्दी के पारिभाषिक शब्दों का व्यवहार किया है किन्तु सर्वत्र नहीं। पार्टिसिपिल प्रेज़ेंट—इस्मिहालिय:; पार्टिसिपिल प्रीटर पर्फेक्ट—माजीम अतूफ़ अलैहि। इनके साथ हिन्दी प्रतिरूप नहीं दिये हैं। किन्तु अन्यत्र कर्ता, षष्ठी, 'ऐकवचन', बहुवचन, 'अस्मद वाच्य',

'युष्मद वाच्य', नाम वाच्य, विशेष्य, विशेषण, पूर्णभूतकाल, अतिभूतकाल वर्तमान सन्दिग्ध, अनुज्ञा आदि शब्दों का प्रयोग करते हैं।

सैंडफोर्ड आर्नो ने अपना व्याकरण अंग्रेज़ी में लिखा और अंग्रेज़ी के पारिभाषिक शब्दों का व्यवहार किया किन्तु इनके साथ वह जहाँ-तहाँ अरबी के पारिभाषिक शब्द देते जाते हैं। जॉन शेक्सपियर ने भी अपना व्याकरण अंग्रेज़ी में लिखा; वह प्राय: सर्वत्र अंग्रेज़ी शब्दों का व्यवहार करते हैं।

मिर्ज़ा खाँ का व्याकरण सत्रहवीं सदी का है। लल्लूजी लाल की शब्द-सूची 1810 ई. की, उनका ब्रजभाषा व्याकरण 1811 ई. का है। आर्नो के व्याकरण का दूसरा संस्करण डंकन फोर्ब्स की शब्द-सूची और टिप्पणियों के साथ 1844 ई. में प्रकाशित हुआ। पहला संस्करण और पहले निकला होगा (प्राक्कथन में आर्नो ने तारीख नहीं दी)। जॉन शेक्सपियर का व्याकरण 1845 ई. का है। रचना और प्रकाशन की इन तिथियों से, व्याकरण क्षेत्र में, पहले हिन्दी के पारिभाषिक शब्दों के व्यवहार और बाद को उनके बहिष्कार की नीति समझ में आ जाएगी। राजा शिवप्रसाद का 'हिन्दी व्याकरण' आगरे से 1876 ई. में प्रकाशित हुआ। उसकी भाषा का नमूना यह है : "विकारी वह है जिसके अन्त का (आ) विभक्ति वाचक उपसर्गों से अर्थात् उनका असर होने से चाहे वह प्रकट विद्यमान हों चाहे गुप्त बदल कर (ए) बन जाता है। सम्बन्ध का चिह्न उपमावाचक उपसर्ग और गुणवाचक संख्या, ये भी उनके सम्बन्धवान उपमेय और विशेष्य पर यथाक्रम विभक्ति वाचक उपसर्गों के आने से अर्थात् असर होने से विकारी संज्ञा की तरह बदल जाते हैं"। (पृ. 27-28) बीच-बीच में अरबी के पारिभाषिक शब्द देवनागरी में लिखते हुए वह उन्हें अर्थात चलते हैं—सिफ़ति खुशब्बहा अर्थात् गुणवाचक तुल्य; तफज़ील अर्थात् आधिक्य वाचक और मुदालगा अर्थात् अत्युक्तिवाचक; आला अर्थात् करणवाचक; जर्फ़ अर्थात् स्थान या समयवाचक। राजा शिवप्रसाद की पुस्तक में अरबी शब्दों के प्रयोग का एक कारण यह है कि वह अरबी, फारसी और हिन्दी के व्याकरणों की समानताएँ और विषमताएँ दिखाना चाहते हैं। उनके इस छोटे से व्याकरण को तुलनात्मक व्याकरण लिखने की दिशा में एक प्रयास माना जा सकता है।

मिर्ज़ा खाँ संस्कृत, प्राकृत और भाखा के भेद से परिचित थे। जिसे सामान्य जन बोलते हैं, वह भाखा है। प्रचलित भाषाओं में अधिक साहित्य ब्रजभाषा में लिखा गया, इसलिए भाखा शब्द सीमित अर्थ में ब्रजभाषा के लिए भी प्रयुक्त होता था। मिर्ज़ा खाँ को तमाम भाषाओं में ब्रजभाषा सबसे ज्यादा फ़सीह् मालूम होती है (व ज़बान अहल बिर्ज अफसह ज़बानहास्त)। इस प्रशंसा में ज़ोर ब्रजभाषा की मधुरता पर नहीं, उसकी अभिव्यंजना-शक्ति पर है।

लल्लूजी लाल अंग्रेज़ी में लिखे हुए ब्रजभाषा व्याकरण की भूमिका में भाखा को देववाणी से भिन्न नर बानी कहते हैं और सीमित अर्थ में उसे ब्रजभाषा के

लिए प्रयुक्त होता बताते हैं। उनके समय तक 'हिन्दी' शब्द खड़ी बोली के लिए आरक्षित हो चुका था। अपनी भूमिका में वह ब्रजभाखा और हिन्दी (अथवा खड़ी बोली) के व्याकरणों का भेद दिखाते हैं। इसके लिए उन्होंने 'होना' क्रिया ली है। इस तुलना में महत्त्वपूर्ण बात यह है कि लल्लूजी किसी एक रूप को परिनिष्ठित न मानकर एक से अधिक रूप जो बोलने सुनने में आते थे, देते हैं। इसलिए खड़ी बोली में 'तैं हुआ', 'तू हुआ' दोनों रूप स्वीकृत हैं। 'उसका' के साथ 'तिसका' है, 'जिनने' के साथ 'जिन्होंने'। दिलचस्प बात है कि 'प्रेमसागर में भया, भई रूपों का अनेक बार प्रयोग करने वाले लल्लूजी ने अपने व्याकरण में उसे ब्रजभाषा के लिए अलग कर लिया है; 'होना' क्रिया का व्यवहार ब्रजभाषा के लिए स्वीकृत है, 'भया' का व्यवहार खड़ी बोली के लिए नहीं! 'तू' या 'तैं' हुआ—यह खड़ी बोली है; 'तैं' या 'तू' भयौ—यह ब्रजभाषा है।

और भी दिलचस्प बात यह है कि लल्लूजी 'होवे' जैसे रूपों को ब्रजभाषा की हद से बाहर कर देते हैं; ये रूप खड़ी बोली के हैं, य-वाले रूप ब्रजभाषा के। इससे मेरे उन ब्रजवासी मित्रों की बात पुष्ट होती है जो कहते हैं कि 'होवे' जैसे रूप खड़ी बोली से प्रभावित शहरी ब्रजभाषा के हैं, शुद्ध ब्रजभाषा में तो 'होय' जैसे रूपों का ही चलन है। यदि यह धारणा सत्य हो तो मानना होगा कि सूरदास जैसे कवियों की ब्रजभाषा पर भी शहरी खड़ीबोली का प्रभाव था। (इसमें असम्भव कुछ भी नहीं है। सूर और तुलसी के युग में जनपदीय बोलियाँ एकदूसरे को प्रभावित कर रही थीं।) लल्लूजी के दिये हुए अनेक रूपों में 'होवे', और 'होय' का भेद दिखाई देता है।

खड़ी बोली	**ब्रजभाखा**
तू होवेगी	तू होयगी
वह होवेगी	वह होयगी
वे होंगे	वे होंयगे
हम होंगे	हम होंयगे
तू होवे	तू होय
यह होवे	वह होय
हम होवें	हम होंय
वे होवें	वे होंय

लल्लूजी 'होंयगे' जैसे रूपों को यहाँ खड़ी बोली में स्थान नहीं देते यद्यपि उनकी तथा अन्य लेखकों की खड़ी बोली में इनका व्यवहार होता था। 'प्रेमसागर' की भाषा पूरी तरह बोलचाल की भाषा का अनुसरण नहीं करती, यह बात उनके सामने स्पष्ट रही होगी। फिर भी निस्सन्देह 'प्रेमसागर' में बोलचाल के ऐसे बहुत से रूप हैं जो उस समय प्रचलित थे, आज भी हैं किन्तु वे टकसाली हिन्दी की हद

से बाहर कर दिये गए हैं। लल्लूजी ने इन्हें ब्रजभाषा के अन्तर्गत स्वीकार किया है। 'विन की', 'विन्हें' आदि रूप ब्रजभाषा के अन्तर्गत ही दिखाये गए हैं।

लल्लूजी खड़ी बोली की अपेक्षा ब्रजभाषा में अधिक विकल्प स्वीकार करते हैं। 'विन', 'तिन', 'उन'—तीनों रूप ब्रजभाषा के लिए मान्य हैं। इसी तरह 'हुऐ' और 'भये', 'होयगौ' और 'ह्वै है', 'मरैंगे' और 'मरि हैं'—दोनों रूप ब्रजभाषा के प्रचलित और स्वीकृत रूप माने गए हैं। मिर्ज़ा खाँ ने 'करै गो' जैसे रूप ही दिये हैं, 'करिहै' जैसे नहीं। सम्भव है, खड़ी बोली के प्रभाव से ग-वाले रूपों ने ह-वाले रूपों को—जो अवधी में भी प्रयुक्त होते हैं—हटाया हो! लल्लूजी ने 'कूं' वाला रूप छोड़ दिया है, केवल 'कौं' को जगह दी है। पूर्वकालिक क्रिया-रूपों में वह अपनी खड़ी बोली की प्रयोग-सम्बन्धी अनिश्चयात्मकता ब्रजभाषा पर आरोपित करते हैं। जा, जाकर, जाकै, जाकर के, जाकर कर—ये सब रूप ब्रजभाषा के हैं—'जाकरके' भी! इसी तरह मर, मरकर, मर कै, मर करके, मरकर कर; पहुँच, पहुँच कर, पहुँच कै, पहुँच करके, पहुँचकर कर!

उनके व्याकरण से एक बात स्पष्ट होती है कि ब्रजभाषा ही खड़ी बोली को प्रभावित नहीं कर रही थी, खड़ी बोली भी ब्रजभाषा को प्रभावित करती रही थी। इसीलिए मैं, तू, तैं, वह, सो, वे, ते, तक, लौं, भये, हुए आदि रूप दोनों बोलियों में सामान्य रूप से प्रचलित हो गए थे।

नित्य-प्रति के व्यवहार में काम आने वाले खड़ी बोली के विभिन्न वैकल्पिक रूप मानों के व्याकरण में हैं। काहे, जौन, तौन, तिस, तिन्ह जिन्ह, होवे, होए, हो, देऊं, दूं, देवें, दें, हुजिए, एता, इता, एतना, ऊता, किता, केता, केतना, तहाँ, तिधर, तेता, तेतना, कभू, कधी, इगारह, अढ़ाई, आदि रूप खड़ी बोली के अन्तर्गत माने गए हैं। लल्लूजी जब ब्रजभाषा का व्याकरण लिख रहे थे, तब हिन्दी के जो रूप उन्हें टकसाली न मालूम हुए, उन्हें ब्रजभाखा की कोठरी में उन्होंने डाल दिया। किन्तु आर्नो बोलचाल की भाषा का अध्ययन कर रहे हैं। उनके सामने हिन्दी या उर्दू का टकसाली रूप स्थिर करने की समस्या नहीं है; वह जो सुनते और पढ़ते हैं, उसका विवरण अपने व्याकरण में देते हैं। इस दृष्टि से आर्नो की पुस्तक हिन्दी का बहुमूल्य वर्णनात्मक (डिस्क्रिप्टिव) व्याकरण है (यद्यपि उस समय 'डिस्क्रिप्टिव लिंग्विस्टिक्स' का जन्म न हुआ था)। उन्होंने 'स्टैंडर्ड हिन्दी' का व्याकरण लिखने की योजना न बनाई, यह अच्छा ही किया। उनके विवरण से उन तमाम वैकल्पिक प्रयोगों की पुष्टि होती है जिनके उदाहरण पुरानी हिन्दी-उर्दू में बिखरे पड़े हैं और जिनका व्यवहार शैली-भेद, शैली-चमत्कार और चरित्र-चित्रण में कौशल दिखाने के लिए कुछ प्रतिभाशाली गद्य-लेखक अब भी करते हैं।

आर्नो के व्याकरण में जद, तद, कद रूप भी हैं। लल्लूजी 'प्रेमसागर' में जद, तद का प्रयोग करते हैं। अवश्य ही ये रूप आगरा-दिल्ली तक सीमित न रहे होंगे;

उनका प्रयोग अधिक व्यापक था, तभी उन्हें व्याकरण में स्थान मिला। आर्नो ने हमों को, हमों से, हमों ने, तुम्ह, तुम्हों से, तुम्हों ने, किनी, किनू रूप भी दिये हैं। सम्भव है, इनका व्यवहार बहुत व्यापक न रहा हो किन्तु कुछ लोग वैसा बोलते होंगे, यह न मानने का कोई कारण नहीं है। पूर्वकालिक क्रिया के प्रयोग में आर्नो लल्लूजी के अनुवर्ती हैं : बोल, बोलके, बोलकर, बोल करके!

आर्नो हिन्दवी और हिन्दुस्तानी को दो बोलियाँ मानते हैं। उनकी हिन्दवी हिन्दी है, हिन्दुस्तानी उर्दू। रबिवार—हिन्दवी; एतबार—हिन्दुस्तानी; मंगलवार—हिन्दवी, मंगल—हिन्दुस्तानी; सुक्रबार—हिन्दवी, जुमा—हिन्दुस्तानी। वाक्य-रचना की उलटवांसी की ओर भी उन्होंने ध्यान दिया था। 'मारे खुशी के' कह सकते हैं, 'खुशी के मारे' भी; (पृ. 76) 'अवध का राजा', 'राजा अवध का' दोनों रूपों का चलन है। (उप.) ग्रियर्सन ने सकर्मक भूतकालीन हिन्दी क्रिया रूपों के साथ 'ने' के प्रयोग पर काफी व्यूह-रचना की है। उसके सूत्र आर्नो की पुस्तक में हैं। 'मैंने मारा' का अर्थ है, वह मेरे द्वारा मारा गया : "English—'I struck', etc. Literally, 'It is or was struck by me, thee, him, us, you, or them'." (पृ. 46)

जॉन शेक्सपियर अपने व्याकरण में 'तू' और 'तैं', 'जो' और 'जौन', 'सो' और 'तौन' (अर्थ—वे), 'तुम से' और 'तुम्ह से', 'होवेगा', 'होएगा' और 'होगा', 'दें' और 'देवें', 'लो' और 'लेओ'—किसी एक रूप को टकसाली न मानकर विकल्प देते चलते हैं। 'किसी' और 'किसू' रूपों में उन्होंने 'किसी' का सम्बन्ध जोड़ा है 'कोई' से और 'किसू' का 'कुछ' से। (आर्नो के लिए भी कोई और किसी, कुछ और किसू—ये दो जोड़े अलग हैं)। 'दीजिये' और 'दीजियो' में यह भेद किया है कि 'दीजिये' में प्रार्थना का भाव है ('be pleased to give'), 'दीजियो' में आज्ञा का ('you must give'), (पृ. 36)। निस्सन्देह जॉन शेक्सपियर हिन्दी के शैलीगत और अनेक सूक्ष्म भेदों से परिचित थे। 'चाहती' का बहुवचन 'चाहतियाँ' भी होता है (पृ. 32), 'से' के साथ लोग 'सें', 'सों', 'सिती' (सेती) का व्यवहार करते हैं, उत्तर भारत में संज्ञा का बहुवचन बनाने के लिए 'ओं' लगाते हैं, दक्खिनी में 'आं'। (पृ. 16) उन्होंने दक्खिनी के अभ्यास के लिए एक अन्य पुस्तक से 20 पृष्ठों की सामग्री उद्धृत कर दी है। इसकी चर्चा आगे करेंगे।

राजा शिवप्रसाद अपने व्याकरण में संज्ञा के बहुवचन के पाँच चिह्न बतलाते हैं—ओ, ओं, ए, ऐ और आं। (पृ. 22) इनमें पाँचवाँ चिह्न दक्खिनी का है। जिस समय वह व्याकरण लिख रहे थे, उस समय, हिन्दी के नई चाल में ढलने के समय, हिन्दी लेखक दक्खिनी को अपनी सुपरिचित बोली के रूप में देखते थे। बाद को यह सिलसिला टूट गया और अधिकांश हिन्दी लेखकों के लिए दक्खिनी एक अजनबी बोली हो गई। राजा शिवप्रसाद अपना व्याकरण उस समय लिख रहे थे जिस समय उर्दू में मतरूकात का सिलसिला ज़ोरों पर था और उसी के साथ

हिन्दी को साफ-सुथरी बनाने का प्रयत्न किया जा रहा था। पहले के व्याकरणों से भिन्न राजा शिवप्रसाद निरन्तर सावधान करते चलते हैं कि कौन से प्रयोग स्वीकृत हैं, कौन से वर्जित। 'तू' के साथ 'तैं' भी बोला जाता है 'किन्तु तैं अब वर्जित है'; (पृ. 15) 'तैं' की तरह 'तईं' बोला जाता है; "अब (तईं) का बोलना वर्जित है केवल अपने के साथ काम में आता है"; (पृ. 28) 'किसी' के साथ 'किसू' बोला जाता है ('कोई' से 'किसी', 'कुछ' से 'किसू') "परन्तु 'किसू' अब वर्जित है, अच्छा नहीं है"; (पृ. 30) 'समझते हैं' और 'समझे हैं'—दोनों रूपों का चलन है किन्तु 'समझे हैं' रूप 'अच्छा नहीं है'; (पृ. 33) 'मरने वाला' और 'मरने हारा'—दोनों रूप बोले जाते हैं "किन्तु (हारा) काम में कम आता है, अच्छा नहीं है"। (पृ. 9)

वैयाकरणों का काम अब लिखी या बोली जाने वाली भाषा का विवरण प्रस्तुत करना नहीं है। उनका—काम लोगों को सही भाषा लिखने या बोलने की शिक्षा देना है। इसी विचारधारा की छाया बालमुकुंद गुप्त के लेखों में है और उसका प्रगाढ़ स्वरूप महावीर प्रसाद द्विवेदी के भाषा-परिष्कार में है। ("द्विवेदी जी एक काम अच्छा करते हैं कि सबको व्याकरण की दृष्टि से देखते हैं। वह चाहते हैं कि लोगों में कोई बात व्याकरण-विरुद्ध न हो। चाहे छींकें, चाहे खांसें, चाहे खायें, चाहे पियें, रोयें या हँसें, व्याकरण का सदा ध्यान रखें"—बालमुकुन्द गुप्त : गुप्त निबन्धावली; प्रथम भाग, पृ. 455)

राजा शिवप्रसाद का अभी यह प्रयत्न नहीं है कि सारे विकल्प समाप्त करके एक ही रूप को परिनिष्ठित मानें। वह इतना ही करते हैं कि कुछ विकल्पों को भद्दा समझकर छोड़ने की सलाह देते हैं, कुछ के बारे में कहते हैं कि दोनों समान रूप से अच्छे हैं। " 'वह' अथवा 'वुह' और 'वे' अथवा 'वो' किन्तु अब वे की जगह 'वह' बोलना अच्छा समझते हैं।" (पृ. 15) राजा शिवप्रसाद से पहले के लेखक अक्सर 'वुह' लिखते थे और उनके बाद के लेखकों में प्रतापनारायण मिश्र इस रूप का व्यवहार करते हैं। राजा शिवप्रसाद यह नहीं कहते कि 'वह' और 'वुह' में कौन अच्छा है; 'वे' और 'वो' में 'वो' रूप उन्हें पसन्द है। हिन्दी (कम-से-कम लिखित हिन्दी) ने 'वे' रूप अपनाया; 'वुह' की जगह 'वह' का चलन ही ठीक माना गया।

'मुझे' और 'तुझे' के लिए दक्खिनी की प्रकृति के अनुसार 'मुजको', 'तुजको' रूप उन्हें मान्य हैं किन्तु 'मुझको', 'तुझको' रूप नहीं। ("मुझको तुझको अच्छा नहीं है"—पृ. 28) आश्चर्य की बात है कि 'मुजको' रूप मान्य है, 'मुझको' अमान्य। शायद इसलिए कि दक्खिनी का रुतबा बड़ा है; 'मुजको' रूप खारिज नहीं किया जा सकता। मुझ, तुझ, तुम्ह, उन्ह, इन्ह, जिन्ह और किन्ह रूपों से 'ह' का लोप करके मुज, तुज, तुम, उन, इन, जिन और किन रूप विभक्त-वाचक उपसर्गों के साथ बोले तो जाते हैं "किन्तु बहुधा स्त्रियों की बोली समझे जाते हैं"। (पृ. 30) उन-लोगों-इन-जिन-किन लोगों, उनको, इनको—इन रूपों का चलन है; जिनको,

किनको का व्यवहार प्राय: समाप्त है। उन्हें, इन्हें, जिन्हें, किन्हें—सर्वसम्मत प्रयोग हैं। जिन्हों के, इन्हों के—ऐसे प्रयोग पुराने पड़ गए ('विन्हों के' का जिक्र ही क्या!); खावे और खाये या खाए—इन रूपों में ए-वाला रूप "अब उत्तम समझा जाता है"। (पृ. 33) 'होवे' और 'होए' की जगह 'हो' का चलन भी है, "होना धातु का सम्भावना (वे) और (ए) के बिना भी बोला जाता है यथा होवे की जगह हो"। (पृ. 33) सामान्य भूत 'करा' के बदले 'किया' बोला जाता है, 'जाया' की जगह 'जाना', "और कभी-कभी करा और जाया भी काम में आता है जैसे करा दिया और जाया चाहते हो"। (पृ. 44) 'बल्कि' (फारसी) के दो हिन्दी प्रतिरूप हैं—'बरुक' और 'बरन'। (इनमें 'बरुक' का चलन अभी अवधी में है; राजा शिवप्रसाद ने उसे देहाती कहकर छोड़ने की सलाह नहीं दी।)

अरबी, फारसी और संस्कृत के व्याकरणों की झलक दिखाते हुए राजा शिवप्रसाद हिन्दी की अपनी विशेषताएँ पहचानने की ओर प्रयत्नशील हैं। "अक्सर लोग पारसी वालों की देखा-देखी हिन्दी में भी (है) को उपसर्ग मानकर वाक्यभेद अरबी ही के तौर पर करते हैं परन्तु हमारी समझ में (है) क्रिया है क्योंकि अंगरेजी 'इज़' और संस्कृत 'अस्ति' का अर्थ देता है"। (पृ. 65) देवदत्त राजा बनेगा—इस वाक्य का विश्लेषण करते हुए कह सकते हो कि 'बनेगा' 'खंडित क्रिया' है। (खंडित क्रिया वह है "जो कर्ता के सिवाय कुछ और भी माने"—पृ. 65) यह अरबी-फारसी की पद्धति होगी; "चाहे संस्कृत वालों की तरह 'कहो देवदत्त' उद्देश्य और 'राजा बनेगा' उसका विधेय और चाहे हमारी तरह कहो 'राजा बनेगा' क्रिया और 'देवदत्त' उसका कर्ता"। (पृ. 66) अनेक आधुनिक वैयाकरणों को राजा शिवप्रसाद की कर्ता-क्रिया वाली विश्लेषण-पद्धति पसन्द आएगी।

'जहाँपनाह' फारसी के व्याकरण-विचार से पनाहेजहाँ होना चाहिए किन्तु 'अधिक प्रचार से' जहाँपनाह का ही चलन हुआ। (पृ. 61) 'शाहे जहाँ' फ़ारसी व्याकरण के अनुसार है किन्तु यह भी अधिक प्रचार से 'शाहजहाँ' हो गया। (उप.) 'मर्देनेक' के बदले लोग 'नेकमर्द' बोलते हैं। राजा शिवप्रसाद ने वाक्य-विश्लेषण के बारे में कई रोचक बातें कही हैं जिन पर अलग से विचार होना चाहिए। यहाँ परिनिष्ठित हिन्दी के विकास-सन्दर्भ में ही कुछ बातें कही गई हैं। उन्होंने शब्द-निर्माण-प्रक्रिया की ओर भी ध्यान दिया है। पैराक, बजवैया, गवैया, भगोड़ा आदि शब्द अभी अमान्य नहीं हुए। 'बुझैल' का चलन अभी है। इसके साथ 'कोड़े बाज़' और 'सोंटे बर्दार' भी दर्शनीय हैं। वह 'खतरी' से 'खतरानी' और 'तिवाड़ी' से 'तिवड़ानी' बनाते हैं, और कहते हैं : "पांडे से पंड्यानी बनाने में पांडे का आकार तिवाड़ी की तरह ह्रस्व हो जाता है"। (पृ. 21) 'हो' की जगह वह 'होय' का प्रयोग भी करते हैं : "और उन गुणवाचक संज्ञाओं का जिनके अन्त में (आ) होय और विभक्तिवाचक उपसर्गों के आने से अनुसार बदलता भी होय"। (उप.)

कहते हैं कि दिल्ली वालों के लिए पानी खारा होता है, लखनऊ वालों के लिए खारी। राजा शिवप्रसाद कहते हैं : "जिन संज्ञाओं के लिंग में कुछ भी सन्देह हो, उनका पुल्लिंग ही बोलना अच्छा है"। (पृ. 21) इस वाक्य में लखनऊ के मुकाबले दिल्ली की भाषा को आदर्श माना गया है।

[16]

'जानना' क्रिया का 'जानो' रूप क.मा.मु. विद्यापीठ के जिन मित्रों को अस्वाभाविक या असम्भव लगता है, उनके लिए राजा शिवप्रसाद के व्याकरण में इसका व्यवहार दिलचस्प होगा : "अन्तरित भूत का लिंग और वचन सामान्य भूत की तरह जानो"। (पृ. 37)

एक अन्य व्याकरण में—जब व्यंजन के साथ मात्रा मिलाई जाती है, तब व्यंजन का आकार मात्रा सहित हो जाता है, जैसे क का, कि की, कु कू में; "इसी रीति ख आदि मिला कर सब व्यंजनों में जानो।" (भाषा भास्कर, पृ. 4)

बनारस के पादरी एदरिंगटन (W. Etherington) ने 1870 ई. में हिन्दी भाषा का व्याकरण अंग्रेज़ी में (The Student's Grammar of the Hindi Language नाम से) प्रकाशित किया था। इस पर पश्चिमोत्तर प्रदेश की सरकार पुरस्कार देने वाली थी किन्तु अंग्रेज़ी भाषा में होने से पुस्तक पुरस्कार के नियमों के अनुकूल न थी। एदरिंगटन ने उसे हिन्दी भाषा में फिर लिखा। पहली पुस्तक यूरोपीय लोगों के लिए लिखी गई थी जो भारतीय भाषाओं से अपरिचित थे। नई पुस्तक 'भाषा भास्कर' उन्होंने भारतीय युवकों के लिए लिखी। इसका उद्देश्य इन युवकों को अपनी मातृभाषा की संरचना से परिचित कराना था ("to afford help to Native students in acquiring a competent knowledge of the structure of their mother tongue.")। पुस्तक तैयार करने में पंडित विशनदत्त (Pandit Vishan Datt) ने उनकी सहायता की और अन्तिम अध्याय का अधिकांश उन्होंने ही लिखा। इस हिन्दी व्याकरण की अंग्रेज़ी भूमिका का लेखनकाल दिया है—अक्टूबर, 1871।

व्याकरण लिखने-पढ़ने का उद्देश्य है भाषा का शुद्ध व्यवहार सीखना-सिखाना। "व्याकरण के बिन जाने शुद्ध-शुद्ध बोलना वा लिखना किसी भाषा का नहीं होता। उस विद्या को व्याकरण कहते हैं जिससे लोग बोलने और लिखने की रीति सीख लेते हैं"। (पृ. 1) एदरिंगटन का उद्देश्य विद्यालयों में छात्रों और अध्यापकों को टकसाली भाषा सीखने-सिखाने में उनकी सहायता करना है। कुछ लोग मनुष्य को मनुस्य, भाषा को भाखा और दोष को दोख बोलते हैं "परन्तु यह रीति अशुद्ध है"। (पृ. 6) 'ब' और 'व' के उच्चारण की ओर लोग ध्यान नहीं देते। "'ब' और 'व'—ये दो वर्ण बहुधा परस्पर बदल जाते हैं। संस्कृत शब्दों में जहाँ 'वा' होता है, वहाँ हिन्दी में 'ब' लगाते हैं और कभी-कभी 'व' की जगह में 'ब' बोलते हैं पर संस्कृत में

जैसा शब्द है वैसा ही प्राय: हिन्दी में होना चाहिए"। (पृ. 6) 'व' और 'ब' में भेद न कर पाने और वकार को बकार बनाने की प्रवृत्ति महावीर प्रसाद द्विवेदी को भी परेशान करती थी। उन्होंने लिखा था : "हिन्दी लेखकों में एक बात और भी हम बहुधा व्याकरण विरुद्ध देखते हैं। वह 'ब' और 'व' का अभेद है। कहीं 'ब' की जगह 'व' हो जाता है और कहीं 'व' की जगह 'ब'। ऊपर के अवतरण में जो 'अनुवादित' शब्द है, उसमें 'वा' की जगह 'बा' हो गया है। पर जिस पुस्तक की पीठ पर यह नोटिस छपी है, उसके नाम 'बकरी विलाप' की बकरी में 'ब' की जगह 'व' हो गया है। 'ब' और 'व' में भेद है। यदि भेद न होता तो एक के बदले दो वर्णों की जरूरत ही क्या थी?" द्विवेदी जी के वाक्यों पर बालमुकुन्द गुप्त की टिप्पणी है : "आपकी बात बिलकुल सच्ची है। सचमुच 'ब' और 'व' में भेद है। पर इस भेद पर भी आपने वकरी को ठीक बकरी समझ लिया, यह आपकी बुद्धि की सख्त बहादुरी है।...'वा' की जगह 'बा' और 'ब' की जगह 'व' हो जाने से द्विवेद्वी जी का लाभ है, चाहे हिन्दी के मृत लेखकों की स्वर्ग में कुछ निन्दा ही होती हो। आपकी लियाकत के झंडे गड़ गए। 'ब' ने बहुत प्रसन्न होकर कहा है कि द्विवेदी जी बड़े बहादुर हैं और 'व' ने कृतज्ञता प्रकाश करके कहा है कि वाह! आपकी क्या बात है! द्विवेदी जी के बिना यह सूक्ष्म विचार कौन करता! आप से वादी भी प्रसन्न और प्रतिवादी भी प्रसन्न"! (गुप्त निबन्धावली, प्रथम भाग, पृ. 455-56)

'ब' और 'व' के भेद के बारे में गुप्त जी और द्विवेदी जी के दृष्टिकोण समान हैं; गुप्त जी के रोष का कारण यह है कि द्विवेदी जी ने छापे की भूलों के लिए लेखक को दोषी माना और जो व्यक्ति अब इस संसार में न था, उसके प्रति उचित सम्मान का भाव न दिखाया। एदरिंगटन की नीति थी : "संस्कृत में जैसा शब्द है, वैसा ही प्राय: हिन्दी में होना चाहिए..." यही गुप्त जी की नीति थी, और द्विवेदी जी की भी। उर्दू में जैसे अरबी-फारसी शब्दों के शुद्ध लिखने और बोलने पर ज़ोर था, वैसे ही साफ-सुथरी हिन्दी का अर्थ हुआ : तद्भव रूपों का व्यवहार कम करो, तत्सम रूपों को सही मानो।

इसी तरह सानुनासिक ध्वनियों के बारे में संस्कृत का नियम मानकर एदरिंगटन ने लिखा : "प्रत्येक सानुनासिक व्यंजन अपने ही वर्ग के अक्षरों से युक्त हो सकता है और दूसरे वर्ग के वर्णों के साथ कभी मिलाया नहीं जाता"। (पृ. 6) यह नियम वैदिक भाषा में नहीं था, न हिन्दी में है। किन्तु जिन लोगों ने भारतीय वर्णमाला रची थी, उन्होंने क, ख, ग, घ, के वर्ग में ङ रखकर वैयाकरणों को चेताया था : सानुनासिकों का प्रयोग समवर्गीय ध्वनियों के साथ होना चाहिए। हिन्दी वर्णमाला में 'ऋ' ही नहीं 'लृ' की आवृत्ति उसी परम्परा का पालन है। सन्धि, समास आदि के नियम बहुधा संस्कृत के नियमों की आवृत्ति मात्र होते हैं। परन्तु 'भया' और 'हुआ' में कौन सा रूप सही है, यह जानने के लिए संस्कृत से सहायता नहीं मिलती। यदि

दोनों रूपों का सम्बन्ध संस्कृत की भू धातु से है तो—को बड़ छोट कहत सन्देहू! "भया यह एक क्रिया है जो भूत काल छोड़ के और किसी काल में नहीं होती। सम्भव है कि संस्कृत धातु भू से निकली है वा होना धातु के सामान्य भूत के ही दोनों रूप हैं अर्थात् कोई हुआ और कोई कोई इसी को भया भी कहते हैं"। (पृ. 70)

एदरिंगटन अपनी ओर से यह फैसला न करके कि कौन-सा रूप टकसाली है, कौन-सा गैर टकसाली—दोनों या दो से अधिक रूपों को एक-सी मान्यता देते हैं। हमने और हमोंने, हमको और हमोंको, हमसे और हमोंसे, हममें और हमोंमें; (पृ. 38) तुमने और तुम्होंने, तुमको और तुम्होंको, तुमसे और तुम्होंसे, तुममें और तुम्होंमें—दोनों तरह के रूप सही हैं। तैं, बिन और जौन रूपों के बारे में वह आश्वस्त नहीं हैं। इसलिए फुटनोट में लिखा है : "तू वा तैं और उन या विन और जो वा जौन यह केवल देश भेद से उच्चारण की विलक्षणता है।"

इसी तरह उन्होंने और उनने, उनको और उन्हों को, उनसे और उन्हों से, इनने और इन्होंने, इनको और इन्हों को, किन्हें और किन को, जिनको और जिन्होंको, सो और तिसने, तिनको और तिन्हों को, होगे और होओगे—दोनों रूप मान्य हैं। हिन्दी में अब इनमें से कुछ रूप मान्य नहीं हैं; तिनको, तिन्हों को, दोनों खारिज हैं। एदरिंगटन 'होऊंगा' और 'होवेंगे' के विकल्प हूंगा, और 'होंगे' नहीं देते। इसी तरह 'पावेंगे' रूप ही दिया है—'पायेंगे' नहीं। 'रहिये' के साथ 'रहियो' का प्रयोग स्वीकृत है। खवैया, गवैया, जितवैया के साथ मारने हारा, बोलने हारा जैसे रूपों को वह हिन्दी के सर्वसम्मत प्रयोग मानते हैं। सहित और समेत जैसे शब्दों की चर्चा करते हुए वह 'सुधां' और 'लो' का भी उल्लेख करते हैं। यह उल्लेख खड़ी बोली पर ब्रजभाषा के प्रभाव का प्रमाण है।

मनुष्य जो कुछ बोलता है, आधुनिक भाषा विज्ञान में उसके बोले जाने की प्रक्रिया पर ही नहीं, उसके सुने जाने की प्रक्रिया पर भी जोर है। भारतीय पद्धति के अनुरूप एदरिंगटन का मत है : "कान से जो सुनाई देवे, उसे शब्द कहते हैं परन्तु व्याकरण में केवल उन शब्दों का विचार किया जाता है जिनका कुछ अर्थ होता है"। (पृ. 19) आगरे के मदनमोहन ने अपने भाषा व्याकरण में इसी तरह लिखा : "कान के द्वारा जो सुनाई पड़ता है, उसे 'शब्द' कहते हैं"। (पृ.41)

मदनमोहन आगरा नौर्मल स्कूल में हिन्दी के अध्यापक थे। उन्होंने अपना व्याकरण "सकल सौजन्य रत्नाकर भाषा तत्त्वज्ञ कुलकमल दिवाकर श्री रा. लक्ष्मणसिंह जी तथा ठा. उमरावसिंह जी महाशयों की आज्ञा से देश भाषा की उन्नति और रक्षा के लिए बनाय देश हितैषियों के अर्पण किया।" लीथो की छपाई वाली यह पुस्तक आगरे से प्रकाशित हुई थी; प्रकाशन का साल नहीं दिया। राजा लक्ष्मण सिंह के नामोल्लेख से अनुमान किया जा सकता है कि एदरिंगटन के व्याकरण के आगे पीछे इसका प्रकाशन भी हुआ होगा। अपनी विज्ञप्ति में उन्होंने

'आजकल के बहुत से भाषा व्याकरणों की शोचनीय दशा देखकर' यह नया व्याकरण बनाने की बात लिखी है। (ऊपर के पन्ने पर पुस्तक का नाम 'भाषा व्याकरण' बड़े-बड़े अक्षरों में छपा है, व्याकरण का बकार देखकर द्विवेदी जी को अवश्य कष्ट हुआ होगा!) सम्भवत: मदनमोहन ने एदरिंगटन और शिवप्रसाद के बाद अपनी पुस्तक लिखी थी।

एदरिंगटन रूढ़ि संज्ञा की व्याख्या करते हुए कहते हैं : "रूढ़ि संज्ञा उसे कहते हैं जिसका कोई खंड सार्थक न हो सके। जैसे घोड़ा, कोड़ा, हाथी, पोथी इत्यादि। घोड़ा शब्द में एक खंड 'घो' और दूसरा 'ड़ा' हुआ परन्तु दोनों निरर्थक हैं, इसलिए यह संज्ञा रूढ़ि कहाती है"। (पृ. 20)

यही बात अपने व्याकरण में मदनमोहन यों कहते हैं : "जिस पद के खंडों का अलग-अलग कुछ अर्थ न हो और समुदाय रूप से जिस अर्थ के लिए ठहराया गया हो, उसी का ज्ञान करावे तौ वह रूढ़ि वा रूढ़ी कहाता है—जैसे घोड़ा—इसमें (घो) और (ड़ा) खंडों का अर्थ अलग-अलग कुछ नहीं है परन्तु मिलकर समुदाय का अर्थ पशु विशेष है"। (पृ. 42) व्याख्याएँ समान हैं और आश्चर्य की बात है, दोनों पुस्तकों में उदाहरण के लिए एक ही शब्द चुना गया है—घोड़ा।

मदनमोहन ने अपने भाषा व्याकरण को उपनाम दिया है—व्याकरण सार सुधार्णव (उस समय के प्रसिद्ध पत्र 'सार सुधानिधि' की याद दिलाता है)। इसमें अनेक तरंगें हैं, अनेक प्रवाह हैं, अनेक सागर और महासागर भी हैं। 'क्रियापद बिबेक सागरारम्भ', 'सप्तम प्रवाह कृदंत प्रकर्ण', 'पद विवेचना महासागर तद्धित पूर्वार्द्ध सागरे तरंग' इत्यादि। मुझे जो प्रति देखने को मिली है, वह पुस्तक का पहला खंड मात्र है, और पद-विवेचना महासागर से समाप्त होती है। वाक्य-रचना और विवेचना के अन्य महासागर देखने को नहीं मिले।

एदरिंगटन ने अपने व्याकरण में छंदशास्त्र-सम्बन्धी नियम दिये हैं (पंडित विशनदत्त का लिखा हुआ अध्याय यही है)। मदनमोहन ने व्याकरण के विषय-विभाग का परिचय देते हुए लिखा है कि दूसरे खंड में वाक्य-सम्बन्धी और तीसरे में छन्द-सम्बन्धी विषय हैं। काव्य-सम्बन्धी भाग में 'रस-अलंकार-नायक नायकादि भेद' के विवेचन की योजना थी—मिर्ज़ा खाँ के भाखा-व्याकरण की परिपाटी पर।

मदनमोहन का उद्देश्य भाषा की रक्षा और उन्नति करना है। 'हमारी न्यायशील बृटिश गवर्नमेन्ट के अधिकारी' (विज्ञप्ति, पृ. 2) जब तक देशी भाषा और लिपि की रक्षा के लिए प्रयत्न करें, तब तक 'अपनी देववाणी और लिपि कर्म सहित देश भाषा को सर्वदा के लिए नष्ट भ्रष्ट होने से' बचाने में यह व्याकरण काम आएगा। अपनी भाषाओं के विकास के लिए 'दक्षिण और बंगदेश निवासी इस काल में प्रसिद्ध हो रहे हैं'; इस प्रान्त के लोगों को भी अपनी भाषा के प्रति अपना कर्तव्य पहचानना चाहिए। पृ. 49 पर पाद टिप्पणी में कहते हैं : "परन्तु

देशी लिपि तथा भाषा की रक्षा बिना न किसी देश की विद्या में वृद्धि हुई और न कभी कहीं उन्नति हुई।" यहाँ भारतेन्दु-युग के लेखकों की चेतना प्रतिबिम्बित है। उन्हें इस बात से कष्ट है कि यद्यपि संस्कृत जिन भाषाओं का मूल है, उनका अंश हिन्दी में अत्यन्त ही अधिक है : "परन्तु अब म्लेच्छ भाषा इसमें बलात्कार से वृथा अति शीघ्र अधिक-अधिक ठुसती चली जाती है और इसके अपभ्रंश भी बढ़ते चले जाने हैं", यहाँ उनका दृष्टिकोण भारतेन्दु-युग के अनेक लेखकों की अपेक्षा राजा लक्ष्मणसिंह के चिन्तन से अधिक मिलता है। राजा शिवप्रसाद की तरह वह यह भी देखते हैं, कौन-सा प्रयोग भद्दा और गँवारू है जिसे छोड़ना चाहिए। उत्तम, मध्यम पुरुषों के बहुवचन में लोग हमों को, तुम्हीं को बोलते हैं; ये रूप "सर्वथा भद्दे गँवारू हैं और त्याज्य हैं"। (पृ. 99) भाषा को बिगाड़ने वाले हिन्दी लेखक भी हैं। छन्द की मात्राएँ पूरी करने के लिए "एक ही पद को बिगाड़-बिगूड कुछ का कुछ कर डालते है"। (उप.) दूसरी तरफ ग्रामीण जन शब्दों को ठीक बोल नहीं पाते; फारसी प्रेमी उन्हें अलग बिगाड़कर बोलते हैं। अपने व्याकरण में 'व्याकरण' के अलावा 'गर्ब्भ', 'स्मर्ण', 'प्रष्ण', 'प्रकर्ण' आदि छपे हुए रूप देखकर पता नहीं, उन्हें कैसा लगा होगा। यह अपभ्रंश-लीला कातिब की है या स्वयं वैयाकरण की, कहना कठिन है। किन्तु कुल मिलाकर उनके व्याकरण से अधिक उनके व्याकरण की भाषा सरस और रोचक है। "बेटे के बापने समधी के द्वार पै पस्सों अशर्फियाँ लुटाईं" (पृ. 114)—यह वाक्य जैसा छपा है, वैसा ही लिखा गया होगा और वैसा ही बोला जाता होगा—पस्सों! आगरे का ठप्पा लगा है पस्सों पर।

'काहे को' रूप सही है, आगरे का महाप्राण-हीन 'काय को' भी सही है। (पृ. 111) विसने, विन्ने, विस्ने, विन ने, विस को, विस्को, विसे, विंस, विसे, विनने, विन्ने, विन्होंने, विनों ने, विनों को, विन्हों को, विन को, विन्हें, विन से, विन्हों से आदि रूप देखकर खड़ी बोली के प्रसार में आगरे के योगदान पर विश्वास और दृढ़ हो जाता है। जो बात दूसरे वैयाकरण फुटनोट में उड़ा देते हैं, उसे मदनमोहन पूरे पृष्ठ में पुष्पित और पल्लवित करते हैं। वो, सो, तिसने, तिनने, तिन को, तिन्हों को, इनों को, इन्हों को, तुमें, तुम्ह से, तुझलों, तेरे लों, तैंने, तुस्से, हमैं, हम ताईं, मुझै, मुस्से, मुझ पै, कित्ता, आपुस (आपस भी) आदि प्रयोगों की भरमार है जिनसे भाषा की उस अवस्था का पता चलता है जिसमें कुछ रूपों को सही और कुछ को गलत मानना विद्वानों के लिए अनिवार्य हो गया था। मदनमोहन 'औ' और 'ऐ' ध्वनियों के प्रेमी हैं। 'तो' नहीं, 'तौ', वैसे ही—आवै, चाहियै, उन्हैं, मुझै। वह जानते हैं—कुछ रूप साफ-सुथरे हैं, कुछ भद्दे हैं। भद्दे रूप वे हैं जिनका सम्बन्ध—उनकी समझ में—पूरबी बोलियों से है : "जौंन-तौंन-पश्चिमोत्तर देश के पूर्वी प्रान्तों में बहुत बोलते हैं—पर खड़ी बोली में भद्दे जान पड़ते हैं"। (पृ. 108) आधुनिक हिन्दी के बहुसंख्यक लेखक पूरब के हैं; इन लोगों ने इसी तरह ब्रजभाषा

के रूपों को भद्दा जानकर खड़ी बोली से निकाला! निकाले हुए रूप अक्सर ब्रजभाषा और अवधी, दोनों के थे!

भाषा-सम्बन्धी अराजकता किसी वैयाकरण (और सम्पादक तथा प्रूफरीडर) को सह्य नहीं होती, मदनमोहन को भी न थी। किन्तु वह अध्यापक थे और उन्हें यह देखकर कष्ट होता था कि बोलने और लिखने की भाषा के मानक रूप स्थिर न होने से परीक्षक चाहे जैसे बोलें और लिखें, विद्यार्थियों को अपने ढंग से इमला लिखने पर दंड देते हैं। "एक ही विज्ञ पुरुष 'डिक्टेशन' उच्चारण द्वारा बालकों को लिखवाने के समय एक ही ऐसे पद को चार-चार समय बोलने में जुदे-जुदे प्रकार से बोलता है और उसको निज उच्चारण का स्वाभाविक भेद नहीं जान पड़ता पर जब बालक कई प्रकार से लिखते हैं—तो कोरे व्याकरण के भरोसे उनको (उन्को) आदि पदों को अशुद्ध कर देता है—यह बड़े दु:ख का विषय है"। (पृ. 98)

अराजकता ध्वनि सम्बन्धी है, प्रयोग सम्बन्धी भी। किसी शब्द का लिंग पुरुष-वाचक हो या स्त्रीवाचक, पता नहीं, लोगों की न्यारी-न्यारी पद्धति है। "दिल्ली-आगरा-लखनौ प्रान्त में कुछ और ही ढंग है—बनारस, प्रयाग आदि प्रान्तों में बहुत से पदों के विपरीत हैं"। (पृ. 68)

शब्दों का अर्थ करने में अराजकता और भी ज्यादा है : "वह अंधेर मच रहा है जिसके आगे अंधेर नगरी का अंधेर मांत है—जिसे सन्देह हो वह 'गुटके' की कई टीकाओं को मंगा कर देख लें उनमें शब्दार्थों की प्राय: क्या दधिलीला हो रही है—यह अंधेर कालत्रय में कभी भी मिंटता नही दीखता"। (पृ. 43) मदनमोहन की इस वेदना को देखकर समझ में आता है, हिन्दी संसार ने महावीर प्रसाद द्विवेदी के कार्य को क्यों इतना सराहा।

आगे लिखा है : "जब तक कि पश्चिमोत्तर और अवध प्रान्त की भाषाओं के सम्पूर्ण पद इकट्ठे कर एक महा शब्दार्णव कोष न बनाया जाए—इस कार्य्य में बहुत से योग्य पुरुष, परिपूर्ण धन और कठिन परिश्रम की आवश्यकता है—सो बाबा आवै न घंटा बाजै"। (उप.)

किन्तु बाबा आए; घंटा बजा। नागरी प्रचारिणी सभा काशी ने हिन्दी शब्द सागर प्रकाशित किया।

मदनमोहन के व्याकरण में दो एक बातें और ध्यान देने योग्य हैं।

आधुनिक भाषा विज्ञान में 'फोनीम' पर बड़ा जोर है। यह ऐसा झुनझुना है कि जिसे बजाए बिना भाषा विज्ञानी के आधुनिकता बोध का प्रमाण नहीं मिलता। ऐबरक्रौम्बी ने लिखा है कि इसका व्यवहार एक तरह का 'स्टेटस सिम्बल' है, इस बात का प्रतीक है कि आप भाषाविज्ञान की नवीन प्रगति से परिचित हैं। (David Abercrombie : Studies in Phonetics and Linguistics, लन्दन, 1965 ई. पृ. 122) फोनीम भाषा की वास्तविक इकाई या सुविधाजनक कल्पना मात्र है, इस बारे में बड़ा विवाद है। प्रसिद्ध भाषाविज्ञानी

सोस्योर ने फोनीम के प्रसंग में भाषा की ठोस न्यूनतम इकाइयों का उल्लेख किया है। ('The concrete irreducible units' Ferdin and de Saussure; Course in General Linguistics; लन्दन, 1959 ई.; पृ. 53) अक्षर वास्तविक है, अवास्तविक नहीं; वह न्यूनतम इकाई है, इसीलिए उसका नाम 'अक्षर' है।

भारतीय भाषाविज्ञान की स्वीकृत धारणा को दोहराते हुए एदरिंगटन ने लिखा था : "शब्द के उस खंड का नाम अक्षर है जिसका विभाग नहीं हो सकता"। (भाषा भास्कर, पृ. 1) और मदनमोहन ने अपने व्याकरण में लिखा : "भाषा मात्र में वाक्य होते हैं और वाक्य पदों से बनते हैं और पद अक्षरों से—इसलिए अक्षर पद के उतने खंड का नाम है जितने खंड का ज्ञान पद के उच्चारण करते ही पृथक् रूप से कान के द्वारा होता है—वह भाषा की जड़ है—जैसे 'राजा परीक्षित बोला'—यहाँ '<u>राजा</u>', '<u>परीक्षित</u>' और '<u>बोला</u>' ये तीन पद हैं—इनमें से '<u>राजा</u>' <u>पद</u> में (र् + आ)—(ज् + आ)—चार प्रकार की ध्वनियों का बोध भिन्न रूप से होता है अर्थात् (र्) के साथ (आ) की मिली हुई और (ज्) के साथ (आ) की मिश्र ध्वनि का बोध होता है...ऐसे अमिश्र वर्णात्मक वे शब्द वा ध्वनि खंड अक्षर हैं जो मनुष्यों के मुख से निकलते हैं और सदा सर्वत्र अविकारी और एक से हैं और सब बोली की जड़ हैं"। (पृ. 3)

मदनमोहन की व्यवस्था की विशेषता यह है कि वह 'र' और 'ज' वर्णों को अक्षर नहीं मानते। ये व्यंजन-वर्ण स्वरयुक्त हैं, अमिश्र नहीं हैं। अक्षर अमिश्र ध्वनि-खंड का नाम है। 'र्' और 'ज्' अक्षर हैं; 'र' और 'ज' नहीं।

भारतीय भाषा विज्ञानी 'फोनीम' की जगह 'स्वनिम' का व्यवहार न करके यदि 'अक्षर' से काम चलाएँ तो वैज्ञानिक चिन्तन की विशेष क्षति न होगी।

मदनमोहन ने हिन्दी स्वरों के उच्चारण की ओर ध्यान दिया है; संस्कृत की उच्चारण-पद्धति को ज्यों का त्यों स्वीकार नहीं किया। हिन्दी में ह्रस्व ऐ ह्रस्व ओ हैं—द्रविड़ भाषाओं की तरह। संस्कृत में सौन्दर्य, औदार्य आदि में 'औ' का उच्चारण अउ-वत् है; किन्तु हिन्दी में और, बौर, कौर आदि का औ-कार उससे भिन्न है। इसी तरह ऐतरेय, पैतृक आदि का 'ऐ' हिन्दी के पैसा, जैसा, तैसा के ऐकार से भिन्न है (यद्यपि बज, अवधी आदि में पइसा, जइसे आदि का चलन है। किन्तु 'पैरत है' का उच्चारण 'पइरत है' नहीं है)। मदनमोहन चाहते हैं कि जैसा बोलें वैसा लिखें और देवनागरी में कुछ वर्ण या चिह्न और जोड़े जाएँ।

"मूल स्वर (ए-ओ) की अपेक्षा उनका चारण फैला तथा पसरा हुवा होता है—इसलिए इनका नाम '<u>पड़ा</u>', और मूल (ए-ओ) का नाम '<u>खड़ा</u>' रक्खा गया है—(खड़ी बोली वह जिसमें खड़े स्वर अधिक हों उच्चारण में '<u>पड़े</u>' और '<u>खड़े</u>' स्वर का भेद तो लोकभाषा में स्वाभाविक है—परन्तु इस अन्तर को नागरी लिपि में दिखलाने का कोई प्रयत्न नहीं करता है—थोड़े से आलस के कारण इस दैवी वर्णमाला में जो सृष्टि भर की सब वर्णमालाओं में श्रेष्ठतम है और अद्वितीय नागरी

नागरी ही है बड़ा भारी धब्बा लनता (लगता) है"। (पृ. 10) इस धब्बे को दूर करने के लिए उन्होंने विशेष चिह्न लगाने का उपाय बताया है।

अरबी का 'ऐन' लिखने के लिए 'अ' के नीचे बिन्दी लगाई जा सकती है—'अ़'। राजा शिवप्रसाद आदि कई लेखक इस पद्धति से काम लेते हैं। सामान्य भाषा के लिए यह अनावश्यक था किन्तु भाषा विज्ञान के लिए उपयोगी है। मदनमोहन कहते हैं : " 'रअ़य्यत'—'अ़य्याम'—'इ़नायत' विदेशी भाषाओं के ये स्वर कुछ भिन्न हैं किन्तु इन्हीं स्वरों के एक विलक्षण प्रकार से उच्चारण करने के कारण भिन्न जान पड़ते हैं"। (पृ. 10-11) यहाँ उनका ध्यान उच्चारण की विलक्षणता पर है, सामान्य भाषा में इस विलक्षणता की अनावश्यकता पर भी।

उन्होंने अंग्रेज़ी शब्दों को देवनागरी में शुद्ध लिखने के लिए एक टेढ़े हाइफन जैसे चिह्न के प्रयोग का सुझाव दिया है—'यथा—वर्ड—डिवीजन—आदि'। (पृ. 14) सम्भवत: ये चिह्न स्वरपात दिखाने के लिए हैं।

भाषा-विवेचन में ध्वनियों को सही लिखने की ओर आधुनिक हिन्दी साहित्य के अभ्युत्थानकाल में मदनमोहन जैसे वैयाकरण सचेत हैं।

[17]

व्याकरण और शब्दकोश-निर्माण का गहरा सम्बन्ध है। जहाँ अनेक रूप प्रचलित हैं, वहाँ कोशकार कौन से रूप ले, कौन से छोड़े, यह उसके लिए एक समस्या हो सकती है। भाषा किस हद तक परिनिष्ठित हो चुकी है और परिनिष्ठित भाषा की ओर उसका दृष्टिकोण क्या है, इस पर निर्भर है कि वह कैसे रूप लेता है, कैसे छोड़ता है। राजा शिवप्रसाद ने 'गुटका' नाम से जो पाठ्य-पुस्तक बनाई थी, उसमें 'प्रेमसागर' का एक अंश देने के बाद उन्होंने एक छोटी-सी शब्द-सूची देना आवश्यक समझा जिससे छात्रों को ज्ञान हो जाए कि 'लल्लूजी की बोली' और 'हम लोगों की बोली' में कहाँ अन्तर है और वे लल्लूजी की बोली की नकल न करे। कहते हैं : " 'प्रेमसागर' में लल्लूजी ने कई शब्द ऐसे लिख दिये हैं कि अब वह हम लोगों के बोलने में नहीं आते, नीचे देखने से खुल जाएगा और पद्य बृजभाषा में बनाए हैं।"

सोंहीं, पै, अबहीं, तद, जद, तधी, पुनि, न्यारे—ये सब लल्लूजी के बोली में हैं। 'हम लोगों की बोली' में इनकी जगह सामने, पर, अभी, तब, जब, तभी, फिर, अलग का चलन है। विन और विन्हों पुराने रूप हैं; 'हम लोगों की बोली' में उन और उन्हों स्वीकृत हैं। बाजने, पठावेंगे में, भया, धाया, बुझाके, निहार, दीसे क्रियारूप सही नहीं हैं; इनकी जगह कहना चाहिए—बजने, भेजेंगे, हुआ, दौड़ा, समझाके, देख, दीखे। तिनहीं की जगह उन्हीं, बिरियां की जगह समय, पैज की जगह प्रण, चढ़ि की जगह चढ़ का प्रयोग समीचीन है। निस्सन्देह भाषा का परिनिष्ठित रूप

निश्चित करना एक ऐतिहासिक आवश्यकता को पूरा करना है। शिक्षा के प्रसार के लिए, सांस्कृतिक कार्यों के संयोजन के लिए, राजकाज के लिए भाषा में एकरूपता लाना आवश्यक है। किसी बहुजातीय देश में यदि कोई भाषा परस्पर सम्पर्क के काम आती हो और उसे राजनीतिक स्तर पर राष्ट्रभाषा भी बनना हो तो उसका परिनिष्ठित होना और भी आवश्यक है।

परिनिष्ठित भाषा की आवश्यकता अंग्रेज़ों को भी थी। हिन्दी या हिन्दुस्तानी उनके लिए वह भाषा थी जिसके द्वारा वे भारतीय जनता से सम्पर्क कायम करते थे; केवल हिन्दीभाषी जनता से नहीं, अहिन्दी भाषी जनता से भी। अंग्रेज़ और भारतीय जनता की सम्पर्कभाषा हिन्दी; हिन्दी और अहिन्दी भाषियों की सम्पर्क-भाषा हिन्दी। भाषा का परिनिष्ठित रूप न होने से अफसरी के उम्मीदवार अंग्रेज़ों को हिन्दी पढ़ाने में जो कठिनाई होती थी, उसकी चर्चा राजा लक्ष्मणसिंह द्वारा अनुवादित 'शकुन्तला' नाटक की भूमिका में फ्रेडरिक पिनकाट ने की है। संस्कृत, फारसी या अंग्रेज़ी से अनुवादित हिन्दी पुस्तकों के बारे में उन्होंने लिखा था : "and they abound in irregularities of grammr and construction, false gender, unsystematic spelling, provincialisms, and other objectionable features, which are likely to confuse much rather than to instruct the learner"। व्याकरण और वर्तनी के मानक अस्थिर हैं, स्थानीय प्रयोग भरे पड़े हैं, भाषा सिखाएँ तो कैसे? (The Sakuntala in Hindi, critically edited by Frederic Pincott, London, प्रकाशन का वर्ष नहीं दिया।)

निस्सन्देह प्रयोग सम्बन्धी अस्थिरता को दूर करना और व्याकरण तथा वर्तनी के मानक स्थिर करना आवश्यक था किन्तु भाषा को परिनिष्ठित बनाने की प्रक्रिया कई तरह की हो सकती है। एक प्रक्रिया यह हो सकती है कि जनता में जिन रूपों का व्यवहार न होता हो, उन्हें छोड़ दिया जाए और जिन अनेक रूपों का व्यवहार होता हो, उनमें कुछ ले लिये जाएँ, कुछ छोड़ दिये जाएँ। दूसरी प्रक्रिया यह हो सकती है कि कुछ शहरों के शरीफजादे जिन रूपों का व्यवहार करते हैं, उन्हें तो टकसाली माना जाए पर जिन्हें अनेक जनपदों की जनता बोलती हो, उन्हें देहाती मानकर छोड़ दिया जाए। हिन्दी के ऐसे सैकड़ों शब्द हैं जिनका व्यवहार मराठी में होता है, जनपदीय बोलियों में होता है किन्तु टकसाली हिन्दी में उनकी खपत नहीं है। हिन्दी, बँगला और मराठी में भाषा को परिनिष्ठित बनाने की प्रक्रिया अलग-अलग तरह से सम्पन्न हुई है। बँगला में अभिजातवर्गीय दृष्टिकोण भाषा को तत्सम प्रधान बनाकर उसका परिष्कार करता रहा है। वैष्णव कवियों की रचनाओं के सैकड़ों मधुर शब्द इस परिष्कृत भाषा से लुप्त हो गए हैं। पूर्वी बंगाल की बोलियों में ऐसे बहुत-से शब्द हैं जो ब्रज और अवधी की याद दिलाते हैं किन्तु परिष्कृत बँगला में उनका व्यवहार नहीं होता। तत्सम प्रधान साहित्यिक बँगला के विरुद्ध बंगाल में तीव्र

प्रतिक्रिया हुई है। ब्रिटिश साम्राज्य से समझौता करने वाले जिन जमींदारों के प्रभाव से बँगला को आधुनिक परिष्कृत रूप मिला था, अब वे नहीं हैं। पूर्वी बंगाल को बँगला भाषा की मुख्य प्रशस्त धारा से अलग करके उसे उर्दू की ओर मोड़ने का प्रयास करने वाले भी अब वहाँ नहीं हैं। इस बदली हुई परिस्थिति में आशा की जा सकती है कि परिष्कृत बँगला से जो भाषा-सम्पदा बहिष्कृत थी, वह उसमें समेट ली जाएगी। किन्तु हिन्दी ने 'बूझना', 'पठाना' जैसी क्रियाओं को देहाती समझकर जिस तरह छोड़ा है, उस तरह बँगला ने नहीं छोड़ा। इसका कारण यह है कि हिन्दी प्रदेश के भद्रजन उस जातीय चेतना से वंचित थे और आज भी हैं जिसका विकृत अहंकारी रूप त्याज्य है किन्तु जिसका सभ्य आत्मसम्मान वाला, प्रगति की आकांक्षा से प्रेरित रूप अभिनन्दनीय है। यहाँ का उच्चवर्ग अपनी जातीय संस्कृति की पहचान के अभाव में दूसरों के अनुकरण में बड़ा पटु रहा है। इस उच्चवर्ग में ज़मींदार—इनमें अवध के ताल्लुकेदार—साधारणत: अपढ़, असंस्कृत और जनता के विकट शोषक,मुसलमान ज़मींदार ब्रिटिश साम्राज्य की अलगाववादी नीति के मुख्य स्तम्भ, हिन्दू ज़मींदार हिन्दू हितों के रक्षक और ब्रिटिश साम्राज्य के अनन्य भक्त, व्यवहार में मुस्लिम जमींदारों की संस्कृति ने नक्काल—इनके प्रभाव से जो भाषायी दृष्टिकोण बना, उसका फल है हिन्दी-उर्दू का अलगाव। जहाँ आधा बंगाल मुसलमान था, वहाँ दो बँगला भाषाओं का चलन न हुआ, जहाँ केवल 14 फीसदी मुसलमान थे वहाँ हिन्दी-उर्दू दो, रूपों का चलन हो गया और संवैधानिक रूप से इन्हें दो भाषाएँ मान लिया गया!

भाषा को परिनिष्ठित बनाने की प्रक्रिया बँगला और हिन्दी से मराठी में काफी भिन्न है। मराठी में तत्सम शब्दावली पहले भी काफी प्रयुक्त होती थी, यथा तुलसीदास की अपेक्षा एकनाथ संस्कृत के तत्सम रूपों का व्यवहार अधिक करते हैं। कबीर की अपेक्षा नामदेव की रचनाओं में तत्सम रूप अधिक हैं। आधुनिक मराठी में तत्सम रूपों का व्यवहार पुरानी परम्परा का ही प्रसार है; वह नये सिरे से भाषा का संस्कृतीकरण नहीं है। किन्तु इस परम्परा के बावजूद कुल मिलाकर औसत लेखकों की साहित्यिक मराठी में गैर-तत्सम शब्द हिन्दी और बँगला से अधिक होते हैं। संस्कृत से भिन्न मराठी की अपनी भाषा-सम्पदा है जो उसका मूलाधार है और उससे आधुनिक मराठी कभी विच्छिन्न नहीं हुई। भारत की भाषाओं में बहुत बड़ी समानता है और यह समानता संस्कृत पर आधारित ही नहीं है। यही कारण है कि हिन्दी जनपदों की बहुत-सी शब्द-सम्पदा मराठी में है, परिनिष्ठित हिन्दी में नहीं है। यद्यपि महाराष्ट्र का अभिजात वर्ग फारसी से प्रभावित रहा है और वहाँ का पुरोहित वर्ग देववाणी का उपासक रहा है तथापि वहाँ के सन्तों ने भाषा में जो क्रान्ति की थी, वह मराठी भाषा के विकास पर स्थायी प्रभाव छोड़ गई है।

कोश-निर्माण और व्याकरण-रचना का गहरा सम्बन्ध है। हिन्दी में अनेक कोश बनाए गए हैं, अनेक व्याकरण लिखे गए हैं। टकसाली भाषा के टकसाली

व्याकरणों का आदर करते हुए पुराने व्याकरणों का अपना ऐतिहासिक महत्त्व है, यह मानना होगा। उस समय भाषा के सजीव रूप जैसे, जहाँ प्रचलित थे, वे इन व्याकरणों में आ गए हैं। इनमें अधिकांश रूप अब भी जनपदों और शहरों में बोले जाते हैं, किन्तु वे व्याकरण में अशुद्ध मानकर नहीं लिखे जाते या लिखे जाते हैं तो उनकी अशुद्धि की ओर ध्यान दिलाने के लिए। इससे मिलती-जुलती स्थिति कोशों की है। फैलन के कोश की विशेषता यह है कि इससे शहरी और जनपदीय बोलियों की विराट् भाषा-सम्पदा प्रत्यक्ष हो जाती है। उस समय जिन विभिन्न वैकल्पिक रूपों का चलन था, वे उजागर होते हैं। विस, विन्हैं, तिन, तिन्हें, तद, जद, कित्ता, कितेक, कभू, कबहूँ, कधी, सौंही, सौंह (सौगन्ध के लिए 'सूं' भी)—रूपों की यह भिन्नता जैसे पुराने व्याकरणों में है, वैसे ही फैलन के कोश में। रूपों की यह विविधता उन भाषा-विज्ञानियों के लिए चेतावनी है जो संस्कृत के परिनिष्ठित रूपों को, एकमात्र प्राचीन रूप-तत्त्व मानकर, उनके आधार पर मराठी, बँगला आदि भाषाओं और समस्त जनपदीय बोलियों के शब्दों तथा अन्य भाषा-तत्त्वों की सिद्धि करते हैं। भाषा का परिनिष्ठित होना एक प्रक्रिया है जिसमें अनेक रूपों और प्रयोगों में कुछ छाँट लिये जाते हैं, शेष छोड़ दिये जाते हैं; किन्तु जो छोड़े जाते हैं, वे सदा नष्ट नहीं हो जाते वरन् बोलियों में बने रहते हैं। आगे चलकर जब लोग बोलियों का अध्ययन करते हैं, तब उन्हें पुराने कोशों, व्याकरणों और लिखित साहित्य में न पाकर कल्पना करते हैं कि परिनिष्ठित रूपों के ये अपभ्रंश रूप हैं जो अशिक्षित लोगों की भाषा में प्रचलित हो गए हैं। हिन्दी के परिनिष्ठित बनने की प्रक्रिया का इतिहास इन पुराने व्याकरणों और कोशों में लिखा हुआ है; पुराने साहित्य से उसकी पुष्टि होती है।

फैलन ने अपना कोश फारसी वर्णमाला के अनुसार बनाया है और फारसी प्रभावित भाषा उस समय सभ्यजनों की भाषा मानी जाती थी। फिर भी जनपदीय बोलियों की जितनी सामग्री यहाँ है, उतनी शायद ही हिन्दी के अन्य किसी कोश में हो।

जिन जाओरी आन कोई पनिया भरन,
ठाढो मग में छैल, एक एक के मारे पिचकारी तक तक।

× × ×

दूजा झकोला मेरे बाप का जिन मांढा छवाया,
राधा पियारी हे!
तीजा झकोला मेरी मा का जो बोझ मरी दस मास,
राधा पियारी हे!

× × ×

सोना लेने पी गये, सूना कर गये देस।
सोना मिला न पी फिरे, रूपा हो गये केस।

कबीर और तुलसीदास की सूक्तियाँ, शहर और देहात की कहावतें, उर्दू के शेर, खास कर नज़ीर अकबराबादी की पचीसों उक्तियाँ, एक-एक शब्द के साथ बीसों मुहावरे—काम आना, काम बटा लेना, काम बढ़ाना, काम बिगाड़ना, काम बनाना, काम पड़ना, काम पै लगाना, काम चलाना, काम देना, काम देखना, काम सिखाना, काम सँवारना, काम से काम रखना, काम लेना, काम मिलना, काम में काम निकालना, आदि आदि—इस कोश की विशेषता हैं। इस सम्पत्ति की ओर जितना भारतेन्दु-युग के लेखक सचेत थे, उतना बाद के युगों के नहीं।

फैलन से पहले भी लोगों ने कोश बनाए थे, उनके बाद भी बहुतों ने बनाये। फैलन का दृष्टिकोण इन लोगों से भिन्न है। उन्होंने बोलचाल की भाषा पर बहुत बल दिया है और इस बोलचाल की भाषा की परिधि में उन्होंने केवल पढ़े-लिखे लोगों द्वारा स्वीकृत रूप नहीं लिये, शहर और गाँव के अपढ़ लोगों की बोलचाल को भी अपना आधार बनाया है। दूसरी विशेषता यह है कि उन्होंने हिन्दुओं और मुसलमानों की दो कौमों, उनकी दो संस्कृतियों और दो भाषाओं का सिद्धान्त नहीं माना है। गिलक्रिस्ट और उनके अनुयायी हिन्दुओं और मुसलमानों को एक-दूसरे से अलग करने और उनकी भाषा को एक ओर अरबी-फारसी, दूसरी ओर संस्कृत से समृद्ध करने पर तुले हुए थे। भारत के पतनशील सामन्त, अंग्रेज़ी राज के मुख्य सामाजिक स्तम्भ जब जनसाधारण की भाषा को उपेक्षा के भाव से देखते थे, तब गिलक्रिस्ट-सम्प्रदाय उन्हें बढ़ावा देता था; कहता था, साहित्य में गँवारू भाषा का प्रयोग न होना चाहिए, उच्चवर्ग के शिक्षित जनों की सभ्यता और संस्कृति का पता ही इस बात से चलता है कि उनकी भाषा में कितनी अरबी-फारसी और संस्कृत है।

विलियम प्राइस इस सम्प्रदाय के एक रत्न थे। वह फोर्ट विलियम कालेज में हिन्दी-हिन्दुस्तानी भाषाओं के प्रोफेसर थे। हिन्दी-हिन्दुस्तानी पाठ्य-पुस्तक की भूमिका में उन्होंने लिखा था कि हिन्दुस्तानी भाषा हिन्दी से ही निकली है किन्तु उसमें इतने अरबी और फारसी के शब्द आ गए हैं कि इस देश के प्राय: सभी हिन्दू मतावलम्बी उसे समझ नहीं पाते जब तक कि वे मुस्लिम-प्रधान बड़े शहरों में बहुत दिन तक रहे न हों। किन्तु यह मुसलमानों की भाषा है, खास तौर से उन विशिष्ट और शिक्षित जनों की, जो शब्दों का व्यवहार नपा-तुला करते हैं।

विलियम प्राइस ने गिलक्रिस्ट का अनुसरण करते हुए हिन्दुओं और मुसलमानों को दो खेमों में बिठाया है। मुस्लिम-प्रधान शहरों के हिन्दू अरबी-फारसी गर्भित भाषा समझ लेते हैं, यह उन्होंने लिखा; देहात के मुसलमानों का काम, यहाँ के हिन्दुओं की तरह, हिन्दी से चलता है, यह उन्होंने नहीं लिखा। शहर में धुनिये, बुनकर, मोची, कसाई अरबी-फारसी-गर्भित भाषा न समझते थे, भले ही वे मुसलमान हों, यह उन्होंने नहीं लिखा। ख़्वाजा हसन निज़ामी के समय में जो एक करोड़ देवनागरी का व्यवहार करने वाले मुसलमान थे, उनके पूर्वजों की ओर उन्होंने ध्यान नहीं दिया।

ब्रिटेन और रूस के अभिजात वर्ग किसी समय अपनी भाषाओं को गँवारू समझकर फ्रांसीसी भाषा का व्यवहार करते थे (जैसे भारत के अभिजात, नीम अभिजात और सद्य:जात अभिजात हिन्दी को अविकसित समझकर अंग्रेज़ी का व्यवहार करते हैं), वैसे ही ब्रिटिशपूर्व भारत के अभिजात वर्ग ने भारतीय भाषाओं को अपदस्थ करके फारसी को यहाँ राजभाषा बनाया था। स्वभावत: हिन्दी में जितने ही ज्यादा अरबी-फारसी के शब्द आएँ, उतना ही उसकी दृष्टि में वह सभ्य भाषा बनती थी। अभिजात वर्ग और जनसाधारण के भाषा-सम्बन्धी भेद को अंग्रेज़ों ने मुसलमानों और हिन्दुओं का भेद बना दिया। स्वयं दोनों की भाषा और संस्कृति के संरक्षक बने। फोर्ट विलियम कालेज ने हिन्दुओं को 'प्रेमसागर' का गद्य दिया, ग्रियर्सन के अनुसार; उर्दू के विकास में फोर्ट विलियम कालेज का महत्त्व घोषित किया विलियम प्राइस ने। हिन्दुस्तानी की अनेक श्रेष्ठ कृतियाँ फोर्ट विलियम कालेज के अस्तित्व से सम्भव हुईं : "and several of the best owe their existence to the establishment of the college of Fort William"। (कृष्णाचार्य : हिन्दी के आदि मुद्रित ग्रंथ; भारतीय ज्ञानपीठ, 1966 ई.; पृ. 187-91 पर उद्धृत विलियम प्राइस की भूमिका से)

इस सम्प्रदाय के दूसरे रत्न थे जे.टी. टॉमसन। इन्होंने 1846 ई में हिन्दी-अंग्रेज़ी शब्दकोश प्रकाशित किया। इसकी भूमिका में शब्द-संग्रह की नीति के बारे में उन्होंने लिखा है : बोलचाल की हिन्दी में आवश्यक शब्दावली नहीं है किन्तु वह हिन्दी पुस्तकों में है; लगभग बीस सम्बद्ध भाषाओं की जननी—अर्थात् संस्कृत में—अभिव्यंजना की आवश्यक क्षमता है। इसलिए इस कोश में विशुद्ध संस्कृत शब्द लिये गए हैं, उनका बाहुल्य है, इसे दोष न मानना चाहिए। जब हम नेटिव लोगों से बात करते हैं, तब फारसी-अरबी और संस्कृत मूल के शब्द बोलने में नहीं हिचकते और इन भाषाओं के आधार पर बनाए हुए शब्द भाषा को समृद्ध करते हैं चाहे वह लिखित भाषा हो, चाहे बोलचाल की। क्या इस देश के विद्यालयों में ज्ञान-विज्ञान की शिक्षा देने के लिए उपयुक्त ग्रंथ हैं? नहीं हैं। तब हिन्दी 'कम्पोजीशन ऐंड ट्रांसलेशन' के लिए जरूरी पारिभाषिक शब्दावली कहाँ से आएगी? अवश्य ही उर्दू से नहीं क्योंकि उधर से काफी शब्द लेने से यह समझा जाएगा कि भाषा की शुद्धता नष्ट हो गई है। आम हिन्दुओं की हिन्दी से नहीं लिये जा सकते—हिन्दू ही मुख्यत: इसका व्यवहार करते हैं; —क्योंकि उसका बोलचाल वाला रूप ही अभी स्थिर नहीं हुआ। इसलिए जिस भाषा से इसका जन्म हुआ है, उसी से ऐसे शब्द लेना उचित है क्योंकि वह भाषा विज्ञान की प्रत्येक शाखा में पुस्तक-रचना के उपयुक्त है और विचार प्रकट करने के लिए उसमें बड़ी सुविधाजनक सामग्री है। संस्कृत की ओर यह झुकाव और उस पर यह निर्भरता और भी उचित इसलिए है कि यह स्थिति हिन्दी की ही नहीं वरन् अंग्रेज़ी राज में बोली जाने वाली अन्य बीस भाषाओं की भी है। ये हैं टॉमसन के विचार।

टॉमसन ने फोर्ट विलियम कालेज में संस्कृत, बँगला और मराठी के प्रोफेसर के मत का उल्लेख किया है जिनके अनुसार बँगला के तीन-चौथाई शब्द विशुद्ध तत्सम हैं और एक-चौथाई जो बच रहते हैं, वे इतना कम बिगाड़े गए हैं कि उनका मूल संस्कृत उद्‌गम आसानी से पहचाना जा सकता है। टॉमसन कहते हैं, यह बात हिन्दी पर भी लागू होती है। इसलिए उनके कोश में यदि मूलभाषा के वे बहुत से शब्द ले लिये गए हैं जिनसे केवल विद्वान् परिचित हैं, अन्य लोग नहीं, तो उनका यह कार्य क्षम्य मानना चाहिए। और ऐसा कौन व्यक्ति है जो अपढ़ गँवारों की बोली से अलग बलाग़त और फ़साहत से बोलना और लिखना न चाहे कि पढ़-सुनकर लोग वाह-वाह करें? ("But who is there, that does not desire to speak, and write and discourse, in a style above that of rustics or unlettered men, if he wishes to express himself with accuracy, aptitude, and an elegance that should charm, or command admiration?" कृष्णाचार्य : हिन्दी के आदि मुद्रित ग्रन्थ, पृ. 198)।

तब से अब तक अनेक हिन्दी-प्रेमी विद्वान् टॉमसन के पगचिह्नों पर पैर घसीटते हुए हिन्दी को समृद्ध करते रहे हैं। कोश-निर्माण के जितने कारखाने चालू हुए, उनके सिंहद्वार पर बड़े-बड़े अक्षरों में लिख दिया गया था : Abandon hope all ye who enter here! हिन्दी हीन है, दरिद्र है, उसके विकास, प्रसार और ज्ञान-विज्ञान के लिए व्यवहार की कोई आशा नहीं है जब तक आप दोनों ओर संस्कृत के वृहत् कोश सँभाले हुए सिंहद्वार से प्रवेश न करें। हिन्दी-प्रेम बहुधा हिन्दी-सम्बन्धी अज्ञान का सूचक भी होता है। जो है, वह दिखाई नहीं देता, जो नहीं है, उसे रचने का तरीका अहिन्दी और असंस्कृत होता है। पहले से मानकर चलते हैं, हिन्दी की अपनी शब्द-सम्पदा कुछ नहीं है। चाहे 1846 हो चाहे 1946, चाहे 1973, हर समय एक ही आवाज सुनाई देगी, हिन्दी में है क्या? यानी कुछ नहीं है!

[18]

फैलन के कार्य का यह युगान्तरकारी महत्त्व है कि उन्होंने इस धारा के आड़े आकर, उसका तीव्र विरोध करते हुए, प्रतिकूल परिस्थितियों में, कठिन परिश्रम के फलस्वरूप अपना कोश-रचना कार्य पूरा किया। प्रकाशन से पूर्व इसकी विज्ञप्ति में उन्होंने कहा था : भाषा की सम्पदा उसके बोलचाल वाले रूप में है। यह रूप कितना समृद्ध और भाव-विचार प्रकट करने में कितना समर्थ है, इसे वे लोग जानते होंगे जो पूरब की दुनिया के संवेदनशील और कल्पनाप्रिय निवासियों के दैनिक व्यवहार की भाषा के विभिन्न रूपों को पहचानते होंगे। भाषा को उसकी पूर्णता में प्रस्तुत करना है तो उसके श्रेष्ठ भाग को छोड़ा नहीं जा सकता। जनता की सजीव बोली-बानी हमारे कोशों में प्राय: है ही नहीं। उसके बदले बहुत से अरबी, फारसी और संस्कृत के

शब्द उनमें भर दिये जाते हैं जो न लिखने में काम आते हैं, न बोलने में या बहुत ही कम काम आते हैं। उन भाषाओं के कोशों से अजनबी शब्दों को छाँटना और देसी भाषा की शब्द-सूची पर उन्हें चिपकाना—जिसके वे अंग नहीं हैं—किताबी मौलवियों और पंडितों के मनोरंजन का खास काम है। यही वे तानाशाह हैं जिन्होंने जनता की मातृभाषा को देश-निकाले की सजा दी है और उसकी जगह ऐसी नकली भाषा गढ़ी है जिससे आम जनता और शासक वर्ग एक-दूसरे से अलग हो गए हैं। किताबों, कानूनी कार्रवाई और सरकारी व्यवहार से बोलचाल की भाषा को अलग रखने में इन्होंने ऐड़ी चोटी का जोर लगा दिया है। जिसे वह पूरी तरह खदेड़कर आँखों से ओझल नहीं कर पाए, उसे उन्होंने तोड़-मरोड़कर कुचल डाला है। एक जानदार भाषा—जिसमें बड़ी रवानी थी—उनके हाथों बेदम हो गई है। उसमें जो आग थी, जो प्राण थे, उसके बदले भड़कीले बेजान शब्द बिठा दिये हैं—अजीब अरबी आवाजें, जो आम जनता के लिए बेमानी हैं; संस्कृत के ठंडे निर्जीव ढेले, जो बोलते नहीं, मन को मोहते नहीं। उन्हें अपनी मातृभाषा पर शर्म आती है। वे दिखाते हैं कि मातृभाषा जैसी घटिया चीज से उन्हें वास्ता नहीं है। शाही करम से अब वे जिन महलों और दरबारों में दाखिल हो गए हैं, उनमें बचपन के हमजोलियों को घुसने नहीं देते। घर में एक बोली बोलते हैं, बाहर निकलकर दूसरी। घर के एकान्त में जब दिल के फफोले फोड़ते हैं, तब अपनी जानदार देसी बोली ही बोलते हैं। जब नये लोगों के बीच में आते हैं और जिन्दगी की घिसी-पिटी बातें दोहराते हैं या वे भाव प्रकट करते हैं जो उनके हृदय में नहीं हैं, तब खूब चमकीले-भड़कीले विदेशी वस्त्रों से खुद को ढँक लेते हैं, इससे उनकी शोभा बढ़ती है और उनके विचारों पर पर्दा भी पड़ जाता है। वे अपने मुख से उन पोथी-पंडितों की प्रशंसा में जमीन-आसमान के कुलाबे मिलाते नहीं अघाते जो विचित्र अरबी रूप-विकारों का जाल बुनने में या फारसी पदों की धाराप्रवाह समास-रचना में अथवा संस्कृत की गम्भीर घोष वाली रहस्यमयी पदावली प्रस्तुत करने में कुशल हैं। ये हैं फैलन के विचार।

वह अंग्रेज़ी राज के विरोधी नहीं थे। भारतेन्दु-युग के अनेक हिन्दी लेखकों की तरह वह समझते थे कि शासन-व्यवस्था के दोष दूर करने से यहाँ की जनता की सामाजिक-सांस्कृतिक उन्नति हो सकती है। इस मान्यता के साथ वह अंग्रेज़ी राज और उसकी भाषा-नीति के खुले आलोचक थे। उन्होंने अपने कोश की भूमिका में लिखा है कि हुकूमत की बहुत-सी खामियों और अंग्रेज़ों की सबसे बड़ी राजनीतिक भूलों का कारण यह है कि बनी-ठनी शब्दावली में उनके चाकर उन्हें उलझा देते हैं। यदि शासक और प्रजा एक-दूसरे से जनता की भाषा में बातें कर सकें तो स्थिति बदल जाएगी। शासकों की विदेशी भाषा या अरबी-फारसी के बोझ से दबी हुई कचहरी-अदालत की उर्दू बहुत थोड़े लोग सीख सकते हैं और ये थोड़े लोग शासक वर्ग और आम जनता के बिचवानी बने हुए काम करते हैं।

फैलन उन थोड़े से अंग्रेज़ों में हैं जिन्होंने इस बात को देखा और लिखा कि अरबी-फारसी से लदी हुई अदालती उर्दू शासकवर्ग के हाथ में जनता को ठगने का साधन है।

फैलन ने नकली साहित्यिक भाषा के उन प्रेमियों की निन्दा की है जिन्हें सत्य और यथार्थ बेजान मालूम होता है, जिन्हें विदेशी तड़क-भड़क वाली काल्पनिक वस्तुएँ ही प्रिय हैं। लिखा है—मौलवियों और पंडितों की कमी नहीं है। यहाँ अरबी-फारसी की हमेशा पूछ रही है। इनके ज्ञान से लोग विद्वान् कहलाते हैं, आम जनता से उनकी हस्ती कुछ अलग ही मानी जाती है। इन्होंने जो ऊँचे-ऊँचे दावे कर रखे हैं, उन्हें ललकारना आसान नहीं है। फिर भी मातृभाषा के धनी को अपनी मेहनत का फल मिलेगा। अभी बाजार में उसका भाव गिरा हुआ है। अभी विद्यालयों में गँवारी बोली के लिए प्रोफेसर-पद नहीं है लेकिन "एक दिन आएगा जब जनता की भाषा के लिए ऐसे पद होंगे; उपयोगी ज्ञान और भावपूर्ण संस्कृति के विकास के साथ करोड़ों आदमियों की भाषा के अधिकार व्यापक रूप से मान्य होंगे।"

फैलन के ओजपूर्ण गद्य में मानो भारतेन्दु-युग की आत्मा बोलती है। उस युग के लेखकों में ऐसा ही भाषा-प्रेम देखा जाता है। फैलन अंग्रेज़ दार्शनिक लॉक और कवि वर्ड्सवर्थ की पाठशाला के छात्र हैं। वह जनसाधारण को ही भाषा के उद्भव और विकास का मूल स्रोत मानते हैं। कई जगह उनके गद्य में 'लिरिकल बैलड्स' की प्रसिद्ध भूमिका की प्रतिध्वनि सुनाई देती है।

प्राचीन भाषाओं से जो शब्द लिये जाएँगे, वे ज्यादा स्पष्टता से विचार प्रकट करेंगे—इस प्रचलित धारणा को फैलन चुनौती देते हैं। कहते हैं—यह मान लिया जाता है कि अपढ़ जनों की बोली में वैज्ञानिक स्पष्टता हो ही नहीं सकती। फिर पूछते हैं : "I this a well ascertained fact, or is it one of those one-sided and partial verdicts which literary men, like other people with class prejudices, are so accustomed to pronounce in their own favour and against the unrepresented millions and their ways and language of which they may possibly know very little or next to nothing?" इस बात की जाँच-पड़ताल की गई है, क्या यह एकतरफा फतवा है? अपने वर्ग के पूर्वग्रहों से पीड़ित और लोगों की तरह विद्वान् भी अपने पक्ष में इस तरह की बातें कहा करते हैं। सामान्य जनता की भाषा के बारे में शायद वह कुछ भी न जानते हों पर उस जनता का पक्ष लेकर बोलने वाला कोई नहीं है।

इस जनता का पक्ष लेकर फैलन बोले हैं और उनके बोलने में जो तेजी है, यह कोशकारों में ज़रा कम देखने को मिलती है। उनकी भूमिका सच्ची अन्तर्राष्ट्रीयता का वह सन्धिस्थल है जहाँ लॉक, वर्ड्सवर्थ और शैली की प्रगतिशील विचारधारा भारतेन्दु-युग की देशप्रेमी भावधारा से घुल-मिल गई है।

कहते हैं—इस कोश की मुख्य विशेषताएँ ये हैं कि यहाँ भारत की हिन्दी-भाषी जनता की बोलचाल और ग्रामीण मातृभाषा को महत्त्व दिया गया है, स्त्रियों की बिन मिलावट वाली बोली यहाँ पहली बार दर्शायी गई है; शब्दों के प्रयोग के जो उदाहरण दिये गए हैं, वे जनता की आये-दिन के व्यवहार की बोली, उसकी कविता, लोक गीतों और लोक संस्कृति से लिये गए हैं। ("The chief features of the present work are the prominence given to the spoken and rustic mother tongue of the Hindi speaking people of India; the exhibition, for the first time, of the pure, unadulterated language of women; and the illustrations given of the use of words by means of examples selected from the every day speech of the people, and from their poetry, songs and proverbs, and other folklore.")

फैलन की कोश-रचना हिन्दी वर्णमाला के हिसाब से नहीं हुई किन्तु उन्होंने अपने कोश में और उसकी भूमिका में जनता को लिपियों के आधार पर दो हिस्सों में नहीं बाँट दिया। जिस मानव समूह की भाषा का वह कोश बना रहे हैं, उसका नाम 'हिन्दी स्पीकिंग पीपल' है। हिन्दीभाषी जनता भारत की अन्य इकाइयों की तरह एक अविभाज्य इकाई है। धर्म और लिपि के नाम पर उसे बाँटा नहीं जा सकता। उसकी बोलचाल की भाषा उसकी एकता का पुष्ट आधार है। स्त्रियाँ घर के भीतर अपनी सहज मातृभाषा का व्यवहार करती हैं; कचहरी-अदालत में जाकर उन्हें राजा-प्रजा के बिचवानी का काम नहीं करना पड़ता। कश्मीर और उत्तर प्रदेश के बहुत से मुंशी-पंडित-परिवारों में पुरुष फारसी पढ़ते थे, उर्दू बोलते थे, स्त्रियाँ घर में कश्मीरी और हिन्दी बोलती थीं। इसलिए स्त्रियों की बोली पर ज्यादा ध्यान देना फैलन के लिए उचित था।

प्रामाणिक शब्दकोश वह नहीं होता जिसमें किताबों से शब्द इकट्ठे किए गए हों। बोलचाल की सारी शब्द-सम्पदा लिखित साहित्य में आ जाए, यह आवश्यक नहीं। जहाँ अधिकांश जनता निरक्षर हो, अभिजात वर्ग जनता को गँवार कहकर उसकी बोली से अपनी जबान खराब न होने दे, जहाँ साहित्य में गद्य का बहुत कम विकास हुआ हो, वहाँ पुस्तकों पर निर्भर रहना अपनी भाषा की अवज्ञा करना है। प्रामाणिक शब्दकोश वह है जिसके बनाने वाले ने गली-मुहल्ले की बोलचाल सुनकर खुद इकट्ठे किए हों या दूसरों की मदद से बटोरे हों। संस्कृत के शब्दकोश पर हिन्दी का नाम चिपका देने से वह हिन्दी का शब्दकोश नहीं बन जाता। पुस्तकों का उपयोग सीमित है; उन्हीं के भरोसे रहकर न हिन्दी का व्याकरण रचा जा सकता है, न उसके शब्दकोश का निर्माण हो सकता है।

फैलन ने लोकगीतों और लोक-संस्कृति की चर्चा की है। इससे विदित होना चाहिए कि इन विषयों से कोश-विज्ञान का गहरा सम्बन्ध है। फैलन ने कविता और

गीतों की बात कही है। तुलसी, कबीर, नज़ीर, सौदा आदि कवियों की रचनाओं से उन्होंने वे अंश उदाहरण-रूप उद्धृत किए हैं जो उस समय जन-संस्कृति का अंग बन गए थे। फैलन के अनुसार दार्शनिक और समाज-सुधारक कबीर ने अपनी कविता में जनता के भावों और विचारों को मूर्तिमान कर दिया; उनके साखी और सबद जनता के हृदय में बस गए। कबीर के क्रान्तिकारी चिन्तन की प्रशंसा करते हुए फैलन ने लिखा है कि निष्पक्ष दृष्टि और अनुपम साहस से उन्होंने हिन्दुओं और मुसलमानों के ढकोसलों और खोखले रीति-रिवाजों की कड़ी आलोचना की। उन्होंने अपनी भाषा में अरबी-फारसी संस्कृत का विचार किए बिना जो शब्द जनता की समझ में आते थे, उनका प्रयोग किया। "उनकी भाषा में यदि हिन्दी शब्द ही अधिक हैं तो इसलिए कि हिन्दी लोगों की मातृभाषा थी और लोग उसी को सबसे ज्यादा समझते-बूझते थे और उसी में अपने भाव प्रकट कर सकते थे।"

स्वभावत: फैलन के हृदय में नज़ीर के लिए बड़ा प्यार और सम्मान है। नज़ीर ने अपनी भाषा की समृद्धि जिस तरह अपनी रचनाओं में बिखेरी है, उसे देखकर फैलन को चौसर और शेक्सपियर जैसे भाषा के बादशाहों की याद आती है। ("Nazir laid under contribution the treasures of the mother tongue. He has done in this matter what only kings like Chaucer and Shakespeare succeeded in doing.") हिन्दी शब्दों के उलट-फेर और उनके मिलाने से जो अर्थ निकलते हैं, वे सब अर्थ नज़ीर ने निकाले हैं, इसके सिवा वह उन्हें नये ढंग से मिलाते हैं और नये अर्थ निकालते हैं। यह उनकी प्रतिभा का साहसपूर्ण कारनामा है। उनकी सबसे अच्छी कविताएँ किसी दीवान में छपी हुई दिखाई नहीं देतीं। वे उनके अपढ़ और घुमन्तू भक्तों की ज़बान पर हैं जिनके हृदय में मनुष्य के वे स्वच्छ भाव बने हुए हैं जिन्हें नज़ीर ने इतनी खूबसूरती से चित्रित किया है। पढ़े-लिखे लोगों को अपने प्रिय कवियों की रचनाएँ उतना याद नहीं हैं जितना कि इन अपढ़ जनों को नज़ीर की याद हैं। जितना समय ये लोग नज़ीर की कविताएँ सुनने-सुनाने में लगाते हैं, उससे कम ही समय साहित्यप्रेमी उन खयाली लफ़्फ़ाज़ की रचनाएँ सुनने या पढ़ने में लगाते हैं जिनके वे प्रशंसक हैं। कविता से इन अपढ़ जनों को जो आनन्द मिलता है, वह भी ज्यादा गहरा होता है क्योंकि उनकी मानसिक वृत्तियाँ ज्यादा सहज हैं और जिस चीज पर ये रीझते हैं, वह अधिक पवित्र होती हैं। (आखिरी बात वर्ड्सवर्थ द्वारा ग्रामीण जनों की सहज निर्दोष मानसिक वृत्तियों की चर्चा की प्रतिध्वनि है।)

फैलन को यह देखकर क्रोध आता है कि भारत के विद्वान् नज़ीर को कवि नहीं मानते। नज़ीर ने मानव-जीवन की साधारण वस्तुओं और व्यापारों पर कविता लिखी है, इसलिए ये विद्वान् मान लेते हैं कि ऐसा आदमी कवि हो ही नहीं सकता। किन्तु फैलन अंग्रेज़ी कविता की यथार्थवादी धारा के प्रेमी हैं, वह नज़ीर की असाधारण

प्रतिभा पर मुग्ध होते हैं। जैसे ड्राइडन ने चौसर की प्रशंसा की थी, वैसे ही वे नज़ीर की उस चित्रशाला की तारीफ करते हैं जिसमें इस देश के निवासियों के खेल-तमाशों, दुख-सुख और हृदय के भावों की छवि आँकी गई है।

फैलन ने बिहार में काम किया था, दिल्ली में रहे थे और कुछ दिन आगरे में भी बिताये थे। आगरे की भाषा के लिए लिखा है कि दिल्ली और लखनऊ से यहाँ फारसीयत कम है ("Agra, where the compiler resided for some years, and where the language is less Persianised than it is in Delhi and Lucknow")। वह हिन्दी की पूरबी बोलियों से परिचित थे और दिल्ली की ज़बान से भी, जिसे बहुत से लोग अपना आदर्श मानते थे। किन्तु कहीं भी उन्हें किसी पूरे शहर के लोग—और उनमें भी साधारण अपढ़ लोग—किसी कवि के पीछे ऐसे दीवाने नहीं दिखाई दिये, जैसे आगरे वाले नज़ीर के पीछे दीवाने थे। उनके लिए यह नया अनुभव था और उन्होंने जरूर मन में सोचा होगा कि जनसाधारण की सहज मानसिक वृत्तियों के बारे में वर्ड्सवर्थ ने जो कुछ कहा था, वह सब कितना सच था। अन्तर केवल यह है कि वर्ड्सवर्थ के जनसाधारण गाँव में ही बसते थे, और आगरा गाँव नहीं, शहर है। वर्ड्सवर्थ और फैलन में एक फर्क और है। वर्ड्सवर्थ उन बातों को छिपाते हैं जो उनकी समझ में अश्लील हैं। फैलन नज़ीर के बारे में कहते हैं कि चित्रण की सचाई के लिए जब कोई अश्लील तसवीर खींचते हैं, तब यह काम कलात्मक ढंग से और इशारे से करते हैं; जब शुद्ध भाव का चित्रण करते हैं तब अश्लील तसवीर मन पर टिकने नहीं देते।

नज़ीर की कविता और फैलन के शब्दकोश में यह सम्बन्ध है कि जनसाधारण की जिस भाषा का पक्ष लेकर वह लड़ते हैं और परिश्रम से जिसके शब्द बटोरते हैं, उसका जीता-जागता रूप उन्हें नज़ीर की कविता में दिखाई देता है। आगरे में उन्हें यह दृश्य देखने को मिलता है कि गलियों और मुहल्लों में जो भाषा ढल रही है, वह नज़ीर की रचनाओं में सुघर रूप पाकर फिर जनता की ज़बान पर चढ़ जाती है।

फैलन ने उत्सवों-त्योहारों में बिहार के अपढ़जनों को अश्लील गीत गाते और अनुरूप मुद्राएँ बनाते देखा था। उनका कहना था कि ये लोग ऊपर से देखने में अश्लील किन्तु व्यवहार में उन लोगों से कहीं ज्यादा ईमानदार थे जो अपनी नैतिकता की चादर के नीचे हर तरह की बेईमानी छिपाये हुए थे। जीवन में यह सब भी है; उसे छिपाया क्यों जाए? भाषा में वे तमाम शब्द भी हैं जिन्हें सभ्य लोग अश्लील समझते हैं। इन्हें कोश में दिया जाए या नहीं? क्यों न दिया जाए? शब्दकोश सामाजिक जीवन का दर्पण है। इस शब्दावली के बिना जनता के मन का भरा-पूरा चित्र कैसे सामने आएगा? फैलन का नैतिक साहस विक्टोरिया रानी के युग की प्रसिद्ध छलछद्म वाली नैतिकता से कोसों दूर है। पिछले दिनों सम्भोग-क्रिया-सूचक चार अक्षरों का अंग्रेज़ी शब्द जब महान् ऑक्सफर्ड शब्दकोश में पहली बार दर्ज हुआ

तो यह समाचार दैनिक पत्रों में छप गया—ब्रिटिश कोशकारों ने नैतिक मान्यताओं में क्रान्ति कर दी! फैलन ने यह काम सौ बरस पहले कर दिया था और गुपचुप नहीं, तर्क सहित, डंके की चोट पर। किन्तु कोश के लिए रुपया चाहिए था; उसे छापने का भार सरकार पर न था। रुपया सभ्य जनों से—मुख्यत: अंग्रेज़ों से—मिलना था; कोश बनाया गया था राजा को प्रजा की भाषा का ज्ञान कराने के लिए। भूमिका के अन्त में उनके 'पुनश्च' में इस बात पर खेद प्रकट किया गया है कि अश्लील कहे जाने वाले शब्द छापने पर उन्हें प्रतिबन्ध लगाना पड़ा है। किन्तु यह प्रतिबन्ध बहुत शिथिल था और अनेक 'अश्लील' शब्द उनके शब्दकोश में प्रतिबन्ध के बावजूद विद्यमान हैं।

[19]

बोलचाल की भाषा पर इतना ज़ोर देने से फैलन के सामने यह समस्या भी आई होगी कि भाषा और बोली का क्या सम्बन्ध है। वर्ड्सवर्थ, रूसो और लॉक से प्रभावित होने के कारण यह सम्भव था कि वह ग्रामीण बोलियों के महत्त्व को बढ़ा-चढ़ाकर देखें और शहर में विकसित होने वाली जातीय भाषा को नकली समझें। यह गलती बौद्धकाल के जनपदों की पुन: प्रतिष्ठा का स्वप्न देखने वाले राहुल सांकृत्यायन ने की थी। फैलन की दृष्टि इस मामले में बहुत साफ हैं। उनके सामने एक निश्चित इकाई है—हिन्दीभाषी जनता। वे इस जनता की बोलचाल—यानी शहरी बोलचाल—और ग्रामीण मातृभाषा का कोश बना रहे हैं ('the spoken and rustic mother tongue of the Hindi speaking people')। जिस मातृभाषा के अध्यापन के लिए उन्होंने प्रोफेसर पदों के कायम होने की भविष्यवाणी की थी, वह करोड़ों आदमियों की जातीय भाषा है ('the national language of millions')। फैलन की पद्धति यह है कि वह इस जातीय भाषा—शहरी खड़ी बोली को—अपना आधार मानते हैं; इसे बोलने वाले यदि ब्रजभाषा के दोहे या रामायण की चौपाइयाँ समझते हैं और बातचीत में उद्धृत करते हैं तो उन्हें एक ही भाषा के अन्तर्गत मानना चाहिए। पूरबी बोलियों के क्षेत्र में लोग खड़ी बोली समझते हैं, शहरों में बोलते हैं, उसमें अपनी बोलियों की कहावतें मिला देते हैं तो ये भी उसी एक भाषा के अन्तर्गत हैं। हिन्दी-भाषी प्रदेश की यह वास्तविक स्थिति थी और उस समय के साहित्य में झलकती है; वही स्थिति इस शब्दकोश में प्रतिबिम्बित है। फैलन इस स्थिति को प्रतिबिम्बित ही नहीं करते, वह इसका महत्त्व भी खूब समझते हैं। हिन्दी की शक्ति इस बात पर निर्भर है कि वह इन बोलियों से कितना सत खींचती है और पुराने साहित्य—विशेषकर ब्रज भाषा के साहित्य—की शब्द-सम्पदा को कितना आत्मसात् करती है।

उन्होंने लिखा है कि दूसरे सूबों—यानी पश्चिमोत्तर प्रान्त से भिन्न बिहार आदि सूबों—में कहावतें, लोकगीत और मुहावरे कभी-कभी उनकी अपनी बोलियों में होते हैं,

फिर भी उनका चलन सारे हिन्दुस्तान में है और लोग उन्हें समझते हैं। ('हिन्दुस्तान' शब्द यहाँ हिन्दीभाषी प्रदेश के लिए प्रयुक्त हुआ है।) कहते हैं—जहाँ भी हिन्दुस्तानी समझी और बोली जाती है, वहाँ लोग इन कहावतों और मुहावरों में व्यक्त की हुई सचाई, अभिव्यक्ति का कौशल, तुरत पहचान जाते हैं और चूँकि इनमें मनुष्य के व्यापक अनुभवों के बहुरंगी पक्ष देखने को मिलते हैं, इसलिए सबसे बड़े पैमाने पर बोली जाने वाली देशभाषा के कोश में उन्हें स्थान मिलना ही चाहिए। मुगलों की राजधानी दिल्ली भाषा के व्यवहार का मानदंड मानी जाती है। दूसरी जगह के मुहावरे वहाँ की बोलचाल से अलग हों तो दिल्ली के प्रयोग ही सही माने जाएँगे। किन्तु फैलन कहते हैं, इसका यह अर्थ नहीं है कि वे सब मुहावरे जो दिल्ली में गढ़े नहीं गए या जो वहाँ स्वीकृत नहीं हुए, कोश से बाहर रखे जाएँ। जिन परिस्थितियों में ये मुहावरे बने हैं, वे परिस्थितियाँ दिल्ली में नहीं थीं। ये मुहावरे कुछ ऐसे भावों और अनुभवों को प्रकट करते हैं या ऐसे अच्छे ढंग से प्रकट करते हैं कि उनके जोड़ीदार अन्यत्र दुर्लभ हैं। इसलिए दिल्ली के शुद्धतावादियों ('the purists of Delhi') की नीति फैलन को पसन्द नहीं है। इसका अर्थ यह हुआ कि शुद्ध और टकसाली भाषा के बारे में वैयाकरणों और कोशकारों को कठमुल्लेपन से काम न लेना चाहिए। वे तमाम लोग जो कोशविज्ञान, भाषाविज्ञान और लोक-संस्कृति के क्षेत्र में काम करते हैं, विशेष कर वे, जो हिन्दी-भाषी प्रदेश की विशेष परिस्थितियों में काम करते हैं, उन्हें फैलन का निम्नलिखित वाक्य कई बार पढ़कर घोखना चाहिए :

"If the living dialects are the feeders of language, manifestly the paramount dialect of national speech must gain in copiousness, flexibility, and expression, in proportion as it is enriched by contribution from many kindred dialects and the various idioms which spring up continually in every class and occupation."

एक ओर बोलियाँ हैं, दूसरी ओर जातीय भाषा (नेशनल स्पीच) है। यह जातीय भाषा भी एक बोली है जो अन्य बोलियों की सरताज (पैरामाउंट) बन गई है। इस सरताज बोली को निरन्तर खुराक मिलती है उन बोलियों से, जो सरताज नहीं हैं। जितना ही उनसे सरताज बोली खुराक पाएगी, उतना ही उसकी अभिव्यंजना-शक्ति बढ़ेगी और वह समृद्ध होगी। यह खुराक उसे देश की सब भाषाओं से नहीं, उन बोलियों से मिलेगी जो उसके गोत की हैं (किन्ड्रेड डायलेक्ट्स)। इन सगोतिया बोलियों में—हर वर्ग और पेशे के अन्दर—नित नये मुहावरे रचे जाते हैं। सरताज बोली को चाहिए कि वह इन्हें अपनाए।

उन्नीसवीं सदी में क्या, बीसवीं सदी में भी ऐसे बहुत कम भाषाविज्ञानी होंगे जिन्होंने भाषा और बोली का सम्बन्ध इतने संक्षेप में और इतने स्पष्ट रूप में लिख दिया हो। हिन्दीभाषी प्रदेश में ऐसे विद्वानों की कमी नहीं जो बजभाषा और खड़ी बोली का ही परस्पर सम्बन्ध समझ नहीं पाए, मैथिली और भोजपुरी की तो दूर

की बात है। ब्रज, अवधी, मारवाड़ी आदि की चर्चा करते हुए फैलन फिर कहते हैं : इनके लोकगीतों, कहावतों और बोलचाल से सामान्य शब्द-भंडार में कुछ न कुछ लिया जा सकता है और उसे शब्दकोश में जगह देनी चाहिए। अनेक बोलियों के घुलने-मिलने से सामान्य भाषा का विकास होता है, उस प्रक्रिया के लिए भी यह जरूरी है। ("In the proverbs and songs and familiar speech of each something may be gleaned, well fitted to enrich the common vocabulary and to be incorporated in a general Dictionary of the national speech. This process in necessary moreover to the fusion of many dialects into one common language.") इस नीति पर यदि किसी युग के अधिकांश लेखकों ने अमल किया है तो वह भारतेन्दु-युग है।

हिन्दी प्रदेश के बाहर बड़े-बड़े राष्ट्रीय नेताओं और उनके भाषा-विशेषज्ञों ने हिन्दी के विकास की समस्या को किस रूप में देखा? वे कहते थे कि भारत की सभी भाषाओं के बहुत से शब्द जब हिन्दी में गोद ले लिये जाएँगे, तब वह राष्ट्रभाषा बनेगी। पहले हिन्दी वाले ऐसी स्वदेशी भाषा गढ़कर दिखाएँ, तब हिन्दी को राष्ट्रभाषा बनाने की बात करें। यह सलाह वह उर्दू-प्रेमियों को न देते थे, उनसे हिन्दी के भी शब्द अपनाने को न कहते थे। उनकी नेक सलाह केवल हिन्दीवालों के लिए थी यद्यपि घोषित उद्देश्य यह था कि हिन्दी या हिन्दुस्तानी देवनागरी और फारसी, दोनों लिपियों में लिखी जाती है, वही भारत की राष्ट्रभाषा बनेगी। कुछ दिन बाद एक सम्मान्य नेता ने नया नारा लगाया—भारत की हर भाषा राष्ट्रभापा (नेशनल लैंग्वेज) है, किन्तु हिन्दी के सिवा किसी अन्य भारतीय भाषा के स्वदेशीकरण—अथवा राष्ट्रीयकरण—की योजना नहीं बनाई गई।

'स्वदेशी' भाषा गढ़ने में सबसे बड़ी बाधा हिन्दी-उर्दू का आपसी अलगाव था। राष्ट्रीय नेताओं और उनके भाषा-विशेषज्ञों की समझ में इस अलगाव का कारण आता तो उसे दूर करने में भी वे सफल होते। किन्तु अलगाव के लिए अंग्रेज़ों को जिम्मेदार ठहराकर वे सारी जिम्मेदारियों से अलग हो गए। इन नेताओं ने—राष्ट्रीय और साम्प्रदायिक दोनों तरह के नेताओं ने—कभी भारत के सामन्त वर्ग की ऐतिहासिक भूमिका की सही आलोचना नहीं की। उनके सामने वर्ग नहीं, केवल हिन्दू-मुसलमान रहे। एक ने कहा—हिन्दुओं के पतन का कारण मुसलमान है, दूसरे ने कहा—भारत में जनतंत्र चल नहीं सकता क्योंकि जनतंत्र का मतलब होगा मुसलमानों पर हिन्दुओं का शासन। राष्ट्रीय नेताओं ने कहा—हिन्दुओं और मुसलमानों को मिलकर रहना चाहिए; भाषा के क्षेत्र में यह मेल हिन्दी और उर्दू को मिलाने से होगा। कैसे मिलाएँ दोनों को? उर्दू माने अरबी-फारसी, हिन्दी माने संस्कृत। इसलिए एक शब्द अरबी-फारसी का लो, दो शब्द संस्कृत के। उर्दू-प्रेमियों ने कहा—नाहक हमारी ज़बान खराब करते हैं, आप जानते नहीं, हिन्दुओं और मुसलमानों के मिलने से ही यह मुश्तर्का जबान बनी है जिसे उर्दू कहते हैं; अब

आप हिन्दुस्तानी के नाम पर भाखा चलाना चाहते हैं। खैर, चलिए, दो लफ्ज़ अरबी के, दो संस्कीरत के, समझौता कर लें।

हिन्दी-उर्दू का अलगाव अरबी-संस्कृत की मिलावट में शब्दों का अनुपात तै करने से दूर न होगा। इसके लिए उस वर्ग-दृष्टिकोण को बदलना ज़रूरी है जो हिन्दी और उर्दू, दोनों को जनपदीय बोलियों से दूर खींचता है, जो खास तौर से उर्दू को उस भारतीय साहित्य—और हिन्दी साहित्य—से अलग करता है जिसका बहुत बड़ा और महत्त्वपूर्ण भाग ब्रिटिश पूर्व भारत में मुसलमानों द्वारा रचा गया था।

एक अंग्रेज़ गिलक्रिस्ट थे, दूसरे अंग्रेज़ फैलन थे। दोनों के दृष्टिकोण में जमीन-आसमान का अन्तर है। फैलन ने लिखा है कि सैकड़ों ऐसे शब्द हैं जो साहित्य में लिखे नहीं गए, वे बहुत से यूरोपीय और भारतीय विद्वानों के लिए बेकार हो सकते हैं किन्तु घरों और गलियों में, उत्सवों और त्योहारों के अवसर पर जिसने देखा-सुना होगा कि जनता इन्हें अपने गीतों और कहावतों में कैसे इस्तेमाल करती है, वह उनकी ताकत और जनता के मन में उनकी पक्की छाप को पहचाने बिना न रहा होगा। विद्वान् इन्हें गँवारू कहते रहें, पर घर-बाजार में नित्य प्रति के व्यवहार में आकर ये नित नया जीवन पाते हैं। फैलन का विचार है कि सबसे स्वाभाविक और जोरदार मुहावरे लिखित भाषा में नहीं, बोलचाल की भाषा में देखने को मिलते हैं। हिन्दी का वह हिस्सा जो संस्कृत-गर्भित नहीं है, ज्यादा स्वाभाविक किन्तु उर्दू कविता में कवि की स्वच्छन्दता अक्सर सीमा पार कर जाती है। काफिया मिलाने के लिए बोलचाल के मुहावरों में काफी उलटफेर किया जाता है। इसलिए मुहावरों की जानकारी के लिए फैलन ऐसे कवियों को अपना आदर्श नहीं मानते। जहाँ नज़ीर की प्रशंसा जी खोलकर करते हैं, वहाँ नासिख के लिए कहते हैं कि उनकी उपमाएँ सचाई से बहुत दूर हैं और उनकी भाषा में अरबी-फारसी की लड़ियाँ सजाई गई हैं जिनके बीच में हिन्दी के क्रियापद और अव्यय वहीं आते हैं जहाँ उनके बिना काम नहीं चलता। इसलिए साहित्य से गुमराह करने वाले उद्धरण न देकर फैलन ने जनता की बोलचाल सुनकर वहाँ से मुहावरे इकट्ठा करना ज्यादा अच्छा समझा। अभी किताबी भाषा के बारे में जनता ने अपना फैसला नहीं सुनाया लेकिन फैलन को विश्वास है, एक दिन वह अपना फैसला जरूर सुनाएगी। ("The yet unrecognised verdict of the people will one day be preferred to the approbation of a few book-learned critics by whose proclivities the pen of native writers is solely guided.")

हिन्दी भी शब्द गढ़ती है और उसकी यह प्रक्रिया अरबी और संस्कृत से भिन्न हैं। एक ही धातु से अनेक हिन्दी शब्द बनाए जाते हैं। उनसे जो नये-नये अर्थ निकाले जाते हैं, उनसे उस करमूल की प्राणवत्ता सिद्ध होती है। नित बदलते हुए परिवेश से नई खुराक पाकर उस मूल में नई कोंपलें फूटती हैं। उसके मुकाबले

में मृत भाषाओं के आधार पर गढ़े हुए शब्द निर्जीव हैं, जान उन शब्दों में है जो जनता की साँस में बसे हुए हैं।

बोलियों पर इतना ध्यान देने के कारण फैलन ऐतिहासिक भाषाविज्ञान की अनेक तत्कालीन मान्यताओं को शंकित दृष्टि से देखते हैं। हिन्दी शब्दों की व्युत्पत्ति के बारे में निश्चयपूर्वक अभी कुछ नहीं कहा जा सकता। इसके लिए पहले हिन्दी की बोलियों से उनकी विशाल शब्द-सम्पदा एकत्र करना जरूरी है, तभी पता चलेगा कौन से व्यंजन से परिवर्तित होते हैं और मूल शब्द कौन से हैं। यहाँ बोलियों का एक समुद्र है जिसके अध्ययन से ध्वनि-सम्बन्धी नवीन चिन्तन सम्भव होगा। ("The sea of Indian dialects supplies new data for sound speculation.") यह धारणा कैसे सही मानी जा सकती है कि भाषाएँ पहले संश्लेषणात्मक थी, अब घिसते-घिसते विश्लेषणात्मक हो गई हैं? लोग मानते हैं कि लैटिन से रोमांस भाषाओं का जन्म हुआ है और संस्कृत से हिन्दी आदि भाषाओं का, पर संस्कृत बोलने वाले थोड़े लोग थे, उस समय की बोलियों की ध्वनियों का विश्वसनीय विवरण है नहीं, इसलिए हिन्दी के बारे में यह प्रश्न विचाराधीन मानना चाहिए कि संस्कृत के समानान्तर बोली जाने वाली किसी जनसाधारण की भाषा से तो उसका जन्म नहीं हुआ ("It must be held at the least a moot point whether or not the popular Hindi of today, here-to-fore described as an offshoot of literary Sanskrit, is not descended rather from the vulgar tongue which must have existed by its side.")

किसी प्राचीन भाषा का अनेक आधुनिक भाषाओं और बोलियों की जननी मान लेने से नई-नई समस्याएँ उठ खड़ी होती हैं और इन्हें सुलझाने में भाषाविज्ञानी जब तक दिमागी कसरत करते हैं, तब तक और नई समस्याएँ आकर उन्हें उलझन में डाल देती हैं। फैलन की निगाह बोलियों की संरचना पर है जिसकी व्याख्या एक आदि स्रोत के सहारे नहीं हो सकती। ("Assume that the modern vulgar tongue is a lineal descendant of the classical language, and you have to account for the first appearance of a structure in the offspring widely different from that of its putative parent. Admit the greater probability of the vulgar tongue of today being the vulgar tongue of the Sanskritic age, more or less modified, and you have not to eonfront the self created difficulty of accounting for the first appearance of particles and auxiliaries in the first symbolic representation of the spoken vulgar tongue, or the assumed reversion of later types to those of an earlier stage which the language is said to have already passed.") ऐतिहासिक भाषा-विज्ञान के विकास के लिए यही सही दृष्टिकोण है। भारत और विदेश में यहाँ की भाषाओं को एक ही स्रोत-भाषा संस्कृत के विघटित रूप बनाने का ऐसा सुदीर्घ

और विकट प्रयास किया गया है कि सिद्धान्त-रूप में यह मान लेने पर भी कि संस्कृत के समानान्तर अन्य भाषाएँ बोली जाती थीं, उनसे आधुनिका भाषाओं का सम्बन्ध जोड़ने का कोई प्रयत्न नहीं किया गया। बहुत हुआ तो संस्कृत के बिगड़े हुए रूपों—प्राकृतों—के साथ उन्हें नत्थी कर दिया। किन्तु ये प्राकृतें मूलत: संस्कृत की विकृतियाँ हैं, उसके समानान्तर बोली जाने वाली भाषाएँनहीं। परिनिष्ठित भाषा के साथ बोलियों का अध्ययन करने वाला कोई भी शोधकर्ता उसी दिशा में चलेगा जिसमें फैलन चले हैं। उसे स्वयं परिनिष्ठित भाषा में उन बोलियों के अनेक रूप दिखाई देंगे जिनमें पहले वह भी एक बोली थी और बाद को उनकी सरताज बनी। फैलन ने उन लोगों की आलोचना की है जिन्होंने ग्रीक और लैटिन व्याकरणों पर बड़ा परिश्रम किया है किन्तु मातृभाषा की अपनी विशेषता पर ध्यान नहीं दिया। व्याकरण से ही ग्रीक और लैटिन जैसी प्राचीन भाषाओं के रहस्य उद्घाटित हुए। उन प्राचीन भाषाओं के सामने इन गँवारू भाषाओं की क्या गिनती? मुहावरे कोई पूछता नहीं। ग़लत लिखा हो तो कहेंगे, अशुद्ध है, व्याकरण-विरुद्ध है; यह न कहेंगे कि मुहावरेदार नहीं है। पंडित और मौलवी जो पढ़ाते हैं और उनके देशी-विदेशी छात्र जो सीखते हैं, वह मुहावरा नहीं, व्याकरण है। उन्हें और चाहे जो कुछ आता हो, मुहावरेदार हिन्दुस्तानी या हिन्दी नहीं आती। मौलवियों और पंडितों की हिन्दी और हिन्दुस्तानी ही सबसे ज्यादा बेमुहावरा होती है। उनके लिए व्याकरण ही मुहावरा है! ऐसी है फैलन द्वारा की हुई वैयाकरणों की आलोचना।

फैलन के लिए कोई भाषा तुच्छ नहीं है। परिवेश के अनुसार हर भाषा अपने बोलने वालों के लिए उपयोगी होती है। पढ़े-लिखे लोगों की भाषा में ज्ञान-विज्ञान की शब्दावली ज्यादा होती है पर ग्रामीण जनों की भाषा में भावों और विचारों को मूर्तिमान करने की क्षमता अधिक होती है। ग्रामीण बोलियाँ बहुत हैं। किसे लें, किसे छोड़ें? फैलन कहते हैं, जैसे चौसर ने एक बोली चुनी और वह बाद को अंग्रेज़ी के रूप में विकसित हुई, वैसे ही आजकल एक सामान्य लोकप्रिय हिन्दी है जिसे ग्रामीण बोलियाँ बोलने वाले सभी लोग समझते हैं। (चौसर ने जो बोली अपनाई, वह अंग्रेज़ जाति—'इंग्लिश नेशन'—की भाषा बनी : "so is there at the present time a common popular Hindi which is intelligible and full of meaining to all classes of rustics speaking different varieties of the language." (जातीय भाषा और बोलियों का परस्पर सम्बन्ध यहाँ फिर स्पष्ट कर दिया गया है।)

फैलन ने एक पढ़े-लिखे आदमी से लोकगीत इकट्ठा करने को कहा। उसने लोक-गीत इकट्ठे किए पर लिखा—इनकी भाषा बहुत अशुद्ध है; उसे सुधारकर भेजने में कुछ समय लगेगा। एक अन्य अंग्रेज़ी तथा प्राच्य भाषाओं के विद्वान् ने फैलन से कहा कि नज़ीर के उद्धरणों से अपने कोश को भ्रष्ट न करें ("not disfigure his work by any quotations fron Nazir!") ऐसी थीं फैलन की कठिनाइयाँ।

फैलन ने इस कोश के लिए उचित ही लिखा है कि यह शब्दों का संग्रह मात्र नहीं है; यह ऐसा ग्रंथ है जिसमें भाषा और साहित्य द्वारा व्यक्त होने वाले जनता के भाव और विचार, उनका सुख-दुख और सामाजिक जीवन ठीक-ठीक प्रतिबिम्बित हुए हैं।

फैलन का कोश-निर्माण-कौशल हिन्दी जनता के लिए कितना उपयोगी, उसके सांस्कृतिक विकास के लिए कितना महत्त्वपूर्ण था, यह कुछ वर्ष बाद प्रकाशित होने वाले बेट के कोश से मिलान करने पर मालूम हो जाएगा। बेट का कोश शब्द-संग्रह मात्र है और वह भी ऐसा संग्रह जिसमें किताबी शब्द ज्यादा हैं, गली-कूचों की शब्दावली कम।

फैलन से यह पूछना बेकार होता कि भारत में शासन और शिक्षा-कार्यों के लिए अंग्रेज़ी का व्यवहार होना चाहिए या हिन्दी का। उन्होंने भारत में अंग्रेज़ी की तोतारटंत के बारे में लिखा था : "In English again, the natives, as a rule, are more fluent than solid." अंग्रेज़ी का ठोस ज्ञान नहीं है पर जबान खूब चलती है!

[20]

राजा शिवप्रसाद ने अंग्रेज़ी भाषा के प्रभाव के बारे में अपने व्याकरण में लिखा था : "जब अंगरेज़ बहादुर आये और हिन्दू-मुसलमान उनके ताबे हुए सब लोग उन्हीं के अंगरेज़ी शब्द जहाँ तक जिसे मालूम हैं उनसे बोलने में काम लाने लगे हैं हम देखते हैं जौहरी अंगरेज़ों के सामने अपने जवाहिरों को अंगरेज़ी नामों से पुकारते हैं सुनार सोने-चांदी का फ़र्क अंगरेज़ी नामों से बतलाते हैं बज्जाज कपड़े अंगरेज़ी नामों से दिखलाते हैं खान्सामां ख़िदमत्गार चपरासी क्या शागिर्द पेशेवाले और क्या बाज़ारी दूकानदार और मुआमले मुक़द्दमे वाले सैकड़ों अंगरेज़ी शब्द अपनी बोली में मिलाते जाते हैं बरन इसमें अपनी अत्यन्त बड़ाई समझते हैं"। (पृ. 77)

तब से अब तक इस परिस्थिति में कोई मौलिक परिवर्तन नहीं हुआ। अंग्रेज़ों की जगह शासक वर्ग के चाकरों का ऐसा दल तैयार हो गया है जो अंग्रेज़ी के आगे किसी भारतीय भाषा को कुछ गिनता ही नहीं। पिछले पच्चीस वर्षों में अंग्रेज़ियत का प्रभाव बेहिसाब बढ़ा है। यही नहीं कि बोलने और लिखने में अंग्रेज़ी के बहुत से शब्दों का प्रयोग होता है वरन् उससे खतरनाक बात यह है कि अंग्रेज़ी के वाक्य-विन्यास के अनुकरण से पता नहीं चलता कि यह हिन्दी का अपना वाक्य है या अंग्रेज़ी का भद्दा अनुवाद है। अंग्रेज़ी के मुहावरे नित-नये रूप धारण करते हुए हिन्दी के मुहावरों को खा गए हैं। ऐसे लोगों की संख्या निरन्तर बढ़ती जाती है जो अंग्रेज़ी में अपनी प्रतिभा का कलात्मक परिचय देते हैं। भारतेन्दु-युग का संघर्ष उर्दू के विरुद्ध था, इस तथ्य पर बड़ा जोर है, यह संघर्ष मूलत: अंग्रेज़ी के बढ़ते हुए प्रभाव के

विरुद्ध था, यह बात कल्पना से दूर है। भारतेन्दु-युग का नव जागरण अंग्रेज़ी भाषा और साहित्य के सम्पर्क में आने से हुआ, यह शोधकर्ताओं की प्रिय स्थापना है किन्तु उस युग के साहित्य और भाषा में उस अंग्रेज़ियत का निपट अभाव है जो आज के अधिकांश साहित्य, खास कर कविता और आलोचना, की भाषा की प्रमुख विशेषता है, यह सत्य उन्हें दृष्टिगोचर नहीं होता, उस पर उन्हें आश्चर्य नहीं होता।

दास-मनोवृत्ति का यह बहुत बड़ा प्रमाण है कि हिन्दी और उर्दू के प्रेमी एक-दूसरे की जान को आ जाएँगे पर अंग्रेज़ी भाषा को दोनों स्वीकारेंगे, उर्दू वाले अपनी भाषा में खुलकर अंग्रेज़ी शब्द जड़ेंगे, हिन्दी शब्दों से परहेज करते हुए; हिन्दी प्रेमी लेखक अंग्रेज़ी शब्दों का खुला प्रयोग कम, उनका अनुवाद ज्यादा करेंगे।

एक रोचक तथ्य यह है कि आर्नो रोमन लिपि में, विशेष ध्वनियों के लिए, अरबी के वर्ण मिला देते हैं। उन्हें औरत लिखना है तो अरबी का 'ऐन' लिखेंगे और उसके बाद aurat। रोमन लिपि में 'ऐन' वाली ध्वनि नहीं है; इसलिए उसे अरबी से उधार लेते हैं। बाज़े लिखना है तो ba लिखा; उसके बाद 'ऐन' बिठाया, आगे फिर रोमन में लिखा Ze। आजकल के भाषा-विज्ञानी ऐसे सन्दर्भ में यूनानी वर्ण लिखेंगे, अरबी नहीं (भले ही यूनानियों को अपनी वर्णमाला शमी भाषा-परिवार से प्राप्त हुई हो!) राजा शिवप्रसाद की पुस्तक 'इतिहास तिमिरनाशक' के अंग्रेज़ी अनुवाद में भारतीय नगरों के नाम हिन्दी उच्चारण के अनुसार लिखे गए हैं—दिल्ली अभी Dilli है, Delhi नहीं बनी। आगे जो शहर Mysore, Lucknow, Cawnpore बने, वे राजा शिवप्रसाद की अंग्रेज़ी पुस्तक में Maisur, Lakhnau और Kanhpur हैं। बम्बई अलबत्ता Bomaby है किन्तु कलकत्ता Calcatta है। पराधीन भारत के अंग्रेज़-भक्त कुछ बातों में स्वाधीन भारत के अंग्रेज़ी भक्तों से अधिक प्रगतिशील थे।

भारतेन्दु-युग की हिन्दी और उससे पहले के सारे भाषा-सम्बन्धी विकास को देखने से यह विश्वास दृढ़ होता है कि हिन्दी-उर्दू का भेद अस्थायी है और एक बार फिर इस प्रदेश में मिली-जुली साहित्यिक-सांस्कृतिक धारा प्रवाहित होगी। यदि यहाँ एक लिपि का चलन होता तो कठिन से कठिन अरबी मिश्रित भाषा लिखने से भी हिन्दी-उर्दू के भेद वाली वर्तमान स्थिति उत्पन्न न होती। जनता बहुत से अनावश्यक शब्द छाँटकर फेंक देती और अपनी बुनियादी सांस्कृतिक एकता से भाषा के क्षेत्र में भी अलगाव वाले रुझानों को दबा देती।

गया के बाबू परमेश्वरलाल कायस्थ अम्बष्ट विलायत जाकर तीन साल बाद 1907 ई. में घर लौटे। "उनके शुभागमन से कायस्थ समाज में शंका उठने लगी कि उनके साथ समाज को कैसा व्यवहार करना चाहिए।" इसका फैसला करने के लिए काशी और मिथिला के पंडितों की सभा हुई। उस सभा ने जो व्यवस्था दी, उसे कुछ अन्य सामग्री के साथ 1908 ई. में राय हरप्रसाद लाल ने प्रकाशित किया (पुस्तक का नाम, प्रकाशन स्थान आदि देना सम्भव नहीं है क्योंकि जो प्रति देखने

को मिली है, उसमें ऊपर का पन्ना फटा हुआ है)। व्यवस्था का सारांश यह है : "ब्राह्मण, क्षत्रिय, वैश्य, मच्छूद्र इनमें कोई बिलायत जाए व वहाँ रह कर फिर अपने देश में आकर प्रायश्चित करे तो भी वह अपने जाति के व्यवहार में ग्रहण योग्य नहीं हो सकता।" यह एक तरह की शैली हुई। इस पुस्तक में कुछ पुरानी सभाओं और प्रस्तावों का उल्लेख है। उनकी भाषा का नमूना यह है :

"नं. : 1 खुलासा तजविज़ कानफ्रेन्स मोकाम लखनऊ ता : 27-28 नवम्बर सन् 1887 ई.

"सभापति राय जय प्रकाश लाल साहेब बहादुर

"नं.—1 तजविज़ हुआ कि हर शहरों और कसबा और दीगर ऐसे मोकामात में जिनमें असहाब कौम की काफ़ी तायदाद हो एक कौमी सभा कायम की जावे, और उन सभाओं में बज़रिये मोरासिलात इर्त्तबाज और इतहाद बाहमी पैदा किया जावे।"

किसी भाषा की दो शैलियाँ उस भाषा के बोलने वालों की समझ में आ जाती हैं, उसकी दो बोलियाँ भी उनकी समझ में आ जाती हैं किन्तु यह ऐसी शैली या बोली है जो अधिकतर लोगों की समझ में नहीं आती। यह उन लोगों की बोली है जो राजा और प्रजा में बिचवानी का काम करते थे और जिनकी रोज़ी प्रजा के शोषण और राजा की ताबेदारी पर निर्भर थी। एक लिपि का चलन होने से इस बोली की रक्षा के सवाल को मुस्लिम अधिकारों की रक्षा का सवाल न बना दिया जाता। जनता इसे राजा और उसके ताबेदारों के साथ हटा देती।

किन्तु इससे भिन्न उर्दू की एक और शैली है जो हिन्दी में सुरक्षित ही नहीं, विकसित भी की गई है।

"पहले तस्लीम करता हूं उस रब्बुल आलमीन अलख निरंजन को कि जिसके पास अब तलक, रूसी-अमरीकी राकेट नहीं पहुंच पाये। हजार बार अनगिनत सिजदे उस सांई सिरजनहार के नाम पर जिसने जगमग सितारों-जड़ा अनोखी आब व आनवाला ये अचंभे के बच्चे-सा ख़ल्क रचा, उसमें हिंद जैसा मुल्क सिरजा, उसमें माशूक की कनखियों-जैसी आड़े-तिरछे बिछलने वाली बड़ी नाज़ो-अदा वाली, चंचल, शोख़, पतली कमर बल खाय की तस्वीर खैंचती हुई जलपरी-सी गोमती नदी बनाई, उसके किनारे शहर लखनऊ बसाया, उसमें बज़ार नख़ास आबाद किया और नख़ास में नज़ीर मियाँ को बेलगाम छोड़ दिया कि जिनका सिन सत्तर की ढैंया छू रहा है और दिल अब भी सत्रह की अँगनाई में ही गुल्ली-डंडा खेलता है"। (कालदंड की चोरी, ले. अमृतलाल नागर, लखनऊ, 1966 ई., पृ. 9)

'कालदंड की चोरी' कहानी-संग्रह की भाषा प्राय: हर कहानी में इसी ढंग की है। फैलन ने यदि जनता में प्रचलित शब्दों और मुहावरों का संग्रह किया था तो अमृतलाल नागर ने शैलियों और बोलियों का। उनका कथा-साहित्य हिन्दी के उन तमाम रूपों का महाकोश है जो जनता में प्रचलित हैं और यह उसका सबसे बड़ा

कलात्मक मूल्य भी है। 'बैताल पचीसी' की शैली हिन्दी में मरी नहीं, जिन्दा है। अमृतलाल नागर ने 'नवाबी मसनद' के तमाम रेखाचित्र इसी शैली में प्रस्तुत किए हैं। इसकी छटा 'शतरंज के मोहरे' उपन्यास में है, जहाँ-तहाँ अन्य उपन्यासों में है और उग्र का बहुत-सा कथा-साहित्य उसी 'बैताल पचीसी' की शैली में है जिसे हिन्दी भाषा के विकास से अलग किया जाता है।

हिन्दी की लोकप्रियता और प्रसार का प्रमाण यह है कि यह अनेक रूपों में बोली जाती है, उसकी अनेक शैलियाँ और अनेक बोलियाँ हैं। बाराबंकी ज़िले के मियाँ खुर्शेद इस ढंग की उर्दू बोलते थे : "काज़ी बाग में गोरन से लड़ाई भई। मदारपुर कुर्सी का ही एक पुरवा है, हुआं मारकाट मची और अलीखां के तालाब के पास पीछे हटत-हटत मितैला मां शाही फौज हार गई...हियां मुस्तकिल लश्कर रहा, तोपखाना रहा और जहां चौधरी साहब की कोठी है हुआं कोतवाली रही... कुछ फौज तोपखाने में रही। कुछ शाही फौज वाजिदअली शाह की भाग कर काजी बाग में आयकर ठहरी...हमरे बाबा रहे। उन्हें एक बार शाही फौज पकड़ लै गई बेगार करावै की खातिर। हमरे बाबा जरा गुस्सैल रहे। उनते यू बरदाश्त नाहीं भवा। गुस्सा में आय के कुवां मा कूदि गए। कहा लेव पकड़ो यहां से"। (गदर के फूल, ले. अमृतलाल नागर, लखनऊ, 1957 ई., पृ. 37-38)

पुरानी भाषा के तमाम रूप जो टकसाली हिन्दी-उर्दू में छोड़ दिये गए हैं, नागर जी के पात्रों की भाषा में कही न कहीं मिल जाएँगे, जैसे : 'भवा', 'लेव' और 'आय के' ऊपर खुर्शेद मियाँ की बोली में। 'बूँद और समुद्र' उपन्यास में परिनिष्ठित हिन्दी बूँद है और बोलियाँ समुद्र हैं। और यह समुद्र लखनऊ की गलियों में बन्द नहीं है। उसका एक हिस्सा आगरे की गलियाँ भी हैं।

"फिर विन्ने क्या कीना भैयो कि अपने खजाने से अरबों, खरबों के हीरे जवाहरात निकाल के ताजबीबी के रोजे में जड़वा दीने। वो तो भैयो इन अँगरेज़ो ने सब खोद के निकाल लीने और काँच जड़वा दीने बिन में। नई तो म्हाराज सच्चे ही पन्ने की पच्चीकारी हो रई थी। साज्हाँ बास्साय ने मूंछों पे ताव देके कई कि सिवाय आगरे के सैन्सा साज्हां बास्साय के दुनिया में कोई भी बास्साय साला ऐसा दिली जिगर दिखा जाए, तो विसकी टांगों के रस्ते से निकल जाऊं मैं। बड़ा गरीब परवर बास्साय था भैयो, साज्हां भी। और ऐसे गऊ आदमी को विसी के लौंडे साले ने कैद कर लीना"। ('सेठ बाँकेमल' की प्रति पास न होने से 'ताज की छाया में', आगरा, 1957 ई., से यह अंश उद्धृत है)

भारतेन्दु हरिश्चन्द्र ने 'प्रेम जोगिनी' में हिन्दी के ऐसे रूप दिये थे जिनका व्यवहार अनेक भाषाएँ और बोलियाँ बोलने वाले करते थे। उस कौशल का विकसित और विस्तृत रूप नागर जी के कथा साहित्य में है। शैलेश मटियानी ने अपने कथा-साहित्य में बम्बइया हिन्दी के अनेक रूप दिये हैं।

"क्या करेंगा, साहिब, हम तो मद्रासी है, पर इदर ज्यास्ती ग्राहीक मराठी आता; हम ज्यास्ती करके मराठी में ही आर्डर लेता देता"। (बोरी वली से बोरी बन्दर तक; दिल्ली; 1959 ई., पृ. 23-24)

"काहे कूं, रे दादा, खाली पीली गरीब का ऊपर गजब करता है! कसम ईसामसी की, तुमेरा नाम कभी निकले, तो जबान कूं खींच लेना"। (उप., पृ. 65)

"हवलदार, एकच खड़ूस है। हमेरी आंखी के सामने पिछली तीन बरस से दारू सप्लाई कर रहा है, पण चेहरे से ऐसा लगता है, जैसे मुंबई में नवीनच आया है! कइसा क्या, शपथ पांडुरंगाची, हमेरे को पूछता था, इधर ठोला लोग तो नहीं घूमता है, जरा देखके आओ"। (उप., पृ. 160)

इस बम्बइया हिन्दी में महाप्राणता का लोप, इधर की जगह इदर, तुम्हारा की जगह तुमेरा और एकच तथा नवीनच में 'च' का प्रयोग पुरानी दकनी की याद दिलाते हैं। हिन्दी के राष्ट्र भाषा बनने की प्रक्रिया में इस दक्खिनी हिन्दी का विशेष महत्त्व है। अठारहवीं सदी के अन्त में यह हिन्दी दक्षिण भारत में सम्पर्क-भाषा थी। इसका प्रमाण यह है कि अंग्रेज़ी सेना के अफसरों को इसकी शिक्षा दी जाती थी जिससे कि वे सिपाहियों की बातें समझ सकें। 1808 ई. में ब्रिटिश हुकूमत ने दक्खिन में बोली जाने वाली हिन्दी सिखाने के लिए एक पुस्तक-प्रकाशित की थी : An Introduction to the study of the Hindostany Language as spoken in the Carnatic. Compiled for the use of the company of Gentlemen Cadets on the Madras establishment at a New-town Cuddalore. Government Press 1808. जॉन शेक्सपियर ने अपनी पुस्तक में इससे बहुत-से वाक्य उद्धृत किए हैं जिनमें पुरानी हिन्दी के रूप मिलेंगे—देओ, लेओ, केते, आदि, जानवरां जैसे बहुवचन रूप, बोलना क्रिया का खास दक्खिनी प्रयोग—मुझे बोलो—और 'खाना होना' का मुहावरा जिसका चलन बम्बई के होटलों की विशेषता है। उस पुरानी हिन्दी के—भारत में अंग्रेज़ी राज की जड़ जमने के समय दक्षिण की सम्पर्क-भाषा हिन्दी के—कुछ नमूने ये हैं :

(1) धोबी को कपड़े देओ।
(2) यह हवेली किराये को लेओ।
(3) केते दिन तुम वहां रहेंगे?
(4) तुम मेरे खाविन्द के हाथ केते को बेचेंगे?
(5) खबरदार, आज चार घण्टों को [अर्थात् चार बजे] खाना तैयार होना।
(6) मैं आये तग घर को मत जा। [यहाँ 'तग' तुलनीय है 'लग' से। 'लग' का प्रयोग भी दक्खिनी में होता है।]
(7) यह किस किस्म के जानवरां हैं?

(8) केती घड़ी दिन चढ़ा है?

(9) डाक्तर साहिब कुछ उनकी दवा फरमाए हैं? ('ने' का प्रयोग यहाँ नहीं होना।)

(10) हो साहिब, आपे आकर उनके मर्ज़ां दरयाफ़्त कर कर दवा दिया है।

(11) पहरे वालों को क्या हुक्म है सो मुझे बोलो।

(12) जवानां मोल लिये, सो सामान का पैसा दिये?

(13) सबां [अर्थात् सबेरे] उजाला होतेच आओ।

(14) सबां बड़ी फजरीच (फजर् + ईच) आओ।

(15) शाम को चा और क़हवा बनाना। क्या तुमारेच वास्ते या और कोई सर्दारां आयेंगे?

भारत जैसे विशाल देश में, जहाँ अनेक भाषाएँ बड़े-बड़े प्रदेशों में बोली जाती हैं, सम्पर्क-भाषा का इन भिन्न भाषाओं से प्रभावित होकर नये-नये रूप धारण करना बिलकुल स्वाभाविक है। ये विभिन्न रूप सिद्ध करते हैं कि अपने सामाजिक जीवन की आवश्यकताएँ पूरी करने के लिए जनता ने हिन्दी को अपने-अपने प्रदेशों में अपने-अपने ढंग से अपनाया है। यह सरकारी हिन्दी नहीं है, परिनिष्ठित हिन्दी नहीं है किन्तु राजनीतिज्ञों की स्वार्थ-नीति की चिन्ता न करके जो हिन्दी राष्ट्र-भाषा बनी है, वह यही हिन्दी है—अनेक-रूपा, अपरिनिष्ठित, जीवन्त। जो राष्ट्रीय नेता हिन्दी में सभी भाषाओं से शब्द लेकर स्वदेशी भाषा गढ़ने की बात करते हैं, उन्होंने इस हिन्दी को भर आँखों नहीं देखा। भारत का भाषायी परिवेश हिन्दी को इस तरह प्रभावित करता है। हिन्दी एक ओर जनपदीय बोलियों से भाषा-तत्त्व अपनाती है—खास कर ब्रजभाषा से—दूसरी ओर भारतीय भाषाओं की अनेक विशेषताएँ आत्मसात् करती है। पूरबी बोलियों से प्रभावित पटना और बनारस की हिन्दी, अवधी से प्रभावित लखनऊ और इलाहाबाद की हिन्दी, बुन्देलखंडी से प्रभावित झाँसी की हिन्दी, पंजाबी से प्रभावित वर्तमान दिल्ली की हिन्दी, पुरानी दकनी का प्रतिनिधित्व करने वाली हैदराबाद की हिन्दी, मराठी से प्रभावित बम्बइया हिन्दी और बँगला से प्रभावित कलकतिया हिन्दी। वैयाकरणों की व्यवस्था में इस हिन्दी के दर्शन नहीं होते किन्तु कलाकार उसका मूल्य पहचानते हैं, अपने साहित्य में उसका उपयोग करते हैं।

"सभापति साहब जो बात बोला बहुत ठीक है। इसका पेशतर कि भारत दुर्दैव हम लोगों का शिर पर आ पड़े कोई इसके परिहार का उपाय शोचना अत्यन्त आवश्यक है। किन्तु प्रश्न एई है जे हम लोग उसका दमन करने शाकता कि हमारा बीर्जोबल के बाहर का बात है। क्यों नहीं शाकता? अलबत्त शकैगा, परन्तु जो शब लोग एकमत्त होगा। (करतलध्वनि) देखो हमारा बंगाल में इसका अनेक उपाय शाधन होते हैं। ब्रिटिश इंडियन असोसिएशन लोग इत्यादि अनेक शभा भी होते हैं।

कोई थोड़ा बी बात होता हम लोग मिल के बड़ा गोल करते। गवर्नमेंट तो केवल गोल-माल-शे भय खाता। और कोई तरह नहीं शोनता। ओ हुआं का अखबार वाला सब एक बार ऐसा शोर करता कि गवर्नमेंट को अलबत्त शुनने होता। किन्तु हेयां, हम देखते हैं, कोई कुछ नहीं बोलता।"

यह भारतेन्दु हरिश्चन्द्र हैं 'भारत दुर्दशा' में। कलाकार हरिश्चन्द्र ने अपनी रचनाओं में हिन्दी के जितने रूप दिये हैं, उतने उस युग में किसी ने नहीं दिये। उनकी विलक्षण प्रतिभा का यह भी एक प्रमाण है। आधुनिक हिन्दी साहित्यकार अपने कथा साहित्य में आगरा, लखनऊ, बम्बई की अनेकरूपा हिन्दी की छवि दिखाकर उसी परम्परा का अनुसरण कर रहे हैं। इन्हीं अनेक रूपों में एक रूप उर्दू है। मीर अम्मन के बाग़ो बहार और लल्लूजी की 'बैताल पचीसी' को बोली उग्र, अमृतलाल नागर और अन्य लेखकों की रचनाओं में करामाती ढंग से व्यवहार में आई है। आलोचकों में पद्मसिंह शर्मा की भाषा-शैली का आधार यही बोली है। कहीं-कहीं निराला और प्रेमचन्द उसका उपयोग करते हैं। पुरानी उर्दू जनपदीय बोलियों, खास कर ब्रजभाषा से गहरा सम्पर्क बनाए हुए है। नई उर्दू जहाँ हिन्दी से दूर है वहाँ पुरानी उर्दू से भी दूर है। भारतेन्दु-युग की हिन्दी जितना पुरानी चाल की हिन्दी के निकट है उतना आधुनिक हिन्दी भारतेन्दु-युग की हिन्दी के निकट नहीं है। कुछ प्रतिभाशाली साहित्यकारों को छोड़कर लिखाई-पढ़ाई की औसत हिन्दी जनपदीय बोलियों से, ब्रजमाषा-अवधी साहित्य की भाषा-सम्पदा से अलग जा पड़ी है। इस पुरानी हिन्दी के रूप सबसे ज्यादा फिल्मी गीतों में दिखाई देते हैं और इन गीतों की भाषा सारे भारत में गूँजती है, भारत के बाहर भी गूँजती है। इस भाषा में हिन्दी-उर्दू का भेद नहीं है। वर्तमान समाज-व्यवस्था में मनोरंजन के साधन कलात्मक और नैतिक विचार से उच्चकोटि के नहीं होते। फिल्मी गीतों की भाषा लिखित भाषा का आदर्श नहीं है किन्तु लिखित साहित्य का भी बहुत-सा भाग न तो नैतिक दृष्टि से ऊँचा है, न कलात्मक दृष्टि से, और उसकी भाषा में फिल्मी गीतों का चटपटापन भी नहीं है। यदि पूँजीवादी व्यवस्था में फिल्मी गीत जनता की मूल सांस्कृतिक एकता के प्रतिनिधि बन गए हैं तो समाजवादी व्यवस्था के लिए संघर्ष करने वाले लोग क्या भाषा के क्षेत्र में जनता की मूल सांस्कृतिक एकता को और ऊँचे स्तर पर निखार और सँवार न सकेंगे?

बहुत बड़ी समस्या पारिभाषिक शब्दों की है। 'पारिभाषिक शब्द-संग्रह' में सैकड़ों शब्द ऐसे हैं जो अरबी या फारसी के हैं। तब उर्दू की पारिभाषिक शब्दावली में भी सैकड़ों शब्द ऐसे होने चाहिए जो हिन्दी के हों। पारिभाषिक शब्दावली में उर्दू-हिन्दी का एक सामान्य आधार मौजूद है। हिन्दी की शब्द-रचना-क्षमता का भरोसा करके इस आधार को और विस्तृत किया जा सकता है। मुख्य बात यह है कि फिल्मों की भाषा जैसे जनता सुनती है—लिपि-भेद आड़े

नहीं आता—वैसे ही साहित्य और विज्ञान की पुस्तकें जितना ही एक लिपि के माध्यम से हिन्दू-मुस्लिम जनता तक पहुँचेंगी, उतना ही छँटाई और गढ़ाई का काम आसान होगा। इसीलिए आज—कम से कम हिन्दी-भाषी प्रदेश में—हिन्दी-प्रचार से अधिक नागरी-प्रचार आवश्यक है।

[21]

गोकुलचन्द नारंग ने दिल्ली के कारीगरों की बोली पर एक छोटी-सी पर बहुत अच्छी किताब लिखी है : Karkhandari Dialect of Delhi Urdu (दिल्ली 1961)। इसमें उन्होंने जो सामग्री इकट्ठा की है, वह हिन्दी-उर्दू के विकास में खड़ी-बोली-ब्रजभाषा का सम्बन्ध, आगरा-दिल्ली का सम्बन्ध और हिन्दी-उर्दू का सम्बन्ध समझने में बड़ी सहायता करती है।

इसी बोली को उन्होंने उचित ही 'सोशल डायलेक्ट' कहा। वह अमीरों की बोली नहीं, मेहनत करने वाले वर्ग की बोली है। जब दिल्ली के शरीफजादों ने 'मुश्तर्का ज़बान' का विकास शुरू किया, तब सबसे पहले उन्होंने अपना दामन इन कारीगरों की बोली से बचाया। गोकुलचन्द नारंग उन बहुत थोड़े-से उर्दू-प्रेमियों में हैं जो भाषा की किसी शैली या उसकी बोली के अलगाव और निर्माण पर सामाजिक वर्गों का प्रभाव देखते हैं। उन्होंने लिखा है कि उर्दू के प्रारम्भिक दिनों में भाषा की बागडोर सामन्ती समाज के उन उच्च वर्गों के हाथ में थी जिन्हें विशेषाधिकार मिले हुए थे। "यह दुख की बात है कि पिछले दिनों उर्दू को टकसाली बनाने का सिलसिला साहित्य की भाषा और बोलियों में परस्पर आदान-प्रदान के आड़े आता रहा।"

हिन्दी-उर्दू में जो भेद पैदा हुआ, उसका बहुत बड़ा कारण आम जनता की बोली से उर्दू का यह अलगाव है। इस अलगाव का कारण न समझकर भाषा-विज्ञान में नये-नये सिद्धान्त गढ़कर लोगों में उर्दू का विकास समझाने का प्रयत्न किया है।

ग्रियर्सन ने अपने भाषा-सर्वेक्षण कार्य में शहरों की बोलियों पर शायद ही कहीं ध्यान दिया हो। यदि दिल्ली-आगरे की बोलियों के नमूने उनके ग्रंथ में होते तो भाषायी तिलिस्म के बहुत-से बन्द दरवाजे देश-विदेश के विद्वानों की आँखों के सामने खुल जाते।

गोकुलचन्द नारंग ने इस बात पर ध्यान दिया है कि जितना ही उर्दू टकसाली बनती गई, उतना ही वह दिल्ली के कारीगरों की बोली से दूर होती गई; उधर पुरानी उर्दू जितना ही कम टकसाली थी, उतना ही वह इस बोली के पास थी। "इस बोली के वे रूप जो, आज की साहित्यिक उर्दू में पुराने पड़ चुके हैं, पुरानी उर्दू में बने हुए हैं"। (पृ. 67)

दिल्ली के कारीगरों की इस बोली की एक महत्त्वपूर्ण विशेषता उस पर ब्रजभाषा का प्रभाव है। जाइयो, लीजियो आदि ओकारान्त रूपों के अत्यधिक प्रयोग के बारे में नारंग ने माना है कि स्पष्ट ही इसका कारण ब्रजभाषा के रूपों का प्रभाव है ("Obviously the result of the influence of the Braj forms" —पृ. 30; और भी : "These forms [लीजियो, दीजियो आदि] are obviously relics of the old Braj influences"—पृ. 57), पर यह 'ब्रज का प्रभाव दिल्ली कैसे पहुँचा? आसपास के इलाकों में पंजाबी, राजस्थानी और बांगरू बोली जाती हैं। साहित्य की ब्रजभाषा का असर तो दिल्ली के कारीगरों की बोली पर पड़ा न होगा। स्पष्ट ही इनके बाप-दादे आगरे से जाकर दिल्ली में बसे होंगे।

इस बोली की एक विशेषता है फारसी-अरबी के तत्सम रूपों को तद्भव बनाना। बेरैमी, मैरबानी, अकलवन्द, शौख, फिखर, माफिक, तकादा, सैल, मुनस्सर, वख़त, लिआज़, बल्किन आदि इस प्रवृत्ति की मिसालें हैं। (तत्सम रूप : बेरहमी, मेहरबानी, अक़्लमन्द, शौक़, फ़िक्र, मुआफ़िक, तकाज़ा, सैर, मुन्हस्सर, वक्त, लिहाज़, बल्क:)। उच्च वर्गों को यह तद्भवीकरण बेहद नापसन्द था। अरबी-फारसी के शब्द, रूप बदलकर, जब आम जनता की बोली में घुल-मिल गए, तब इन वर्गों ने उन्हें बीन-बीनकर निकाला और उनकी जगह शुद्ध तत्सम रूप बिठाये। उर्दू में मतरूकात का एक सिलसिला अरबी-फारसी के तद्भव रूपों के खिलाफ चला। जितनी कामयाबी से ये तद्भव रूप साहित्यिक उर्दू से निकाले गए, उतनी कामयाबी से संस्कृत के तद्भव हिन्दी से नहीं निकाले गए, न निकाले जा सकते थे। यानी अरबी-फारसी को लेकर शुद्धता पर जितना ज़ोर उर्दू में है, उतना संस्कृत को लेकर हिन्दी में नहीं।

दिल्ली की बोली पर आगरे के प्रभाव का ठोस प्रमाण है 'विस' और 'विन' का प्रयोग। गोकुलचन्द नारंग ने लिखा है कि साहित्यिक उर्दू में 'उस' और 'उन' के विकल्प 'विस' और 'विन' का प्रयोग कभी का खत्म हो गया पर इन कारीगरों की बोली में ये सुरक्षित ही नहीं हैं वरन् एकमात्र रूप हैं जिनका व्यवहार होता है। (पृ. 49) दिल्ली के कारीगर 'उस' और 'उन' रूपों का प्रयोग नहीं करते, आगरे वालों की तरह विस और विन ही बोलते हैं। किन्ने, जिन्ने, इत्ता, उत्ता, जित्ता, कित्ता, आनकर, आरिया था, कने आदि का प्रयोग सिद्ध करता है कि पुरानी उर्दू की ढलाई जिस कारखाने में हुई थी, वह आगरे में था।

पुरानी हिन्दी-उर्दू दिल्ली-आगरे की इस बोली से अलग नहीं हुईं, इसलिए एक-दूसरे के बहुत पास हैं। यह बोली हरियाणा की खड़ी बोली से भिन्न है और उसकी ध्वनिप्रकृति तथा व्याकरण पर ब्रजभाषा का गहरा असर है। खड़ी बोली ब्रजभाषा से अलग रहकर विकसित नहीं हुई वरन् उसके प्रभाव से ही उसने अपना उर्दू-हिन्दी रूप पाया है। उर्दू जितना ही दिल्ली की आम जनता की बोली से अपना

सम्बन्ध जोड़ेगी, उतना ही वह ब्रजभाषा और हिन्दी के पास आएगी। भाषायी इतिहास के सूत्र उलझ गए हैं; उन्हें सुलझाने में दिल्ली, आगरे के कारीगरों की बोली का अध्ययन सहायक होता है।

विशाल हिन्दी-भाषी प्रदेश में बहुत-सी बोलियाँ बोली जाती हैं। इनमें जो साहित्य रचा गया है, उससे और मौखिक रूप में जो वहाँ भाषा-सम्पदा सुरक्षित है, उससे भी हिन्दी का सम्बन्ध कभी टूटा नहीं है पर यह सम्बन्ध और दृढ़ होना चाहिए। समाज के वर्गों की स्थिति में जब उलट-फेर होगा, तब टकसाली भाषा पर बोलियों का असर और भी गहरा होगा। हिन्दी-उर्दू एक-दूसरे को प्रभावित कर रही हैं पर यह प्रभाव केवल आधुनिक उर्दू का हिन्दी पर है या आधुनिक हिन्दी का उर्दू पर। कुल मिलाकर उर्दू का प्रभाव ही हिन्दी पर ज्यादा है। अच्छा हो कि हिन्दी लेखक ग़ालिब से पहले की उर्दू से—उसके पद्य ही नहीं, गद्य से भी—ज्यादा परिचित हों। हिन्दी-उर्दू का मूलाधार—शहरों की बोलचाल—बहुत ही सक्रिय है। भाषा को टकसाली बनाते हुए इस मूलाधार का ध्यान रखना चाहिए, वर्ना भाषा बनावटी और निर्जीव हो जाएगी। पहले खड़ी बोली के दो ही मुख्य केन्द्र थे, आगरा और दिल्ली। अब अनेक हैं और हिन्दी भाषी प्रदेश में ही नहीं हैं। इनकी बोली से अपनी भाषा का जीवन्त सम्बन्ध बनाए रखना चाहिए। अब वे पुराने वर्ग नहीं हैं जो हिन्दी में अरबी-फारसी शब्दों की भरमार को अपनी उच्च संस्कृति का प्रमाण बताएँ। सामन्ती अवशेषों के खत्म होने पर उर्दू पर अरबी-फारसी का बोझ हल्का होगा। हिन्दी की अपनी रचनात्मक क्षमता है; उसका विकास कम हुआ है। अभी तो उसे संस्कृत से उधार लेने वाली भाषा बना दिया गया है। ब्रजभाषापन, पूरबीपन, आगरे की बोलचाल का पुट—इस तरह की शब्दावली का प्रयोग सावधानी से करना उचित है। ब्रजभाषा और पूरबी बोलियों—विशेष कर अवधी—में बहुत बड़ी समानता है। पुरानी हिन्दी-उर्दू पर जनपदीय बोलियों—सबसे ज्यादा ब्रज—का असर है और इस असर को खत्म करके भाषा हमेशा समृद्ध नहीं हुई। हिन्दी के बहुत-से पुराने रूप, जिन्हें लोग स्थानीय समझते हैं, वास्तव में बहुत व्यापक थे। इस दिशा में दक्खिनी उर्दू या हिन्दी का अध्ययन बहुत महत्त्वपूर्ण है। ऊपर से देखने में हिन्दी-उर्दू एक-दूसरे से बहुत दूर जा पड़ी हैं किन्तु दोनों के टकसाली बनने की मूल प्रक्रिया एक ही है। इस प्रक्रिया का एक नकारात्मक पक्ष यह है कि वह उन्हें जनपदीय बोलियों और पुराने हिन्दी साहित्य की भाषा-सम्पदा से विरोधी दिशा में ठेलती जा रही है।

पिछले सौ वर्षों में हिन्दी भाषा और साहित्य ने अभूतपूर्व उन्नति की है किन्तु परिनिष्ठित बनते-बनते हमारी भाषा ने अपनी बहुत-सी शक्ति और सम्पदा खो भी दी है। अंग्रेज़ों के शिक्षा विभाग ने संगठित तरीके से हिन्दी-उर्दू को भिन्न दिशाओं

में चलाया। अब वह शिक्षा-विभाग नहीं है। किन्तु पुरानी नीति पर चलने से नया शिक्षा विभाग संकट के दलदल में दिन-पर-दिन और गहरे धँसता जाएगा। हिन्दी की अपनी क्षमता के पूर्ण विकास के लिए यह आवश्यक है कि वह अपनी जातीय विशेषताएँ पहचाने, पर-निर्भरता छोड़े, खास तौर से भाषायी परिवेश में अंग्रेज़ी का जो बेहिसाब अवांछित प्रभाव पड़ रहा है, उससे अपने को बचाये। तभी वह अपनी जातीय और राष्ट्रीय भूमिका पूरी कर सकेगी।

[22]

इस निबन्ध के मुख्य निष्कर्ष ये हैं :

(1) 1873 ई. में हिन्दी नई चाल में नहीं ढली; यह कार्य इससे बहुत पहले सम्पन्न हो चुका था। 1857 के आसपास राजा शिवप्रसाद जैसी हिन्दी लिख रहे थे, उसी को भारतेन्दु हरिश्चन्द्र ने अपनाया था।

(2) लल्लूजी लाल ने कई तरह का गद्य लिखा है। इसमें 'प्रेमसागर' की अपेक्षा 'बैताल पचीसी' का गद्य बोलचाल की हिन्दी से ज्यादा मिलता-जुलता है।

(3) 'प्रेमसागर' की भाषा में जिसे पंडिताऊपन और भाखापन कहा गया है, वह उससे पहले के हिन्दी-उर्दू लेखकों और भारतेन्दुकालीन साहित्यकारों की भाषा में भी है, जनपदीय बोलियों और शहरों की अपरिनिष्ठित हिन्दी में आज भी है।

(4) जनपदीय खड़ी बोली का नया हिन्दी-उर्दू रूप आगरे की देन है। व्यापार की बहुत बड़ी मंडी होने से यहाँ अनेक बोलियों को इकट्ठे होने और एक-दूसरे को प्रभावित करने का अवसर मिला। आगरे के कुछ खास शब्द-रूप पुरानी हिन्दी-उर्दू में प्रचलित थे; वे पुराने व्याकरणों, शब्द-कोशों और पाठ्य-पुस्तकों में मिलते हैं। आगे चलकर वे, सम्भवत: दिल्ली वालों की भाषा के प्रभाव से, निकाल दिये गए। आगरे की खड़ी बोली में उनका चलन अब भी है।

(5) आगरा ब्रज जनपद का नगर है। स्वभावत: यहाँ जिस खड़ी बोली का विकास हुआ, वह ब्रजभाषा से प्रभावित थी। यह ब्रजभाषा साहित्य से अधिक बोलचाल की भाषा है। उसमें अनेक वैकल्पिक प्रयोग हैं और वे पुरानी हिन्दी-उर्दू में मिलते हैं।

(6) पुरानी उर्दू—अथवा मुसलमान लेखकों की हिन्दी—पर जितना प्रभाव फारसी का है, उससे कहीं ज्यादा ब्रजभाषा का है और यह प्रभाव उसकी मूल संरचना पर है। ब्रजभाषा से अलग हटकर पुरानी हिन्दी-उर्दू का विकास समझा ही नहीं जा सकता। यह सम्बन्ध न समझने से इस भ्रान्त

धारणा का प्रचार हुआ कि मुगलों के लश्कर में उर्दू का जन्म हुआ। ब्रजभाषा का यह प्रभाव दिल्ली-आगरे की हिन्दी पर ही नहीं, बीजापुर और हैदराबाद की हिन्दी पर भी है।

(7) लल्लूजी लाल ने अंग्रेज़ों को ब्रजभाषा गद्य पढ़ाने के लिए 'राजनीति' पुस्तक लिखी। उस समय ब्रजभाषा का उपयोग गद्य लिखने के लिए काफी बड़े पैमाने पर होता था। इस ब्रजभाषा गद्य ने हिन्दी-उर्दू को प्रभावित किया।

(8) ब्रजभाषा की लोकप्रियता और उसके व्यापक प्रभाव का एक प्रमाण यह भी है कि उत्तर के मीर अम्मन और दक्खिन के वजही अपने गद्य में ब्रजभाषा के पद्य उद्धृत करते हैं।

(9) यद्यपि पुरानी हिन्दी-उर्दू पर ब्रजभाषा प्रभाव मुख्य है, फिर भी उस पर अन्य जनपदीय बोलियों (अथवा भाषाओं) का प्रभाव भी पड़ा है। इनमें राजस्थानी और पंजाबी भी हैं।

(10) हिन्दी-उर्दू के परिनिष्ठित होने की मूल प्रक्रिया एक है : दोनों उन रूपों और प्रयोगों को छोड़ती जाती हैं जिन्हें भद्रजन गँवारू समझते हैं। इस दिशा में अक्सर उर्दू पहल करती है और हिन्दी उसके पीछे चलती है।

(11) जनपदीय बोलियों से हिन्दी-उर्दू जितना ही दूर हटती हैं, उतना ही उन दोनों के बीच का फासला बढ़ता है, प्राचीन भाषाओं पर उनकी निर्भरता बढ़ती है। इन जनपदीय बोलियों के सैकड़ों शब्द बँगला-मराठी जैसी समृद्ध भाषाओं में स्वीकृत हैं, परिनिष्ठित हिन्दी में अस्वीकृत।

(12) हिन्दी-उर्दू का भेद अरबी और संस्कृत शब्दों को मिलाने—और उस मिलावट में दोनों का अनुपात निश्चित करने—से दूर न होगा, उसके लिए अभिजात-वर्गीय दृष्टिकोण बदलना आवश्यक है, हिन्दी की प्रकृति—और जनपदीय बोलियों से उसके सम्बन्ध—को पहचानना आवश्यक है।

(13) भारतीय भाषाओं के परिनिष्ठित होने की प्रकिया एक-सी नहीं रही। यह प्रक्रिया मराठी और बंगला में हिन्दी से भिन्न रूप में सम्पन्न हुई है। पुरानी भाषा सम्पदा को अपनाने में हिन्दी लेखक मराठी से बहुत कुछ सीख सकते हैं।

(14) अरबी और फारसी दो भिन्न परिवारों की भाषाएँ हैं। उर्दू यदि केवल फारसी से शब्द लेती तो हिन्दी से इतनी दूर न दिखाई देती। प्राचीन भाषाओं से यदि शब्द-सामग्री लेनी होगी तो स्वभावत: संस्कृत से अधिक ली जाएगी; फारसी को उसके बराबर आसन नहीं दिया जा सकता, अरबी को और भी नहीं।

(15) किसी भी भाषा-शैली की कुछ विशेषताओं पर बार-बार जोर देने से वह शैली न रहकर अलग बोली बन जाती है, यह हम उर्दू में देखते हैं। आरम्भ में वह ब्रज प्रभावित खड़ी बोली की तरह फारसी प्रभावित हिन्दी की एक शैली थी; आगे चल कर वह एक बोली बनी। उसे हिन्दी की शैली न कहकर हिन्दी की एक बोली कहना अधिक तर्कसंगत जान पड़ता है।

(16) उर्दू की अनेक शैलियाँ हैं। सरल उर्दू का व्यवहार हिन्दी गद्य में पहले भी होता था, अब भी होता है। लल्लूजी लाल, भारतेन्दु हरिश्चन्द्र, प्रताप नारायण मिश्र, उग्र, अमृतलाल नागर आदि लेखकों ने शैली भेद के लिए इस सरल उर्दू का व्यवहार किया है।

(17) अंग्रेज़ों ने हिन्दी-उर्दू का भेद पैदा नहीं किया, उसे दृढ़ किया। गिलक्रिस्ट ने यह नीति अपनाई कि हिन्दी लेखक फारसी-अरबी के प्रचलित शब्दों से बचें, उर्दू लेखक संस्कृत के प्रचलित शब्दों से; उर्दू फारसी-अरबी शब्दों का व्यवहार ज्यादा करे, हिन्दी संस्कृत शब्दों का। किन्तु फोर्ट विलियम कालेज के मुंशियों ने सदा इस नीति का पालन नहीं किया।

(18) टॉमसन जैसे कोशकारों ने गिलक्रिस्टी नीति के अनुसार कोश बनाये, फैलन ने उस नीति का विरोध किया।

(19) फैलन ने अपने शब्दकोश में पहली बार और बहुत ही स्पष्ट रूप में जातीय भाषा हिन्दी और जनपदीय बोलियों के सम्बन्ध की सही व्याख्या की। उनका शब्दकोश उन्नीसवीं सदी की भाषायी स्थिति का दर्पण है।

(20) यह प्रचार भ्रामक है कि हिन्दी में पारिभाषिक शब्द नहीं थे, उन्हें गढ़ने का काम केन्द्रीय निदेशालय ने किया। भारत सरकार द्वारा प्रकाशित पारिभाषिक शब्द-संग्रह के सैकड़ों शब्द उन्नीसवीं सदी की हिन्दी में प्रचलित थे।

(21) भाषा के वैकल्पिक रूप, उसे टकसाली बनाने का प्रयास उस समय के व्याकरणों में परिलक्षित हैं। कोश-निर्माण और व्याकरण-लेखन का यह कार्य 1873 ई. से पहले अथवा उसके आसपास सम्पन्न हो चुका था।

(22) भारतेन्दु हरिश्चन्द्र और उनके सहयोगियों का यह युगान्तरकारी महत्त्व है कि उन्होंने देशभक्ति से प्रेरित होकर हिन्दी में नया लोकप्रिय साहित्य रचा। उन्होंने हिन्दी भाषा की प्रकृति पहचानकर उसे साहित्यिक ब्रजभाषा और तत्कालीन जनपदीय बोलियों की भाषा सम्पदा से वंचित न होने दिया। उनकी नई चाल की हिन्दी पुरानी चाल की हिन्दी के बहुत पास है, आधुनिक हिन्दी उनकी भाषा से दूर जा पड़ी है।

(23) एक पुरानी हिन्दी का एक रूप दकनी है। अठारहवीं सदी के अन्त में दक्षिण भारत में दकनी सम्पर्क-भाषा थी। उस समय उत्तर की हिन्दी और हैदराबाद की दकनी एक-दूसरे के बहुत पास थीं, अब दूर हैं।

(24) टकसाली हिन्दी एक ओर जनपदीय बोलियों से प्रभावित होती है, दूसरी ओर भारतीय भाषाओं से। इसका परिणाम यह है कि हमारी जातीय भाषा हिन्दी—और हमारी राष्ट्रभाषा हिन्दी—अनेक ग़ैर-टकसाली रूपों में बोली जाती है। यह उसके प्रसार और शक्ति का प्रमाण है। प्रतिभाशाली कलाकार इन रूपों के व्यवहार से साहित्य में चमत्कार उत्पन्न करते हैं।

(25) भारतेन्दु-युग के बाद—विशेष रूप से पहले पच्चीस वर्षों में—अंग्रेज़ी भाषा का प्रभाव बढ़ा है। हिन्दी में अंग्रेज़ी मुहावरों, शब्दों और वाक्यांशों का अनुवाद करने की प्रकृति व्यापक है। इससे हिन्दी का अपना रूप विकृत होता है, उसकी आन्तरिक क्षमता नष्ट होती है। इस क्षमता की पहचान और हिन्दी की मौलिक प्रकृति के ज्ञान के लिए भारतेन्दु-युग की हिन्दी और उससे पहले की हिन्दी का अध्ययन उपयोगी सिद्ध होगा।

सूरति मिश्र की 'बैताल पचीसी' और लल्लूजी लाल

प्रसिद्ध है कि सूरति मिश्र ने संस्कृत से ब्रजभाषा गद्य में 'वैताल पंचविंशति' का अनुवाद किया। इस अनुवाद से लल्लूजी लाल तथा फोर्ट विलियम कालेज वाले उनके सहयोगियों का सम्बन्ध है। फोर्ट विलियम कालेज के विद्वानों ने 'बैताल पचीसी' का जो संस्करण प्रकाशित किया, उससे हिन्दी-उर्दू गद्य के विकास का सम्बन्ध है। सूरति मिश्र और लल्लूजी लाल दोनों आगरे के थे यद्यपि सूरति मिश्र अठारहवीं सदी के पहले छोर पर दिखाई देते हैं, लल्लूजी लाल उसके दूसरे छोर पर। लल्लूजी ने सूरति मिश्र के ग्रंथों का अध्ययन किया था और उनसे लाभ उठाया था। सूरति मिश्र के कृतित्व और उससे लल्लूजी लाल के सम्बन्ध पर ध्यान देने से हिन्दी भाषा और साहित्य के इतिहास की कुछ समस्याओं का समाधान हो सकता है।

सूरति मिश्र ने बिहारी सतसई की टीका लिखी थी। लल्लूजी लाल ने भी बिहारी सतसई की टीका लिखी थी। 'लाल चन्द्रिका' नाम की अपनी टीका में उन्होंने सूरति मिश्र की पुस्तक के कुछ अंश अपनाये थे। भारतेन्दु-युग के कवि और गद्य लेखक अम्बिकादत्त व्यास ने बिहारी सतसई की अनेक टीकाओं का अध्ययन किया था। अपने ग्रंथ 'बिहारी बिहार' (काशी, सन् 1898) में उन्होंने इन टीकाओं और उनके लेखकों का विस्तृत परिचय दिया है। लल्लूजी लाल ने अपनी 'लान चन्द्रिका' के लिए कहाँ-कहाँ, से सामग्री ली थी, इस बारे में उन्होंने लिखा है : "लल्लू लाल ने बड़ी ही चतुराई की है। उनने दोहों का क्रम तो आज़मशाही ले लिया। दोहों का गद्यार्थ हरिचरण दास के हरिप्रकाश का ले लिया और प्रश्नोत्तर के दोहे तथा अलंकार के दोहे प्राय: सूरति मिश्र के उठा लिये। और यह भी न लिखा कि ये दोहे सूरति मिश्र के बनाए हैं, मेरे नहीं। ग्रंथान्त में थोड़े से दोहे काव्य-भेद के विषय में लिखे हैं सो भी कृष्ण कवि के हैं, उनके अपने निज नहीं है॥ लल्लू लाल के मस्तिष्क की कहीं परीक्षा उत्तम नहीं उतरती और सूरति मिश्र सचमुच बड़े कवि थे॥"

इनकी विद्वत्ता का विश्लेषण करते हुए अम्बिकादत्त व्यास ने लिखा है : "यह तो 'स्पष्ट ही है कि ये संस्कृत के विद्वान् न थे, क्योंकि एक तो इनने जो-जो संस्कृत के अनुवाद किए उन उनके ब्रजभाषानुवाद ही उनके सहायक थे, जैसे उनने स्वयं लिखा

है कि 'एक बरष में चार पोथी का तरजमा ब्रजभाषा से रेखते की बोली में किया, सिंहासन बत्तीसी, बैताल पचीसी, शकुन्तला नाटक औ माधोनल॥' (इनने हिन्दी के लिए रेखते की बोली पद दिया है। क्या अभी तक इस भाषा का कोई नाम स्थिर नहीं हुआ था?) दूसरे इनके लेख में संस्कृत विद्या की दुर्बलता पद पद में प्रगट होती है॥ जैसे इनने अपने छपवाये लाल चंद्रिका ग्रंथ में आरम्भ ही में लिखा है : 'यह मंड्गलाचर्ण ग्रंथ करता बिहारी लाल कवि कहता है॥ नायिका के ठिकाने 'नायका' तो इनने प्रति दोहे पर कहा है। यौवन के लिये योवन लिखा है जैसे दो. 456 की टीका 'नायका नव-योबना'। दोहा 455 की टीका में वृत्यनुप्रास के ठिकाने 'वृत्यानुप्रास' लिखा है॥ इनने तात्पर्य के ठिकाने 'तातपर्य' औ परीक्षा के ठिकाने 'परिक्षा' ही बराबर लिखा है जैसे दो. 293 की टीका में॥ ग्रंथ के अन्त में इनने दो पंक्ति संस्कृत लिखी हैं वह भी ऐसी ऊटपटांग हैं कि देखते हँसी आती है॥ जैसे, इति श्री कवि लाल विरचित लाल-चंद्रिका बिहारी सतसई टीका प्रस्ताविक अन्योक्ति नवरस नृपस्तुति' वर्णन नाम चतुर्थ प्रकर्ण श्री राधाकृष्ण प्रसादात् सम्पूरण ग्रन्थ निर्विघ्न समाप्तं शुभमस्तु॥

"ये संस्कृत के अनभिज्ञ तो थे ही परन्तु ये ब्रजभाषा भी उत्तम रीति से नहीं जानते थे अथवा आगरावासी होने के कारण जानते भी हों तो उसका ठीक मर्म नहीं समझते थे, अतएव जो कुछ इनने सोधना चाहा, वही ब्रजभाषा से च्युत हो गया औ बिगड़ गया ब्रजभाषा में तालव्य श और ट वर्गीय ण दैवात् ही कहीं आते हों तो हो नहीं तो नहीं ही पाया जाता है। परन्तु लल्लू लाल ने यह अपनी पंडिताई दिखलाई है कि अनेक सकारों को पुनः शकार बना के शीन के शड़क्के झाड़े हैं। जैसे दोहा 715 'शशिबदनी मो सो कहत' इत्यादि और दोहा 620 'शीतलतारु सुगन्ध की घटै न महिमा मूर। पीनसवारे जो तज्यौ शोरा जानि कपूर' इत्यादि। ब्रजभाषा में तालव्य श और मूर्धन्य ष को दन्त्य स का आकार ग्रहण किए तो कई सहस्र वर्ष हुए॥ ब्रज की अति प्राचीन भाषा शौरसेनी प्राकृत ही इसकी साक्षी है।"

इसके बाद यह विवेचन किया है कि शौरसेनी भाषा में पहले तो सब न-कार ट-वर्गीय ण-कार हो गए, फिर—'काल का ऐसा महात्म्य है' कि—सब ट-वर्गीय ण-कार धीरे-धीरे पुनः त-वर्गीय न-कार हो गए। "केवल कण्ठ आदि शब्दों में मिले हुए ण रह गए हैं॥ यह अनुभव उसे न था अतएव श औ ण ठीक करने का कुछ यत्न किया उसके अनन्तर मर्म बिना समझे मुनशी नवलकिशोर और पंडित रामजसन प्रभृति दो-तीन महाशय ने ब्रजभाषा के उसी सोधन को चलाया।"

निस्सन्देह उस समय भाषा को शुद्ध करने, शुद्ध हिन्दी लिखने की प्रवृत्ति जोर पकड़ चुकी थी। इस प्रवृत्ति को बढ़ावा देने में शिक्षा विभाग का बहुत बड़ा हाथ था यानी हिन्दी को बोलचाल के रूप से, जनपदीय बोलियों, तद्भव रूपों और साहित्यिक ब्रजभाषा से दूर ठेलकर उसे शुद्ध हिन्दी बनाने में अंग्रेज़ी राज के मातहत शिक्षा विभाग के अधिकारियों का हाथ था। अम्बिकादत्त व्यास ने इसी प्रसंग में

आगे लिखा है : "फिर शिक्षा विभाग के ब्रजभाषानभिज्ञ लोगों ने बालकों के पढ़ने के लिए कितने ही ग्रन्थ इसी ढङ्ग पर चलाये और डिप्टी साहबों की आज्ञा से गुरू जी लोग मार-मार कर बच्चों को इसी कुरस्ते चलाने लगे सो यह बड़ा ही अनर्थ चारों ओर फैलता जाता है॥"

अम्बिकादत्त व्यास स्वयं अध्यापक थे। उन्होंने डिप्टी साहेबों और गुरू लोगों का ब्रजभाषा-परिष्कार-अभियान अपनी आँखों देखा था। शिक्षा-विभाग द्वारा अपनाई हुई नीति के विरोध में उन्होंने अपने प्रयत्न के बारे में लिखा है : "बिहार में भी यह अनर्थ होता देख यहाँ के प्रसिद्ध खड्गबिलास छापेखाने के अध्यक्ष से भी मैंने यह विषय कई बेर कहा और अपने मासिक पत्र 'पीयूष प्रवाह' में भी छापा अनन्तर खड्गबिलास प्रेस के अध्यक्ष महाराज कुमार बाबू रामदीन सिंह ने कहा कि हमको ग्रेयर्सन् साहब के द्वारा श्री तुलशीदास जी लिखित रामायण मिली है उसके देखने से आपकी बात और दृढ़ हुई क्योंकि उसमें बहुत श औ ण नहीं है ठीक जैसा आप कहते हैं वैसा ही है पर क्या किया जाए कोई सड़ा-सा डिप्टी इंसपेक्टर भी इन बातों को समझता तो कुछ भाषा का शोधन होता॥"

'लल्लूजी लाल फोर्ट विलियम कालेज से सम्बद्ध थे ही, वे इस परिष्कार-अभियान से भी सम्पृक्त थे। अम्बिकादत्त व्यास ने इस प्रसंग में आगे लिखा है : "लल्लू लाल ने केवल इतना ही नहीं किया परन्तु ब्रजभाषा में जिन यकारों का जकार हो गया है उने फिर इनने य बनाया जैसे दो. 20 'योबन नृपति' (दो. 21) 'योबन आमिल' (दो. 22) 'योबन जेठ दिन' ऐसे ही यदपि, यद्यपि, यश-अपयश, यमकरि, युवति, योग, युक्ति आदि॥

"किसी ठिकाने इनने अपनी हिन्दी भी ब्रजभाषा से मिली विलक्षण ही नरसिंहाकार लिखी है जैसे (दोहा 292) 'उत्कण्ठित होतु हैं देखै है कि कब श्रीकृष्ण आवैं' और मैं अपना सच्च दिखाऊँ।'"

अनेक दोष दिखाने के बाद अम्बिकादत्त व्यास ने इनका मूल्यांकन यों किया है : "इसमें सन्देह नहीं कि लल्लूजी लाल ने हिन्दी गद्य लिखने का अपने भविष्यद् विद्वानों को पथ दिखला दिया और पूर्ण परिश्रम औ केवल विद्याभ्यास में जीवन व्यतीत किया और हिन्दी गद्य को उस समय सिंहासन पर बैठाया जिस समय गुर्ज्जर भाषा औ बङ्गभाषा बालिका थीं। यदि उस समय से आज तक सुलेखक लोग हिन्दी की सेवा करते तो यह सारे भारत में चक्रवर्तिनी होती और ऐसा कदापि न होता कि उर्दू की पताका उड़े और इसे कहीं स्थान न मिले। इसलिए हिन्दी भाषा के परमोन्नायक विद्वान् लल्लूलाल कबि को कोटिश: धन्यवाद देना यावत् हिन्दी के रसज्ञों का धर्म है॥"

इसलिए यह जानना आवश्यक है कि लल्लूजी लाल की 'बैताल पचीसी' में सूरति मिश्र का हिस्सा कितना है।

अपने हिन्दी साहित्य के इतिहास में शुक्ल जी ने 'बिहारी सतसई', 'कविप्रिया' और 'रसिक प्रिया' की सूरति मिश्र द्वारा की हुई टीकाओं के लिए लिखा है कि ये ब्रजभाषा गद्य में हैं और इसी प्रसंग में कहा है कि "इन टीकाओं के अतिरिक्त इन्होंने 'वैताल-पंचविंशति' का ब्रजभाषा गद्य में अनुवाद किया है।" फिर उनके रीतिग्रंथों की चर्चा के बाद लिखा है : "इनके ग्रंथ सब मिले नहीं हैं।" जो ग्रंथ मिले नहीं हैं, उनमें ब्रजभाषा गद्य की 'बैताल पचीसी' भी होगी। उसके गद्य का कोई उदाहरण साहित्य के इतिहास में नहीं है।

'हिन्दी साहित्य का अतीत' (वाराणसी, संवत् 2023) नामक ग्रंथ के दूसरे भाग में विश्वनाथ प्रसाद मिश्र ने सूरति मिश्र और लल्लूजी लाल के बारे में कई दिलचस्प बातें लिखी हैं। सूरति मिश्र ने अपनी टीका का नाम 'अमरचन्द्रिका' रखा था, लल्लूजी ने लाल चन्द्रिका। पर दोनों टीकाओं में 'चंद्रिका' शब्द ही सामान्य नहीं है। विश्वनाथ प्रसाद मिश्र ने लिखा है : "यहाँ यह बतला देने की आवश्यकता है कि सूरति मिश्र की इस टीका से लल्लू लाल ने अपनी 'लाल चन्द्रिका' में शास्त्र विषयक सारी सामग्री उठा कर बेखटके रख दी है"। (पृ. 487) अम्बिकादत्त व्यास ने लल्लूजी की कारीगरी का जो इतिहास लिखा था, यह टिप्पणी उसकी सचाई को और पुष्ट करती है।

मिश्र जी ने 'बैताल पचीसी' के बारे में लिखा है : "इन्होंने शिवदास कवि कृत संस्कृत 'वैताल पंचविंशतिका' का भी 'बैताल पचीसी' के नाम से ब्रजभाषा में उल्था किया है। वस्तुत: लल्लू लाल ने सूरति मिश्र के इसी ग्रंथ का खड़ी बोली में भाषांतर कर दिया है। खोज (1926-28) में 'बैताल पचीसी' के चार अनुवाद सूरति मिश्र के नाम पर मिलते हैं, जो खड़ी बोली के हैं। इनकी पुष्पिका में सूरति मिश्र का नाम आया है। इससे जान पड़ता है कि इनके ब्रजभाषा में अनूदित ग्रंथ का अन्य कई लोगों ने खड़ी बोली में रूपान्तर किया है। ये सब वस्तुत: इनकी कृतियाँ नहीं हैं। इनके ग्रंथ के रूपान्तर हैं"। (पृ. 488)

सूरति मिश्र की 'बैताल पचीसी' की भाषा में थोड़ा फेर-बदल करके उसके नये-नये संस्करण निकाले गए, यह बात सत्य है। किन्तु उन्होंने अपनी पुस्तक मूलत: ब्रजभाषा में लिखी, इसका प्रमाण क्या है? मिश्र जी का निष्कर्ष सम्भवत: इस धारणा पर निर्भर है कि अठारहवीं सदी के आरम्भ में ब्रजभाषा का कवि खड़ी बोली का गद्य नहीं लिख सकता था।

नागरी प्रचारिणी सभा काशी के हस्तलिखित ग्रंथों के विवरण में सूरति मिश्र-कृत 'बैताल पचीसी' की जिस सबसे पुरानी प्रति का उल्लेख है, उसका लिपिकाल संवत् 1823 (सन् 1766) है। इससे इतना तो सिद्ध ही है कि अठारहवीं सदी के मध्य में 'बैताल पचीसी' के खड़ी बोली-गद्य वाले रूप लोकप्रिय हो चले थे। यदि यह मान लिया जाए कि यह ग्रंथ सूरति मिश्र का नहीं है, तो भी अठारहवीं सदी के

मध्य में खड़ी बोली गद्य में रची हुई 'बैताल पचीसी' के अस्तित्व से इनकार नहीं किया था सकता जब तक यह सिद्ध न हो जाए कि 1766 ई. वाली प्रति जाली है अथवा खोज-रिपोर्ट में दिये हुए तथ्य गलत हैं। इस प्रति के अन्त में जिन मुनुवा पंडित ने सूरत कवि की पुस्तक की प्रतिलिपि करने की बात लिखी है, उनकी बात पर सन्देह करने का कोई कारण नहीं है।

जब तक सूरति मिश्र की ब्रजभाषा में लिखी हुई 'बैताल पचीसी' की कोई प्रति न मिले, तब तक यह मानना चाहिए कि उन्होंने मूल पुस्तक खड़ी बोली गद्य में लिखी थी और उसकी सबसे पुरानी प्रति वह है जिसकी प्रतिलिपि संवत् 1823 में मुनुवा पंडित ने की थी।

सूरति मिश्र ने अनेक ग्रंथ आश्रयदाताओं का नामोल्लेख करते हुए उनसे द्रव्य-प्राप्ति के लिए रचे थे। 'रसिकप्रिया' की टीका रसगाहक चन्द्रिका उन्होंने जहानाबाद के नसरुल्ला खाँ के लिए लिखी। नसरुल्ला खाँ ब्रजभाषा के कवि थे, उनका उपनाम 'रसगाहक' था। इसलिए टीका का नाम 'रसगाहक चन्द्रिका' हुआ। (हिन्दी साहित्य का अतीत, दूसरा भाग, पृ. 484)

सूरति मिश्र अपने समकालीन—उत्तरकालीन भी—कवियों की भाँति आश्रयदाता खोजकर उससे अपने ग्रंथ का सम्बन्ध जोड़ देते थे। बिहारी सतसई की टीका का नाम उन्होंने 'अमरचन्द्रिका' रखा क्योंकि "यह जोधपुर के दीवान 'अमरेश' या 'अमरसिंह' के आश्रय में बनी थी"। (उप., पृ. 486) हिन्दू हो चाहे मुसलमान, राजा हो चाहे दीवान, आश्रय देनेवाला होना चाहिए। यदि आश्रयदाता बदल जाए तो उसके लिए नया ग्रंथ रचना आवश्यक नहीं है। पुराने आश्रयदाता का नाम काटकर थोड़े हेर-फेर से उसका सम्बन्ध नये आश्रयदाता से जोड़ा जा सकता है। संवत् 1800 में सूरति मिश्र बीकानेर गए। वहाँ के राजा का नाम जोरावर सिंह था। फलत: 'आदि में प्रशस्ति के कुछ छंद बदल कर' उन्होंने 'रसगाहक चंद्रिका' को 'जोरावर प्रकाश' बना दिया। रीतिवाद की रीति यही थी। मिश्र जी ने इसकी व्याख्या करते हुए लिखा है : "द्रव्य की प्रेरणा से ये अपने ग्रंथ का आश्रयदाता ढूँढ़ लिया करते थे [।] जनता में इनके ग्रंथों के प्रसार से द्रव्यलाभ नहीं हो सकता था"। (उप., पृ. 489)

'रसगाहक चन्द्रिका' के आश्रयदाता को सूरति मिश्र हातिम और विक्रम के समकक्ष बिठा चुके थे, यदि दिल्ली का बादशाह कुछ समय के लिए आश्रयदाता के रूप में मिल जाए तो उसे साक्षात् परब्रह्म का अवतार बनाने के बदले इससे कम वह क्या कर सकते थे? संवत् 1790 में बादशाह के दर्शन होने पर इन्होंने कहा कि मैंने तो मनुष्य पर कविता लिखना छोड़ दिया है, यह विचार किया कि अपनी कविता से ईश्वर को ही रिझाऊँ। पर वह दिखाई नहीं देता; उधर मन में लगन लगी थी कि किसी तरह उसका दीदार हो। तब तक महाबली आलमपनाह

मुहम्मद साह दिखाई दिये। फिर क्या था? जो निराकार निर्विकार अलख निरंजन है, उसकी छाया का दीदार हो गया।

सूरति मिश्र ने दिल्ली के बादशाह से कहा :

'छांडि दिये करने कबित्त नर लोगन के यह चित्त आया कि रिझाऊं करतार को।
करि करि कबिता सुनाऊं दिन दिन पर वह तो अलख नहीं दी सै कहूं वर कों।
आलमपनाह मुहम्मद साह महाबली मेरे मन रहै देखूं पर्वरदिगार कों।
अब सुन पाया आप अलख का साया हजरत को बताया याते आया हूँ दीदार कों।

[उप., 486]

ऊँची उड़ान है। इसी रीति का सहारा लेकर अम्बिकादत्त व्यास ने विकटोरिया रानी को अमी की कटोरिया बनाया था। पर सूरति मिश्र की भाषा यहाँ 'रसगाहक-चन्द्रिका' की भाषा से भिन्न है। खड़ी बोली बोल रहे हैं जिसमें ब्रजभाषा के प्रयोग भी आ जाते हैं। विश्वनाथ प्रसाद मिश्र इस कवित्त की भाषा पर टिप्पणी करते हुए कहते हैं : "कवि लोग मुसलमानी दरबारों में पहुँचकर खड़ी बोली में अपनी कविता सुनाते थे और मुसलमानों के प्रसंग में खड़ी बोली का ही अधिकतर व्यवहार करते थे। प्रमाण भूषण की रचना में तो मिलता ही है [,] और भी कितने ही कवियों की रचना में मिलता है। काव्य स्वीकृत भाषा उन दिनों ब्रजी ही थी, पर लोक-स्वीकृत भाषा खड़ी बोली थी, उसमें अरबी-फारसी के भी चलते शब्द पड़े रहते थे"। (उप., पृ. 486)

सूरति मिश्र यदि बादशाह के लिए पद्य में खड़ी बोली का व्यवहार कर सकते थे तो वह मुहम्मद शाह या अन्य किसी के लिए खड़ी बोली में 'बैताल पचीसी' भी लिख सकते थे। और लल्लूजी लाल आगरे के होने के नाते उनकी 'बैताल पचीसी' के गद्य को अपना गद्य बनाने का विशेष अधिकार रखते थे। उन्होंने सूरति मिश्र के 'सरस रस' ग्रंथ को सन् 1820 में अपने छापेखाने से उसमें कुछ घटा-बढ़ाकर, उसे 'श्री लाल संचित' बनाकर छपवाया और प्रकाशित किया था। पुस्तक के अन्त में उन्होंने लिखा था : "इति श्री लाल संचित सरस रस ग्रंथे रस निरूपणो नाम अष्टमो विलास: सम्पूर्ण ग्रंथ समाप्तं शुभमस्तु कल्याणमस्तु।" और भी : "सम्वत् 1877 में श्री लल्लूजी लाल कवि ब्राह्मण गुजराती सहस्र उदीच आगरे वारे ने सूरत कवि के सरस रस ग्रंथ को प्राचीन कवियों के कवित्त मिलाय बढ़ाय शोध कर छपवायौ निज छापा घर में श्रीमान धीमान पंडित कवि रसिकन के आनंदार्थ इति॥" 'सरस रस', 'रसगाहक चन्द्रिका'—इनकी सामग्री से लल्लूजी ने लाभ उठाया ही था; 'बैताल पचीसी' की सामग्री को अपनाना भी उनके लिए नितान्त स्वाभाविक था।

मिलाय, बढ़ाय जैसे रूप लल्लू के गद्य की विशेषता हैं। ऐसे रूप सूरति मिश्र की 'बेताल पचीसी' के खोज-रिपोर्ट में उद्धृत अंशों में कम हैं। इसी तरह पूर्वकालिक

क्रिया के साथ वाला 'कर' लल्लूजी की अपेक्षा सूरति मिश्र कम छोड़ते हैं। सूरति मिश्र की 'बैताल पचीसी' का जो प्रारम्भिक अंश खोज विवरण में उद्धृत किया गया है, वह इस प्रकार है :

"अथ सूरत कवि कृत बैताल पचीसी लिष्यते॥ श्री गणेशायनम:॥ धारा नगरी एक राजा था वहां का राजा गंधर्व सेन उसकी चार राणियाँ थीं उनसे 6 बेटे थे एक से एक पराक्रमी और पंडित थे कुछ दिन के पीछे वह राजा स्वर्गधाम सिधारा उसी के स्थान पर उसका बड़ा पुत्र संषनाम राजा हुआ॥ फिर उसका छोटा भाई बिक्रम अपने बड़े भाई को मार राजा बना। उसका राज दिनों दिन बढ़ने लगा और उसकी कीरति चारों ओर छा गई॥ जंबू द्वीप का राजा हो गया और अटल राज करने लगा अपना साका बाँधा कुछ दिन पीछे राजा ने मन में विचार किया कि देशौं का नाम मैंने सुना है उसकी सैर करनी चाहिए॥ यह अपने मन में ठान राजगद्दी अपने छोटे भाई भरतरी को देकर आप जोगी बन देश और बन बन की सैर करने लगा॥ एक ब्राह्मण उस शहर में तपस्या करता था। एक दिन देवता ने उसे अमृत फल ला दिया तब वह उस फल को अपने घर में ला कर ब्राह्मणी से कहा जो कोई इसको षावेगा सो अमर होवेगा देवता ने फल देते समय अपने मुष से कहा है॥ यह सुन ब्राह्मणी बहुत रोई और कहा कि अमर रह कर कब तक भीख माँगेंगे इससे तो मरना अति उत्तम है॥ जो भीख मागने के पाप से छूट जावै"। (खोज में उपलब्ध हस्तलिखित हिन्दी ग्रंथों का त्रयोदश त्रैवार्षिक विवरण, काशी, संवत् 2010, पृ. 700)

इतने वाक्यों में एक बार भी 'मिलाय,' बढ़ाय' वाले रूपों का प्रयोग न करने से लल्लूजी का धैर्य छूटने लगता। 'मार', 'ठान', 'बन' और 'सुन' के साथ 'देकर', 'लाकर', 'रहकर' जैसे भरे-पूरे रूप भी यहाँ हैं।

खोज-रिपोर्ट में पुस्तक का जो अन्तिम अंश उद्धृत किया गया है, वह इस प्रकार :

"बैताल बोला ए राजा मैं तेरा धीरज और साहस देख कर अति प्रसन्न हुआ परंतु एक बात मैं कहता हूं सो सुन कि जिसके शरीर के रोम कांटों के समान और देह काठ सी और नाम शांत शील सो तुम्हारे नग्र में आया है सो तुमको उसने मेरे लेने के लिये पठाया है॥ आप बैठा मरघट में मंत्र जगा रहा है॥ और तुम्हे मारा चाहता है॥ इसीलिये मैं जनाये देता हूं कि जब वह पूजा कर चुकै तब तुमसे कहेगा कि राजा तू साष्टांग दंडवत कर तब तुम कहना कि हम सब राजाओं से बड़े हैं हमको सब राजा दंडवत करते हैं हमने कभी किसी को दंडवत नहीं की आप गुरू हैं दंडवत सिषा देवें तब करूं। जब वह दंडवत करे तब ऐसा खंग मारियो कि सर अलग हो जाए। तब तू अखंड राज करेगा अगर तू ऐसा न करेगा तो वह मुझको मारकर अचल राज करेगा॥ अगर ऐसा न करेगा॥ इतनी बात राजा को चिताय बैताल उस मुर्दे के कालिब से निकल चला गया और कुछ रात रहते राजा ने उस मुर्दे को ले जाकर जोगी के संमुष धर दिया। जोगी ने उस मृतक को देष प्रसन्न हो

राजा की बहुत प्रसंसा की। फिर मंत्र पढ़ उस मुर्दे को जगा होम कर बलि प्रदान किया। और दक्षिन ओर बैठ जितनी सामिग्री वहां की थी सब अपने देवता को चढ़ा दो। और पान फूल धूप दीप नौबेद्य कर राजा से कहा तू दंडवत कर तेरा बड़ा तेज प्रताप होगा अष्ट सिद्धि नव निद्धि सदा तेरे घर में रहेगी॥ यह सुन राजा ने बैताल की बात स्मर्ण कर बड़ी आधीनता से कहा कि महाराज मैं दंडवत करना नहीं जानत हूं। आप गुरू है जो कृपा करके सिषाइये तो मैं करूं। यह सुन जोगी ने ज्योहीं दंडवत करने को सिर चुकाया त्योंही राजा ने एक षंग मारा कि सीस अलग हो गया और बैताल ने आय फूलों को बर्साय ऐसा कहा कि अपने ताईं मारा चाहे उसको मारने में ठीक है। राजा का साहस देख इन्द्र समेत सब देवता वहां जै जैकार करने लगे और राजा इन्द्र ने प्रसन्न हो के राजा बिक्रमाजीत से कहा बर माँगो जब राजा ने हाथ जोड़ कर कहा महाराज यह कथा मेरी संसार में प्रसिद्ध हो। इंद्र ने कहा जब तक चांद सूर्य पृथ्वी आकाश स्थिर है तब तक तेरी यह कथा प्रसिद्ध रहेगी और तू सब पृथ्वी का राज्य करेगा। इतना कह राजा इंद्र अपने स्थान को गए राजा ने उन दोनों लोथों को ले तेल की कड़ाही में डाल दिया तब वह दोनों बीर आय पहुँचे। और कहने लगे हमें क्या आज्ञा है। राजा ने कहा जब मैं याद करूँ तब आना इस तरह से उनसे वचन ले राजा अपने घर आ राज करने लगा। ऐसा कहा है कि लड़का हो या जवान पंडित हो या मूर्ख जो बुद्धिमान होगा उसी की जय होगी। इति श्री बैताल पचीसी सूरत कवि कृत सम्पूर्ण समाप्त; लिषतं मुनुवा पंडित संवत् 1883 वि."। (उप., पृ. 700-01)

इतने बड़े वाक्य-बंध में दो बार 'आय' और एक बार 'बर्साय', इस तरह केवल तीन बार मिलाय-बढ़ाय वाले रूपों का प्रयोग हुआ है॥ 'देख', 'कह', 'पढ़', 'जगा' आदि रूपों के साथ 'देखकर', 'ले जाकर', 'कृपा करके', 'जोड़कर', 'होके' जैसे भरे-पूरे रूप भी हैं। लल्लूजी के 'होय' का प्रयोग आदि-अन्तवाले अंशों में एक बार भी नहीं है।

लल्लू लाल के गद्य की शैलीगत विशेषताओं पर ध्यान देने से यही निष्कर्ष निकलता है कि 'बैताल पचीसी' की खड़ी बोली उनकी लिखी हुई नहीं है। इसलिए संवत् 1883 में मुनुवा पंडित ने जिस पुस्तक की प्रतिलिपि की, उसे अठारहवीं सदी के आरम्भकाल की लिखित खड़ी बोली के गद्य की पुस्तक मानना चाहिए। उसके रचयिता सूरति मिश्र थे या कोई अन्य, यह प्रश्न गौण है। फिर भी उसे सूरति मिश्र की कृति न मानने का कोई कारण नहीं है। लल्लूजी की 'बैताल पचीसी' इसी कृति की नकल है। उसे ब्रजभाषा गद्य की किसी अप्राप्य पुस्तक का खड़ी बोली में रूपान्तर मानना उचित नहीं है।

डंकन फोर्ब्स दारा परिशोधित और सम्पादित, सन् 1857 में लन्दन से प्रकाशित 'बैताल पचीसी' के अन्तिम अंश को ऊपर उद्धृत किए हुए वाक्यबंध से मिलाने पर

यह बात स्पष्ट हो जाएगी कि जिस पुस्तक का सम्पादन डंकन फोर्ब्स कर रहे थे, वह सूरति मिश्रवाली पोथी की नकल थी।

"फिर बैताल खुश हो बोला कि ऐ राजा! मैं तेरा धीरज और साहस देख अति प्रसन्न हुआ. पर एक बात मैं तुझसे कहता हूं, सो तू सुन, कि जिसके शरीर के रोम समान कांटों के, और देह काठ-सी, और नाम शांत शील, सो तेरे नगर में आया है. और तुझे उनने मेरे लाने को भेजा है; आप बैठा मरघट में मंत्र जगा रहा है; और तुझे मारा चाहता है. इसलिये मैं जता देता हूं, कि जब वह पूजा कर चुकेगा तब मुझसे कहेगा कि ऐ राजा! तू साष्टांग दंडवत कर. तब तू कहियो कि मैं सब राजाओं का राजा हूं, और सब राजा आन के मुझे दंडवत करते हैं, मैंने आज तक किसू को दंडवत नहीं की; और मैं नहीं जानता. आप गुरू हैं; मुझे कृपा कर सिखा दीजिये तो मैं करूं. जब वह दंडवत करे, तब ऐसा खड्ग मारियो कि सिर जुदा हो जाए. तद तू अखंड राज करेगा. और जो यह तू न करेगा तो वह तुझे मार अचल राज करेगा.

"इतनी बात राजा को चिता, बैताल उस मुर्दे के कालिब से निकल कर चला गया. और कुछ रात रहते वह मुरदा ला, राजा ने जोगी के आगे रख दिया. जोगी ने उसको देख कर खुश हो राजा की बहुत-सी बड़ाई की. फिर मंत्र पढ़ उस मुर्दे को जगा, होम कर बल दिया. और दक्षिण की तरफ बैठ, जितना कुछ वहां सरंजाम तैयार किया था, सो अपने देवता को चढ़ा दिया। और पान, फूल, धूप, दीप, नैवेद्य दे पूजा कर राजा से कहा कि तू दंडवत कर, तेरा बड़ा तेज प्रताप होगा, और अष्ट सिद्धि सदा तेरे घर में रहेगी.

"यह सुन, राजा ने बैताल की बात याद कर, हाथ जोड़ निपट आधीनता से कहा कि महाराज! मैं प्रणाम कर नहीं जानता. पर आप गुरू हैं, जो कृपा करके सिखाइये तो मैं करूं. यह सुन योगी ने जों ही दंडवत करने को सिर झुकाया, सों ही राजा ने एक खड्ग मारा कि सिर जुदा हो गया. और बैताल ने आन, फूलों का मेह बरसाया. ऐसा कहा है, कि जो अपने तईं मारा चाहे उसके मारने से अधरम नहीं.

"उस समैं राजा का साहस देख, इंदर समेत सब देवता अपने-अपने विमानों पर बैठ वहाँ जै जै कार करने लगे। और राजा इंदर ने प्रसन्न हो राजा बीर बिक्रमाजीत से कहा कि वर माँग. तब राजा ने हाथ जोड़कर कहा महाराज! यह कथा मेरी संसार में प्रसिद्ध हो. इंदर ने कहा कि जब तक चांद, सूरज, पृथवी, आकाश स्थिर है तब तक यह कथा प्रसिद्ध रहेगी. और तू सर्वभूमि राजा का होगा.

"इतना कह राजा इंदर अपने स्थान को गया. और राजा ने उन दोनों लोथों को ले, उस तेल के कड़ाह में डाल दिया. तब वे दोनों बीर आ हाजिर हुए. और कहने लगे कि हमें क्या आज्ञा है? राजा ने कहा जब मैं याद करूं, तब तुम आना. इस

तरह से उनसे बचन ले, राजा अपने घर आ, राज करने लगा. ऐसा कहा है, कि पंडित हो, या मूर्ख, लड़का हो, या जवान, वो बुद्धिमान होगा उसी की जै होगी.

"इति शुभं भूयात्।"

दोनों प्रतियों के अन्तिम अंशों की तुलना करने से विदित होता है कि दूसरी प्रति सूरति मिश्रवाली प्रति का सम्पादित रूप है। सम्पादन का उद्देश्य भाषा को रेख्ता या उर्दू के निकट लाना है। 'काँटों के समान', में शब्द-क्रम बदलकर, अरबी-प्रभावित फारसी के वाक्यविन्यास के अनुरूप, उसने 'समान काँटों के' किया। 'जनाये देता हूँ' उसे देहाती प्रयोग लगा; इसे बदलकर उसने 'जता देता हूँ' किया। 'किसी' के स्थान पर 'किसू' लिखकर खास दिल्ली का रंग भरा। 'तुम कहना' की जगह ज्यादा मिठास लिये 'तू कहियो' जमाया। 'देवें' फिर देहाती प्रयोग लगा, शुद्ध करके 'दीजिये' लिखा। 'संमुख' और 'प्रसन्न' को कठिन समझकर 'आगे' और 'खुश' लिखा। इसी तरह 'प्रसंसा', 'बलि प्रदान किया', 'दक्षिन ओर', 'सामिग्री', 'स्मर्ण कर' के स्थान पर 'बड़ाई', 'बल दिया', 'दक्षिण की तरफ', 'सरंजाम', 'याद कर' लिखा। किन्तु सम्पादन करने वाला सदा सरल और कठिन का विवेक नहीं कर पाता। जहाँ 'सब पृथ्वी' है, वहाँ 'सर्वभूमि', जहाँ 'दण्डवत' है, वहाँ 'प्रणाम' लिखा। सम्पादन का उद्देश्य भाषा को शहरी ज़बान का रूप देना है। 'आय' कठिन नहीं है, पर उसकी जगह 'आन' रखा, 'आय पहुँचे' की जगह 'आ हाजिर हुए' लिखा। इसी तरह सिर अलग करने की जगह उसे सिर जुदा करना ज्यादा मुहावरेदार लगा। 'बुद्धिमान' में थोड़ी पंडिताऊपन की गन्ध है; जैसे उर्दू में 'कमल' की जगह 'कँवल' का चलन है, वैसे ही 'बुद्धिवान' में नागरिक रंग ज्यादा है। (जनपदीय बोलियों में 'बुद्धिवान' का प्रयोग सामान्य है। यहाँ नागरिक रंग का अर्थ हुआ, तत्सम रूप से बचना, लोकप्रचलित तद्भव रूप को अपनाना। 'इन्द्र' को 'इन्दर' इसी तद्भवीकरण के अनुरूप बनाया गया है।)

सम्पादक के सामने खड़ी बोली की प्रति है, ब्रजभाषा की नहीं। अपनी समझ में वह हिन्दी को हिन्दुस्तानी या रेख्ता बना रहा है, मूल खड़ी बोली की प्रति से उसका भाखापन छाँटकर। "और बैताल ने आय फूलों को बर्साय ऐसा कहा"—इसी तरह की सानुप्रास पदावली लल्लूजी को बहुत प्रिय थी। मूल प्रति में इसका अभाव है। वैसी पदावली के इस विरल उदाहरण को भी सम्पादक ने निकाल दिया और लिखा : "और बैताल ने आन, फूलों का मेह बरसाया"। इसी तरह 'चिताय' रूप को उसने 'चिता' किया।

मूल प्रति की खड़ी बोली का सम्पादन करनेवाले कौन लोग थे?

भाषा-सम्बन्धी नीति निर्धारित करनेवाले थे गिलक्रिस्ट। उसे अमल में लाने वाले थे लल्लूजी और मज़हर अली। इनमें भाषा को दुरुस्त करने का काम मज़हर अली का ही होगा क्योंकि लल्लूजी की खड़ी बोली बहुत चुस्त-दुरुस्त न थी और

उर्दू लिखने-लिखाने के लिए उन्हें एक सहायक की जरूरत होती थी। लल्लूजी के सहयोग से मजहर अली ने जो भी काम किया, वह गिलक्रिस्ट या उनके साथी अंग्रेज़ों को पसन्द न आया। उन्होंने एक तीसरा आदमी लगाया जिसका नाम तारिणीचरण मित्र था।

उस समय बहुत-से बंगाली हिन्दी-उर्दू ही नहीं, फारसी भी पढ़ते-पढ़ाते थे। इन्हीं में तारिणीचरण मित्र थे।

1805 ई. वाले प्रथम संस्करण का 'मुकद्दमा' तारिणीचरण मित्र ने लिखा था। डंकन फोर्ब्स ने उसे तारिणीचरण मित्र का लिखा हुआ माना है और उन्हीं के नामोल्लेख के साथ उसका प्रारम्भिक अंश अपनी भूमिका में उद्धृत किया है। इस मुकद्दमे की कई बातें रोचक हैं। पहली तो उसकी भाषा। दूसरे, मज़हर अली को ब्रजभाषा से मूल रूपान्तर करनेवाला मानना। तीसरे, 'ब्रज की बोली अक्सर उसमें रहे'—यह आग्रह।

"इब्तिदाय दास्तान यों है, कि मुह.म्मद्शाह बाद्शाह के ज़माने में, राजा जैसिंह सवाई ने, जो मालिक जै नगर का था, सू.रत नाम कवीश्वर से कहा कि बैताल्-पचीसी को, जो ज़बानि संस्कृत में है, तुम ब्रज भाषा में कहो. तब उस ने, बमूजिब हुक्म राजा के, ब्रज की बोली में कही. सो अब, शाहिआ़लम बाद्शाह के अ़हद के बीच, और अ़सूर में अमीरुल उमरा ज़ुब्दाए नोईनानि अजीमुश्शान, मुशीरि ख़ासि वलिज़्ली गवर्नर जनरल बहादुर (दाम मुल्कुहु) के, मज़्हर अ़ली ख़ानि शाइ.र ने, जिसका तख़ल्लुस विला है, वास्ते सीख्ने और समझ्ने स़ाहि.बानि आ़लीशान के, बभूजिब फ़रमाने जनाब जान गिलक्रिस्त स़ाहि.ब (दाम इक़्बालुहु) के, ज़बानि सहल में, जो ख़ास ओ आ़म बोल्ते हैं और जिसे आ़लिम ओ जाहिल गुनी कूढ़ सब सम्झें, और हरएक की तबीअ़त पर आसान हो, मुश्किल किसी त़रह. की ज़िहन पर न गुज़्रे, और ब्रज की बोली अक्सर उस में रहे, श्रीलल्लूजी लाल कबि की मदद से, बयान किया था.

"'फ़िल्ह़ाल, मुवाफ़िक़ इर्शादि मुदर्रिस हिन्दी ख़ुदावंदि निअमत जनाब कप्तान जिमिसे मोअट स़ाहि.ब (दाम इक़्बालुहु) के, तारिणीचरण मित्र ने, छापे के वास्ते, संस्कृत और भाषा के अल्फ़ाज़ को, जो रेख़्ते के मुह.ावरे में काम आते हैं, निकाल्कर मुरव्वज अल्फ़ाज़ को दाख़िल किया. मगर बअ़ज़े लफ़्ज़ हिंदूओं का, जिसके निकाल्ने से ख़लल जाना, बह़ाल रखा. उम्मेद है कि हु.स्नि क़बूल पावे."

क्लाइव से वेलेज़ली तक अंग्रेज़ अधिकारियों के सामने वैभव का जो आदर्श चित्र था, वह मुगल दरबार का था। मुग़ल दरबार की भव्यता फारसी की चाशनी में पगी हुई थी। अंग्रेज़ों ने उन तमाम सम्मानसूचक शब्दों को मान्यता दे दी थी जो भीतर से खोखले, सामन्तवाद की विगत भव्यता के स्मारक थे। अंग्रेज़

अधिकारी उस समय ईरानी संस्कृति के नक्काल भारतीय सामनत वर्ग की नकल करते थे। इस नकल में फारसी का ज्ञान और फारसीमिश्रित हिन्दी या उर्दू का लिखना-बोलना शामिल था। इस फारसी-प्रेम की नकल फोर्ट विलियम कालेज में उनके नौकर भी करते थे। उसी का परिणाम है तारिणीचरण मित्र की यह ज़बाने सहल जिसे पढ़ने और समझने में मुश्किल किसी तरह की ज़ेहन पर न गुज़रे! 1805 ई. तक उर्दू में ऐसे लेखक बहुत न थे जिनकी भाषा में अरबी-फारसी शब्दों का अनुपात इतना ज्यादा हो, जितना इस मुकद्दमे की भाषा में है। 1802 ई. में विलियम बटरवर्थ बेली ने फोर्ट विलियम कालेज में जो अपना भाषा-सम्बन्धी थीसिस पढ़ा था (और जो आर्नो के हिन्दुस्तानी व्याकरण में उद्धृत है), उसमें भी अरबी-फारसी शब्दों का अनुपात ऐसा ही है। इससे पता चलता है कि उच्च अंग्रेज़ अधिकारियों के मन पर ईरानी संस्कृति से प्रभावित भारतीय सामन्ती सभ्यता का रोब कितना ग़ालिब था।

"हिंदूस्तानी ज़बान कि जिस्का ज़िक्र मेरे दअ्वा में है उसको हिंदी उर्दू और रेख़्त: भी कहते हैं और यिह मुरक्कब अ्रबी और फ़ार्सी औ संस्कृत या भाषा से है और यिह पिछ्ली अग्ले ज़माने में तमाम हिन्द में राएज थी

"अ्रब के सौदागरों की आमद ओ रफ़्त से और मुसल्मानों की अक्सर यूरिश और हू.कूमति क़ेआमी के बाइस अल्फ़ाज़ि अ्रबी और फ़ार्सी उसी पुरानी बोली में बहुत मिल गए और एक ज़बान नई बन गई जैसे कि बुन्यादि क़दीम पर तअ्मीरि नौ होवे"। (सैंडफोर्ड आर्नो : ए ग्रामर ऑफ दि हिन्दुस्तानी टंग, सम्पादक : डंकन फोर्ब्स; लन्दन, 1844 ई., पृ. 96)

विलियम बटरवर्थ बेली और तारिणीचरण मित्र—दोनों की भाषा एक ही टकसाल में ढलकर निकली थी। इस भाषा में जितनी फारसी थी, उससे ज्यादा अरबी थी।

दरअसल ईरान की सामन्ती संस्कृति अपनी मौलिक विशेषताएँ अरबों के आधिपत्य में बहुत कुछ खो चुकी थी। सबसे अधिक भाषा के क्षेत्र में, अनेक स्तरों पर, अरबी ने फारसी की मूल शब्दावली को अपदस्थ कर दिया था। फारसी की लगमग वही दशा थी जो नार्मन शासनकाल में अंग्रेज़ी की थी। ब्रिटेन स्वाधीन हुआ किन्तु लैटिन फ्रेंच अंग्रेज़ी भाषा पर सवार रहीं; अरबों का पतन हुआ किन्तु फारसी पर अरबी का बोझ घटा नहीं। भारत में इस फारसी के प्रेमी दिन-पर-दिन अपनी भाषा को अरबी के हजारों शब्दों से सुसभ्य बनाते रहे। इस दिशा में उन्हें ठेलने का प्रयास फोर्ट विलियम कालेज तथा ब्रिटिश शिक्षा विभाग ने किया। इसी प्रयत्न का यह फल था कि अंग्रेज़ों को जब देवनागरी लिपि में हिन्दुस्तानी सिखाई जाती थी, तब 'सीन' और 'स्वाद.', 'ते', और 'तोय', छोटी 'हे' और बड़ी 'हे', 'अलिफ' और 'ऐन' का भेद करने के लिए निरन्तर नुक्ते का प्रयोग किया

जाता था। ('से', 'सीन' और 'स्वाद' का भेद करने के साधन उनके पास न थे!) देवनागरी में जहाँ बड़े आ की मात्रा लगी हो, उसके नीचे भी नुक्ता—जैसे बेली का 'दअ़वा'! किन्तु सूरति मिश्र के सकार के नीचे नुक्ता लगाकर तारिणीचरण मित्र ने कमाल ही कर दिया है!

वाक्य-रचना में ये अरबी-प्रभावित फारसी के वाक्य-विन्यास की नकल करते थे। परन्तु इन सब बातों से बढ़कर, सबसे महत्त्वपूर्ण बात यह है कि 'संस्कृत और भाषा के अल्फ़ज़ को, जो रेख़्ते के मुहावरे में कम आते हैं, निकाल कर मुरव्वज अल्फ़ाज़ को दाखिल' करने का काम अंग्रेज़ों ने तारिणीचरण मित्र को सौंपा। उन्हें अरबी-फारसी से लदा हुआ गद्य अभी सुलभ न था; इसलिए उसे अपने कारखाने में तैयार कराने का सिलसिला उन्होंने खुद शुरू किया। भाषा के क्षेत्र में अंग्रेज़ व्यापारियों की यह खुली दखलन्दाजी थी। गिलक्रिस्ट भले ही यह कहते रहे हों कि उन्हें भाषा का वह मध्यमार्ग पसन्द है जिस पर चलते हुए न ज्यादा अरबी-फारसी का बोझ ढोना पड़े, न संस्कृत का, किन्तु विलियम बटरवर्थ बेली की भाषा इस मध्यमार्गवाली भाषा नहीं है। और गिलक्रिस्ट के हिन्दी मुदर्रिस खुदावन्दे न्यामत जनाब कप्तान जिमिस मोअट साहिब भी मध्यमार्गी नहीं थे।

उल्लेखनीय है कि फोर्ट विलियम कालेज के अंग्रेज़ अधिकारियों को लल्लूजी लाल और मजहर अली खाँ विला का भरोसा न था, इन दो लेखकों का काम उन्हें पसन्द न आया था। जो काम ये लोग न कर सके या न कर सकते थे, उसे अग्रेजों ने एक ऐसे कर्मचारी के द्वारा कराना चाहा जिसकी मातृभाषा हिन्दी-उर्दू न थी। ब्रज की बोली और खड़ी बोली के भेद को लेकर उसने माथापच्ची न की थी। इसलिए जोड़ दिया : "और ब्रज की बोली अक्सर उसमें रहे!"

यदि लल्लूजी अपनी खड़ी बोली में मूल ब्रजभाषा गद्य का उल्था कर रहे थे तो यह लिखने की क्या जरूरत थी कि ब्रज की बोली अक्सर उसमें रहे? ब्रज की बोली में तो वह गद्य था ही!

ब्रज की बोली की बात उस आदमी ने लिखी थी जिसने ब्रजभाषा की वह 'मूल' पोथी देखी न था जिसके अस्तित्व का प्रचार लल्लूजी ने किया था। तारिणीचरण मित्र खुदावन्दे न्यायमत के कृपापात्र थे। लल्लूजी उनके मुकद्दमे में लिखी बातों का विरोध न कर सके। पर ज्योंही मौका मिला, उन्होंने वे सब बातें निकालने में देर न की। उन्होंने ब्रज की बोली वाली बात निकाल दी, मज़हर अली खाँ को ब्रजभाषा से रूपान्तर करने का जो श्रेय मिल रहा था, उसकी जड़ भी काट दी। मज़हर अली खाँ विला का नाम काटकर उन्होंने अपना नाम लिखा और विला को अपने सहायक के रूप में ही स्वीकार किया!

मज़हर अली से उन्होंने सहायता 1805 ई. वाले संस्करण की तैयारी से पहले भी ली थी। 1802 ई. में मज़हर अली 'विला' और लल्लूजी 'लाल' कवि की 'बैताल

पचीसी' कलकत्ते के मिरर प्रेस से प्रकाशित हुई थी। 'हिन्दी के आदि मुद्रित ग्रंथ' में कृष्णाचार्य ने इसे 'अपूर्ण' बताया है। यह सूचना भी दी है कि पूरी पुस्तक 432 बड़े अठपेजी पृष्ठों में छपने को थी तथा यह अंश 'हिन्दी मैनुअल' में सम्मिलित किया गया था। 'हिन्दी मैनुअल' में सम्मिलित किए जाने का अर्थ है, पाठ्यक्रम में 'बैताल पचीसी' का अंश स्वीकृत हुआ। इसी सहयोग-क्रिया का विस्तार वह पूरी 'बैताल पचीसी' थी जिसे मज़हर अली ने लल्लूजी की सहायता से तैयार किया था और जो 1805 ई. में प्रकाशित हुई थी।

इसके चार साल बाद सन् 1809 में कलकत्ते के बाबूराम प्रेस से उसके स्वामी बाबूराम ने उसे प्रकाशित किया। इसमें सूरत कबीश्वर के अलावा और किसी का नाम नहीं दिया गया। उसका प्रारम्भिक अंश इस प्रकार है :

"श्री गणेशायनमः॥ इब तिदाय दास्तान यों है कि महम्मद शाह बादशाह के जमाने में राजा जैसिंह सवाई ने जो मालिक जै नगर का था सूरत नाम कबीश्वर से कहा कि बैताल पचीसी को जो जबानि संस्कृत में है तुम ब्रजभाषा में कहो तब उसने बमूजिब हुकुम राजा के ब्रज की बोली में कही।

" सो हम उसको जबान उरदु में छापा करते हैं जो खास और आम के समझने आवै"।

यहाँ मज़हर अली 'विला' और लल्लूजी लाल, दोनों के नाम उड़ा दिये गए हैं। किन्तु सन् 1818 में लल्लूजी ने जब अपने प्रेस में 'लाल चन्द्रिका' छपवाकर प्रकाशित की, तो उसके अन्त में उन्होंने मज़हर अली ही नहीं, एक अन्य व्यक्ति काजम अली का नाम भी लिखा जो उनकी सहायता के लिए नियुक्त किया गया था। किन्तु इस विवरण में लल्लूजी ने ब्रजभाषा से खड़ी बोली में रूपान्तरकार स्वयं को घोषित किया, मज़हर अली और काजम अली उनकी कही हुई बातें फारसी लिपि में लिखने वाले कातिब मात्र रहे। इस तरह तारिणीचरण मित्र वाले मुकद्दमे वाली बात उलट दी गई—मज़हर अली के सहायक लल्लूजी नहीं, लल्लूजी के सहायक मज़हर अली हुए!

अंग्रेज़ों से अपनी भेंट और 'बैताल पचीसी' लिखे जाने तक की घटनाओं का वर्णन 'लाल चन्द्रिका' के अन्त में उन्होंने यों किया है : "कुछ दिन पीछे सुना कि एक पाठशाला कम्पनी से [के] साहिबौं के पढ़ने को ऐसी बनेगी कि जिसमें सब भाषा जानने वाले लोक रहैंगे ये समाचार पाय चित को अति आनंद हुआ औ सुना कि पाठशाला के लिये कइ एक साहिब मुकर्रर हुए यह बात सुन मैंने जाय गोपी मोहन ठाकुर से कहा कि आप कुछ सही करैं तौ मेरी आजीवका कंपनी में हो जाती है उन्हौंने सुनकर दूसरे दिन अपने छोटे भाई श्री हरी मोहन ठाकुर के साथ कर दिया उन्हौंने ले जाय पादरी बुरन साहिब से मिलाया औ साहिब ने कहा तू हमारे पास हाजिर रह मैं नित उनके पास जाया करूं एक महीनै तक मैं उनके पास गया इसमें मेरे जी में आया कि न मैं इनकी बात समझता हूँ न ये मेरी समझैं इससे कुछ और

उपाय किया चाहिये यह बिचार दीवान काशीनाथ के छोटे पुत्र स्याम चरण बाबु के वसीले से डाकतर रसल साहिब की चिठी ले डाकतर गिलकिरिस्त साहिब से भेट की उन्होंने मुझे देख अति प्रसन्न हो कहा एक भाषा जानने वाला हमैं चाहिता था तुमने अच्छा किया जो हमसे मुलाकात की तुम्हारी चाकरी निःसन्देह पाठशाला में होगी तू हमारे पास नीत आया करो उस दिन से मैं उन हे [के] पास जाने लगा औ जो बे पूछते सो बताने एक दिन साहिब ने कहा कि ब्रजभाषा में कोई अच्छी कहानी हो उसे रेखते की बोली में कहो मैंने कहा बहुत अच्छा पर इसके लिये कोइ पारसी लिखने वाला दीजे तो भली भाँति लिखी जाय उन्हौंने दो शाइर मेरे तैनाथ किए मज़हर अली खान विला और मिरजा काजम अली जवां एक बरष में चार पोथी का तरजमा ब्रजभाषा से रेखते की बोली मैं किया सिंहासन बत्तीसी॥ बैताल पचीसी॥ सकुन्तला नाटक मौ माधोनला [माधोनल] सम्वत् 1857 में आजीवका कम्पनी के कालेज में स्थित हुई इसे उन्नीस वरष हुए इसमें जो पोथियां ब्रजभाषा औ खड़ी बोली औ रेखते की बनाई सो सब प्रसिद्ध हैं।"

पुस्तक में सभी शब्द मिलाकर छापे गए हैं, कहीं-कहीं 'असावधानी' से ही जगह छूट गई है। शब्द ही नहीं, वाक्य भी मिलाकर छापे गए हैं। विरामचिह्नों का अभाव है। लल्लूजी लाल जिस ढंग से गद्य लिखते रहे होंगे, उसी ढंग से यहाँ उसे छापा गया है। डंकन फोर्ब्स ने 'राजनीति' और 'बैताल पचीसी' के सम्पादन में अवश्य बड़ा श्रम किया होगा।

लल्लूजी ने 'प्रेमसागर' में यामिनी शब्दों के बहिष्कार की नीति अपनाई थी किन्तु यहाँ मुकर्रर, हाजिर, वसीला, शाइर, तैनात, तरजमा—ये 'यामिनी' शब्द उन्होंने प्रेमपूर्वक इस्तेमाल किए हैं। कारण यह कि गिलक्रिस्ट या मोट उनसे यह अनुरोध न कर रहे थे कि विशुद्ध हिन्दी लिखना जिसमें अरबी-फारसी का एक भी शब्द न आने पाए।

लल्लूजी हिन्दू, मज़हर अली मुसलमान—दोनों के परस्पर सहयोग से हिन्दी-उर्दू की दो धाराएँ अलग-अलग बहाने में सफल होना—यह ब्रिटिश कूटनीति का चमत्कार था!

लल्लूजी ने एक वर्ष में चार किताबों के तर्जुमे की बात लिखी है। इस काम में ज्यादा समय न लगा होगा। मूल 'बैताल पचीसी' यदि खड़ी बोली में थी तो लल्लू जी बोलते गए होंगे, मज़हर अली या काजम अली जहाँ-तहाँ कुछ शब्द बदलते हुए उसे फारसी लिपि में लिखते गए होंगे। पता नहीं, 'माधोनल' की लिखाई भी इसी तरह हुई थी या वह केवल मजहर अली की कृति थी। वह पुस्तक कलकत्ते से 1805 ई. में प्रकाशित हुई थी और उस पर केवल मजहर अली खाँ विला का नाम छपा था। पर 'लाल चन्द्रिका' के वृत्तान्त में 'बैताल पचीसी' की तरह 'माधोनल' को भी लल्लू जी ने अपनी कृति बताया है।

'सिंहासन बत्तीसी' भी ब्रजभाषा से हिन्दुस्तानी में अनुवादित कराई गई थी। यह 1805 ई. में कलकत्ते से प्रकाशित हुई थी और अनुवादकों में फोर्ट विलियम कालेज के दो मुंशियों के नाम थे—मिर्ज़ा काजिम अली जवाँ और लल्लू लाल कवि। (हिन्दी के आदि मुद्रित ग्रंथ, पृ. 4) कृष्णाचार्य ने इस पुस्तक के अन्तिम पृष्ठ पर छपी हुई यह सूचना उद्धृत की है : "ग़लत नाम : निकाला हुआ श्री लल्लूजी लाल-कवि का"। (उप.) इसका यही अर्थ समझ में आता है कि पुस्तक छपते-छपते लल्लूजी काज़िम अली को हटाकर, स्वयं उसके अनुवादक बन कर, आगे आने को प्रयत्नशील थे।

मोहम्मद अय्यूब खाँ के एम्पायर प्रेस में छपवाकर ठाकुर प्रसाद बुकसेलर, कचौड़ी गली, बनारस सिटी ने 'बैताल पचीसी' को जिस रूप में प्रकाशित किया (पुस्तक की प्रति में प्रकाशन का वर्ष नहीं दिया), उसमें मज़हर अली विला का नाम नहीं है, ब्रजभाषा से हिन्दुस्तानी ज़बान में उल्था करनेवाले लल्लूजी लाल हैं। तारिणीचरण मित्र का नाम है किन्तु मित्र महाशय 'मिश्र' हो गए हैं और कवि भी (और मोट—मार्टे)! सूरति 'मिश्र' का प्रभाव शायद 'मित्र' पर पड़ा हो किन्तु स्वयं कवि सूरति 'सोरठा' हो गए!

"इसकी हकीकत ऐसी है कि दिल्ली शहर में महम्मद शाह बादशाही करते थे। जयसिंह सवाई नाम का जयनगर का राजा था, उसके पास सोरठा नामक कोई कवि था।"

जयसिंह के कहने से सोरठा कवि ने संस्कृत की 'बैताल पचीसी' ब्रजभाषा में की। "तदनन्तर बङ्गाल के गवर्नर जनरल मार्क्विस बेल्सली साहब बहादुर के अमल में डॉक्टर जान गिलक्रिस्ट साहब की मदद से फिर उसे लल्लूलाल कवि ने हिन्दुस्तानी जबान में किया। फिर उसे कप्तान मार्टे के हुक्म के मुवाफिक तारिणीचरण मिश्र कवि ने हिन्दुस्तानी ज़बान में सही करके बङ्गाले की पाठशालाओं के फायदे के वास्ते मुकाबल करके छपवाया।"

सन् 1860 में मेरठ शहर के स्वामी बलदेव ने लीथो की छपाई वाला 'बैताल पचीसी' का जो संस्करण निकाला, उसके आरम्भ में सूरति मिश्र का ही नामोल्लेख है। बमूजिब हुक्म राजा के सूरति मिश्र ने वह कथा ब्रज की बोली में कही। "सो अब उसको ज़बान उर्दू में छापा करते हैं जो खास और आम के समझने में आवै॥"

नवलकिशोर प्रेस से जो 'बेताल पच्चीसी' प्रकाशित हुई, उस पर छपा है : "मनुवादक-सूरति कवि"। (पुस्तक में प्रकाशन का समय नहीं दिया गया पर ठाकुर प्रसाद गुप्त बुकसेलर तथा नवलकिशोर प्रेस बुक डिपो के ये सब प्रकाशन बीसवीं सदी के हैं—सम्भवत: सन् '20-30 के आस-पास के।) आरम्भ में जयसिंह की आज्ञा द्वारा सूरत नाम कबीश्वर द्वारा संस्कृत से ब्रजभाषा में अनुवाद करने की बात है, फिर, ज़बाने उर्दू की जगह खड़ी बोली में उसके प्रकाशन

का उल्लेख है : "अब वही खड़ी बोली में छापी जाती है, जिससे सब लोगों की समझ में आवे।"

इन सब संस्मरणों का आधार सूरति मिश्र का मूल ग्रंथ नहीं, वरन् फोर्ट विलियम कालेज में तैयार किया हुआ उसका परिशोधित पाठ है। सूरति मिश्र ने लिखा था कि राजा गन्धर्वसेन के बेटे 'एक से एक पराक्रमी और पंडित थे'। फोर्ट विलियम कालेज वालों ने 'पराक्रमी' को बदलकर 'ज़ोरावर' किया। मेरठ की लीथो वाली प्रति ने 'जोरावर' ही रखा। ठाकुर प्रसाद बनारसी ने 'ज़ोरावर' को 'बलवान' बनाया किन्तु सूरति मिश्र और फोर्ट विलियम वालों ने जहाँ 'पंडित' लिखा था, उसे हटाकर उन्होंने 'शाहाना' छपाया : "एक से एक शाहाना और बलवान थे।" नवलकिशोर प्रेस वाली प्रति में 'पंडित' शब्द प्रतिष्ठित रहा; 'ज़ोरावर' की जगह 'बलवान' जमा रहा। सूरति मिश्र ने लिखा था : "कुछ दिन के पीछे वह राजा स्वर्गधाम सिधारा।" फोर्ट विलियम कालेज ने इसकी हिन्दुस्तानी करके यों लिखा : "कज़ाकार बअद चन्द रोज़ के वह राजा मर गया।" मेरठ वाली प्रति में छपा : "कज़ाकार बाद चंद रोज के वह राजा मर गया।" बनारसी प्रकाशक ने 'सो राजा मर गया' छापकर 'कज़ाकार' से पिंड छुड़ाया। नवलकिशोर प्रेस वालों ने उर्दू का हिन्दी में अनुवाद किया : "मृत्युवश थोड़े दिनों में वह राजा मर गया।"

'बैताल पचीसी' की एक हस्तलिखित प्रति सम्वत् 1870 की है। यह प्रति क.मु. विद्यापीठ आगरा में है। यह भी फोर्ट विलियम कालेज वाले संस्करण की नकल है। हस्तलिखित प्रतियाँ दुर्लभ थीं। 1805 ई. वाला संस्करण अंग्रेज़ों के पढ़ने के लिए छपा था। 1813 ई. में, जब छापेखाने बहुत थोड़े थे, इस संस्करण की हस्तलिखित प्रतिलिपियों का चलन स्वाभाविक था। क.मु. विद्यापीठ वाली प्रतिलिपि पुरानी है। पाठालोचन के रसज्ञों (और विशेषज्ञों) के लिए बानगी के तौर पर उस प्रति का अवलोकन आनन्ददायक (और शिक्षाप्रद) होगा। प्रारम्भिक अंश इस प्रकार है।

"ॐ॥ श्री गणेशायनम: अथ वैताल पचीसी लिख्यते

कै महम्मद साह पातिसाह कें जमाने में राजा जे सिंह सवाई ने मालिक जयनगर का था तिसनै सूरत नाम कबीश्वर था तिसें कहा कै बैताल पचीसी कों जो जबानी संस्कृत मै है तुम ब्रजभाषा में करो तब उसने बचन मुजिब हुकम राजा कै ब्रज की बोली मै कही

अथ कथा कहै छै कै धारा नगर नाम एक सहर वहाँ का रा [जा] गंधर्वसेन उसकें चार रानियाँ थीं उनसे छह बेटे थे एक-एक पंडित और जोरावर था कजाकार बाद चंदरोज के वुह राजा मर गया। और उसकी जगह बड़ां बेटा संक नाम राजा हूआ फिर कितने दिनों के पीछे उसका छोटा भाई विक्रम बड़े भाई को मारकर आप राजा हुआ और बखूबी राज करने लगा दिन बदिन उसका राज ऐसा बढ़ा कि

तमाम जंबू दीप का राजा हुआ और अचल राज करके साका बांधा कितने दिनों के बाद राजा ने यिह अपने दिल में बिचारा"...

और अन्तिम अंश यों है : "और बैताल ने आन के फूलों का मेह बरसाया और ऐसा कहा है कि अपने तईं मारा चाहै उसके मारने से अधर्म नही उस समे राजा का साहस देख इंद्र समेत सब देवता अपने-अपने विमानों में बैठ वही जैजैकार करने लगे और राजा इंद्र ने प्रसन्न होके कहा कि बर मांग तब राजा वीर विक्रमाजीत हाथ जोड़ के कहा महाराज यिहा कथा मेरी संसार में प्रसिद्ध हो इंद्र ने कहा कि जब तक चांद, सूर्य, पृथ्वी, आकास स्थिर रह तब तक यिह कथा प्रसिद्ध रहगी और तूं सर्ब भूमी का रा [जा] होगा इतना कह राजा इंद्र अपने स्थान को गया और राजा ने उन दोनों लोथों को ले उस तेल में डाल दिया त [ब] वे दोनों वीर आ हाजिर हुए और कहने लगे कि हमें क्या आज्ञा है राजा ने कहा जब में याद करूँ तब तुम आना इस तरह से उसे बचन ले अपने घर आ राज करने लगा ऐसा कहा है कि पंडित हो या मूर्ख लडिका हो या ज्वान जो बुधिवान उसी की जय होगी इति बैताल पच्चीसी सम्पूर्णम्॥ समत 1870 वर्षे आषाढ़ सुदि 2 बुधवार लिखितं ब्राह्मन चत्रभुज बास कासी मध्ये॥"

चतुर्भुज पंडित की प्रति में सूरति मिश्र का नाम है, लल्लूजी या मज़हर अली का नहीं। इसलिए आश्चर्य नहीं कि आगे चलकर कुछ लोगों ने इन दोनों की चर्चा किए बिना सूरति मिश्र को अनुवादक कहकर उनके नाम से 'बैताल पचीसी' छाप दी। फिर कुछ अनुसन्धानकर्ताओं ने सूरति मिश्र को जयसिंह-कालीन उर्दू लेखक भी बना दिया। बिहार राष्ट्रभाषा परिषद् द्वारा प्रकाशित 'प्राचीन हस्तलिखित पोथियों का विवरण' (तीसरा खंड, पटना, सन् 1959) में 'ग्रंथकार—सूरत' की 'बैताल पचीसी' का हवाला है। लिपिकार का नाम खगेशदास है। 'भाषा—हिन्दी', 'लिपिकाल—सं. 1916 वि.' दिया है। इसके जो अंश उद्धृत किए गए हैं, उनसे ज्ञात होता है कि इस प्रति का आधार वही फोर्ट विलियम कालेज वाला परिशोधित संस्करण है। राजा गन्धर्व सेन के बेटे 'एक से एक पंडित और जोरावर थे', और 'कजाकार बाद चंद रोज के वह राजा मर गया'—उद्धरणों के बाद अनुसंधानकर्ता की टिप्पणी है : "प्राचीन हिन्दी गद्य-साहित्य का महत्त्वपूर्ण ग्रंथ। संस्कृत 'वेताल पंचविंशति' के आधार पर रचित प्रस्तुत कथा-साहित्य के प्रारम्भ की निम्नलिखित पंक्तियाँ कवि सूरत के समय का संकेत देती हैं : 'इबतिदाय दास्तान यों है कि महमद शाह बादशाह के जमाने में...तुम ब्रजभाषा में कहो...सो अब उसको जबान उर्दू में क्षापा करते हैं जो खास आम के समझने में आवै।' इससे स्पष्ट प्रतीत होता है कि ग्रंथ-रचना का समय सवाई जयसिंह का राज्यकाल (अठारहवीं सदी) है। लिपि पुरानी; लोथो-मुद्रण। उपलब्ध बैताल पचीसी में यह ग्रंथ और ग्रंथकार नवीन है"। (पृ. 54-55)

अर्थात् राजा जयसिंह ने पहले तो संस्कृत से ब्रजभाषा में अनुवाद कराया, फिर हर ख़ासा आम के समझने के लिए उन्हीं सूरति मिश्र से उर्दू में उसका उल्था कराया, फिर लीथो प्रेस में उसे छपा भी दिया और इस छपे हुए ग्रंथ का परिचय प्राचीन हस्तलिखित ग्रंथों के विवरण में प्रकाशित हुआ!

नागरी प्रचारिणी सभा की खोज-रिपोर्ट में सूरति मिश्र की 'बैताल पचीसी' की तीन अन्य हस्तलिखित प्रतियों का उल्लेख है। इनका लिपिकाल सन् 1840, सन् 1842 और सन् 1867 है। तीनों गद्य में हैं। यह गद्य ब्रजभाषा में है या खड़ी बोली में विवरण में यह नहीं लिखा गया। इन प्रतियों से कोई अंश उद्धृत नहीं किया गया, इसलिए यह पता नहीं चलता कि इनमें फोर्ट विलियम कालेज वालों के परिशोधित संस्करण को आधार बनाया गया है या सूरति मिश्र की उस पुस्तक को जिसका परिचय इन तीन प्रतियों से ठीक पहले दिया गया है। इन प्रतियों के उल्लेख से इतना ही सिद्ध होता है कि उन्नीसवीं सदी में 'बैताल पचीसी' के 'रचयिता' के रूप में सूरति मिश्र विख्यात हुए। इन प्रतियों के प्राप्ति-स्थान भी दिलचस्प हैं। 1766 ई. वाली प्रति सीतापुर में, शेष तीनों प्रतियाँ उन्नाव, कानपुर और सीतापुर में लिखी थीं। शायद 'बैताल पचीसी' के जितने प्रेमी अवध में थे, उतने ब्रज और राजस्थान में नहीं। चतुर्भुज पंडित काशी में जा बसे थे—सम्भवत: राजस्थान से जाकर। सूरति मिश्र आगरे के, लल्लूजी लाल आगरे के; 'बैताल पचीसी' की कुछ पुरानी हस्तलिखित प्रतियाँ आगरा या भरतपुर में जरूर होनी चाहिए। इनमें सबसे महत्त्वपूर्ण प्रति वह होगी, जो लल्लूजी लाल के पास थी। प्रतिलिपि उन्होंने की हो चाहे स्वयं सूरत मिश्र की हस्तलिपि में हो—यदि वह प्रति कहीं मिल जाए तो हिन्दी गद्य के विकास के कुछ उलझे हुए तार सुलझ जाएँ।

सूरति मिश्र के समय में, और शायद उससे पहले भी, 'बैताल पचीसी' की' कहानियाँ ब्रजभाषा में पद्यबद्ध की गई थीं। नागरी प्रचारिणी सभा की खोज-रिपोर्ट में बैताल कवि की 'बैताल पचीसी' का उल्लेख है जिसका लिपिकाल सन् 1711 है। दूसरी 'बैताल पचीसी' शम्भूनाथ त्रिपाठी की है; इसका रचनाकाल 1752 ई. और लिपिकाल 1769 ई. है। बैताल कवि वाली पुस्तक में रचनाकाल नहीं दिया। ये दोनों एक-दूसरे से भिन्न स्वतंत्र ग्रंथ हैं। लोगों को गद्य लिखने में जितनी कठिनाई होती थी, उतनी पद्य लिखने में नहीं। पद्य में एक से अधिक स्वतंत्र पुस्तकें हैं; गद्य में मूलत: एक ही पुस्तक को आधार मानकर उसमें हेरफेर किया गया है।

एक 'बैताल पचीसी' गंगापति, उर्फ़ गंगेश कवि की है—ब्रजभाषा पद्य में—नाम उसका 'विक्रम विलास' है। इसकी एक हस्तलिखित (खंडित प्रति क.मा.मु. विद्यापीठ में हैं। इसका लिपिकाल सं. 1086 है। श्याम विहारी मिश्र और शुकदेव विहारी मिश्र ने अपनी खोज-रिपोर्ट में इस पुस्तक की जिस प्रति का उल्लेख किया है, उसका लिपि-काल सं. 1805 दिया है, रचनाकाल सं. 1739 हैं (सन् 1682) है। (The third Triennial Report on the Search for Hindi Manuscripts for the years 1912, 1913 and

1914 by Shyam Behari Misra, assisted by Shukdeo Behari Misra, Published by Nagari Pracharini Sabha; Allahabad, 1924; पृ. 79) पीताम्बरदत्त बड़थ्वाल द्वारा सम्पादित चौदहवें खोज-विवरण में जिस प्रति का उल्लेख है, उसमें रचनाकाल संवत् 1861 दिया हुआ है जो ग़लत है। सम्भवत: लिपिकाल का उल्लेख रचनाकाल के रूप में हो गया है। उपर्युक्त सूचना के बाद ही गंगेश कवि के 'विक्रम विलास' की अन्य प्रति का उल्लेख है जिसका लिपिकाल संवत् 1820 दिया गया है। रचनाकाल संवत् 1861 हो और लिपिकाल संवत् 1820, यह असम्भव है। दोनों प्रतियों का प्रारम्भिक अंश एक-सा है—वे एक ही पुस्तक की दो प्रतिलिपियाँ हैं। (खोज में उपलब्ध हस्तलिखित हिन्दी ग्रंथों का चौदहवाँ त्रैवार्षिक विवरण; सम्पादक : डॉ. पीताम्बरदत्त बड़थ्वाल; काशी, सं. 2011; पृ. 268)

गंगेश मिश्र की पुस्तक के अनेक प्रेमी आगरे में थे। ऊपर जिन तीन प्रतियों का उल्लेख है, वे सब आगरे में (शहर या आसपास के गाँवों में) प्राप्त हुई थीं। क.मा. मु. विद्यापीठ के प्रतिलिपिकार वैर-निवासी गोविन्दराम मिश्र ब्रज प्रदेश के थे। सूरति मिश्र के गद्य के अधिक प्रेमी अवध में, गंगेश मिश्र के पद्य के अधिक प्रेमी ब्रज में।

गंगेश मिश्र का उल्लेख सूरति मिश्र के 'शृंगार सार' में है :

माथे पर राजति सदा, श्रीमदगुरु गंनेस।
भक्ति काव्य कीरति लही, लहि जिनके उपदेस॥

(खोज में उपलब्ध हस्तलिखित हिन्दी ग्रंथों का पन्द्रहवाँ त्रैवार्षिक विवरण; सं. डॉ. पीताम्बरदत्त बड़थ्वाल; काशी, सं. 2011; पृ. 338)। दोहे में 'गंगेस' की जगह 'गंनेस' अशुद्ध छपा है या अनुसंधानकर्ता ने उसे पढ़ा ही अशुद्ध है।

मिश्रबन्धुओं ने इन्हें चौबे ब्राह्मण लिखा है (अपने परिचय के दोहे में गंगेश ने अपने को माथुर अर्थात् माथुर चौबे कहा है)। आगरा या मथुरा के निवासी गंगेश कवि सूरति मिश्र के गुरु थे। उनके 'विक्रम विलास' से सूरति मिश्र का परिचित होना स्वाभाविक है। 'विक्रम विलास' में वर्णन-विस्तार और अलंकरण ज्यादा है। सूरति मिश्र का ध्यान कथा कहने की ओर अधिक है। कुछ महत्त्वपूर्ण बातें 'विक्रम विलास' में हैं, सूरति मिश्र की 'बैताल पचीसी' में नहीं हैं, यथा :

है प्रसन्न बेताल बहु विक्रम कौं बरु दीन॥
बीर बिक्रमादित्य पुनि राष्यौ नाम नबीन॥

विक्रमादित्य नाम बैताल का दिया हुआ है, यह उल्लेख सूरति मिश्र की 'बैताल पचीसी' में नहीं है। किन्तु कहीं-कहीं ऐसा लगता है कि सूरति मिश्र का खड़ी बोली गद्य गंगेश मिश्र के ब्रजभाषा-पद्य को सामने रखकर लिखा गया है :

बुरी करै जो आप सौं ता सौं करिये आपु।
मारनहारहि मारियै होइ न रंचक पापु॥

सुरति मिश्र के गद्य में इसका यह रूप है : "और बैताले आय फूलों को बर्साय ऐसा कहा कि अपने ताई मारा चाहे उसको मारने में ठीक है।" फोर्ट विलियम कालेज वाले संस्करण में बात यों कही गई : "और बैताल ने आन, फूलों का मेह बरसाया. ऐसा कहा है, कि जो अपने तईं मारा चाहे उसके मारने से अधरम नहीं" गंगेश कवि के 'होइ न रंचक पापु' के भाव की रक्षा फोर्ट विनियम कालेज वाले संस्करण में अधिक हुई है। सूरति मिश्र का वाक्यांश 'उसको मारने में ठीक है' गंगेश के 'होइ न रंचक पापु' की तुलना में कमजोर है। सम्भव है, सूरति मिश्र की लिखी अन्य कोई प्रति हो जिसमें पाप या अधर्म का उल्लेख अधिक स्पष्ट रहा हो।

नागरी प्रचारिणी सभा के चौदहवें खोज-विवरण में शिवरत्न मिश्र की 'बैताल पचीसी' का उल्लेख है। इसका रचनाकाल 1799 ई. बताया गया है। वास्तव में यह सूरति मिश्र की बैताल पचीसी है जिस पर प्रतिलिपिकर्ता ने अपना नाम डाल दिया है। किन्तु कुछ अन्तर महत्त्वपूर्ण हैं जिनसे ज्ञात होता है कि लल्लूजी के पास वैसी ही कोई प्रति थी, जैसी शिवरत्न मिश्र के पास थी। मुनुवा पंडित की प्रति में गन्धर्व सेन के बारे में इतना ही था कि 'कुछ दिन के पीछे वह राजा स्वर्गधाम सिधारा' किन्तु शिवरत्न मिश्र की प्रति में यह पाठ था : 'होनहार प्रबल है कि वह राजा मृत्यु को प्राप्त हुआ'। (चौदहवाँ खोज-विवरण, पृ. 576) लल्लूजी ने इसी का रूपान्तर कराया : 'कज़ाकार बअ़द चन्द रोज के वह राजा मर गया'। शिवरत्न की प्रति में विक्रम के राजा बनने के बारे में लिखा है : "अपने जेठे भाई को मार गद्दी पर बैठा और भली भाँति राजकाज न्याय से करने लगा"। इसी के आधार पर लल्लूजी वाले रूपान्तर में लिखा गया : "बड़े भाई को मार् कर, आप राजा हुआ, और बखूबी राज कर्‌ने लगा." मुनुवा पंडित की प्रति में इतना ही था : "अपने बड़े भाई को मार राजा बना।" किन्तु इस समानता के विपरीत शिवरत्न और लल्लूजी की प्रतियों में भेद भी है। मुनुवा पंडित की प्रति में यह पाठ था : "कुछ दिन पीछे राजा ने मन में विचार किया कि देशौं का नाम मैंने सुना है उसकी सैर करनी चाहिए।" इसके आधार पर लल्लूजी का रूपान्तर : "कित्ने दिनों के बअ़द राजा ने यह अपने दिल में बिचारा कि जिन मुल्कों का नाम मैं मुनता हूं उनकी सैर किया चाहिये." किन्तु शिवरत्न मिश्र ने लिखा था : "कुछ दिन पीछे राजा ने विचारा कि जिन देशों का मैं राजा हूं उनकी सैर करना चाहिए।"

मुनुवा पंडित की प्रति में "बैताल ने आय फूलों को बर्साय ऐसा कहा" पाठ है; शिवरत्न की प्रति में : "और बैताल ने आकर फूलों की बर्षा की ऐसा कहा है कि..."। इसी दूसरे पाठ के आधार पर लल्लूजी के रूपान्तर में लिखा गया : "और बैताल ने आन, फूलों का मेह बरसाया. ऐसा कहा है"।

अधरम वाली बात इसी वाक्य में है। शिवरत्न वाली प्रति में पाठ है : "ऐसा कहा है कि अपने को जो कोई मारना चाहे उसका मारने में कोई अधर्म नहीं है।"

इसी का रूपान्तर फोर्ट विलियम कालेज वालों ने किया : "ऐसा कहा है, कि जो अपने तईं मारा चाहे उसके मारने से अधरम नहीं." मुनुवा पंडित की प्रति में इतना ही था : "उसको मारने में ठीक है।"

सूरति मिश्र की 'बैताल पचीसी' की अनेक प्रतिलिपियाँ थीं और इनमें जहाँ-तहाँ पाठभेद था। यह पुस्तक खड़ी बोली में थी और इसकी प्रतिलिपियाँ अठारहवीं सदी में की गई थीं। इन्ही में कोई प्रतिलिपि लल्लूजी लाल के पास थी जिसका उर्दू रूपान्तर फोर्ट विलियम कालेज में किया गया था। यह रूपान्तर लल्लूजी ने किया, इसका कोई प्रमाण नहीं है। तारिणीचरण मित्र के मुकद्दमे से स्पष्ट है कि रूपान्तर मज़हर अली ने किया था, लल्लूजी केवल उनके सहायक थे। यह रूपान्तर ब्रजभाषा की पुस्तक से न किया गया था। सूरति मिश्र ने ब्रजभाषा में 'बैताल पचीसी' लिखी, यह बात अभी अप्रमाणित है। लल्लूजी के पास सूरति मिश्र की कई पुस्तकें थीं और उनकी सामग्री से लाभ उठाने में उन्होंने आगा-पीछा न किया था। 'बैताल पचीसी' की खड़ी बोली मूलत: सूरति मिश्र की लिखी हुई थी, लल्लूजी की नहीं। इससे यह भी सिद्ध हुआ कि अठारहवीं सदी के मध्य तक गद्य में खड़ी बोली का व्यवहार काफी होने लगा था। इस गद्य की भाषा ऐसी है जो उन्नीसवीं सदी के उत्तरार्द्ध के हिन्दी गद्य की भाषा से बहुत मिलती-जुलती है। हिन्दी गद्य की शुरुआत लल्लूजी से नहीं होती। सूरति मिश्र की 'बैताल पचीसी' को भारतेन्दु हरिश्चन्द्र के गद्य के साथ मिलाकर पढ़ने से हिन्दी गद्य की डेढ़ सौ साल वाली परम्परा का ज्ञान होगा जिसके सहज विकास में फोर्ट विलियम कालेज व्यवधान बना।

तारिणीचरण मित्र के मुकद्दमे में दो नई बातों का उल्लेख है जो 'बैताल पचीसी' की पुरानी प्रतियों में नहीं हैं। पहली यह कि सूरत कबीश्वर ने 'बैताल पचीसी' ब्रजभाषा में कही, दूसरी यह कि उन्होंने ऐसा राजा जैसिंह सवाई के कहने से किया। ये बातें उन तमाम संस्करणों में दोहराई गईं जो फोर्ट विलियम कालेज वाली प्रति की नकल करके तैयार किए गए थे। तारिणीचरण ने ये दोनों बातें लल्लूजी से सुनकर लिखी होंगी। इनमें पहली बात गलत जान पड़ती है, दूसरी सही। पहली बात की चर्चा ऊपर हो चुकी है। दूसरी बात यों महत्त्वपूर्ण है कि मुहम्मद शाह से सूरति मिश्र का परिचय था और राजा जैसिंह उनके मातहत आगरे के सूबेदार थे। मुहम्मद शाह को खड़ी बोली प्रिय थी, सूरति मिश्र उन्हें खड़ी बोली में कवित्त सुना चुके थे। उनके मातहत आगरे के सूबेदार के लिए उन्होंने खड़ी बोली में 'बैताल पचीसी' लिखी हो, यह कार्य बहुत स्वाभाविक मालूम होता है। यह बात अलग है कि मुहम्मद शाह को पसन्द आनेवाली जो खड़ी बोली सूरति मिश्र ने लिखी थी, वह दाम इकबालहू लोगों को पसन्द आनेवाली तारिणीचरण मित्र की खड़ी बोली से बहुत भिन्न थी।

गद्य और पद्य में खड़ी बोली : 1876 ई. से पहले

नागरी प्रचारिणी सभा काशी द्वारा प्रकाशित हस्तलिखित पुस्तकों के खोज-विवरण देखने से ब्रजभाषा और खड़ी बोली के सम्बन्ध में कुछ तथ्य बहुत साफ उभरकर सामने आते हैं। अठारहवीं सदी में ब्रजभाषा के समानान्तर गद्य और पद्य, दोनों में व्यापक रूप से विभिन्न सामाजिक-सांस्कृतिक आवश्यकताओं की पूर्ति के लिए खड़ी बोली हिन्दी का व्यवहार होता था। रामप्रसाद निरंजनी का 'भाषा योग वासिष्ठ' खड़ी बोली में लिखा हुआ कोई अपवाद-ग्रंथ नहीं है। वह खड़ी बोली के प्रसार और व्यवहार की विकासमान परम्परा की एक कड़ी है। यह व्यवहार किसी एक जनपद तक सीमित नहीं है। खड़ी बोली में पुस्तक लिखनेवाले अधिकतर ब्रज और अवध के हैं, कुछ पंजाब और राजस्थान के, हरियाणा में किसी ने अठारहवीं सदी में खड़ी बोली की कोई पुस्तक लिखी, यह विवरण मुझे नहीं मिला। खड़ी बोली हिन्दी लिखनेवालों में मुसलमान भी हैं, खड़ी बोली (उर्दू) लिखनेवालों में हिन्दू भी हैं। बहुत-सा लिखा हुआ ऐसा है, जिसकी भाषा हिन्दी कही जा सकती है, उर्दू भी। खड़ी बोली (उर्दू)की पुस्तकें देवनागरी में हैं, खड़ी बोली (हिन्दी) की पुस्तकें फारसी लिपि में। कुछ खास साहित्यिक विधाएँ और रूप हैं जिनमें खास ढंग की भाषा के व्यवहार का चलन है। जैसे लावनी; इसमें अधिकतर खड़ी बोली का ही व्यवहार होता है यद्यपि ब्रजभाषा का प्रयोग वर्जित नहीं है। संगीत—इसमें ब्रजभाषा और खड़ी बोली, दोनों का व्यवहार है किन्तु खड़ी बोली ब्रजभाषा पर हावी होती जा रही है। किस्सों-कहानियों में खड़ी बोली का वह रूप मिलता है जिसे सरल उर्दू कहा जा सकता है और जिसमें हिन्दी के उन शब्दों का भरपूर व्यवहार है जिन्हें विशुद्ध उर्दू में जगह नहीं मिलती। इस खड़ी बोली पर ब्रजभाषा का असर सबसे ज्यादा है, जहाँ-तहाँ राजस्थानी और पंजाबी का भी। खड़ी बोली का यह साहित्य ब्रजभाषा और उर्दू की दरबारी काव्य-परम्परा से दूर है। वह एक प्रकार का लोक-साहित्य है जो देहात और शहरों में जनता का मनोरंजन करता है। खड़ी बोली में लिखी हुई काफी पुस्तकें कोकशास्त्र, ज्योतिष, सामुद्रिक शास्त्र, हकीमी और वैदकी से सम्बन्धित हैं। सामन्ती समाज में जनता के अन्धविश्वासों, कुरुचि और सांस्कृतिक पिछड़ेपन के प्रमाण भी इन पुस्तकों में है।

खड़ी बोली के व्यवहार और प्रसार का सम्बन्ध अक्सर मुसल्मानों से जोड़ा जाता है, इसलिए यह कहना आवश्यक है कि न केवल अनेक मुसल्मान ब्रजमाषा में साहित्य रचते हैं वरन् मलिक मुहम्मद जायसी के अनुयायी अब भी अवधी में कविता लिखते जाते हैं। ब्रजभाषा, अवधी और खड़ी बोली—ये तीनों मैदान में हैं किन्तु गद्य में अब खड़ी बोली सबसे आगे बढ़ती जा रही है। सामान्यत: देवनागरी लिपि का व्यवहार अधिक होता है और जिसे विशुद्ध उर्दू कहा जा सके, उसका व्यवहार इन पुस्तकों में नहीं है।

उन्नीसवीं सदी में यह स्थिति कायम रहती है। अन्तर यह है कि खड़ी बोली अब जातीय भाषा के रूप में और दृढ़ता से प्रतिष्ठित है; साथ ही हिन्दी-उर्दू का भेद दो साहित्यिक शैलियों के भेद से आगे बढ़कर दो साहित्यिक भाषाओं—अथवा दो बोलियों—का भेद बनता जा रहा है। छापेखानों का चलन होने पर भी शहर और देहात के पढ़े-लिखे लोग हस्तलिखित पोथियों से काम चलाते हैं। अठारह सौ सत्तावन के बाद कम्पनी-राज खत्म होने पर छपाई का काम, और संगठित रूप से शिक्षा-प्रसार का काम, जोरों से चला। अंग्रेज़ी राज के मातहत इस सारे पूँजीवादी विकास का उपयोग हिन्दी को उर्दू से, हिन्दुओं को मुसल्मानों से अलग करने और अलगाव को निरन्तर बढ़ाते रहने के लिए किया गया। अठारहवीं सदी की मिली-जुली लोक साहित्य-परम्परा मिटाई तो न जा सकी पर उसे गहरा धक्का जरूर लगा। फिर भी इस परम्परा से अपना लगाव कायम रखते हुए जो साहित्य विकसित होता है, वह भारतेन्दु-युग का हिन्दी साहित्य है। अंग्रेज़ों की भेद-नीति, सामन्ती अवशेषों के निकम्मेपन, नये भारतीय पूँजीवाद की कमज़ोरी और भारतेन्दु-युग की सांस्कृतिक उपलब्धियों को समझने के लिए अठारहवीं सदी और उन्नीसवीं सदी के पूर्वार्द्ध की भाषागत और साहित्य सम्बन्धी स्थिति को ध्यान में रखना आवश्यक है। कुछ तत्त्व इस पुरानी विरासत में मूल्यवान हैं; अंग्रेज़ी राज में इनकी रक्षा की ओर ध्यान नहीं दिया गया वरन सहज विकास से विपरीत दिशा में भी भाषा और साहित्य को मोड़ने का प्रयत्न किया गया।

रामप्रसाद निरंजनी ने अपना 'भाषा योग वासिष्ठ' सन् 1741 में लिखा था। शुक्ल जी ने अपने इतिहास में उसे परिमार्जित गद्य की प्रथम पुस्तक कहा है और रामप्रसाद निरंजनी को हिन्दी का प्रथम प्रौढ़ गद्य-लेखक माना है। यह भी लिखा है कि 'जब तक और कोई पुस्तक इससे पुरानी न मिले', तभी तक यह मत मान्य होना चाहिए। डॉ. बड़थ्वाल ने सभा के चौदहवें खोज-विवरण में भगवान दास लिखित 'गीता वार्तिक' की चर्चा की है। पहले प्राप्त होनेवाली एक प्रति में रचनाकाल 1699 ई. है। (खोज में उपलब्ध हस्तलिखित हिन्दी ग्रंथों का चौदहवाँ वार्षिक विवरण, सम्पादक : डा. पीताम्बरदत्त बड़थ्वाल, काशी, सं. 2011; पृ. 30) इसकी भाषा का नमूना यह है : "जब कौरव और पांडव महाभारत के जुद्ध को चले॥ तब राजा धृतराष्ट्र कह्या॥ कि

हौं भी युद्ध का कौतुक देषणो चलो हैं। तब व्यास देव जी तिसकों कह्या॥ कि हे राजा धृतराष्ट्र तेरे नेत्र नहीं॥ नेत्रौं बिना क्या देषेगा॥ तब राजा धृतराष्ट्र ने ब्यास देव जी को उत्तर दीया॥ कि हे प्रभु जी देषौंगा नहीं तो श्रवर द्वार कर श्रवण तो करौंगा॥ तब व्यास देव जी धृतराप्ट्र कौ कह्यौ॥ कि हे राजा तेरा जो सारथी है संजय सो मेरा शिष्य है॥ जो कुछ महाभारत के युद्ध का लीला चरित्र होयगा सों संजय तुमको ह्यां ही बैठे श्रवण करावेगा"॥ (उप., पृ. 142)

यह परिमार्जित हिन्दी नहीं है किन्तु बड़ी सजीव 'सब-स्टैडर्ड' हिन्दी है—राजस्थानी और ब्रज से प्रभावित खड़ी बोली, वह हिन्दी जो विभिन्न जनपदों में सामान्य जनता की धार्मिक-सांस्कृतिक आवश्यकताएँ पूरी कर रही थी। भगवान दास कहाँ के थे, मालूम नहीं। असन्दिग्ध बात यह है कि रामप्रसाद निरंजनी से लगभग आधी शताब्दी पहले गद्य में खड़ी बोली का व्यवहार हो रहा था।

रामप्रसाद निरंजनी के 'योगवासिष्ठ' के आसपास 'दश औतार भाषा' पुस्तक लिखी गई थी। इसके रचयिता का नाम शंकराचार्य और लिपिकाल 1744 ई. दिया गया है। इसकी शैली वैसी ही है जैसी पौराणिक कथाएँ लिखने-बाँचनेवालों के काम आती थी। यथा : "उँ एक समै के बिषे ब्रह्मा जी दंड कमंडल लेकर असनान को गये थे तहाँ सप्तपुरी संषासुर दानव उतपत भए। ताते ब्रह्मा जी शिवपुरी तज स्वर्ग लोक को गये बिनती करी तब स्वामी बोली कहो ब्रह्मा जी तुम कौन कारज शिवपुरी तज स्वर्ग लोक को आए"। (खोज में उपलब्ध हस्तलिखित हिन्दी ग्रंथों का त्रयोदश त्रैवार्षिक विवरण; सम्पादक : डा. हीरालाल : काशी, सं. 2010, पृ. 623-24)

शास्त्री यदुनाथ के 'सामुद्रिक' का रचनाकाल 1746 ई. दिया गया है। सामुद्रिक शास्त्र की आवश्यकता धनी और निर्धन, सामन्तों और सामान्य जनों—दोनों को थी। उस आवश्यकता की पूर्ति इस प्रकार होती थी : "इस ग्रंथ को देखते यों सम्पूर्ण जन्म का हवाल ज्ञात होगा। आयु ज्ञान होगा जितना वर्ष जीवन होगा सो ज्ञान होगा जो जो सुख किम्वा दु:ख होने वाला जो जो वर्ष सो होने वाला है सो ज्ञान होवेगा जितना जिसका पुत्र होगा किम्वा कन्या होगी किम्वा नपुंसक होगा वन्धा होगा सो सब हाल लिखा ज्ञान होगा जितनी स्त्री सों भोग होगा सो हाल मालूम होगा"। (उप., पृ. 772)

इस गद्य में अनेक शैलियों और बोलियों का मिश्रण है :

"सो जानबै वास्ते बड़ो परिश्रम करके", "इह ग्रंथ बड़ी दुर्लभ है",

"ब्रह्मा जू श्री हरि भगवान सों प्रश्न करैं हैं"—भोजपुरी क्षेत्र में

यह खड़ी बोली और ब्रज का मिश्रण है, हिन्दी के सहज अन्तर्जनपदीय विकास का प्रमाण। यदुनाथ शास्त्री काशी के थे।

अठारहवीं सदी के पूर्वार्द्ध में पंजाब के मुखदास ने 'गर्भगीता', 'सारगीता' और 'धर्मसम्वाद' पुस्तकें लिखी थीं। डॉ. बड़थ्वाल के अनुसार इनका रचनाकाल अज्ञात है और "ग्रंथकर्ता के विषय में भी कुछ पता नहीं चला"। (चौदहवाँ त्रैवार्षिक

विवरण, पृ. 63) 'धर्मसम्वाद' का लिपिकाल 1833 ई., 'गर्भ गीता' का 1733 ई. तथा 'सारगीता' का 1755 ई. दिया गया है। इसलिए मुखदास को अठारहवीं सदी के पूर्वार्द्ध का लेखक मानना अनुचित नहीं। 'गर्भगीता' में : 'ऊँ अर्जुन श्रीकृष्ण भगवान पास पूंछता है श्रीकृष्णजी उत्तर देते हैं॥ श्रीकृष्णजी की आज्ञा है कि जो कोई इस गर्भ गीता का मन लाय कर पाठ सुनै तिसके निकट जम किंकर आवै नहीं"। (उप., पृ. 444)

'सारगीता' में : "अर्जुनोवाच—अर्जुन श्री भगवानजी से प्रश्न करे हैं कि हे परमेश्वर जो ऊँकार का महात्म और रूप और असथान तिनके सुनने की मेरी वांछा है"और "बारंबार भली भांति सदा सर्वदा गीता का पाठ कीजै अथवा श्रवण कीजै और शास्त्र का विस्तार श्री कृष्ण के निमित्त कीजै। कमल नाम जो है श्रीकृष्ण कृपानिधान श्री नारायणजी तिनकी मुख कमल ते निकसी है"। (उप., पृ. 445) और 'धर्मसम्वाद' में : "ऊँ द्वारा पुर विषे कथा होत भई नगर जु है हुस्तनापुर दीली के पास ति विषे गुरां कोल पूंछत भई। ऊँ राजा जनमेजय राजा परीक्षित का बेटा पांडव का पोता। हे वैशंपायन जी राजा धर्म अरु पुत्र युधिष्ठिर इनका मिलाप क्यों कर होइहै सो तुम कृपा करके कहो"॥ (उप., पृ. 443)

आवश्यक नहीं कि तीनों पुस्तकों की भाषा एक ही व्यक्ति की हो अथवा मूल लेखक की भाषा में दूसरों ने संशोधन न किया हो। 'बैताल पचीसी' के इतिहास को देखते हुए दूसरी बात की सम्भावना दृढ़ होती है। सिद्ध यह हुआ कि अठारहवीं सदी के पूर्वार्द्ध में दिल्ली से दूर-दूर प्रदेशों में धर्मचर्चा के लिए खड़ी बोली का व्यवहार होता था और अपनी शिक्षा-संस्कृति तथा प्रादेशिक विशेषताओं के अनुसार, लोग पुस्तक की प्रतिलिपि अथवा उसका सम्पादन करते हुए, इच्छानुसार उसकी भाषा को बदलते जाते थे।

हरिवंश की 'अनंतवृतकथा' का लिपिकाल 1777 ई. है। इनके 'रसिक विनोद' का रचनाकाल 1766 ई. है। (उप., पृ. 49) 'अनंतवृतकथा' का रचनाकाल इसी के आसपास माना जा सकता है। इसकी भाषा लल्लूजी के लिए आदर्श-रूप हो सकती थी : "सबेरे के समय गंगा आदि नदियों में स्नान कर और अपने नित्य कर्म को पूरा कर अनन्त भगवान का अपने मन में ध्यान एक चित्त होके बैठे।" और : "और जो इस कथा को सुनते और पढ़ते हैं वे सब पापों से छूट कर विष्णु लोक को चले जाते हैं। श्रीकृष्ण भगवान बोले हे युधिष्ठिर जो पवित्र प्राणी संसार सागर की गुफा में सुख से बिचरने की इच्छा करते हैं वे अनंतदेव का पूजन करके अपने दाहिने हाथ में अनंत का उत्तम डोरा बांधते हैं"। (उप., पृ. 311)

जगन्नाथदास की धर्मगीता का लिपिकाल 1815 ई. है। शैली कथावाचकों की है : "ऊं द्वापर बिषे कथा होत भई। नगर जु है हस्तनापुर दिल्ली के पास ति बिषे गुरु को पूंछत भया" (उप., पृ. 339), मानो मुखदास के 'धर्मसम्वाद' की नकल

कर रहे हों! सिवगोपाल ने 'औषधि यूनानी सार' 1823 ई. में लिखा। दिल्ली के थे और भाषा पर उस शहर की छाप है : "गंधक का तेल—यह तेल खुजली के वास्ते मुफीद है॥ गंधक को दो दिन तक मदार के दूध में पीसे और छाया में सुखा दे फिर एक बर्तन में पानी भर के उसमें गंधक डाल दे॥ और चार पहर तक मद्दी मद्दी आंच दे जोश दे जब तेल पानी के ऊपर मालूम होवे तो कांसे की थाली में उतारता जावे"॥ (उप., पृ. 572) अन्य स्थानों के लेखकों की भाषा में जनपदीप बोलियों के तत्त्व अधिक हैं, दिल्ली की बोली अब उस भाषा का रूप ले चुकी है जो साहित्यकारों की हिन्दू-उर्दू का मूलाधार है। कुदरतुल्ला के 'खेल बंगाला' की एक प्रति में लिपिकाल 1852 ई. है, दूसरी में 1751 ई.। अन्यत्र लेखक परिचय में 'खेल बंगाला' का लिपिकाल केवल 1852 ई. दिया है। (उप., पृ. 59-60) इसे अठारहवीं सदी के पूर्वार्द्ध की रचना मानने पर आपत्ति न होनी चाहिए। भाषा का नमूना यह है : "बन्दूक में गोली की जगह पारा भरै और बंदूक के आगे कपड़ा तानै जिसके चाहे निशाना लगावै जानवर मर जावेगा कपड़े में छेद न होवेगा"। (उप., पृ. 408)

फतेपुर, आगरे के गोपाल ने 'भड़ई विलास' पुस्तक 1845 ई. में लिखी। यहाँ आगरे की खास बोली नहीं है, उस बोली के आधार पर जो 'हिन्दी' विकसित हुई है, वह भाषा है। शैली में सेठ बाँकेमल के बाप-दादों की लंतरानियों की झलक जरूर है : "अकबर बादशाह ने बीरबल से कहा कि चार उल्लू जो पक्के उल्लू हों उन्हें मेरे सामने हाजिर करौ॥ बीरबल ने कहा चार उल्लू कहां से लाऊं॥ निरास हो उठकर ढूंढ़ने चल दिया। जब जंगल में पहुंचे क्या देखते हैं, कि एक लकड़ी बेचने वाला ऊंचे पेड़ पर बैठ कर मोटे गुद्दे को जड़ से काट रहा है और उसी पर बैठा है बीरबल बोले इससे अधिक उल्लू और कोई नहीं है"। (उप., पृ. 279) 'देखते हैं' के बाद अर्द्ध विराम चिह्न किसी प्रूफरीडर की कारीगरी है किन्तु भाषा यह आगरे की और अठारहवीं सदी के उत्तरार्द्ध की है। इस हिन्दी को सन् 1873 में नया रूप देना अनावश्यक था, न उसे नया रूप दिया जा सकता था।

लगभग इसी समय आगरे के रंगीलाल ने 'तोता-मैना की कहानी' लिखी। इसका लिपिकाल 1850 ई. है; ठीक रचनाकाल अज्ञात है। अठारहवीं सदी के पूर्वार्द्ध में आगरे और ब्रज की जनता किस्से-कहानियों की जिस भाषा से परिचित थी, उसका नमूना इस तोता-मैना कहानी में है। साहित्यिक हिन्दी-उर्दू बोलचाल की एक ही भाषा की दो साहित्यिक अथवा शिष्ट शैलियाँ हैं, इसका प्रमाण इस पुस्तक का गद्य है। लिपि देवनागरी है और दोनों के लिए एक ही लिपि काम में आती है। हिन्दी शैली यह है : "रमणीक द्वीप के निकट एक अति उत्तम और शोभायमान उपवन फल फूलों से लदा हुआ और अनेक प्रकार के मन हरण रंग बिरंगे पंछी कोयल मोर चकोर हंस सारस आदि से सुशोभित अनेक तालाब

और सरोवरों से परिपूर्ण इन्द्र के नंदन बन के समान दीप्यमान था उसी उपवन के अनेक सघन वृक्षों पर प्रत्येक पक्षियों ने अपना निवास स्थान बना रखा था॥ दैवयोग से एक दिवस एक तोता आधी [आँधी] मेह का मारा अति ब्याकुल एक वृक्ष पर अपनी बिपति की बेरा काटने के लिए आ बैठा॥ और उसी वृक्ष पर एक मैना का वास था"। (त्रयोदश त्रैवार्षिक विवरण, पृ. 579) शुक्ल जी ने 'योगवासिष्ठ' के लिए जो कहा था, वह 'तोता-मैना की कहानी' के लिए भी कहा जा सकता है : "कैसी शृंखलाबद्ध साधु और व्यवस्थित भाषा है!" किन्तु रंगीलाल यदि 'प्रेमसागर' के प्रेमी पाठक थे तो 'बैताल पचीसी' भी उन्हें कम प्रिय न थी। मैना आँखें बदलकर बोली : "ऐ तोते तू मेरे दरख्त पर क्यों आन बैठा है। यहां से उठ किसी और दरख्त पर चला जा।" और : "सो हे तोता मैं इसी सबब से मरद की जात से नफरत खाती हूं तब तोता बोला कि ई मैना सब मरद और औरत एक से नहीं होते अगर तू सुने तो एक दास्तान और सुनाऊं मुझको याद आ गई है"॥ (उप., पृ. 580)

अब कोई जिद करे कि दूसरी शैली की भाषा केवल फारसी लिपि में लिखी जा सकती है अथवा 'दीप्यमान' और 'शोभायमान' के साथ 'दरख्त' और 'दास्तान' का प्रयोग अक्षम्य अपराध है, तो जहाँ उन्नीसवीं सदी के पूर्वार्द्ध में एकता का आधार बना हुआ था, वहाँ अब दो भाषाओं, दो लिपियों, दो कौमों, दो संस्कृतियों का सिद्धान्त चालू माना जाएगा।

1850 ई. के आसपास चिन्ताखेड़ा, रायबरेली के बंशीधर ने हिन्दी गद्य की कई पुस्तकें लिखीं। ये अपने प्रान्त के शिक्षा विभाग में "पाठ्य पुस्तकें तैयार करने के कार्य पर नियुक्त थे। इनकी प्रस्तुत पुस्तकें उक्त शिक्षा विभाग द्वारा प्रकाशित की गई थीं और वे न केवल उस प्रदेश की हिन्दी पाठशालाओं में ही वरन मध्य प्रान्त की पाठशालाओं में भी पढ़ाई जाती थीं। ये उर्दू भी जानते थे और उसमें भी पाठ्य पुस्तकें लिखते थे"। (चौदहवाँ त्रैवार्षिक विवरण, पृ. 28) शिक्षा विभाग के कर्मचारियों द्वारा अब दोनों शैलियाँ अलग की जा रही हैं। एक ही व्यक्ति आवश्यकतानुसार शुद्ध हिन्दी और शुद्ध उर्दू का लेखक बन सकता है। दोनों शैलियों का अलगाव मानने वाली यह नीति ब्रज और अवध से दूर हिन्दी क्षेत्र के अन्य जनपदों में भी लागू की जाने लगी है। बंशीधर की पुस्तकें शिक्षा विभाग द्वारा प्रकाशित होती हैं। किन्तु इनकी भाषा ऐसी है जिसे विशेष काट-छाँट के बिना राजा लक्ष्मण सिंह की हिन्दी माना जा सकता है। 1850 ई. में लिखी हुई 'भोजप्रबन्ध' की भाषा का नमूना यह है : "राजा विक्रमादित्य के वंश में एक राजा सिन्धुल हुआ उसके बुढ़ापे में भोज नाम का पुत्र उत्पन्न हुआ जब वह पाँच वर्ष का हुआ तब उसके बाप ने मरने के समय अपने मंत्री बुद्धिसागर को बुलाया और कहा कि जो मैं भोज को राजगद्दी देता हूं तो मेरा भाई मुंज जो

बलवान है मेरे पुत्र को वृथा मार डालेगा और आप राज भोगेगा क्योंकि लोभ बुरी वस्तु है"। (उप., पृ. 131)

बंशीधर की तरह श्रीलाल शिक्षा-विभाग के कर्मचारी थे। "यह उत्तर प्रदेश (तब युक्त प्रान्त) के शिक्षा विभाग के डाइरेक्टर के कार्यालय में काम करते थे और पाठ्य पुस्तकें भी लिखते थे"। (उप., पृ. 78) 1850 के आसपास इन्होंने 'गणित प्रकाश' पुस्तक (तीन भाग) लिखी। चौथे-पाँचवें दर्जे के विद्यार्थी उन्नीसवीं सदी के मध्य में जिन पारिभाषिक शब्दों से परिचित थे और भारत सरकार के भाषा विशेषज्ञ सौ वर्ष बाद जिनके अस्तित्व से अपरिचित थे, वे इस तरह के थे : संख्या, अंक, धन चिह्न, रिण चिह्न, गुणनफल, भाज्य, भाजक, अनुपात, राशि, वर्गमूल, घनमूल, पूर्णांक, लब्ध, आसन्नघनमूल, निस्सेष अपवर्तन संख्या, आवर्तनांक, अपवर्तनांक इत्यादि।

प्रारम्भिक गणित की एक पुस्तक 'गणित निदान' है; लेखक हैं मोहनलाल। खोज-रिपोर्ट के अनुसार 'गणित प्रकाश और इसका लिखनेवाला एक ही है"। (उप., पृ. 441) 'गणित निदान' का रचना-काल 1854 ई. है। भाषा बहुत ही सरल, प्रारम्भिक गणित सिखाने के उपयुक्त है। इसकी शैली दूसरे ढंग की है। आवश्यक नहीं कि श्रीलाल और मोहनलाल एक ही व्यक्ति के नाम हों। तथ्य यह है कि गणित, इतिहास, भूगोल आदि विषयों की शिक्षा देने के लिए अठारहवीं सदी के मध्य में हिन्दी गद्य की पुस्तकें लिखी जा रही थीं।

खड़ी बोली के अन्य ग्रंथ 'उपदंश चिकित्सा', रचयिता हजारीलाल (इटावा), लिपिकाल 1859 ई.। (उप., पृ. 315) 'गोत्रप्रवर प्रकाशिका', रचयिता कमलाकर भट्ट, लिपिकाल 1860 ई. (उप., पृ. 373), 'अंग स्फुरण ग्रंथ', रचयिता केशव (राधन, कानपुर), रचनाकाल 1869 ई. ("स्त्रियों का अंग स्फुरण भ्रूमध्य में तो पुरुष ही के समान है परन्तु और सब अंग पुरुषों से विपरीत अर्थात वाम अंग स्त्रियों का शुभ कहा है")। (उप., पृ. 390) 'जर्राही प्रकाश', रचयिता रंगीलाल (मथुरा), रचनाकाल 1870 ई. : "प्रगट हो कि जो लोग प्रतिवर्ष फस्त खुलवाते या जुलाब लेते हैं तो उनको अभ्यास वैसा ही पड़ जाता है और यह अभ्यास अच्छा नहीं और फस्त का खुलवाना उत्तम है॥ क्योंकि वर्ष में तीन रितु होती हैं और रुधिर भी तीन प्रकार का होता है"॥ (उप., पृ. 1344)

मोतीलाल (लखनऊ) के 'कहानियों का संग्रह' का लिपिकाल 1873 ई. है, रचनाकाल अज्ञात है। इसकी भाषा को हरिश्चन्द्री हिन्दी बनाने के लिए विशेष परिवर्तन आवश्यक न होगा। यह वह सरल हिन्दी है जो भारतेन्तु को प्रिय थी। उदाहरण : "एक बूढ़ा बटोही गरमी की ऋतु में तपन की प्रचण्ड किरनों से निपट कष्ट पाकर लाठी टेकता चला जाता था। मारग में एक जवान घोड़ा पर चढ़ा आ निकला। बूढ़े को देखकर उसे दया आई और बोला अजी मैं जवांन आदमी हूं

शीत घाम सब सह सकता हूं तुम बुढ़ापा के कारण बहुत थके हो अब इस घोड़े पर चढ़ो"। (उप., पृ. 445)

इससे मिलती-जुलती शैली भेदीराम के 'सालिंगासदावृक्ष' की है जिसका लिपिकाल 1873 ई. है। भेदीराम आगरे के थे, सम्भवत: अठारहवीं सदी पूर्वार्द्ध के लेखक थे। इनके एक अन्य ग्रंथ का लिपिकाल 1859 ई. है। (उप., पृ. 31) 'सालिंगासदावृक्ष' की भाषा इस तरह की है : "बादशाह का लड़का बोला ऐसी बात क्या है जो अपने प्राण तजोगी उसने कहा कि ऐ शाहजादा जिसके साथ मैं आई हूं उसने मेरा धर्म बिगाड़ दिया है अब तुम्हारे पास क्यों रहूं इससे बेहतर है कि उसको मरवाय डालो तब मैं अपने प्राण रखूं और सिपाही से यह कहला भेजा कि तुमको शाहजादा मरवाना चाहता है इस प्रकार दोनों में अदावट डलवा दी कि पहिले राजा के कुंवर को उसी सिपाही ने मार डाला और सालिंगा ने खबर सुन कर उसी वक्त कैद में डाल दिया और फांसी लगवा दिया"। (उप., पृ. 153)

जिस साल हिन्दी नई चाल में ढली, उसी साल गिरधारीलाल ने 'माप मार्ग' पुस्तक लिखी और यह सिद्ध किया कि गणित के क्षेत्र में पारिभाषिक शब्दों की समस्या 1873 ई. से पहले हल की जाने लगी थी। "समकोण-त्रिभुज में समकोण की बनाने वाली रेखाओं में आड़ी रेखा भुज वा भूमि और खड़ी रेखा कोटि व लंब कहलाती है। और तीसरी रेखा जो समकोण के सामने है उसे कर्ण कहते हैं और लंब के भूमि के दो भाग हो जाने से प्रत्येक भाग अबाधा कहलावेंगी"। (उप., पृ. 277)

कानपुर के केशवप्रसाद का उल्लेख ऊपर हो चुका है। उन्होंने 'ज्योतिष सार' पुस्तक 1873 ई. में लिखी थी। इसकी भाषा को भी हरिश्चन्द्री हिन्दी बनाने के लिए बहुत न बदलना होगा। "शिशिर वसंत ग्रीष्म इन तीन रितु में सूर्य की गति उत्तर दिशा को होती है तिसको उतरायण कहते हैं यही देवताओं का दिवस है और वर्षा शरद हेमंत इन तीनों रितु में सूर्य की गति दक्षिण को होती है तिसको दक्षिणायन कहते हैं यही देवताओं की रात्रि है"॥ (उप., पृ. 392)

इस तरह 1873 ई. तक विभिन्न सामाजिक और सांस्कृतिक आवश्यकताओं की पूर्ति के लिए खड़ी बोली में काफी गद्य लिखा जाने लगा था। बाद को इस गद्य में नये शैलीगत चमत्कार उत्पन्न किए गए किन्तु इन चमत्कारों के लिए कोई नई भाषा न गढ़ी गई थी। इसी के समानान्तर पद्य में खड़ी बोली का व्यवहार था। यह व्यवहार अधिकतर लोक साहित्य के स्तर पर था जिससे खड़ी बोली के प्रसार का अनुमान होता है। विशुद्ध साहित्यिक स्तर पर पद्य में खड़ी बोली का व्यवहार भाषा के उस रूप में हुआ जिसे उर्दू कहते हैं। उर्दू काव्य-साहित्य खड़ी बोली की लोक-प्रचलित पद्य-धारा से कट कर, फारसी की रूढ़ियों को अपनाता हुआ, विकसित हो रहा था। लोक साहित्य में जो छन्द और काव्य रूप अपनाये गए

थे, वे किसी एक जनपद की सम्पत्ति न थे। ख्याल, सांगीत, बारहमासा, कवित्त, सवैया—ब्रज, अवध आदि अनेक जनपदों में प्रचलित थे।

यही नहीं, कुछ काव्य-रूप हिन्दी भाषी क्षेत्र के बाहर अन्य प्रदेशों में भी प्रचलित थे। महाराष्ट्र और हिन्दी भाषी क्षेत्र—दोनों में ही समानरूप से लोकप्रिय लावनी ऐसा ही काव्य-रूप था। इन काव्य-रूपों में कहीं ज्ञान और वैराग्य की चर्चा है, कहीं प्रेम और सौन्दर्य की कहानी है, कहीं पुरानी सुनी हुई बातें दोहराई गई हैं, कहीं नई घटनाओं के रोचक वर्णन प्रस्तुत किए गए हैं। कुल मिलाकर खड़ी बोली की इस लोक-काव्यधारा में ऐसी शक्ति है, जैसी श्रेष्ठ रीतिवादी काव्य में कम ही देखने को मिलती है।

रामराय ने 'लैला मजनू' की कहानी सम्भवत: 17वीं सदी में लिखी थी। तेरहवें खोज-विवरण के लेखक परिचय में यह सूचना है कि 1906-08 की खोज में जो तीन प्रतियाँ मिली थीं, उनमें सबसे पुरानी प्रति 1662 ई. की है. (पृ. 79) सांगीत और ख्यालों में जिस तरह की भाषा का चलन था, उसका नमूना यह है : "दोहा॥ जा दिन मजनू जन्मियो जिस दिन किया करार साहब तूही सच्च हैं झूठा सब संसार॥ एरे सुल्तानी दिलवर जानी तन मन आग लगाय गई। ऐसी खूबी चंदर बदनी नाजुक बदन दिषाय गई॥ शाल दुशाले मोहन माले लटक लटक लटकाय गई॥ आशक मजनू हुए दिवाने हाय हाय लै लै किधर गई॥ 1॥ दो.॥ जा दिन से बिछुरन भयो फिर नहिं देखे नैन। जैसे घायल नीर बिन तलफत है दिन रैन॥ ढूड़ा मुल्तान देस काबुल सारी। पूरब गुजरात देस दछिन नगरी॥ कुढूढी लाहौर शहर सबे निहारी। पाई महबूब नहीं लै लै प्यारी"॥ (तेरहवीं खोज रिपोर्ट, पृ. 574) जैसे मीर अम्मन और लल्लूजी लाल खड़ी बोली के गद्य के बीच में ब्रजभाषा का पद्य डालते जाते हैं, वैसे ही खड़ी बोली पद्य के बीच यहाँ ब्रजभाषा का दोहा है। लोक-काव्य में ब्रजभाषा और खड़ी बोली एक-दूसरे के गले में बाँहें डाले हुए आगे बढ़ती हैं। रामराय ने खड़ी बोली में कवित्त भी लिखे थे : "सूखी सी सूरत पै जान कुरबान करूं साहेब सरूप मुझ देखनें को दिया है। जहां जहां जाती हूं कहाती हूं उसी की और कहा चाहते हो धन्य मेरा दिया [हिया?] है। कहत राम राय कोई लाख बुरा मान रहो जैसा यार चहाती [चाहती] मैं वैसा ढूढ़ [ढूंढ] लिया है॥ हुए है दिवाने लोग दिल की न जाने कोई मजनू ने काम मेरे चश्मों पर किया है"॥ (उप., पृ. 574) सूरति मिश्र ने जब मुहम्मद साह को खड़ी बोली में कवित्त सुनाया था, तब वह एकाएक साहित्य में नई लीक न बना रहे थे। बीसवीं सदी में सनेही और हितैषी ने जब खड़ी बोली में कवित्त लिखे, तब वे भी नये सिरे से उसी पुरानी लीक की मरम्मत कर रहे थे।

डॉ. हीरालाल ने दसवें-खोज विवरण में 'नेमनाथ के रेखते' की चर्चा की है। इसके लेखक विनोदीलाल ब्रजभाषा में भी कविता करते थे। इनका लेखनकाल

1686 ई. के आसपास बताया गया है। (पृ. 65) विनोदीलाल जैन थे; इनकी उक्त पुस्तक में खड़ी बोली का व्यवहार जैन धर्म चर्चा के लिए किया गया है। पुस्तक की भाषा या तो साफ पढ़ी नहीं गई या उसकी ठीक प्रतिलिपि नहीं की गई। किन्तु वह है खड़ी बोली। "अजि व्याहन कौं षुब आया सिर सेहरा बंधाया ससि पंच कोडि जादैं। तेरे संग भी महा है॥ कहा गया नाथ मेरा दिग रन [दिन रैन?] किया फेरा परबर्द्दगार [परवर दिगार?] मेरा दिल काष [खाक?] ह्वै रहा है॥ पसु देषि महर आईं उन बंधनो छुड़ाई उसकी षबर मैं पाई गिरि नेर गढ़ गहा है"॥ (पृ. 401)

काशीनाथ के 'भरतरी चरित्र' का रचनाकाल 1748 ई. दिया गया है। (तेरहवाँ खोज विवरण, पृ. 363) ब्रज प्रभावित खड़ी बोली में यह काव्य लिखा गया है। ज्ञानमार्गी कवि ने भरतरी के जन्म पर वेद और कुरान, दोनों का पाठ कराया है : "ब्रह्मा बांचत अपने बेद को मुल्ला हरफ़ किताब॥ नाम तो निकला है भरतरी करम लिखा है बाला जोग॥" गोरखनाथ और भरतरी का सम्वाद बड़े नाटकीय ढंग से लिखा गया है : "चेला बना ले बाबा अपना सेवा करेंगे बनाय॥ धूनी थारी बाबा हम करैं संग फिरैं थारे साथ॥ बोले बाबा गोरखनाथ जी सुन बच्चा मेरी बात॥ तुमको चेला बच्चा ना करे तुम हो राजकुमार॥ पान कुल के तुम भोगिया ना सधै तुमसे जोग। पान फूल बाबा सब तजे सुन गुरू गोरखनाथ"। (उप., पृ. 363)

सूरदास के 'रामजी का बारामाहा' का लिपिकाल 1727 ई. है। इनकी भाषा पंजाबी-प्रभावित खड़ी बोली है। लेखक-परिचय में कहा गया है कि "सूरदास इतने प्रसिद्ध हैं कि इनका परिचय देने की आवश्यकता नहीं है"। (उप., पृ. 90) इनके जो ग्रंथ खोज में मिले हैं, उनमें 'सूरसागर' की दो प्रतियों के साथ 'रामजी का बारहमासा' की तीन प्रतियों का भी उल्लेख है। नाम की समानता देखकर अनुसन्धानकर्ता को भ्रम हो गया है। भाषा का नमूना यह है : "मारग ऊपर बैठा जाई कदे प्रभु आवदा॥ राम विभीषन संत बुलाइया। उसनू सब बिधि कहि समझाइया॥ पुषप बिमान बिभीषन सिआइया। सीता लछिमन संग चढ़ाइयां॥ हवते ये जैकार बोलाइया। प्रभुजी लंका जीति सिधाइयां"॥ (उप., पृ. 691)

दसवें खोज-विवरण में 'गुलजार चमन' के लेखक शीतल का परिचय देते हुए कहा गया है कि वह वृन्दावन के महन्त थे और अठारहवीं सदी के अन्तिम चरण में लेखन-कार्य कर रहे थे। (पृ. 59) वृन्दावन के महन्तों में खड़ी बोली का यह चलन महत्त्वपूर्ण है। जब वृन्दावन के महन्त खड़ी बोली में कृष्ण के रूप का वर्णन करने लगे, तब ब्रजभाषा की रक्षा कौन वृन्दावनदास कर सकते थे? शीतल की खड़ी बोली ठेठ सूफियों के रंग में रँगी ख्यालबाजों की भाषा है : "समझत ही सब दूष दूर करै गम सै पावै बिसराम अमन॥ फिर इस्क मिजाज हकीकी का दिलसेती परदा होय दमन॥ शुरनर किन्नर की कौन गिनै दैषै प्रसन्न होय उमारमन॥ इस हुसन् बगीचे का बूटा सीतल का गुलजार चमन"॥ (पृ. 346)

गंगाधर की 'नागलीला' का रचनाकाल 1803 ई. है। इसकी भाषा ब्रज-मिश्रित खड़ी बोली है : "बसत है जमुना में काली। नाथ के लाये बन माली। महीना फागुन का आया। कृष्ण के मन में अति भाया"। (चौदहवाँ खोज विवरण, पृ. 264) कृष्णलीला के वर्णन के लिए ब्रजभाषा को ही माध्यम बनाना अनिवार्य न रह गया था।

शेख भुल्लन ने बड़े लाट से भरतपुर के राजा के मिलाप का वर्णन करने में नई क्षमता का परिचय दिया। कविता की यह धारा समकालीन घटनाओं की आधार-भूमि पर प्रवाहित है : "हुई सहर में षबरि यह सुबू स्याम से जारी। सरकार की अंगरेज से मिलने की तयारी। सरकार ने लसकर कूं हुकुम डेरों का दिया। सेष इमाम बकस को उनके साथ कर दिया। दीवान जवाहर लाल और फौजदार मोतीराम। उन पास जो सरकार के रहते हैं सब ले काम। महाराज का उकील है जानी जी साहूकार। विसका जु लाठ साहब से जु हैगा बड़ा प्यार"। (तेरहवाँ खोज विवरण, पृ. 179) विसका लाट साहब से बड़ा प्यार हैगा—यह खड़ी बोली है आगरे की। शेख भुल्लन कुछ दिन इस शहर में जरूर रहे होंगे। लेखक परिचय में कहा गया है कि 'मिलन श्री महाराज को लाट साहब से' ग्रंथ में भरतपुर नरेश रणधीरसिंह और गवर्नर जनरल की भेंट का वर्णन है और यह भेंट 1819 ई. में हुई थी। इसका अर्थ यह हुआ कि पुस्तक का लिपिकाल उसका रचनाकाल भी है और जिस वर्ष लाट-महाराजा मिलन हुआ, उसी वर्ष यह कविता लिखी गई।

भूलामऊ, सुलतानपुर के गजाधरदास ने 'अखरावली' 1829 ई. में लिखी थी। खड़ी बोली में इनका सवैया हितैषी की काव्यकला का पूर्वाभास देता है : "आदि अंत की बात न कोई कहै, सब बीच की बात बखानते हैं। बिच आय बिचै गरि जाय सबै, आदि अंत को भेद न जानते हैं॥ बहु भेष अलेख भए जग में, अपने अपने मत मानते हैं। कहै सत्य गजाधर सत्य मता, बिरला कोउ संत पिछानते हैं। जागुर बे जागु अचेत कहा, महामोह की नींद में सोउता है। यह जन्म पदारथ पाय नरा, काहे मूरख बादि ही खोउता है॥ अस औसर फेर मिलैगा नही, काहे अमृत में बिष बोउता है। कहै सत्य गजाधर नाम बिना, आदि अंतहु में सब रोउता है"॥ (उप., पृ. 249) इनका हरिगीतिका छन्द भी दर्शनीय है। 'भारत भारती' और 'जयद्रथवध' से बहुत पहले 'अखरावली' की खड़ी बोली में इसका प्रयोग हो चुका था : "संवत् अठारह सौ छियासी मास जेठ बिचारिया। शशिपक्ष तिथि नवमी सुखित शुभ वार बुद्ध निहारिया॥ स्थान तीरथ राज बिदित प्रयाग अति सुख कारिया। तहँ ग्रंथ सम्पूरण भयो अखरावली निरधारिया॥" (पंक्तियों में अर्द्धविराम प्रतिलिपिकार अथवा प्रूफरीडर ने लगाये होंगे।)

बिसराम के 'सांगीत लैला मजनू' का लिपिकाल 1833 ई. है। इसकी भाषा ब्रज-मिश्रित उर्दू का अच्छा नमूना है। लिपि देवनागरी है। तरह-तरह की हिन्दी-उर्दू यदि एक ही लिपि में लिखी जाती तो साहित्य में भाषा के दो परिनिष्ठित रूपों के

विकास की नौबत न आती। जनता अनेक अपरिनिष्ठित रूपों का व्यवहार करती हुई भी मानक रूप एक ही स्वीकार करती। इस पुस्तक की भाषा का नमूना यह है : "सुन खवास महबूब की बिरहा बचन बिचार॥ जा लैली से अर्ज़ कर मजनू ठाढे द्वार॥ जो तुम खास [खवास] हो इतनी कहो सुनाय। मजनू तालब दीद का खड़ा रहै या जाय॥ होगा अहसान बहुत मुझ पर तेरा। तन मन कुरबान सभी तुझ पर मेरा॥ आया हूं छोड़ माल मुलक खजाना। फिरता हूँ दीद का मैं विसका दीवाना॥ लैली से अरज इतनी कीजै। मजनू उम्मेदवार दरशन दीजै"॥ (उप., 184)

छपरा निवासी प्रभुदयाल कायस्थ ने पुस्तक की नकल करते हुए 'विसका' अपनी ओर से न जोड़ा होगा। कवि बिसराम आगरे की खड़ी बोली से परिचित रहे होंगे। भोजपुरी क्षेत्र में 'सांगीत लैला मजनू' जैसी पुस्तकों की लोकप्रियता अन्तर्जनपदीय एकीकरण का प्रमाण है।

'सांगीत लैला मजनू' की ज़बान से मिलती-झुलती भाषा दिल्ली के कुँवरसेन के 'सांगीत बालचरित्र' की ब्रजमिश्रित खड़ी बोली है। "जो याको चित से पढ़े हरि से लावे ध्यान। वापर कृपा [किरपा] करेंगे श्री [सिरी] कृष्ण भगवान॥" और : "कहां रहा फरजंद फिर कहां रही फिर नारि। मन [में] आकर बस गया जब प्यारा दिलदार"॥ (उप., पृ. 393) एटा के जसवन्तराय ने 'संगीत गुलशन' में अनेक गीत संकलित किए थे (1842 ई. में)। इनमें भी ब्रजमिश्रित उर्दू के दर्शन होते हैं : "कबहूं न हमने नेह उठाया अब जो लगाया तो दाग उठाया॥ सैयां निरमुहिया ने ऐसा जलाया जला जला के खाक किया"॥ (चौदहवाँ खोज विवरण, पृ. 345)

हैदर का कासिदनामा, लिपि-देवनागरी और लिपिकाल 1843 ई. (उप., पृ. 293), लछिमन का 'प्रहलाद चरित्र' रचनाकाल—1843 ई. (तेरहवाँ खोज विवरण, पृ. 397), इन्हीं की 'गोपीचन्द लीला', रचनाकाल 1848 ई. (उप., पृ. 396), 'हरनाम का बारहमासा', रचनाकाल—1853 ई. (उप., 290), प्रेमसागर का 'कुबरी संग बिहार बर्णन बारह मासी', लिपिकाल—1857 ई., काशीनाथ का 'भरतरी चरित्र', लिपिकाल 1859 ई. (चौदहवाँ खोज-विवरण, पृ. 379), रामचरन द्वारा संकलित गीत-संग्रह 'संगीत मनोहर', लिपिकाल—1859 ई. (उप., पृ. 525), गणेश प्रसाद की 'दानलीला', लिपिकाल—1865 ई. (उप., पृ. 258), गंगादास साधू की 'लंगड़ी रंगत (लावनी)', लिपिकाल—1867 ई. (तेरहवाँ खोज-विवरण, पृ. 254), घासीराम का 'रामायण का बारहमासा', रचनाकाल—1867 ई. (उप., पृ. 262), दुल्ली चेतसिंह की 'बारहमासी', लिपिकाल—1867 ई. (पन्द्रहवाँ खोज-विवरण, पृ. 127), गणेश प्रसाद की 'बारहमासा बिरहिनी', लिपिकाल—1868 ई. (चौदहवाँ खोज-विवरण, पृ. 257), बालमुकुन्द का 'बारहमासा', लिपिकाल—1869 ई. (उप., पृ. 124), हरदास-लिखित 'गिरधरजी की मुरली', रचनाकाल—1870 ई. (तेरहवाँ खोज विवरण, पृ. 288), धनपत उर्फ धन्नू लाल का 'सांगीत बदरे मुनीर', रचनाकाल—1881 ई.

(उप., पृ. 225), द्वारका प्रसाद का 'राधा विलास', लिपिकाल—1871 ई. (उप., पृ. 239), नयनसुख का 'सांगीत ध्रुवचरित्र', लिपिकाल—1872 ई. (उप., पृ. 480), मकसूद का 'बारहमासा, लिपि—देवनागरी और लिपिकाल—1873 ई. (उप., पृ. 427)—इन सभी की भाषा खड़ी बोली है—कहीं 'उर्दू', कहीं 'हिन्दी', अक्सर ब्रजभाषा से प्रभावित।

भारतेन्दु हरिश्चन्द्र ने जब हिन्दी को नई चाल में ढालना शुरू किया, तब खड़ी बोली लोक-कविता में अच्छी तरह प्रतिष्ठित हो चुकी थी। 1873 ई. से लेकर महावीर प्रसाद द्विवेदी के समय तक ब्रजभाषा बनाम खड़ी बोली जो बहस चली, वह इस लोक-कविता की परम्परा से हटकर विशुद्ध साहित्यिक भूमि पर चली। उर्दू में वैसी कोई बहस नहीं चली। हिन्दी के वे लेखक जो कविता में ब्रजभाषा के व्यवहार का समर्थन करते थे, मजे में उर्दू लिखते थे, उर्दू में कविता करते थे, जैसे स्वयं भारतेन्दु हरिश्चन्द्र और प्रतापनारायण मिश्र। ये लोग लावनी-ख्याल वाली काव्य-परम्परा से भी परिचित थे, किन्तु अनेक ब्रजभाषाप्रेमी साहित्यकार रीतिवादी मायाजाल में इस बुरी तरह फँसे थे कि उन्हें खड़ी बोली की यह लोक-काव्य-परम्परा दिखाई न देती थी। इस काव्य-परम्परा का मूल विकास-क्षेत्र था ब्रज प्रदेश। स्वभावत: ब्रजभाषा इस खड़ी बोली को प्रभावित करती थी। जहाँ यह प्रभाव अधिक था, वहाँ संस्कृत-फारसी के शब्द तत्सम रूप से कम प्रयुक्त होते थे। खड़ी बोली का यह लोक-रूप हरियाणा की खड़ी बोली से भिन्न है, वह साहित्यिक हिन्दी और उर्दू के रूपों से भी भिन्न है। "नेह करो मति नारी से नारी में नष सिष कपट भरा। राजा भर्तरी जोग लेके जंगल का राह धरा॥ टेक। सोम नाम इक ब्राह्मण था वो ऊजन नगरी का बासी। गेह त्यागि के गया वो बन को बन के सन्यासी। प्राणायाम चढ़ाय समाधी खैच गया वो तो खासी। देख तपस्या हो गये उस पै अबिनासी॥ नारद जी ने अमृतफल इक लाय के उसके हाथ धरा राजा भर्तरी जोग ले कै जंगल का राह धरा" यह गंगादास साधू की लावनी है। (तेरहवाँ खोज-विवरण, पृ. 254) साहित्यिक हिन्दी-उर्दू में ब्रज और खड़ी बोली के बीच एक विभाजन रेखा खींच दी गई थी—मानो उधर पच्छिमी पंजाब, इधर पूरबी, दोनों के बीच आमदरफ्त बन्द। पहले उर्दू ने ब्रजभाषा-रूपों से छुटकारा पाकर सभ्य पोशाक पहनी जिसमें फारसी के सलमे-सतारे झलमला रहे थे, फिर हिन्दी ने ब्रजभाषा ही नहीं, जनपदीयता मात्र से, जहाँ तक बना तद्भव रूपों से, पिंड छुड़ाकर संस्कृतनिष्ठ बनकर अपना परिनिष्ठित रूप सँवारा। बीसवीं सदी में उन नेताओं की वक्तृता की तारीफ हुई जो इच्छानुसार—अर्थात् श्रोतामंडली के राजनीतिक दुराग्रहों के अनुसार—विशुद्ध हिन्दी अथवा विशुद्ध उर्दू में भाषण करते थे। किन्तु लोक-कविता में प्रतिष्ठित खड़ी बोली जनपदीय भाषा-सम्पदा से निरन्तर अपने को समृद्ध करती थी, उसे फारसी शब्दों से परहेज न था किन्तु

उनका व्यवहार वह शुद्धता का ध्यान रखते हुए न करती थी। "मोर शोर कोयल करैं रही कोकिला कूक। पिया पिया रट रहा पपैया उठत कलेजे हुक॥ रहै चश्मों से अस्क जारी। तसब्बर में पीतम प्यारी"॥ (चौदहवाँ खोज-विवरण, पृ. 257) यह गणेश प्रसाद का बारहमासा है। इस तरह के बारहमासे शहरों में, गाँवों में, विशेष रूप से जनसाधारण में, खूब प्रचलित थे। अंग्रेज़ों की दखलन्दाजी से बचकर बहुत बड़े पैमाने पर जो लोक-संस्कृति हमारे प्रदेश में विकसित हुई थी—जहाँ हिन्दू-मुसल्मान का भेदभाव न था, हिन्दी-उर्दू अथवा ब्रज-खड़ी बोली की टक्कर न थी—उसका रूप अप्रकाशित लोक-साहित्य के कुछ ऊपर उद्धृत किए हुए नमूनों में देखा जा सकता है।

और उस समय अवध के अनेक मुसल्मान जायसी का अनुसरण करते हुए अपनी धार्मिक-सांस्कृतिक चर्चा के लिए अवधी को अपना माध्यम बनाए हुए थे। 'तवल्लुद', रचयिता हमीदुद्दीन, रचनाकाल लिपिकाल दोनों अज्ञात, पोथी का रूप जीर्ण, प्राप्तिस्थान—अब्दुल शकूर, ग्राम—पाइक नगर, जिला—प्रतापगढ़, लिपि—देवनागरी, शैली—मलिक मुहम्मद जायसी की : "नाम मोहम्मद कर अति मीठा। अबदुल समद लग सुनेउ बईठा॥ पहिले नूर मोहम्मद भयेऊ। आखिर नबी तीन विधि रहेऊ"॥ (तेरहवाँ खोज-विवरण, पृ. 283)

लेखक-परिचय में बताया गया है कि "रचयिता ने कुरान को चतुर्थ वेद माना है और महादेव, पार्वती और नारद का भी उल्लेख अपनी रचनाओं में किया है"। (उप., पृ. 42) अंग्रेज़ी राज कायम होने से पहले जायसी के अनुयायी पूर्वी बंगाल में भी यही काम कर रहे थे, यानी धर्म की सीमा-रेखाएँ मिटा रहे थे; केवल वहाँ माध्यम बँगला भाषा थी। लोक-संस्कृति के उन्नायक के रूप में यह जायसी का अन्तर्प्रादेशिक महत्त्व है।

इलाही बख्स का 'अदहम नामा' 1872 ई. में लिखा गया था। लेखक-परिचय में इसे प्रेमाख्यानक काव्य बताया गया है। लिपि फारसी, भाषा अवधी है। (उप., पृ. 309) इन्होंने फारसी से 'हश्रनामा' का अनुवाद भी अवधी में किया था; इसमें "इस्लाम धर्म और तदनुमार स्वर्ग और नरक का वर्णन है"। (उप., पृ. 46) इनकी लिखी 'खुर शैद बेनजीर' और 'रमजान नामा'—दोनों की लिपि फारसी-अवधी में है। 'रमजान नामा' की शुरुआत देखकर ज्ञात होता है कि 'पद्मावत' की प्रति इलाही बख्स के सामने थी : "सुमिरौं एक आदि करतारा। जिन जिव दीन्ह कीन्ह संसारा॥ अब तौहीद कहौं रब तोरा। लखै जो रैन औ दिवस अँजोरा॥ कीन्हे धरती ऊपर मेरा। मांस पंस जो लीन बखेरा"॥ (उप., पृ. 313)

मुसल्मानों की भाषा उर्दू है और वे केवल फारसी लिपि का व्यवहार करते हैं, यह धारणा अंग्रेज़ी राज में फैलाई गई और स्वाधीनता-प्राप्ति के बाद पहले से कुछ ज्यादा ही दृढ़ता से लागों के मन में जमी हुई है। हमारे प्रदेश का सांस्कृतिक

इतिहास इस धारणा को असिद्ध करता है। यह बात भी निराधार है कि हिन्दुओं और मुसल्मानों को उनके गद्य और पद्य की भाषा—विशेष कर गद्य की भाषा—अंग्रेज़ों से मिली। यहाँ ब्रज, अवधी आदि जनपदीय बोलियाँ बहुत दिनों तक लोक-साहित्य में प्रयुक्त होती रहीं किन्तु साथ ही खड़ी बोली ने अन्तर्जनपदीय लोक-साहित्य में अपनी जगह बना ली थी। अंग्रेज़ों ने जो काम किया, वह यह कि लोक-साहित्य की भाषागत एकता का नाश करने और हिन्दी-उर्दू के बीच की खाई को खूब गहरा करने में अपनी तरफ से कुछ उठा न रखा। इस काम में उन्हें आंशिक सफलता अवश्य मिली। किन्तु लोक-साहित्य की भाषागत एकता को मिटाने की ताकत न अंग्रेज़ बहादुर में थी, न विशुद्ध भाषा के प्रेमियों में। हिन्दी और उर्दू लोक-साहित्य की भाषागत एकता से जितना ही दूर गईं, उतना ही खुद कमजोर हुईं; लोक-साहित्य की भाषा अपनी जगह जितना मजबूत पहले थी, उतना ही अब भी है।

भारतेन्दु-युग और उर्दू

भारतेन्दु-युग के हिन्दी लेखकों ने जितनी उर्दू लिखी है, वह आश्चर्यजनक है। माना जाता है कि भारतेन्दु-युग हिन्दी भाषा और साहित्य के विकास का नया युग है। यह बात सही है; और यह भी सही है कि हिन्दी-उर्दू साहित्य में हिन्दू-मुस्लिम पुनरुत्थान के स्वर सुनाई देते हैं। अनेक हिन्दी लेखक भारतेन्दु-युग में इस पुनरुत्थान के अलावा और कुछ नहीं देखते। हिन्दी नवजागरण का अर्थ उनके लिए हिन्दू नवजागरण है। एक कवि ने तो यहाँ तक कहा है कि भारतेन्दु हिन्दी लिखते थे और हिन्दी केवल हिन्दू पढ़ते थे, इसलिए भारतेन्दु का साहित्य केवल हिन्दुओं के लिए लिखा गया साहित्य है। एक अन्य कवि-आलोचक ने 'सेक्युलरिज़्म' की चर्चा करते हुए कहा कि एक हिन्दू नारी के अपहरण पर 'नीलदेवी' में भारतेन्दु की प्रतिक्रिया देखिए और उससे मिलती-जुलती परिस्थिति पर 'पद्मावती' में मलिक मुहम्मद जायसी की प्रतिक्रिया देखिए। साबित होगा कि जायसी में 'सेक्युलरिज़्म' ज्यादा थी! इन कवि-आलोचक की समझ में यह नहीं आया कि नारी-अपहरण अपराध है, अपहरणकर्ता और अपहृत नारी का धर्म जो भी हो। यदि उनका धर्म भिन्न है तो अपहरणकार्य को 'सेक्युलरिज़्म' के नाम पर न्यायपूर्ण नहीं ठहराया जा सकता। यह कवि-आलोचक जिस राजनीतिक दल से प्रतिबद्ध है, वह प्रदेश के प्रमुख साम्प्रदायिक दल का विशेष सहयोगी भी है!

जैसे प्रेमचन्द, निराला और रामचन्द्र शुक्ल को अपदस्थ किए बिना इन लेखकों को लगता है कि उनका क्रान्तिकारी महत्त्व स्वीकृत न होगा, वैसे ही भारतेन्दु हरिश्चन्द्र उनकी राह में बहुत बड़े रोड़े हैं क्योकि जिस व्यक्तिवाद को आधार मानकर ये लेखक अपना क्रान्तिकारीत्व प्रतिपादित करते हैं, उससे विपरीत दिशा में सम्पादित हुआ है वह नवजागरण, जो भारतेन्दु के नाम से जुड़ा है।

ऐसे अनेक उर्दू लेखक हैं जो कहते हैं कि भारतेन्दु हरिश्चन्द्र ने हिन्दी-आन्दोलन चलाकर हिन्दू-मुस्लिम एकता की जड़ काट दी। मज़े में एक मुश्तर्का ज़बान चल रही थी, फारसी लिपि में लिखी जाती थी, शहरी तहज़ीब की ज़बान थी, तभी कचहरियों में हिन्दी चले, यह हंगामा खड़ा कर दिया। बोलचाल की उर्दू से आसान लफ़्ज निकालकर उनकी जगह भारी-भरकम संस्कीरत के शब्द रख दिये गए और हिन्दी बन गई। यानी इस तरह पाकिस्तान की माँग को जन्म देनेवाले भारतेन्दु हरिश्चन्द्र हुए!

लेकिन इन दोस्तों ने खुद से यह सवाल नहीं किया कि छह सौ साल तक दिल्ली में फारसी राजभाषा रही, इस दौरान मुश्तर्का ज़बान की ज़रूरत क्यों नहीं पड़ी? मुगल-साम्राज्य के बिखराव के वक्त ही यह नई ज़बान एकाएक कैसे पैदा हो गई? और सिन्ध, कश्मीर, पंजाब, बंगाल में—जहाँ मुसलमान बहुसंख्यक थे—वहाँ मुश्तर्का ज़बान क्यों नहीं बनी? वहाँ के मुस्लमान कवि सिन्धी, कश्मीरी, पंजाबी और बँगला में अपने काव्य क्यों रचते थे और हिन्दी-भाषी प्रदेश में जहाँ मुसल्मान अल्पसंख्यक थे, वहीं मुश्तर्का ज़बान की ऐसी सख़्त ज़रूरत क्यों पैदा हुई?

भारत में जो मुसल्मान आए, वे अनेक भाषाएँ बोलते थे, इनमें तुर्की बोलने वाले प्रमुख थे। दिल्ली पर ईरानियों ने हुकूमत नहीं की, पर उनके सांस्कृतिक प्रभाव के कारण फारसी राजभाषा बनाई गई। यह विदेशी भाषा भारत में जातीय उत्पीड़न का एक साधन थी। जब मुगल साम्राज्य बिखरने लगा, तब फारसी का महत्त्व भी क्षीण हुआ। दिल्ली, लखनऊ और हैदराबाद जैसे केन्द्रों का फारसीप्रेमी अभिजात वर्ग बोलचाल की हिन्दी में अधिकाधिक अरबी-फारसी के शब्द भरने लगा। अंग्रेज़ों ने व्यवस्थित ढंग से इस सामन्ती आधार-शिला पर दो भाषाओं, दो संस्कृतियों, दो कौमों के अलग-अलग भवन निर्मित किए। किन्तु लोक-संस्कृति इस अलगाव को अस्वीकार करती थी।

लोक-संस्कृति की बात छोड़ें; हिन्दी-उर्दू साहित्य में जहाँ सचमुच अलगाव है, वहाँ हम दो भाषाओं, दो साहित्यों का अस्तित्व मानें या एक ही भाषा और एक ही साहित्य की दो धाराएँ मानें? इस सम्बन्ध में जिसका मत जो भी हो, व्यवहार में यह देखा जाता है कि अधिकांश हिन्दी लेखक दूसरी बात ही ज्यादा मानते हैं। हस्तलिखित ग्रंथों की खोज करते हुए कोई पुस्तक फारसी-लिपि में लिखी हुई मिल जाती है तो अनुसन्धानकर्ता उसे उर्दू कहकर छोड़ नहीं देते, देवनागरी लिपि में लिखी हुई पुस्तक की भाषा में अरबी-फारसी के शब्द हों तो उसे अशुद्ध हिन्दी कहकर विवरण से निकाल नहीं देते। भारतेन्दु हरिश्चन्द्र, प्रतापनारायण मिश्र और बालमुकुन्द गुप्त की उर्दू रचनाएँ उनकी हिन्दी ग्रंथावलियों में बराबर स्थान पाती हैं। फारसी लिपि में लिखा हुआ दकनी का साहित्य हिन्दी भाषा का साहित्य माना जाता है। इसी तरह उत्तर भारत में लिखा हुआ उर्दू साहित्य—गद्य और पद्य दोनों—हिन्दी-साहित्य का अंग मानकर विश्वविद्यालयों में पढ़ा और पढ़ाया जाना चाहिए। यह कार्य केन्द्र और राज्यों की सरकारें कर सकती हैं। जहाँ-तहाँ इसके लिए प्रयत्न हुए भी हैं किन्तु अभी तो राजनीतिज्ञों का स्वार्थ अलगाव को बनाए रखने में है। जहाँ तक साधारण पाठकों का सम्बन्ध है, जितनी तादाद में देवनागरी के माध्यम से वे उर्दू तक पहुँचते हैं, उतनी तादाद में फारसी लिपि के माध्यम से नहीं।

भारतेन्दु हरिश्चन्द्र उर्दू के विरोधी थे और उर्दू के समर्थक थे। उस युग की सांस्कृतिक परिस्थितियों में यह अन्तर्विरोध निहित था, वह भारतेन्दु की साहित्यिक

कार्यपद्धति में दिखाई देता है। सामान्य जनता में देवनागरी लिपि का प्रचार अधिक था; इसी में उसकी समस्त साहित्यिक विरासत सुरक्षित थी। इसके लिए संघर्ष करना उचित था। इस संघर्ष में यदि केवल हिन्दू लेखक थे या हिन्दू लेखक ही अधिक थे, तो इससे यह हिन्दुओं का साम्प्रदायिक संघर्ष नहीं हो जाता, वैसे ही जैसे ब्रिटेन या फ्रांस के अधिकांश लेखक ईसाई थे, तो इससे वहाँ का जातीय साहित्य साम्प्रदायिक ईसाई साहित्य नहीं हो जाता। देवनागरी के साथ फारसी लिपि और फारसी-मिश्रित हिन्दी भाषा का भी चलन था। भारतेन्दु इस भाषायी स्थिति को स्वीकार करते थे। उस स्थिति के अनुकूल साहित्य भी रचते थे। इसका यह अर्थ नहीं है कि वे दो कौमों और दो भाषाओं का सिद्धान्त मानते थे। उनके लिए उर्दू सचमुच हिन्दी की एक शैली ही थी।

भारतेन्दु हरिश्चन्द्र के जीवनीकार शिवनन्दन सहाय ने लिखा है कि उनमें विलक्षणता यह थी कि "हिन्दी की उन्नति के लिए तन-मन-धन सर्वस्व अर्पण करने पर भी अरबी-फारसी के परमानुरागी थे"। (सचित्र हरिश्चन्द्र; पृ. 233) अरबी-फारसी के परमानुरागी होने का तात्पर्य हैं, उर्दू का परमानुरागी होना। शिवनन्दन सहाय के अनुसार : "इन्होंने एक मशायरा (उर्दू कवि समाज) भी संस्थापित किया था", 'रसा' नाम से खुद शायरी करते ही थे, साथ ही "इन्होंने अच्छी ग़ज़लों का संग्रह करके 'गुलज़ारे पुरबहार' नामक पुस्तक छपवाई थी जिसमें इनकी बनाई हुई भी कई एक ग़ज़लें हैं, और जिसकी तीसरी आवृत्ति संवत् 1940 में हुई थी"। (उप., पृ. 233) देवनागरी लिपि में उर्दू साहित्य छापने की परम्परा कितनी पुरानी है! 'बैताल पचीसी', 'गुलज़ारे पुरबहार', उर्दू के लोकप्रिय शायर—आधुनिक हिन्दी-उर्दू के आरम्भ से लेकर अब तक उर्दू की रचनाएँ बराबर देवनागरी लिपि में छपती रही हैं और यह कार्रवाई क्रमशः तेज़ होती गई है, धीमी नहीं हुई। किसी और भाषा के बारे में भी आपने ऐसी बात सुनी है? हिन्दी-उर्दू को मिलाने में, अपनी बुनियादी सांस्कृतिक और भाषागत एकता कायम रखने में हिन्दीभाषियों का यह योगदान है।

'गुलज़ारे पुरबहार' तीसरी बार छपा, विद्याविलास प्रेस बनारस में। इस पर प्रकाशन संवत् 1957 दिया हुआ है (1950 नहीं)। एक हजार प्रतियाँ छापी गई थीं, कीमत छह आने थी; पृष्ठ-संख्या 96। उस समय को देखते कीमत कुछ ज्यादा है। दो संस्करण हाथों-हाथ बिक गए थे। इसलिए एक हजार के इस संस्करण के भी शीघ्र खत्म हो जाने में प्रकाशक को सन्देह न था। उसने विज्ञापित किया था कि पुस्तक का दूसरा भाग छप रहा है और पहले भाग से भी "कहीं बढ़-चढ़कर गाने और समझ में आने लायक ग़ज़ल, कवित्त, ठुमरी, भजन, होली, लावनी, मलार, कजली इत्यादि इस दूसरे भाग में रखी गई हैं।" ग़ज़ल के साथ भजन होली और लावनी यहाँ वैसे ही हैं, जैसे भारतेन्दु से पहले इस तरह के संग्रहों में—हस्तलिखित पुस्तकों में—होते थे। जौक़, ज़फ़र, सौदा, ग़ालिब आदि शायरों की ग़ज़लों

के साथ : 'धीरे-धीरे रे झुलाओ मेरे प्यारे ललना॥ सीता अति सुकुमारी झोका भारी पलना॥' भी है। एक आधा पद सूरदास का है—निसि दिन बरषत नैन हमारे। फैलन के शब्द-कोश में जैसे ब्रज, उर्दू, अवधी तथा अन्य जनपदीय बोलियों के लोक-साहित्य को एक ही जातीय भाषा के अन्तर्गत माना गया है, वैसे ही 'गुलज़ारे पुरबहार' में सांस्कृतिक विभाजन की रेखाएँ मिटा दी गई हैं।

इस संग्रह में हरिश्चन्द्र की अनेक ग़ज़लें हैं—गुनह बखशो रसाई दो रसा को अपने कदमों तक। बुरा है या भला है जैसा है प्यारे तुम्हारा है॥ रसा आगे न लिख अब हाल अपनी बेकरारी का। बरङ्गे गुञ्च जब [? 'जब' या 'सब' को दीमक खा गए हैं] मजमूं तेरे फरयाद करते हैं॥ रसा की है तलाशे यार में यह दश्त पैमाई। कि मिल्ले शीशा मेरे पांव के छाले झनकते हैं॥ रसा हाजत नहीं कुछ रौशनी की कुंजे मरकद में। बजाए शमअ यां दागे जिगर हर वक़्त जलते हैं॥ रसा महवे फ़साहत दोस्त क्या दुश्मन भी हैं सारे। ज़माने में तेरे तरजे सखुन की यादगारी है॥ आरिफ जो हैं उनको है बस रंज व राहत एक रसा। जैसे वह गुजरी है यह भी किसी तरह निभ जाएगी॥ इनके अलावा उनके पिता गिरधरदास की भी एक ग़ज़ल है—दास गिरधर तुम फ़कत हिन्दी पढ़े थे खूबसी। किस लिए उर्दू के शाअर में गिने जाने लगे॥ गिरधरदास उर्दू के शायरों में वैसे ही गिने जाने लगे थे जैसे बहुत-से लोग तस्लीम लखनवी को उर्दू का लेखक समझने लगे थे। लखनऊ ही नहीं, बनारस में भी उर्दू सिर्फ किताबों की ज़बान न थी; बहुत-से लोग उसे सुनकर सीख लेते थे।

'गुलज़ारे पुरबहार' जैसे संग्रह और भी छपे थे। शिवनन्दन सहाय ने कानपुर से प्रकाशित होनेवाले 'बहार गुलशन' का जिक्र किया है जिसमें हरिश्चन्द्र की यह ग़जल छपी थी : "दिल मेरा तीरे सितमगर का निशाना हो गया। आफ़ते जां हक़ में मेरे दिल लगाना हो गया"। (सचित्र हरिश्चन्द्र, पृ. 233) इसके बाद शिवनन्दन सहाय ने भारतेन्दु की छह ग़ज़लें और उद्धृत की हैं जिनमें दो 'गुलज़ारे पुरबहार' में भी संकलित थीं। इस सबके अलावा उनकी उर्दू कविता और भी है जिसमें वह ग़ज़ल है जिसका बकलम खुद यों है :

दोस्तो कौन मेरी तुर्बत पर
रो रहा है रसा रसा करके।

भारतेन्दु के समय में खड़ीबोली की जो अनेक शैलियाँ प्रचलित थीं, उन सभी की झलक उनके साहित्य में देखी जा सकती है। कुछ लोग ग़ज़लों का प्रयोग अपनी भक्ति-भावना की अभिव्यक्ति के लिए करते थे। 'गुलज़ारे पुरबहार' की पहली ग़ज़ल इसी ढंग की है और यों शुरू होती है :

जहाँ देखो वहाँ मौजूद मेरा कृष्ण प्यारा है।
उसी का सब है जलव: जो जहाँ में आशकारा है॥

हरिश्चन्द्र लावनी-परम्परा से बखूबी परिचित थे और इस रंग में जो कहते थे, वह उनकी ग़ज़लों से बहुत अच्छा था।

श्री राधा-माधव जुगलचरन रस का अपने को मस्त बना।
पी प्रेम पियाला भर भर कर कुछ इस मै का भी देख मज़ा॥

ग़ज़ल कहनेवालों में जो बड़े हैं, हरिश्चन्द्र उनसे छोटे हैं किन्तु ख्याल-लावनी-परम्परा में जो बड़े-से-बड़े हैं, उनमें एक हरिश्चन्द्र भी हैं। उनकी प्रतिभा की यह विशेषता है कि वह लोक-साहित्य के स्तर पर ही सबसे ज्यादा अपना चमत्कार दिखाती है। 'भारतेन्दु बाबू हरिश्चन्द्र का सचित्र जीवन चरित्र' में श्री राधाकृष्णदास ने लिखा है कि 'फूलों का गुच्छा' नाम से इन्होंने लावनियों का ग्रंथ बनाया; "उस समय बनारस में बनारसी लावनीबाज़ की लावनियों का बड़ा चर्चा था"। (बनारस, संवत् 1960; पृ. 88) ऐसे ही किसी लावनीबाज़ की चुनौती सुनकर कि इस प्रकार कविता बनाते हुए कोई गावे तब जानें, भारतेन्दु उससे ढफ़ लेकर लावनी गाने लगे थे।

लावनी-परम्परा हिन्दुओं और मुसलमानों को मिलाती ही न थी, वह उनके साम्प्रदायिक अलगाव की जड़ भी काटती थी। ब्रजभाषा-प्रेमी, हिन्दी-हिन्दू-हिन्दुस्तान का मंत्र जपनेवाले प्रतापनारायण मिश्र इस परम्परा से प्रभावित थे :

मिला रहे अपने प्यारे से नशे में उसके चूर रहे।
जी चाहे सो करे सारे झंझट से दूर रहे॥
बेपर्वा बेफ़िक्र बेहया बेमज़हब मशहूर रहे।
वह प्रताप की तरह हरदम हरजा मसरूर रहे॥
यही सदा से कहता मस्तों के खेड़े का खेड़ा है।
सिवा इश्क़ के, जहाँ जो कुछ है निरा बखेड़ा है॥

[प्रतापलहरी, संग्रहकर्ता : नारायण प्रसाद अरोड़ा और सत्यभक्त; कानपुर, 1949; पृ. 75-76]

ऐसे इश्क़बाज़ बेमज़हब बेहया शायर साम्प्रदायिक अलगाव की कालकोठरी में देर तक बन्द न रह सकते थे। भारतेन्दु हरिश्चन्द्र का बड़ा गहरा लगाव इस परम्परा से था; इसलिए हिन्दुओं और मुसल्मानों को मिलाने के लिए उनका प्रयत्नशील होना स्वाभाविक था। इसके लिए एक काम उन्होंने यह किया कि हिन्दुओं को अपने लेखों द्वारा उन्होंने इस्लाम धर्म से परिचित कराया।

मृत्यु से एक वर्ष पहले सन् 1884 में उन्होंने 'पंच पवित्रात्मा' निबन्ध-संग्रह छपवाया। इसमें 'महात्मा मुहम्मद', 'बीबी फातिमा', 'आदरणीय अली की मृत्यु का समाचार', 'इमाम हसन और इमाम हुसैन'—से चार निबन्ध थे जिनमें पाँच

पवित्रात्माओं की जीवनी लिखी गई थी। 'महात्मा मुहम्मद' में उन्होंने लिखा है : "ईश्वर की आज्ञा पालन के लिए वह दस बरस मक्का नगर में अपरिसीम क्लेश और अत्याचार सहन करके पीछे मदीना नगर में चले गए। वहीं शत्रुगण से आक्रांत होकर उन लोगों के अनुरोध से और आवाहन से युद्ध करने को बाध्य हुए। वह विपन्न अत्याचारित होकर कभी तनिक भी भीत और संकुचित नहीं हुए थे। जितनी बाधा और विघ्न उपस्थित होता था, उतना ही अधिक उत्साहानल से प्रज्वलित हो उठते थे। सब विघ्न अतिक्रम करके अटल विश्वास से वह ईश्वरादेश पालन व्रत में दृढ़ व्रती थे।" (भारतेन्दु ग्रंथावली, तीसरा खंड, काशी, संवत् 2010, पृ. 395) उचित है कि जब लोग भारतेन्दु के प्रसंग में हिन्दू पुनरुत्थान की बात करें, तब 'पंच पवित्रात्मा' में उनके निबन्धों का भी स्मरण करें।

शिवनन्दन सहाय ने लिखा है कि "इन्होंने 'क़ुरान शरीफ़' का हिन्दी भाषा में अनुवाद किया था"। (सचित्र हरिश्चन्द्र, पृ. 233) सम्भवत: यह अनुवाद पूरा न हुआ था; 'कविवचनसुधा' में उसके प्रकाशन की विज्ञप्ति अवश्य छपी थी। शिवनन्दन सहाय ने " 'क़ुरान शरीफ़' का स्वल्प अनुवाद तथा क़ुरान के सर्व पर्व और उसके विषय और आयतों की संख्या आदि का एक चक्र" देखा था। (उप., पृ. 233) भारतेन्दु हरिश्चन्द्र की कृष्ण-भक्ति ऐसी अद्वैत थी कि उन्हें सभी धर्मों में एक ही सत्ता का गौरव-गान सुनाई देता था :

जहाँ देखा वहाँ मौजूद मेरा कृष्ण प्यारा है।
उसी का सब है जलव: जो जहाँ में आशकारा है॥
× × ×
तेरा दम भरते हैं हिन्दू अगर नाकूस बजता है।
तुझे ही शेख़ ने प्यारे अज़ां देकर पुकारा है॥
जो बुत पत्थर हैं तो काबे में क्या जुज़ खाको पत्थर है।
बहुत भूला है वह इस फ़र्क़ से सिर जिसने मारा है॥
न होते जलव: गर तुम तो य गिरजा कब का गिर जाता।
नसारा को भी तो आख़िर तुम्हारा ही सहारा है॥

यह सब भारतेन्दु हरिश्चन्द्र ने 'उर्दू' में लिखा था।

राधाकृष्णदास की जीवनी में रामचन्द्र शुक्ल ने हरिश्चन्द्र के एक पत्र से राधाकृष्णदास उर्फ़ बच्चा को लिखे हुए ये शेर उद्धृत किए हैं :

अज़ीज अज़ जान मन बच्चा बहादुर।
मेरे दिल के सदफ़ के बेबहादुर॥
बहुत ही जल्द भेजो नीलदेवी।
इसी दम चाहिए इक उसकी कापी॥

हिन्दी-उर्दू की समस्या पर विचार करते समय इस बात को ध्यान में रखना चाहिए कि भारतेन्दु हरिश्चन्द्र के घर में उर्दू का भी व्यवहार होता था। शुक्ल जी ने हरिश्चन्द्र का एक दूसरा पत्र उद्धृत किया है :

1. "बच्चा! आज शाम को गोपाल बाबू को कुछ जरूर मिलेगा।
2. डाक में कोई ख़त आया हो तो भेज देना।
3. जो रुखसताना बाबू बालेश्वर प्रसाद को मिला है वही बाबू दामोदर दास को भी मिलेगा।
4. अलबम सब गाड़ी पर रखवा कर भिजवा दो।"

इस भाषा को आप हिन्दी कह सकते हैं, उर्दू भी।

शुक्ल जी ने राधाकृष्णदास का एक पत्र उद्धृत किया है जो उर्दू में लिखा गया था : "एक बड़ी भारी वजह जो मेरे लिखने-पढ़ने व काम करने में हारिज है वह आंख है। अस्त्रों की यह कैफियत है कि घंटे दो घंटे पढ़ने से दर्द होता है, पानी भर आता है और पढ़ने में भी बड़ी दिक्कत होती है। इसके सिवा कम रोशनी में हरुफ़ बिलकुल मालूम नहीं होते। ज्याद: ग़ौर करके चीज़ को देखने से आँखों के सामने धुन्ध मालूम होता है। एक घंटा भी रात में पढ़ने से सर में दर्द होने लगता है। और उस रोज़ रात भर और दूसरे रोज़ दिन भर क़दरे बना रहता है। पस इस सबब से मैं न बखूबी पढ़ सकता हूं न लिख सकता हूं। क्योंकि काम का वक्त रात है। पस काम के नाम से डर लगता है। जबकि मेरी यह सूरत है तो क्योंकर कोई बड़ा काम अञ्जाम कर सकता हूं?"

राधाकृष्णदास नागरी प्रचारिणी सभा, काशी के संस्थापकों में थे, उसके सभापति थे। उर्दू में उनका पत्र लिखना भाषा-सम्बन्धी इस वास्तविकता की ओर ध्यान दिलाता है कि उस समय हिन्दी और उर्दू, दोनों रूपों में खड़ी बोली का व्यवहार होता था। इस वास्तविकता को ध्यान में रखते हुए राजा शिवप्रसाद के उस प्रयत्न का मूल्यांकन करना चाहिए जो उन्होंने हिन्दी और उर्दू को मिलाने के लिए किया।

हिन्दी से भिन्न एक स्वतंत्र भाषा के लिए उर्दू शब्द का व्यवहार कब से होने लगा, यह प्रश्न दिलचस्प है। सामाजिक-सांस्कृतिक जीवन में नाम का बड़ा माहात्म्य है। भोजपुरी जनपद को काटकर एक हिस्सा इस सूबे में, दूसरा हिस्सा उस सूबे में मिला दीजिए, तो कुछ दिन में भाषावैज्ञानिक बिहार सूबे की भाषा को बिहारी नाम दे देंगे और उनके शिष्य लोग अपने शोध-प्रबन्धों में भोजपुरी, मगही, मैथिली, खड़ी बोली—इन सबसे अलग जो न कहीं बोली जाती है, न सुनी बाती है, उस बिहारी भाषा का कीर्तन करने लगेंगे। एक ही भाषा के दो साहित्यिक या शिष्ट रूपों को दो नाम हिन्दी और उर्दू दे दीजिए, राजनीतिज्ञ एक नया भाषाशास्त्र रच डालेंगे कि धर्म के आधार पर भाषा का विकास कैसे होता है और इस शास्त्रीय आविष्कार को संवैधानिक मान्यता भी प्राप्त हो जाएगी!

'जर्नल ऑव दि रायल एशिऐटिक सोसाइटी ऑव ग्रेट-ब्रिटेन ऐन्ड आयलैंड' की अप्रैल, 1930 की संख्या में टी. ग्रैहम बेली का एक लेख प्रकाशित हुआ था—'उर्दू : दि नेम ऐंड दि लैंग्वेज'। इसमें उन्होंने लिखा है कि कवि मसहफी (1750-1824) ने सम्भवत: पहली बार केवल भाषा के लिए उर्दू शब्द का व्यवहार किया था (यानी ज़बाने उर्दू कहना और बात है—वहाँ लश्कर की भाषा की ओर संकेत होता है—और केवल उर्दू शब्द से किसी भाषा विशेष की ओर संकेत करना और बात है)। मसहफी ने लिखा था :

ख़ुदा रक्खे ज़बाँ हमने सुनी है मीर ओ मिर्ज़ा की
कहें किस मुहँ से हम ऐ मसहफी उर्दू हमारी है।

मसहफी ने यह शेर कब कहा, यह निश्चित नहीं है। बेली ने लिखा है, उनके बड़े होने पर किसी भी साल का शेर हो सकता है; 1776 ई. तक वह कविरूप में प्रसिद्ध हो गए थे।

इससे इतना तो सिद्ध होता ही है कि अठारहवीं सदी के पूर्वाद्ध में फारसी लिपि में जो खड़ी बोली लिखी जा रही थी, वह 'उर्दू' नाम से प्रसिद्ध न हुई थी। बेली ने गिलक्रिस्ट की 'ए ग्रामर ऑव दि हिन्दुस्तानी लैंग्वेज' (1796) में 'उर्दू' शब्द के व्यवहार का उल्लेख करते हुए उस पर यह टिप्पणी दी है : "As we do not know the date of mushafi's lines we must admit that Gilchrist *may* have been the first person who in literature used urdu as the name of the language." उर्दू शब्द का व्यवहार करने वाले गिलक्रिस्ट पहले व्यक्ति रहे हों, चाहे न रहे हों, एक बात निश्चित है कि अंग्रेज़ी शिक्षा विभाग ने संगठित रूप से हिन्दी से अलग उर्दू को शिक्षा का माध्यम बनाया और हिन्दी के हिन्दुओं की भाषा कहकर उससे स्वतंत्र एक अन्य भाषा के लिए उर्दू शब्द का प्रचार उन्होंने जोरों से किया। गिलक्रिस्ट से पहले इस बात का उल्लेख नहीं है कि हिन्दुओं की भाषा का नाम हिन्दी है। 1798 में 'दि ओरियंटल लिंग्विस्ट : ऐन ईजी एंड फैमीलियर इंट्रोडक्शन टु दि पौपुलर लैंग्वेज ऑव हिन्दुस्तान' में गिलक्रिस्ट ने यह धारणा प्रस्तुत की थी कि हिन्दवी शुद्ध हिन्दुओं की भाषा है; अरबी-फारसी मिश्रित दरबार की परिष्कृत भाषा हिन्दुस्तानी है। वास्तविक स्थिति यह है कि हिन्दी और हिन्दवी शब्दों का प्रयोग खड़ी बोली मात्र के लिए होता था, वह किसी भी शैली में लिखी गई हो, हिन्दू-मुसल्मान का सवाल न था।

टी. ग्रेहम बेली ने लिखा है कि अठारहवीं सदी में और उससे पहले हिन्दी—कभी-कभी हिन्दवी—शब्द का ही व्यवहार होता था। जफर ज़टल्ली (1659-1713) ने लिखा था :

अगर्चे सभी कूड़ा ओ कर्कट अस्त
ब हिन्दी ओ रिन्दी ज़बां लटपट अस्त।

1732 में फज़्ली ने 'दह मजलिस' की भूमिका में लिखा : "और अब तक तर्जुमा ए फारसी ब इबारते हिन्दी नस्र नहीं हुआ मुस्तमा"। असर ने मसनवी ख़्वाबो ख़याल (1740) में लिखा :

फारसी सौ है हिन्दवी सौ है
बाक़ी अशआर मसनवी सौ है।

अफ़ज़ल बेग ने 'तज़किरा तुहफतुश्शुअरा' (1752 ई.) में लिखा : "अशआरे फारसी ओ हिन्दी तबअ दुरुस्त दारद"। मीर हसन ने उर्दू कवियों की रचनाओं के संग्रह का नाम 'तज़किरा ए सुख़न आफ्रीनाने हिन्दी' (1776 ई.) रखा। शाह अब्दुल क़ादिर ने क़ुरान शरीफ़ की ज़बान को हिन्दी कहा : "इसमें ज़बाने रेख़्ता नहीं बोली बल्कि हिन्दी ए मुस्तआरफ कि अवाम को बेतकल्लुफ़ दरयाफ़्त हो"। दकन के शाह मीरांजी (1496 ई.) ने अपनी भाषा के लिए हिन्दी शब्द का प्रयोग किया था : "यह बोलूं हिन्दी सब इस अर्तों के सबब।" शाह बुरहानुद्दीन ने 'इरशाद नामा' (1582 ई.) में लिखा : "ऐब न राखे हिन्दी बोल।" ये सारे उद्धरण ग्राहम बेली के लेख में हैं।

फारसी, तुर्की और अरबी से भिन्न दिल्ली की भाषा के लिए खुसरो ने हिन्दवी शब्द का व्यवहार किया था ("तुर्क हिन्दोस्तान बम मन हिन्दवी गोयम जवाब"—मैं हिन्दुस्तान का तुर्क़ हूँ और हिन्दी में जवाब दे इकता हूँ।) पद्मसिंह शर्मा ने 'हिन्दी, उर्दू और हिन्दुस्तानी' (इलाहाबाद, 1932 ई.) में मीर का यह शेर उद्धृत किया है :

क्या जानूं लोग कहते हैं किसको सरूरे क़ल्ब
आया नहीं है लफ़्ज़ ये हिन्दी ज़बां के बीच।

सैयद एहतेशाम हुसेन ने अपने उर्दू साहित्य के इतिहास में लिखा है कि "लगभग 18वीं सदी के अन्त तक 'उर्दू' शब्द का प्रयोग भाषा के अर्थ में नहीं मिलता"। (लखनऊ; 1954 ई; पृ. 24) हिन्दी से अलग भाषा के लिए उर्दू शब्द का व्यापक प्रयोग अंग्रेज़ी राज में उनके शिक्षा विभाग की देन है।

अब अंग्रेज़ों का शिक्षा-विभाग नहीं है। हम उर्दू को हिन्दी की शैली कहते हैं। फारसी लिपि में लिखे हुए दकनी के साहित्य को हिन्दी साहित्य मानते हैं किन्तु हिन्दी उर्दू की पढ़ाई अलग-अलग होती है, हिन्दी-उर्दू साहित्य का कोई मिला-जुला इतिहास नहीं है, सबसे बड़ी बात यह कि भारत के राजनीतिक दल हिन्दी-उर्दू के अलगाव को अपने-अपने ढंग से सुदृढ़ बनाने में लगे हैं और जो दल खास तौर से अपने को मज़दूर वर्ग का क्रान्तिकारी हिरावल दस्ता कहते हैं, वे भी एक लिपि के माध्यम से—मज़दूर संगठनों की छोटी सीमाओं के अन्दर भी—हिन्दी-उर्दू का अलगाव खत्म करने का प्रयत्न नहीं करते।

भारतेन्दु हरिश्चन्द्र ने शिक्षा कमीशन के एक प्रश्न का उत्तर देते हुए कहा था : "मैं हिन्दी, संस्कृत, उर्दू आदि का कवि हूँ"। (शिवनन्दन सहाय : सचित्र हरिश्चन्द्र,

पृ. 313) उर्दू का कवि होना उनके लिए यदि गर्व की बात नहीं थी तो लज्जा की बात भी नहीं थी। एक बार हरिश्चन्द्र के रोगमुक्त होने पर प्रतापनारायण मिश्र ने उन पर लम्बा क़सीदा लिखा था। क़सीदा उर्दू में था और उसी में, हरिश्चन्द्र की तारीफ़ में, यह भी कहा था कि उन्होंने उर्दू राक्षसी के पंजों से हिन्दी की जान बचाई है।

वही जिसने कि उर्दू देवनी के पैंज ए जुल से
बसद तदबीरो हिम्मत जान हिन्दी की बचाई है। [उप., पृ. 317]

बहुत खूब! वह उर्दू में कविता लिखते हैं और इस बात से परेशान भी हैं कि वह हिन्दी को दबोचे हुए है!

प्रतापनारायण मिश्र की सबसे अच्छी कविता उनकी कनपुरिया अवधी में है। उनका 'बुढ़ापा' ऐसी यथार्थपरक रचना है जैसी ब्रजभाषा के परम्परागत काव्य—और लोकसाहित्य में भी—मुश्किल से मिलती है। हास्य की रंगीनी के नीचे गहरी वेदना है। उनका 'ककाराष्टक' जनता के अनेक वर्गों और बिरादरियों पर व्यंग्यपूर्ण प्रहार है। उसमें खुद अपनी बिरादरी के लिए लिखा है :

का खा गा घा हू बिन पढ़े तिरवेदी पदवी धरन।
कलह प्रिय जयति कनौजिया, भारत कहँ गारत करन।

'जन्म सुफल कब होय' रचना में उन्होंने सेठ, पुरोहित, राजा, जमींदार आदि पर संक्षेप में चुभते व्यंग्य लिखे हैं। जमींदार के लिए लिखा है :

बरसे बिन बरसे कृषक जियैं मरैं चहु रोय।
पोत बढै काहू जतन जन्म सुफल तब होय॥

उनकी 'तृप्यन्ताम' कविता जरा लम्बी हो गई है पर बहुत जगह उसके व्यंग्य को भारतेन्दु-युग में भी कोई नहीं पाता। लक्ष्य बिटिश राज है; उसी पर व्यंग्यवाण बरसाते हैं और निरुपाय जनता की दशा का चित्रण करते हैं। प्रतापनारायण मिश्र लोक-साहित्य के स्तर पर जैसी भाषा का व्यवहार करते थे, उसके नमूने उन्हें अवधी में मिलते थे या ब्रजभाषा में। इसलिए आश्चर्य नहीं कि वह न केवल उर्दू के विरोधी थे वरन् कविता में खड़ी बोली हिन्दी के व्यवहार के भी विरोधी थे! किन्तु उन्होंने खड़ी बोली में काफी कविता की है। 'तृप्यन्ताम' में जहाँ कायस्थों का चित्रण करते हैं, उर्दू से उनका विशेष सम्बन्ध जानकर, उनके स्टाइल की पैरोडी करते हुए लिखते हैं :

देख तुम्हारे फरज़न्दों का तौरो तरीक़े तुआमो कलाम।
ख़िदमत क्यों कर करूं तुम्हारी अक्ल नहीं करती कुछ काम।
आबे शंग नज़्र गुज़रानूं या कि मए गुलगूं का जाम।
मुंशी चितर गुपत साहब! तसलीम कहूं या तृप्यन्ताम।

किन्तु उर्दू का व्यवहार वह उसकी पैरोडी के लिए ही नहीं करते। 'क़सीदा' बड़ी भावुकतापूर्ण रचना है। हिन्दी के उद्धारक हरिश्चन्द्र के प्रति उन्होंने हृदय की सारी श्रद्धा उर्दू कविता में उड़ेल दी है। हाँ, एक जगह 'होय है' का प्रयोग उर्दू-प्रेमियों को उस समय भी खटका होगा :

तरक़्क़ी क्या है केसे होय है रोता है क्या उस से
किसी को कुछ ख़बर भी थी उसी ने सब बताई है।

'मन की लहर' ('प्रताप लहरी' में दिया हुआ शीर्षक) रचना नज़ीर के रंग में है। बेफिक्र बेहया बेमज़हब होने की बात इसी में कही है।

किससे कहिए क्या कहिए जो लुत्फ़ दिल लगाने में है।
मज़ा ज़ीस्त का किसी की अदा पै मर जाने में है।

शहरों में लोक संगीत की एक धारा लावनीबाज़ों की रचनाओं में दिखाई देती है। इस धारा पर नज़ीर का गहरा असर है। ऊपर की दो पंक्तियों के बाद प्रतापनारायण मिश्र ने लिखा है :

काम न दीन और दुनिया से नै मतलब कुछ घरबार से है
हर एक तरह का वास्ता बस अपने दिलदार से है।

यहाँ 'नै' का प्रयोग बिलकुल नज़ीर के ढंग पर है, यथा :

जब देखा ख़ूब तो आख़िर को नै रिश्ता है ना नाता है (दुनिया धोके की टट्टी है)। लोक-कविता में कौशल दिखानेवाले प्रतापनारायण मिश्र को नज़ीर का प्रेमी होना ही चाहिए था। नज़ीर की परम्परा से प्रभावित होने पर परम हिन्दुत्व-प्रेमी प्रतापनारायण मिश्र साम्प्रदायिक भेदभाव के बारे में कहते हैं :

यों दुनिया में कहने को कोई पंडित है कोई दाना है।
भेद खुदा का मगर कुछ मस्तों ही ने जाना है॥
यक़ीन यह हर शख़्स को है महदूद अक्ल इन्सान की है।
अपार महिमा हमारे मालिक श्री भगवान की है।
ला ओ हो सी और नेति जबकि तहरीर वेद-क़ुरआन की है।
बयां कर सके, यह ताक़त हरगिज़ नहीं ज़ुबान की है।
क्या जाने क्या जानके मतवालों ने झगड़ा ठाना है।
भेद ख़ुदा का मगर कुछ मस्तों ही ने जाना है।

अंग्रेज़ और भारतीय समाज के उच्च वर्ग भाषा और संस्कृति के क्षेत्रों में बार-बार हिन्दुओं और मुसल्मानों को एक-दूसरे से अलगाते रहे, दोनों के बीच की खाईं

गहराते रहे पर लोकभाषा और लोकसाहित्य में जनता की बुनियादी एकता अब भी इतना मजबूत थी कि बार-बार अनेक रूपों में वह उभरकर ऊपर आती रही और साम्राज्यवादी-सामन्ती नीति से निरन्तर टकराती रही। उसी की एक मिसाल प्रतापनारायण मिश्र की यह कविता है।

लावनी के अलावा मिश्र जी उर्दू में ग़ज़ल भी कहते हैं और यहाँ भी हिन्दी-उद्धारक हरिश्चन्द्र को याद करते हुए कहते हैं :

चश्मे बातिन खुले तो खुल जावे
सबके दिल में छिपा हुआ है इश्क़।
बरहमन क्यों न हो मुक़िर इसका
मज़हबे हज़रते रक्षा है इश्क़।

यानी हरिश्चन्द्र हिन्दीउद्धारक होने के सिवा इश्कबाज़ सूफ़ी भी हैं। प्रतापनारायण मिश्र की अधिकांश खड़ी बोली रचनाओं की भाषा उर्दू है किन्तु जब चाहते हैं तो खड़ी बोली हिन्दी में भी अपनी प्रतिभा का चमत्कार दिखाते हैं। लावनी-परम्परा दरअसल हिन्दी-उर्दू का भेद स्वीकार ही नहीं करती।

जब से देखा प्रियवर! मुखचन्द्र तुम्हारा।
संसार तुच्छ जचता है इसको सारा।
इच्छा रहती है नित्य य शोभा देखें।
लावण्यमयी यह दिव्य मधुरता देखें।
यह भाव अलौकिक भोलेपन का देखें।
इस छवि के आगे और भला क्या देखें।
आहा! यह अनुपम रूप जगत से न्यारा।
संसार तुच्छ जचता है हमको सारा।

झूठे झगड़ों से मेरा पिंड छुड़ाओ—आदि रचना भी इसी तरह की खड़ी बोली में है। किन्तु मिश्र जी कविता में खड़ी-बोली के व्यवहार के विरोधी थे!

भारतेन्दु-युग के अन्तिम चरण के लेखक थे बालमुकुन्द गुप्त। प्रतापनारायण के नगर कानपुर से 'ज़माना' पत्र निकलता था; इसके एक लेखक थे बालमुकुन्द गुप्त, दूसरे लेखक थे प्रेमचन्द। इन दोनों लेखकों की दो पीढ़ियों को मिलाने का काम किया 'ज़माना' पत्र ने और यह पत्र उर्दू में निकलता था। बालमुकुन्द गुप्त की उर्दू इस ढंग की है : "ग़दर 1858 के बाद ज़बाने उर्दू को चन्द ऐसे मोहसिन मिले, जिन्होंने इसके सीगा नसर को बहुत तरक़्क़ी दी, और इसका पाया बुलंद किया। इन बुज़ुर्गों में से कुछ तो इस दुनियां में अपना काम अंजाम कर चुके और कुछ अभी मसरूफ़ हैं। मगर जल्द-जल्द ख़त्म कर रहे हैं; यह नज़ारा भी थोड़ी

देर के लिए है। आंख चाहती है कि अभी यह सामने से न हटें। यह सितारे अभी और चमकें। सुबह ज़रा आहिस्ता-आहिस्ता हो"। (गुप्त निबन्धावली, प्रथम खंड, पृ. 79)

बालमुकुन्द गुप्त उन बिरले लेखकों में हैं जो न केवल पुरानी हिन्दी-उर्दू से परिचित हैं वरन् जो उनमें लिखे हुए साहित्य का मूल्यांकन भी करते हैं। मौलवी मुहम्मद हुसेन आज़ाद पर उनका निबन्ध समूचे उर्दू गद्य के विकास का दिग्दर्शन कराता है। इस विकास में जो धारा कल्पना का आकाश छोड़कर यथार्थवाद की ज़मीन पर प्रवाहित होती है, उसका सूक्ष्म विवेचन इस निबन्ध में किया गया है। हिन्दी जब नई चाल में ढाली जा रही थी, तब बालमुकुन्द गुप्त मदरसे की छोटी जमात में आज़ाद की किताबें पढ़ते हुए उर्दू सीख रहे थे। आज़ाद एक तरह से उनके भाषागुरु थे और उनकी भाषा का मोहक रूप वह कभी नहीं भूले।

बालमुकुन्द गुप्त के समय में हिन्दी ही नहीं, उर्दू पर भी अंग्रेज़ी का प्रभाव ग़लत ढंग से पड़ने लगा था। आज़ाद के गद्य की नकल करनेवालों के लिए उन्होंने लिखा है कि "उनमें अंग्रेज़ी की कचाहन्द बुरी तरह मालूम होती है। साफ़ अंग्रेज़ी का तरजुमा मालूम होती हैं। उनके बाज़ मज़ामीन तो ज्यों के त्यों अंग्रेज़ी मालूम होते हैं, जिनमें उर्दूपन आया ही नहीं"। (उप., पृ. 98)

हिन्दी के नई चाल में ढलने के सौ साल बाद, ख़ास तौर से भारत के स्वाधीन होने के बाद, हमारी भाषा में कितना हिन्दीपन है? चिन्तनप्रधान हिन्दी गद्य का कितना बड़ा हिस्सा अंग्रेज़ी का तरजुमा मालूम होता है—ज़रा इस पर विचार करें।

मुहम्मद हुसेन आज़ाद के पिता मुहम्मद बाक़र 1856 ई. में 'उर्दू अख़बार' के सम्पादक थे। "कहा जाता है कि उस अख़बार में अंग्रेज़ों के ख़िलाफ़ बहुत मज़ामीन निकलते थे। ग़दर के वक़्त भी वह जारी था। इससे भी अंग्रेज़ इनसे नाराज़ थे। इसी नाराज़ी के सबब इनकी जान गई। 'उर्दू अखबार' का एक-एक नम्बर तलाश करके अंग्रेज़ों ने जलवा दिया"। (उप., पृ. 87) मुहम्मद बाक़र अंग्रेज़ों के हाथों शहीद हुए। उनके जिस अख़बार की प्रतियाँ अंग्रेज़ों ने ढूँढ़-ढूँढ़कर जलाईं थीं, उसे हम भी भुला दें या हिन्दी साहित्य के इतिहास में उसका नाम स्वर्णाक्षरों में लिखें?

मौलाना अबुल कलाम आज़ाद से लेकर चन्द्रशेखर आजाद तक—और उनके बाद भी भगवत झा आजाद तक!—आज़ाद उपनामों की जो लम्बी शृंखला स्वाधीनता-आन्दोलन के दौरान हिन्दुओं और मुसल्मानों को बाँधे रही, उसकी शुरुआत मुहम्मद हुसेन आज़ाद से होती है।

अंग्रेज़ों ने हिन्दुओं को ही मुसल्मानों से अलग न किया था, मुसल्मानों में उन्होंने सुन्नियों के लिए अलग और शियों के लिए अलग क्लास खोले थे! (उप., पृ. 84) आज़ाद पहले शियों की, फिर सुन्नियों की जमात में दाख़िल हुए थे।

पिता के शहीद होने के बाद आज़ाद की गिरफ़्तारी के लिए पाँच सौ रुपये का इनाम घोषित किया गया था। बड़ी मुश्किल से उनके नाम का वारंट रद्द हुआ और

वह खाने-कमाने और लिखने की स्थिति में हुए। आखिरी दिनों में नज़रुल इस्लाम की तरह वह विक्षिप्त हो गए थे।

साधारण मुसल्मान जिस तरह की उर्दू बोलते थे, उसका नमूना आज़ाद और जुलाहे की बातचीत है :

"मियां! यह थान कितने का बेचोगे? हज़ूर! दो-ढाई रुपये को बिकेगा। इस काम में क्या रहा? जब से कल का कपड़ा चला है, इसे टके गज़ कोई नहीं लेता। अब तो नैनूँ लट्‌ठे की क़दर है। एक दिन वह था कि हमारे हाथ के कपड़े बड़े-बड़े अमीर पहिनते थे। एक दिन यह है कि ग़रीब भी नहीं पूछते। क्या करें? अपने दिन पूरे करते हैं, कमती बढ़ती बेच ही डालते हैं। सुनो—हिम्मत न हारो मेहनत किए जाओ—बहुत न सही, थोड़ा ही सही। तुम्हारा काम बहुत अच्छा है। ग़रीबों के तन ढकते हैं। अमीरों के भी काम निकलते हैं। वह आप नहीं पहनते, पर उनके सायबान परदें, कनातें और तम्बू बनते हैं"। (उप., पृ. 102)

भारतीय रंगमंच पर महात्मा गांधी के आविर्भाव के पहले बालमुकुन्द गुप्त के ज़माने में स्वदेशी आन्दोलन तेज़ हो चला था। आज़ाद और जुलाहे की बातचीत पर उनकी टिप्पणी है : "आज अगर हज़रत आज़ाद को ख़बर होती कि स्वदेशी तहरीफ की बदौलत उनके ग़रीब जुलाहे के दिन फिरे हैं, और आपने जो उसे हिम्मत दिलाई थी, कि मेहनत किए जाओ, उसका फल उसे मिला है। वह कितने खुश होते"? (उप.)

स्वदेशी आन्दोलन से जुलाहे को बहुत कम फायदा हुआ। स्वदेशी ही नहीं, खादी-चर्खा आन्दोलन से आगे चलकर मिल-मालिकों ने ही ज़्यादा लाभ उठाया, जुलाहों ने नहीं। किन्तु जुलाहों के प्रति आज़ाद और बालमुकुन्द गुप्त की सहानुभूति दो युगों के साम्राज्यविरोधी लेखकों को आपस में जोड़ती है। यह सहानुभूति हिन्दी-उर्दू की भी मिलाती है और यह साम्राज्य-विरोधी चेतना, जनसाधारण के प्रति यह हार्दिक सहानुभूति ही वह ज़मीन है जहाँ हिन्दी-उर्दू का अलगाव दूर किया जा सकता है और एक सामान्य भाषा और संस्कृति की धारा फिर प्रवासित हो सकती है।

स्वत्व निज भारत गहै

भारतेन्दु हरिश्चन्द्र ने 'कालचक्र' में लिखा था : "हिन्दी नये चाल में ढली—1873ई.।" (भारतेन्दु-ग्रंथावली में यह पुस्तक संकलित है; वहाँ 'नई चाल' की जगह 'नये चाल' ही छपा है।)

इस वर्ष के सम्बन्ध में राधा कृष्णदास ने लिखा है : "यद्यपि भारतेन्दु जी ने सन् 1864 ई. से हिन्दी गद्य-पद्य का लिखना आरम्भ किया था और सन् 1868 में 'कविवचनसुधा' का उदय हुआ, परन्तु इसे स्वयं भारतेन्दु जी हिन्दी के उदय का समय नहीं मानते। वह मैगज़ीन के उदय (सन् 1873 ई.) से ही हिन्दी का पुनर्जन्म मानते हैं।"

यह हिन्दी हरिश्चन्द्री हिन्दी थी, इस बारे में आगे लिखा है : "उन्होंने अपने 'काल-चक्र' नामक ग्रंथ में लिखा है, 'हिन्दी नये चाल में ढली (हरिश्चन्द्री हिन्दी) सन् 1873 ई.।' वास्तव में जैसी लालित्यमय हिन्दी इस समय से लिखी जाने लगी, वैसी पहिले न थी।" हरिश्चन्द्री हिन्दी पर उनकी एक पाद टिप्पणी है : "खेद का विषय है कि (हरिश्चन्द्री हिन्दी) इतना लेख जो स्वयं भारतेन्दु जी ने लिखा था, उसे कालचक्र छपने के समय खड्ग विलास प्रेस वालों ने छोड़ दिया है"। (भा. बा. हरिश्चन्द्र का जीवन चरित्र, पृ. 56)

यद्यपि किसी लेखक की रचना में प्रकाशक द्वारा इस तरह का संशोधन अनुचित है, फिर भी यह अच्छा ही हुआ कि लोगों को हिन्दी के नई चाल में ढलने की बात याद रही, हिन्दी के साथ लगा हुआ हरिश्चन्द्री विशेषण छूट गया। हरिश्चन्द्र बड़े शैलीकार थे किन्तु भारतेन्दु-युग के सभी लेखकों ने उनसे हिन्दी लिखना न सीखा था; वह स्वयं दूसरों से सीखकर अच्छे हिन्दी लेखक बने थे, अचानक लालित्यपूर्ण हिन्दी का आविष्कार उन्होंने न किया था। इसलिए हिन्दी के नई चाल में ढलने का उल्लेख ही काफी है।

'कालचक्र' पुस्तक हिन्दी सम्बन्धी उल्लेख के अलावा भी दिलचस्प है। सृष्टि के आरम्भ से लेकर सतयुग, नेता, द्वापर और कलियुग पार करते हुए प्रिंस आफ वेल्स के शुभागमन और पीपे में आग लगने तक इन सब घटनाओं के ईसवी सन् दिये हुए हैं। हिन्दी में प्रथम नाटक (नहुष), द्वितीय नाटक (शकुन्तला) और तृतीय

'विद्यासुन्दर' की रचना के वर्ष दिये हुए हैं। इससे ज्ञात होता है कि भारतेन्दु के लिए साहित्य सम्बन्धी घटनाएँ राजनीतिक घटनाओं से कम महत्त्वपूर्ण नहीं हैं। ऐसी ही एक घटना है : "एथीन्स नगर में पहले पहल दु:खान्त नाटक खेला जाना—535 ई.पू.।"

साहित्य-रचना का गहरा सम्बन्ध कागज़ बनाने और पुस्तकें बेचने से है। हरिश्चन्द्र ने नोट किया : "यूरप में कागज गूदर से बना—1000 ई.", "पुस्तकें बेचने की चाल इंग्लैंड में चली—1100 ई.।" 1887 ई. में इंग्लिश मर्करी नाम से अंग्रेज़ी का 'प्रथम समाचार पत्र चला' और 1595 ई. वह वर्ष है जब 'कवि शेक्सपियर का उदय' हुआ। 'हिन्दी का प्रथम समाचार पत्र (सुधाकर)—1850 ई.।'

1193 ई. में 'पृथ्वीराज की हार, भारत की स्वाधीनता का अन्त' हुआ। 1620 ई. में 'मदरास में अंगरेज जमे।' 1587 ई. में स्काटलैंड की रानी मेरी का वध किया गया; यहाँ उनकी टिप्पणी है : "एलिजाबेथ ने व्यर्थ यह पाप किया। एलिजाबेथ बड़ी पापासक्त थी किन्तु प्रकट में धार्मिक बनी थी।" ब्रिटिश इतिहास की पुस्तकों में सामान्यत: एलिजाबेथ को इस रूप में प्रस्तुत नहीं किया जाता। हरिश्चन्द्र अंग्रेज़ों का चरित्र समझने के लिए ऐतिहासिक घटनाक्रम की छानबीन अपने ढंग से कर रहे थे। अमरीकी स्वाधीनता-संग्राम पर उनकी टिप्पणी से ज्ञात होता है कि उन्हें अंग्रेज़ों की नीति मूर्खतापूर्ण लगी थी : "अमेरिका स्वतंत्र हुआ, सवा अरब रुपया, पचास हज़ार प्राणी और कई टापू गँवाकर अंगरेज शान्त हुए।"

चेतसिंह कांड पर हेटिंग्स से सम्बन्धित उनकी टिप्पणी बहुत तीखी है : "वारेन हेस्टिंग्स—जिसने राजा चेतसिंह से महा अन्यायपूर्वक बनारस का राज्य छीना था, सात लाख रुपया पार्लियामेंट में व्यय करके सात बरस में उन लोगों की दृष्टि में दोष-मुक्त हुआ। किन्तु न्यायकर्ता परमेश्वर के सामने से दोष-मुक्त कब हो सकता है?"

अंग्रेज़ों ने यहाँ अन्यायपूर्ण ढंग से अपना राज्य-विस्तार किया, इसमें हरिश्चन्द्र को ज़रा भी सन्देह न था। आशा यह थी कि अब कम्पनी का राज्य नहीं है, महारानी विक्टोरिया का शासन है, पुराने ढंग का अन्याय अब नहीं होगा। आज हम लोग जब भारत में अंग्रेज़ी राज की बात करते हैं तो हमारे लिए जैसे सन् 1858 से पहले का अंग्रेज़ी राज, वैसे ही बाद का; दोनों में कोई बहुत बड़ा फर्क नहीं जान पड़ता। किन्तु भारतेन्दु हरिश्चन्द्र और उनके समकालीन लेखकों के लिए 1858 का साल एक महत्त्वपूर्ण विभाजन रेखा था। ब्रिटेन और भारत के सम्बन्धों में एक नये युग की शुरुआत समझकर वे अंग्रेज़ी राज की प्रशंसा करते थे। ब्रिटिश अधिकारियों, विशेष कर ब्रिटिश राजघराने के लोगों का स्वागत करने में, उन्हें कविता-पुस्तकें भेंट करने में हरिश्चन्द्र सबसे आगे रहते थे। इन स्वागत समारोहों का उपयोग वह देश की वास्तविक स्थिति के प्रति अंग्रेज़ों को, और उनसे भी अधिक देशवासियों को चेताने के लिए करते थे।

अंग्रेज़ इनके स्वागत-समारोहों को शक की निगाह से देखने लगे हों तो आश्चर्य नहीं। ड्यूक आफ ऐल्बनी के आने पर हरिश्चन्द्र-द्वारा आयोजित सभा पर पाबन्दी लगाना इसी नीति का परिणाम था। किन्तु इससे निष्कर्ष निकालना सही न होगा कि भारतेन्दु हरिश्चन्द्र राजभक्ति का दिखावा अंग्रेज़ों को धोखा देने के लिए ही करते थे। जैसे उनके साहित्य में रीतिवाद और नवजागरण की धाराएँ आकर मिल जाती हैं, वैसे ही उनकी मनोभूमि पर राजभक्ति और देशभक्ति की धाराएँ परस्पर टकराती हुई बहती हैं। इन दोनों धाराओं में निःसन्देह देशभक्ति वाली धारा ही प्रबल है। प्रश्न यह है कि इस देशभक्ति का लक्ष्य क्या है? क्या भारतेन्दु यह कल्पना करते थे कि अंग्रेज़ी राज खत्म होने पर ही देश की वास्तविक उन्नति सम्भव होगी, क्या वह इसके लिए जन-आन्दोलन की कल्पना करते थे?

'कविवचनसुधा' का प्रकाशन रीतिवादी परम्परा के निर्वाह से जुड़ा हुआ था। राधाकृष्णदास के अनुसार : "प्राचीन कवियों की कविताओं का प्रकाश ही इसका मुख्य उद्‌देश्य था"। (भारतेन्दु बाबू हरिश्चन्द्र का जीवन-चरित्र, पृ. 52) प्राचीन कवियों की ये कविताएँअधिकतर रीतिवादी होती थीं। शीघ्र ही 'कविवचनसुधा' में गद्य को मिलने लगा क्योंकि गद्य के बिना किसी सामाजिक आन्दोलन का संगठन या संचालन सम्भव न था। गद्य-लेखन को बढ़ावा देने में समूचे देश की स्थिति के अलावा हिन्दीभाषी प्रदेश की विशेष परिस्थिति भी हरिश्चन्द्र को प्रेरित कर रही थी। समूचे देश की स्थिति पराधीनता की थी; हिन्दी प्रदेश की विशेष परिस्थिति पिछड़ेपन की थी। राधाकृष्ण दास ने हरिश्चन्द्र के गद्य-लेखन से इन राष्ट्रीय और जातीय प्रेरणाओं का सम्बन्ध संक्षेप में, पर बहुत अच्छी तरह, जोड़ा है : "देखा कि बिना गद्य-रचना इस समय कुछ उपकार नहीं हो सकता। इस समय और प्रान्त आगे बढ़ रहे हैं, केवल यही प्रान्त सबसे पीछे है, यह सोच देशभक्त हरिश्चन्द्र ने देशहितव्रत धारण किया और 'कविवचनसुधा' को पाक्षिक, फिर साप्ताहिक कर दिया तथा राजनीतिक, सामाजिक आदि आन्दोलन आरम्भ कर दिया और 'कविवचनसुधा' का सिद्धान्त-वाक्य यह हुआ :

खल गगन सों सज्जन दुखी मति होहिं हरिपद मति रहै।
उपधर्म छूटैं, स्वत्व निज भारत गहै, कर दुख बहै॥
बुध तजहिं मत्सर, नारि नर सम होहिं, जग आनँद लहै।
तजि ग्राम कबिता, सुकबिजन की अमृतबानी सब कहै॥"

[उप., पृ. 52-53]

भारत निज स्वत्व गहै—इसका अर्थ क्या है?

हरिश्चन्द्र के मन में साहित्य की उन्नति देश और समाज की उन्नति से जुड़ी हुई थी। सामाजिक उन्नति का एक महत्त्वपूर्ण सूत्र था—नारि नर सम होहिं। यह

बात रूढ़िवादियों को वैसे ही पसन्द न थी, जैसे भारत के निज स्वत्व प्राप्त करने की बात अंग्रेज़ों को। हरिश्चन्द्र दोनों के ही कोपभाजन हुए। राधाकृष्ण दास ने इस प्रसंग में उचित ही उनकी वीरता की प्रशंसा करते हुए लिखा है : "जैसा ही अंग्रेज़ हाकिमों को 'स्वत्व निज भारत गहै, कर (टैक्स) दुख बहै, कहना कर्णकिटु था, उससे अधिक 'नारि नर सम होहिं' कहना हिन्दुस्तानी भद्र समाज को चिढ़ाना था। परन्तु वीर हरिश्चन्द्र ने जो जी में ठाना, उसे कह ही डाला, और जो कहा, उसे आजन्म निबाहा भी। इन्हीं कारणों से वह गवर्नमेंट के क्रोध-भाजन हुए, अपने समाज में निन्दित हुए और समय-समय पर नव्य समाज से भी बुरे बने, परन्तु जो व्रत उन्होंने धारण किया, उसे अन्त तक नहीं छोड़ा, यहाँ तक कि 'कविवचनसुधा' से अपना सम्बन्ध छोड़ने पर भी आजन्म यही व्रत रक्खा"। (उप., पृ. 53)

भारत निज स्वत्व गहै—इसका अर्थ 'कविवचनसुधा' के लेखों से जाना जा सकता है। राधाकृष्ण दास और शिवनन्दन सहाय, ये दोनों जीवनी-लेखक भारतेन्दु को मूलत: अंग्रेज़भक्त के रूप में चित्रित करते हैं। भारतेन्दु यदि अंग्रेज़ों के कोपभाजन हुए तो अक्सर इसका कारण राजा शिवप्रसाद की ईर्ष्या और दुरभिसन्धि है। हरिश्चन्द्र अंग्रेज़ी राज के विरोधी नहीं थे, यह साबित करने की इच्छा शिवनन्दन सहाय में राधाकृष्ण दास से अधिक है।

'कविवचनसुधा' (कार्तिक शुद्ध 15, सं. 1927) में 'लेवी प्राण लेवी' नाम का प्रसिद्ध निबन्ध अग्रलेख के रूप में छपा था। लेख के अन्त में किसी का नाम नहीं है। इस निबन्ध में लार्ड भेयो और उनकी वन्दना के लिए उपस्थित होनेवाले राजा-रईसों का मजाक उड़ाया गया है। उन्हें सबसे ज्यादा क्षोभ लोगों में आत्म-सम्मान की भावना का अभाव देखकर होता है। बनारस वाले तो 'मोम की नाक हैं चाहे जिधर फेर दो।' बनारस ही नहीं, प्रान्त के और शहर भी ऐसे हैं। अन्य प्रान्तों में जातीय सम्मान की भावना है, पता नहीं 'पश्चिमोत्तर देशवासी कब कायरपन छोड़ेंगे'।

भारतेन्दु ने जब यह लेख लिखा था तब पूरे बीस साल के न हुए थे। 'प्रेमजोगिनी' में जब लिखा था :

अमीर सब झूठे और निन्दक करें घात विश्वासी।
सिपारसी डरपुकने सिट्टू बोलैं बात अकासी॥

तब वह अपना लेखन-कार्य लगभग पूरा कर चुके थे। जो कायरता उन्होंने अमीरों में 'लेवी प्राण लेवी' के लेखन-काल में देखी थी, वह उन्हें 'प्रेमजोगिनी' लिखते समय भी याद रही।

फाल्गुन कृष्ण 30, सं. 1927 की 'कविवचनसुधा' में लाट साहब के उस दरबार की चर्चा है जिसमें शिवप्रसाद को सितारेहिन्द का तमगा दिया गया था। इस अवसर

पर गंगा में दीपदान का भव्य दृश्य प्रस्तुत किया गया था। इसमें तीन-चार हजार रुपये खर्च किए गए थे। सम्पादक ने लिखा : "क्या अंधेर है! क्या कहैं, किससे कहैं जिनसे कहना वही ज्ञान अंध हो रहे हैं। उस समय का दीपदान काशी के शुभचिन्तकों को कैसा जान पड़ता था, जैसे काशीपुरी अपने हृदय की ट्याक्स के दुःख की अग्नि को प्रकट दिखाती थी। भला जिस स्त्री ने महिनों से अन्न का दर्शन मात्र नहीं किया यदि उसको कोई षोड़सों शृंगार करके बैठावे तो उसे सुख प्राप्त होगा? कदापि नहीं। वही दशा इस नगर की है।" लेख के अन्त में अमीरों और जी-हुजूरों की तीव्र भर्त्सना की गई है जो दीपदान जैसी लीलाओं के विरोध में मुँह खोलते डरते हैं।

श्रावण कृष्ण 30, सं. 1928 की 'कविवचनसुधा' में 'बनारस म्यूनिसिपालिटी' पर अग्रलेख है। 'हमारे देशीय जनों को लज्जा नहीं आती' कि जब कुछ देश हितैषियों ने उद्योग करके सरकार से यह आज्ञा प्राप्त कर ली कि "म्युनिसिपल कमेटी के मेम्बर लोगों की इच्छानुसार चुने जाएँ जैसे पार्लीमेन्ट के मेम्बर चुने जाते हैं परन्तु जब वह आज्ञा मिल चुकी तो किसी ने कुछ उद्योग न किया।" यही नहीं, कुछ लोगों ने अपनी राजभक्ति दिखाने के लिए कमिश्नर से जाकर कहा कि चुनाव होने ही न चाहिए, नहीं तो मौहल्ले के लोग हमारे बैरी हो जाएँगे। इस पर टिप्पणी : "हा! पश्चिमोत्तर देश निवासी! धिक है तुमारे जन्म को यदि ऐसा ही है तो हम जानते हैं कि सब के सब साड़ी और चूड़ी पहिन 2 कर घर में बैठो क्योंकि और तुम लोगों से क्या हो सकता है। तुम लोग ऐसे कायर हो गए कि जब कोई कार्य तुमारे सिर आ पड़ै तो झट दुम दबाकर भागो। यदि ये किसी कमिटी में जाँय जहाँ कि कुछ राय देना होय तो केवल इसके और कुछ न कहैंगे कि 'जो जनाब-साहेब फरमाते हैं उस्से मैं भी इत्तिफाक करता हूँ?' हा अफसोस!"

पश्चिमोत्तर प्रदेश के अमीरों पर अनेक बार कायरता का आरोप लगाना हरिश्चन्द्र का ही काम था। 'लेवी प्राण लेवी' से जो सिलसिला शुरू हुआ, वह कभी टूटा नहीं। इस बात पर जोर देना इसलिए जरूरी है कि 'लेवी प्राण लेवी' की जो प्रतिक्रिया हुई, उससे बचने के लिए 'कवि वचनसुधा' ने यह कहानी गढ़ी कि वह निबन्ध हरिश्चन्द्र का लिखा हुआ नहीं है।

'लेवी प्राण लेवी' से 'दो-चार लोग बड़े अप्रसन्न हुए हैं'। "लोग कहते हैं कि उसमें लाठ साहब के दरबार की बड़ी निंद्या लिखी है वह भी हमारे ध्यान में नहीं आती। यदि हम कहैं कि सोना पीत होता है तो क्या उसकी अप्रतिष्ठा करते हैं"? (कविवचनसुधा, मार्गशीर्ष शुद्ध 15, सं. 1927) अभी इस बात को नहीं अस्वीकारा गया कि लेख हरिश्चन्द्र का लिखा है। किन्तु उनके विरुद्ध राजभक्त लोग आन्दोलन करते रहे। "कुछ दिन तो यह कोलाहल था कि 'कविवचनसुधा' सम्पादक की मुश्कै बधैंगी और बन्दीगृह में जाएगा परन्तु वह तो गई" (उप., पौष

कृष्ण 30, सं. 1927) पत्रिका के इस अंक में सम्पादक की गिरफ्तारी की अफवाह को पुरानी गप बताया गया है किन्तु अफवाह पुरानी न थी, हरिश्चन्द्र-विरोधी आन्दोलन जारी था।

'लेवी प्राण लेवी' के प्रकाशन के लगभग चार महीने बाद अग्रलेख के रूप में 'कविवचनसुधा' ने यह टिप्पणी छापी : "हमने कई स्थान पर देखा और सुना कि लोग हमारे लेख से बाबू हरिश्चन्द्र से बुरा मानने लगते हैं। इसका कारण हम नहीं जानते कि क्या है। या तो यह हो कि लोग हमको न जानते हों या यह कि वे इस पत्र के स्वामी हैं इस हेतु लोग जानते हों कि जो कुछ इसमें छपता है सब उनकी सम्मति से छपता है। क्योंकि इसके अतिरिक्त और कोई कारण नहीं हो सक्ता। इस भ्रम निवारणार्थ हम अपने पाठक जनों से निवेदन करके कहते हैं कि जो विषय इस पत्र में छपता है उससे उनसे कुछ सम्बन्ध नहीं, जो हमारे जी में आता है हम छापते हैं। और हमारी सर्वदा यही इच्छा है कि हमारे देश की वृद्धि होय न कि हम किसी की निन्दा वा स्तुति करते हैं। हम पुनर्वार उसी बात को कहते हैं कि लोग व्यर्थ हमारे लिखने से उनसे अप्रसन्न न हुआ करैं। जान लें कि कविवचनसुधा सम्पादक दूसरा ही है"॥ (उप., फालगुण शुद्ध 15, सं. 1927)

पूरी टिप्पणी इतनी ही है। इसमें कहीं 'लेवी प्राण लेवी' का जिक्र नहीं है किन्तु 'कविवचनसुधा' के जिस लेख से राजभक्त दल अप्रसन्न था, वह 'लेवी प्राण लेवी' ही था। यदि इस टिप्पणी की बात सच मानें तो उसका लेखक कोई अन्य व्यक्ति था जो पत्रिका का सम्पादक था, उसके स्वामी हरिश्चन्द्र से भिन्न था। तब क्या 'लेवी प्राण लेवी' निबन्ध हरिश्चन्द्र का लिखा न था?

राधाकृष्णदास ने हरिश्चन्द्र पर सरकारी कोप की चर्चा करते हुए लिखा है : "एक लेख 'लेवी प्राण लेवी' तो निकला ही था, जिसमें लेवी दर्बार में हिन्दुस्तानी रईसों की दुर्दशा का वर्णन था; दूसरा एक 'मर्सिया' निकला जिसका कटाक्ष सर विलियम म्योर पर घटाया गया"। (हरिश्चन्द्र का जीवन-चरित्र, पृ. 61) राधाकृष्णदास ने यह स्पष्ट नहीं लिखा कि उसके लेखक हरिश्चन्द्र नहीं थे; वह लेख 'तो निकला ही था' का अर्थ कुछ भी हो सकता था, पाठक जो चाहे अर्थ निकाले। किन्तु "इस लेख के कारण 'कविवचनसुधा', जो गवर्नमेंट लेती थी, वह बन्द किया गया"। (उप., पृ. 61-62) इसी ढंग से शिवनन्दन सहाय ने लिखा है : "उस समय उसके सम्बन्ध में [लेवी दरबार के सम्बन्ध में] 'कविवचनसुधा' में 'लेवी प्राण लेवी' शीर्षक एक लेख छपवाया था"। (सचित्र हरिश्चन्द्र, पृ. 267) किसने छपवाया, यह नहीं लिखा। पर आगे लिखा है कि हरिश्चन्द्र ने अपने राज विरोध की चर्चा चलने पर "उसके प्रतिवाद में दूसरा लेख फिर लिखा जो देखने योग्य है"। (उप.) इससे लगता है, शिवनन्दन सहाय की राय में 'लेवी प्राण लेवी' लेख हरिश्चन्द्र ने ही लिखा था। ब्रजरत्नदास ने उसे भारतेन्दु ग्रंथावली में शामिल किया है।

यह कहने से कि 'कविवचनसुधा' का सम्पादक कोई और है, हरिश्चन्द्र के विरुद्ध आन्दोलन बन्द नहीं हुआ। चैत्र कृष्ण 30, सं. 1928 की 'कविवचनसुधा' में एक 'प्रेरित पत्र' छपा जिससे इस आन्दोलन के महीनों तक चलाये जाने का अन्दाज होता है

"हा! हा! महा अनर्थ है!!!

"हम नहीं जानते हैं कि हमारे स्वदेशीय जन ऐसे अन्धे क्यों हो रहे हैं। जो पुरुष उनके हित की बात कहता है, उसे प्राय: शत्रु समान जानते हैं। यथा थोड़े दिन हुए कि जब क.व.सु. सम्पादक ने 'लेवी प्राण लेवी' के विषय में लिखा था तब बहुत-से जन अप्रसन्न हुए थे और यह गप्प उड़ाई थी कि वह बन्दीग्रह को भेजा जाएगा। अब हम यह पूछते हैं कि उसने क्या ऐसा किया था जो वह बन्दीग्रह जाए?

"धन्य! भार्तवर्षीय जन!!!"

गिरफ्तारी और जेल भेजे जाने की अफवाह अभी खत्म न हुई थी; इसीलिए इस पत्र में यह सवाल किया गया है कि क.व.सु. सम्पादक ने ऐसा क्या किया था जो उसे जेल भेजा जाए?

वह व्यक्ति वीर था जो इस समय सम्पादन की जिम्मेदारी अपने ऊपर लेकर हरिश्चन्द्र को बचाने के लिए मैदान में आगे आया था।

26 अगस्त, 1872 की 'कविवचनसुधा' में प्रकाशक का नाम दिया है चिन्तामणि शुक्ल और सम्पादक का नाम—चिन्तामणि शर्मा। सम्भव है—ये दोनों नाम एक ही व्यक्ति के हों अथवा 'कविवचनसुधा' के अंक देखते हुए मैंने ही प्रमादवश दो भिन्न नाम पढ़े हों। यह निश्चित है कि आगे चलकर चिन्तामणि राव बालकृष्ण धड़फले नाम के जो सज्जन 'कविवचनसुधा' के सम्पादक और स्वामी बने, उनसे यह चिन्तामणि भिन्न थे। धड़फले के बारे में शिवनन्दन सहाय ने लिखा है कि वह हरिश्चन्द्र के साथ रहते थे, उनके स्कूल में पढ़ाते थे और 'कविवचनसुधा' का प्रबन्ध करते थे। (हरिश्चन्द्र का सचित्र जीवन-चरित्र, पृ. 81) 6 अगस्त, 1883 की क.व.सु. में छपा था : 'कविवचनसुधा' के मालिक पंडित चिन्तामणि राव बालकृष्ण धड़फले के लिए मुद्रित"। पाक्षिक और साप्ताहिक क.व.सु. के सम्पादक चिन्तामणि दूसरे थे। पहली सितम्बर, 1873 से पत्रिका साप्ताहिक हुई। उसमें यह सूचना प्रकाशित हुई : अब यह पत्र साप्ताहिक है। पहले की तरह कार्य-सम्पादक चिन्तामणि हैं।

यह चिन्तामणि वही शर्मा या शुक्ल थे जिनका नाम 26 अगस्त, 1872 की पाक्षिक क.व.सु. में छपा था। इनके बारे में और कोई विशेष जानकारी प्राप्त नहीं हुई। राधाकृष्णदास ने भारतेन्दु की जीवनी में 'तदीय समाज' के सदस्यों की नामावली दी है। इनमें 'चिन्तामणि (कविवचनसुधा के सम्पादक)' भी हैं (पृ. 73), पर यह कौन-से चिन्तामणि हैं, यह नहीं लिखा।

कुछ समय के लिए रामशंकर व्यास ने भी क.व.सु. का सम्पादन किया था पर 1870 ई. में वह केवल दस साल के थे। सम्पादक बनने का सवाल न था।

'कविवचनसुधा' से दीपदान सम्बन्धी जो टिप्पणी ऊपर उद्धृत की गई है, उसमें एक अनोखे प्रदर्शन का उल्लेख है। सम्भवत: यह प्रदर्शन हरिश्चन्द्र की सूझ था। राधाकृष्णदास ने उसका वर्णन यों किया है : "जिस समय सर विलियम म्योर के स्वागत में गंगातट पर रौशनी हुई थी, उस समय इन्होंने एक नाव पर Oh Tax और दूसरी पर :

स्वागत स्वागत धन्य प्रभु श्री सर विलियम म्योर।
टिकस छोड़ावहु सबन को विनय करत कर जोर॥

यह रोशनी में लिखवाया था। (भा.बा. हरिश्चन्द्र का जी.च., पृ. 77) राजभक्ति और देशभक्ति के संयुक्त प्रदर्शन का यह अच्छा नमूना था। किन्तु चिन्तामणि पंडित को (अथवा स्वयं हरिश्चन्द्र को) इससे सन्तोष न था। क.व.सु. ने प्रदर्शन का उल्लेख करने के बाद लिखा : "निःसन्देह यह बात योग्य थी। हम तो तब प्रसन्न होते कि जिधर 2 से होते आप गए सब मार्गों में एक कटि नम्र किए हुए मनुष्य के पीठ पर वे दोनों शब्द लिखे रहते न कि जैसा लोगों ने किया।"

जिसने भी यह टिप्पणी लिखी हो, एक बात निश्चित है, 'कविवचनसुधा' की नीति यह थी कि अंग्रेज़ों के सामने अपनी माँगों को लेकर और तेज ढंग से प्रदर्शन किया जाए। जहाँ-जहाँ लाट साहब जाएँ, वहाँ-वहाँ सामने कमर झुकाये एक आदमी उन्हें पीठ पर ओह टैक्स का इश्तहार दिखाता जाए। विचार अच्छा था किन्तु अंग्रेज़ अधिकारी ऐसा प्रदर्शन होने देते, इसमें सन्देह है। नाव पर बिजली के अक्षरों में चमकता हुआ ओह टैक्स ही उनके लिए काफी मर्मबेधी रहा होगा।

'कविवचनसुधा' में बनारस सम्बन्धी खबरें बहुत रहती थीं। इनमें कहाँ भी अंग्रेज़ी राज की आलोचना करने का अवसर मिले तो यह पत्रिका उसे हाथ से न जाने देती थी। स्वाधीन भारत के इतिहासकार जिस ब्रिटिश न्याय-व्यवस्था का गुणगान करते हैं, उस पर बनारस की एक घटना को लेकर क.व.सु. की यह टिप्पणी थी : "निर्बल पर सब लोग बल दिखाते हैं पर सबल से कोई कुछ नहीं बोलता ऐसी सच्ची बातैं पुकारिये तो भी कोई नहीं सुनता, देखिये अभी कोई हिन्दुस्तानी बेचारा बिचारा जो कुछ झूठ भी अपराध करै तो सब दण्ड देने को उद्यत होते हैं पर गोरे चमड़े के लोग चाहैं सर्ब्बस नाश करैं कोई पूछता भी नहीं, अभी 7 दिन हुए तीन गोरे मदिरापान करके चौखम्भे में आए और अनेक उपद्रव किया, कूंजड़िनों की डालियाँ उलट दीं पौसरों के घड़े फोड़ डाले लोगों को मारा थूंका गाली दिया पर कोई चूं न बोला कांस्टेबल् तो उस समय थे पर गऊ की

भाँति थरथर काँपते थे पास जाने में डरते थे। हाय! हिन्दुस्तान! तेरी ऐसी दशा हो गई, तू अपने निवासियों का यह अपमान देख के फट भी नहीं जाता, अरे तू फिर कब अपने को सम्हालैगा और हम लोगों की इस दीन दशा को सोचैगा" (वैशाख कृष्ण 30, सं. 1928)!!!

स्वाधीन भारत में पुलिस की कारगुजारी और गुंडों की हरकतों की कहानियाँ सुनते-सुनते जिनके कान पक गए हैं, वे कहेंगे—क्या बात का बतंगड़ बनाया है, एकाध घड़ा फोड़ दिया, दो चार सब्जी की डलियाँ उलट दीं तो कौन-सा आसमान फट पड़ा। यह भी कोई सम्पादकीय लेख लिखने की बात हुई!

किन्तु सौ साल पहले काले-गोरे के भेद को लेकर अंग्रेज़ों की नीति हरिश्चन्द्र जैसे लेखकों को सारे राष्ट्र के लिए अपमानजनक मालूम होती थी। उसका विरोध करने और राष्ट्रीय सम्मान का भाव जगाने में उन्होंने साहस का परिचय दिया।

अंग्रेज़ धनी और निर्धन का विवेक किए बिना अन्धाधुन्ध टैक्स लगाये जा रहे थे। उनकी टैक्स-व्यवस्था जनता की व्यवस्थित लूट का दूसरा नाम था। इसकी एक मिसाल ज्येष्ठ शुद्ध 15, सं. 1928 की क.व.सु. में दी गई है : "बेलगाँव में तीन दरिद्रों पर 30) रु: टैक्स 500) रु: के अनुसार लगाया और वे ऐसे दरिद्र थे कि खाने को भी नहीं मिलता था अन्त में उनके घर नीलाम हुए जिनमें से एक 19॥) को और शेष दोनों 20) 20) को बिके।" ग्रेग नाम के अंग्रेज़ अधिकारी ने इस घटना की खबर पाकर रुपये वापस कराये किन्तु एक जगह रुपये वापस कराने से क्या होता? क.व.सु. ने लिखा : "अब विचार कीजिये तो प्राय: सब नगरों में यही दशा है। इसके अतिरिक्त सरकार का व्यय तो दिन 2 घटता जाता है फिर भी नए नए टैक्स क्यों लगते हैं इस्का कारण यह कि अन्धेर बढ़ता जाता है।" ब्रिटिश न्याय-व्यवस्था का अर्थ है अंधेर! अंधेर नगरी माने अंग्रेज़ी-राज!

इसी टिप्पणी में अंधेरगर्दी की दो मिसालें दी गई हैं। ब्रिटिश फौज में काले-गोरे सिपाहियों की संख्या पहले से कम है लेकिन फौज पर व्यय पहले से ज्यादा है। इंडिया आफिस में काम करने वालों को लम्बी-लम्बी रकमें पेंशन के तौर पर दी जाती हैं। इनमें दो को तो जितनी तनखाह मिलती थी, उतनी ही पेंशन भी दी गई है! निष्कर्ष : " 'हाकिम हारै मुँह में मारै' वाली कहावत है चुप रहने बिना और कोई बात नहीं बन आती॥"

अंग्रेज़ों की न्याय-व्यवस्था, टैक्स-सम्बन्धी नीति, शिक्षा, भाषा और साहित्य में उनका हस्तक्षेप, उद्योगीकरण, व्यापार आदि के सम्बन्ध में ब्रिटिश नीति प्रत्येक घटना का विवरण देते हुए अपनी आलोचना को ठोस रूप देना—यह 'कविवचनसुधा' में भारतेन्दु हरिश्चन्द्र और उनके सहयोगियों का काम था। इस आलोचना को देखने से ही 'भारत निज स्वत्व गहै'—इस बात का अर्थ समझ में आता है।

अंग्रेज़ी राज में बनारस शहर का यह हाल है कि "गलियों की स्वच्छता नहीं होती", "गलियों में पानी एकत्र होकर कीचड़ जुदा हो रहा है और आम की गुठली और छिलके सड़ सड़के जुदा दुर्गन्ध करते हैं।" रंगरेज गलियों में रस्सियाँ बाँधकर कपड़े सुखाते हैं। "जो लोग गलियों में मकान बनाते हैं वे अपना सब मसाला गली में फेंक देते हैं", "गलियों में लोग गऊ या भैंस बाँध के रास्ता भ्रष्ट कर देते हैं", "कितने लोगों का सिद्धान्त है कि म्युनिसिपालिटी वहीं तक है जहाँ तक बग्गिआँ दौड़ें पर यह अन्याय है", "रंडियाँ गृहस्थों के महल्ले में भरती जाती हैं" और "मदिरा की दुकानें बहुत बढ़ती जाती हैं", "ऐसा कौन-सा स्थान है जहाँ कलवरिया न हो मानो सर्कार की समान दृष्टि प्रत्यक्ष हो रही है"। (क.व.सु., आषाढ़ शुद्ध 15, सं. 1928)

इस विवरण से हरिश्चन्द्र के बनारस का बहुत ही सजीव चित्र आँखों के सामने आ जाता है। अंग्रेज़ी राज की आलोचना करने का यह बहुत अच्छा तरीका था। हर आदमी बनारस या उस जैसे शहर की अवस्था से परिचित था और इस आलोचना को आसानी से समझ सकता था। किन्तु स्वाधीन भारत की वाराणसी क्या पुराने बनारस को देखते अब बहुत बदल गई है?

और हरिश्चन्द्र बनारस की गलियाँ ही देखते थे या शहर और देश के बाहर जो कुछ हो रहा था, वह भी उनकी निगाह में आता था?

1870 ई. में फ्रांस और जर्मनी के बीच युद्ध हुआ। इसी युद्ध के दौरान फ्रांस में बादशाही खत्म हुई, प्रजातंत्र का ऐलान हुआ और इसी युद्ध में—मार्च, 1871 में कुछ हफ्तों के लिए मजदूरों ने पूँजीपतियों से राज्यसत्ता छीन कर पेरिस कम्यून की स्थापना की। क.व.सु. की टिप्पणियों से यह ज्ञात नहीं होता कि हरिश्चन्द्र पेरिस कम्यून की घटना से परिचित थे किन्तु यह स्पष्ट है कि जर्मन सेना से आक्रान्त फ्रांस देश के प्रति उनकी गहरी सहानुभूति थी और वे इस सहानुभूति को सक्रिय रूप देकर फ्रांसीसी जनता की मदद भी करना चाहते थे।

क.व.सु.—माघकृष्ण 30 सं. 1927 : "युद्ध के प्रारम्भ से आज पर्यन्त फ्रांस वालों की पराजय होती आई है", पर अब ऐसे समाचार मिले हैं कि लगता है कि "फ्रांस के योधाओं के मुँह की लाली रह जायगी।" जर्मन फौज में महामारी फैल गई है। जर्मन हमलावरों ने बहुत से दुर्ग ले लिये : "और सैकड़ों गाँवों को जला डाला", बहुत-सा देश का भाग अपने अधिकार में ले लिया : "तथापि फ्रांसीसियों का साहस और पराक्रम देखकर उनकी धोती ढीली हो गई है, अभी तक फ्रांस के लोगों ने साहस नहीं त्यागा। यदि यही दशा रही तो निःसन्देह युद्ध का अन्त शीघ्र न होगा और उस दशा में जर्मन लोगों की बड़ी हानि होगी और तब वे अवश्य विरुद्ध हो जाएँगे। जर्मनी में अनेक लोग कहते हैं कि हमारे राजा ने बड़ी भूल की कि सेडान की लड़ाई के अनंतर मेल नहीं कर लिया क्योंकि उस समय अवसर

बहुत अच्छा था, अब वहाँ का राज्य प्रबंध दूसरे प्रकार का हो गया है और उन लोगों ने ठान लिया है कि जब तक हम सब मर न जाँय अंगुल भर भी भूमि उनको लेने न देंगे॥"

भारतेन्दु आशा कर रहे हैं कि फ्रांसीसी जनता जितना ही जमकर लड़ेगी, उतना ही जर्मनी में युद्ध नीति से असन्तोष फैलेगा और जर्मन जनता के इस असन्तोष के फलस्वरूप युद्धवादियों को अपनी नीति बदलनी होगी।

क.व.सुधा, माथ शुद्ध 15, सं. 1927 : एक समाचार-पत्र में यह चिट्ठी छपी है कि पेरिस की स्त्रियाँ काले वस्त्र पहनती हैं, युद्ध में सहायता देने के लिए उन्होंने अपने आभूषण उतार दिये : "और लगभग 200 गिरजों के घंटे तोप बनाने के लिए गलाये गये हैं। निःसन्देह ऐसे 2 कर्मों से फ्रांस के जय करने की दृढ़ आशा है॥"

क.व.सु. चैत्र शुद्ध 15, सं. 1928, युद्ध समाप्त हो गया। फ्रांस की अब यह दशा है : "कितने बालक लड़की माता पिता हीन गलियों में टकराते फिरते हैं कोई पूछनेवाला नहीं है। कितनी पतिहीन स्त्री खाने बिना मर रही हैं। कितने योधा बड़े-2 बलवान जो कि मारे गर्व के किसी को तृण समान भी नहीं समझते थे अब फटे पुराने वस्त्र पहिने गली-2 भीख मांगते हैं।" पराधीन भारत क्या करे? वह इनके लिए चन्दा करे, मदद दे। हम "अपने भारतवर्षीय लोगों से निवेदन करते हैं कि यथा शक्ति उनकी कुछ सहायता करैं। बंगाल से इस विषय का चन्दा हो रहा है और हम चाहते हैं कि इधर के लोग भी कुछ द्रव्य एकत्र करके भेजैं॥"

साहित्यकार क्या करें? वे फ्रांस देश पर नाटक लिखें। ऐसा नाटक लिखें जिसमें वीररस अंगी हो और करुणा और रौद्र उसके अंग हो। उसे पढ़ने से ज्ञात हो जाए कि युद्ध क्यों हुआ, कब तक रहा और उसमें क्या-क्या हुआ। नाटक बड़ा होना चाहिए—200 पृष्ठों से कम हो—और ऐसे कौशल से लिखा जाए कि उसे पढ़ने से "मनुष्य सन्धि और विग्रह इत्यादि नीति में और युद्धकर्म्म में चतुर हो जाए।" इन शर्तों को ध्यान में रखते हुए जो नाटक श्रेष्ठ माना जाएगा, उसके लेखक को हरिश्चन्द्र चार सौ रुपये का पारितोषिक देंगे। निर्णायक-समिति में पाँच आदमी थे जिनमें राजेन्द्रलाल मित्र और नवीनचन्द्र राय, दो बंगाली सज्जन थे और एक हिन्दी लेखक कुँअर लक्ष्मणसिंह थे। हरिश्चन्द्र इस समिति में नहीं थे। जब यह विज्ञप्ति छपी तब युद्ध चल रहा था।

"सब पर विदित हो कि फरासीस में जो युद्ध हुआ है और हो रहा है उसका वर्णन जो कोई नाटक की रीति से करैगा उसको मेरी ओर से 400) रु. पारितोषिक मिलैगा।" नीचे हरिश्चन्द्र का नाम है, तारीख है—14 फरवरी, 1871। यह सूचना फाल्गुन शुद्ध 15, सं. 1927 के अंक के 'सुपलिमेंट' में छपी थी।

सौ साल पहले प्रकाशित होने वाली यह विज्ञप्ति हिन्दी लेखक हरिश्चन्द्र की अन्तरराष्ट्रीयता का प्रमाण है। शायद वह 'मुद्राराक्षस' जैसा कोई नाटक लिखवाना चाहते थे, वीररस के अंगी होने के बावजूद रीतिवादी परिपाटी से भिन्न, जिसे पढ़ने से मनुष्य सन्धि और विग्रह में ही नहीं, युद्ध-कर्म में भी चतुर हो जाए।

अंग्रेज़ों ने इन्हें राजभक्त नहीं समझा। 'कविवचनसुधा', 'हरिश्चन्द्र चन्द्रिका', 'बालबोधनी'—जिस पत्रिका से भी उनका सम्बन्ध था, उन्होंने उसे लेना बन्द कर दिया। राधाकृष्णदास ने ठीक लिखा है कि "अंगरेजों में चारों ओर इन्हें डिसलायल (राज-विरोधी) कहकर धारणा होने लगी।" पहले हरिश्चन्द्र ने इस धारणा को दूर करने का प्रयत्न किया : "परन्तु इसमें कृतकार्य न होने पर राजपुरुषों से सारा सम्बन्ध छोड़ना ही उचित समझा; क्योंकि जिस व्रत को इन्होंने धारण किया था, उसमें हाकिम-समागम से बहुत कुछ बाधा पड़ती थी।" राधाकृष्णदास अपने अनुभव से जानते थे कि हाकिमोंवाली दुनिया को मजबूती से पकड़ने का फल यह होता है कि साहित्यवाली दुनिया हाथ से छूट जाती है। इसलिए लिखा है कि जिन लोगों ने हरिश्चन्द्र को अपदस्थ करना चाहा, उन्होंने इनका बड़ा उपकार किया। हाकिम-समागम से मुक्त हुए बिना वह न तो भारतेन्दु होते "और न सच्चे सहृदय हरिश्चन्द्र को पाकर यह देश ही इतना लाभ उठा मकता"। (भा.बा. हरिश्चन्द्र का जीवन-चरित्र, पृ. 62)

यह मूल्यांकन सही है। सितारेहिन्द और भारतेन्दु की टक्कर मूलत: राजभक्ति और देशभक्ति की टक्कर थी। इस टक्कर में जनता हरिश्चन्द्र के साथ थी। उसी ने सितारेहिन्द की चमक-दमक पर पानी फेरा और इन्हें भारतेन्दु बनाया। उनकी देशभक्ति निरन्तर निखरती गई। 'लेवी प्राण लेवी' जैसे लेखों में तीखा व्यंग्य है तो बलिया वाले व्याख्यान में राजनीतिक सूझबूझ का निदर्शन है। जिस सभा में उन्होंने यह व्याख्यान दिया, उसमें बलिया का कलट्टर रौबर्ट्स मौजूद था। हरिश्चन्द्र ने श्रोता-समाज की तारीफ की, ऐसे समाज के एकत्र होने का श्रेय रौबर्ट्स को दिया। फिर हाकिमों की खबर ली। "हाकिमों को कुछ तो सर्कारी काम घेरे रहता है, कुछ बॉल, घुड़दौड़, थिएटर, अखबार में समय गया। कुछ बचा भी तो उनको क्या गरज है कि हम गरीब गंदे काले आदमियों से मिलकर अपना अनमोल समय खोवैं। बस वही मसल हुई—'तुम्हें गैरों से कब फुरसत हम अपने राम से कब खाली। चलो बस हो चुका मिलना न हम खाली न तुम खाली'।"

यह शासक वर्ग की साफ और तीखी आलोचना है। वह जनता की ओर से उदासीन है, काले-गोरे की वर्णभेद वाली नीति पर चलता है। जनता हाकिमों का भरोसा नहीं कर सकती। क्या अमीर और राजे महराजे उसकी दशा सुधार सकते हैं? नहीं, राजे महराजों को अपनी पूजा भोजन झूठी गप से छुट्टी नहीं। इस व्याख्यान की विशेषता यह है कि उच्चवर्गों और अंग्रेज़ शासकों का भरोसा

न करके वह जनता से अपने बलबूते पर उन्नति करने को कहते हैं। यह जनता दोहरे उत्पीड़न का शिकार है। सबसे ऊपर अंग्रेज़, उनके नीचे राजा और रईस, इन दोनों के नीचे भारतीय जनता! हरिश्चन्द्र ने इस तथ्य को इस कलात्मक ढंग से प्रकट किया : "तीन मेंढक एक के ऊपर एक बैठे थे। ऊपर वाले ने कहा 'जौक शौक', बीचवाला बोला 'गुमसुम', सबके नीचे वाला पुकारा 'गए हम'। सो हिन्दुस्तान की साधारण प्रजा की दशा यही है, गए हम।" कांग्रेस के जन्म से आठ साल पहले सन् 1877 में हरिश्चन्द्र ने यह व्याख्यान दिया था। यह पता लगाना दिलचस्प होगा कि ब्रिटिश अधिकारियों की ऐसी खरी आलोचना उस राष्ट्रीय संस्था में कब से शुरू हुई। हरिश्चन्द्र यहाँ एक वाक्य में शासकों और रईसों की प्रशंसा करते हैं। अगले वाक्यों में उसे धो देते हैं। रौबर्ट्स साहब अकबर हैं; मुंशी चतुर्भुजसहाय और मुंशी बिहारी लाल अबुल फजल और टोडरमल हैं। यानी ऊपर वाला मेंढक है रौबर्ट्स, बीचवाला—अबुल फजल और टोडरमल; नीचेवाला—भारत की निर्धन प्रजा। जौक और शौक की बात अंग्रेज़ ही कर सकते हैं। राजा-रईस गुमसुम रहते हैं। दोनों के नीचे पिसी जा रही है निर्धन प्रजा। पहले ब्राह्मणों ने यहाँ भारतीय संस्कृति को बहुत ऊँचे उठाया था। पर अब? "पर इन्हीं लोगों को सारे संसार के निकम्मेपन ने घेर रखा है।" अंग्रेज़ों के राज में उन्नति का अवसर है या नहीं? अवश्य है। जो इस समय उन्नति न करे, तो इसे अपना अभाग्य और ईश्वर का कोप समझना चाहिए। पर ये परदेसी प्रीतम हैं; आज हैं, कल चले जाएँगे। सास ने बहू को सूने रंगमहल में भेजा पर उसने लाज से प्रीतम का मुँह भी न देखा। "वह तो कल फिर परदेश चला जाएगा।" वैसे ही अंग्रेज़ों के राज में हमने उन्नति न की तो कम्बख्ती ही कमबख्ती है। ध्वनि यह है कि परदेसी प्रीतम की तरह अंग्रेज़ भी यहाँ से जाएँगे। जब तक हैं तब तक इनसे खूब प्रेम करो। कैसे प्रेम करो? स्वदेशी का आन्दोलन चलाओ। "परदेशी वस्तु और परदेशी भाषा का भरोसा मत रखो।" परदेशी प्रीतम से प्रेम करने का यह रास्ता है। उसकी भाषा को अपने ऊपर हावी न होने दो, उसकी बनाई हुई चीजों का व्यवहार न करो। इस नीति पर चलने का अनिवार्य परिणाम होता—भारत द्वारा अपने स्वत्व अर्थात् स्वाधीनता की प्राप्ति।

हरिश्चन्द्र का जन्म उस वर्ग में हुआ था जो अंग्रेज़ों के साथ मिलकर यहाँ की जनता का शोषण करता था। इनका परिवार विलायती माल मँगाने और भारत में उसे बेचने का धन्धा करता था। 17 सितम्बर, '72 की 'कविवचनसुधा' में 'हरिश्चन्द्र गोकुलचन्द बनारस' की फर्म का विज्ञापन छपा है जिसमें लिखा है : "हम लोगों ने विलायत की आढ़त की है और वहाँ से सब वस्तु मँगवा सकते हैं और जो कोई यहाँ से भेजना चाहै तो उसे अपनी आढ़त में भेज भी सकते हैं बरन उसकी जोखिम भी उठा सकते हैं।" हरिश्चन्द्र आगे चलकर इस फर्म से अलग

हो गए। उन्होंने स्वदेशी के लिए निरन्तर प्रचार किया। आगे चलकर गांधी जी के नेतृत्व में स्वाधीनता आन्दोलन ने भी यही किया किन्तु भारतेन्दु और गांधी जी में यह अन्तर था कि गांधी जी मशीनों के चलन और उद्योग-धन्धों के विकास का विरोध करते थे, भारतेन्दु का प्रचार यह था कि बाहर से तैयार माल नहीं, मशीनें मँगाई जाएँ; अंग्रेज़ों ने यहाँ के लोगों को औद्योगिक कौशल में पिछड़ा रखा है, उन्हें अपना पिछड़ापन दूर करना चाहिए और देश का औद्योगिक विकास करना चाहिए। इस तरह गांधी जी की तुलना में भारतेन्दु का दृष्टिकोण ज्यादा आधुनिक था।

गांधी जी की विचारधारा और भारतेन्दु के चिन्तन में यह भिन्नता भी थी कि गान्धी जी अहिंसा द्वारा अंग्रेज़ों के हृदय-परिवर्तन की बात करते थे, भारतेन्दु चाहते थे कि भारतवासी सन्धिविग्रह की राजनीति और युद्ध-कौशल में निपुण हों। बलिया के व्याख्यान में उन्होंने जनता को समझाया : "हम इससे बढ़कर क्या कहें कि जैसे तुम्हारे घर में कोई पुरुष व्यभिचार करने आवै तो जिस क्रोध से उसको पकड़ कर मारोगे और जहाँ तक तुम्हारे में शक्ति होगी उसका सत्यानाश करोगे। उसी तरह इस समय जो-जो बातें तुम्हारे उन्नतिपथ में काँटा हों, उनकी जड़ खोदकर फेंक दो।" मान लीजिए, अंग्रेज़ उन्नतिपथ में काँटा नहीं हैं, हिन्दुस्तान के लोग ही उन्नतिपथ के काँटे हैं; भारतेन्दु उनका सत्यानाश करने के लिए ललकारते हैं। यह अहिंसावाद नहीं है। 'नीलदेवी' में रानी गायिका बनकर अमीर को छलती और उसे मार डालती है। मान लीजिए, यहाँ हरिश्चन्द्र हिन्दुओं को मुसल्मानों की ओर से होने वाली गुंडागर्दी का विरोध करने के लिए उभार रहे हैं। पर अहिंसावाद तो यह भी नहीं है।

हरिश्चन्द्र का एक प्रिय पाठ है जिसे वह अक्सर दोहराते हैं। यह पाठ है मुसल्मान और अंग्रेज़ी शासन की तुलना। इस पाठ का साराश 'बादशाह दर्पण' की भूमिका में यों दिया है : "किसी ने सच कहा है कि मुसल्मानी राज्य हैजे का रोग है और अँगरेज़ी क्षयी का। इनकी शासन प्रणाली में हम लोगों का धन और वीरता निःशेष होती जाती है।" हैजे के लिए हिंसा, क्षय के लिए अहिंसा—यह नीति भारतेन्दु की नहीं थी। मुसल्मान शासकों में बहुत से दोष थे किन्तु उन्होंने यहाँ का धन बाहर नहीं भेजा : "उन सबों ने अपना घर यहीं बनाया था, इससे यहाँ की लक्ष्मी यहीं रहती थी।" इसके सिवा कट्टर बादशाहों से हिन्दू लड़ भी जाते थे; "वीरता का संस्कार शेष चला आता था।" अब अंग्रेज़ों ने यह संस्कार भी निःशेष कर दिया! क्या भारतेन्दु यह चाहते थे कि हिन्दू लोग अपनी वीरता और सबको दिखाएँ, केवल अंग्रेज़ों के सामने अहिंसावादी बने रहें? 'अंधेर नगरी' में :

'अंधाधुंध मच्यौ सब देसा। मानहुँ राजा रहत बिदेसा।' —यह उक्ति मुसल्मान शासकों के लिए नहीं, अंग्रेज़ों के लिए है। 'अंधेर नगरी' के राजा को लोग टिकटी पर खड़ा करते हैं। अंग्रेज़ी राज के लिए इस कार्य की सांकेतिक व्यंजना स्पष्ट है।

अंग्रेज़ों ने वादा किया था कि कुछ दिन तक भारतीय जनता की सेवा करने के बाद—हिन्दुओं को मुसल्मानों के विगत अत्याचारों से बचाने और मुसल्मानों को हिन्दुओं के भावी उत्पीड़न से सुरक्षित करने के बाद—यहाँ से चले जाएँगे। अंग्रेज़ कहते थे कि "राज्य का प्रबन्ध किस भाँति करना यह ज्ञान जब प्रजा को स्वत: हो जाएगा तब हम लोग हिन्दुस्तान का सब राज्य प्रबन्ध यहाँ के निवासियों के स्वाधीन कर देंगे और अन्त को राम 2 कर जहाज पर पैर रख स्वदेश गमन करैंगे" (क.व.सु.—8 फरवरी, 1874), किन्तु राज्यप्रबन्ध हिन्दुस्तानियों के स्वाधीन होगा, अंग्रेज़ वापस जाएँगे, इसके कोई लच्छन दिखाई न देते थे। पुराना जमाना इससे अच्छा था क्योंकि तब "हमारा व्यापारादि बहुत अच्छा था" किन्तु अंग्रेज़ों ने कुछ लोगों को सरकारी नौकरियाँ देकर अपनी ओर खींच लिया और वे "यहाँ के राजाओं से प्रतिकूल होकर अंगरेजी नीति की प्रशंसा करने लगे"। (उप.) यहाँ उन राजाओं की बात नहीं है जो अंग्रेज़ों के कृपापात्र थे, यह उन राजाओं की बात है जो अंग्रेज़ों की राजनीति के विरोधी थे अर्थात् 1857 ई. से पहले अंग्रेज़ों को अपना राज सौंपने को राजी न थे। सरकारी नौकर कहते थे—देशी राजा अंग्रेज़ों का विरोध करते हैं, यह गलत है। 'कविवचनसुधा' का कहना था, देशी राजाओं ने अंग्रेज़ों का विरोध किया, ठीक किया। विक्टोरिया के राज में अंग्रेज़ों ने दाँव-पेंच बदले। अब कहने लगे—प्रजा को राज्य-व्यवस्था के योग्य बना कर हम यहाँ से चले जाएँगे। "परन्तु अब अँगरेज़ी माया छन [छल] और घात दृष्टि में आने लगा"। (उप.) इस छल और घात का सबसे बड़ा प्रमाण इस देश को औद्योगिक रूप से पिछड़ा रखना था। कुछ लोगों ने उद्योग धन्धे चलाये : "तब से बिलायत पर के माल का महसूल न्यून होता जाता है और एतद्देशीय माल पर विशेष महसूल लगाने का उद्योग किया है"। (उप.)

रानी विक्टोरिया के राज में काले-गोरे बराबर, किन्तु काले आदमियों का बनाया हुआ माल गोरों के देस में महँगा बिकेगा और गोरों का बनाया हुआ माल काले आदमियों के देस में सस्ता बिकेगा। महँगा और सस्ता बेचने के लिए आसान तरीका यह था कि देसी माल पर विलायत में महसूल बढ़ा दो और हिन्दुस्तान में विलायती माल पर महसूल घटा दो। यहाँ साफ दिखाई देता है कि ब्रिटिश साम्राज्यवाद भारत की औद्योगिक प्रगति को कैसे रोक रहा था। अंग्रेज़ों की नीति से "स्पष्ट सिद्ध हुआ कि हिन्दुस्तान के विषय में उनकी दुष्ट बुद्धि और मत्सर प्रत्यक्ष हैं"। (उप.)

भारतेन्दु हरिश्चन्द्र यहाँ भारत के उस अभ्युदयशील पूँजीपति वर्ग का प्रतिनिधित्व करते हैं जो अंग्रेज़ों की छत्र-छाया में नहीं, उससे स्वतंत्र होकर देश का औद्योगिक विकास करना चाहता है। कांग्रेसी नेताओं को इस मंजिल तक पहुँचने में अभी आधी शताब्दी से अधिक की देर थी।

6 जुलाई, 1874 की क.व.सु. में 'अ' का लिखा हुआ एक लेख छपा है : 'भारतवर्ष में अंगरेजों का उपनिवेष'। इसमें भी मुसल्मानों के शासन से अंग्रेज़ी राज की तुलना की गई है : "मुसलमान लोग अंग्रेज़ों की अपेक्षा सौ गुन अपव्ययी थे परन्तु वे लोग इस देश के निवासी थे इस्से उनका अर्थ-समुदाय इसी देश में व्यय होता था और उनके अपव्यय से इस देशवासियों का उपकार ही होता था।"

तब क्या अंग्रेज़ों को मुस्लिम अत्याचारों से हिन्दुओं का रक्षक मानकर उन्हें यहाँ राज करने दें? नहीं, "बीस करोड़ भारतवर्ष को पचास हजार अंगरेज शासन करता है" (उप.), यह स्थिति असह्य है। इन बीस करोड़ भारतवासियों में हिन्दू-मुसल्मान, दोनों हैं। दूसरे देशों के लोग अंग्रेज़ों से लड़कर क्या मुक्त नहीं हुए? वे मुक्त हुए तो भारत के लोग मुक्त क्यों न हों?

लिखा है : "जिस प्रकार अमेरिका उपनिवेषित होकर स्वाधीन हुई वैसे ही भारतवर्ष में भी स्वाधीनता लाभ कर सक्ता है परन्तु भारतवर्ष उपनिवेषित होने से इसके विपक्ष भी बहुत आपत्ति है"। (उप.)

देश-विदेश के इतिहास के प्रति अपने युग में हरिश्चन्द्र जितना सचेत थे, उतना अन्य लेखक नहीं। मेरा अनुमान है कि अमरीकी स्वाधीनता-संग्राम से प्रेरणा ग्रहण करके स्वाधीन भारत का सपना देखना उन्हीं का काम था। विक्टोरिया के राज में भारत अंग्रेज़ों का उपनिवेश था—यह स्थापना भी उन्हीं की थी। मुसल्मानों के शासन से अंग्रेजी राज की तुलना करते हुए उसे देश के लिए घातक बताना उन्हीं का काम था। उपर्युक्त लेख भारतेन्दु का ही है या 'अ'-नाम सज्जन कोई और हैं—यह प्रश्न गौण है। मुख्य बात यह है कि आधुनिक हिन्दी साहित्य का जन्म स्वदेशी और स्वाधीनता की घोषणा के साथ हुआ। भारतेन्दु हरिश्चन्द्र जहाँ अंग्रेज़ी शासन से मुक्ति चाहते थे, वहाँ भारतीय समाज में भी आन्तरिक परिवर्तन चाहते थे। उनकी दृष्टि में ये सारे परिवर्तन संघर्ष और जन-आन्दोलन द्वारा ही सम्पन्न किए जा सकते थे। बलिया वाले व्याख्यान में उनका यह कहना कि "जब तक सौ दो सौ मनुष्य बदनाम न होंगे, जात से बाहर न निकाले जायँगे, दरिद्र न हो जायँगे, कैद न होंगे वरंच जान से न मारे जायँगे तब तक कोई देश भी न सुधरैगा"—इस बात को स्पष्ट करता है कि वह लक्ष्यसिद्धि के लिए ऐसे संघर्ष का भरोसा करते थे जिसमें मनुष्य को जेल जाने से लेकर प्राण त्यागने तक का कष्ट हो सकता था। जेल जाने का सिलसिला भारतेन्दु-युग में नये सिरे से शुरू हो गया था। बनारस अखबार के सम्पादक को पुलिस की नुक्ताचीनी के अपराध में जेल भेज दिया गया था। 'कविवचनसुधा' ने लिखा : "यह काल तो केवल मिथ्या भाषण का है। धन्य हैं वे लोग जो अपने देश के हित के लिए कारागार जाते हैं"। (2 अक्टूबर, 1872) ब्रिटिश सरकार ने 'कविवचनसुधा' लेना बन्द कर दिया तो सम्पादक ने ग्राहकों से जोरदार अपील की कि सरकार रुष्ट हो तो हो, वे रुष्ट न हों वरन् अपनी पत्रिका

की मदद बारें। इसी अंक में स्वदेशी आन्दोलन को और भी जमकर चलाने के लिए आह्वान किया : "भाइयो! अब तो सन्नद्ध हो जाओ और ताल ठोंक के इनके सामने खड़े तो हो जाओ देखो भारतवर्ष का धन जिसमें जाने न पावे वह उपाय करो"। (8 जून, 1874)

यह नये युग की ललकार थी। आधुनिक हिन्दी साहित्य इस क्रान्तिकारी राष्ट्रीय चेतना के साथ शुरू होता है।

परिशिष्ट

परिशिष्ट-1

हिन्दी भाषा की विकास-परम्परा वाले निबन्ध में पारिभाषिक शब्दावली की चर्चा करते हुए मैंने लिखा है कि फैलन पारिभाषिक शब्दों का कोश अलग बनाने वाले थे जिसे मैंने देखा नहीं है। वह निबन्ध लिखने के बाद मुझे उनकी कानून और व्यापार से सम्बन्धित शब्द-सूची देखने को मिली। इसका संशोधित संस्करण 1888 ई. में लाला फकीरचन्द ने लज़ारस एंड कम्पनी बनारस से प्रकाशित कराया था। मैंने यही संस्करण देखा है : A Romanized English-Hindustani Law and Commercial Dictionary of Words and Phrases, used in Civil, Criminal, Revenue, and Mercantile Affairs by the Late S.W. Fallon, Ph.D., Halle, author of a Hind-English and a Eng.-Hind, Dictionary, edited and revised by Lala Faqir Chand, Vaish, of Delhi Late Ist Urdu Assistant Translator to the Govt. of Bengal.

इसकी भूमिका से ज्ञात होता है कि फैलन ने विधि-व्यापार सम्बन्धी एक वृहत् कोश बनाया था जिसमें फारसी वर्णमाला का उपयोग किया गया था। 1888 ई. तक इस वृहत कोश की लगभग सारी प्रतियाँ बिक गई थीं। फकीर चन्द ने उसे फिर से प्रकाशित करके उसका संक्षिप्त संस्करण निकाला। मूल कोश को संक्षिप्त रूप फैलन ने ही दिया था। "It is the Author's abridged English-Hindustani Law and Commercial Dictionary revised and *romanized*". यहाँ 'औथर' शब्द का प्रयोग फैलन के लिए हुआ है। खुद को वह 'एडिटर' कहते हैं। "It has been the Editor's chief offort to render it uniform with the Author's other compilation, and adapt it to the want and use of many who cannot easily make out the Persian character used in the former edition which is now almost out of print. By this process much space has also been saved; and in many places additional meanings and Hindi equivalents have been inserted."

फकीरचन्द ने फारसी लिपि की जगह रोमन लिपि का व्यवहार किया। फैलन के हिन्दुस्तानी-अंग्रेज़ी कोश में देवनागरी का व्यवहार भी हुआ था। फकीरचन्द ने उसके व्यवहार की जड़ ही काट दी। टोडरमल से पहले हिन्दी और फारसी दो राजभाषाओं का चलन था; उन्होंने हिन्दी हटाकर केवल फारसी चलाई। उसी राह

पर फकीरचन्द ने, एकमात्र फारसी लिपि का चलन असम्भव देखकर, देवनागरी हटाकर केवल रोमन लिपि का व्यवहार किया।

फैलन कचहरियों में अरबी के बोझ से दबी हुई उर्दू के व्यवहार का विरोध कर चुके थे। उनका वृहत् कोश देखने को मिले तो पता चले कि इस अरबीपन से उनका कोश कितना मुक्त है। फकीरचन्द ने अपनी शब्द-सूची में कई जगह हिन्दी के पर्याय जोड़ने की बात लिखी है। वह बंगाल सरकार के उर्दू अनुवादक थे; अपनी तरफ से कम ही शब्द जोड़े होंगे। इस संक्षिप्त कोश में जो हिन्दी शब्द आए हैं, उनके बारे में यह सोचना अनुचित न होगा कि इनका व्यापक चलन होने से ही उन्हें यहाँ जगह मिली है। वे कोश-निर्माता के गढ़े हुए शब्द नहीं हैं।

हिन्दुस्तानी-अंग्रेज़ी कोश वाला काम खत्म करने के बाद फैलन ने तेजी से और बहुत-सा काम किया। उन्होंने अंग्रेज़ी-हिन्दुस्तानी कोश बनाया (मेरा अनुमान है कि यह कोश उन्होंने बाद में बनाया होगा), एक हिन्दुस्तानी कहावतों का कोश बनाया और अपनी नीति के अनुसार इसमें उन्होंने मारवाड़ी, पंजाबी, मगही, भोजपुरी और तिरहुती कहावतें भी शामिल कीं। यह कोश बनारस से 1886 ई. में प्रकाशित हुआ था। उस समय तक फैलन का देहान्त हो चुका था। उनके नाम के नीचे उन्हें 'ए हिन्दुस्तानी-इंग्लिश डिक्शनरी, एंड ए हिन्दुस्तानी-इंग्लिश, एंड इंग्लिश-हिन्दुस्तानी लॉ डिक्शनरी' का लेखक बताया गया है। 1879 ई. में हिन्दुस्तानी-अंग्रेज़ी कोश के प्रकाशन के बाद शीघ्र ही फैलन का विधि-व्यापार-सम्बन्धी वृहत् कोश छपा होगा। इसकी लगभग सारी प्रतियाँ 1887 ई. के अन्त तक बिक गई थीं (फकीरचन्द की भूमिका के नीचे तारीख है—16 जनवरी, 1888)। फैलन ने इसका संक्षिप्त संस्करण निकाला। फकीरचन्द ने इस संस्करण को मूल वृहत् कोश से मिलाकर ठीक किया और रोमन लिपि में उसका नया संस्करण निकाल दिया। फकीरचन्द ने आर.सी. टेम्पल के साथ फैलन के हिन्दुस्तानी कहावत कोश का भी सम्पादन और संशोधन किया था। विधि व्यवहार कोश की भूमिका में लिखा है कि फैलन जब हिन्दुस्तानी-अंग्रेज़ी और अंग्रेज़ी-हिन्दुस्तानी कोश बना रहे थे तब फकीरचन्द ने सहायक के रूप में फैलन के साथ लगभग बारह वर्ष तक काम किया था। उन्होंने फैलन को 'my kind and much respected Master' लिखा है। जिस व्यक्ति ने कम-से-कम पचीस वर्ष हिन्दी भाषा के बहुविध कोश बनाने में लगा दिये, वह सहृदय, और विद्वानों के बीच आदरयोग्य, माना गया हो तो यह उचित ही था।

भारत सरकार के 'पारिभाषिक शब्द संग्रह', में ढेरों शब्द ऐसे हैं जो फैलन-फकीरचन्द के विधि-व्यापार कोश में पहले से विद्यमान हैं। यह कोश इस बात का प्रमाण है कि व्यापारादि क्षेत्रों में अंग्रेज़ी के जिन शब्दों को लेकर हिन्दी निदेशालय के विद्वान् पारिभाषिक शब्द गढ़ने का उपक्रम कर रहे थे, उनमें कम-से-कम तीन-चौथाई के हिन्दी प्रतिरूप 1875 ई. के आसपास उत्तर भारत में प्रचलित थे। यहाँ नमूने के तौर पर 30 शब्द दिये जाते हैं :

अंग्रेज़ी	फैलान	पारिभाषिक शब्द-संग्रह
1. Law	विध, नेम, दस्तूर, कानून	विधि, कानून, नियम
2. Commercial	महाजनी, बेओहारी, बाज़ारी, तिजारती	वाणिज्य, वाणिज्यिक, वाणिज्य-सम्बन्धी, व्यापारिक, बाज़ारू
3. Commission	आढ़त, दल्लाली, दस्तूरी	आढ़त, दलाली, दस्तूरी, आयोग
4. Market	बाज़ार, मंडी, चौक, पेंट [पठ], हाट	मंडी, मार्केट, बाज़ार, विपणि, हाट
5. Commodity	जिन्स, बस्त, माल, सौदा	पदार्थ, माल, पथ्य
6. Exchange	अदला बदला, एराफेरी [हेराफेरी] सराफा	विनिमय, आदान-प्रदान केन्द्र
7. Fiscal	माली	राजकोषीय, माली
8. Money	सिक्का, मद्रा [मुद्रा], रुपैया, पैसा	मुद्रा, द्रव्य, [रु] पया, धन
9. Bill	लेखपत्र, लेखा, चिट्ठा, बिक्रीपत्र,	बिल, विपत्र, हुंडी
10. Bill of parcels	बीजक	बीजक
11. Abdicate	तियागना	अधित्याग करना
12. Abduction	औरत का भगा ले जाना; राक्षस-बिआह	अपहरण, भगाना
13. Abortion	पेट गिरना, अपूरन गर्भ	गर्भस्त्राव
14. Abscond	अलोप होना, फरार होना	उड़ जाना, फरार होना
15. Absolve	छुड़ाना, छोड़ना, बरी करना, रिहा करना, अदोष करना, छुटकारा देना	—
Absolved	—	विमुक्त
16. Abstract	खुलासा, संक्षेप	सार, सारांश
17. Abusive Language	गाली-गलौज, बदज़बानी	गाली, अपशब्द
18. Accessary	सहायक, संगी, साथी, हमराही	उपसाधक, उपसहायक
19. Accommodation	सुलह, मिलाप, रफ़ादफ़ा	स्थान, निबाह, समायोजन
20. Account	लेखा, हिसाब	लेखा, खाता, हिसाब
21. Accountant	मुनीब	लेखाकार
22. Accuse	अपराध लगाना, दीखना	अभियोग लगाना
23. Adjourn	मुल्तवी रखना	काम रोकना, स्थगित करना
24. Adjudge	निबेड़ा करना, निमटाना, अगिया देना,	न्याय निर्णय करना, विनिर्णय करना
25. Administration	हुकूमत, अमलदारी	प्रशासन, प्रबन्ध
26. Adultery	छिनाला, विभचार, जारकर्म,	जारकर्म, जारी, व्यभिचार
27. Advocate	वकील, पिर्तिनिधि [प्रतिनिधि]	अधिवक्ता, एडवोकेट
28. Affidavit	हलफ़नामा, शप्तपत्र [शपथपत्र]	शपथपत्र, हलफ़नामा
29. Agent	कर्ता, कारिन्दा, आढ़तिया	एजेंट, अभिकर्ता, कर्ता, आढ़तिया
30. Allotment	बाँट, भाग, बखरा	नियतन, बंटन, बाँट

इन थोड़े से शब्दों को देखने से भी पाठक समझ लेंगे कि पारिभाषिक शब्दावली और फैलन के कोश के बारे में जो बातें पहले कही गई हैं, वे इनसे और पुष्ट होती हैं।

एक शब्दसूची फलवृक्षादि से सम्बन्धित भारत सरकार के निर्देश से छपाई गई थी। इसकी जो प्रति मुझे देखने को मिली है, उसमें प्रकाशन के समय, स्थान और लेखक का नाम नहीं है। भूमिका में लिखा है कि भारत सरकार ने 7 दिसम्बर, 1892 को जो आज्ञापत्र निकाला था, उसी के अनुसार 'एग्रीकल्चरल लेजर सिरीज' में संयुक्त प्रान्त के फलवृक्षादि की यह सूची ("the Synonyms of the Field and Market Garden Crops and of the Principal Fruit and Timber Trees of the United Provinces of Agra and Oudh") प्रकाशित की गई है तथा मद्रास के कृषि विभाग ने ऐसी ही सूची प्रकाशित की थी; उसी से मिलती-जुलती यह सूची है। अंग्रेज़ सरकार की देखरेख में भी भारतीय भाषाओं में पारिभाषिक शब्द संग्रह का काम उन्नीसवीं सदी के अन्तिम चरण में हो रहा था।

इस सूची में पहले अंग्रेज़ी शब्द दिया गया है, जैसे—Tamarind; फिर 'बोटै-निकल नेम' अर्थात् लैटिन के शब्द दिये गए हैं, यथा—Tamarindus Indicus; फिर दोआब, बुन्देलखंड, बनारस और गोरखपुर डिवीजन, रुहेलखंड और अवध में प्रचलित हिन्दी प्रतिरूप दिये गए हैं, यथा—इमली। सभी जनपदों के लिए इमली शब्द दिया गया है, दोआब के लिए कटारा, चोइया, चिया तथा बुन्देलखंड के लिए गुनैयाँ शब्द इमली के अलावा दिये गए हैं। हिन्दी शब्द देवनागरी, फारसी और रोमन, तीनों लिपियों में दिये गए हैं। संहिता (चना), जुंडरी (जुवार), लोबिया, कुल्थी, ग्वार, तीसी, लाही, टेसू, खैर, पटसन, मूँज, मुलेठी, कासनी, करबी, चिरायता, धतूरा आदि को लैटिन की भारी-भरकम शब्दावली के बराबर प्रतिष्ठित देखकर भाषाविज्ञानियों को विश्वास हो जाएगा कि इस देश के निवासी बहुत दिनों से खेती और बागबानी करते आए थे और वे जो चीजें पैदा करते थे या काम में लाते थे, उनके नाम भी जानते थे। शब्द सूची में एक मनोरंजक तथ्य यह है कि कुछ हिन्दी शब्दों के अंग्रेज़ी प्रतिरूप गढ़े हुए हैं, यथा—कँवलगट्टा के लिए Lotus seed कुछ के लिए अंग्रेज़ी शब्द मिले नहीं, न गढ़े जा सके, यथा—कसेरू। इसके लिये 'बोटैनिकल नेम' दिया है Cyperus esculentus। शब्द संकलनकर्ता ने अंग्रेज़ी शब्दों को आधार मानकर हिन्दी शब्द खोजने या गढ़ने का प्रयत्न नहीं किया, जैसा कि 'पारिभाषिक शब्द संग्रह' के विद्वानों ने किया। उसने उत्तर भारत में वनस्पति सम्बन्धी प्रचलित शब्द पहले इकट्ठा किए, फिर उनके

अंग्रेज़ी प्रतिरूप ढूँढ़े या गढ़े। कोश-निर्माण की यही नीति सही है और यह नीति जैसे वनस्पति विज्ञान के लिए उपयुक्त है, वैसे ही विधि-व्यापार-दर्शन-मनोविज्ञान आदि अन्य क्षेत्रों में भी इसी रीति से पारिभाषिक शब्दों का संकलन होना चाहिए। भारतीय भाषाओं की समृद्धि और क्षमता का ठीक-ठीक अनुमान तभी सम्भव होगा।

परिशिष्ट-2

राजा शिवप्रसाद के हिन्दी व्याकरण का दूसरा संस्करण 1876 ई. में प्रकाशित हुआ। इसकी भूमिका इस बात की मिसाल है कि अंग्रेज़ शासक किस तरह भाषा के क्षेत्र में दखलन्दाजी कर रहे थे और हिन्दी-उर्दू को मिलाने के नाम पर वास्तव में दोनों के बीच का फासला और बढ़ा रहे थे।

इस भूमिका में राजा शिवप्रसाद ने घोषित किया है कि 1868 ई. में उन्होंने 'कुछ बयान अपनी ज़ुबान का' नाम से जो व्याख्यान दिया था, उससे शुरू होने वाली लड़ाई अब उन्होंने जीत ली है। जीत यों ली है कि उत्तर-पश्चिम प्रान्त की सरकार ने 13 जून, 1876 ई. के, शिक्षा विभाग-निदेशक को लिखे हुए, पत्र में राजा शिवप्रसाद की नीति को मान लिया है। उस पत्र को उन्होंने शिक्षा विभाग का 'मैग्ना चार्टा' कहा है। उसके आधार पर अब हिन्दू-मुसल्मान बच्चों को एक मिली-जुली भाषा सिखाई जाएगी जो उनका आपसी भेदभाव दूर करेगी।

इस पत्र में कहा गया है कि लेफ्टिनेंट गवर्नर को यह जानकर प्रसन्नता हुई है कि आपकी राय में वर्नाकुलर स्कूलों के हिन्दू-मुसल्मान बच्चों को, आपकी राय में, एक ही आम ज़बान पढ़ाने और समझाने में विशेष कठिनाई न होगी और इस दिशा में काम शुरू भी हो गया है। इसके बाद पत्र में उन पुस्तकों की आलोचना की गई है जो स्वयं राजा शिवप्रसाद ने लिखी थीं। इन पुस्तकों से बहुत से शब्द उद्धृत करके बताया गया है कि जिन किताबों को हिन्दू और मुसल्मान बच्चे पढ़ें, उनमें ऐसे शब्द न होने चाहिए। राजा साहब ने भूमिका में अपनी आलोचना स्वीकार की, कहा कि विरोध का भय था, मुझमें साहस की कमी थी अथवा प्रोत्साहन न मिला था। लेकिन अब मैंने वह दोष दूर कर दिया है और पारिभाषिक शब्दों को छोड़कर 'हिन्दी व्याकरण' और 'उर्दू सर्फो नह्व' की भाषा एक कर दी है।

इस तरह राजा शिवप्रसाद ने भाषा की लड़ाई जीती!

राजा शिवप्रसाद की पुस्तकों से जो आपत्तिजनक शब्द उद्धृत किए गए हैं, वे दिलचस्प हैं। 'बाल बोध' से : बहुधा, विद्यार्थी, कारण, वर्णन अभ्यास, समाप्त, पदार्थ, प्रश्न, उपकार, स्वयं प्रकाशवान, अज्ञानी, आज्ञा; 'विद्यांकुर' से : समय, सृष्टि, आश्चर्य, विज्ञता, परमायुष, प्रकृति, दृष्टि, उष्णता, शीतलता, अग्नि; 'छोटा

भूगोल हस्तामलक' से : अधिक, यद्यपि, अथवा, अवश्य, ऊर्धभाग, प्रकट; 'इतिहास तिमिरनाशक' से : सम्भावित, अखंडित, शृंखला-युक्त, दीर्घायु, आवश्यकता, अनुभव, उन्नति, विद्यालय। हिन्दी व्याकरण में प्रयुक्त उच्चारण, प्रत्यक्ष, शुद्ध, अशुद्ध, अपभ्रंश, स्वाभाविक—इन शब्दों पर आपत्ति की गई है। राजा शिवप्रसाद को बता दिया गया है कि ये पारिभाषिक शब्द नहीं हैं और फारसी-संस्कृत शब्दों के प्रयोग के बारे में आपकी नीति निश्चित नहीं है।

किन्तु सरकार की यह नीति निश्चित जान पड़ती है कि हिन्दी के विरोध में उर्दू को बढ़ावा दिया जाए। पत्र में राजा शिवप्रसाद को याद दिलाया गया है कि आपने खुद अपने अनुभव की बात लिखी है कि क्लास में जोर से पढ़कर सुनाना हो तो उर्दू किताब या अखबार को संस्कृत वाला वर्ग काफी आसानी से समझ लेता है पर हिन्दी पुस्तक को फारसी वाला हिस्सा उसी तरह नहीं समझ पाता। फिर इसका कारण बताया है। ऐसा शायद इसलिए होता है कि उर्दू में कठिन शब्द एक जीवित भाषा ('a living language') से लिये जाते हैं और हिन्दी में मृत भाषा से ('a dead language'); फारसी के शब्द बातचीत में जब-तब सुने भी जाते हैं पर संस्कृत के शब्द—शायद कुछ पंडितों की मंडली को छोड़कर—कभी सुने नहीं जाते।

'प्रेमसागर' और 'रामायण' को पाठ्य-पुस्तकें बनाने से समस्या हल न होगी, यह बताते हुए लेफ्टिनेंट गवर्नर ने राजा शिवप्रसाद से कहा कि अब आप सावधानी से अपनी लिखी पोथियों की भाषा दुरुस्त कीजिए और यह आप ही की राय है कि उनकी भाषा में सावधानी से संशोधन करना जरूरी है ("with these remarks, this however leaves it to you to undertake that careful revision of the Hindi text books, of which in your opinion they stand in need.")

सरकारी पत्र और भूमिका, दोनों अंग्रेज़ी में हैं।

राजा शिवप्रसाद ने अपनी पुस्तकों की भाषा की आलोचना स्वीकार की। वे तमाम शब्द जो पुराने हिन्दी साहित्य में प्रयुक्त हुए थे, जो दूसरी भारतीय भाषाओं में—किसी तरह की रोक-टोक के बिना प्रयुक्त हो रहे थे, उन्हें मृतभाषा के शब्द कहकर मतरूक करार दे दिया गया। किन्तु हिन्दी का विकास वैसे ही हुआ, जैसे बँगला, मराठी या गुजराती का। यह हिन्दी एक ओर अपनी पुरानी भाषायी विरासत को समेटे हुए थी, दूसरी ओर वह जनपदीय बोलियों से नाता जोड़े हुए थी। राजा शिवप्रसाद ने यह सब नहीं देखा, देखा तो समझा नहीं, समझा तो उनके अनुसार नीति पर चले नहीं। इसीलिए उनके विरोध में भारतेन्दु हरिश्चन्द्र का हिन्दी आन्दोलन सफल हुआ।

बीसवीं सदी में हिन्दी-उर्दू को मिलाने के जो भी प्रयत्न किए गए, वे अधिकतर पूँजीवादी उदारपंथ के स्तर पर—1876 ई. में 'हिज ऑनर' द्वारा निर्धारित नीति के अनुसरण पर। भारत में 'लिबरल' दल ब्रिटिश नीति का पोषक रहा है;

उसकी नीति—पूँजीवादी उदारपंथ—के आधार पर भारत की कोई समस्या हल नहीं हो सकती। प्रगतिशील विचारक या तो ब्रिटिश लिबरलों से दो कदम आगे बढ़कर मान लेते हैं कि हिन्दी-उर्दू दो कौमों की भाषाएँ हैं या दोनों को मिलाने की बात करते हैं तो उसी पुरानी उदारपंथी नीति को दोहराते हैं। समय, उपकार, विद्यार्थी जैसे शब्दों को फारसी लिपि में लिखा कैसे जाएगा, इन्हें उर्दू-प्रेमी जन स्वीकार न करेंगे!

दूसरा रास्ता यह है कि हम अन्य भारतीय भाषाओं का विकास देखें, उनके साथ कदम मिलाकर चलें, हम अपने पुराने साहित्य की भाषायी विरासत को अपनाएँ, उसे छोड़कर आगे न बढ़ें; हम अपनी जनपदीय बोलियों से सम्पर्क बनाए रहें, अपनी नगर-भाषा को उन्हें छोड़कर संस्कृत या फारसी की तरफ भागने न दें; और हम यह भी समझें कि इस देश की भाषाओं के लिए जो महत्त्व संस्कृत का है, वह कभी अरबी-फारसी का नहीं हो सकता। इस रास्ते पर चलने से समस्या हल हो सकती है। यह रास्ता पूँजीवादी उदारपंथियों का नहीं है। यह रास्ता उन लोगों का है जो जनता और उसकी विरासत के आधार पर अपनी नीति निर्धारित करते हैं। इस देश में ऐसे लोगों का नितान्त अभाव तो नहीं है।